AF553636

विभाजन की असली कहानी

विभाजन की असली कहानी

नरेन्द्र सिंह सरीला

अनुवाद
वर्षा सुर्वे

राजकमल प्रकाशन

ISBN : 978-81-267-1579-4

मूल्य : ₹995

पहला संस्करण : 2008
चौथा संस्करण : 2021

प्रकाशक : राजकमल प्रकाशन प्रा.लि.
1-बी, नेताजी सुभाष मार्ग, दरियागंज
नई दिल्ली-110 002

शाखाएँ : अशोक राजपथ, साइंस कॉलेज के सामने, पटना-800 006
पहली मंजिल, दरबारी बिल्डिंग, महात्मा गांधी मार्ग, प्रयागराज-211 001
36 ए, शेक्सपियर सरणी, कोलकाता-700 017

वेबसाइट : www.rajkamalprakashan.com
ई-मेल : info@rajkamalprakashan.com

मुद्रक : बी.के. ऑफसेट
नवीन शाहदरा, दिल्ली-110 032

VIBHAJAN KI ASALI KAHANI
by Narendra Singh Sarila
Translated by Varsha Surve

मेरे पुत्र समर सिंह सरीला
एवं भारत की युवा पीढ़ी
को समर्पित

प्रस्तावना

सन् 1997 में लन्दन की ब्रिटिश लाइब्रेरी के ओरिएंटल और भारतीय संग्रह में किसी अन्य विषय पर शोध करते समय मैं ऐसे दस्तावेजों के सम्पर्क में आया जिन्हें देखकर मेरे दिमाग में सवाल उत्पन्न हुआ कि क्या भारत का विभाजन ब्रिटिश रक्षा रणनीति से सम्बन्धित था? दस्तावेजों से पता चला कि लड़ाई के बाद सोवियत संघ हिन्द महासागर की तरफ बढ़ सकता था और ईरान की खाड़ी के तट पर जो महत्त्वपूर्ण तेल के कुएँ हैं और जहाँ से ब्रिटेन और पश्चिमी देश तेल की अपनी ज़रूरतें पूरी करते थे, उनको भी कब्जे में कर सकता था। इन कुओं को शक्ति के स्रोत कहा जाता था।

ब्रितानवी ब्यूह-रचनाकारों की पक्की सोच थी कि सोवियत संघ को दक्षिण की ओर बढ़ने से रोकने के लिए भारत में ब्रिटेन के मिलिट्री बेस बने रहने बहुत ज़रूरी हैं। ये मिलिट्री बेस रूस को 19वीं शताब्दी में दक्षिण की ओर बढ़ने से रोकने में बहुत उपयोगी रहे थे। इनके बिना सोवियत संघ के खिलाफ न तो प्रतिरक्षा और न हमलात्मक कार्यवाही की जा सकती थी। सन् 1945 में रूस की जर्मनी पर प्रभावशाली जीत ने स्टालिन की सोवियत संघ के सीमावर्ती क्षेत्रों में विस्तार की महत्त्वाकांक्षा को बढ़ा दिया था। उसने पूर्वी यूरोप के राज्यों में ऐसा करना आरम्भ भी कर दिया था। उपरोक्त तेल के कुएँ सोवियत संघ की दक्षिणी सीमा से ज्यादा दूर नहीं थे।

एटली की सोशलिस्ट सरकार सन् 1945 में ब्रिटेन में गठित हुई। वह भारत को छोड़ने को तैयार थी। परन्तु इसके पूर्व ऊपर लिखी गम्भीर समस्या को हल करना बहुत ज़रूरी था। भारत की आज़ादी पर ब्रिटेन को उसकी सबसे बड़ी प्रजातान्त्रिक पार्टी, कांग्रेस पार्टी को सत्ता सौंपना स्वाभाविक था। परन्तु वे भलीभाँति जानते थे कि कांग्रेस पार्टी ब्रिटेन को आज़ादी के बाद देश में ब्रितानवी फौजी बेसों को रखने की आज्ञा

न देगी और न ही सोवियत संघ के खिलाफ ब्रिटेन को सहायता देगी।

इस मुद्दे को सुलझाने का एक तरीका यह था कि मोहम्मद अली जिन्ना जो कि भारत विभाजन का प्रस्ताव लिये बैठे थे, उनकी आड़ लेकर जो भारत के उत्तर-पश्चिमी क्षेत्र ईरान, अफगानिस्तान और सीक्यांग से लगे हुए थे और जहाँ से ज़रूरत पड़ने पर सोवियत यूनियन के खिलाफ मोर्चा लिया जा सकता था उनको हिन्दुस्तान से अलग कर दिया जाए। और वहाँ एक दूसरा राष्ट्र बना दिया जाए–पाकिस्तान जिन्ना की मुस्लिम लीग पार्टी को दे दिया जाए जो ब्रिटेन को सोवियत यूनियन के खिलाफ मदद देने को तैयार थी।

लेखकों और राजनीतिक समीक्षकों ने युद्ध के बाद मध्य पूर्व में रूस की चुनौती के प्रति ब्रिटेन के भय और भारत के विभाजन पर उसके असर पर बहुत कम ध्यान दिया है। इस कारण मैंने सोचा कि हाल ही में सामने आए अति गोपनीय ब्रिटिश दस्तावेजों में उपलब्ध तथ्यों को जनता के सामने लाऊँ। इसके लिए मैंने न केवल ब्रिटिश लाइब्रेरी के ओरिएंटल और भारतीय खंड में शोध किया बल्कि साउथेम्पटन में हार्टले पुस्तकालय में जहाँ लॉर्ड माउंटबेटन के अभिलेख रखे हैं और पब्लिक रिकॉर्ड ऑफिस जो कि क्यू में है, जहाँ अधिकांश ब्रिटिश मन्त्री और विदेश अधिकारी अपने गोपनीय कागज-पत्र जमा करते हैं, वहाँ भी मैंने अध्ययन किया। साथ ही साथ अमेरिकी शासकीय अभिलेखागारों में सन् 1942-1948 के मध्य राष्ट्रपति रूजवेल्ट और प्रधानमन्त्री विंस्टन चर्चिल तथा उस काल में भारत के लिए नियुक्त विशिष्ट दूतों के गोपनीय पत्र-व्यवहार को भी मैंने देखा।

सन् 1948 में गवर्नर जनरल लॉर्ड माउंटबेटन के ए. डी. सी. (सहायक) के पद पर होने के कारण, मैं नई दिल्ली और शिमला जहाँ मुख्य घटना हुई थी, से परिचित हूँ। और पंडित नेहरू, सरदार पटेल और अन्य मुख्य अधिकारी जिन्होंने इस परिवर्तन में भाग लिया था उनको भी देखने और सुनने का मौका मिला। अपने पिता के कई ऐसे ब्रिटिश मित्रों से मुझे जानकारी हासिल हुई जिन्होंने भारत के लिए ब्रिटिश नीति के प्रतिपादन में प्रमुख भूमिका निभाई थी। जब मैं विदेश विभाग की पोस्टिंग पर लन्दन से गुजरता था तब लॉर्ड माउंटबेटन मुझे अपने घर बोडलैंड आने का न्योता देते थे। वह विभाजन के बारे में जो बातें करते थे उनसे भी मुझे उस समय की ब्रिटेन नीति को समझने में मदद मिली।

अमेरिका ने भारत की आज़ादी के बारे में जो अप्रत्यक्ष सहयोग किया उसके बारे में बहुत कम जानकारी बाहर आई है। अमेरिकियों का मानना था कि एशिया और अफ्रीका में यूरोपियन देशों का राज्य समाप्त होने की ज़रूरत है। उनका विचार था कि अगर यह नहीं होगा तो वामपन्थियों जो सोवियत संघ से जुड़े थे, का जोर बढ़ सकता है।

चर्चिल ने इस अमेरिकी दबाव को मुस्लिम या पाकिस्तान का पत्ता खेलकर काटा। उन्होंने रूजवेल्ट को यह समझाने की कोशिश की कि भारत के भविष्य को लेकर वास्तविक समस्या हिन्दू-मुस्लिम विवाद के कारण है, न कि भारत को स्वतन्त्र करने की ब्रिटिश अनिच्छा के कारण। ब्रिटेन को भारत छोड़ने के लिए राजी करने के अन्तिम चरण में अमेरिका की भूमिका थी। परन्तु भारतीयों ने उसको कभी नहीं पहचाना। अमेरिका ने जो शुरू-शुरू में कश्मीर विवाद में भारत के प्रति सहानुभूति दिखाई, उसकी भी हमने अनदेखी की। इस कथन में मैंने उस समय के भारत के प्रति अमेरिकी नीति पर प्रकाश डाला है।

उक्त दस्तावेज इसलिए भी दिलचस्प हैं कि इनमें भारतीय नेताओं के वाइसरॉय के साथ संवाद या पत्र-व्यवहार जो ब्रिटिश अभिलेखागार में देखने को मिलते हैं उनमें भारतीय नेताओं की नीति और विचारों की सम्पूर्ण जानकारी प्राप्त होती है, जो भारतीय दस्तावेजों में या इस विषय पर जो पुस्तकें लिखी गई हैं उनमें पूरी तरह प्रकट नहीं होती है। भारतीय राष्ट्रवादियों की उपने उच्च विचारों की दुरुपयोगिता, स्वाभिमानता, अस्थिरता तथा सुरक्षा सम्बन्धी विदेश नीति की अज्ञानता उनके अपने शब्दों में इन दस्तावेजों से स्पष्ट होती है। इस कारण यह गाथा भारतीयों के लिए एक चेतावनी-जनक किस्सा है।

यह विषय निश्चित ही आज के परिवेश में भी सार्थक है। ब्रिटिश द्वारा भारत में राजनीतिक उद्देश्यों की पूर्ति के लिए जो नीति उपयोग में लाई जाती थी वह इस्लामी कट्टरवाद को बढ़ावा देती थी, उसको ही अमेरिका ने अफगानिस्तान में जेहादियों को बढ़ावा देकर रूस की फौज को खदेड़ने में इस्तेमाल किया। शीत युद्ध की समाप्ति के पश्चात् अफगानिस्तान से रूस की वापसी और अमेरिकी फौजों की खाड़ी में तैनाती के कारण, इस महा खेल में पाकिस्तान का सैन्य सहयोगी के रूप में महत्त्व घटा। दूसरी तरफ जब से अलकायदा का हमला न्यूयॉर्क के वर्ल्ड ट्रेड टावर व वाशिंगटन के पेंटागन पर 11 सितम्बर 2001 को हुआ

तब से आतंकवाद और इस्लाम का राजनीतिक विषयों में इस्तेमाल का खतरा पश्चिमी देशों के सामने आया। अफगानिस्तान में तालिबान सरकार, पाकिस्तान की फौज और कूटनीतिक मदद से ही स्थापित हुई थी। तालिबान और ओसामा-बिन-लादेन, अलमौदूदी के विचारों से प्रभावित हुए थे। भारत में पैदा हुए अलमौदूदी ने पाकिस्तान में जमायते इस्लामी की नींव डाली थी। उनके विचारों के अनुसार सरकार शरीयत के नियमों के अनुसार चलनी चाहिए तथा काफिरों के खिलाफ जिहाद होना चाहिए। भिन्न-भिन्न सभ्यताओं के बीच जो संघर्ष हो उसको बचाया नहीं जा सकता। इस्लामिक कट्टरवादिता जो कि पूरे विश्व में फैल रही है उसकी जड़ें भारत के विभाजन से अलग नहीं की जा सकतीं।

राष्ट्र कहीं भी और कभी भी अपनी खास राजनीतिक ज़रूरतों को पूरा करने से कभी नहीं हिचकिचाएँगे। यह भी नहीं कहा जा सकता कि मध्य एशिया में पुराना 'ग्रेट गेम' फिर न खेला जाएगा, यद्यपि दूसरे मुद्दों पर और दूसरे सहभागियों के साथ। भारत को इस्लामिक राजनीति से दबाने की पश्चिमी देशों की कोशिशें समाप्त हो गईं, और अब भारत और अमेरिका के बीच सन् 1990 के मध्य से रिश्ते बेहतर हुए हैं, वे इसी सामरिक परिदृश्य के बदलाव के परिणाम हैं।

जब अंग्रेज भारत से 200 वर्ष राज्य करके हटे तो उन्हें अपने सामरिक और आर्थिक मुद्दों को बचाने का प्रयास तो करना ही था। यह भारत का विभाजन करके और भारतीय नेताओं को चकमा देकर कैसे किया गया, यही इस पुस्तक का वर्ण्य विषय है।

—नरेन्द्र सिंह सरीला

आभार

मैं ब्रिटिश पुस्तकालय परिषद् लन्दन के प्रति कृतज्ञ हूँ कि उन्होंने मुझे अपनी अभिरक्षा में रखी हुई सामग्री का, खासकर इंडिया ऑफिस रिकार्ड्स की आधिकारिक पत्रावलियों का अवलोकन करने की अनुमति प्रदान की।

मैं साउथम्पटन विश्वविद्यालय के हार्टले पुस्तकालय के प्रति, उनकी अभिरक्षा में स्थित सामग्री का अवलोकन करने की अनुमति देने के लिए भी आभार प्रदर्शित करता हूँ तथा ब्राडलैण्ड अभिलेखागार के न्यासियों के प्रति भी कृतज्ञता ज्ञापित करता हूँ कि उन्होंने मुझे उन दस्तावेजों को उद्धृत करने की अनुमति प्रदान की, जिनका कि उनके पास प्रतिलिप्याधिकार है।

मैंने इस पुस्तक में वर्णित कालखंड से सम्बन्धित संयुक्त राज्य के विदेश-सम्बन्ध-दस्तावेजों का मुआइना किया। इसके लिए मैं संयुक्त राज्य सरकार के सम्बन्धित अभिकरण के प्रति अहसानमंद हूँ। मैं वाशिंगटन डी. सी. में स्थित राष्ट्रीय अभिलेखागार के कर्मचारियों/अधिकारियों के प्रति धन्यवाद ज्ञापित करता हूँ, जिन्होंने इस पुस्तक में सन्दर्भित कुछ दस्तावेजों को खोज निकालने में मेरी सहायता की।

मैंने नई दिल्ली स्थित नेहरू स्मारक संग्रहालय एवं पुस्तकालय के अभिलेखागार का भी अवलोकन किया। एतदर्थ मैं इसके निदेशक के प्रति कृतज्ञता ज्ञापन करता हूँ।

इस पुस्तक में प्रदर्शित कुछ चित्र एन एम एम एल तथा भारत में स्थित संयुक्त-राज्य दूतावास के जन सम्पर्क प्रभाग के सौजन्य से प्राप्त हुए हैं।

अन्त में श्री के.एल. शर्मा के प्रति धन्यवाद ज्ञापित करता हूँ, जिन्होंने मेरे द्वारा बोले गए तथा हस्तलिखित टिप्पणियों के आधार पर आद्यन्त पूरी पुस्तक को टंकित किया और जिन्होंने प्रायः एक समृद्ध एवं

विस्तृत शब्दार्थ कोश की तरह कार्य किया है। मेरे द्वारा लगातार पाठशुद्धि कराने से जब श्री शर्मा हताश होने लगते तो मैं उन्हें चीन की सुप्रसिद्ध लेखिका हैन सुइ येन का स्मरण दिलाता जो अपने लेखन प्रारूपों की औसतन चालीस बार पाठशुद्धि करती थीं। ऐसा मुझे इस लेखिका ने एक बार बताया था।

—नरेन्द्र सिंह सरीला

क्रम

ब्रिटिश और रूसी साम्राज्यों में टकराव

भारत के विभाजन सम्बन्धी अनुबन्ध की घोषणा 3 जून 1947 को दिल्ली में हुई। इसके अगले हफ्ते इंग्लैण्ड के मारग्रेट शहर में ब्रिटिश लेबर पार्टी का वार्षिक सम्मेलन सम्पन्न हुआ। इस सम्मेलन में प्रतिनिधियों को सम्बोधित करते हुए ब्रिटेन के विदेश सचिव अर्नेस्ट बेविन ने कहा था कि "भारत का विभाजन मध्यपूर्व (एशिया) में ब्रिटेन की स्थिति को मजबूत करेगा।"[1]

जिस दिन बेविन ने यह वक्तव्य दिया कृष्णा मेनन दिल्ली में पं. जवाहरलाल नेहरू के 7 यॉर्क रोड स्थित आवास में ठहरे हुए थे। मेनन लन्दन में रहते थे और इंडियन लीग का नेतृत्व कर रहे थे और ब्रिटिश लेबर पार्टी के सदस्यों और ब्रिटेन के समाजवादी नेताओं के मध्य मेनन एकमात्र सम्पर्क सूत्र थे। लॉर्ड माउंटबेटन ने 7 मार्च 1947 को वाइसरॉय नियुक्त होने के पश्चात् सबसे पहले जिस व्यक्ति को सम्पर्क सूत्र के रूप में चुना वह कृष्णा मेनन ही थे।

बेविन की टिप्पणी का हवाला देते हुए मेनन ने 14 जून को हस्तलिखित एक पत्र लॉर्ड माउंटबेटन को भेजा जो इस प्रकार था (इस पत्र से यद्यपि यह स्पष्ट नहीं होता कि उन्होंने इसे नेहरू से पूछकर लिखा था या नहीं।) :

> "क्या भारत का सीमावर्ती प्रान्त (अफगानिस्तान और ईरान से लगा भारत का हिस्सा) अभी भी ब्रिटेन की रणनीति का आधार है? क्या अभी भी इस क्षेत्र का उपयोग करने के बारे में ब्रिटेन सोच रहा है? इस सम्बन्ध में काफी चर्चा हो रही है। किसी भी कारण से कश्मीर, पाकिस्तान में जुड़ा तो यह इस दिशा में एक और बढोतरी होगी? इस सम्बन्ध में ब्रिटिश नीति क्या है, मुझे नहीं मालूम। मैं यह भी नहीं जानता कि आपको इस बारे में मालूम है या नहीं। किन्तु यदि ब्रिटेन का यही इरादा है तो यह दुखद है, और जैसे-जैसे यह ज्यादा स्पष्ट होता जाएगा भारत का रवैया विद्वेषपूर्ण हो जाएगा और पाकिस्तान पर ब्रिटेन की पकड़ भी इस विद्वेष को कम नहीं कर पाएगी, मुझे लगता है कि मैंने पर्याप्त बात कह दी है शायद कुछ ज्यादा ही।"[2]

इस पत्र में मेनन ने दो महत्त्वपूर्ण प्रश्न उठाए। एक तो यह कि क्या अब पश्चिमी पाकिस्तान और कश्मीर की रियासत का उपयोग हिन्द महासागर, अफगानिस्तान और फारस की खाड़ी में सोवियत महत्त्वाकांक्षाओं को रोकने के लिए सैनिक अड्डे के रूप में किया जाएगा जैसा भारत के उत्तर-पश्चिम सीमा प्रान्त का उपयोग अब तक किया जा रहा था? दूसरा प्रश्न यह कि क्या इस सम्बन्ध में ब्रिटेन की नीति इतनी गुप्त है कि भारत के वाइसरॉय को भी इस बारे में अँधेरे में रखा जा रहा है।

उन्नीसवीं सदी में रूस के जारों यानी राजाओं ने बुखारा तथा खीव की मुस्लिम सल्तनतों तथा समरकन्द और ताशकन्द जैसे शहरों को अपने साम्राज्य में सम्मिलित कर लिया था। इससे रूस की सीमाएँ भारत (कश्मीर) से कुछ सौ मील ही रह गई थीं। इसी कारण भारत की उत्तर-पश्चिमी सीमा ब्रिटेन के लिए उसके विशाल साम्राज्यों में सर्वाधिक संवेदनशील बन गई थी। भारत स्थित ब्रिटिश सेना की सबसे अच्छी टुकड़ी भी यहीं तैनात होती थी (संयोगवश यहीं 1898 में विंस्टन चर्चिल तैनात रहे थे)। अंग्रेजों ने अफगानिस्तान में तीन युद्ध लड़े। अनादिकाल से भारत के प्रवेशद्वार रहे खैबर और बोलन दर्रों में रेलवे लाइनें बिछाईं। जम्मू के राजपूत शासक को कश्मीर में सियाचीन तक राज्य-विस्तार के लिए अपनी छत्रछाया में सहायता प्रदान की। उत्तरी कश्मीर में गिलगित से कारकोरम पर्वत श्रेणी के 13000 फीट ऊँचे मिंटाक दर्रे से होकर सियाचीन में काशगर तक एक सड़क का निर्माण किया। उजबेकिस्तान और पामीर में रूसी गतिविधियों पर नजर रखने के लिए दूतों को नियुक्त किया और ईरान के शाह को दाम और दंडनीति से अपने साथ रखा। यह सब इसलिए कि भारत के पश्चिमी मुहानों को रूस के प्रभाव में जाने से रोका जा सके।

उन्नीसवीं सदी में भारत में अंग्रेजों के बंगाल से पश्चिमी और उत्तरी भारत में राज्य विस्तार तथा रूस के अपने मुख्य क्षेत्रों से मध्य एशिया और दक्षिण तथा पूर्वी भागों में हिन्द महासागर तक विस्तार में बड़ी समानता दिखाई देती है। अंग्रेज तथा रूसी दोनों ही एक-दूसरे के विस्तार को बढ़ा-चढ़ाकर बखान करते हुए आगे बढ़ते गए और अन्ततः अफगानिस्तान दोनों साम्राज्यों के लिए मध्यवर्ती राज्य या बफर स्टेट बन गया। सन् 1857 के भारतीय विद्रोह के पश्चात् अंग्रेजों को विद्रोह, षडयन्त्रों तथा बाहरी आक्रमणों का भय बहुत अधिक सताने लगा। 1860 के दशक में विदेशी शत्रुओं में उनके लिए एकमात्र महत्त्वपूर्ण शत्रु रूसी साम्राज्य ही था।[3]

सांसद, रॉयल ज्योग्राफिकल और एशियाटिक सोसायटी के अध्यक्ष तथा इंडियन काउंसिल के पाँच सदस्यों में से एक आजीवन सदस्य रहे, सर हेनरी

रॉलिनसन् जैसे रणनीतिकार का मत था–'यदि जार के अधिकारी काबुल में पैर जमा लेते हैं तो इसके परिणाम बड़े पैमाने पर अशान्ति उत्पन्न करने वाले होंगे।' इस स्थिति में उत्तर भारत का प्रत्येक शासक जिसे हमारी सरकार से कोई शिकायत हो या जिस पर हमारी सरकार का शिकंजा हो या इन शासकों में से किसी को भी तंग किया गया हो या फिर इनमें से किसी शासक को सनक ही सवार हो जाए तो वह रूस के साथ साजिश आरम्भ कर देगा। सबसे खराब अफगानिस्तान के पास एक ऐसा आन्दोलनकारी तन्त्र है जो भारत के मुस्लिम समुदाय को भड़काने, विक्षुब्ध करने और कटुता उत्पन्न करने का काम कर सकता है।[4] (उस समय भारत में मुसलमान अंग्रेजों के शत्रु समझे जाते थे न कि हिन्दू जैसा कि बाद में उन्हें समझा जाने लगा। आखिरकार मुगल साम्राज्य को ध्वस्त करके ही तो अंग्रेजों ने भारत में विजय प्राप्त की थी।)

इस सम्बन्ध में अंग्रेजों की एक दूसरी सोच भी थी जिससे फॉरवर्ड स्कूल के लोगों को नियन्त्रण में रखा जा रहा था।[5]

काबुल को जीतने के बाद जनरल रॉबर्ट्स ने कहा था जितना ही अफगान हमको कम देखेंगे, उतनी ही कम नफरत करेंगे। इसी समर्थन में अपना तर्क प्रस्तुत करते हुए जॉन लारेंस ने कहा था कि भारत की सुरक्षा ब्रिटिश शासन की गुणवत्ता में और अंग्रेजी साम्राज्य द्वारा प्रजा के संतुष्ट रखने में है न कि विदेशों में साहसिक कारनामे दिखाने में।[6] यही जॉन लारेंस भविष्य में भारत के गवर्नर जनरल हुए।

रूस में भी ऐसे लोगों की कमी नहीं थी जो अग्रगामी नीति (Forword Policy) में विश्वास रखते थे। रूसी विदेश मन्त्री एलेक्जेंडर गॉर्चाकॉफ ने सेंट पीटर्सबर्ग में कहा था कि "मध्य एशिया में रूस की स्थिति एक ऐसे सभ्य राष्ट्र की है जो अर्द्ध-बर्बर खानाबदोश लोगों से घिरा हुआ हैं जिनकी सीमाओं की न तो कोई सुरक्षा है न ही उनका कोई निश्चित संगठन ही है। इनके साथ व्यापारिक सम्बन्धों के लिए सभ्य राष्ट्रों को उन पर काफी हद तक दबाव डालना पड़ता है। वे केवल एक ही बात का सम्मान करते हैं और वह है फौज और ताकत।"[7]

फ्योदोर दोस्तोयेव्स्की ने पीटर्सबर्ग की पत्रिका 'सिटिजन' में सन् 1881 में लिखा था : "रूस को सिर्फ बाजार और भूमि ही नहीं चाहिए बल्कि वह इन पिछड़े लोगों के लिए विज्ञान और रेल मार्ग उपलब्ध कराना चाहता है। रूस के लिए एशिया ठीक वैसा ही है जैसा यूरोपवासियों के लिए अमेरिका था–अनजाना, अनदेखा। यूरोप में हमें एशियाई माना जाता है और एशिया के लिए तो हम भी यूरोपीय हैं। एशिया को सुसभ्य बनाने की हमारी नीति हमें उत्साह से भर देगी और हमें उस ओर खींचेगी। ज़रूरत सिर्फ इस बात की है कि यह आन्दोलन शुरू

हो। सिर्फ दो रेलमार्ग बनाकर देखें। एक साइबेरिया से आरम्भ करें और दूसरा मध्य एशिया से और तुरन्त ही इसके नतीजे भी सामने आ जाएँगे...यदि हम इंग्लैण्ड से डरें तो घर बैठ रहें और कुछ न करें।[8] वास्तव में रूस उजबेकिस्तान में वहाँ की कपास के लिए घुसा था क्योंकि अमेरिका के गृहयुद्ध के कारण उसके दक्षिणी हिस्सों से रूस को कपास की आपूर्ति बन्द हो गई थी।

उन्नीसवीं शताब्दी में एशिया में स्थित इन दो बड़े साम्राज्यों की तीव्र प्रतिद्वन्द्विता को काउंट के. वी. नेसलरॉड नामक एक रूसी विदेशमन्त्री ने 'टूर्नामेंट ऑफ शेडोज' या 'छाया युद्ध' नाम दिया था। क्योंकि रूस और इंग्लैण्ड के मध्य एक प्रतिस्पर्धा के परिणामस्वरूप वास्तव में कोई युद्ध नहीं हुआ। रडयार्ड किपलिंग ने अपने उपन्यास 'किम' में इसे ग्रेट गेम (महाखेल) की संज्ञा दी जो बाद में अंग्रेजी भाषा में प्रचलन में आ गई।

पिछली सदी के प्रथम दशक में जर्मनी ने पूर्व की तरफ बढ़ना आरम्भ कर दिया था जो बर्लिन बगदाद रेलवे लाइन की स्थापना के प्रयास के रूप में दिखाई दिया। इस कारण ब्रिटेन व रूस कुछ समय के के लिए 1907 में मैत्री करके साथ आ गए। इसके बावजूद उत्तरी ईरान को रूस द्वारा हड़पने के प्रयास को ब्रिटेन को असफल करना पड़ा और ईरान को जबर्दस्ती यह समझना पड़ा कि वह तब्रीज (जो कि ईरान में है) से बलूचिस्तान (अब पाकिस्तान में है) के मध्य रेल लाइन न बनने दे और न ही इस क्षेत्र के दोनों तरफ की सौ किलोमीटर तक की रूस द्वारा माँगी जा रही भूमि को अधिगृहीत करने दे।

सन् 1917 में रूस में साम्यवादियों के सत्ता में आते ही विदेश नीति के क्षेत्र में जो काम सबसे पहले किया गया—वह था पूर्वी क्षेत्र में स्थित राज्यों का कैस्पियन के तट पर बाकू में 1920 में एक सम्मेलन बुलाना। इस सम्मेलन में उन्होंने दक्षिण की ओर रहने वाले गैर-यूरोपीय राज्यों तथा दक्षिणी तुर्की, ईरान, अफगानिस्तान से जुड़े पड़ोसी देशों को भाईचारे का सन्देश दिया। इसके पश्चात् सोवियत यूनियन ने इन क्षेत्रों से अपना क्षेत्रीय दावा वापस ले लिया और उन्हें आर्थिक सहयोग का प्रस्ताव दिया तथा प्रत्येक के साथ अनाक्रमण और दोस्ती की सन्धियाँ कीं। सोवियत यूनियन की इस नीति से मात्र अफगान शासक अमानुल्लाह ही प्रभावित हुआ। परिणामस्वरूप सन् 1927 में ताशकन्द से काबुल के मध्य सीधी हवाई सेवा आरम्भ हुई। 1929 में अमानुल्लाह का पतन हो गया। वह तुर्की के अतातुर्क कमालपाशा का अनुसरण कर अफगानिस्तान का आधुनिकीकरण करना चाहता था किन्तु इसमें वह असफल रहा। उसके पतन के साथ ही अफगानिस्तान में दक्षिणपन्थी ताकतों की वापसी हुई जिसका अंग्रेजों को लाभ मिला।

प्रथम विश्वयुद्ध ने साबित कर दिया था कि आधुनिक काल में युद्धों में तेल अपरिहार्य है। ब्रिटेन की पहुँच में सिर्फ दो बड़े तेल क्षेत्र थे, मेसापोटामिया (इराक) और फारस (ईरान)। जब फैजल, इराक में शासक के रूप में सत्तासीन हुए तब इराक पेट्रोलियम कम्पनी का गठन किया गया। यह कम्पनी एक्सॉन और मोबाइल, शैल, बी. पी. और टोटल (फ्रांसीसी कम्पनी) की अग्रज थी। तीस के दशक में विश्व को जिस तीव्र आर्थिक मन्दी ने घेरा था, उसने निवेश को आम तौर पर हतोत्साहित किया। युद्ध के पश्चात् टैक्सास में तेल की खोज के कारण इराक के तेल के कुओं का विकास और टल गया। सन् 1961 में इराक में राष्ट्रवादियों के विद्रोह का परिणाम इराक पेट्रोलियम कम्पनी के राष्ट्रीयकरण के रूप में सामने आया। जब सत्तर के दशक के बाद अन्त में सद्दाम हुसैन सत्ता में आए तब उन्होंने इराक के तेल संसाधनों के विकास की अपेक्षा सैन्य तन्त्र खड़ा करने की ओर राष्ट्र के आर्थिक साधन मोड़ दिए। इतालवी तेल कम्पनी ई. एन. आई. के आकलन के मुताबिक इराक का तेल संग्रह 300 बिलियन बैरल के आसपास है, जबकि आम तौर पर यह आँकड़ा 125 बिलियन बैरल माना जाता है।

प्रथम विश्वयुद्ध में तुर्की की मित्र राष्ट्रों के हाथों हुई पराजय के कारण अत्यन्त शक्तिशाली ऑटोमन साम्राज्य का पतन हुआ। मुस्लिम समुदाय के नाममात्र के प्रमुख खलीफा का पद भी खत्म हो गया। अब अंग्रेजों ने मुस्लिम साम्राज्य से मुक्त हुए अरबों को इस ग्रेट गेम या महाखेल में रूस के खिलाफ नियुक्त करने का निश्चय किया। टी. ई. लारेंस द्वारा अरबों के शोषण से यह झलक मिलती है कि अंग्रेज दलाल किस प्रकार रेगिस्तानी अरबों की मदद के लिए खड़े हो गए थे। ब्रिटेन ने ऑटोमन साम्राज्य के अवशेषों से सऊदी अरब, इराक और जॉर्डन जैसे राष्ट्रों का निर्माण किया। इसी के साथ इन राष्ट्रों के माध्यम से उन्होंने फारस की खाड़ी के दक्षिणी ओर के क्षेत्रों पर अपना सीधा नियन्त्रण स्थापित किया। यह क्षेत्र अब अमीरात कहलाता है तब इन्हें ट्रुसियल राज्य कहते थे। इन क्षेत्रों में ब्रिटेन की मौजूदगी को भारत की ब्रिटिश सरकार से आंशिक रूप से आर्थिक सहायता भी उपलब्ध कराई जाती थी जिसके बारे में उक्त क्षेत्रों में तैनात ब्रिटिश राजनीतिक एजेंट भी रिपोर्ट करते थे। सऊदी अरब के राज्य के निर्माण के लिए नेदज के रेगिस्तान से सऊदी परिवार को लाकर सत्तासीन किया गया। उन्हें अरब प्रायद्वीप के शासन और यहाँ स्थित पवित्र धर्मस्थलों की सुरक्षा का जिम्मा सौंपा गया। मक्का के शेख के पुत्रों फैजल और अब्दुल्लाह को क्रमशः इराक और जॉर्डन का शासक बनाया गया। कुवैत को इराक से अलग कर दिया गया।

ईरान, रूस के करीब कमजोर मुस्लिम क्षेत्र था। दूसरे विश्वयुद्ध के दौरान ब्रिटेन दक्षिणी ओर से तथा सोवियत यूनियन पूर्व की ओर से ईरान में संयुक्त रूप से प्रविष्ट हुए ताकि वहाँ के मार्ग से मित्र राष्ट्रों द्वारा रूस को हथियारों की आपूर्ति की जा सके। यह जर्मनी के सम्भावित आक्रमण को कॉकेशस के पास रोकने के लिए था। किन्तु 1945 में युद्ध के बाद सोवियत यूनियन ने ईरान से वापस लौटते हुए उसके उत्तरी क्षेत्र में स्थित अजाई में एक कठपुतली शासन स्थापित कर दिया। यह क्षेत्र सोवियत यूनियन की सीमा पर स्थित था। उत्तरी सीमा से आगे के क्षेत्र में बाकू के तेल कुएँ स्थित थे जिन्हें जार ने उन्नीसवीं शताब्दी में अपने अधिकार में कर लिया था। रूस की महत्त्वाकांक्षा का भय ब्रिटेन में तब और बढ़ गया जब 1946 में स्टालिन ने यह घोषणा की कि 1941 के बाद रूस की तेल आवश्यकताएँ दोगुनी हो गई हैं।

शाहरजा पहलवी के दामाद अरदेरशीर जाहेदी जो बाद में ईरान के विदेश मन्त्री बने, ने इस लेखक को एक बार बताया था कि “दक्षिणी ईरान में ब्रिटेन की रुचि तेल के आसपास ही केन्द्रित थी। 1920 में उन्होंने ईरान के शत–अल–अरब पर स्थित प्रान्त खुजेस्तान को अलग करना चाहा जहाँ ब्रिटिश पेट्रोलियम कम्पनी को कुछ रियायतें प्राप्त थीं। अबेदान की तेल रिफायनरी थी। वे इस क्षेत्र को एक अलग शासक के अधीन रखना चाहते थे। वे ऐसा करने में सफल भी हुए थे। ऐसा उन्होंने कुवैत में भी किया था। इस क्षेत्र में युद्ध के दौरान ब्रिटिश अधिकारियों के नेतृत्व वाली आपकी (भारतीय) फौजी टुकड़ी का भी इस्तेमाल किया गया था।”

जाहेदी ने आगे बताया कि “पचास के दशक में ईरान के प्रधानमन्त्री मोहम्मद मुसादिक द्वारा ब्रिटिश पेट्रोलियम कम्पनी का राष्ट्रीयकरण करने के पश्चात् ही ईरान पर ब्रिटेन की पकड़ ढीली हुई। मुसादिक बाद में साम्यवादी हो गए तथा सत्ता से बाहर कर दिए गए। उसके बाद अमेरिकी और डच तेल कम्पनियों ने ब्रिटिश कम्पनी के साथ एक संघ बना लिया। इस कारण भी ब्रिटिश प्रभाव यहाँ पर कम हो गया।”

जाहेदी ने यह भी बताया कि “अमेरिकी सेक्रेटरी ऑफ स्टेट जॉन फॉस्टर डलेस ईरान के प्रति काफी सहानुभूति रखते थे और जब अमेरिका, ब्रिटेन, पाकिस्तान, इराक और तुर्की के साथ ईरान भी सेंटो (CENTO) सैनिक सन्धि में शामिल हो गया तब जाकर महाशक्तियों ने ईरान को खरोंचना भी छोड़ दिया।” खुजेस्तान की बात फिर से छेड़ते हुए जाहेदी ने कहा कि ब्रिटेन को दूसरे देशों के भू-भागों को छीनने में बड़ी महारत हासिल है। पश्चिम में गांधी की प्रतिष्ठा और

उनके प्रति आदर के कारण ब्रिटेन उस रणनीति का उपयोग यहाँ (भारत) नहीं कर पाया जैसा उसने ईरान या इराक में किया।" जाहेदी ने कहा कि मेरी बात पर हँसें नहीं क्योंकि भारत में भी अंग्रेजों ने वह हासिल कर लिया है जो वे चाहते थे (अर्थात् विभाजन)।

युद्ध के समाप्त होने पर इस महाखेल या ग्रेट गेम के एक सम्मानित भागीदार ने भविष्य की सम्भावनाओं का आकलन कुछ इस तरह किया कि–

> द्वितीय विश्वयुद्ध के दौरान मित्र राष्ट्रों की ईरान-इराक में हो रही सैनिक गतिविधियों का संचालन भारत में स्थित सैनिक अड्डों से ही सम्भव हो सका। खाड़ी का महत्त्व बढ़ेगा कम न होगा जैसे-जैसे ईंधन की ज़रूरत बढ़ेगी। दुनिया छोटी होती जाएगी और रूस की प्रबलता बढ़ती जाएगी। इस क्षेत्र में स्थिरता तभी बनी रह सकती है जब इस मुस्लिम बहुल झील के आसपास वाले राज्यों में घनिष्ठ सम्बन्ध हों तथा इनके मध्य ऐसे समझौते हों जिनकी उन महाशक्यिों, जिनके स्वार्थ वहाँ निहित हैं, द्वारा जिम्मेदारी ली जाए।[9]

सन् 1943 में एक भारतीय विद्वान ने अंग्रेजों की ऊहापोह वाली स्थिति पर प्रकाश डालते हुए लिखा है कि–

> मित्र राष्ट्रों की विजय के पश्चात् यूरेशिया क्षेत्र में सोवियत यूनियन सर्वाधिक ताकतवर राष्ट्र के रूप में स्थापित होगा। यूरोप में सोवियत संघ के जो शत्रु हैं उनका विनाश उन्हें एक पीढ़ी तक इससे उबरने नहीं देगा। जापान की भी महत्त्वाकांक्षाएँ कुछ समय के लिए समाप्त हो गई हैं। इस कारण रूस दक्षिण की ओर विस्तार को पुनः आरम्भ कर लेगा जो पिछली शताब्दी के (19 वीं) अन्तिम दशक में रोक दिया गया था। हिन्द महासागर में उसके प्रवेश से रूस की दो सदियों से समुद्रतट की (गर्म पानी का समुद्र) तलाश पूर्ण हो जाएगी। और उसके ऊपर उनका आधिपत्य हो जाएगा। निःसन्देह रूस दूसरे राष्ट्रों से सोवियत गणराज्यों की तर्ज पर अन्तरंग सन्धियाँ करना चाहता है...। यदि भारत सोवियत संघ के खेमे में चला जाए और उस खेमे में भारत की स्थिति मजबूत हो जाती है तो यह एक विश्व संगठन बन जाएगा क्योंकि सोवियत संघ बाल्कन और मध्य यूरोप के राष्ट्रों में पहले से ही प्रभावी है। इस कारण सोवियत संघ का विश्व संगठन इतना प्रभावी और विशाल हो सकता है जिसकी लेनिन ने भी कल्पना न की होगी। यह विश्व संगठन आर्थिक संसाधनों और शक्ति की दृष्टि से अद्वितीय होगा तथा मानव संसाधन की दृष्टि से उसका कोई

मुकाबला नहीं होगा। इस संगठन का क्षेत्रफल एशिया और यूरोप में फैला होगा। ब्रिटिश साम्राज्य का अस्त इसका अपरिहार्य और स्वाभाविक परिणाम होगा।[10]

जर्मन ने 5 मई 1945 को आत्मसमर्पण कर दिया। इसी दिन युद्ध मन्त्रालय के पोस्ट होस्टिलिटी प्लानिंग स्टाफ से प्रधानमन्त्री विंस्टन चर्चिल ने एक आदेश जारी कर पूछा कि ब्रिटिश साम्राज्य के भारत और हिन्द महासागर में सामरिक हितों को सुरक्षित रखने के लिए दूरगामी नीति कैसी हो। 19 मई को दो हफ्तों के ही अन्दर यह अत्यन्त गोपनीय रिपोर्ट उनके समक्ष रखी गई। इस रिपोर्ट की अनुशंसा का मुख्य बिन्दु यही था कि ब्रिटेन को इस उप महाद्वीप में अपने सैनिक सम्बन्ध बनाए रखने चाहिए जिससे इस क्षेत्र में सोवियत संघ के खतरे को दूर रखा जा सके।

यह रिपोर्ट में "ब्रिटेन के लिए भारत सैनिक दृष्टि से कितने महत्त्व का है?" इस सम्बन्ध में चार कारण बताए गए हैं :

(अ) इसके अनुसार भारत का महत्त्व एक सैनिक अड्डे के रूप में है जिससे हिन्द महासागर, मध्यपूर्व और दक्षिण पूर्व में भेजने के लिए सेना को यहाँ रखा जा सके।

(ब) हवाई और सामुद्रिक सम्बन्धों की दृष्टि से इसकी स्थिति महत्त्वपूर्ण है।

(स) यहाँ स्थित विशाल मानव भंडार हमारे लिए अत्यन्त उपयोगी है। (जिसका एक कारण यहाँ के सैनिकों की गुणवत्ता भी है)

(द) इसके उत्तर-पश्चिम से सोवियत सेना की तैनाती को ब्रिटिश हवाई शक्ति चुनौती दे सकेगी।

यह रिपोर्ट बलूचिस्तान को भारत से अलग करने की सम्भावना का भी जिक्र करती है। (बलूचिस्तान का समुद्री तट ओमान की खाड़ी के उत्तर की ओर स्थित है जो फारस की खाड़ी तक जाता है।)

इसके बाद सेनाध्यक्षों की हर रिपोर्ट में जो कि अध्ययन के लिए उपलब्ध है, यह अनुशंसा जोर देकर की गई है कि ब्रिटेन को इस उपमहाद्वीप में अपने सामरिक सम्बन्ध बनाए रखने चाहिए फिर चाहे वह कैसे भी संवैधानिक और राजनीतिक परिवर्तन हों। इसी के साथ वे इस परिप्रेक्ष्य में भारत के उत्तर-पश्चिम क्षेत्र के महत्त्व पर भी खास तौर पर जोर देते रहे।

अगले वर्ष 18 अप्रैल 1946 को ब्रिटिश चीफ ऑफ स्टाफ फील्ड मार्शल एलेन ब्रुक, एयर मार्शल आर्थर विलियम टेडर और एडमिरल रोड्रिक्स ने ब्रिटिश मन्त्रिमंडल को सूचित किया कि–

"हाल के परिवर्तनों से यह स्पष्ट हो गया है कि रूस हमारा संभावित सबसे कट्टर शत्रु है।" इस खतरे से निपटने के लिए हमें जो क्षेत्र चाहिए तथा जिनके बिना हमारा लड़ना असम्भव होगा उसमें भारत भी सम्मिलित है। और रूस की वर्तमान नीति से स्पष्ट है कि वह आगे के क्षेत्रों में अपना प्रभाव बढ़ाने के लिए कोई भी उपाय, बड़े युद्ध को छोड़ अपनाने को तैयार है...हमें किसी भी तरह से महत्त्वपूर्ण सैनिक क्षेत्रों से अपना प्रभाव त्यागकर खुद को कमजोर नहीं करना चाहिए। भारत को पूरी तरह न छोड़ने के पीछे दूसरा जो कारण उन्होंने बताया वह यह था कि इराक के अलावा उत्तर-पश्चिम भारत के हवाई क्षेत्र रूस के यूराल और पश्चिमी साइबेरिया के महत्त्वपूर्ण औद्योगिक क्षेत्र से सबसे नजदीक हैं। उन्होंने यह भी कहा कि लक्ष्यभेदी मिसाइलें जो भविष्य में सामने आएँगी और जिन्हें सोवियत वायुसेना मध्य एशिया के पठार से संचालित कर सकेगी, उनसे खतरा और बढ़ जाएगा। उन्होंने दक्षिणपूर्व एशिया से हवाई सम्पर्क के रूप में भारत के महत्त्व को स्पष्ट किया और लिखा कि अभी जिस किस्म के वायुयान उपलब्ध हैं वे लम्बी उड़ान नहीं भर सकते।

हवाई शक्ति की सामुद्रिक शक्ति की तुलना में बढ़ती मारक क्षमता और विस्तार का प्रदर्शन जापानी वायुयान कर चुके थे। जापान के साथ युद्ध के दौरान ब्रिटिश लड़ाकू जहाज रिपल्स और प्रिंस ऑफ वेल्स को जापानी तटवर्ती लड़ाकू वायुयानों ने सिंगापुर छोड़ते ही डुबोकर नष्ट कर दिया था। इस कारण मध्य एशिया में रूस के अधीन स्थित भू-क्षेत्रों का सामरिक महत्त्व और अधिक बढ़ गया।

इसी तरह के विचारों से युक्त एक नोट भारत स्थित ब्रिटिश कमांडर-इन-चीफ फील्ड मार्शल ऑकिनलेक ने भी लिखा था जिसे वेवल ने 13 जुलाई 1946 को सेक्रेटरी ऑफ स्टेट को भेजा था। इस नोट में भी इसी बात पर जोर दिया था कि "ब्रिटेन और कॉमनवेल्थ को भारत से जो सबसे प्रमुख लाभ मिल सकता है वह सामरिक ही है।"[17] कमांडर-इन-चीफ के नोट में कहा गया कि सबसे बड़ी सम्पदा भारत के बीस लाख सैनिक हैं। साथ ही भारत के सामुद्रिक अड्डे ईरान और खाड़ी के क्षेत्र से तेल की सुरक्षित आपूर्ति के लिए आवश्यक हैं। साथ ही यहाँ के हवाई अड्डे राष्ट्रमंडल के दक्षिण पूर्व से हवाई सम्पर्क के लिए आवश्यक हैं। नोट के अन्त में लिखा था कि "हमें सोचना चाहिए कि यदि स्वतन्त्र भारत अपनी प्रतिद्वन्द्वी शक्तियों जैसे रूस आदि से प्रभावित हो जाता है तो हम उत्तरी हिन्द महासागर में समुद्री और हवाई मार्ग से आसानी से नहीं आ-जा सकते जबकि ब्रिटिश राष्ट्रमंडल के लिए यह क्षेत्र सर्वोच्च महत्त्व का है।"[18]

उसी समय चीफ ऑफ स्टाफ की बैठक को सम्बोधित करते हुए जनरल लॉर्ड इस्मे ने जो युद्ध के दौरान चर्चिल के चीफ ऑफ स्टाफ थे और इस समय ब्रिटिश मन्त्रिमंडल के सचिवालय से जुड़े हुए थे, कहा था कि "यह बिलकुल स्पष्ट है कि हम यदि भारत छोड़ देते हैं तो रूस की घुसपैठ को यहाँ रोकने के लिए कोई उपाय शेष नहीं रहेगा और सम्भावना यह है कि यदि ऐसा हुआ तो यह देश नष्ट भ्रष्ट हो जाएगा।" बैठक की अध्यक्षता कर रहे जनरल मोजली ने इससे पूर्ण सहमति जताई थी।

फील्ड मार्शल वेवल (जो बाद में 1943 से 1947 के आरम्भिक काल तक भारत के वाइसरॉय रहे) पहले ऐसे अंग्रेज रणनीतिकार थे जिन्होंने नीचे लिखे अन्तर्सम्बन्धों को सबसे पहले समझा कि–

(अ) ब्रिटेन के लिए भारत की उपयोगिता प्राथमिक रूप से रक्षा के क्षेत्र में है। अब बाजार के रूप में इसकी उपयोगिता नहीं रही है।

(ब) क्योंकि भारत में ब्रिटेन की सत्ता अब आभाहीन हो चली है अतः ब्रिटेन को द्वितीय विश्वयुद्ध के बाद भारत से चले जाना पड़ेगा।

(स) कांग्रेस के नेता जो स्वतन्त्रता पश्चात् भारत के शासक बनेंगे वे रक्षा व विदेशी मामलों में ब्रिटेन से सहयोग नहीं करेंगे, जबकि मुस्लिम लीग के नेता जो विभाजन चाहते हैं ऐसा करने के लिए उत्सुक हैं।

(द) हिन्द महासागर और मध्यपूर्व की रक्षा के लिए ब्रिटेन की कमजोरी को दूर किया जा सकता है यदि मुस्लिम लीग सामरिक दृष्टि से महत्त्वपूर्ण भारत के उत्तर-पश्चिमी सीमान्त को अलग करने में सफल हो जाती है।

लॉर्ड वेवल की मार्च 1945 में लन्दन में प्रधानमन्त्री चर्चिल के साथ लम्बी बातचीत हुई। दोनों के मध्य किस मसले पर बातचीत हुई यह कहीं दर्ज नहीं है किन्तु वेवल ने अपनी डायरी में नोट किया कि प्रधानमन्त्री की सोच भारत के विभाजन की ओर है। इस वार्तालाप ने उनके अपने इरादों को मजबूत कर दिया जैसा इसके तुरन्त बाद भारत में उनके द्वारा उठाए गए कदमों से स्पष्ट है।

फील्ड मार्शल ऑकिनलेक का विचार इससे भिन्न था। उनकी सोच थी कि ब्रिटेन द्वारा निर्मित भारतीय सेना जिसका नेतृत्व अंग्रेज अधिकारियों के हाथ में है, सोवियत घुसपैठ के खिलाफ सबसे बड़ी गारंटी है। उनका यह प्रत्यक्ष अनुभव था कि कुछ नस्लवादी समस्या और विभिन्न धर्मों के मध्य साम्प्रदायिक प्रतिद्वन्द्विता के बावजूद भारतीय और ब्रिटिश अधिकारियों के मध्य सम्बन्ध सन्तोषजनक हैं और उन्हें विश्वास था कि अखंड भारत में हिन्दू, सिख, मुसलमान और अंग्रेज साथ-साथ काम कर सकते हैं। लन्दन में सेनाध्यक्षों में ऑकिनलेक के

विचारों से सहमति थी। किन्तु इस राय के साथ यह लक्ष्य ध्यान में नहीं रखा गया कि भारतीय राष्ट्रीय कांग्रेस के नेता जो सम्भवतः सरकार बनाएँगे वे भारत की स्वतन्त्र विदेश नीति और स्वतन्त्र भारत में प्राथमिकताओं को ब्रिटिश हितों की चिन्ता किए बिना निर्धारित करेंगे। ऐसी स्थिति में अखंड भारत की सेना ब्रिटेन के किस काम की हो सकेगी? जैसे-जैसे 1946 बीतता गया वेवल का विचार ब्रिटेन के सैन्य हलकों में स्वीकार्य होता गया। नेहरू द्वारा संविधान सभा में ली गई शपथ में भारत को सार्वभौम स्वतन्त्र गणतन्त्र घोषित करने की बात ने (अर्थात् कॉमनवेल्थ से बाहर रहने) उनकी आँखें खोल दीं।

सन् 1947 तक ब्रिटिश सेना प्रमुख पाकिस्तान के बड़े उत्साही हिमायती बन गए। 12 मई 1947 को जनरल लेसली हॉसिल ने प्रधानमन्त्री क्लीमेंट एटली को सेना प्रमुखों के विचारों से अवगत कराया। सामरिक दृष्टिकोण से इस मामले में भारी सहमति है कि पश्चिमी पाकिस्तान कॉमनवेल्थ में रहे (अर्थात् ब्रिटेन के साथ रक्षा सम्बन्ध बनाए रहे)[19] हॉसिल ने इसकी पुष्टि में निम्नांकित बिन्दु रखे–

1. हमें महत्त्वपूर्ण सामरिक सुविधाएँ हासिल करना चाहिए जैसे उत्तर-पश्चिमी भारत में कराची का बंदरगाह, उत्तर-पश्चिम प्रान्त में हवाई अड्डा और मुस्लिम लड़ाके।
2. हमें अफगानिस्तान की अखंडता और स्वतन्त्रता सदैव बनी रहे इस बात को सुनिश्चित करना चाहिए।
3. पाकिस्तान को सहायता देने से मध्य एशिया के मुस्लिम राष्ट्रों में हमारी प्रतिष्ठा बढ़ेगी।
4. पाकिस्तान के साथ हमारे सम्बन्धों का असर भारत को शान्त रखने में होगा क्योंकि भारत द्वारा पाकिस्तान पर हमले की स्थिति में भारत का सामना अकेले पाकिस्तान से नहीं होगा बल्कि ब्रिटिश राष्ट्रमंडल से होगा।
5. सीमा प्रान्त की स्थिति पाकिस्तान बनने से ज्यादा स्थिर होगी क्योंकि कबीलों के सम्बन्ध पाकिस्तान के साथ ज्यादा सहज होंगे बनिस्बत अखंड भारत के।[20]

जनरल हॉसिल ने रिपोर्ट में आगे लिखा कि–

इन सकारात्मक तर्कों से परे हम आपका ध्यान इस ओर आकर्षित करना चाहते हैं कि जिन्ना के एक आवेदन को खारिज करने का अर्थ होगा कि हम वफादार व्यक्तियों की अनदेखी कर रहे हैं जिसके परिणाम हानिकारक हो

सकते हैं। सम्भवतः हम भारत में (उपमहाद्वीप) कहीं भी सैनिक सुविधा प्राप्त करने से वंचित हो सकते हैं। हमारी छवि मुस्लिम जगत में छिन्न-भिन्न हो सकती है और इसके परिणामस्वरूप आगे मध्य-पूर्व के देशों से हमें सहयोग न मिल सकेगा। सैनिक दृष्टि से इससे खतरा हो सकता है।[21]

जिस डिस्कशन के ऊपर यह रिपोर्ट बनाई गई थी उसका जायका नीचे लिखे ब्रिटिश वायु, जल और सेना प्रमुखों के वक्तव्य से मिलता है। एयर मार्शल टेडर ने कहा था : "हमें भारत में कुछ खास सैनिक सुविधाएँ चाहिए चाहे वे कितनी ही कम क्यों न हों। कुछ नहीं से थोड़ा भला।"[22]

नौसेना अध्यक्ष सर जॉन कनिंघम ने कहा कि "ऐसे लोगों के आवेदन को अस्वीकार करना घातक होगा जो राष्ट्रमंडल के प्रति सदैव वफादार बने रहें। इस तरह की अस्वीकृति के परिणाम पूरे मुस्लिम जगत में फैल जाएँगे।"[23]

बैठक में इम्पीरियल जनरल स्टाफ के प्रमुख फील्डमार्शल मांटगोमरी ने अपने विचार कुछ इस तरह प्रकट किए। उनका कहना था कि–

ब्रिटिश राष्ट्रमंडल की रणनीति को वृहद् दृष्टिकोण से देखें तो पाकिस्तान अर्थात् उत्तर-पश्चिमी क्षेत्र यदि राष्ट्रमंडल के अधीन रहता है तो यह एक बड़ी उपलब्धि होगी। राष्ट्रमंडल की प्रतिरक्षा की दृष्टि से उत्तर-पश्चिमी भारत के जमीनी, समुद्री और हवाई अड्डे बहुमूल्य सिद्ध होंगे। हमारी यहाँ उपस्थिति से नागरिक प्रशासन बेहतर होगा। ब्रिटेन के नागरिक और सैनिक सलाहकार इन प्रान्तों (पाकिस्तान) के कुशल प्रशासन का आश्वासन दे सकते हैं। इस कारण हिन्दू राज्य (ब्रिटिश अधीन भारत के वे स्वतन्त्र नरेश) भी राष्ट्रमंडल से ऐसे ही सम्बन्ध बनाने के लिए आकर्षित होंगे। इसी के साथ-साथ हम अफगानिस्तान की अखंडता का समर्थन करने के लिए मजबूत स्थिति में होंगे। और यह सब जितनी जल्दी हो उतना ही अच्छा होगा।[24]

इसके तुरन्त बाद इन रक्षा प्रमुखों ने एक और रिपोर्ट तैयार की जिसमें यह स्पष्ट किया गया कि इस उप महाद्वीप के सैनिक हित पाकिस्तान पर केन्द्रित होने चाहिए।

पाकिस्तान का क्षेत्र (पश्चिमी पाकिस्तान या उत्तर-पश्चिमी भारत) भारतीय उपमहाद्वीप में सर्वाधिक सैनिक महत्त्व का है और हमारी रक्षा सम्बन्धी अधिकांश ज़रूरतें अकेले पाकिस्तान के साथ समझौते से पूर्ण हो सकती हैं, इस कारण हम नहीं समझते कि भारत के साथ कोई समझौता करने में असफलता के कारण हमें अपनी आवश्यकताओं में कोई फेरबदल करना पड़ेगा...।[25]

इस समय तक कुछ देशी राज्यों के स्वतन्त्र रहने की उम्मीद ब्रिटिश सेना को अभी भी थी।

"प्रथम दृष्टि में यह लग सकता है कि यदि भारत में हमें हवाई मार्ग प्राप्त नहीं होते तो पाकिस्तान से भी यह सुविधा प्राप्त करने में क्या लाभ है। परन्तु यह सम्भव हो सकता है...शायद स्वतन्त्र राज्यों की भूमि का उपयोग किया जा सके। हमें हिन्दुस्तानी क्षेत्र में किसी भी स्थिति में लड़ाकू हवाईजहाजों के लिए अड्डे चाहिए।"[26]

अध्याय के आरम्भ में कृष्णा मेनन द्वारा जो वाइसरॉय को लिखे पत्र में अर्नेस्ट बेवन की मारगेट सम्मेलन में की गई टिप्पणी का नीचे हवाला दिया था जिससे स्पष्ट होता है कि लेबर पार्टी सरकार में भारत के विभाजन के बारे में जून 1947 तक एकता हो गई थी। यह सहमति (जिस पर हस्ताक्षर नहीं हैं) ब्रिटेन की प्रतिरक्षा को ध्यान में रखकर हुई थी। जो ब्रिटिश नीति भारत की आज़ादी का जोर पकड़ रही थी वह एक बिना हस्ताक्षर के दस्तावेज से स्पष्ट होती है। इसका वर्णन संक्षेप में इस प्रकार किया जा सकता है।

1. "सिन्धु घाटी, पश्चिमी पंजाब और बलूचिस्तान (उत्तर-पश्चिम प्रान्त) किसी भी सैन्य नीति की दृष्टि से अत्यधिक महत्त्व के हैं, इनमें से सम्पूर्ण मुस्लिम बहुल पट्टी की सुरक्षा हो सकती है साथ ही मध्यपूर्व से तेल की आपूर्ति भी निर्बाध होगी।"
2. यदि इस क्षेत्र को सोवियत संघ के विस्तारवाद के खिलाफ एक सुरक्षा दीवार बनाना है तो इस दीवार में पांच सबसे मजबूत ईंटें होंगी—तुर्की, इराक, ईरान, अफगानिस्तान और पाकिस्तान।
3. चूँकि अन्य देशों के बन्दरगाह समुद्री तंग गलियारे में हैं जिनके ऊपर सोवियत वायुसेना आसानी से आक्रमण कर सकती है सिर्फ कराची के खुले समुद्री तट से ही सोवियत संघ के विरुद्ध तत्काल व प्रभावी प्रति-कार्यवाही हो सकती है।
4. यदि ब्रिटिश राष्ट्रमंडल और अमेरिका मध्यपूर्व में अपने महान् हितों को साधने की स्थिति में रहते हैं तो इसके लिए सबसे बढ़िया व मजबूत क्षेत्र पाकिस्तान होगा जहाँ से उक्त देश अपनी प्रतिरक्षा प्रणाली संचालित कर सकते हैं।
5. पाकिस्तान हिन्द महासागर के विस्तृत और सुरक्षित क्षेत्र में सैन्य घेरे का सबसे महत्त्वपूर्ण केन्द्र होगा। कौन कह सकता है कि यह मूल्यांकन दूरदर्शी नहीं हुआ। बाद में पाकिस्तान ने सेंटो की सदस्यता ले ली

(जिसमें अमेरिका भी सम्मिलित हो गया) पाकिस्तान द्वारा सेन्टो और बगदाद समझौते में शामिल होने से सोवियत महत्त्वाकांक्षाओं के खिलाफ एक दीवार खड़ी करना सम्भव हुआ। बाद में पाकिस्तान ने ब्रिटेन के सबसे निकट के सहयोगी अमेरिका के साथ एक द्विपक्षीय सैनिक समझौता कर लिया। इस समझौते के बाद पाकिस्तान ने अमेरिका की गुप्तचर एजेंसी सी.आई.ए. को यू 2 हवाई जहाजों के लिए अड्डे उपलब्ध कराए जिससे सोवियत संघ की जारी सैनिक तैयारियों पर बाज की-सी निगाह रखी जा सके। (पाकिस्तान में सी.आई.ए. के अड्डों का रहस्य सन् 1961 में खुला जब एक अमेरिकी पायलट गैरी पावर्रा ने इस हवाई अड्डे से सोवियत यूनियन के क्षेत्रों में उड़ान भरी और उसे मार गिराया गया।)

इस महाखेल की एक महत्त्वपूर्ण चाल के रूप में 1980 के दशक में पाकिस्तान ने अमेरिका को अपने यहाँ अड्डे उपलब्ध करवाए जिससे रूसी फौजों को अफगानिस्तान से बाहर निकाला जा सके, जो कि सोवियत यूनियन के टूटने का कारण बना जिससे आज जब सोवियत यूनियन खत्म हो चुका है, तथा अमेरिकी फौजें खाड़ी में प्रवेश कर चुकी है तथा सोवियत यूनियन के अधीन रह चुके मुस्लिम क्षेत्रों में सैनिक अड्डों के लिए सम्भावनाएँ तलाश रही हैं, रूस को रोकने के लिए पश्चिमी यूरोपीय देशों की निर्भरता पाकिस्तान पर खत्म हो चुकी है। तब कोई भी श्रेष्ठ रणनीति यदि 50 साल तक सफल रहे वह सराहनीय है।

कृष्णा मेनन ने 1947 में लॉर्ड माउंटबेटन को लिखे अपने पत्र में आश्चर्य व्यक्त किया था और पूछा था कि क्या ब्रिटेन किसी गुप्त योजना पर काम कर रहा है जिसके बारे में अर्नेस्ट बेवन ने थोड़ा सा परदा उठाया था। कृष्णा मेनन के वाइसरॉय को पत्र लिखने से दो हफ्ते पूर्व दो अमेरिकी राजनयिक पेशावर गए थे। इनमें से एक थे अर्ल ई. पामेर जो अमेरिका के अफगानिस्तान में विशेष प्रतिनिधि थे और दूसरे सज्जन थे आर.एस. लीच जो अमरीकी विदेश मन्त्रालय से थे। इन दोनों को उत्तर-पश्चिमी प्रान्त के गवर्नर ओलेफ कैरो ने रात्रिभोज पर बुलाया। 26 मई 1947 को उन्होंने वाशिंगटन को भेजी रिपोर्ट में लिखा कि गवर्नर ने उन्हें रात्रि भोज के लिए निर्धारित समय से पहले आने का निवेदन किया जिससे वे शान्ति से बातचीत कर सकें। इस बातचीत के दौरान गवर्नर ने सबसे पहले अखंड भारत की बात की फिर बाद में ज्यादा खुलकर बोले और उन्होंने कहा कि यह क्षेत्र एक ऐसा अनिश्चित प्रकोष्ठ है जो भविष्य में भारत सोवियत सम्बन्धों को प्रभावित करेगा, साथ ही उन्होंने गिलगित, चित्राल और स्वात (कश्मीर की

उत्तरी सीमा पर स्थित) में सोवियत घुसपैठ का खतरा भी जताया। इसके बाद सर ओलेफ ने खास तौर पर यह बताया कि वे पृथक पाकिस्तान की स्थापना के विरोधी नहीं हैं।[28]

उत्तर-पश्चिमी सीमा प्रान्त का गवर्नर बनने से पूर्व कैरो 1939 से 1946 तक दिल्ली में विदेश सचिव और वाइसरॉय लॉर्ड लिनलिथगो और वेवल के मुख्य सलाहकार रह चुके थे, जो कि उस ब्रिटिश नीति को चला रहे थे जिसके तहत अफगानिस्तान, सियाचीन और फारस की खाड़ी के क्षेत्र में सोवियत दबाव को रोका जा सके। सर ओलेफ कैरो ने व्यक्तिगत रूप से इस क्षेत्र को देखा था और अपने इस अनुभव के आधार पर वह पेशावर में अमेरिकियों की उपस्थिति का लाभ उठा कर सरकारी विभाग को पश्चिमी नजरिए से, पाकिस्तान के निर्माण और कश्मीर के उससे सम्बद्ध होने के लाभ समझा रहे थे।

सेवानिवृत्ति के पश्चात् सर ओलेफ कैरो को विदेशी विभाग ने अमेरिका में व्याख्यान देने के लिए भेजा। यह टूर उन्हीं के शब्दों में "एक प्रयास है जो अनुभव उन लोगों ने किए हैं जिन्होंने पूरब को भली भाँति देखा और भोगा है, अब उसके खो जाने का खतरा देखकर मेरी प्रेरणा है कि जो नए कार्यकर्ता इस क्षेत्र में जाएँ, उन वक्तव्यों से लाभ उठा सकें।"[29] अमेरिका में उन्होंने जिस विषय पर व्याख्यान दिए बाद में वह उनकी पुस्तक 'वेल्स ऑफ पॉवर' में छपे इनमें उन्होंने कहा कि कराची का बन्दरगाह और बलूचिस्तान के समुद्र तट जो कि फारस की खाड़ी के मुहाने पर हैं भौगोलिक स्थिति के कारण ब्रिटेन की दृष्टि से महत्त्वपूर्ण है। जो ब्रिटिश बेस भारत में था, अब पाकिस्तान में है इसने सन् 1801 से मध्यपूर्व में स्थिरता बनाए रखी।

सर ओलेफ का मानना था कि—रूसी दबाव जो हमेशा रहा, वह साम्यवाद के पूर्व का है। भारतीय लंगर तो हाथ से निकल गया परन्तु एक नया भारत अर्थात् पाकिस्तान प्रकट हो गया है। यह एक मुस्लिम राष्ट्र जो इस क्षेत्र में स्थित मुस्लिम राष्ट्रों का एक रक्षा संगठन बनाने में मदद देगा तथा इस्लामी ढाँचे पर आधारित राष्ट्रों तथा पश्चिम के मध्य सामंजस्य का मार्ग प्रशस्त करेगा। ओलेफ कैरो ने पूछा, "क्या इस्लाम साम्यवाद के खिलाफ खड़ा होगा?" ब्रिटिश सरकार के पूर्व विदेश सचिव ने यह भी दम्भ भरा कि उसके द्वारा प्रयोग किया गया मुहावरा 'द नॉर्दर्न स्क्रीन' और अमेरिकी सेक्रेटरी ऑफ स्टेट्स जॉन फॉस्टर डलस द्वारा प्रयोग किया 'द नॉर्दर्न टिअर' वास्तव में एक ही सोच की परिणति हैं। द्वितीय विश्वयुद्ध के मध्य में ब्रिटिश अधिकारियों को यह समझ में आने लगा था कि पचास वर्षों से भारत में जो उनका सैनिक बेस था उसको उन्हें आज नहीं तो कल छोड़ना

पड़ेगा। उनके मस्तिष्क में यह प्रश्न उठा कि हिन्द महासागर और तेल के कुओं की सुरक्षा अब कैसे की जाएगी? हल ढूँढ़ने के लिए वे उपलब्ध अवसरों और भारत में ब्रिटेन की परम्परागत शैली में इसकी शुरुआत के मौके ढूँढ़ने लगे। जैसा चर्चिल ने लिखा है कि–हम (अंग्रेज) नहीं सोचते कि तेजी से बदलती और अनिश्चित परिस्थिति में जो किया जाना चाहिए उसके लिए तर्क और सुस्पष्ट सिद्धान्त मात्र ही अकेले काम आ पाते हैं। मौलिक निर्णयों से उत्साहित होने के बजाय हम परिस्थितियों पर रहने और अधिकार करने में मौकों और घटनाओं को महत्त्व देते हैं।''[30]

अब इस तरफ मुड़ें कि भारत में उस युद्ध की शुरुआत के समय क्या स्थिति थी, जिस युद्ध से ऐसी परिस्थितियाँ उत्पन्न हुई थीं जिससे भारत की आज़ादी हुई और विभाजन भी?

सन्दर्भ

1. माउंटबेटन के दस्तावेज (एम बी 1/ई 104, हार्टले लाइब्रेरी, साउथम्पटन)।
2. वही।
3. कार्लमेयर व शारीन ब्रायसेक : टूर्नामेंट ऑफ शेडोज (काउंटरपाइंट प्रेस, न्यूयॉर्क, 1999, पृ. 152)।
4. हेनरी रॉलिंसन : इंग्लैण्ड एंड रशिया (जॉन मुरे, लन्दन, 1875 पृ. 279-80)।
5. सर पेनेड्रल मून द्वारा उद्धृत : द ब्रिटिश कनक्वेस्ट एंड डॉमिनियन ऑफ इंडिया, खंड-2 (इंडिया रिसर्च प्रेस, दिल्ली, 1999, पृ. 856)।
6. मेयर व ब्रायसेक द्वारा सर जॉन लारेंस के विचार की व्याख्या जो पूर्व में उद्धृत किया गया है पृ. 155।
7. गैराल्ड मोरगन : एंग्लो-रशियन राइवलरी इन सेंट्रल एशिया 1810-1895 (टेलर एंड फ्रांसीस, लन्दन 1981 पृ. 120)।
8. फ्योदोर दोस्तोवस्की : द डायरी ऑफ ए राइटर, अनु. बोरिस ब्रासोल (स्क्राइबनर्स संस, न्यूयॉर्क, 1949 पृ. 1051-52)।
9. सर ओलेफ कैरो, वेल्स ऑफ पॉवर (मैकमिलन, लन्दन, 1951, पृ. 185)।
10. के. एम. पन्निकर, द फ्यूचर ऑफ साऊथ-ईस्ट एशिया (एशिया पब्लिशिंग हाउस, लन्दन, 1943 पृ. 69...) कॉमन वेल्थ रिलेशंस ऑफिस (सी आर ओ) दस्तावेज एफ 15955/8800/85, 1 दिसम्बर 1947, पृ. 14।
11. अतिगोपनीय दस्तावेज, पीएचपी (45) 15(0) अन्तिम, 19 मई 1945, एल/डब्ल्यू एस/1/1983–988 (ओरिएंटल एंड इंडियन कलेक्शन, ब्रिटिश लाइब्रेरी, लन्दन)।
12. चीफ ऑफ स्टाफ के उच्च गोपनीय कार्य-विवरण (सी ओ एस) (46) 19 (0), 18 अप्रैल 1946 (ओ आई सी, ब्रिटिश लाइब्रेरी, लन्दन)।

13. वही।
14. वही।
15. वही।
16. वही।
17. लॉर्ड वेवल द्वारा लॉर्ड फ्रेडरिक पेथिक-लारेंस को शिमला में लिखे गए पत्र के साथ संलग्न, 13 जुलाई 1946 (ओ आई सी, ब्रिटिश लाइब्रेरी लन्दन)।
18. वही।
19. सी ओ एस से उद्धृत (46) 173वीं बैठक, 29 नवम्बर 1946, टी पी (46) पैरा 4 (ओ आई सी ब्रिटिश लाइब्रेरी लन्दन)।
20. वही।
21. वही।
22. सी ओ एस के कार्य-विवरण का अति गोपनीय अनुच्छेद (47) 62वीं बैठक, एल/डब्ल्यू एस/1/1030, पृ 5-12 (ओ आई सी, ब्रिटिश लाइब्रेरी लन्दन)।
23. वही।
24. वही।
25. सी ओ एस के अति गोपनीय दस्तावेज, टी पी (47) 90, अन्तिम (ओ आई सी, ब्रिटिश लाइब्रेरी लन्दन)।
26. वही।
27. 19 मई 1948 का बिना हस्ताक्षर वाला दस्तावेज जिसका शीर्षक है 'द स्ट्रेटेजिक एंड पोलिटिकल इम्पार्टेंस ऑफ पाकिस्तान इन द इवेंट ऑफ वार विद द यू एस एस आर' (माउंटबेटन के दस्तावेज, हार्टले लाइब्रेरी, साउथम्प्टन)।
28. फाइल का विवरण 845-00/2-2647 (राष्ट्रीय अभिलेखागार, वाशिंगटन 2 जून 1947)
29. सर ओलेफ कैरो 'द राउंड टेबल' का लेख, 1949 और 'वेल्स ऑफ पावर' पूर्व में उद्धृत।
30. विंस्टन चर्चिल, मैमोरीज ऑफ सेकण्ड वर्ल्डवार, भाग–6 वॉर कम्स टु अमेरिका (कैसल एंड कं., लन्दन, 1950)।

आंग्ल-मुस्लिम लीग गठबन्धन का आरम्भ

सन् 1949 में एक ऑपरेशन के पश्चात् मैं अपने पिता के एक मित्र सर पॉल पैट्रिक के लन्दन के बाहर स्थित घर में स्वास्थ्य लाभ ले रहा था। पॉल पैट्रिक इंडिया ऑफिस में सहायक अंडर सेक्रेटरी रह चुके थे। इस विभाग को भारत सरकार की स्वतन्त्रता के पश्चात् समाप्त कर दिया गया था।

सर पॉल ने मुझे एक दिन बताया कि सन् 1940 में जब हिटलर ने फ्रांस को रौंद डाला था और ब्रिटेन पर जर्मन हमले की सम्भावना दिख रही थी तब गांधीजी वाइसरॉय लॉर्ड लिनलिथिगो से शिमला में मिले। इसमें गांधीजी ने वाइसरॉय को स्तब्ध कर दिया। उन्होंने कहा कि ब्रिटेन को अहिंसा का सहारा लेते हुए इतना साहस दिखाना चाहिए कि वह जर्मनी को ब्रिटेन पर कब्जा करने दें। आप जर्मनी को अपने सुन्दर द्वीप को हथियाने दें, हिटलर आपके घरों पर कब्जा करना चाहे तो उसे ऐसा करने दें। यदि वह आप लोगों को बचकर निकलने का रास्ता न दे तो आप अपनी औरतों, मर्दों और बच्चों का कत्लेआम होने से न हिचकिचाएँ।

सर पॉल ने यह किस्सा सुनाने के बाद मुझसे पूछा कि गांधीजी उस समय तक क्या सठिया गए थे? सर पॉल ने कहा कि कांग्रेसी नेताओं के ऐसे अव्यावहारिक और अनैतिक रवैये को देखते हुए लॉर्ड लिनलिथगो द्वितीय विश्वयुद्ध में भारत के संसाधनों का उपयोग करने के लिए जिन्ना और मुस्लिम लीग का समर्थन माँगने पर मजबूर हो गए।

इस घटना के सम्बन्ध में जो बात सर पॉल ने मुझे बतायी थी वही वाकया मौलाना अबुल कलाम आजाद ने अपनी पुस्तक 'इंडिया विन्स फ्रीडम' में लिखा है—सामान्यतः वाइसरॉय शिष्टतावश अपने ए.डी.सी. को घंटी बजाकर बुलाते थे और गांधीजी को कार तक छोड़कर आने के लिए कहते थे। किन्तु उस दिन गांधीजी के वक्तव्य से लिनलिथगो इतने भौचक रह गए कि न तो उन्होंने गांधीजी को छोड़ने के लिए ए.डी.सी. को बुलाया और न ही गुडबॉय कहा। गांधीजी स्वयं रास्ता खोजते हुए बाहर निकल आए। गांधीजी ने बाद में इस घटना के बारे में मुझे अपने चिर-परिचित मजाकिया अन्दाज में बताया।[1]

यह घटना 29 जून 1940 की है, किन्तु भारत की सबसे बड़ी राजनीतिक पार्टी कांग्रेस और ब्रिटेन के मध्य गलतफहमियाँ युद्ध आरम्भ होने के बाद से ही पनपने लगी थीं।

जब ब्रिटेन ने सितम्बर 1939 में जर्मनी के विरुद्ध युद्ध की घोषणा की थी तब दिल्ली में केन्द्रीय सरकार वाइसरॉय के हाथ में थी किन्तु ग्यारह में से आठ राज्यों में कांग्रेसी मन्त्रिमंडल सरकार चला रहे थे* और देश के शासन में ब्रिटेन के प्रमुख भागीदार थे। यह कांग्रेसी मन्त्रिमंडल ब्रिटिश भारत की करीब तीन चौथाई जनसंख्या पर शासन कर रहे थे।

1935 में नवीन संविधान प्रचलित हुआ था इसके अन्तर्गत 1937 में चुनावों में जीतकर उपरोक्त प्रान्तों में राष्ट्रवादियों ने सत्ता सँभाली। इस संघीय व्यवस्था में प्रान्तों में स्वशासन व केन्द्र में द्विसदनीय विधायिका का प्रावधान था जिसमें ग्यारह ब्रिटिश प्रान्तों व 350 राजाओं को प्रतिनिधित्व दिया जाना था। केन्द्रीय विधायिका के उच्च सदन में रियासतों के मनोनीत सदस्यों के लिए 260 में से 110 सीटें थी और निम्न सदन में 375 में से 125 सीटें। ये सभी मनोनीत सदस्य थे न कि निर्वाचित। चूँकि ब्रिटिश भारत के ये निर्वाचित प्रतिनिधि भिन्न-भिन्न परस्पर विरोधी राजनीतिक दलों के नुमाइन्दे होते थे, इस कारण रियासतों के प्रतिनिधि यदि एक रहते तो वे केन्द्र सरकार की बागडोर अपने हाथों में रख सकते थे।

इस बारे में पॉल पैट्रिक ने मुझे बताया कि ब्रिटिश शासन का विचार केन्द्र में एक ऐसी सरकार का गठन करना था, जो रूढ़िवादी हो और ब्रिटिश हितों का ध्यान रख सके और देश की एकता बनाए रखते हुए औपनिवेशिक स्वराज की दिशा में ठोस कदम बढ़ा सके।

परन्तु भारतीय नरेश संघ में शामिल नहीं हुए। चर्चिल ने ब्रिटेन की संसद में इस योजना की बहुत जोर से भर्त्सना की थी। उन्होंने कहा था, 'यह कहना कि भारत एक दिन स्वतन्त्र उपनिवेश बन जाएगा, आपराधिक शरारत है।' इसके बाद चर्चिल ने मध्यस्थों को भारत भेजा जो भारतीय राजाओं को इस योजना से

---

* हिन्दुस्तान ग्यारह प्रदेशों में बँटा हुआ था जहाँ कि अंग्रेज शासन करते थे तथा 350 राजाओं के क्षेत्र जहाँ कि ब्रिटेन का इंडाइरेक्ट शासन था। द्वितीय विश्वयुद्ध के पहले हर एक प्रान्त में जनता द्वारा चुनी हुई (14 प्रतिशत फेंचाइज) पर सरकार होती थी और बहुमत वाली पार्टी का मुख्य-मन्त्री होता था। इन प्रान्तों में ब्रिटिश गवर्नरों को अधिकार होता था कि वे आपात स्थिति में सरकार भंग करके खुद सत्ता सँभाल सकते थे। इन प्रान्तों में मुख्य सचिव अंग्रेज थे जो कि आई. सी. एस. के अफसर होते थे।

दूर रहने के लिए समझाए। भारत में पॉलिटिकल डिपार्टमेंट के अफसरों ने जो नरेशों के सम्पर्क में थे इसका गुपचुप समर्थन किया।

तमाम कमियों के बावजूद यदि भारतीय नरेश इस अखिल भारतीय संघ में शामिल हो गए होते तो अंग्रेज जिन्ना की अपेक्षा इन भारतीय नरेशों पर ज्यादा ध्यान केन्द्रित करते और सम्भवतः भारत का विभाजन नहीं होता।

इसके बावजूद ब्रिटिश शासित प्रान्तों में 1937 में स्वशासन लागू किए जाने से देश भर में एक नई लहर उभरी। इस परिवर्तन को गांधीजी की भारत की शान्तिपूर्वक पुनर्विजय में एक महत्त्वपूर्ण कदम माना गया। प्रान्तों के चुनाव जिन्ना की मुस्लिम लीग के लिए एक धक्का था क्योंकि उनकी पार्टी मुसलमानों के लिए आरक्षित सीटों का एक चौथाई भी प्राप्त नहीं कर सकी थी।

पर हालात की विडम्बना यह थी कि युद्ध शुरू होने के दो माह के अन्दर ही कांग्रेस ने इन प्रान्तों में सत्ता त्याग कर मिले हुए लाभ को छोड़ दिया और सत्ता वापस इन प्रान्तों के अंग्रेज गवर्नरों के हाथों में पूरी तरह से दे दी। इस गम्भीर कदम के पीछे कांग्रेस का स्पष्टीकरण यह था कि निर्वाचित प्रतिनिधियों से चर्चा किए बिना ही भारत को युद्ध में घसीटा गया। और उन्होंने 8 प्रान्तों में हड़बड़ाहट में सरकारों से इस्तीफे दे दिए। विश्वयुद्ध के पश्चात् भारत की स्वतन्त्रता की उनकी माँग की अनदेखी कर दी गयी।

यदि यह सब करने के पीछे राष्ट्रवादियों का उद्देश्य ब्रिटिश सरकार पर दबाव बनाकर जल्द अधिकार प्राप्त करना था तो परिणाम उससे उल्टा निकला। उनके इस्तीफों के कारण भारतीय संसाधनों का युद्ध में उपयोग करने के लिए अंग्रेजों की कांग्रेस पर निर्भरता खत्म हो गई। अब उन्हें पार्टी की माँगों को मानना आवश्यक नहीं रहा।

दूसरे शब्दों में कहें तो इससे राष्ट्रवादियों की ब्रिटिश सरकार पर दबाव बनाने की क्षमता कम हो गई। कांग्रेस द्वारा सत्ता त्याग देने से देश में जो राजनीतिक शून्य उत्पन्न हुआ उससे चुनावों में हारने के बावजूद मुस्लिम लीग को पिछले दरवाजे से मंच पर आने का मौका मिल गया और राष्ट्रवादियों के इस कदम ने हिटलर के विरुद्ध लड़ने की प्रतिबद्धता पर दुनिया में प्रश्नचिह्न खड़ा कर दिया।

प्रतिष्ठित प्रशासनिक अधिकारी और तीन वाइसरॉयों लिनलिथगो, वेवल और माउंटबेटन के संवैधानिक सलाहकार वापुल पांगुनी (वी. पी.) मेनन ने अपनी प्रसिद्ध पुस्तक 'द ट्रांसफर ऑफ पावर' में लिखा है। यदि कांग्रेस ने प्रान्तों में लाभदायक स्थिति को नहीं छोड़ा होता तो भारतीय इतिहास का घटनाक्रम सम्भवतः बहुत अलग होता।[2]

सन् 1947 में भारत की स्वतन्त्रता और उसके विभाजन के फार्मूले के निर्माण में बड़ी महत्त्वपूर्ण भूमिका निभाने वाले वी.पी. मेनन आगे लिखते हैं, 'इस्तीफे देकर कांग्रेस ने घटिया राजनीतिक सुझबूझ का परिचय दिया।'

इसकी सम्भावना लगभग नगण्य थी कि उन्हें ब्रिटिश सरकार ऐसी सत्ता से जिसको जनता का भारी समर्थन प्राप्त था, बरखास्त कर देती, साथ ही सरकार एक मत से केन्द्र में परिवर्तन की माँगों को भी नहीं ठुकरा पाती और खासकर जापान के युद्ध में प्रवेश के बाद इस माँग को ठुकराना उसके लिए और कठिन हो जाता। किसी भी तरह यह साफ है कि कांग्रेस मन्त्रिमंडल के इस्तीफों के बिना जिन्ना और मुस्लिम लीग कभी भी उस मुकाम को नहीं पा सकते थे जो उन्हें प्राप्त हुआ।[3]

इन इस्तीफों का एक दीर्घकालिक गम्भीर परिणाम यह निकला कि सैनिक दृष्टि से महत्त्वपूर्ण उत्तर-पश्चिमी सीमा प्रान्त अफगानिस्तान और भारत की सीमा पर खैबर दर्रे पर राष्ट्रवादियों ने अपना नियन्त्रण खो दिया। यदि सन् 1940 से 1946 के वक्त पर कांग्रेस का इन मुस्लिम बहुल प्रान्तों में शासन बना रहता तो भारत के विभाजन की योजना आगे नहीं बढ़ाई जा सकती थी। इस प्रान्त को शामिल किए बिना पाकिस्तान भारत की सीमा से घिरा रहता और पश्चिम के लिए जो उसका सामरिक महत्त्व है वह नहीं रहता। इस क्षेत्र के पठान, कांग्रेस के महारथी सीमान्त गांधी खान अब्दुल गफ्फार खाँ के सम्मोहन में थे।

इस सम्मोहन के टूटने से जिन्ना अंग्रेजों की मदद से इस प्रान्त में पैर जमाने में किस तरह सफल हुए यह हम आगे देखेंगे।

प्रान्तों में कांग्रेसी मन्त्रिमंडलों के इस्तीफों से अतिप्रसन्न जिन्ना बम्बई के मालाबार हिल्स स्थित पेड़ों से घिरे अपने बँगले में अरब सागर को निहारते हुए कह उठे : "घोर गलती (Himalayan blunder) मतलब कांग्रेस की घोर गलती।" 22 दिसम्बर 1939 को इन्होंने मुक्ति दिवस घोषित किया—कांग्रेस शासन से मुक्ति। इसके तत्काल बाद जिन्ना कूटनीति और दम्भ के सहारे जीत हासिल करने के लिए तत्पर हो गए जैसा वह उस समय भारत में जनमत से कभी भी हासिल नहीं कर सकते थे।

प्रथम विश्वयुद्ध में महात्मा गांधी ने युद्ध प्रयासों में अंग्रेजों का सहयोग किया था जिसके कारण विंस्टन चर्चिल के उनको लगातार कपटी धूर्त की संज्ञा देने के बावजूद अंग्रेजों के दिलों में उनके प्रति कुछ सहानुभूति उत्पन्न हो गई थी। लिनलिथगो ने भारतीय नेताओं में सबसे पहले गांधीजी को ही विचार-विमर्श के

लिए बुलाया। यह मुलाकात 4 सितम्बर 1939 को अंग्रेजों की ग्रीष्म कालीन राजधानी शिमला में हुई थी।

इस मुलाकात के बारे में वाइसरॉय ने चेम्बर लेन की सरकार में तत्कालीन सेक्रेट्री ऑफ स्टेट लॉर्ड ज़ेटलैंड को तार भेजकर यह बताया कि प्रथम विश्वयुद्ध की भाँति गांधीजी इस बार भी फौजों की तैनाती में मदद देने का आश्वासन दे गए हैं। वाइसरॉय ने इस तार में लिखा, 'मि. गांधी ने अत्यन्त भावुकता से इंग्लैण्ड के प्रति अपने गहरे स्नेह को प्रकट किया। गांधीजी ने और कहा कि उन्हें यह विचार भी बर्दाश्त नहीं होता कि कोई दुश्मन बेस्ट मिंस्टर ऐबे या बेस्ट मिंस्टर हॉल या हमारी संस्कृति के ऐसे किसी स्मारक को नष्ट कर दे। उनके अपने शब्दों में वे इस संघर्ष को एक अंग्रेज के मन से देख रहे थे। मैं उनकी भावनाओं की गहनता से स्तब्ध था। कई बार वे इतने भावुक हो जाते थे कि उन्हें अपनी बात को जारी रख पाना असम्भव हो रहा था।'[4]

वाइसरॉय ने आगे लिखा कि गांधी ने यह भी कहा कि मैं प्रथम विश्वयुद्ध की तरह हिन्दुस्तानियों को फौज में भर्ती के लिए सहायता करूँगा। किन्तु उस मुलाकात के बाद ब्रिटिश सरकार को पहला धक्का यह लगा कि गांधीजी अपनी भावनाओं को कांग्रेस की नीति में तब्दील करने में असफल रहे। वाइसरॉय के साथ इस बातचीत के कुछ दिन बाद कांग्रेस के नेता वर्धा में गांधीजी के आवास पर बदली परिस्थितियों के अनुरूप अपनी नीति तय करने के लिए एकत्र हुए। जवाहर लाल नेहरू जो उन दिनों चीन का दौरा कर रहे थे, इस बैठक में भाग लेने के लिए तुरन्त भारत वापस लौटे। इस बैठक में नेहरू ने अपना तर्क प्रस्तुत करते हुए कहा कि जंजीरों में जकड़ा व्यक्ति किस प्रकार लड़ सकता है और यदि ब्रिटेन स्वतन्त्रता के मुद्दे पर लड़ रहा है तो क्या उसे भारत को स्वतन्त्र नहीं करना चाहिए।

नेहरू ऐसे व्यक्ति नहीं थे जो किसी को जानबूझकर ब्लैकमेल करते। उनके गुस्से का कारण कुछ और था। वे एक वर्ष पूर्व यूरोप गए थे और वहाँ चेम्बर लेन की वर्ग हित पोषक सरकार के प्रति बेहद गुस्से से भरे हुए थे। इसका कारण था– स्पेन में जनरल फ्रेंको को सत्ता प्राप्ति के लिए समर्थन देना और तानाशाह हिटलर को सन्तुष्ट करने की कोशिश करना। यह नेहरू का चेम्बरलेन पर आक्रमण का तरीका था। यह भूलते हुए जब हिटलर के विरुद्ध इंग्लैण्ड ने युद्ध की घोषणा कर दी तब किसी भी कारण वश चेम्बर लेन के युद्ध प्रयासों का विरोध करने का अर्थ था हिटलर का समर्थन। ब्रिटिश शासन के विरुद्ध उनकी नाराजगी तभी शान्त हुई जब फ्रांस का पतन हुआ और इंग्लैड के लिए घोर खतरा उत्पन्न हुआ।

कलकत्ता के उभरते सितारे सुभाषचन्द्र बोस ने भी जो कांग्रेस के अन्दर नेहरू के प्रतिद्वन्द्वी थे, ब्रिटेन का विरोध करने की नीति का समर्थन किया। सुभाषचन्द्र बोस का मानना था कि ब्रिटेन के संकट से भारत को लाभ होगा। सुभाषचन्द्र बोस पिछले कई सालों से गांधीजी की अहिंसापूर्ण असहयोग की नीति का विरोध कर रहे थे। उनका मानना था कि इससे कोई परिणाम हासिल नहीं होगा। और आम व्यक्ति को एकजुट बनाकर हिंसक संघर्ष के द्वारा ब्रिटिश सत्ता को उखाड़ फेंकना चाहिए।

नेहरू की भाँति सुभाष बाबू भी केम्ब्रिज विश्वविद्यालय से ग्रेजुएट थे और बंगाल की उग्र क्रान्तिकारी परम्परा के वारिस थे। सन् 1921 में गांधीजी से अपनी पहली मुलाकात के बाद उन्होंने कहा था कि महात्मा के राजनीतिक उद्देश्यों में कोई भी स्पष्टता नहीं है। युवा वर्ग में सुभाषचन्द्र बोस की लोकप्रियता बढ़ रही थी। सन् 1838 में उन्होंने गांधीजी द्वारा समर्थित उम्मीदवार को पराजित कर कांग्रेस अध्यक्ष का चुनाव जीत कर सभी को चौंका दिया। अगले वर्ष पार्टी के इस निर्णय को चुनाव में उत्तर देने के लिए गांधीजी को काफी मशक्कत करनी पड़ी। उन्होंने इसके लिए बोस के समान ही करिश्माई, मेहनती और समर्पित जवाहरलाल नेहरू को मोर्चे पर आगे खड़ा किया।

मार्च सन् 1940 में सुभाषचन्द्र बोस ने पार्टी के अन्दर ही अपना एक ग्रुप बनाया जो फॉरवर्ड ब्लाक के नाम से जाना जाता था। और अन्ततः जुलाई 1940 में उन्होंने कांग्रेस से नाता तोड़ दिया। 40 के दशक में सुभाषचन्द्र बोस ने अपनी गतिविधियों से ब्रिटेन का मनोबल तोड़ने और भारत छोड़ने के लिए बाध्य करने में शायद कांग्रेस की तुलना में अधिक भूमिका निभाई। पर यह भी है कि अंग्रेजों और भारतीयों के मध्य अविश्वास की खाई को और गहरा किया।

कांग्रेस की इस वर्धा बैठक में गांधीजी उन चन्द लोगों में से थे जो युद्ध में ब्रिटेन को बिना शर्त समर्थन देना चाहते थे। किन्तु वे नेहरू के भावनात्मक और सुभाष बाबू के संघर्षपूर्ण रवैये के आगे अपना पक्ष रखने में असफल रहे। कांग्रेस के अधिकांश नेता ब्रिटेन को तानाशाही ताकतों के विरुद्ध युद्ध में सहयोग देने के लिए तो तैयार थे किन्तु वे चाहते थे कि पहले ब्रिटेन युद्ध के पश्चात् भारत को स्वतन्त्रता देने की घोषणा कर दे। इससे भी वे खफा थे कि वाइसरॉय ने निर्वाचित प्रतिनिधियों से पूछे बिना ही भारत की ओर से युद्ध की घोषणा कर दी और युद्ध के दौरान प्रान्तों में हस्तक्षेप के अधिकार प्राप्त कर लिए।

कई दिनों के विचार विमर्श के पश्चात् वर्धा की बैठक में एक समझौतावादी निर्णय लिया गया कि गांधीजी पुनः एक बार वाइसरॉय से बात करें और उनसे

अनुरोध करें कि ब्रिटेन भारत को युद्ध समाप्त होते ही स्वतन्त्रता देने की और युद्ध के दौरान कांग्रेस को केन्द्र सरकार में भागीदारी की स्पष्ट घोषणा करे। 26 सितम्बर को गांधीजी एक बार फिर इस सम्बन्ध में वाइसरॉय से बात करने के लिए शिमला के लिए चल पड़े।

जहाँ 4 सितम्बर 1939 को लॉर्ड लिनलिथगो के साथ गांधीजी की भेंट के दौरान वातावरण सौहार्दपूर्ण था। जब वे 26 सितम्बर को वाइसरॉय से मिले माहौल प्रतिकूल हो चुका था। लिनलिथगो ने गांधीजी से कहा कि ब्रिटेन द्वारा भारत की आज़ादी की घोषणा या केन्द्र में कांग्रेस को सत्ता में भागीदारी के लिए ब्रिटिश सरकार द्वारा सहमति देने की कोई सम्भावना नहीं है, खास तौर पर एक ऐसे समय में जब ब्रिटेन जीवन-मृत्यु के संघर्ष में उलझा हो। वाइसरॉय का कहना था कि यह मात्र प्रजातन्त्र के लिए संघर्ष का प्रश्न नहीं है बल्कि हिटलर को जो दुनिया को जीतना चाहता है, हराने की बात है। साथ ही उन्होंने यह भी कहा कि कांग्रेस अकेला ऐसा संगठन नहीं है जिसकी बात पर विचार किया जाए क्योंकि दूसरे पक्षों के वैध और वास्तविक दावों का भी सवाल है, खास तौर पर राजा-महाराजाओं और मुसलमानों का।

यह बातचीत काफी लम्बी चली और इस दौरान गांधीजी ने उनसे जो बहस की उसको वाइसरॉय लॉर्ड लिनलिथगो ने अपनी रिपोर्ट में जैटलेंड को इस तरह लिखा : 'यदि ब्रिटेन कांग्रेस को अपने पक्ष में करने का मन बना ले तो ब्रिटेन को पूर्व में सबसे बढ़िया प्रचार माध्यम मिल जाएगा। वाइसरॉय ने अपनी रिपोर्ट में यह भी लिखा कि उनका (कांग्रेस का) उद्‌देश्य हमारी सत्ता के माध्यम से मुस्लिम लीग और नरेशों को संवैधानिक बन्धन में जकड़ देने का है जिससे बाद में बहुसंख्यक समुदाय को मूलभूत संकीर्णता के साथ बनाए रख सकें।'[5]

4 सितम्बर और 26 सितम्बर के मध्य निश्चय ही कुछ हुआ। जो हुआ वह था मोहम्मद अली जिन्ना। 4 सितम्बर को गांधीजी के पश्चात् जिन्ना वाइसरॉय से मिले थे। जहाँ गांधीजी ने वाइसरॉय के सम्मुख हमदर्दी जताई और आँसू बहाए जिन्ना ने युद्ध को जीतने के तरीके और एक अनुबन्ध की बात रखी। उन्होंने आश्वासन दिया कि मुसलमानों की वफादारी हर जगह रहेगी जैसे कि वही अकेले भारत के सब मुसलमानों के मुखिया हों; और फिर वाइसरॉय से कहा इन कांग्रेसियों को प्रान्तों की मिनिस्ट्रियों से फौरन निकाल दीजिए। इसके बिना वे होश में नहीं आएँगे इनका उद्‌देश्य आप मानें या न मानें, आपको (ब्रिटिश) व हम मुसलमानों को बर्बाद करने का है वे आपके कभी न होंगे।[6]

और फिर अपनी बात प्रकट करते हुए जिन्ना ने कहा कि मुसलमान बहुल क्षेत्रों को हिन्दू भारत से अलग कर इसमें मुसलमानों द्वारा ग्रेट ब्रिटेन के सहयोग से शासन चलाया जाना चाहिए।[7]

जिन्ना वाइसरॉय से इतना खुलकर बोल सके क्योंकि उनके सहायक खलीक उजमान की लॉर्ड जेटलैंड से लन्दन में कुछ माह पूर्व भेंट हुई थी जिसमें खलीक उजमान के अनुसार जब उन्होंने जेटलैंड से उपमहाद्वीप के अन्दर एक ऐसे स्वशासी मुस्लिम राज्य की इच्छा जाहिर की जो रक्षा सम्बन्धी मसलों में ब्रिटेन से जुड़ा रहे तो ब्रिटिश मन्त्री ने काफी रुचि दिखाते हुए डेढ़ घंटे तक बातचीत की। खलीक उजमान से जब जेटलैंड ने रक्षा सम्बन्धी मसले पर सवाल किया तब उनका उत्तर उल्लेखनीय था क्योंकि इससे जेटलैंड के मन में यह सवाल आना स्वाभाविक था कि मुस्लिम लीग ब्रिटेन पर निर्भर और उनकी आज्ञाकारी बनी रहेगी। खलीक उजमान ने कहा कि यदि आप मुझसे यह जानना चाहते हैं कि जब आप प्रशासनिक स्तर पर भारत से जुड़े नहीं रहेंगे तब (प्रतिरक्षासम्बन्धी मसलों में) क्या होगा? तो मेरी आपसे विनती है कि आप ऐसा प्रश्न न पूछें क्योंकि उसके बाद अल्लाह ही जानता है कि हमारे साथ क्या होगा?[8]

गांधीजी ने लिनलिथगो को कांग्रेस अध्यक्ष डॉ. राजेन्द्र प्रसाद से और जवाहर लाल नेहरू से मिलने की सलाह दी। वाइसरॉय ने 3 अक्टूबर 1939 को इन दोनों से भेंट की। बातचीत में डॉ. राजेन्द्र प्रसाद ने तर्क दिया कि यदि भारत को युद्ध में कोई भूमिका निभानी हो तो उसे इस बात की सन्तुष्टि होनी चाहिए कि वह किस चीज के लिए लड़ रहा है। उन्होंने यह भी कहा कि मुस्लिम लीग मुसलमानों की भावना का प्रतिनिधित्व नहीं करती। अर्थात् जिन्ना सभी मुसलमानों के नेता नहीं हैं।

जवाहरलाल नेहरू ने इस बात पर जोर दिया कि युद्ध के उद्‌देश्यों की ऐसी घोषणा की जाए जिससे लोगों में मनोवैज्ञानिक हलचल पैदा हो जो कि युद्ध के लिए वास्तविक उत्साह पैदा करे। इसके बाद नेहरू जी ने कहा कि युद्ध के पश्चात् साम्राज्य की (ब्रिटिश) अवधारणा भी बदल जाएगी। इस आखिरी बात पर लिनलिथगो ने चिढ़कर कहा कि यदि युद्ध ब्रिटिश साम्राज्य को बदलेगा तो यह कांग्रेस के भाग्य में भी परिवर्तन लाएगा। यदि अब कांग्रेसी सरकार के सक्रिय विरोध का निर्णय ले रहे हैं तो उन्हें उनके हित में सलाह देता हूँ कि वे इससे बचें।[9]

इसके बाद के ब्रिटिश अभिलेखागार के रिकॉर्ड बताते हैं कि गांधी और जिन्ना से हर भेंट के बाद लिनलिथगो जिन्ना की तरफ ज्यादा झुकते चले गए। जिन्ना की सोच थी कि कांग्रेस पार्टी जो ब्रिटेन से घोषणा करने के लिए कह रही है उसका

विरोध किया जाए और मुसलमानों से कहा जाए कि इससे उनका नुकसान होगा, इससे कांग्रेस द्वारा भारत की स्वतन्त्रता की घोषणा का मुद्दा कमजोर पड़ेगा और साथ ही इंग्लैण्ड की लेबर पार्टी के कुछ सदस्य कांग्रेस की इस माँग के सम्बन्ध में जो दबाव बना रहे थे वह भी ढीले पड़ जाएँगे।

जब गांधीजी लिनलिथगो से 5 अक्टूबर 1939 को मिले तो उन्होंने एक योजना वाइसरॉय के सम्मुख रखी जिसमें उन्होंने कांग्रेस के अपने सहयोगियों के विरोध को दरकिनार कर ब्रिटेन की मदद करने का प्रस्ताव रखा (हालाँकि यह बात आम तौर पर लोगों को मालूम नहीं है)। लिनलिथगो ने इस बारे में जेटलैंड को इस तरह रिपोर्ट किया कि गाँधीजी ने कहा कि जवाहर लाल नेहरू इस बात पर अड़े हुए हैं कि यदि हम आजाद होंगे तो भारत कि लिए एकदम बढ़िया सेना, विशाल वायु सेना, युद्धपोत सब कुछ एकदम बढ़िया चाहिए इस पर उन्होंने (गांधी) कांग्रेसियों से कहा यदि वे देश को इस दिशा में ले जाना चाहते हैं तो मैं उनके साथ नहीं रह सकता।

लिनलिथगो के अनुसार गांधीजी ने फिर यह कहा कि आपको (लिनलिथगो) इस बात से अचम्भित नहीं होना चाहिए कि कुछ ही दिनों में मैं (गांधीजी) अपने मित्रों से अलग हो जाऊँ क्योंकि हम दोनों (वाइसरॉय और गांधी) काफी करीब आ चुके हैं इसलिए मैं यह बात आपको बताना चाहता हूँ उनकी आशा है कि मैं (लिनलिथगो) उस दिशा में जिस ओर जा रहा हूँ खामोशी से आगे बढ़ता रहूँ यानी कि लड़ाई की योजना में दृढ़ रहूँ। यदि संयोगवश कांग्रेस का एक बड़ा धड़ा उनके (गांधीजी के) अहिंसा के मार्ग पर उनके साथ चलता है तो निश्चय ही उनका (गांधीजी) और मेरा (वाइसरॉय) रास्ता आसान हो जाएगा। मैंने आगे कुछ नहीं पूछा और उन्हें धन्यवाद दिया।[10]

इसी दिन लिनलिथगो की जिन्ना से भेंट का विवरण पढ़ने पर यह नहीं लगता कि वाइसरॉय गांधीजी की पेशकश से जरा भी प्रभावित हुए। यह गांधीजी की पेशकश अंग्रेजों को मदद करने का एक रास्ता था गोया कि टेढ़ा-मेढ़ा था। और सचमुच में उन्होंने इस रास्ते पर बने रहने के लिए और कांग्रेस लड़ाई की तैयारी में अवरोध पैदा न करे, इसका सन् 1942 तक हरसम्भव प्रयास किया। जब क्रिप्स के प्रस्ताव में उन्होंने पाकिस्तान का गुप्त बीज देखा तो वे भग्न हृदय प्रेमी की भाँति फूट पड़े।

जहाँ तक लिनलिथगो की बात थी तो उनके हिसाब से गांधी यदि उनके सच्चे मित्र थे तो वे ब्रिटेन के युद्ध प्रयासों के समर्थन के लिए सीधे एड़ी-चोटी का जोर लगाते और युद्ध में कांग्रेस पार्टी का समर्थन दिलाते।

जिन्ना के साथ अपनी बातचीत के सम्बन्ध में लिनलिथगो ने लिखा कि– जिन्ना ने शुरू में ही मुझे इस बात के लिए धन्यवाद दिया कि मैंने उनकी पार्टी को संगठित रखने में उनकी सहायता की।[11]

पंजाब के मुख्यमन्त्री सिकन्दर हयात खाँ पर लिनलिथगो ने जिन्ना के पद चिह्नों पर चलने के लिए जो दबाव डाला था जिन्ना उसी मदद के सन्दर्भ में बात कर रहे थे। लिनलिथगो द्वारा सिकन्दर हयात खाँ को बस में करना कोई छोटी-मोटी मदद नहीं थी। सिकन्दर हयात खाँ पक्के ब्रिटिश समर्थक थे और एक ऐसे प्रान्त के प्रमुख थे जहाँ से ब्रिटेन की भारतीय सेना में 50 फीसदी भर्ती होती थी। साथ ही वे भारतीय राजनीति की प्रमुख हस्ती भी थे। यद्यपि सिकन्दर हयात खाँ मुस्लिम लीग के सदस्य थे किन्तु उनका मानना था कि जिन्ना की मुसलमानों को हिन्दुओं और सिखों से अलग करने की नीति से उनकी सरकार और इस समृद्ध प्रान्त पंजाब की एकता को खतरा था। पंजाब में उनकी मिली-जुली सरकार सिखों, हिन्दुओं और मुसलमानों के सहयोग से चल रही थी और वे आपस में मिल-जुल कर रह रहे थे। किन्तु लिनलिथगो का विचार इससे कुछ अलग था। जिन्ना के धन्यवाद को स्वीकार करते हुए वाइसरॉय ने जिन्ना से कहा कि यह बिलकुल असन्तोषजनक बात है कि दो बड़ी पार्टियों में से एक पूरी तरह संगठित है। और अपनी बात को कहने व उद्‌देश्यों की प्राप्ति के लिए पूरी तरह लैस हो और दूसरी ओर समान रूप से महत्त्वपूर्ण पार्टी का कोई कुशल प्रवक्ता न हो। जनहित में तो यह होगा कि मुसलमानों के दृष्टिकोण को पूरी तरह और सक्षमता से अभिव्यक्ति मिलनी चाहिए।[12]

वाइसरॉय ने जिन्ना से पूछा कि 'कांग्रेस पार्टी लड़ाई के बाद ब्रिटिश सरकार से भारत में उद्‌देश्यों की घोषणा और राजनीतिक पार्टियों को वाइसरॉय काउंसिल में जगह देने की जो माँग कर रही है'–इस बारे में आपकी क्या राय है? अब लिनलिथगो की पीठ खुरचने की जिन्ना की बारी आई। जिन्ना ने कहा यह सब करने की कोई ज़रूरत नहीं है। वे सरकार या कांग्रेस के साथ किसी भी समझौते से तब तक तैयार नहीं होंगे जब तक कि अखंड भारत की योजना त्याग नहीं दी जाती और प्रान्तों में अल्पसंख्यक मुसलमानों को संरक्षण देने के लिए कोई प्रभावी कार्यवाही नहीं की जाती।[13] लिनलिथगो अब कांग्रेस की माँगों को मुस्लिम आपत्ति का ढिंढोरा पीट कर दरकिनार कर सकते थे। साथ ही इंग्लैण्ड में लेबर पार्टी के आलोचकों को भी यही बात कह सकते थे। जिन्ना की दलीलों से लैस होकर लिनलिथगो ने 17 अक्टूबर 1939 को भारत के लिए ब्रिटिश नीति सम्बन्धी एक वक्तव्य जारी किया जिसने अंग्रेजों व कांग्रेस के मध्य अलगाव पैदा कर दिया।

इस वक्तव्य के अनुसार यह वादा किया कि युद्ध के पश्चात् विभिन्न समुदायों, दलों, अन्य संस्थाओं व देशी नरेशों के साथ विचार-विमर्श किया जाएगा। उनके सहयोग से पहले से प्रस्तुत योजना में ऐसे परिवर्तन किए जाएँगे जिन पर सभी सहमत हों। इस बीच राजनीतिक दलों तथा रियासतों के प्रतिनिधियों का परामर्श समूह गठित किया जाए।[14] वह सब कुछ कांग्रेस की माँगों से बिलकुल अलग था और कांग्रेस ने उसकी यह कहकर निन्दा की कि यह पुरानी साम्राज्यवादी और छल कपट की नीति की वापसी है। और 23 अक्तूबर को प्रान्तों की कांग्रेसी मन्त्रिमंडलों ने तैश में आकर सत्ता त्याग दी।

इसके बाद लन्दन के दबाव में लिनलिथगो ने राष्ट्रवादियों को मनाने के लिए वाइसरॉय की कार्यकारिणी परिषद् में विस्तार का सुझाव भी रखा जिसमें राजनीतिक नेताओं को सम्मिलित करने का प्रस्ताव था। किन्तु कांग्रेसी अपने त्यागपत्र देने से न रुके। कांग्रेस के प्रान्तों में सत्ता छोड़ने के कदम को इंग्लैण्ड में कई लोगों ने हिटलर के विरुद्ध इंग्लैण्ड के जीवन-मरण के संघर्ष में साथ देने से इनकार के रूप में लिया। और इसका परिणाम भारत ब्रिटिश सम्बन्धों में पूर्ण विच्छेद के रूप में सामने आया। कांग्रेस की इस माँग को कि इंग्लैण्ड युद्ध के पश्चात् भारत में अपनी नीति की घोषणा करे, इंग्लैण्ड में भी पर्याप्त समर्थन प्राप्त था। लेबर पार्टी के नेता क्लीमेंट एटली चाहते थे कि इस सम्बन्ध में वाइसरॉय सोच-समझकर जवाब दें।[15]

जेटलैंड द्वारा लिनलिथगो को एक निजी तौर से सचेत किया गया कि 'स्टेफर्ड क्रिप्स' ने नेहरू को एक पत्र लिख कर आग्रह किया था कि वे कांग्रेस द्वारा उठाई गई माँग से एक इंच भी न डिगें जिसको जेटलैंड ने अपने टिप्पणी में बेहद शरारती की संज्ञा दी थी।[16]

दूसरी ओर भारत में वाइसरॉय के महकमे में कुछ अलग ही मूड था। 'पायनियर' के सम्पादक डेशमंड यंग ने नेहरू को ब्रिटिश सरकार से युद्ध काल में कांग्रेस के सहयोग के लिए राजी कर लिया था और वे यह बात लिनलिथगो को बताना चाहते थे। किन्तु वाइसरॉय के निजी सचिव लैथवेट ने साक्षात्कार की विनती ठुकरा दी और कहा कि इन लोगों की बात पर आप बिलकुल भरोसा न करें। आप इससे वाइसरॉय का समय ही खराब करेंगे।[17]

लैथवेट ने दूसरे अंग्रेजों जैसे एक वरिष्ठ ब्रिटिश अधिकारी मालकम डॉर्लिंग को भी वाइसरॉय से न मिलने दिया जो वरिष्ठ प्रशासनिक अधिकारी थे और जो कांग्रेस व सरकार के बीच बढ़ते मतभेद को रोकना चाहते थे। भारत में ब्रिटिश

महकमों में यह मान्यता थी कि कांग्रेस मिनिस्ट्रीज प्रान्तीय सरकारों से इस्तीफा दे बैठी है—यह बड़ी खुशखबरी है।

ब्रिटिश सरकार द्वारा कांग्रेस शासित प्रान्तों के प्रशासन को वापस अपने हाथों में लेने के पश्चात् लिनलिथगो ने मुस्लिम लीग की ओर अधिक झुकना आरम्भ कर दिया था। लिनलिथगो का आकलन था कि कांग्रेस नाजी व फासीवाद के खिलाफ अपनी प्रतिबद्धता के चलते युद्ध के दौरान कोई नागरिक असहयोग नहीं छेड़ेगी। उसे युद्ध के लिए की जा रही कोशिशों में बाधा डालने के लिए अन्तर्राष्ट्रीय निन्दा सहनी पड़ेगी। सरकार को इस बात का भी भरोसा था कि उसके पास किसी भी तरह के नागरिक आन्दोलन को कुचलने के लिए पर्याप्त साधन हैं।

जब गांधीजी 4 नवम्बर 1939 को लिनलिथगो से मिलने गए तो बदलती हुई स्थिति के लिए अफसोस प्रकट किया और वादा किया कि वे समझौते की दिशा में काम करते रहेंगे। उन्होंने और कई सुझाव भी रखे।[18] परन्तु लिनलिथगो बराबर इस बात पर जोर देते रहे कि पहले राजाओं और मुसलमानों को बातचीत के मंच पर लाना चाहिए। उसी दिन जब वाइसरॉय जिन्ना से मिले तो माहौल पूरी तरह अलग था। वाइसरॉय ने सबसे पहले जिन्ना को इस बात के लिए धन्यवाद दिया कि उन्होंने सार्वजनिक रूप से कांग्रेस द्वारा ब्रिटिश सरकार से युद्ध के उद्देश्य को स्पष्ट करने की घोषणा की माँग का विरोध किया। वाइसरॉय ने कहा कि आप कांग्रेस के दावों के खिलाफ अड़े रहें, इसके लिए मैं कृतज्ञ हूँ।[19] जेटलैंड को तार द्वारा भेजे गए सन्देश में लिनलिथगो ने लिखा कि यदि जिन्ना और कांग्रेस ने इकट्ठे इस मुद्दे पर संयुक्त रूप से माँग रखी होती तो मुझ पर और सरकार पर बहुत दबाव आता।[20]

जिन्ना ने लिनलिथगो का धन्यवाद स्वीकार करते हुए जो टिप्पणी की वह किसी भी अंग्रेज को उस समय भा जाने वाली थी। जिन्ना ने कहा कि भारत व भारतीयों की क्षमता पर उन्हें भारी सन्देह है कि वे अपनी देखभाल कर सकते हैं। यदि इंग्लैण्ड संयोगवश हार जाता है और भारत से खदेड़ दिया जाता है तो तीन महीनों के अन्दर भारत के सैकड़ों टुकड़े हो जाएँगे ओर साथ ही बाहरी आक्रमण के द्वार खुल जाएँगे। वाइसरॉय को यह गुलदस्ता भेंट करने के बाद जिन्ना ने वह मुद्दा उठाया जिस पर वे बात करने आए थे। हाल ही में हाउस ऑफ लॉर्ड्स में हुई बहस का हवाला देते हुए उन्होंने कहा कि युद्ध के पश्चात् जिन खास लोगों की ब्रिटिश मन्त्रिमंडल में शामिल होने की सम्भावना है उन लोगों का साफ मानना है कि भारत में बहुसंख्यकों को शासन करना चाहिए और अल्पसंख्यकों को भगवान के भरोसे छोड़ देना चाहिए, जब इंग्लैण्ड में विपक्षी दल सत्ता में आ जाएगा

तो वह भारत में लोकतान्त्रिक व्यवस्था स्थापित करने के लिए दबाव डालेगा और मुसलमानों को निष्क्रिय कर देगा।[21]

इस कारण वे (जिन्ना) ब्रिटिश सरकार से ऐसा वचन चाहते थे जिससे मुसलमानों को भविष्य में वार्तालाप में ऐसी कोई बात मानने के लिए मजबूर न होना पड़े, जो वे नहीं चाहते थे। लिनलिथगो चुप रहे किन्तु उन्होंने इस बात का आश्वासन दिया कि वे इस बात को विचार के लिए लन्दन भेज देंगे।

जिन्ना वाइसरॉय से फिर 12 जनवरी 1940 को मिले और उन्हें यह सुझाव दिया कि ब्रिटिश सरकार द्वारा ऊपर लिखे मामले पर जो घोषणा हो वह किस प्रकार हो। जिन्ना ने कहा कि यदि आप यह कहते हैं कि आप मुसलमानों की सहमति के बिना कोई घोषणा नहीं करेंगे या संवैधानिक परिवर्तन नहीं लाएँगे तो मुझ पर साम्राज्यवाद का कट्टर समर्थक होने और अंग्रेजों के हाथों खेलने का आरोप लगेगा। इसलिए आप यह कहें कि भविष्य में कोई घोषणा दोनों समुदायों की सहमति के बिना नहीं होगी।[22]

इसके बाद उन्होंने कांग्रेस पार्टी को जमकर लताड़ा, वे जानते थे कि कांग्रेस की निन्दा करके वह अपनी बात को अधिक आसानी से मनवा सकते हैं बनिस्बत अपने किसी अन्य तर्क के। जिन्ना ने कहा कि कांग्रेस को बता दीजिए कि आपसे उनको और कुछ नहीं मिलेगा। जब वे यह समझ जाएँगे तो आप से समझौते के लिए तैयार हो जाएँगे और यदि नहीं भी तैयार होते हैं तो आपका क्या जाता है।[23]

यहाँ यह स्पष्ट करना ज़रूरी है कि वाइसरॉय को पटाने के पीछे जिन्ना की जो भी मंशा रही हो किन्तु वाइसरॉय अच्छी तरह जानते थे कि वे जिन्ना को इस्तेमाल कर रहे हैं। क्योंकि बाद में उन्होंने सेक्रेटरी ऑफ स्टेट को लिखा था, 'वह (जिन्ना) अल्पसंख्यकों का प्रतिनिधित्व करते हैं और अल्पसंख्यक हमारी मदद के बिना अपने दम पर खड़े नहीं हो सकते।'[24]

अगले दिन लिनलिथगो बम्बई में थे और उन्होंने जिन्ना को उत्तर-पश्चिम प्रान्त में मुस्लिम लीग की सरकार बनाने में मदद के लिए बुला भेजा। यह क्षेत्र अत्यन्त महत्त्व का था जैसा मैंने पहले ही उल्लेख किया है। इस क्षेत्र में कांग्रेस सरकार ने अक्टूबर 1939 में त्यागपत्र दे दिया था। जिन्ना वाइसरॉय की बात मान कर लाहौर जाकर कोशिश करने पर सहमत हो गए। जिन्ना और अंग्रेजों की साँठगाँठ दिनोदिन बढ़ने लगी। लिनलिथगो ने जिन्ना को बताया कि इंग्लैण्ड से उनपर लगातार दबाव बन रहा है कि सामान्य स्थिति को अनिश्चित काल के लिए न टालें। मतलब शासन में जनता की भागीदारी को पुनः वापस लाने के लिए प्रयास करें। इस बारे में मुस्लिम लीग के प्रमुख का जो जवाब था इस प्रकार था

कि हिन्दू शासन चलाने के काबिल ही नहीं हैं आपको इसका खुद ही पता चल जाएगा।[25]

एक अमेरिकी पत्रकार जॉन गुन्थर द्वारा 'लाइफ' मैगजीन में उन्हीं दिनों नेहरू पर लिखे एक लेख की ओर वाइसरॉय ने जिन्ना का ध्यान खींचते हुए जब कहा कि कांग्रेस के पक्ष में ऐसे प्रचार का विरोध करने के लिए वो कुछ करें तो जिन्ना का जवाब था कि उसके लिए उनके पास पैसा नहीं है इस तरह से उन्होंने जो कुछ करना था उसे सहयोगी अंग्रेजों के लिए छोड़ दिया।[26]

गांधीजी के साथ 5 फरवरी 1940 को लिनलिथगो की फिर बातचीत हुई। इसमें वाइसरॉय ने सामान्य स्थिति निर्मित करने के लिए ब्रिटिश मन्त्रिमंडल द्वारा डाले जा रहे दबाव की बात छेड़ी।

वाइसरॉय ने गांधीजी से कहा कि अखिल भारतीय संघ के सम्बन्ध में जो बातचीत उनके द्वारा (वाइसरॉय) रद्द कर दी गई थी उस पर ब्रिटिश सरकार युद्ध के दौरान भी पुनः बातचीत के लिए तैयार है। और इस संघ का उपयोग साम्राज्य के अन्तर्गत ही स्वशासन का लक्ष्य प्राप्त करने के साधन के तौर पर किया जाएगा। इस तरह से लिनलिथगो ने एकल संविधान जैसे महत्त्वपूर्ण मुद्दे पर ब्रिटेन के समर्थन को जारी रखने की ओर इशारा किया।

लिनलिथगो की इस रिपोर्ट में आगे कहा गया कि इस सम्बन्ध में गांधीजी ने कांग्रेस के पक्ष को पुनः दोहराते हुए कहा कि आगे की बातचीत के लिए लाभदायक होने के लिए उसमें पर्याप्त आधार नहीं है। लिनलिथगो इस बात पर जोर देते रहे कि जो पूरा मामला आगे बढ़ाना चाहिए वह यह है कि कांग्रेस की ओर से कोई कदम उठाया जाए तो यह परस्पर सामंजस्य की शुरुआत कर सकता है। किन्तु गांधीजी चुप रहे इस कारण आगे बातचीत का तथा जिन्ना के ज्वार को थामने का मौका हाथ से निकल गया।

जेटलैंड को रिपोर्ट भेजते हुए लिनलिथगो ने लिखा कि कांग्रेस के रवैये के सम्बन्ध में यही कहा जा सकता है कि वह समझते हैं यदि वे थोड़े और समय तक इस स्थिति को बनाए रख सकें तो हम पर इंग्लैण्ड में ही लोगों का इतना तीव्र दबाव आएगा कि हमें उन्हें बेहतर प्रस्ताव देना पड़ेगा।[27]

इसी दिन जिन्ना से भी वाइसरॉय की मुलाकात हुई। जिन्ना ने शिकायत की कि वाइसरॉय गांधीजी से सम्बन्ध तोड़ना नहीं चाहते जिसमें उनको भयानक अन्देशा प्रतीत होता है। जिन्ना ने यह भी चेतावनी दी कि यदि प्रान्तों में कांग्रेस सत्ता में पुनः लौटती है तो भारत में गृहयुद्ध छिड़ जाएगा। इसके बाद पिछले माह लिनलिथगो के इस अनुरोध के सम्बन्ध में कि उत्तर-पश्चिम प्रान्त में जिन्ना कुछ

करें उन्होंने कहा कि इस प्रान्त में सरकार बनाने के लिए हमें (लीग को) वहाँ के गवर्नर सर जॉर्ज कनिंघम की मदद चाहिए। जिन्ना ने आगे कहा कि देश व विदेशों में यह बताने के लिए कि भारत की वास्तविक स्थिति क्या है? इससे अच्छा कोई विज्ञापन नहीं हो सकता कि उत्तर-पश्चिमी सीमा प्रान्त में एक गैर कांग्रेसी सरकार बने।[28] जाहिर है कि 95 प्रतिशत मुस्लिम आबादी वाले क्षेत्र में कांग्रेस की सरकार जिन्ना के लिए और विभाजन की उसकी योजना के लिए शर्मनाक थी।

वाइसरॉय जिन्ना की मदद के लिए उत्तर-पश्चिमी सीमा प्रान्त के गवर्नर से बात करने के लिए राजी हो गए। लेखक के विचार में जिन्ना ने अब खुलकर अपने दो राष्ट्रों के सिद्धान्त को सामने लाने का निर्णय इसलिए किया क्योंकि वे नहीं चाहते थे कि ब्रिटेन से और कोई प्रस्ताव जैसे कि अभी लिनलिथगो ने पेश किया था, आए।

कांग्रेस असमंजस की स्थिति में थी और अब अधीर हो उठी थी पटना में फरवरी 1940 को कांग्रेस कार्यसमिति की बैठक में युद्ध को साम्राज्यवादी करार देते हुए समिति ने धमकी दी कि प्रान्तों से कांग्रेसी मन्त्रिमंडलों के त्यागपत्रों के पश्चात् अब स्वाभाविक है कि कांग्रेस सविनय अवज्ञा आन्दोलन छेड़े। जैसे ही कांग्रेस संगठन स्वयं को इस बात के लिए तैयार पाएगा वैसे ही आन्दोलन आरम्भ हो जाएगा।

मार्च में रामगढ़ कांग्रेस अधिवेशन में पुष्टि की गई। देश व अन्तर्राष्ट्रीय परिस्थितियों को ध्यान में न रखने के कारण कांग्रेस के इस निर्णय की भारी आलोचना हुई। कांग्रेस के इन प्रस्तावों से जिन्ना को पाकिस्तान की चाल चलने के लिए अच्छा मौका हाथ लग गया और कुछ ही दिनों बाद उन्होंने अपनी द्वि-राष्ट्र सिद्धांत की घोषणा कर दी।

भारत के विभाजन की माँग उठाने से ग्यारह दिन पहले जिन्ना ने वाइसरॉय को अपनी योजना के सम्बन्ध में विश्वास में लिया। लिनलिथगो ने जेटलैंड को 13 मार्च 1940 को भेजी रिपोर्ट में बताया कि जिन्ना ने उससे क्या कहा जैसे-जैसे युद्ध आगे बढ़े (युद्ध के एशिया में प्रवेश की सम्भावना को देखते हुए) अंग्रेजों और मुसलमानों में एकता होनी ज़रूरी है। यदि हम उनकी (मुसलमानों की) निश्चित और प्रभावी मदद करना चाहते हैं तो हमें मुसलमानों को कांग्रेस के हाथों नहीं बेचना चाहिए, मुस्लिम अल्पसंख्यक नहीं हैं बल्कि एक राष्ट्र हैं। भारत के लिए लोकतन्त्र (बहुमत का शासन) असम्भव है और (मुसलमान) इस बात के लिए चिंतित हैं कि ऐसी स्थिति में न आ जाएँ कि भारत पर ब्रिटेन की पकड़ धीरे-धीरे समाप्त हो जाए जिससे अन्त में सारे देश का नियन्त्रण हिन्दुओं के हाथ में चला

जाय। वह (जिन्ना) इस सम्भावना पर विचार के लिए पूरी तरह तैयार थे कि हमें (अंग्रेजों को) शासन की बागडोर सँभाले रखने के लिए पूर्वानुमानित समय से ज्यादा यहाँ रुकना पड़ सकता है। वे चाहते हैं कि मुस्लिम बहुल क्षेत्रों में मुसलमान अंग्रेजों की मदद से ही शासन चलाएँ। उन्होंने यह भी कहा कि अपनी सैन्य क्षमता के कारण वे हिन्दू क्षेत्रों में दबे हुए अपने समुदाय की रक्षा कर सकेंगे।[29]

जिन्ना की इस कड़ी टिप्पणी कि 'मुसलमान अपने राज्यों को सँभालने में सक्षम होंगे और साथ ही भारत में अपने मजहबियों की रक्षा कर लेंगे, और विभाजन के बाद भी इस उपमहाद्वीप में अंग्रेजों को रहना चाहिए।'—इसका अर्थ यह था कि भविष्य में मुस्लिम लीग और ब्रिटिश के साथ-साथ काम करने का मार्ग प्रशस्त कर दिया गया।

जिन्ना की इस टिप्पणी का जवाब लिनलिथगो ने इस प्रकार दिया—भारत में ब्रिटिश सरकार की उपस्थिति की ज़रूरत जितनी सोची जाती है उससे कहीं ज्यादा रहेगी। यह इस तरीके से हो कि भारतीयों की इस स्थिति में आकांक्षा के अनुरूप हो। यह एक त्रिपक्षीय समझौते से हो सकती है। (ब्रिटिश सरकार हिन्दू, मुस्लिम ओर नरेशों से सर्वोपरि रहेगी)।[30]

जब 24 मार्च 1940 को जिन्ना ने लाहौर में यह घोषणा की कि राष्ट्र की किसी भी परिभाषा के मुताबिक देखें तो मुसलमान एक प्रथक राष्ट्र हैं और उनकी अपनी मातृभूमि, उनका राष्ट्र और उनकी सीमाएँ होनी चाहिए। उन्होंने यह भी सुझाया कि जिन क्षेत्रों में मुसलमान बहुसंख्यक हैं, जिस तरह उत्तर-पश्चिमी व पूर्वी भागों में, भौगोलिक रूप से निकटस्थ क्षेत्रों को आवश्यकतानुसार स्वतन्त्र देशों के रूप में समायोजित किया जाना चाहिए।

अब तक किसी मुसलमान नेता ने भारत के उन प्रान्तों में जहाँ मुसलमान संख्या की दृष्टि से बहुमत में थे, एक अलग और प्रभुसत्ता सम्पन्न राज्य बनाने का प्रस्ताव नहीं रखा था। इसके कारण जानना कोई मुश्किल काम नहीं था। किन्तु इन कारणों के अन्दर झाँकने से पहले हम एक तरफ अंग्रेजों और जिन्ना के मध्य संवादों ओर दूसरी ओर कांग्रेस की नीति में उतार-चढ़ावों को देखें जो अंग्रेजों और मुस्लिम लीग के मध्य गठबन्धन के बनने में मददगार सिद्ध हो रहे थे।

जिन्ना की इस घोषणा पर ब्रिटेन की प्रतिक्रिया वाइसरॉय और सेक्रेटरी ऑफ स्टेट के मध्य विचारों के आदान-प्रदान से स्पष्ट है। 4 अप्रैल, 1940 को लिनलिथगो ने तार भेजा जिसमें जेटलैंड को लिखा कि भारत में अंग्रेजी राज्य खत्म हो जाने के बारे में मुझे बात करने की ज्यादा रुचि नहीं है परन्तु वह दिन अभी बहुत दूर है। फिर भी जिन्ना की योजना की आलोचना करना राजनीतिक रूप से

दुर्भाग्यपूर्ण होगा। बुद्धिमत्ता इसी में है कि हम खुद को इन बातों से अलग रखें जब तक कि संवैधानिक विचार-विमर्श में कोई उपयुक्त अवसर न आए।[31]

इसके बाद के तार में लिनलिथगो ने सलाह दी कि सन्तुलन रखने के लिए भारत के सम्बन्ध में कोई भी संवैधानिक प्रगति तब तक नहीं होनी चाहिए जब तक कि कोई आन्तरिक समझौता न हो जाए। दूसरे शब्दों में जिन्ना की इस योजना का इस्तेमाल कांग्रेस पार्टी और इंग्लैण्ड में उसके समर्थकों के खिलाफ किया जाए। जेटलैंड इस पर राजी थे और उन्होंने लिनलिथगो को अपने विचार इस प्रकार प्रस्तुत किए–

मेरा मानना है कि कांग्रेस को जो अपना तीर चला चुकी है, उकसाने में मुझे कोई परेशानी नहीं है, पर मध्य पूर्व से अनिश्चितताओं के चलते मुझे ऐसे किसी भी कदम को उठाने में जो मुस्लिम लीग को भड़काए, परेशानी होती है। मैं ऐसे किसी भी कदम की निन्दा करूँगा जो हिन्दुओं के पक्ष में ज्यादा झुकता हुए लगे और जिसमें मुस्लिम लीग को पर्याप्त महत्त्व न दिया गया हो।[32]

इसी बीच अमेरिका में भारत का विभाजन करने की जिन्ना की योजना के प्रति कुछ विरोधी प्रतिक्रिया हुई। इस मामले में लिनलिथगो ने जेटलैंड को सलाह दी कि भारत की अखंडता को लेकर जिस तरह हम लगातार और बार-बार जोर देते आए हैं उसे किसी भी युक्ति से बनाए रखा जाए पर उन्होंने यह भी चेतावनी दे दी कि जिन्ना की योजना की निन्दा मुस्लिम भावनाओं को तुरन्त उत्तेजित कर देगी। और इसका फायदा कांग्रेस को मिलेगा।[33]

सेक्रेटरी ऑफ स्टेट ने 18 अप्रैल, 1940 को जिन्ना की अल्पसंख्यकों को गारंटी देने की बारम्बार अपील पर हाउस ऑफ लार्ड्स में निम्न जवाब प्रस्तुत किया। वास्तव में जेटलैंड लिनलिथगो की उस सलाह का जवाब दे रहे थे जिसके अनुसार उन्होंने पाकिस्तान की योजना पर ध्यान न देने पर भी जिन्ना को बहलाए रखने के लिए कहा था। मैं विश्वास नहीं कर सकता कि इस देश की कोई भी सरकार या संसद बलपूर्वक संविधान का कोई ऐसा प्रकार लागू कर सकती है जिसमें ब्रिटिश शासन की आठ करोड़ मुस्लिम प्रजा शान्तिपूर्वक और सन्तोष से न रह सकती हो।[34] लिनलिथगो ने 19 अप्रैल को सेक्रेटरी ऑफ स्टेट के भाषण के इस खास हिस्से को अंडरलाइन कर जिन्ना को भेजा।

इस समय तक वाइसरॉय जिन्ना को भारत में मुसलमानों के प्रवक्ता बनाने के विचार से लैस थे। पंजाब प्रान्त के गवर्नर हेनरी क्रैक के सामने प्रान्त के मुख्यमन्त्री सिकन्दर हयात खाँ ने पुनः यह बात उठाई थी कि पाकिस्तान की योजना पंजाब प्रान्त की शान्ति और एकता को खतरा पहुँचा सकती है। पंजाब

में अलगाववादी ताकतों को बढ़ावा देकर भारत में कांग्रेस की तुलना में मुस्लिम लीग की ताकत बढ़ाने के लिए लिनलिथगो एक खतरनाक खेल खेल रहे थे। और इस प्रान्त में 1947 में जो साम्प्रदायिक हत्याकांड हुआ उस पाप से वे मुक्त नहीं किए जा सकते।

मई 1940 में जैसे ही जर्मन फौजें हालैण्ड और बेल्जियम को कुचलकर पेरिस की ओर बढ़ीं वैसे ही विंस्टन चर्चिल, नेवेली चेम्बर के स्थान पर प्रधानमन्त्री बने। और हैरो स्कूल में चर्चिल से दो साल सीनियर रहे लियोपोल्ड एम्री जिन्होंने हाउस ऑफ कॉमन्स में चेम्बर लेन के लिए क्रामवेल के ये शब्द उछाले थे कि ईश्वर के नाम पर निकल आओ, यानी सत्ता छोड़ो; लॉर्ड जेटलैंड के स्थान पर सेक्रेटरी ऑफ स्टेट नियुक्त हुए। चर्चिल बड़े युद्ध नायक सिद्ध हुए जिन्होंने सम्भवतः दुनिया को हिटलर से बचाया। किन्तु उनका पद सँभालना भारत के लिए बड़ा अनिष्टकारी सिद्ध हुआ जैसा कि सर्वज्ञात है कि यह विषय उनके लिए अन्धबिन्दु था। चर्चिल के मित्र एम्री ने खुद कहा कि समझ में नहीं आता कि सच में भारत के मुद्दे पर वे पूरी तरह सन्तुलित हैं। इस विषय पर उनके शारीरिक या मानसिक व्यवहार में और युद्ध के संचालन को सीधे प्रभावित करने वाले मुद्दे पर उन्होंने जैसी स्थिरता और प्रभावी बुद्धिमत्ता का प्रदर्शन किया वह दोनों बिलकुल अलग थे।[35]

चर्चिल और उनके टॉरी मित्र उनकी अपनी कंजर्वेटिव पार्टी द्वारा सन् 1935 में जारी इंडिया फेडरेशन की योजना को इस डर से बिगाड़ चुके थे कि अन्ततः यह योजना भारत को औपनिवेशिक स्वराज्य की ओर से ले जाएगी। चर्चिल के लिए भारत एक भौगोलिक अभिव्यक्ति मात्र है, जैसे भूमध्यरेखा, एक देश नहीं। उन्हें इस बारे में कोई चिन्ता नहीं थी कि यह कितने टुकड़ों में बँटे। मन्त्रिमंडल की एक बैठक में चर्चिल को सुनने के पश्चात् भविष्य में भारत के होने वाले वाइसरॉय लॉर्ड वेवल ने अपनी डायरी में नोट किया था कि चर्चिल भारत और उससे सम्बन्धित सभी बातों से घृणा करते हैं।[36]

चर्चिल का यह कहा रिकार्ड पर है 'मैं भारतीयों से घृणा करता हूँ। ये घृणित लोग हैं और उनका धर्म भी घृणित है।[37] और निश्चित ही गांधीजी उनके लिए हौआ रहे जिन्हें वे दुश्मन और पूर्णतः एक दुष्ट ताकत मानते रहे। पैट्रिक फ्रेंच ने लिखा है कि उस काल के कई अंग्रेज स्वभाव और प्रवृत्ति से नस्ल बाद पर आधारित साम्राज्य में विश्वास करते थे। हालाँकि भारत के बारे में चर्चिल की भावनाएँ कुछ ज्यादा उग्र थीं।

पद सँभालने के बाद चर्चिल जर्मन आक्रमण का मुकाबला करने में जुट गए इस कारण इतने व्यस्त थे कि थे कि भारत के मामलों के संचालन में लियो एम्री

के काम में हस्तक्षेप नहीं कर पा रहे थे। फिर भी उनका आग्रह था कि एम्री और उनके मध्य आदान-प्रदान किए जाने वाले टेलीग्राम उन्हें दिखाए जाएँ। निश्चित ही वे अपने सेक्रेटरी ऑफ स्टेट द्वारा भारत में किसी तरह का संवैधानिक कदम उठाए जाने के खिलाफ थे।

जून 1940 तक यथार्थवादी और आसानी से समझ में आनेवाली नीतियों के आधार पर कांग्रेस की बात करने की स्थिति और खराब होती गई। जैसा इस अध्याय के आरम्भ में उल्लेख किया गया है कि 29 जून, 1940 को गांधीजी ने लिनलिथगो को भौचक करते हुए कहा था कि ब्रिटेन को हिटलर के आक्रमण का सामना खास तौर पर अहिंसक कार्यवाही से करना चाहिए। चाहे इसका अर्थ आत्मोत्सर्ग ही क्यों न हो। यह बात उन्होंने दूसरे दिन 30 जून, 1940 को वाइसरॉय को इस तरह लिखी–

> आप हार रहे हैं। यदि आप लड़ते रहे तो इसका परिणाम सिर्फ भयानक रक्तपात होगा। हिटलर बुरा व्यक्ति नहीं है। यदि आप युद्ध बन्द कर देते हैं तो वह भी इसका अनुसरण करेगा। यदि आप मुझे जर्मनी या और कहीं भी भेजना चाहते हैं तो मैं आपकी सेवा में उपलब्ध हूँ।[38]

लिनलिथगो का जवाब इस तरह था–

> हम एक संघर्ष में उलझे हुए हैं। जब तक हम अपने लक्ष्य को नहीं पा लेते तब तक हम हटने वाले नहीं हैं। सब कुछ ठीक हो जाएगा।[39]

वास्तव में 1940 की ग्रीष्म तक गांधीजी अपने अहिंसा के सिद्धान्त को लेकर बड़बोले हो गए थे। यह सुभाषचन्द्र बोस द्वारा प्रस्तुत चुनौती को कुछ हद तक बदल देने का प्रयास था। हालाँकि जो बात समझ में न आने वाली है वह है उनके द्वारा इंग्लैण्ड को हिटलर से निपटने के लिए अहिंसा और असहयोग की नीति का पालन करने की सलाह देना। इस तरह की सलाह उन लोगों को ऐसे वक्त देना जब वे जैसा चर्चिल ने स्वयं को कहा खून, कष्ट, आँसू और पसीना देने के लिए पूरी तरह तैयार थे और उनके नेता वादा कर रहे थे कि हम अन्त तक लड़ेंगे चाहे इसकी कोई भी कीमत देनी पड़े। हम कभी भी आत्मसमर्पण नहीं करेंगे। इस सलाह से चर्चिल के मित्र जो गांधीजी को सबसे बड़ा विध्वंसक मानते थे, उनको बल मिला। अहिंसा के प्रति गांधीजी के इस हद तक जाने का खतरा नेहरू ने भाँपा। जब फ्रांस की हार हो गई तब नेहरू अपने साथियों को हिटलर द्वारा ब्रिटेन पर आधिपत्य जमाने से दुनिया को और हिन्दुस्तान को जो खतरा हो सकता था उसे समझाने में सफल रहे। उन्होंने एक फॉर्मूला भी बनाया जिससे संभवतः ब्रिटेन के साथ संवाद का रास्ता खुल सकता था। और युद्ध में सहयोग के लिए भी जुलाई,

1940 में कांग्रेस ने एक नया प्रस्ताव पास किया जहाँ इसमें युद्ध के पश्चात् ब्रिटेन द्वारा भारत को पूर्ण स्वतन्त्रता देने की बात पर जोर दिया। वही अहिंसा के सिद्धान्त को राष्ट्र की सुरक्षा के घेरे से बाहर रख दिया जो पार्टी की युद्ध से दूर रहने के लिए मुख्य दलील थी। गांधीजी ने पार्टी के नेतृत्व से इस्तीफा दे दिया जिससे हिंसा के साथ पूर्ण विरोध के सिद्धान्त से समझौता न करना पड़े (यह भूलते हुए कि जब युद्ध शुरू हुआ तब उन्होंने इसके लिए बिना शर्त समर्थन देने का प्रस्ताव रखा था।)

लिनलिथगो कांग्रेस के पीछे भागने के विरोधी थे।[40] वे इस काल में सेक्रेटरी ऑफ स्टेट से उनके पत्र-व्यवहार में कांग्रेस की पहल पर ध्यान देने की बजाय शिकार और मछली मारने में ज्यादा रुचि लेते रहे। उदाहरण के लिए उन्होंने उत्तरप्रदेश के जंगलों में 86.5 पाउण्ड माहशीर (मछली) पकड़ने पर सन्तोष और छौंड हिरण को मारने की बेचैनी के बारे में लिखा।[41] उनकी इस निश्चिन्तता के कारण जानना मुश्किल नहीं है क्योंकि हर महीने 2 लाख से ज्यादा लोग सेना में भर्ती होने के लिए प्रस्तुत थे जबकि सिर्फ 50 हजार ही सेना में भर्ती किए जा सकते थे और भारतीय उद्योगपति जिनमें कांग्रेस को वित्तीय मदद देने वाले घनश्याम दास बिड़ला भी शामिल थे सेना के लिए उत्पादन करने में पूरी तरह जुटे हुए थे। यह सब सम्राट के प्रति अपनी वफादारी के कारण न सही किन्तु अपनी जेब के लिए कर रहे थे।

लिनलिथगो की सोच के मुताबिक यदि काग्रेस के नेताओं को उनकी सरकार में शामिल होने के लिए कहा जाता है तो वे सिर्फ उनके शासन चलाने में रोड़ा डालने के अलावा ब्रिटेन की क्या मदद कर सकते थे?

इस बीच जिन्ना 27 जून, 1940 को वाइसरॉय से मिले। नई सरकार के गठन से सम्बन्धित सरकार की भारत के लिए नीति की एम्री की योजना की खबर साफ तौर पर जिन्ना को लग चुकी थी। उन्होंने लिनलिथगो पर दबाव डाला कि पूर्व के लिए गए निर्णय के अनुसार जब तक मुख्य समुदायों की सहमति न हो, किसी भी संवैधानिक योजना की घोषणा न की जाए। जेटलैंड के अप्रैल में हाउस ऑफ लार्ड्स में दिए वक्तव्य का सन्दर्भ देते हुए उन्होंने इस गारंटी की माँग की कि भविष्य में क्रिप्स या बेजवुड वेन जैसे लोग मुसलमानों को हिन्दुओं के हाथ न बेच सकें।[42]

युद्ध-मन्त्रिमंडल ने जिन्ना की इस बात को स्वीकार भी कर लिया, हालाँकि चर्चिल ने कोई भी दूरगामी घोषणा न करने की चेतावनी दी। इसका नतीजा यह हुआ कि लिनलिथगो ने 8 अगस्त, 1940 को एक घोषणा की जिसे हाउस ऑफ

कॉमन्स में एम्री ने भी सुनाया। इसमें युद्ध के बाद औपनिवेशिक स्वतन्त्रता, राजनीतिक दलों के प्रतिनिधियों को वाइसरॉय की काउंसिल में स्थान देने के लिए इसका विस्तार तथा एक युद्ध समिति जिसमें कुछ नरेश शामिल किए जाएँगे और अल्पसंख्यकों के लिए निम्नलिखित तरीके से गारंटी दी गई–

> यह कहने की ज़रूरत नहीं कि न तो सरकार ऐसी किसी भी शासन व्यवस्था के हाथों भारत की शान्ति व कल्याण के लिए वर्तमान जिम्मेदारियाँ हस्तान्तरित करने के बारे में सोच सकती है जिसके अधिकार का बलशाली तत्त्वों द्वारा जबर्दस्त विरोध हो और न ही इन तत्त्वों को किसी ऐसी सरकार के बलपूर्वक अधीन करने की बात सोची जा सकती है।[43]

इसके बाद ब्रिटेन ने न सिर्फ ब्रिटिश सरकार की मुसलमानों के प्रति उपरोक्त वक्तव्य के प्रति दृढ़ प्रतिबद्धता दिखाई बल्कि जिन्ना को भारत के मुसलमानों के एक मात्र प्रवक्ता के रूप में आने वाले समय में संवैधानिक परिवर्तनों में लगभग वीटो पॉवर भी सौंप दिया।

इस तरह यह घोषणा जिन्ना को आगे बढ़ाने और आंग्ल-मुस्लिम लीग गठबन्धन बनने में एक महत्त्वपूर्ण मील का पत्थर साबित हुई।

जो अंग्रेज वार्ताकार जिन्ना की पाकिस्तान की माँग पर अँगुली या फिर साम्प्रदायिक मतभेदों को निर्वाचित संवैधानिक सभा में हल करने की बात कहते थे उनके सामने जिन्ना इस घोषणा को प्रस्तुत कर देते थे।

जब कंजर्वेटिव पार्टी के स्थान पर लेबर पार्टी सन् 1945 में सत्ता में आई तब ब्रिटिश प्रशासनिक सेवा के लन्दन और नई दिल्ली स्थित अधिकारी हर वक्त ब्रिटिश मन्त्रियों को इस घोषणा की याद दिलाते रहते थे जिससे उनके नए आकाओं को जिन्ना की अनदेखी करने से रोका जा सके।

सन् 1940 तक जिन्ना और उनकी पार्टी वास्तव में भारत के सारे मुसलमानों का प्रतिनिधित्व नहीं करती थी यहाँ तक कि मुस्लिम लीग में भी जिन्ना की प्रवक्तावादी नीतियों पर गम्भीर विरोध था। पंजाब के मुख्यमन्त्री सिकन्दर हयात खाँ और बंगाल के मुख्यमन्त्री फजल-उल-हक जिन्ना के अलग मुस्लिम राष्ट्र के पूरी तरह विरोधी थे। सिकन्दर हयात खाँ तो पाकिस्तान को जिन्नास्तान कहते थे।

इस कारण कांग्रेस द्वारा इस बात का आग्रह करना बिलकुल गलत नहीं था कि जब तक निर्वाचित संवैधानिक सभा में मुस्लिम समुदाय के निर्वाचित प्रतिनिधियों से कोई बात नहीं होती तब तक इस मामले में अन्तिम निर्णय नहीं हो सकता क्योंकि जिन्ना को मुसलमानों का एक मात्र प्रतिनिधि नहीं माना जा सकता है।

8 अक्टूबर की ब्रिटिश घोषणा से कांग्रेसी नेताओं को एक धक्का लगा। जिन्ना को जो वीटो प्रदान किया गया उससे उनकी अड़ियल नीति में वृद्धि निश्चित थी। कांग्रेस की इस पर प्रतिक्रिया यह थी कि कांग्रेस ने जो ब्रिटिश सरकार से सहयोग करने की कोशिश की थी उससे वापस हटने का निर्णय लिया। यह प्रतिक्रिया कांग्रेस के उस प्रस्ताव से झलकती थी जिसके अनुसार राष्ट्र की सुरक्षा के लिए अहिंसा का सिद्धान्त लागू नहीं किया जाएगा। परन्तु गांधीजी इस बात से चिंतित हुए कि कहीं हताशा में कांग्रेसी नेता सरकार के विरुद्ध आन्दोलन न छेड़ दें। वह वाइसरॉय से आन्दोलन न करने का वादा कर आए थे। इस कारण गांधीजी ने एक ऐसी रणनीति तैयार की जिससे जनता को यह महसूस हो कि कांग्रेस ब्रिटिश सरकार को माफ नहीं कर रही किन्तु साथ ही ऐसा कोई कदम भी न उठाएँ जो ब्रिटेन के युद्ध प्रयासों में बाधा उत्पन्न करे। सुभाषचन्द्र बोस ने इस नीति को दोमुँही नीति की संज्ञा दी।

नई रणनीति के लिए आधार तैयार करने के लिए गांधीजी ने वाइसरॉय को 29 अगस्त, 1940 को लिखा यह कि वह नहीं चाहते कि युद्ध के दौरान ब्रिटिश सरकार के लिए कोई मुसीबत खड़ी की जाए किन्तु इसका अर्थ यह नहीं कि कांग्रेस स्वेच्छा-मृत्यु स्वीकार करने की हद तक ब्रिटेन के साथ सहयोग करे। जब वे 27 सितम्बर, 1940 को लिनलिथगो से मिलने गए तब उन्होंने यही बात दोहराई और इस बात पर जोर दिया कि उन्हें अभिव्यक्ति की स्वतन्त्रता है और वह लोगों को सेना में भर्ती न होने के लिए रोकेंगे क्योंकि उनकी पार्टी अहिंसा के सिद्धान्त पर दृढ़ है। इस पर लिनलिथगो ने तर्क दिया कि सेना में भर्ती होना व्यक्ति की इच्छा पर निर्भर है किन्तु इसके खिलाफ प्रचार करने का किसी को अधिकार नहीं है। उन्होंने इस बात की रिपोर्ट लन्दन भेजते हुए कहा कि अहिंसा का इस तरह उपदेश करना प्रचार की बात नहीं बल्कि युद्ध प्रयासों में बाधा पहुँचाना है।[44]

गांधीजी ने अहिंसा के सिद्धान्त के प्रचार को अभिव्यक्ति की स्वतन्त्रता का मुद्दा बना लिया और 17 अक्टूबर, 1940 को उन्होंने व्यक्तिगत शान्तिपूर्ण सविनय अवज्ञा आन्दोलन की शुरुआत कर दी।

इस आन्दोलन के तहत महत्त्वपूर्ण कांग्रेसी नेताओं को जनता के बीच सेना में भर्ती के खिलाफ बोलना था और गिरफ्तारी देनी थी। इसमें बड़े पैमाने पर कोई आन्दोलन न होगा सिर्फ कुछ गिने चुने व्यक्तियों द्वारा विरोध प्रदर्शन किया जाएगा, कांग्रेस ने इसकी शुरुआत गांधीजी के कट्टर अनुयायी विनोबा भावे से की, जिन्हें तुरन्त गिरफ्तार कर लिया गया। दूसरे नम्बर पर नेहरू आए। जब उन्हें भी गिरफ्तार कर लिया गया, तो सरदार पटेल ने भी सेना में भर्ती के विरुद्ध भाषण

दिए और वे भी जेल भेज दिए गए यह सिलसिला तब तक चलता रहा जब तक कि सभी दिग्गज कांग्रेसी जेलों में न पहुँचा दिए गए। इसके बाद गांधीजी अपने आश्रम में चले गए और स्वयं को चर्खे और समाज सेवा में लगा लिया। इस नीति से वाइसरॉय को कांग्रेस की ओर से कोई मुसीबत खड़ी करने की सम्भावना समाप्त हो गई और वे बिना किसी परेशानी के रक्षा तैयारियों में लग गए।

लुई फिशर ने इस आन्दोलन की व्याख्या करते हुए कहा है कि यह इज्जत बचाने की एक कोशिश थी। ब्रिटेन की खुफिया एजेंसी के निदेशक की राय इस राय से काफी भिन्न थी। अपनी एक रिपोर्ट में उन्होंने नेहरू का हवाला देते हुए कहा था कि गांधीजी के इस आन्दोलन से सफलता की उम्मीद किसी को नहीं है किन्तु इसका नैतिक महत्त्व मायने रखता है। इसके आगे निदेशक ने लिखा कि युद्ध खत्म हो जाएगा तब कांग्रेस पर से प्रतिबन्ध उठ जाएगा, कांग्रेसी नेता रिहा कर दिए जाएँगे और आगामी चुनाव में कांग्रेस को भारी सफलता मिलेगी। आज वे सरकार को नैतिक रूप से नीचा दिखाना चाहते हैं।[45]

जाने माने वकील चमन लाल सीतलवाड ने 7 अक्टूबर, 1940 को स्टेट्समैन अखबार में एक तहरीर दी जो कि इस तरह थी। गांधीजी कहते हैं कि कांग्रेस नाजियों की विजय के उतने ही खिलाफ है जितना कोई अंग्रेज हो सकता है, इसी के साथ वह यह आज़ादी भी चाहते हैं कि वह युद्ध के विरोध में प्रचार करते रहें जिससे युद्ध प्रयासों को धक्का लगेगा और दुश्मन को मदद मिलेगी। गांधीजी यह दावा करते हैं कि कांग्रेस चाहे खत्म हो जाए पर अहिंसा के सिद्धान्त से न हटेगी। क्या गांधीजी उस वक्त कुछ देर के लिए अहिंसा को भूल गए थे? जब युद्ध आरम्भ होने के बाद उन्होंने स्वयं कहा था कि भारत को युद्ध में ब्रिटेन का साथ बिना शर्त देना चाहिए। कांग्रेस ने पूना प्रस्ताव में कहा था कि यदि भारत की स्वतन्त्रता की घोषणा की जाती है और केन्द्र में उत्तरदायी सरकार की स्थापना हो जाए तो वह युद्ध में ब्रिटेन की हर प्रकार की सहायता करने को तैयार है मतलब यदि उनकी माँगें पूरी होती हैं तब वे अपने अहिंसा के सिद्धान्त को ताक पर रखकर युद्ध में भागीदारी के लिए तैयार थे।

सन् 1941 की गर्मियों तक गांधीजी के व्यक्तिगत सविनय अवज्ञा आन्दोलन में गिरफ्तार होने वाले लोगों की संख्या 15 हजार तक पहुँच गई। एक ब्रिटिश पर्यवेक्षक के अनुसार इस आन्दोलन ने कोई उत्तेजना नहीं फैलाई और यह बहुत कम ध्यान बटोर पाया। प्रेस सेंसर से इस आन्दोलन की बहुत कम जनता को जानकारी मिली। इस तरह यह आन्दोलन एक साल तक चला। इसका भारत के युद्ध में योगदान पर प्रभाव नगण्य रहा।[46] न ये आन्दोलन भारतीयों को रोजगार

के अवसर का लाभ उठाने से रोक पाया। परिणामस्वरूप ब्रिटिश भारत की सैन्य संख्या युद्ध आरम्भ होने के समय एक लाख नब्बे हजार थी जो युद्ध समाप्त होने तक करीब बीस लाख हो गई और जब सन् 1941 के आखिर में टूटे मनोबल के कांग्रेसियों को रिहा करने का निर्णय किया गया। नेहरू और आज़ाद को 3 दिसम्बर को रिहा किया गया। चर्चिल ने इसे 'सफलता के समय आत्मसमर्पण' कहा।

राष्ट्रवादियों के लिए इस व्यक्तिगत सत्याग्रह के जो भी अप्रत्यक्ष लाभ रहे हों किन्तु जिन्ना और मुस्लिम लीग को सीधा फायदा पहुँचा। एक मुस्लिम नेता के अनुसार जब कांग्रेस का सविनय अवज्ञा आन्दोलन चल रहा था उस दौरान मुस्लिम लीग ने भाषणों, पैम्फलेट और व्यक्तिगत सम्पर्कों के माध्यम से नगरों, कस्बों में तेजी से प्रगति की। और यह मानते हुए कि अन्ततः हिंसा का पलड़ा भारी रहेगा, अहिंसा का नहीं। लीग ने एक सेना गठित करना आरम्भ किया जिसे मुस्लिम नेशनल गार्ड का नाम दिया गया। इस सेना के स्वयं-सेवक सार्वजनिक समारोहों में जिन्ना के आस-पास खुली तलवारें 'इस्लाम की तलवारें'[47] लेकर खड़े रहते थे। लिनलिथगो बार-बार जिन्ना की पाकिस्तान के सिद्धान्त की अपील ठुकराते रहे यह कहते हुए कि युद्ध के पश्चात् ही इस पर बात हो सकती है। फिर भी वह सभी मुसलमानों को एक खेमे में लाने के लिए जिन्ना की हर सम्भव मदद करते रहे, जैसे कि उन्होंने लन्दन में भेजी रिपोर्ट में लिखा।[48] सारे मुस्लिम नेताओं को उनके व्यक्तिगत और नीतिगत विरोधों के चलते यह इतना आसान नहीं था। लिनलिथगो के अनुसार सिकन्दर हयात खाँ ने उनसे कहा कि जिन्ना इस बात से भयभीत थे कि हिटलर युद्ध जीत जाएगा तो वह (जिन्ना) मुसीबत में आ जाएँगे। उन्होंने जिन्ना की भीरुता के और भी उदाहरण प्रस्तुत किए। लिनलिथगो को जिन्ना के लिए बंगाल से मुस्लिम लीग के प्रमुख फजल-उल-हक से भी विरोध का सामना करना पड़ा किन्तु कांग्रेस के खिलाफ लड़ने के लिए जिन्ना को इस्तेमाल करने का वाइसरॉय का भरोसा कभी नहीं डिगा।

आस्ट्रेलिया में ब्रिटेन के पूर्व गवर्नर के पुत्र लॉर्ड लिनलिथगो सन् 1936 में भारत भेजे गए। उनका मुख्य कार्य 1935 के संविधान को व्यवहार में लाना था जिसे संयुक्त संसदीय समिति के अध्यक्ष के नाते पूरा करने का काम उन्होंने किया था। यह एक विडम्बना ही है कि व्यवहार के स्थान पर उन्हें इसे दफनाना पड़ा। नेहरू ने लॉर्ड लिनलिथगो के लिए लिखा था—उनका दिमाग धीरे चलता है। चट्टान की भाँति दृढ़ और लगभग चट्टान की तरह इसमें जागरूकता का अभाव था।[49] लियो एम्री ने इस दोहरी ठुड्डी वाले साढ़े छह फुट लम्बे स्कॉटलैंड के लॉर्ड की

एक हाथी से तुलना की थी जो कि हाथी जैसा चालाक भी था। एम्री के अनुसार होपी ने (लिनलिथगो के मित्र उन्हें इसी नाम से पुकारते थे) यह बहुत ही उम्दा काम किया कि कांग्रेस की ब्रिटेन को हथियार डलवाने की कोशिशों को नाकाम कर दिया।[50] कांग्रेस से घृणा करने वाले अधिकारियों से घिरे हुए लिनलिथगो ने आंग्ल-मुस्लिम गठबन्धन स्थापित किया और किसी भी आंग्ल-कांग्रेस गठबन्धन की सम्भावना को नकार दिया।

इसमें उनको कांग्रेस पार्टी से कोई कम मदद नहीं मिली। वह इस बात को नहीं मानते थे कि अंग्रेजों को निकट भविष्य में भारत छोड़ना पड़ेगा, उन्होंने पाकिस्तान के निर्माण के लिए वास्तव में कोई उत्सुकता नहीं दिखाई किन्तु कांग्रेस के खिलाफ जिन्ना को इस्तेमाल करके ऐसे हालात पैदा कर दिए जिनसे कुछ वर्षों बाद बटवारे को सम्भव बना दिया। एक ब्रिटिश इतिहासकार का मानना है कि निश्चित तौर पर तो नहीं कहा जा सकता किन्तु यदि भारत के बँटवारे को पहले से ही नकार दिया गया होता तो पाकिस्तान की माँग छोड़ दी गई होती।[51]

ब्रिटिश कार्य व्यवस्था के तहत भारतीय नेताओं से जो बात होती थी उसे उसी दिन शब्दशः लन्दन को सूचित कर दिया जाता था। यदि वाइसरॉय एक दिन में गांधीजी व जिन्ना दोनों से मिलते थे तब यह रिपोर्ट 25 से 30 पेज तक लम्बी हो जाती थी। इस कारण जिन्ना द्वारा ब्रिटिश सत्ता को लम्बी अवधि तक भारत में रुकने के समर्थन और हिन्दू कांग्रेस के प्रति उनके वैर-भाव ब्रिटिश सत्ता के शीर्ष गलियारों में पहुँच रहा था। और अंग्रेजों के दिल में उनके लिए जगह बन रही थी। यह इसलिए भी कि अंग्रेज जानते थे कि जिन्ना उन पर निर्भर है और इसलिए हाथ में है।

जिन्ना की पहुँच भारत के सभी मुसलमानों तक वैसी नहीं थी जैसी कि अखिल भारतीय कांग्रेस की थी। पर साफगोई जैसी कि लिनलिथगो के तारों और पत्र व्यवहारों से झलकती है। जिन्ना की विश्वसनीयता और ताकत का आभामंडल बन गया था। बड़े जतन से सहेजे गए ये रिकार्ड उन ब्रिटिश मन्त्रियों और वाइसरॉयों के लिए तब से बाद के वर्षों में सदैव उपलब्ध रहते थे। इन रिकॉर्डों ने ब्रिटेन की राय मुसलमानों के पक्ष में और कांग्रेस का विरोध में करने में मदद दी।

इस अध्याय का अन्त वी.पी. मेनन के इन शब्दों से करना उपयुक्त होगा। युद्ध के प्रति कांग्रेस के विरोध और लीग के छलावे भरे समर्थन से ब्रिटेन को यह विश्वास हो गया कि मुसलमान उनके मित्र और हिन्दू उनके शत्रु हैं। इस सोच ने अवश्य ही विभाजन की सरकारी गुप्त नीति को मदद दी।[52]

जापान ने पर्ल हार्बर पर आक्रमण किया और शीघ्र ही भारत के पूर्व में स्थित ब्रिटिश साम्राज्य को समेट लिया। इसने ब्रिटेन को ही नहीं वरन् भारत के भविष्य को भी एक नया मोड़ दे दिया क्योंकि अमरीका इस क्षेत्र में प्रविष्ट हो गया। परन्तु इससे पहले कि हम इस विषय पर आएँ, भारत के मुसलमानों के लिए पृथक राज्य या राज्यों सम्बन्धी जिन्ना की योजना पर नजर डालें जो उन्होंने 24 मार्च 1940 को प्रस्तावित की थी और साथ ही जिन्ना के रहस्यमयी व्यक्तित्व को समझने की कोशिश करें।

सन्दर्भ

1. मौलाना अबुल कलाम आजाद, इंडिया विन्स फ्रीडम (ओरिएंट लांगमन, दिल्ली, प्रथम प्रकाशन 1958, पृ. 35, संशोधित संस्करण 1988)।
2. वी. पी. मेनन, ट्रांसफर ऑफ पॉवर इन इंडिया (लांगमन ग्रीन, लन्दन, 1957, पृ. 52)।
3. वही।
4. एम एस एस/ई यू आर एफ 115/8, खंड पाँच, पृ. 96 (ओरिएंटल एंड इंडियन कलेक्शन (ओ आई सी), ब्रिटिश लाइब्रेरी लन्दन)।
5. वही, पृ. 149-50।
6. वही, पृ. 100-02।
7. वही।
8. खलीक-उल-जमान, पाथवे टू पाकिस्तान, (लांगमन ग्रीन, लन्दन, 1961, पृ. 206)।
9. एम एस एस/ई यू आर 125/8, खंड चार, पृ. 161 (ए) से (के) (ओ आई सी, ब्रिटिश लाइब्रेरी लन्दन)।
10. वही, पृ. 169 (ए) से (ई)।
11. वही, पृ. 169 (ई) से 170।
12. वही।
13. वही।
14. वी.पी. मेनन, पूर्व में उद्धृत, पृ. 66।
15. सर पेनेड्रल मून, द ब्रिटिश कानक्वेस्ट एंड डॉमिनियन ऑफ इंडिया, भाग-2 (इंडिया रिसर्च प्रेस, दिल्ली, 1999, पृ. 1088)।
16. एम एस एस/ई यू आर/125/8, खंड चार, सेक्रेटरी ऑफ स्टेट को वाइसरॉय द्वारा लिखित, 26 अक्टूबर, 1939 (ओ आई सी, ब्रिटिश लाइब्रेरी, लन्दन)।
17. डेसमंड यंग, ट्राइ एनीथिंग ट्वाइस (लन्दन, हैमिश हेमिल्टन, 1963, पृ. 245-46) और सर पेनेड्रल मून, डिवाइड एंड क्विट (कैलिफोर्निया यूनिवर्सिटी प्रेस, बर्कले, 1961, पृ. 25)।
18. एम एस एस/ई यू आर/125/8, खंड चार, पृ. 199, (आई) वाइसरॉय की गांधीजी से भेंट का नोट, 4 नवम्बर, 1939 (ओ आई सी, ब्रिटिश लाइब्रेरी, लन्दन)।

19. वही, जिन्ना से वाइसरॉय की मुलाकात सम्बन्धी नोट।
20. वही, पृ. 199 (जे), (के) और (एल)।
21. एम एस एस/ई यू आर (एफ) 125/9, खंड पाँच, पृ. 41-45, (ओ आई सी ब्रिटिश लाइब्रेरी, लन्दन)।
22. वही।
23. वही।
24. एम एस एस/ई यू आर एफ/125/12, ट्रांसफर ऑफ पावर, खंड तीन, पृ. 769, (ओ आई सी, ब्रिटिश लाइब्रेरी, लन्दन)।
25. एम एस एस/ई यू आर एफ/125/9, खंड पाँच, पृ. 45-49, 13 जनवरी 1940 को बम्बई में जिन्ना के साथ वाइसरॉय की चर्चा पर नोट (ओ आई सी, ब्रिटिश लाइब्रेरी, लन्दन)।
26. वही।
27. वही, पृ. 91, गांधी और जिन्ना के साथ 5 फरवरी 1940 को वाइसरॉय की बातचीत के सम्बन्ध में 6 फरवरी 1940 को वाइसरॉय द्वारा सेक्रेटरी ऑफ स्टेट को भेजा गया तार (पैरा 6)।
28. वही।
29. एम एस एस/ई यू आर एफ/125/8, खंड पाँच, पृ. 191-95, जिन्ना के साथ वाइसरॉय की बातचीत सम्बन्धी नोट। 13 मार्च 1940 (ओ आई सी, ब्रिटिश लाइब्रेरी, लन्दन)।
30. वही।
31. वही, 4 अप्रैल 1940 को वाइसरॉय द्वारा सेक्रेटरी ऑफ स्टेट को भेजा गया तार।
32. वही, पृ.140, सेक्रेटरी ऑफ स्टेट द्वारा वाइसरॉय को भेजा गया तार (पैरा 3)।
33. एम एस एस/ई यू आर एफ 125/9, खंड पाँच, पृ. 91-92, 6 अप्रैल 1940 को वाइसरॉय द्वारा सेक्रेटरी ऑफ स्टेट को भेजा तार।
34. देखें वी. पी. मेनन पूर्व में उद्धृत, पृ. 85, हाउस ऑफ लार्ड्स में जेटलैंड के वक्तव्य के लिए, 18 अप्रैल 1940।
35. डब्ल्यू. जे. वार्न्ड्स, पाकिस्तान एंड द ग्रेट पॉवर्स (पॉल माल, लन्दन, 1972, पृ. 993)।
36. लॉर्ड आर्चीवाल्ड वेवल, द वाइसरॉय जर्नल (ऑक्सफोर्ड युनिवर्सिटी प्रेस, लन्दन, 1977)।
37. कोनराद इस्ट, द सेफरॉन स्वास्तिक : द नेशन ऑफ हिन्दू फासिज्म में खंड 1, (वॉयस ऑफ इंडिया, न्यू देहली, 2001, पृ. 532)।
38. राबर्ट पायने, लाइफ एंड डेथ ऑफ गांधी (रूपा, दिल्ली, 1979, पृ. 486-89)।
39. वही।
40. एम एस एस/ ई यू आर/9/5, पृ. 127, वाइसरॉय द्वारा सेक्रेटरी ऑफ स्टेट को (ओ आई सी, ब्रिटिश लाइब्रेरी, लन्दन)।
41. वही, पृ. 124।
42. फाइल एल/ पी एंड जे/8/507, जिन्ना की लिनलिथगो से शिमला में भेंट, 27 जून, 1940।

43. वी.पी. मेनन, पूर्व में उद्धृत, पृ. 93।
44. एम एस एस / ई यू आर एफ 125/19, खंड पाँच, वाइसरॉय का 27 सितम्बर, 1940 का तार।
45. गुप्तचर ब्यूरो के निदेशक की टिप्पणियाँ, 21 मई, 1940 (ओ आई सी, ब्रिटिश लाइब्रेरी, लन्दन)।
46. सर पेनेड्रल मून, द ब्रिटिश कानक्वेस्ट एंड डामिनियन ऑफ इंडिया, भाग 2, पृ. 1097
47. पैट्रिक फ्रेंच, लिबर्टी ऑर डेथ : इंडियाज़ जर्नी टू इंडिपेंडेंस एंड डिवीजन (हार्परकॉलिंस, लन्दन, 1995, पृ. 132-33)।
48. एम एस एस/ई यू आर एफ/125/9, खंड पाँच, पृ. 291 ।
49. जवाहरलाल नेहरू, डिस्कवरी ऑफ इंडिया (ऑक्सफोर्ड यूनिवर्सिटी प्रेस, दिल्ली 1990, पृ. 437)।
50. एम्री द्वारा एंथेनी ईडन को, टी ओ पी, खंड तीन, क्र. 695, एल/पी ओ/8/9ए-9 मई, 1943, पृ. 109-15।
51. सर पेनेड्रल मून, द ब्रिटिश कान्क्वेस्ट एंड डॉमिनियन ऑफ इंडिया, खंड-2, पृ. 109-23
52. वी. पी. मेनन, पूर्व में उद्धृत, पृ. 438।

जिन्ना और पाकिस्तान योजना

सन् 1940 की गर्मियों में सचिव लियो एम्री ने वाइसरॉय लिनलिथगो को गुप्त रूप से एक निजी पत्र लिखा। इसमें उन्होंने लिखा–

> यदि हमें (ब्रिटिश लोग) पारम्परिक रूप से स्वतन्त्रता प्रिय है और यूरोपीय महाद्वीप में हमारा अन्दरूनी विकास सदियों आगे हैं, तो उसका बड़ा कारण हमारा एक द्वीप होना है। यदि युद्ध और सैनिकवाद प्रशा (जर्मन) की परम्परा है तो उसका बड़ा कारण उनके पास प्राकृतिक सीमारेखा का न होना है। भारत के पास वर्तमान में एक प्राकृतिक सीमा है। पर देश के अन्दर प्राकृतिक, भौगोलिक, नस्ल या सम्प्रदाय के आधार पर उसकी कोई सीमाएं नहीं है। इस कारण प्रस्तावित पाकिस्तान के उत्तर-पश्चिम टुकड़े में पर्याप्त मात्रा में सिख अल्पसंख्यक शामिल हैं। फिर उत्तर-पूर्वी हिस्से में मुस्लिम समुदाय की संख्या इतनी कम है कि वृहद् मुस्लिम राज्य के एक हिस्से के रूप में इसको शामिल करना बिलकुल ही असंगत लगता है। संयुक्त प्रान्त में बड़ी संख्या में मुस्लिम जनसंख्या है जो हिन्दुस्तान में रह जाएगी। इसके अलावा जिन प्रान्तों में मुस्लिम शासक हैं वहाँ हिन्दू प्रजा और कहीं हिन्दू राजा और मुस्लिम प्रजा है। वास्तव में पाकिस्तान योजना में भारत में लगातार अन्दरूनी झगड़ों का पूर्वाभास दिखाई देता है।[1]

सन् 1940 में ब्रिटेन भारत में आने वाले कई दशकों तक बने रहने की उम्मीद कर रहा था। इस कारण भारतीय उप महाद्वीप में प्रभुता संपन्न राज्य या किसी भी अन्य तरह का हिन्दू, मुस्लिम या कोई अन्य राज्य बनाने में उसकी कोई रुचि नहीं थी। और न ही युद्ध की शुरुआत में ब्रिटेन के दिमाग में मुसलमानों को युद्ध के बाद भी सैन्य रणनीति से जोड़ने की कोई बात थी। यह सब तो बाद में हुआ। सन् 1940 में वाइसरॉय का जिन्ना से मित्रता बढ़ाने के पीछे उद्देश्य बहुत सीमित था। वह चाहते थे कि जिन्ना, कांग्रेसियों द्वारा युद्ध पश्चात् भारत को स्वतन्त्रता प्रदान करने की स्पष्ट घोषणा तथा इस दौरान वाइसरॉय की कार्यकारी परिषद् में राजनीतिक दलों के सदस्यों को शामिल करने की माँग का विरोध करें।

मुसलमान भी कुल मिलाकर जिन्ना की योजना से प्रभावित नहीं थे। भारत में ऐसे प्रान्तों के आधार पर एक अलग मुस्लिम राज्य की ऐसी कोई भी योजना जिन प्रान्तों में मुसलमान बहुसंख्यक थे (उत्तर-पश्चिम सीमा प्रान्त, पंजाब, सिन्धु, बलूचिस्तान और बंगाल) 50 लाख-1 करोड़ मुसलमानों को अलग छोड़ देती जो विभिन्न प्रान्तों में अल्पसंख्यक थे (संयुक्त प्रान्त, बिहार, मध्य प्रान्त बम्बई, मद्रास, उड़ीसा, राजधानी दिल्ली और रियासतों के राज्य आदि) इससे बढ़कर ब्रिटिश भारत के मुस्लिम अल्पसंख्यक प्रान्तों में लोकतान्त्रिक संविधान अर्थात् बहुमत के शासन के सिद्धान्त के कारण हिन्दुओं के आधिपत्य का डर सामने आने लगा था। इस कारण 'इस्लाम खतरे में है'—यह आवाज उठ सकती थी। जिन्ना द्वारा मुस्लिम राष्ट्र के लिए चिह्नित किए गए मुस्लिम बहुल प्रान्तों में शासन व्यवस्था पर मुसलमानों का आधिपत्य था और लोकतांत्रिक ढाँचे में भी हिन्दुओं के आधिपत्य का कोई अन्देशा नहीं था और न ही वहाँ के मुसलमान अलग मुस्लिम राष्ट्र में रुचि रखते थे। यह इस तथ्य से साबित हो जाता है कि जिन्ना की मुस्लिम लीग आज़ादी तक मुस्लिम बहुल प्रान्तों में स्पष्ट बहुमत प्राप्त करने में असफल रही थी। इस कारण यह योजना पाकिस्तान को उन लोगों के मत्थे थोपना था जिनकी इसमें रुचि नहीं थी और जिन लोगों की इसमें रुचि थी उन्हें इसमें शामिल नहीं किया जा रहा था।

दूसरे, वे मुसलमान जो हिन्दू आधिपत्य से बचना चाहते थे, उनकी इच्छा भी अलग होने या उप महाद्वीप के दो कोनों में मुस्लिम सत्ता को सिमटा देने की नहीं थी। इसका अर्थ यह था कि भारत के मुख्य मध्य हिस्सों जैसे दिल्ली, आगरा, लखनऊ आदि से दूर होना। अंग्रेजों के हाथों पराजित होने के पूर्व मुस्लिम शासकों ने छह सौ वर्षों तक इस देश के कई भागों पर शासन किया था। इन स्थलों पर मुसलमानों की सत्ता और गौरव के धार्मिक व दूसरे प्रतीक चिह्न जैसे दिल्ली-आगरा के लालकिले, ताजमहल, जामा मस्जिद और ऐसे ही अन्य क्षेत्रों में स्थित थे। इन क्षेत्रों से हटने का मतलब था शर्मनाक तरीके से पीछे हटना और सदियों के मुस्लिम शासन और विजय को खो देना। इतिहासकार पैट्रिक फ्रेंच को विभाजन के पचास वर्षों बाद भी कुछ पाकिस्तानियों से यह सुनने को मिला कि बिना दिल्ली के पाकिस्तान बिना दिल के शरीर की भाँति है।

तीसरे कई मुसलमानों को जिन्ना की योजना अनावश्यक रूप से पराजयवादी लगती थी। गैर मुसलमान अलग-अलग धार्मिक विश्वासों जैसे हिन्दू, सिख, ईसाई, पारसी, जैन और बौद्ध आदि में विभक्त थे। हिन्दू बहुमत में तो थे किन्तु जाति-उपजातियों में बँटे हुए थे और उनमें एक वर्ग शान्तिवाद एवं निष्क्रियता से

ग्रस्त था। दूसरी ओर 85 से 90 लाख मुसलमान कुल आबादी का एक चौथाई से भी अधिक थे। वे एक ही धर्म को मानते थे* यह उम्मीद कर सकते थे कि वह दबाए नहीं जा सकेंगे, बल्कि आजाद अखंड हिन्दुस्तान की राजनीति में उनका शक्तिशाली प्रभुत्व होगा और उम्मीद कर सकते थे कि मुसलमान शासक जैसे निजाम हैदराबाद व अन्य बड़े शासक मुसलमानों व गैर मुसलमानों के मध्य सन्तुलन बनाए रखने में मदद करेंगे।

चौथे, एक और बात यह भी थी कि मुसलमान कट्टरपन्थी धड़े खास तौर पर पाकिस्तान के विरोधी थे। यह सुनने में भले ही कितना भी असंगत लगे पर इस काल के उभरते सुन्नी विचारक और सन्त हैदराबाद के अब्दुल-अल-मदूदी थे। मदूदी ने ही सन् 1941 में जमाते-उल-इस्लाम नामक संस्था की स्थापना की थी। इस संस्था का प्रभाव गत पचास वर्षों में पूरे मुस्लिम विश्व में फैल चुका है। ऊपर दिए गए कारणों की वजह से तो यह पाकिस्तान विरोधी थे ही बल्कि वह पाश्चात्य माडल के आधार पर पाकिस्तान में प्रभुतासम्पन्न शासन व्यवस्था स्थापित करने के जिन्ना के विचार के भी विरोधी थे। वे जिन्ना को भारतीय मुसलमानों का पथ प्रदर्शन करने लायक भी नहीं मानते थे क्योंकि जिन्ना को धार्मिक ज्ञान नहीं था और उनकी सोच भी पाश्चात्य थी। मदूदी, पैगम्बर द्वारा बताए गए राजनीतिक ढाँचे को अक्षरशः अपनाना चाहते थे। मदूदी के विचार दुनिया भर के मुसलमानों के लिए थे न कि मात्र भारत पर केन्द्रित। वह दुनिया में मुसलमानों और गैर मुसलमानों के मध्य संघर्ष का अनुमान लगा रहे थे–सभ्यताओं के संघर्ष का। मदूदी के विचारों ने तालिबान नेता उमर अब्दुल्लाह और स्वयं ओसामा बिन लादेन जैसे कट्टरवादी जेहादियों को प्रेरणा दी है।**

---

* अधिसंख्य भारतीय मुसलमान सुन्नी थे। इनका शिया मुसलमानों के साथ लम्बे संघर्ष का इतिहास रहा था। पर काफिरों के साथ संघर्ष करने में शिया एवं सुन्नी दोनों का ही साझा उद्देश्य प्राप्त होता था। यहाँ पर यह स्पष्ट कर देना उचित होगा कि भारत के दो वरिष्ठ राजनीतिज्ञ आगा खाँ और जिन्ना शिया मुसलमान थे। इनका सम्बन्ध 'खोजा' समुदाय से रहा था।

** जिन्ना की योजना के बारे में अपनी पिछली विपरीत सोच के बावजूद मदूदी ने पाकिस्तान बनने के बाद अपना मुख्यालय पाकिस्तान में स्थानान्तरित कर लिया। जमाते हिन्द एक अलग संगठन बन गया। बाद में जब पाकिस्तान स्वयं को इस्लामिक राज्य कहने पर सहमत हुआ (भले ही नाम को ही हुआ हो), जमात ने पाकिस्तान सरकार से वित्तीय सहायता प्राप्त करना उचित समझा। यह संगठन, सऊदी अरब तथा खाड़ी के दूसरे देशों से प्राप्त धन को, इस उपमहाद्वीप में इस्लामी मदरसों तथा कट्टरपन्थी विचारों के प्रचारकों के लिए खर्च →

जिन्ना द्वारा भारत विभाजन की माँग उठाने के बाद उनके इस प्रस्ताव की निन्दा के लिए मुसलमानों के अलग-अलग धड़ों ने दिल्ली में एक बैठक आयोजित की थी। ब्रिटेन के ईसाई शासन के खिलाफ मुस्लिम धर्मशास्त्रियों अर्थात् उलेमाओं द्वारा विरोध की लम्बी परम्परा रही है। ये धर्मशास्त्री बहावी आन्दोलन के कर्ताधर्ताओं से प्रभावित थे। सऊदी अरब में नजद के मोहम्मद इब्न अब्दाल ने बहावी पन्थ की स्थापना की थी। सन् 1920 में स्थापित जमात उल उलेमा भी इसी तरह की विचारधारा की उत्पत्ति थी। आजमगढ़ के जमाइत नेता मौलाना शोमनोमानी ने संयुक्त प्रान्त में सन् 1920 के दशक में देवबन्द और नौजवान-उल-उलेमा नामक शिक्षा संस्थाओं की स्थापना की थी। उलेमाओं की ब्रिटिश विरोधी विचारधारा तथा उनके अनुयाइयों का ब्रिटिश विरोध इस बात से आँका जा सकता है कि उन्होंने 1857 के गदर के समय अपने अनुयाइयों को इसके समर्थन में उकसाया था। और जब अंग्रेज फौजों ने दिल्ली को फिर से जीता तब उसके बाद राजधानी और पास-पास के क्षेत्रों से इसके करीब 27,000 सदस्यों को कत्लेआम कर दिया गया था। कई उलेमा कांग्रेस राष्ट्रवादियों से एक हद तक स्नेह रखते थे क्योंकि वे भी ब्रिटिश आधिपत्य के विरोध में लड़ रहे थे।

मुसलमानों का एक और धड़ा अहरार था। यह ईरान में जन्मे मौलाना अफगानी की शिक्षाओं से प्रभावित था। इनकी प्रेरणा से ही अहरार सम्प्रदाय ने उत्तर-पश्चिम सीमान्त के पठानों, अफगानिस्तान के पठानों और कांग्रेस के राष्ट्रवादियों के मध्य सम्पर्क बनाकर प्रथम विश्वयुद्ध के पश्चात् अंग्रेजों द्वारा मुसलमानों के धार्मिक गुरु खलीफा तुर्की के सुल्तान को गद्दी से हटाने का संयुक्त विरोध करने के लिए कार्य किया। इसे खिलाफत आन्दोलन के नाम से जाना जाता है। यहाँ के तुर्की में मुस्तफा कमाल पाशा अतातुर्क जब राष्ट्रपति बने और उन्होंने सन् 1924 में औपचारिक तौर पर खिलाफत का अन्त कर दिया तब भी उत्तर-पश्चिमी सीमा प्रान्त के पठान और अहरार कांग्रेस के साथ जुड़े रहे।

करने का जरिया बन गया। 1980 के दशक में यही जमात आई एस आई का साधन बनी और आगे चलकर अफगानिस्तान, ताजिकिस्तान तथा भारत के बारे में पाकिस्तानी नीति के निर्धारण में सहायक सिद्ध हुई। इसने आतंकवादी संगठन हिज्बुल मुजाहिद्दीन के जरिए कश्मीर तथा भारत के अन्य भागों में काम किया। पाकिस्तान के उत्तर पश्चिमी सीमा प्रान्त में जमाते इस्लामी द्वारा स्थापित मदरसों तथा शिविरों में ही, पाकिस्तान, अफगानिस्तान तथा दूसरे देशों के युवाओं को कट्टरवादी विचारधारा एवं मिलिट्री की ट्रेनिंग दी जाती थी। यहीं से प्रशिक्षित युवाओं ने पहले तालिबान तथा बाद में अल कायदा और ओसामा बिन लादेन की सेवा की।

कई और कारणों के साथ-साथ ऐसे मुसलमान भी कम नहीं थे जिनके मन में विभाजन के बाद आर्थिक रूप से पुनर्स्थापित होने का भय था। बुनकरों की संस्था अखिल भारतीय मोमिन कान्फ्रेंस ने भी विभाजन की स्थापना की योजना का विरोध किया क्योंकि इसके परिणामस्वरूप उनका लम्बे समय से जमा-जमाया बाजार हाथ से निकल जाता और उन्हें विस्थापित भी होना पड़ता। कुटीर उद्योगों में रत कई और मुसलमानों के लिए भी यही सत्य था। शिया अपेक्षाकृत ज्यादा पढ़े-लिखे थे और सुन्नियों के मुकाबले सरकारी पदों पर ज्यादा थे। उन्हें नहीं लगता था कि पाकिस्तान बनने के बाद वे अपने भविष्य को सँवार सकेंगे। उनके विचार में सुन्नी बहुसंख्यक पाकिस्तान में वे अधिक असुरक्षित हो जाते, बनिस्बत अनेक धर्मवाले भारत की अपेक्षा। जिन्ना की योजना के विरोध में शिया राजनीतिक कान्फ्रेंस ने भी शिरकत की थी।

35 वर्षीय रहमत अली (1897-1951) एकमात्र ऐसे व्यक्ति थे, जिन्होंने 1940 में प्रस्तुत विभाजन की माँग पहले उठाई थी। सन् 1933 में उन्होंने इंग्लैण्ड में कैम्ब्रिज से एक पर्चा प्रकाशित किया जिसमें लिखा था कि 'अभी या कभी नहीं'। इसमें उन्होंने भारत के उत्तर-पश्चिमी सीमा क्षेत्र में एक अलग सम्प्रभुतावाला राज्य बनाने का प्रस्ताव रखा। उन्होंने इसके लिए 'पकिस्तान'* शब्द भी भुना लिया। किन्तु मुसलमानों के मध्य यह विचार इतना नापसन्द किया गया कि इसकी पूर्णतः उपेक्षा की गई। हालाँकि रहमत अली द्वारा ईजाद किया गया शब्द 'पाकिस्तान' जुड़ा रहा और एक दशक बाद जिन्ना द्वारा इसे अपना लिया गया। लन्दन में गोलमेज सम्मेलन के लिए गए मुस्लिम लीग के प्रतिनिधिमंडल के एक भी सदस्य ने उनसे भेंट नहीं की। जब रहमत अली ने जिन्ना से साक्षात्कार के लिए प्रयास किया तब उन्होंने उनसे (रहमत अली से) मिलने से इनकार कर दिया।

अमेरिकी इतिहासकार स्टेनले वोलपर्ट ने अपनी पुस्तक 'जिन्ना ऑफ पाकिस्तान' में यह अनुमान लगाया है कि कहीं ब्रिटेन की कंजर्वेटिव पार्टी के कट्टर सदस्यों के विचारों से तो रहमत अली प्रेरित नहीं थे? तीस के दशक के आरम्भ में गोलमेज सम्मेलनों के परिणामस्वरूप ब्रिटिश सरकार के अखिल भारतीय संघ सम्बन्धी विचारों के (चर्चिल और उनके मित्रों के विचारों) के वह घोर विरोधी थे। उन्हें भय था कि वह विचार भारत के विभिन्न दलों, धार्मिक समुदायों को एक साथ कार्य करने के लिए प्रेरणा देगा और भारत का झुकाव राजनीतिक एकता की

* 'पाक' का अर्थ है—पवित्र। इस प्रकार पाकिस्तान का मतलब एक ऐसे देश से था जिसमें किसी अपवित्र अथवा इस्लाम से भिन्न धार्मिक विश्वास वाले लोग शामिल नहीं होंगे।

ओर ही जाएगा जिसका परिणाम होगा ब्रिटिश शासन से स्वतन्त्रता। वह (रहमत अली) चाहते थे कि भारत में तीन परस्पर विरोधी संघ उभरकर आने चाहिए–एक मुस्लिमस्तान, एक हिन्दुस्तान और तीसरा प्रिंसीस्तान–यह बात लिनलिथगो ने जिन्ना से 13 मार्च, 1940 को कही थी और बाद में चर्चिल ने लॉर्ड वेवल को यही बताया था। इससे मुसलमानों, हिन्दुओं और राजाओं-महाराजाओं के मध्य मतभेद स्थायी हो सकते थे और ब्रिटेन को इस कारण सभी को एक-दूसरे के खिलाफ इस्तेमाल करने की सुविधा हो सकती थी। जिससे आने वाले और दशकों तक वे और राज कर सकते।

कुछ वर्षों बाद रहमत अली ने अपनी योजना में संशोधन किया जिसमें उत्तर-पश्चिमी भारत और अफगानिस्तान के साथ मध्य एशिया से बॉस्फोरस तक विषमताओं युक्त मुस्लिम क्षेत्र भी मूल पाकिस्तान में शामिल कर लिये। इससे ज्ञात होता है कि रहमत अली असंयत थे किन्तु यह निश्चित तौर पर नहीं कहा जा सकता कि सन् 1933 के उनके विचार चर्चिल के मित्रों से प्रेरित थे।

प्रश्न यह है कि विभाजन की योजना के आलोचकों, मुस्लिम लीग के लोग, मुस्लिम कट्टरपन्थी और अन्य को जिन्ना ने कैसे सँभाला? उन्होंने हालात किस तरह अपने पक्ष में किए?

इसका पहला उत्तर तो यह होगा कि यूँ तो मुसलमान जिन्ना की विभाजन की योजना से प्रभावित नहीं थे, किन्तु इस समुदाय के प्रबुद्ध वर्ग में इसकी कुछ अस्पष्ट सी भावना थी। इस भावना की जानकारी आगा खाँ द्वारा जेटलैंड को सन् 1940 में कही गई बात से ज्ञात होती है। आगा खाँ ने कहा था कि–"हिज मैजेस्टी की सरकार पर एक जिम्मेदारी अवश्य है कि उन्हें मुस्लिम और अन्य अल्पसंख्यक समुदायों और राजा-महाराजाओं को उस स्थिति में रखना चाहिए जैसे अंग्रेजों द्वारा भारत की सत्ता हासिल करने के समय जो उनकी हैसियत थी, इनकी हालत इससे ज्यादा खराब नहीं होनी चाहिए।"[2]

इस कारण जिन्ना को अपना विचार खड़ा करने के लिए कुछ आधार था। जिन्ना ने जब लाहौर में अपनी योजना घोषित की तब इस बात का ध्यान रखा कि यह स्पष्ट और परिवर्तनशाली हो। इससे एक विशाल और शक्तिशाली राष्ट्र की सम्भावना सबके सामने थी जिस पर मुसलमानों को गर्व हो सके। लीग ने 1942 में जो योजना प्रस्तुत की उसमें उत्तर-पश्चिम प्रान्त, बलूचिस्तान, पंजाब और दिल्ली के आस-पास के प्रान्त शामिल थे। बावजूद इसके कि दिल्ली में मुसलमान ज्यादा संख्या में नहीं थे। बंगाल (कलकत्ता के साथ) और आसाम भी इसमें शामिल थे। आसाम में तो मुस्लिम आबादी अधिक संख्या में नहीं थी। इस योजना में

हैदराबाद सहित दूसरी मुस्लिम शासन वाली रियासतें भी शामिल थीं। (बाद में प्रस्तावित मुस्लिम राज्य के दोनों हिस्सों को जोड़ने के लिए एक गलियारे की माँग भी इसमें जोड़ दी गई।) इतना बड़ा पाकिस्तान हिन्दुस्तान से भी ज्यादा बड़ा होता।

जब रियासतों के अलग राज्य का विचार धराशायी हो गया, तब जिन्ना इस बात के लिए भोपाल नवाब के पीछे पड़ गए कि वह गैर-मुसलमान शासकों को जिनके राज्य पश्चिमी पाकिस्तान और मध्य भारत में भोपाल के बीच पड़ते थे, उन्हें पाकिस्तान में शामिल होने के लिए समझाएँ। इस तरह की सारी गतिविधियाँ और हो-हल्ले के कारण भारतीय मुसलमानों के दिमाग में भविष्य में पाकिस्तान की सीमाओं को लेकर अस्पष्टता बनी रही जब तक कि भारत में ब्रिटिश राज्य का अन्त नहीं हो गया। और जिन्ना मुस्लिम अल्पसंख्यकों वाले प्रान्तों में उनके अनुयाइयों के विद्रोह और परेशानियों से बच गए।

जिन्ना के समर्थकों ने यह बात फैलानी भी शुरू कर दी कि उपमहाद्वीप में एक शक्तिशाली मुस्लिम राष्ट्र का निर्माण जिसके पास ताकतवर सेना हो और जो विदेशी ताकतों का समर्थन प्राप्त कर सके, ज़रूरी है। इसके बिना ब्रिटिश राज्य के पश्चात् संयुक्त भारत में मुसलमानों की स्थिति धीरे-धीरे खराब होती जाएगी और उनके अस्तित्व को खतरा हो जाएगा। उपमहाद्वीप के दो छोरों पर मुस्लिम शक्ति का सिमटना रणनीतिक चाल के रूप में देखा जाना चाहिए जिसे ब्रिटेन के चले जाने के पश्चात् स्पष्ट लक्ष्य के साथ संगठित हो आगे बढ़ना था।

जिन्ना ने लॉर्ड लिनलिथगो से 13 मार्च, 1940 को ही अपनी इस उग्र सोच के बारे में इशारा दे दिया था। जब उन्होंने वाइसरॉय से कहा–"मुस्लिम क्षेत्र गरीब होंगे किन्तु ब्रिटेन के साथ सहयोग और अपनी सैन्य शक्ति के कारण वे खुद की ही नहीं बल्कि अपने समुदाय के उन लोगों की रक्षा करने में समर्थ होंगे जो हिन्दू क्षेत्रों में बसे होंगे।"[3]

संयुक्त प्रान्त के चीफ सेक्रेटरी सर फ्रांसिस मूडी ने 31 मार्च, 1940 को मुस्लिम लीग के दो प्रमुख सदस्यों खलीक-उल-जमान और एम.बी. किदवई से अपनी बातचीत के बाद रिपोर्ट में लिखा–

"पुराने शासन के दौरान (अक्टूबर 1939 तक संयुक्त प्रान्त में कांग्रेस के शासन के दौरान) वे (मुसलमान) कांग्रेस के मुकाबले सत्ताहीन थे क्योंकि ब्रिटिश सेना के कुछ निहित प्रतिबन्ध थे। यदि प्रत्येक राज्य (पाकिस्तान और हिन्दुस्तान) की सेना हो तो स्थिति बदल जाएगी तथा संयुक्त प्रान्त के मुसलमान अपने-अपने संसाधनों पर निर्भर हो संयुक्त प्रान्त के कांग्रेस शासन के खिलाफ अपनी देखभाल कर लेंगे।"[4]

पाकिस्तान के भावी मन्त्री गंजफर अली ने 7 फरवरी, 1947 को लाहौर में एक भाषण में जिन्ना द्वारा लॉर्ड लिनलिथगो को बताए गए मुद्दे को और विस्तार से समझाया। यह भाषण ब्रिटिश अभिलेखागार में उपलब्ध है। इसमें उन्होंने कहा था कि "मोहम्मद बिन कासिम और महमूद गजनवी ने चन्द हजार सैनिकों सहित भारत पर आक्रमण किया था और लाखों हिन्दुओं पर विजय पाने में सफल रहे, अल्लाह ने चाहा तो चन्द लाख मुसलमान अब भी करोड़ों हिन्दुओं पर काबिज हो सकते हैं।"[5]

पाकिस्तान के भावी प्रधानमन्त्री लीग के नेता सर फिरोज खाँ नून ने जो कहा था वह भी रिकार्ड रूप में दर्ज है। नून ने कहा था कि यदि मुसलमान लड़ने के लिए विवश किए गए तो जैसा कहर वे ढाएँगे वह चंगेज खाँ और उसके पौत्र हलाकू से भी भयंकर और क्रूर होगा।[6]

सैयद आइनुद्दीन नामक व्यक्ति लखनऊ के डिस्ट्रिक्ट मजिस्ट्रेट रहे थे। उन्होंने 1945 या 1946 के मध्य लेखक के पिता को बताया कि मुस्लिम लीग में उनके जो परिचित हैं वे उन्हें इस बात का आश्वासन दे रहे हैं कि इंग्लैण्ड की मदद से पाकिस्तान शक्तिशाली रहेगा और चूँकि पाकिस्तान में हिन्दू होंगे और हिन्दुस्तान में मुसलमान, इस कारण हिन्दू भारत में रह रहे मुसलमानों के विरुद्ध कार्य नहीं कर सकेंगे। यह लीग का बन्धक सिद्धान्त था। इसके बावजूद आइनुद्दीन विभाजन के बाद पाकिस्तान चले गए। (वहाँ कराची हवाई अड्डे के प्रशासक बने) उन शुरुआती दिनों में जो मुसलमान संयुक्त प्रान्त से पाकिस्तान गए थे वे अपनी उच्च प्रतिभा के कारण ज्यादा माँग में थे।

कांग्रेस ने जिन्ना की योजना के खिलाफ कोई प्रस्ताव पारित नहीं किया जबकि यह कांग्रेस की मूलभूत अखंड भारत के लिए काम करने के सिद्धान्त पर प्रहार था और खास तौर पर तब जिन्ना की योजना में छिपे हुए विरोधाभास थे जिनका भांडाफोड़ किया जा सकता था। दो राष्ट्रों के सिद्धान्त वाली इस योजना को कैसे न्यायसंगत ठहराया जा सकता था जबकि 25 से 30 लाख मुसलमान मुस्लिम राष्ट्र के बाहर छूट रहे थे। और जो मुस्लिम बहुल प्रान्त पाकिस्तान के लिए चुने गए थे आखिरकार क्या वे ऐसा चाहते थे? क्या विभाजन से दोनों राज्यों में साम्प्रदायिक समस्या सुलझ जाएगी या और अधिक भड़केगी? विभाजन के आर्थिक परिणाम क्या होंगे? क्या भारत का विभाजन जिसकी प्राकृतिक सीमाएँ पर्वतों और समुद्रों पर आधारित हैं। इसकी सुरक्षा को कमजोर करेगा या मजबूत। क्या विभाजन ब्रिटेन के अलावा दूसरी विदेशी ताकतों को इस क्षेत्र में लाभ उठाने का अवसर नहीं देगा?

जवाहरलाल नेहरू का मानना था कि पाकिस्तान की योजना पर गम्भीरता से विचार करने का अर्थ मात्र यह होगा कि अलगाववादी और उपद्रवी तत्त्वों को बढ़ावा देना, और इस कारण बेहतर यही है कि इस योजना को पागलपन समझकर इस पर चुप्पी साध लेना चाहिए। कांग्रेस पार्टी का यह दृष्टिकोण उनके पलायनवादी और अहंकारी सोच का उदाहरण था। गांधीजी ने जिन्ना के दो राष्ट्रों के सिद्धान्त को असत्य करार दिया था किन्तु इसकी सार्वजनिक व्याख्या करने में उन्होंने 1944 तक इन्तजार किया। जब एक खुले पत्र के माध्यम से यह तर्क दिया कि भारत के हिन्दू और मुसलमान दो अलग राष्ट्र हैं यह बात बिलकुल असत्य है क्योंकि अधिकांश भारतीय मुसलमान धर्म परिवर्तन लोगों की सन्तानें हैं और अब तक ऐसा कोई पूर्व उदाहरण नहीं है कि धर्म परिवर्तन के कारण किसी व्यक्ति की राष्ट्रीयता भी बदल जाती है।

ऊपर दिए गए तथ्यों से ऐसा प्रतीत होता है कि जिन्ना इस्लामी कट्टरवाद के साँचे में ढले थे जिनके जीवन का लक्ष्य मुसलमानों को हिन्दुओं से अलग कर एक मुस्लिम राष्ट्र का निर्माण करना था और इसे पाने के लिए हिंसा से कोई परहेज नहीं था। किन्तु विडंबना यह है कि जीवन के प्रथम साठ वर्षों तक जिन्ना हिन्दू-मुसलमानों की राजनीतिक एकता के लिए लड़ते रहे और इसके लिए शान्तिपूर्ण तरीके से स्वतन्त्र अखंड भारत के लिए संवैधानिक उपायों के माध्यम से वे यह काम करते रहे।

बीस साल की उम्र में सन् 1896 में बैरिस्टर बनने के बाद भारत लौटने पर उन्होंने अपने रहने के लिए बम्बई को चुना। गांधीजी की तरह जिन्ना भी काठियावाड़ में जन्मे थे और उनके माता-पिता बाद में कराची में बस गए थे। बम्बई में वकालत में अपना कैरियर बनाने के साथ-साथ वह राजनीति में भी रुचि लेते रहे। उन दिनों शिक्षित मुसलमानों में दो तरह की विचारधाराएँ प्रभावशाली थीं। एक तो ईसाइयों अर्थात् भारत में अंग्रेजों के खिलाफ सदियों पुराने जेहाद को जारी रखा जाए जो दुनिया भर में ऑटोमन साम्राज्य से भी ज्यादा वर्तमान में मुसलमानों पर शासन कर रहे थे। दूसरी ओर एक अन्य विचारधारा यह भी थी कि मुसलमानों की 19 वीं शताब्दी में अंग्रेजों के हाथों निर्णायक हार के बाद अब उन्हें ब्रिटेन से सुलह कर उनके साथ हिन्दुओं के खिलाफ एक संघ बना लेना चाहिए।

यूरोप के लोग (पहले पुर्तगाली) 15 वीं शताब्दी में भारत पहुँचे। मूर अर्थात् मुसलमान यूरोप से एशिया के मध्य सभी समुद्रों पर छाए हुए थे। पोप से प्रेरणा पाकर पुर्तगाल ने इनको हटाने का बीड़ा उठाया। फ्रांसीसी भी पीछे नहीं रहे।

आखिर में अंग्रेज व्यापारियों ने पहले पुर्तगालियों और फिर फ्रांसीसियों को इस प्रतिस्पर्धा में पछाड़ दिया। पूरी 18 वीं शताब्दी में भारत के अधिकांश क्षेत्रों में जो अंग्रेजों की लड़ाई हुई वह अधिकतर मुस्लिम शासकों से हुई। अकबर ने सोलहवीं शताब्दी में हिन्दुओं से अच्छे सम्बन्धों की शुरुआत की थी जिसे अंग्रेजों ने सत्रहवीं शताब्दी के अन्त में बदल दिया। सत्रहवीं सदी के अन्त में जब मुगल साम्राज्य की पकड़ ढीली हुई तब क्षेत्रीय मुस्लिम शासक उभरकर आए। इन मुस्लिम शासकों की निर्भरता अपने क्षेत्र में बसे बहुसंख्यक लोगों पर थी इस कारण औरंगजेब की नीति को पुनः पलट दिया गया। यहाँ से हिन्दू मुस्लिम राजनीतिक सामंजस्य को बल मिला। 18 वीं शताब्दी में हिन्दू-मुसलमानों ने मिलकर अंग्रेजों के खिलाफ संघर्ष किया। प्लासी के युद्ध में 1757 में बंगाल के नवाब सिराजुद्दौला की जिस सेना का मुकाबला क्लाइव से हुआ था उसका सेनापति एक हिन्दू था जिसका नाम मीरमर्दन था।

सन् 1857 में एक निर्णायक बिन्दु था। तब तक मुसलमान भारत में अंग्रेजों के दुश्मन नम्बर एक थे। उसके बाद अंग्रेजों के दोनों दुश्मन भारत के शासक और मुसलमान उनके सम्भावित मित्र बन गए क्योंकि अब अंग्रेजों को एक नवीन शत्रु दिखाई देने लगा था और वह था भारतीयों का शिक्षित मध्यम वर्ग जो अधिकांश हिन्दू था। यह वर्ग पश्चिम के लोकतन्त्र की विचारधारा को अपना रहा था। इससे कई मुसलमान अंग्रेजों से पुरानी घृणा व दुश्मनी भूल दोस्ती का हाथ पकड़ना लाभदायक समझने लगे थे। सर सैयद अहमद खाँ (1817-98) इस विचारधारा के मुसलमानों में सबसे प्रमुख थे। उन्होंने मुसलमानों को पुराने दुश्मनों से मित्रता करने और बहुसंख्यक समुदाय से दूरी बनाने के लिए उकसाया। सन् 1858 के आसपास एक ब्रिटिश संसद सदस्य जॉन ब्राइट ने सबसे पहले भारतीय साम्राज्य का विभाजन कर उसके एक हिस्से को मुसलमानों के अधीन करने का सुझाव दिया था। 'फूट डालो और राज्य करो' का विचार साम्राज्यवादी शासन के दिमाग में सहज रूप से ही आया। अंग्रेजों की मदद से सर सैयद अहमद खाँ ने सन् 1877 में दिल्ली से 100 मील दूर दक्षिण पूर्व में अलीगढ़ में एंग्लो-ओरिएंटल कॉलेज की स्थापना की। इस संस्था का घोषित उद्देश्य पढ़े-लिखे उच्च वर्गीय मुसलमानों का ऐसा वर्ग उत्पन्न करना था जो दूसरे मुसलमानों को मानवतावाद और कुशल सरकार के प्रति निराशा और अज्ञानता से उबारता। अलीगढ़ कॉलेज के प्रथम प्रिंसिपल मि. थियोडार की अधीनता में यहाँ की शिक्षा-दीक्षा इस्लाम पर ही केन्द्रित थी। इसका देश भर के प्रबुद्ध मुसलमानों पर बड़ा प्रभाव पड़ा, जिनका देश भर से यहाँ जमावड़ा था।

सर सैयद के बाद आगा खाँ ने इसका भार उठाया। वे आंग्ल-मुस्लिम सहयोग के प्रवक्ता बने। वे शिया सम्प्रदाय के व्यापारी वर्ग से थे (संयोगवश जिन्ना भी इसी सम्प्रदाय से थे) जो ब्रिटेन के साम्राज्य के कई हिस्सों में फैले हुए थे और ब्रिटेन के संरक्षण पर निर्भर थे। आगा खाँ का इंग्लैण्ड आना जाना लगा रहता था। वे फ्रांस में रहते थे। उन्होंने अपनी उल्लेखनीय कूटनीतिक प्रतिभा का उपयोग कर और अंग्रेजों के प्रिय खेल घुड़दौड़ के प्रति लगाव के कारण आगा खाँ ने ब्रिटेन के राजनीति और सामाजिक वर्ग में अपनी पैठ बना ली थी। 'इंडिया इन ट्रांसिशन' नामक अपनी पुस्तक में उन्होंने ब्रिटिश शासन के अधीन 19वीं सदी में भारत के मुसलमानों की स्थिति का वर्णन इस प्रकार किया है–

> औसत भारतीय मुस्लिम स्वयं को धार्मिक आधार पर सार्वभौम बन्धुत्व का हिस्सा मानता था। जो एक ऐसे क्षेत्र में रहता है जहाँ एक निष्पक्ष शासन, कानून व न्याय व्यवस्था में भी निष्पक्ष दृष्टि रखता है। जहाँ उसकी स्वामिभक्ति महारानी विक्टोरिया के प्रति है वही उसका राजनीतिक मान कुस्तुन्तुनिया और फैज के सुल्तानों और तेहरान और काहिरा के शाह और खदीब (ईश्वर के समकक्ष एक पदवी) के बने रहने में था। जिनको ब्रिटिश शासन सहयोग कर रहा था।[7]

आगा खाँ वह पहले व्यक्ति थे जिन्होंने सन् 1883 में पहली बार मुसलमानों के लिए अलग निर्वाचन क्षेत्रों की माँग उठाई थी जिसके अनुसार प्रत्येक चुनाव में मुस्लिम उम्मीदवारों के लिए स्थान आरक्षित हों और इनमें मुस्लिम मतदाता खास तौर पर मुस्लिम उम्मीदवारों को ही मत डालें।

इस तरह की व्यवस्था में मुसलमान उम्मीदवारों को मुसलमानों के अतिरिक्त अन्य किसी से राजनीतिक समर्थन प्राप्त करने की आवश्यकता नहीं थी या गैर मुस्लिम हम-वतनों के हितों पर ध्यान देने की आवश्यकता भी नहीं थी। सामान्य चुनाव प्रक्रिया विभिन्न विरोधी गुटों के मतभेद के मध्य सामंजस्य स्थापित करने का सबसे प्रिय उपाय होता है। इलग निर्वाचन क्षेत्रों का अर्थ निश्चित तौर पर लोगों को एक दूसरे से अलग कर देना है।

मुस्लिम लीग की स्थापना बंगाल के कुछ उम्मीदवारों और आगा खाँ द्वारा सन् 1906 में की गई। इसी साल की पहली अक्टूबर को लीग के सदस्यों ने वाइसरॉय के सम्मुख मुसलमानों के लिए अलग निर्वाचन क्षेत्रों के लिए याचिका प्रस्तुत की। इस प्रतिनिधिमंडल का लॉर्ड मिंटो और उनके कर्मचारियों ने हार्दिक स्वागत किया। लेडी मिंटो ने इस घटना क्रम को देख यह टिप्पणी की–यह छह करोड़ लोगों को उपद्रवी गतिविधियों में शामिल होने से बचा देगी।[8]

युवा मोहम्मद अली जिन्ना इन दोनों में से किसी भी विचारधारा से प्रभावित नहीं थे–न ही ईसाई ब्रिटेन के खिलाफ जेहाद रखने के और न ही भारत के बहुसंख्यक समुदाय की कीमत पर ब्रिटेन से दोस्ती करने के।

इस लेखक को युवा मोहम्मद अली जिन्ना के जीवन की झलकियाँ एम.सी. छागला से जानने को मिलीं। छागला जिन्ना की बम्बई की लीगल फर्म में उनके जूनियर थे और मुस्लिम लीग में उनके सहयोगी। बाद में वह बम्बई उच्च न्यायालय में न्यायमूर्ति बने और वहाँ से निवृत्ति के पश्चात् राजदूत रहे। छागला ने मुझे बताया कि अनुशासन और खुद को किसी भी चुनौती के लिए साबित करने और नाम कमाने की तीव्र इच्छा के कारण उन्होंने अपने व्यवसाय में बहुत उन्नति की तथा धन अर्जित किया। हालाँकि ऊपरी तौर पर जिन्ना अलग, विरक्त और घुन्ने थे। उनका तिरस्कार करने वाले के प्रति वह अत्यधिक संवेदनशील थे। उनकी ईमानदारी शंका से परे थी। वह ज्यादातर समृद्ध पारसियों के बीच रहते थे जो लोग अन्य भारतीयों की तुलना में अधिक अंग्रेजीदाँ थे।* वह न तो हिन्दी बोलते थे न ही उर्दू। वे सार्वजनिक सभाओं में भी अंग्रेजी बोलते थे भले ही भीड़ में किसी को उनका बोला एक भी शब्द समझ में न आता हो। जिन्ना व्यवहारतः मुस्लिम नहीं थे। उन्होंने न तो कभी कुरान पढ़ी और न ही वह कभी हज पर गए और न ही प्रार्थना सम्बन्धी कुरान के नियमों को मानते थे। उन्हें शराब और सुअर के मांस से भी परहेज नहीं था। वह स्वयं को आधुनिक धर्मनिरपेक्ष व्यक्ति की तरह देखते थे। छागला ने जैसा बताया कि जिन्ना का अहम् और महत्त्वाकांक्षा सर्वोपरि थी उससे उन्हें बाद में उनके रूपान्तरण का अन्दाजा लग जाता है।

जिन्ना ने लीग द्वारा अलग प्रतिनिधिमंडल की माँग के विरोध में कड़ी प्रतिक्रिया व्यक्त हुए कहा था कि यह देश को बाँटने के लिए जहरीली खुराक है।[9] हालाँकि जब अलग निर्वाचन क्षेत्रों की व्यवस्था हो गई तब उन्हें इम्पीरियल

---

* अधिकांश पारसी आजकल मुम्बई में रहते हैं। ये पारसी धर्म के अनुयायी हैं। इनके पूर्वज सऊदी अरब में इस्लामी समूहों द्वारा किए जाने वाले धर्म परिवर्तन से बचने की खातिर नवीं-दसवीं शताब्दी में फारस से भारत आए थे। पिछले वर्षों में अनेक पारसियों ने भारत में प्रसिद्धि और समृद्धि–दोनों ही प्राप्त की हैं। उदाहरणार्थ–प्रसिद्ध स्वतन्त्रता सेनानी तथा समाज-सुधारक दादाभाई नौरोजी; जाने-माने उद्योगपति जमशेदजी टाटा; प्रख्यात भौतिकीविद् होमी भामा; 1971 के बांग्लादेश युद्ध में, पाकिस्तान को हराने वाली भारतीय सेना के नायक फील्ड मार्शल सैम मानिकशॉ तथा प्रधानमन्त्री राजीव गांधी के पिता फीरोज गांधी पारसी ही थे।

लेजिस्लेटिव काउंसिल के लिए 1910 में बम्बई के लिए ऐसी आरक्षित सीट से चुनाव लड़ने में कोई हिचक नहीं हुई और वे इस संस्था के पहले गैर आधिकारिक मुस्लिम सदस्य बने। बम्बई के मुस्लिम प्रतिनिधि के रूप में सार्वजनिक मामलों में जिन्ना की सक्रिय भागीदारी ने उन्हें पहली बार मुस्लिम राजनीति के सम्पर्क में लिया। इसने जिन्ना की मुस्लिम राजनीति पर प्रभाव जमाने की दिशा में उनकी इच्छा को उकसाया और उन्होंने 1913 में मुस्लिम लीग की सदस्यता ले ली। उस समय जिन्ना का लक्ष्य कांग्रेस और मुस्लिम लीग के दो घोड़ों पर सवारी करके दोनों के मध्य परस्पर सहयोग के सम्बन्ध स्थापित करना था। उस समय उन्होंने अपने समर्थकों को कहा कि 'अपनी मातृभूमि के लिए परस्पर सहयोग से कार्य करना हमारा ध्येय होना चाहिए'।[10]

सन् 1916 में लखनऊ अधिवेशन में कांग्रेस और मुस्लिम लीग के मध्य गठबन्धन के पीछे जिन्ना मुख्य स्रोत थे। लखनऊ समझौते के द्वारा ही कांग्रेस ने प्रान्तीय विधान परिषदों में 'मुस्लिम सदस्यों के लिए एक निश्चित प्रतिशत में सीटें' आरक्षित करना स्वीकार किया जिसके बदले लीग का उन्हें सामान्य समर्थन मिलता रहे। इससे अलग निर्वाचन क्षेत्रों की व्यवस्था लागू होने से हिन्दू-मुसलमानों के मध्य दरार पैदा नहीं हुई। जिन्ना ने मुसलमानों को हिन्दुओं से सहयोग करने के लिए अपने प्रशासकों को न डरने की सलाह दी। वह कहते थे कि स्वशासन करने के लिए यह सहयोग आवश्यक है।[11]

कांग्रेस से जिन्ना की मुश्किलें तब शुरू हुईं जब गांधीजी 1915 में भारत लौटे और उन्होंने कांग्रेस की कमान सँभाली। उस समय गांधीजी 45 साल के थे और जिन्ना 39 के हो चले थे। उस समय तक कांग्रेस का नेतृत्व करने वाले लोग जिन्ना की तरह ब्रिटेन से संवैधानिक तरीकों से लड़ना चाहते थे। जिन्ना गांधीजी की जन आन्दोलन के माध्यम से जनता को ब्रिटिश शासन के खिलाफ लड़ने की नीति से पूरी तरह असहमत थे चाहे यह लड़ाई अहिंसक ही क्यों न हो। जिन्ना मानते थे कि अज्ञानी और अशिक्षित जनता की भावना से खेलना खतरनाक है। जिन्ना के मत में ब्रिटिश शासन के खिलाफ संख्या का प्रभाव इस्तेमाल करना संवैधानिक उपायों को छोड़ देने के लिए पर्याप्त आधार नहीं था। बल्कि राजनीतिक अराजकता और साम्प्रदायिक उपद्रवों में बदले जाने का खतरा उसमें अवश्य था।

दूसरी तरफ गांधीजी के लिए जनता का सामाजिक, आर्थिक और नैतिक उत्थान एक तरह की अहिंसक सांस्कृतिक क्रान्ति था, जो सबसे अधिक महत्त्वपूर्ण था जिससे राजनीतिक लक्ष्य और स्वतन्त्रता प्राप्त की जा सकती थी।

जिन्ना गांधी की देश की सभी कोनों, सभी वर्गों, जातियों और सम्प्रदाय के लोगों को जिनमें मुसलमान भी शामिल थे प्रेरित करने की क्षमता से चकित थे। परन्तु वह अपने फॉर्मूले पर अड़े रहे।

शीघ्र ही उन्हें एहसास होने लगा कि गांधीजी के आने से वह न सिर्फ कांग्रेस पार्टी से बल्कि मुस्लिम लीग से भी पीछे धकियाये जा रहे हैं। प्रथम विश्वयुद्ध के बाद ब्रिटेन द्वारा ऑटोमन सुल्तान को जो खलीफा थे टर्की की गद्दी से हटा दिया गया। इस मुद्दे पर गांधीजी ने मुस्लिम भावनाओं को सफलता पूर्वक भुनाया। गांधीजी का उद्देश्य मुसलमानों को समर्थन देकर कांग्रेस और मुसलमानों के मध्य दूरी मिटाना था जिन्ना ने इस नीति को आश्चर्य की दृष्टि से देखा क्योंकि इससे अखिल इस्लाम की भावना को बढ़ावा मिलता था, जो उनके विचार में आगे आने वाले समय में हिन्दू-मुस्लिम एकता में मार्ग में आड़े आ सकता था। जिन्ना मुस्लिम लीग की उस बैठक से उठ गए थे जिसमें खिलाफत आन्दोलन का समर्थन किया गया था यह कहकर कि सरकार की विदेश नीति का विरोध करना लीग के संविधान के खिलाफ है।

गांधीजी के साथ जिन्ना की पहली अनबन प्रथम युद्ध में भारतीय सैनिकों को ब्रिटिश सेना के साथ तैनात करने के मुद्दे पर हुई। गांधीजी भारतीय सैनिकों की तैनाती में उसी तरह मदद कर रहे थे जैसे उन्होंने बोर युद्ध के दौरान दक्षिण अफ्रीका में ब्रिटिश सरकार को की थी, बावजूद इसके कि रंगभेद के मुद्दे पर उनका सरकार से संघर्ष चल रहा था। उन्होंने जिन्ना को लिखा कि 'भारतीयों को सेना में रंगरूट बनाओ बाकी सब आपको मिल जाएगा'।[12]

दूसरी तरफ जिन्ना का मानना था कि 'मेरा कहना है कि यदि फौजों की तैनाती में आप (ब्रिटिश) हमारी मदद पाने के इच्छुक है तो आपको हिन्दुस्तानी पढ़े-लिखे वर्ग को यह महसूस कराना पड़ेगा कि वे ब्रिटिश राज्य के नागरिक हैं और सम्राट की एक समान प्रजा। हमें उस पर तुरन्त कार्यवाही चाहिए।[13]

यह ध्यान देने वाली बात है कि द्वितीय विश्वयुद्ध में गांधीजी ने भारतीय फौजों की तैनाती का इन्हीं शब्दों में विरोध किया और जिन्ना ने ब्रिटेन के युद्ध प्रयासों को गांधीजी के ही शब्दों में समर्थन दिया। क्या ये दोनों व्यक्ति बदल गए थे या हालात बदल गए थे?

सन् 1920 में जिन्ना ने गांधीजी को लिखा कि 'अतिवादी कार्यक्रम घातक होंगे। अपने तरीकों से उन सभी संस्थाओं में जहाँ-जहाँ आपने हाथ बढ़ाया है, दरार और विभाजन पैदा कर दिया है। सार्वजनिक जीवन में सिर्फ हिन्दू-मुसलमानों के बीच नहीं बल्कि हिन्दू और हिन्दू के, मुसलमान और मुसलमान के और पिता और

पुत्रों में भी ईर्ष्या पैदा हो रही है।[14] यह प्रतिवाद नागपुर में 1920 के कांग्रेस अधिवेशन में प्रत्यक्ष हो गया। इस अधिवेशन में गांधीजी ने मंच से ब्रिटेन के साथ सम्बन्ध खत्म करने की बात कही। जिन्ना ने फौरन इस पर आपत्ति प्रकट करते हुए कहा कि ऐसा करना अव्यावहारिक और खतरनाक हो सकता है। जब उन्होंने यह कहा कि मैं अपील करता हूँ कि इससे पहले कि देर हो जाए आप कृपया अपने आह्वान को रोक दीजिए। इस पर लोगों ने शर्म-शर्म और राजनीतिक धोखे बाज कहकर नारेबाजी शुरू कर दी और फिर जब उन्होंने अपनी बात रखने का प्रयास करते हुए गांधीजी को सम्बोधित किया–मि. गांधी तो लोग फिर चिल्लाए–'नहीं मि. गांधी नहीं, महात्मा गांधी कहिए।' गांधीजी ने उस समय हस्तक्षेप नहीं किया और हुल्लड़, सीटियाँ बजना चलता रहा जिससे जिन्ना मंच से उतरकर चले गए।[15] यह सब जिन्ना की युवा पत्नी के सामने हुआ जिसे जिन्ना अपने साथ भारतीय राजनीतिक परिदृश्य दिखाने नागपुर लाए थे, रत्ती जो कि अपने पति को हीरो समझते हुए पूजती थी।*

रत्ती बम्बई के बड़े पारसी व्यापारी सर दिनशा पेटिट जो जिन्ना के मित्र थे की सुन्दर पुत्री थी। सन् 1916 में जिन्ना ने उससे ब्याह रचाया तब वह उनसे आधी उम्र की थी। जिन्ना दो वर्षों तक उससे पिता के विरोध के बावजूद प्रणय निवेदन करते रहे। रत्ती अत्यधिक जिन्दादिल थी और अपनी मौज-मस्ती के लिए हमेशा नए-नए तरीके ढूँढ़ती रहती थी। राजनीति में अपने पति का बढ़ता कद उसके लिए बड़ा सम्मोहक खेल था। कांग्रेस के भीड़ भरे सत्र में जिन्ना के ऐसे भयंकर अपमान की उम्मीद न तो उसने की थी और न ही जिन्ना ने खुद। इससे इन दोनों के दिलों में गहरा आघात पहुँचा। एक बार जब लॉर्ड विलिंगडन बम्बई के गवर्नर थे तब लॉर्ड और लेडी विलिंगडन ने नवविवाहित जिन्ना दम्पत्ति को रात्रि भोज पर बुलाया था। इसमें रत्ती बड़े गले की एक पतली पोशाक जिसमें उसका अंग प्रदर्शित हो रहा था पहन कर आई थी। जैसे ही मेहमान खाने की मेज पर बैठे वैसे ही लेडी विलिंगडन ने एक बैरे को यह कह कर शाल लाने को भेजा कि शायद मिसेस जिन्ना को थोड़ी ठंड लग रही होगी; इस पर जिन्ना गुस्से से खड़े हो गए और बोले कि जब मिसेस जिन्ना को ठंड लगेगी तो वह स्वयं कहेगी। यह कहकर दोनों खाने की मेज से उठ खड़े हुए और गवर्नमेंट हाउस से चले गए।[16] नागपुर में भी दोनों मीटिंग को छोड़कर पंडाल से चले गए थे।

---

* गांधीजी ने उसी वर्ष कुछ महीने पहले रत्ती को एक पत्र लिखा था जिसमें उन्होंने कहा कि मियाँ को हिन्दुस्तानी व गुजराती सीखने के लिए मनाओ जिससे जिन्ना भड़क उठे थे।

नागपुर की हो-हल्ला मचाती भीड़ में यही कहा जा सकता है कि जिन्ना को गम्भीरता से नहीं लिया गया। वहाँ एक खूबसूरत व्यक्ति, लन्दन में सिला हुआ डबलब्रेस्ट का सूट, चमचमाते जूते, मोनोकल लटकाए एक सुन्दरी को बगल में लिए और लोगों को अंग्रेजी में सम्बोधित करे। उनके दिमाग में स्वदेशी वस्त्र पहने आत्मत्यागी और उर्दू या हिन्दी बोलने वाले समर्पित नेता की छवि में फिट नहीं बैठता था।

परन्तु जिन्ना ने कांग्रेस पार्टी नहीं छोड़ी वे पार्टी की नीति निर्धारण वाली बैठकों में भाग लेते रहे जिससे गांधीजी द्वारा रोलैट एक्ट की अवधि बढ़ाने के खिलाफ उठे तीव्र आक्रोश के मद्देनजर जन सत्याग्रह आन्दोलन आरम्भ करने का विचार कर रहे थे। जिसके विरोध में जिन्ना बहस करते रहे। इस कदम से जनरल डायर द्वारा अमृतसर में जलियाँवाला कांड के बाद भी ब्रिटेन के आततायी इरादों का संकेत मिलता था। जिन्ना ने ब्रिटिश नीति का विरोध तो किया किन्तु भिन्न तरीकों से। उन्होंने इम्पीरियल लेजिस्लेटिव काउंसिल से त्यागपत्र दे दिया जिसकी बहसों से उन्होंने काफी प्रभावी स्थान बना लिया था। उन्होंने मुस्लिम लीग से पहले ही इस्तीफा दे दिया था क्योंकि खिलाफत आन्दोलन के विरोध के मुद्दे पर पार्टी ने उनका साथ देने से इनकार कर दिया था।

सन् 1921 का सत्याग्रह जिसने लोगों में अपेक्षा से परे चेतना ला दी थी। गांधीजी द्वारा अपने जेल के कमरे से (उन्हें तोड़-फोड़ के आरोप में गिरफ्तार किया गया था) अचानक वापस ले लिया क्योंकि यू. पी. में चौरी-चौरा नामक स्थान पर 12 पुलिसवालों को भीड़ ने जिन्दा जला दिया था। इस घटनाक्रम पर जिन्ना की प्रतिक्रिया थी–'यह तो होना ही था।'

गांधीजी ने इसके बाद एक दशक तक कोई जन आन्दोलन नहीं छेड़ा। वह मोतीलाल जैसे संविधान वादियों को उनके भाग्य पर छोड़ खुद सामाजिक समस्याओं जैसे ग्राम स्वच्छता, जाति प्रथा के उन्मूलन आदि पर ध्यान देने में जुट गए। इस दौरान इनकी लोकप्रियता बढ़ती गई। 1920 के दशक में कांग्रेस से जिन्ना का अलगाव जारी रहा और उसी दौर में मुसलमानों और मुस्लिम लीग पर उनकी पकड़ कमजोर पड़ती गई।

सन् 1919 के सुधारों के तहत जब 1924 के चुनावों में बम्बई विधानसभा में मुसलमान प्रतिनिधि के तौर पर निर्वाचित हुए तब जिन्ना ने विधान सभा के 23 निर्दलियों को मोतीलाल नेहरू व सी.आर. दास की अगुवाई वाले स्वराज दल के 25 सदस्यों को मिलाकर एक संयुक्त मोर्चा स्थापित करने का प्रयास किया। स्वराज दल वाले गांधीजी के असहयोग की नीति के बावजूद असेम्बली

में प्रवेश कर गए थे। उपरोक्त दोनों धड़े संयुक्त रूप से ब्रिटेन के सरकारी प्रतिनिधियों को संख्या के आधार पर पीछे छोड़ स्वशासन प्राप्त करने की ओर तेजी से कदम रख रहे थे। पर सी. आर. दास की मृत्यु हो गयी और मोतीलाल नेहरू को जिन्ना से इतने करीबी सहयोग के प्रति हिचक थी क्योंकि गांधीजी जिन्ना से अलगाव, संकोच रखते थे इस कारण जिन्ना के प्रयास नकार दिए गए।

सन् 1927 में ब्रिटिश सरकार ने सर जान साइमन के अध्यक्षता में एक कमीशन भारत भेजा (इसके सदस्यों में इंग्लैण्ड के भावी प्रधान मन्त्री क्लीमेंट एटली भी थे) इसमें कोई भी भारतीय सदस्य नहीं था इस कारण कांग्रेसियों ने इस कमीशन का बहिष्कार किया था। जिन्ना ने तय किया कि मुस्लिम लीग भी, जिसमें वे फिर से शामिल हो गए थे, इसी आधार पर कमीशन का बहिष्कार करे। गांधीजी ने जिन्ना के इस रुख की प्रशंसा की।

19 जुलाई, 1928 को सेक्रेटरी ऑफ द अर्ल ऑफ वर्कन हेड ने वाइसरॉय को लिखा कि 'मैं मुसलमानों को जो मेरे हैं उसका खूब प्रचार होना चाहिए; और उन्होंने आगे कहा कि साइमन ने निर्देश दिए हैं कि विशाल हिन्दू जनसंख्या को इस आशंका से डरा दो कि कमीशन हिन्दुओं की स्थिति के बारे में बिलकुल विध्वंसकारी रिपोर्ट पेश कर मुसलमानों का पुख्ता समर्थन हासिल कर सकता है। और जिन्ना को अलग-थलग छोड़ सकता है।[17]

फरवरी, 1928 में दिल्ली में एक अखिल भारतीय सर्वदलीय बैठक आयोजित की गई जिसमें साइमन की हवा निकालने के लिए एक भारतीय संयुक्त फॉर्मूला तैयार किया गया। जिन्ना ने इस बैठक में मुस्लिम लीग के प्रतिनिधि के तौर पर भाग लिया, जिसकी अध्यक्षता कांग्रेस अध्यक्ष डॉ. अंसारी कर रहे थे। इसमें बड़ी संख्या में लोग शामिल हुए। इस सम्मेलन में जिन्ना जैसे औपनिवेशिक स्वराज (नेहरू जैसे) पूर्ण स्वतन्त्रता के समर्थकों को दरकिनार करते हुए बहुमत से पूर्ण उत्तरदायी शासन की माँग पर सहमति हुई।

मुसलमानों के अधिकारों और प्रतिनिधित्व के मुद्दे पर जिन्ना ने लीग के साथ अन्य मुस्लिम नेताओं को 1927 में समझाया कि मुसलमानों के लिए अलग निर्वाचन क्षेत्रों की माँग त्याग दें इसके बदले में कांग्रेस से स्वीकार की गई तीन बातें मान लेने के लिए जो–(अ) केन्द्रीय विधान सभा में 27 प्रतिशत मुस्लिम स्थानों के बजाय 33 प्रतिशत सीटें (ब) सिन्ध को बम्बई प्रेसीडेंसी से अलग करना। (स) उत्तर पश्चिम में विधान सभाएँ हों (उस समय इनका प्रशासन केन्द्र से चलाया जा रहा था)।

उपरोक्त माँगों में (ब) और (स) के कारण मुसलमानों का पांच ब्रिटिश प्रान्तों में शासन पर प्रभुत्व हो सकता था। (बंगाल और पंजाब के साथ उपरोक्त प्रान्तों को जोड़ कर)। यह अलग निर्वाचन क्षेत्रों को छोड़ने का फॉर्मूला जिन्ना द्वारा साम्प्रदायिक मतभेदों को दूर करने की दिशा में बड़ा योगदान था। इसके कारण मुसलमान उम्मीदवारों को सामान्य लोकतान्त्रिक तरीके से निर्वाचित होने के लिए मुस्लिम हितों के मुद्दों पर मात्र केन्द्रित न रहकर अपनी उग्रता को कम करना पड़ता। इस कारण राष्ट्रीय और आर्थिक विकास के मुद्दे आगे आ सकते थे कांग्रेस पार्टी ने इस कदम का स्वागत किया। किन्तु सर्वदलीय सम्मेलन में कांग्रेस के नेताओं ने इस समझौते को स्वीकार नहीं किया। वे केन्द्र में मुस्लिम प्रतिनिधित्व में थोड़े-से प्रतिशत की भी (27 से 33) वृद्धि नहीं देना चाहते थे। (यह अदूरदर्शिता थी)

इसके बाद कांग्रेस ने मोतीलाल नेहरू की अधीनता में एक आयोग गठित किया जिसका कार्य संयुक्त रूप से तैयार किए गए संविधान के प्रमुख तत्वों को तैयार करना था। यह नेहरू रिपोर्ट के रूप में जाना गया। इसने जिन्ना द्वारा सुझाई गई रियायतों पर असहमति दर्शाते हुए अलग निर्वाचन क्षेत्रों को समाप्त करने का प्रस्ताव रखा। इस पर नाराज हुए जिन्ना ने इन मतभेदों को सुलझाने के लिए मोतीलाल नेहरू से मिलने से मना कर दिया। दूसरी तरफ मोतीलाल नेहरू ने जिन्ना को सहमत कराने की कोई ज़रूरत नहीं समझी क्योंकि मुस्लिम लीग के कई सदस्यों ने लिख दिया कि वे नेहरू रिपोर्ट को जस का तस स्वीकार करने के लिए तैयार हैं। सन् 1928 में मोतीलाल नेहरू की निगाह अपने पुत्र जवाहरलाल के कांग्रेस अध्यक्ष के चुनाव पर टिकी हुई थी। गांधीजी सहित कांग्रेस के दूसरे नेताओं के साथ वे इस कारण भी सावधानीपूर्वक काम करना चाहते थे।

मोतीलाल नेहरू की निष्पक्षता के सम्बन्ध में यह कहा जाना चाहिए कि केन्द्र में मुसलमानों का प्रतिनिधित्व बढ़ाने के मुद्दे पर उनके हाथ बँधे थे इसलिए उन्होंने अलग निर्वाचन क्षेत्रों की व्यवस्था को समाप्त करने पर ज्यादा जोर नहीं दिया किन्तु छागला जो पक्के राष्ट्रवादी थे और जिन्ना का प्रतिनिधित्व कर रहे थे। उन्होंने मोतीलाल नेहरू के अलग निर्वाचन क्षेत्रों को जारी रखने के प्रस्ताव को नहीं माना। छागला की इस बात को जिन्ना ने अस्वीकार कर दिया और यहीं उनके सम्बन्ध छागला के साथ टूटने लगे। सर्वदलीय सम्मेलन का अगला अधिवेशन 28 दिसम्बर, 1928 को कलकत्ता में होना तय था। छागला ने इस बारे में लिखा है कि जिन्ना इस नेहरू रिपोर्ट को पूरी तरह नकार देने के पक्ष में थे

पर अलग निर्वाचन क्षेत्रों को समाप्त करने के प्रस्ताव को वापस लेने के पश्चात् अन्ततः उन्होंने इस बैठक में भाग लिया। परन्तु जो उनका प्रस्ताव था कि अलग निर्वाचन क्षेत्रों को समाप्त कर दिया जाए उसको वापस ले लिया।

जिन्ना ने 28 दिसम्बर, 1928 को सर्वदलीय सभा के समक्ष अपना पक्ष प्रस्तुत किया। गांधीजी ने इस सभा में भाग नहीं लिया। सभा में उन्होंने कहा–'यहाँ मैं एक मुसलमान के तौर पर नहीं बल्कि एक भारतीय की तरह बोल रहा हूँ। क्या कुछ मुसलमानों द्वारा इस रिपोर्ट को मान लेने से आप सन्तुष्ट हो जाएँगे...' क्या आप इस बात से सहमत हो जाएँगे यदि मैं यह कहूँ कि आपके साथ हूँ...क्या आप चाहते हैं या नहीं चाहते हैं कि मुस्लिम भारत में आपके साथ चले...उनके यह सब कहने का मतलब यह था कि प्रथक निर्वाचन क्षेत्रों के मामले में दूसरे मुस्लिम नेताओं को तब तक साथ लेकर नहीं चल सकते जब तक कि मुस्लिम प्रतिनिधित्व में इच्छित बढ़ोतरी नहीं होती।[18] उदारवादियों का प्रतिनिधित्व करने वाले सर तेजबहादुर सप्रू ने कहा कि जिन्ना बिगड़ैल बच्चे के माफिक हैं और मैं यह कहने के लिए तैयार हूँ कि जो वह चाहते हैं वो दे दो और छुट्टी करो। असेम्बली में नेशनलिस्ट पार्टी के डिप्टी लीडर और सम्मेलन में हिन्दू महासभा के प्रवक्ता आर. जयकर ने किसी भी तरह की रियायतों का विरोध किया उनके अनुसार–यह एक तथ्य ध्यान में रखा जाना चाहिए कि जानेमाने मुसलमान जैसे प्रसिद्ध देशभक्त मौलाना अब्दुल कलाम आजाद, डॉ. अंसारी, सर अली इमाम, महमूदाबाद के राजा साहब और किचलू आदि ने नेहरू रिपोर्ट पर किए गए समझौते पर अपनी सहमति दे दी है। यदि बुरा न मानो तो कहूँ कि इस मामले में जिन्ना मुसलमानों के एक छोटे से वर्ग का प्रतिनिधित्व करते हैं।[19] ऐसे व्यक्तियों से जिन्ना अन्दर तक आहत हुए। यह अपमान निगल पाना उनके लिए बेहद कठिन था। फिर भी (जिन्ना ने) अपनी बात जारी रखी कि मैं बददिमाग हूँ इसलिए यह परिवर्तन नहीं चाहता पर मैं यह परिवर्तन इसलिए चाहता हूँ कि यह मुसलमानों के लिए उचित और श्रेष्ठ है...हम सभी इस धरती की सन्तान हैं और हमें साथ रहना है। हमें साथ में काम करना है। हमारे जो भी मतभेद हों पर हमें किसी भी कीमत पर और सम्बन्ध खराब नहीं करने। वॉलपोर्ट लिखते हैं कि जिन्ना ने अपनी बात ठसाठस भरे किन्तु कम समर्थक सदन के समक्ष रखी, उनके राजनीतिक जीवन की प्रमुख भूमिका पर हर पर्दा गिरने से पहले कहीं नाटक का एक भाग नागपुर में खत्म हुआ था, दूसरा भाग कलकत्ता में खत्म हो गया।[20]

कलकत्ता में अपने अपमान के बाद जिन्ना ने दिल्ली के लिए अगली ट्रेन पकड़ी जहाँ आगा खाँ की अध्यक्षता में अखिल भारतीय मुसलमान सम्मेलन का

एक जनवरी, 1929 को उद्घाटन होने वाला था। आगा खाँ ने जिन्ना का स्वागत एक भटके हुए बिगड़ैल पुत्र की तरह किया। पर जिन्ना को आगा खाँ की आँखों में स्वागत का कोई चिह्न नजर नहीं आया। वे उन्हें कांग्रेस के एजेंट के रूप में देख रहे थे। आगा खाँ के मुस्लिम सम्मेलन में जितनी भीड़ थी वह इस बात का परिचायक थी कि जिन्ना और उनकी मुस्लिम लीग की लोकप्रियता मुसलमानों में घट रही थी। इस सम्मेलन में घोषणा पत्र के प्रति जिन्ना ने खुद को प्रतिबद्ध नहीं माना जिसमें एक ढीले ढाले संघ की सिफारिश की गई थी और मुसलमानों के लिए अलग निर्वाचन क्षेत्रों प्रान्तीय और केन्द्रीय सरकारों में मुसलमानों के लिए और अधिक महत्त्व की माँगें रखी गई थीं। जिन्ना ऐसे लोगों के मध्य जो सर सैयद अहमद खाँ के सिद्धान्तों को मान रहे थे, स्वयं को असहज महसूस कर रहे थे। पर घटनाएँ उन्हें उन लोगों की ही दिशा में धकेल रही थीं। अपने राजनीतिक जीवन के संकट काल में जिन्ना को एक और अपमान सहना पड़ा जो उनके अहम पर एक गहरा धक्का था। सन् 1928 में उनकी सुन्दर युवा पत्नी रत्ती उन्हें छोड़ ताजमहल होटल में अलग रहने चली गई। एक साल बाद उसकी मृत्यु हो गई। वे रत्ती की मृत्यु की बजाय उसके घर छोड़कर चले जाने से ज्यादा प्रभावित हुए। यद्यपि वे विचलित हुए, पर उन्होंने अपने आप को सँभाला और सार्वजनिक जीवन में सफल होने के लिए कमर कस ली। पर कैसे?

लॉर्ड इरविन पहले वाइसरॉय थे जिन्होंने जिन्ना से भारत में ब्रिटेन को क्या नीति अपनानी चाहिए इस बात पर सलाह की थी। इससे जिन्ना के अँधेरे क्षितिज पर उजाले की किरण प्रकट हुई। लेबर पार्टी के नेता सर रैमसे मैक्डोनाल्ड इंग्लैण्ड के प्रधानमन्त्री बने जिनसे जिन्ना के काफी अच्छे सम्बन्ध थे। जिन्ना ने तुरन्त उन्हें पत्र लिखकर भारत के सम्बन्ध में अपने विचार स्पष्ट किए। उन्होंने आग्रह किया कि भारत को पूर्ण उत्तरदायी शासन सौंपा जाए। यह आश्वासन कांग्रेस की पूर्ण स्वतन्त्रता की माँग को कमजोर कर देता। उन्होंने ब्रिटिश प्रधानमन्त्री को सुझाव दिया कि भारत के लिए आगे होने वाली संवैधानिक प्रगति के लिए भारतीय और ब्रिटिश नेताओं का एक गोलमेज सम्मेलन बुलाया जाए। इसी दिन वाइसरॉय ने भी ब्रिटिश सरकार को गोलमेज सम्मेलन बुलाने की अनुशंसा की। रैमसे मैक्डोनाल्ड ने जिन्ना को एक निजी पत्र में लिखा कि भारत के लिए औपनिवेशिक स्वराज्य ही लक्ष्य होना चाहिए। ब्रिटिश प्रधानमन्त्री के पत्र से जिन्ना खिल उठे। उन्हें लगा कि अभी भी उनकी आवाज को कहीं तो सुना जा रहा है। जिन्ना ने लन्दन में भारतीय और ब्रिटिश नेताओं के साथ पहले गोलमेज सम्मेलन में 1930 में भाग लिया।

सन् 1933 के तीसरे गोलमेज सम्मेलन के बाद जिन्ना ने लन्दन में बस जाने और वहाँ ब्रिटिश साम्राज्य के सर्वोच्च न्यायिक सत्ता प्रिवी काउंसिल में वकालत और स्वयं को भारतीय राजनीति से दूर कर लेने का फैसला किया।

यह कदम उनके गोलमेज सम्मेलनों से हताश होने का प्रमाण था। 1930 के पहले गोलमेज सम्मेलन का कांग्रेस द्वारा बहिष्कार किया गया था। जिसका अर्थ था दूल्हे के बिना बारात। डेनमार्क के प्रिंस के बिना हेमलेट का अभिनय करना। हालाँकि सम्मेलन में भाग लेने वाले प्रतिनिधिमंडलों की ओर से जिनमें राजे महाराजे भी शामिल थे। अखिल भारतीय संघ के निर्माण की माँग रखी गई।

अपने आरम्भिक उद्‌गार में जिन्ना ने कहा कि हम यहाँ एक नवीन भारतीय उपनिवेश के जन्म के साक्षी होने के लिए आए हैं। इससे अंग्रेज प्रतिनिधियों की त्यौरियाँ चढ़ गईं और दूसरे मुस्लिम प्रतिनिधियों से भी दाद न मिली। लॉर्ड इरविन को जो उम्मीद थी कि जिन्ना मुसलमानों को जोड़ लेंगे, साकार न हो सकी। जिन्ना के प्रदर्शन पर सर मैल्कम हेली ने जो पंजाब और संयुक्त प्रान्त के पूर्व गवर्नर रह चुके थे और इस सम्मेलन में भारत सरकार के वरिष्ठ परामर्शदाता अधिकारी थे। लन्दन से वाइसरॉय को रिपोर्ट भेजी–

> आगा खाँ मुसलमानों का नेतृत्व नहीं करते हैं किन्तु वे बहुमत के साथ जुड़ जाते हैं। मुसलमान बहुत हद तक जिन्ना पर विश्वास नहीं करते। जैसा सभी दूसरों ने किया उस तरह उन्होंने पहले अपने भाषण की कॉपी सम्मेलन के सचिवालय में देने से इनकार कर दिया। यह सच है जिन्ना हरदम उद्‌दंड रहे, पर उनके व्यवहार में ईल मछली जैसी फिसलन थी जिसे उनके पूर्वज बम्बई के बाजार में बेचते थे।[21]

1931 में दूसरे गोलमेज सम्मेलन में जिन्ना फिर से अपना प्रभाव छोड़ने में असफल रहे। गांधीजी जिन्होंने इसमें भाग लिया था और मुसलमानों की ओर से आगा खाँ के सामने उनका प्रभाव मन्द रहा। और यह इस सीमा तक हुआ कि तीसरे गोलमेज सम्मेलन से उनका नाम तक मुस्लिम प्रतिनिधियों की सूची से हटा दिया गया। इस बीच रैमसे मैक्डोनाल्ड के स्थान पर कंजर्वेटिव पार्टी के नेता जेम्स बाल्डविन (चर्चिल के विरोध के बावजूद) प्रधानमन्त्री बन गए।

लन्दन में जिन्ना का जीवन एकाकी था, यद्यपि वे बड़े सफल और धनी बैरिस्टर थे। हैम्पस्टीड हीथ पर आठ एकड़ में बगीचे से घिरा बँगला था, ड्राइवर सहित बैंटली कार थी। शामें अकसर बैरिस्टर मित्रों के साथ थियेटर और मशहूर कार्लटन ग्रिल रेस्तराँ में रात्रिभोज में बीतती थीं। पर यह सब उन्हें सन्तुष्ट नहीं कर पा रहा था। बंगले से लगे मैदान पर एकाकी घूमते हुए उन्हें अपने जीवन

के बारे में पुनर्विचार करने का मौका मिला। उन्होंने गोलमेज सम्मेलन में देखा था कि आगा खाँ किस तरह से अंग्रेजों को खुश कर अपना काम निकालते थे। अंग्रेजों के साथ सहयोग की नीति अपनाकर आगा खाँ अपने खोजा समुदाय जिन लोगों का व्यापार ब्रिटिश राज्य में फैला हुआ था, के हितों को साधने में सफल हो रहे थे। जब जिन्ना ने कंजर्वेटिव पार्टी की सीट के लिए समर्थन हासिल करने की कोशिश की तो इसमें आगा खाँ की मदद माँगी (पहले उन्हें लेबर पार्टी की सीट के लिए नकारा जा चुका था) आगा खाँ ने प्रयास किया पर वे सफल नहीं हुए। इस प्रक्रिया में जिन्ना कंजर्वेटिव पार्टी के कुछ लोगों के सम्पर्क में आए।

उसके बाद ब्रिटिश राजनेताओं से उनके सम्पर्क के बारे में कोई निर्विवाद साक्ष्य तो नहीं है, सिर्फ एक मामले के अलावा जब 1945 में शिमला सम्मेलन में उन्हें लन्दन से सलाह मिल रही थी। हालाँकि 1937 से इस दिशा में ब्योरेवार प्रमाण उपलब्ध हैं। ब्रिटिश इतिहासकार और चर्चिल की आत्मकथा लेखक सर मार्टिन गिलवर्ट ने हाल ही में यह खुलासा किया है कि उन्हें जिन्ना द्वारा 1946 में चर्चिल को लिखे गए पत्रों में देखने का मौका मिला। चर्चिल चूँकि कार्यालय से बाहर थे और भारतीय राजनीतिज्ञों के सम्पर्क में नहीं आना चाहते थे। चर्चिल ने जिन्ना को राय दी कि वे अपने पत्र उनकी एक नौकरानी जो उनके घर चार्ट वेल मैरन केंट में काम करती थी उसके नाम भेजें। उसको भेजे गए पत्रों पर किसी का ध्यान नहीं जाएगा। वह महिला एलजावेथ गिलवर्ट थी। वास्तव में यह सम्बन्ध कब प्रारम्भ हुआ, मैं नहीं जानता, जिन्ना का राष्ट्रीय योजना से अलग होना जिसका 1937 में चर्चिल ने विरोध किया था और जिस हिम्मत से उन्होंने पाकिस्तान योजना को घोषित किया और जिस तरह वाइसरॉय वेवल और लिनलिथगो ने जिन्ना का समर्थन किया, जो दोनों चर्चिल के प्रशंसक थे, यह प्रतीत होता है कि चर्चिल का वरद हस्त जिन्ना पर हो गया था। 1945 की शिमला कान्फ्रेंस में जिन्ना ने स्वीकारा था कि उन्हें लन्दन से निर्देश मिल रहे थे।*

सत्ता में इतनी रुचि रखने वाले, ऊर्जावान व्यक्ति को उनकी लन्दन में वकालत, स्टाक एक्सचेंज में खेलना और प्रापर्टी की खरीद-फरोख्त सन्तुष्ट न कर सके। सन् 1933 से 1936 तक अपने मुकद्दमों के सिलसिले में भारत यात्राओं के दौरान वे अपने कट्टर समर्थकों के सम्पर्क में बने रहे जो उन्हें बार-बार भारत वापस आने और मुसलमानों का नेतृत्व करने की मिन्नत कर रहे थे।

---

* देखिए सर मार्टिन गिलवर्ट ने जो 28 जनवरी, 2005 को इंडिया इंटरनेशनल सेंटर, नई दिल्ली में कहा था जहाँ इसका ट्रांसस्क्रिप्ट मौजूद है।

ऑक्सफोर्ड से ग्रेजुएट हुए जमींदार लियाकत अली खाँ और उनकी जिन्दादिल पत्नी ने हैमस्टीड हीथ के उनके घर पर सन् 1933 में जिन्ना से भेंट की। लियाकत अली खाँ कलकत्ता के दुर्भाग्यपूर्ण झगड़े के दौरान उनके साथ थे। उनकी पत्नी से वे कभी नहीं मिले थे। लियाकत अली खाँ की बेगम ने इस चापलूसी से कहा कि उनमें परिस्थितियों से बचाने की अद्‌भुत क्षमता है, जिन्ना इससे प्रभावित हुए। जब जिन्ना ने गांधीजी की भाँति जनता को आन्दोलित करने की अपनी क्षमता प्रकट की तब लियाकत अली खाँ ने साधनों को जुटाने के लिए उन्हें आश्वासन दिया। हालाँकि यह सब कैसे किया जाएगा यह तो उन्होंने नहीं बताया। अगर यह बता देते कि कैसे मुसलमानों में कट्टरता और साम्प्रदायिक तनाव को उभारने से ही जिन्ना जीत सकते हैं तो शायद उस समय जिन्ना रजामन्द न होते।

सन् 1936 से लियाकत अली खाँ के प्रयासों की शुरुआत रंग लाई। सन् 1935 के भारत सरकार के अधिनियम के तहत प्रस्तुत 1937 के नवीन चुनाव के रूप में जिन्ना के समक्ष एक चुनौती प्रस्तुत हुई। जिन्ना ने अपना लन्दन का मकान और बैंटली कार बेच दी। परन्तु लन्दन स्टाक एक्सचेंज के अपने शेयर और मेपेयर की सम्पत्ति* को छुए बिना वे बम्बई लौट आए। मोहम्मद यूनुस ने मुझे बताया था कि उनके भाई अब्दुल अजीज ने भारत सरकार के गृह सचिव के आदेश पर असेम्बली की अपनी सीट छोड़ दी थी जिससे जिन्ना के लिए जगह बनाई जा सके वापस लौटते ही उन्होंने तुरन्त मुस्लिम लीग को फिर से संगठित करना आरम्भ कर दिया उस वक्त तक जिला स्तर तक बमुश्किल ही मुस्लिम लीग की कोई शाखा थी और न ही दूसरे महत्त्वपूर्ण मुस्लिम नेताओं से कोई सम्पर्क था। उन्होंने इसका केन्द्रीय व प्रान्तीय संसदीय बोर्ड बनाया और अलीगढ़ मुस्लिम विश्वविद्यालय से स्वयं सेवक नियुक्त किए जो लीग का प्रचार करें और खुद देश में महत्त्वपूर्ण नेताओं को अपने साथ एकत्र करने के लिए यात्राएँ की। बंगाल में पीजंट्स और टिनेंट्स पार्टी के नेता फैजल-उल-हक, पंजाब में यूनियनिस्ट पार्टी के सर सिकन्दर हयात खाँ तथा सिन्ध में गुलाम हसन की सर्वोच्चता स्वीकार कर उन्होंने इन

---

* उनकी लीगल फीस 1500 रु. प्रति दिन (आज के करीब एक लाख के बराबर) भारत में सबसे अधिक थी। इसके अलावा उनको 24000 रु. सालाना मैपेयर लन्दन के मकानों से मिलता था (आज लगभग 14 लाख) और 40000 रु. सालाना स्टाक एक्सचेंज के डिविडैंस से मिलता था (आज करीब 24 लाख के बराबर) वे ऐसे टैक्स देने वालों की सूची में थे जिन्हें सुपर टैक्स और सप्लीमेंट्री टैक्स देना पड़ता था।[22]

नेताओं के सहयोग के लिए एक ढाँचा तैयार किया। संयुक्त प्रान्त में उन्होंने मुस्लिम यूनिटी बोर्ड के खालिक-उज-जमान को उनकी पार्टी का मुस्लिम लीग में विलय कर चुनाव लड़ने के लिए मनाया।

पार्टी के लिए धन एकत्र करने के लिए उन्होंने धनी मुसलमानों से दोस्ती कर उन्हें पार्टी में नियुक्त किया। इस क्रम में कलकत्ता के उद्योगपति एम.ए. इस्फाहानी को बंगाल का प्रमुख सलाहकार नियुक्त किया और संयुक्त प्रान्त में सबसे धनी जमींदार नवाब महमूदाबाद को मुस्लिम लीग का कोषाध्यक्ष बनाया। उनके अपने गृह नगर बम्बई जैसे कॉस्मोपोलिटन शहर में उनकी लोकप्रियता इस तथ्य से ही स्पष्ट हो जाती है कि वे बराबर यहाँ से सेंट्रल असेम्बली के लिए बिना वहाँ प्रचार किए निर्विरोध चुने जाते रहे हैं।

इन सब उपायों के बावजूद 1937 में प्रान्तीय चुनावों में जिन्ना के नेतृत्व में मुस्लिम लीग का सफाया हो गया यह उनके आत्माभिमान पर एक भयंकर धक्का था। वे एक बार फिर पराजित हुए। लीग मुसलमानों के लिए आरक्षित 485 में से मात्र 108 सीटों पर ही जीत पाई। इससे यह स्पष्ट होता था कि यह देश के एक चौथाई मुसलमानों का भी प्रतिनिधित्व नहीं करती थी। अहरार और जमात-उल-उलेमा के समर्थकों ने मुस्लिम लीग का समर्थन नहीं किया। 95 प्रतिशत मुस्लिम आबादी वाले नवनिर्मित उत्तर पश्चिम सीमा प्रान्त के पठानों ने कांग्रेस के पक्ष में वोट डाल उन्हें (जिन्ना) अपमानित किया। अन्ततः कांग्रेस ने ब्रिटिश शासित 11 से 8 प्रान्तों में सरकार बनाई।[22]

पराजय की हताशावश जिन्ना विचार करते रहे कि कांग्रेस के बढ़ते एकाधिकार को कैसे शिकस्त दी जाए। अक्खड़ नेहरू को कैसे नीचा दिखाया जाए जिनके अथक प्रचार ने उन्हें मात दी थी और वोटों की संख्या के खेल से कैसे उबरा जाए।

ऐसे समय में कवि का बोध उनकी मदद के लिए आया। उस समय तक अपने जीवन के अन्तिम काल के करीब पहुँच चुके शायर मोहम्मद इकबाल ने जिन्ना को बार-बार यह लिखना शुरू कर दिया था कि वे अलग मुस्लिम राज्य की दिशा में काम करें जो भारत के मुसलमानों के पुराने गौरव को फिर से हासिल कर सके।

जिन्ना प्राचीन गौरव लाने में तो ज्यादा रुचि नहीं रखते थे किन्तु इस बात पर गौर करने लगे कि क्या भारत का विभाजन ही एकमात्र रास्ता है जिससे वह अपना स्वयं का गौरव प्राप्त कर सकते हैं। यदि वह पूरे हिन्दुस्तान को नहीं तो कम-से-कम एक हिस्से पर तो राज करें। कांग्रेस पर उनकी टिप्पणियाँ तीव्र होती

गईं। वे मुसलमानों के लिए खतरों को और नाटकीय ढंग से पेश करने लगे। जैसे कि उन्होंने कहा कि हम मुसलमान अमेरिका के नीग्रो लोगों जैसी स्थिति में नहीं आना चाहते।[23]

कांग्रेस की भारी विजय ने 1938-1939 में मुस्लिम लीग की स्थिति को उबारने में मदद प्रदान की। इस जीत से मुसलमान नेताओं में असुरक्षा की भावना उत्पन्न हुई। ऐसे मुस्लिम नेता जो जिन्ना के विरोधी थे वे भी उनके करीब आने लगे। उदाहरण के लिए पंजाब के मुख्यमन्त्री तथा यूनियनिस्ट पार्टी के नेता सिंकदर हयात खाँ जिनकी पार्टी पंजाब में सिखों और हिन्दुओं के साथ गठबन्धन में सरकार चला रही थी और जो लीग की साम्प्रदायिक सोच के विरोधी थे, उन्होंने यूनियनिस्ट पार्टी के सदस्यों को समानान्तर रूप से मुस्लिम लीग की सदस्यता लेने की राय दी। सर सिकन्दर का यह कदम जिन्ना के लिए बड़ा लाभकारी सिद्ध हुआ। इसी तरह बंगाल के फजल-उल-हक और अन्य प्रान्तीय मुस्लिम नेताओं ने लीग से करीबी रिश्तों में रुचि दिखाना आरम्भ कर दिया।

कांग्रेस की बढ़ती शक्ति से मुसलमानों की चिन्ता कांग्रेस के उस निर्णय से और बढ़ गई जिसके अनुसार मुस्लिम लीग के साथ संयुक्त प्रान्त और बम्बई में उन्होंने गठबन्धन सरकार बनाने से इनकार कर दिया। संयुक्त प्रान्त के खलीक-उज-जमान जो पूर्व कांग्रेसी थे और मुस्लिम लीग में जिन्ना और लियाकत अली के बाद तीसरे नम्बर पर आते थे उन्हें उम्मीद थी की कांग्रेस सरकार में उनकी पार्टी को मन्त्री पद मिल जाएँगे।

बम्बई के कांग्रेसी नेता बी. जी. खेर भी लीग के साथ गठबन्धन के और मन्त्रिमंडल में कुछ मुस्लिम लीग के नेताओं को शामिल करने के इच्छुक थे। कांग्रेस अध्यक्ष जवाहरलाल नेहरू मुस्लिम लीग के सदस्यों को मन्त्रिमंडल में शामिल नहीं करना चाहते थे, तब तक कि वे कांग्रेस की सदस्यता न स्वीकार कर लें। कांग्रेस के निर्णय से मुस्लिम नेताओं के मध्य ये भावना बढ़ी कि जब भी कांग्रेस भारत में सत्ता में आएगी तो उन्हें उसकी तरफ से कोई रियायत नहीं मिलेगी। इससे खलीक-उज-जमानी कांग्रेस के कट्टर शत्रु बन गए। उन्होंने संयुक्त प्रान्त में मुसलमानों को हिन्दुओं के विरोध में करने और कांग्रेस सरकार को परेशानी में डालने के लिए अपनी पूरी ताकत झोंक दी, हालाँकि इतिहासकारों का यह विचार कि कांग्रेस द्वारा लीग के साथ गठबन्धन सरकार न बनाने का निर्णय विभाजन के लिए एकमात्र महत्त्वपूर्ण कारण था सही नहीं है क्योंकि यह युद्ध के दौरान हुए महत्त्वपूर्ण परिवर्तन की अनदेखी करता है। कांग्रेस की इस विजय ने अंग्रेजों को भी सचेत कर दिया। उन्हें अब इस बात का डर लगने लगा

कि अखिल भारतीय संघ के लिए चुनावों में कांग्रेस केन्द्र में भी सत्ता में न आ जाए। द्विसदनीय संघीय विधान सभा के निम्न सदन में मुसलमानों के लिए एक तिहाई सीटें आरक्षित थीं और इसी संख्या में रियासतों के नामांकित प्रतिनिधियों के लिए भी। इस कारण केन्द्र में भी विश्वसनीय मुसलमानों और रियासतों के प्रतिनिधियों को ठूँसने का यह फॉर्मूला भी कांग्रेस को रोकने में कहाँ तक फायदेमन्द सिद्ध होगा अब कहा नहीं जा सकता। यदि आधे मुस्लिम प्रतिनिधि भी कांग्रेस के साथ सहयोग करें तो कांग्रेस के निम्न सदन में बहुमत प्राप्त करने की सम्भावना बनती थी।

संघ के निर्माण के सम्बन्ध में ब्रिटिश विचार में आए परिवर्तन जिन्ना भाँप गए। कार्यकारी वाइसरॉय ने सेक्रेटरी ऑफ स्टेट जेटलैंड को 18 अगस्त, 1938 को रिपोर्ट भेजी–

> जिन्ना ने बातचीत का अन्त इस चौकाने वाले सुझाव में किया कि हमें केन्द्र को जैसा वह अभी है वैसा ही रखना चाहिए। कांग्रेस शासित प्रान्तों में मुसलमानों को संरक्षण देकर उन्हें सक्षम बनाना चाहिए। यदि हम ऐसा करते हैं तो केन्द्र में मुसलमान हमें मदद करेंगे।[24]

यह जिन्ना और अंग्रेजों के मध्य परस्पर समर्थन की शुरुआत थी जिसके भारत पर दूरगामी परिणाम हैं।

एक और तथ्य शीघ्र ही सामने आया। जिन्ना के डॉक्टर ने उन्हें बताया कि 1928 में पहली बार उनके फेफड़े में देखा गया धब्बा अब फैल चुका है और वे गम्भीर रूप से बीमार हैं। (कैंसर बाद में हुआ) यह बात उन्होंने स्वयं तक सीमित रखी हालाँकि उन्होंने यह सावधानी बरती कि बम्बई के अपने वकील के पास 19 मई, 1939 को अपनी अन्तिम वसीयत लिख कर रख दी। अब जो भी करना था वह शीघ्रता से करना ज़रूरी था।[25] और यह मौका कुछ महीनों के बाद ही मिल गया जब युद्ध प्रारम्भ होने के साथ ही कांग्रेसी मन्त्रिमंडल ने त्यागपत्र दे दिया और प्रान्तीय शासन से बाहर आ गए और इस स्थिति में अंग्रेज युद्ध के समर्थन के लिए लीग की ओर देखने लगे। जिन्ना ने इन परिस्थितियों का भरपूर लाभ उठाया (जैसा कि अध्याय दो में बताया गया है।)

जब पाकिस्तान बन गया और उनकी आकांक्षा पूर्ण हो गई तब वे अपने उन सिद्धान्तों से मुक्त हो गए जो उन्होंने अन्तिम दशकों में लक्ष्य प्राप्ति के लिए अपना लिए थे। यथार्थ में वे वही जिन्ना बने रहे जो राजनीति में धर्मनिरपेक्षता के हिमायती थे और साम्प्रदायीकरण का विरोध करते थे। उनकी इस्लाम में कोई आस्था नहीं थी।

कराची में 11 अगस्त, 1947 को पाकिस्तान की संविधान सभा को सम्बोधित करते हुए उन्होंने अखंड भारत के सम्बन्ध में विचार करते हुए कहा था–हो सकता है अखंड भारत पर विचार सही हो सकता है न भी हो, यह सोचने का विषय है। इस वक्तव्य से पाकिस्तान निर्माण के सम्बन्ध में उनकी अस्पष्ट सोच का ज्यादा सही चित्र प्रस्तुत होता है। बावजूद इसके कि जिन्ना अपनी व्यक्तिगत महत्त्वाकांक्षा की पूर्ति के लिए द्विराष्ट्र सिद्धान्त के पक्ष में हठधर्मितापूर्ण शब्दाडम्बर में बराबर उलझे रहे। उन्होंने जो आगे कहा उसने मुस्लिम लीग व अन्यों को चौंका दिया–आप किसी भी जाति व सम्प्रदाय के हों उसका राष्ट्र से कोई लेना-देना नहीं है आगे आने वाले समय के साथ-साथ हिन्दू हिन्दू नहीं रहेगा, मुसलमान मुसलमान नहीं रहेगा। धार्मिक अर्थों में नहीं, राजनीतिक दृष्टि से राष्ट्र के नागरिक के रूप में। धर्म तो व्यक्तिगत आस्था का प्रश्न है।[26]

अपने जीवन के अन्त तक जिन्ना ने कुरान की आयतों और सिद्धान्तों के प्रति कोई आदर नहीं दिखाया। उन्होंने अपनी सम्पत्ति के पूरे धन को वसीयत में दे दिया था जिसमें कुछ रुपया ब्याज से आया था। शरीयत के अनुसार यह सही नहीं था। वे मुसलमानों के लिए पाक रमजान महीने के प्रति भी अनभिज्ञ थे। उदाहरण के तौर पर पाकिस्तान के निर्माण दिवस 14 अगस्त, 1947 पर कराची में लॉर्ड माउंटबेटन और उनकी पत्नी के स्वागत में दिवाभोज की घोषणा की। चूँकि उन्हें इस्लाम के उसूलों का अभ्यास नहीं था इसलिए वे यह भूल गए कि यह दिवाभोज रमजान के महीने में पड़ता था जिसमें मुसलमान दिन में रोजा रखते हैं। अन्तिम क्षणों में इस दिवाभोज को रात्रिभोज में परिवर्तित करना पड़ा।[27]

सन् 1930 के अन्त में उन्होंने दो भव्य निवास खरीदे। पहला बम्बई में मालाबार हिल्स में जिसमें इटैलियन संगमरमर लगा था, जो विभाजन के बाद बरतानवी डिप्टी हाई कमिश्नर का निवास बना। दूसरा बगीचों से घिरा हुआ शिल्पकार एडविन लुटियन द्वारा निर्मित नई दिल्ली के बीच में खरीदा जो आज डच दूतावास है। यह मकान वारिसों के लिए नहीं खरीदे गए थे क्योंकि उन्हें कोई पुत्र नहीं था और उस समय तक वे अपनी एक मात्र पुत्री, जिसके लिए उन्होंने अपनी वसीयत में एक छोटा-सा हिस्सा छोड़ा था, से दूर हो चुके थे। फिर ये शानदार मकान किसके लिए थे? निश्चित ही अभिमान की पूर्ति और शानो शौकत के लिए। यही शानीली भावना उनके द्वारा हल्के पीले रंग की पैकार्ड कार खरीदने से दिखती है जिसमें वह दिल्ली में शहंशाही अन्दाज से धीरे-धीरे चलते

थे। और यही भावना उनकी पाकिस्तान के पहले गवर्नर जनरल बनने की चाह से प्रतीत होती है उसी कराची शहर में जिसमें वह 1880 में एक साधारण विद्यार्थी के रूप में जिन्ना भाई कहे जाते थे, हिज एक्सीलेंसी कहलाने के लिए प्रथम गवर्नर जनरल बने।

जब पाकिस्तान के उद्घाटन के अवसर पर लॉर्ड माउंटबेटन नौसेना की वर्दी और गार्टर से पूरी तरह सजे हुए मंच पर पहुँचे तो पाया कि वहाँ केवल एक खास कुर्सी थी। वाइसरॉय ने सोचा कि यह जिन्ना के लिए उचित नहीं होगा कि वे पाकिस्तान के गवर्नर जनरल बन रहे हैं, अपने लिए बराबर की कुर्सी न रखें पर वह हक्का-बक्का रह गए जब जिन्ना तेजी से उस कुर्सी पर बैठ गए और माउंटबेटन को अपनी बगल की कुर्सी पर जाने दिया।*

हो सकता है जो अपने प्रारम्भिक दिनों में ब्रिटिश हाथों से उनका अपमान हुआ था उसका बदला ले रहे थे या टूटे-फूटे पाकिस्तान को थोपे जाने का। इसके बावजूद कि उन्होंने युद्ध के समय कांग्रेस पार्टी के विरुद्ध उनकी कितनी मदद की थी। यह भी सम्भव है कि वह उनकी वृद्धावस्था की मैग्लोमैनियाँ थी।

अगर कर्नल इलाही बख्श की बात पर विश्वास किया जाए जिन्होंने अगस्त सितम्बर 1948 में कोयटा के निकट जियारत में डाक्टर के रूप में जिन्ना की बीमारी की अवस्था में इलाज किया था उनके मरीज ने एक दिन कहा था, 'मैंने पाकिस्तान बना दिया परन्तु मैं विश्वस्त हूँ कि मैंने यह सबसे बड़ी गलती की।' और उसी समय पाकिस्तान के प्रधानमन्त्री लियाकत अली खाँ बीमार आदमी के कमरे से बाहर निकले तो उनको मुनमुनाते सुना गया अब बुढ्ढे को अपनी गलती समझ में आ गई। तो क्या यह जिन्ना का अन्तिम परिवर्तन था।[28]

सन्दर्भ

1. एम. एस. एस./ई यू आर एफ 9/5, क्रमांक 32, पृ. 190 (ओरिएंटल एंड इंडियन कलेक्शन, ब्रिटिश लाइब्रेरी, लन्दन)।
2. एम. एस. एस./ई यू आर एफ 129/वी, जेटलैंड द्वारा वाइसरॉय को लिखा गया पत्र, मई 1940, पैरा 27 (ओ आई सी, ब्रिटिश लाइब्रेरी, लन्दन)।

* मृत्यु के कुछ वर्ष पूर्व बोडलैंड में मैंने माउंटबेटन से यह बात सुनी थी जो 16 अगस्त, 1947 को उनकी लन्दन भेजी गई रिपोर्ट में इस तरह लिखी है, "मैंने पाकिस्तान की संवैधानिक सभा को सम्बोधित किया...जिन्ना ने चाहा कि वह अध्यक्ष के रूप में संवैधानिक सभा की मुख्य कुर्सी पर बैठें पर मैंने अपने वाइसरॉय के अधिकार के अनुसार अस्वीकार कर दिया।"

3. एम. एस. एस./ई यू आर एफ 125/8, खंड पाँच, पृ. 191-95 (ओ आई सी, ब्रिटिश लाइब्रेरी, लन्दन)।
4. इंडिया ऑफिस रेकार्ड्स (आई ओ आर), एल/पी एंड जे/8506 संयुक्त प्रान्त के मुख्य सचिव फ्रांसिस मूडी की 31 मार्च, 1940 को खलीक-उल-जमान और एम. बी. किदवई से हुई बातचीत सम्बन्धी नोट।
5. ट्रांसफर ऑफ पॉवर (टी ओ पी) नौ, क्रमांक 396, पृ. 170, सरदार पटेल ने लॉर्ड वेवल को 4 फरवरी, 1947 को लिखा, इसके साथ 8 फरवरी, 1947 के फ्री प्रेस जर्नल की कटिंग संलग्न की जिसमें लाहौर में गंजाफर अली के भाषण का सार था।
6. एस. के. मजूमदार, जिन्ना एंड गांधी (मिनर्वा एसोसिएट्स, कलकत्ता, 2000, पृ. 205-06) रफीक जकारिया की पुस्तक द मैन हू डिवाइडेड इंडिया (पापुलर प्रकाशन, बम्बई, 2001) में दिए गए सन्दर्भ के आधार पर।
7. देखें हेक्टर बोलिथो, जिन्ना (जॉन मुरे, लन्दन, 1954, पृ. 41)।
8. मैरी (काउंटेस ऑफ मिंटो), इंडिया, मिन्टो एंड मार्ले (मैकमिलन, लन्दन, 1934, पृ. 47-48)।
9. हेक्टरबोलिथो, पूर्व में उद्धृत, पृ. 42।
10. रफीक जकारिया, पूर्व में उद्धृत, पृ. 12 और आगा खाँ, मैमॉयर्स (साइमन एंड शूस्टर, न्यूयॉर्क, 1954, पृ. 122-23)।
11. वही, पृ. 19।
12. सैयद एस पीरजादा (संपा.) कायदे-आजम जिन्नाज करेस्पॉन्डेन्स, तीसरा संशोधित संस्करण (नेशनल वेस्ट पब्लिशिंग कम्पनी, कराची, वर्ष ज्ञात नहीं) पृ. 159।
13. वही, पृ. 82, जिन्ना गांधीजी को, 4 जुलाई, 1918।
14. वही, पृ. 181-88।
15. वही, पृ. 264-65।
16. स्टेनले वोलपोर्ट, जिन्ना ऑफ पाकिस्तान, नवाँ संस्करण (ऑक्सफोर्ड यूनिवर्सिटी प्रेस, लन्दन, 2002, पृ. 71-72) (यह टाइम्स ऑफ इंडिया की 13 जनवरी, 1921 की रिपोर्ट पर आधारित है।) डॉ. नईम कुरेशी संग्रह (पाकिस्तान हिस्टोरिकल सोसायटी, खंड चार, पृ. 229) और जमील-उद-दीन, ग्लिम्पसेज ऑफ कायदे-आजम (एज्युकेशन प्रेस कराची, 1960, पृ. 2)।
17. जॉन कैम्पबेल, एफ. ई. स्मिथ : अर्ल ऑफ ब्रिकन हेड (पिमलिको, लन्दन, 1983, पृ. 515) ब्रिकन हेड ने लॉर्ड इरविन को 19 जनवरी, 1928 को लिखा। एम. एस. एस. ई. यू. आर. डी. 703।
18. स्टेनले वोलपोर्ट, पूर्व में उद्धृत, पृ. 100-02 (सैयद एस. पीरजादा के संस्मरणों पर आधारित, पूर्व में उद्धृत, पृ. 426-29 और 432-35)।
19. वही।
20. वही।
21. एम. एस. एस. ई. यू. आर. 22, 34 लॉर्ड हेली ने लॉर्ड इरविन को लिखा 14 नवम्बर 1930 (इंडिया ऑफिस रेकॉर्ड लन्दन)।

22. स्टेनले वोलपोर्ट, पूर्व में उद्धृत 159-60 (पाकिस्तान के राष्ट्रीय अभिलेखागार में स्थित दस्तावेजों पर आधारित, एफ/77) जैड. एच. जैदी द्वारा 'एम. ए. जिन्ना–द मैन' में दिया गया सन्दर्भ राष्ट्रीय अभिलेखागार पाकिस्तान में कायदे-आजम संग्रह IV, 1 खंड तीन, पृ. 45।
23. स्टेनले वोलपोर्ट, पूर्व में उद्धृत, पृ. 166-67।
24. वही, पृ. 161-62 (दूसरे मार्किज ऑफ जेटलैंड के संस्मरण पर आधारित, जॉन मुरे, लन्दन, 1956) जिन्ना की कार्यवाहक वाइसरॉय से शिमला में 16 अगस्त, 1938 की भेंट की पुष्टि पाकिस्तान के राष्ट्रीय अभिलेखागार के दस्तावेजों से भी होती है। एफ/1095।
25. स्टेनले वोलपोर्ट, पूर्व में उद्धृत, पृ. 170-71।
26. हेक्टरबोलिथो, पूर्व में उद्धृत पृ. 210 और कायदे-आजम के भाषण (सूचना-प्रसारण मन्त्रालय, कराची, 1950, पृ. 133-36)।
27. 'द लास्ट वाइसरॉयल्टी' की रिपोर्ट, 16 अगस्त, 1947, नं. 17, पृ. 249 (ओ आई सी, ब्रिटिश लाइब्रेरी, लन्दन)।
28. संसद सदस्य डॉ हाशिम किदवई का टाइम्स ऑफ इंडिया में 27 जुलाई, 1988 को छपा पत्र जो फ्रंटियर पोस्ट, पेशावर और मुस्लिम इंडिया, नई दिल्ली की रिपोर्ट पर आधारित था।

भारत के विषय में चर्चिल-रूजवेल्ट द्वन्द

जापान द्वारा पर्ल हार्बर पर हमले की खबर 7 दिसम्बर, 1947 की शाम को लन्दन पहुँची। इस बात से चर्चिल खुशी से फूले नहीं समाए। विंस्टन चर्चिल ने अपने संस्मरण में लिखा है–

"जापान ने अमेरिका को अपने इस कदम से लड़ाई में खींच लिया है। अब हम जीत गए...अब ब्रिटेन बच जाएगा। साम्राज्य और कॉमनवेल्थ भी बना रहेगा। अब हमारा सफाया नहीं किया जा सकेगा। हमारा इतिहास खत्म नहीं होगा। भावनाओं और उत्साह से भरा हुआ मैं, बच जाने और धन्य हो जाने का भाव लिये इत्मीनान की नींद सो गया।"[1]

दूसरे दिन सुबह उठते ही चर्चिल ने सर्वप्रथम वाशिंगटन जाकर रूजवेल्ट से वास्तविकताओं और नवीन तथ्यों तथा उत्पादन और वितरण सम्बन्धी समस्याओं पर विचार विमर्श करने का निर्णय लिया। चर्चिल ने लिखा है कि 'इसी मुलाकात के दौरान रूजवेल्ट ने पहली बार मेरे समक्ष साम्राज्यवाद विरोधी अमेरिकी नीति के तहत भारत की समस्या को उठाया।' चर्चिल आगे लिखते हैं कि मैंने इतनी कड़ाई से इस पर प्रतिक्रिया दी कि बाद में मौखिक रूप में उन्होंने फिर यह प्रश्न कभी नहीं उठाया।[2]

अटलांटिक सागर पर जर्मन यू बोट्स को चकमा देते हुए नए-नवेले युद्धपोत ड्यूक यॉर्क पर सवार हो वे अमेरिका पहुँचे थे। 7 जनवरी, 1942 को उन्होंने उप-प्रधानमन्त्री क्लीमेंट एटली को इन शब्दों में आगाह किया–

"मैं उम्मीद करता हूँ कि मेरे सहयोगियों को यह भली-भाँति समझ लेना चाहिए कि एक ऐसे समय में जबकि शत्रु सीमाओं पर खड़ा है, किसी भी तरह से संवैधानिक मुद्‌दों खास तौर पर भारत में संवैधानिक परिवर्तनों की बात उठाना खतरों भरा हो सकता है। यह विचार कि भारत में कांग्रेस को जिम्मेदारी सौंपकर हम भारत से युद्ध के लिए बहुत कुछ हासिल कर पाएँगे, बेतुका जान पड़ता है। यदि कोई चुनावी या संसदीय मामला उठाया जाए तो उसका मतलब यही होगा। भारतीय फौजें बड़े शानदार ढंग से लड़ रही हैं पर हमें यह याद रखना चाहिए कि

उनकी निष्ठा ब्रिटिश सम्राट के प्रति है। और एक लड़ाकू कौम द्वारा कांग्रेस और हिन्दू ब्राह्मणवादी तन्त्र का शासन कभी बर्दाश्त नहीं किया जाएगा।[3]"

लन्दन वापस लौटते ही इस बात से चिन्तित चर्चिल ने कि रूजवेल्ट पुनः भारत के प्रश्न पर लौटेंगे अपने युद्ध मन्त्रिमंडल से एक नीति का निर्माण करने के लिए कहा जो अमेरिका द्वारा भारत को स्वशासन दिए जाने के दबाव को रोक सके। जैसा कि चर्चिल ने लिखा है–विश्वयुद्ध की रणनीति में शामिल होने के कारण अमेरिकी ऐसे राजनीतिक मुद्दों के सम्पर्क में आ रहे थे जिनके बारे में उनकी राय तो बड़ी तगड़ी थी किन्तु अनुभव बिलकुल कम...ऐसे देशों में जहाँ सिर्फ एक ही नस्ल होती थी वहाँ रंगभेद पर उदार और ऊँचे विचार रखे जाते हैं। इसी तरह वे देश जिनके पास उपनिवेश नहीं हैं वे ऐसे देशों के मामले में जिनके पास उपनिवेश हैं विरक्ति और उनसे महान होने का रुख अपनाते हैं।[4] भारत में रूजवेल्ट का हित यह था कि जापान के खतरे के विरुद्ध भारतीयों का समर्थन हासिल करना और भारत की स्वतन्त्रता का आश्वासन देकर एशिया में युद्ध के पश्चात् औपनिवेशतर व्यवस्था को बनाना।

चर्चिल और उनके युद्ध मन्त्रिमंडल को भारत के सेक्रेटरी ऑफ स्टेट, लिओपोल्ड एम्री ने 28 जनवरी, 1942 को अमेरिका को रोकने की जो नीति बना कर चर्चिल और उनके युद्ध मन्त्रिमंडल के सामने पेश की उसके मुख्य बिन्दु इस प्रकार थे–हिन्दू और मुस्लिम समुदायों को बहुसंख्यक और अल्पसंख्यक मानना इन शब्दों का खतरनाक इस्तेमाल है क्योंकि इससे यह आशय निकलता है कि संख्या की दृष्टि से छोटे समुदायों की वैयक्तिकता के सम्मान का अधिकार बड़े समुदायों की तुलना में कम है। आखिरकार हम इसी अधिकार की रक्षा के लिए तो युद्ध लड़ रहे हैं। इस बुनियादी मुद्दे की कांग्रेस आरम्भ से उपेक्षा कर रही हैं। अपने चौखट में मुस्लिम तत्त्वों को बनाए रखने की उसकी कोशिशों के बावजूद यह बुनियादी तौर पर एक हिन्दू पार्टी है...सन् 1940 की घोषणा के रूप में हमारे पास एकमात्र दूरगामी नीति है जिसके आधार पर समझौता हो सकता है। इस घोषणा में अल्पसंख्यकों को संवैधानिक परिवर्तनों में वीटो का अधिकार दिया गया था। इसमें निहित वचनों से हम पीछे नहीं हट सकते। हमारा काम इस पर टिके रहना और इसे पूरे आत्मविश्वास से और दृढ़ता से प्रतिपादित करना है, न कि क्षमाभाव से। इस आधार पर भारत पर तत्काल मँडरा रहे तूफान से हम बचकर निकल सकते हैं,...हम तुरन्त और कोई संवैधानिक कदम नहीं उठा सकते।[5]

भारत से वाइसरॉय ने सलाह दी कि सैनिक पराजयों के समय किसी तरह की रियायतें देना ठीक नहीं है। उन्होंने आगे कहा भारत और बर्मा का इंग्लैण्ड

से कोई प्राकृतिक सम्बन्ध नहीं है। वे हमसे नस्ल, धर्म, इतिहास के आधार पर अलग हैं, दोनों ही जीते गए देश हैं जिन्हें ताकत के द्वारा अधीन लाया गया है, नियन्त्रण में रखा गया है और हमारे संरक्षण में रहना अब तक उन्हें रास आया है।[6]

एम्री और लिनलिथगो के उक्त विचार चर्चिल के अपने दिली विचारों से मिलते थे। किन्तु उन्हें अपने युद्ध मन्त्रिमंडल में उपप्रधानमन्त्री क्लीमेंट एटली के विरोध का सामना करना पड़ा।

इस मामले पर एटली की टिप्पणी इस तरह थी–

> इस शताब्दी के आरम्भ में जापान के हाथों रूस की पराजय के बाद से यूरोप का एशियावादियों के सम्बन्धों में आए बदलावों से भारत बड़े पैमाने पर प्रभावित हुआ है। अब तक एशियावासियों पर यूरोपियनों की स्वयंसिद्ध श्रेष्ठता को गहरा धक्का लगा है। जापानियों के हाथों हमें और अमेरिका को मिल रही हाल की पराजयों से यह प्रक्रिया जारी रहेगी। चीन को बराबरी का दर्जा देने और चीनियों को सभ्यता व बर्बरता के विरुद्ध लड़ाई में सहभोगी बनाने से भारतीयों को यह पूछने का मौका हमने दिया है कि वह भी अपने ही घर में स्वामी क्यों नहीं हो सकते? इसी तरह जर्मनी के विरुद्ध अर्द्धसभ्य यानी रूसी लोगों की सफलता ने इस मान्यता को बल दिया है कि पूर्व ने अब पश्चिम के आधिपत्य के विरुद्ध चुनौती देना आरम्भ कर दिया है।

जापान द्वारा चलाए जा रहे अखिल एशियाई आन्दोलन को अब खतरे के रूप में लिया जाने लगा है। ऐसी स्थिति में हम चीन, भारत की उपेक्षा नहीं कर सकते। संयोगवश अमेरिका की भावनाएँ हमेशा भारत की स्वतन्त्रता की ओर मजबूती से रही हैं।

सेक्रेटरी ऑफ स्टेट्स सोचते हैं कि हम तत्काल उठ रहे तूफान से बचकर निकल सकते हैं। जब प्यास लगे तभी गड्ढा खोदे यह अच्छी कूटनीति नहीं है। पूरा भारत, विजय से प्राप्त फल नहीं हैं, इसका एक बड़ा हिस्सा अत्याचारों व अराजकता से बचने के लिए हमारे साथ आ गया...भारतीय हमारी भर्त्सना कर रहे हैं। यह भर्त्सना वे भारतीय नैतिकता के पैमाने से नहीं कर रहे बल्कि उस पैमाने से जो हमने उन्हें स्वीकार करने के लिए सिखाई है।

मेरा निष्कर्ष यह है कि इन सब कारणों से हमें बातचीत के विस्तृत अधिकारों सहित एक प्रतिनिधि भारत भेजना चाहिए। चाहे वह विशेष दूत के रूप में हो या फिर वर्तमान वाइसरॉय के स्थान पर भेजा जाए। साथ ही एक मन्त्रिमंडल समिति गठित की जाए जो अधिकारों और निर्देशों की शर्तें तय करें।[7]

उपरोक्त कथन ने चर्चिल को पसोपेश में डाल दिया। एम्री के अनुसार विंस्टन चर्चिल पर रूजवेल्ट के दबाव, और एटली और उनके साथियों पर अपनी ही पार्टी के दबाव, साथ ही क्रिप्स के युद्ध मन्त्रिमंडल में शामिल होने से अचानक गन्दे नाले के दरवाजे खोल देने सी स्थिति निर्मित हो गई। हालाँकि अपने ठेठ आत्मविश्वास और चालाकी के सहारे चर्चिल ने एम्री और एटली के विचारों का इस्तेमाल एक सुस्पष्ट नीति बनाने में किया जिससे अमेरिका द्वारा भारत को तुरन्त स्वशासन देने के दबाव को रोकने में मदद मिल सके और भारतीय उपमहाद्वीप में ब्रिटिश नीति को मोड़ देने, कांग्रेस को पसोपेश में डालने और लेबर पार्टी के अपने गठबन्धन के सहयोगियों को सन्तुष्ट करने में भी मदद मिल सके।

चर्चिल की इस नीति के अनुसार सर स्टेफर्ड क्रिप्स को भारत भेजने का निर्णय लिया गया। क्रिप्स युद्ध मन्त्रिमंडल में समाजवादी सदस्य थे और हाउस ऑफ कॉमन्स के लीडर थे तथा गांधीजी और नेहरू को जानते थे। 1939 में वह इलाहाबाद में नेहरू के घर में मेहमान भी रह चुके थे। एटली भी इस प्रक्रिया में शामिल किए गए थे उन्हें युद्ध मन्त्रिमंडल की 'इंडिया कमिटी' का प्रमुख बनाया गया था।

निश्चित ही न तो चर्चिल को और न ही लिओपोल्ड एम्री को क्रिप्स मिशन की सफलता की न तो उम्मीद थी और न ही इच्छा। और न ही क्रिप्स के प्रति चर्चिल को बड़ी श्रद्धा थी उन्होंने एक बार कहा था कि–"मुश्किल यह है कि उनका क्रिप्स हृदय एक पिंजरा है जिसमें दो गिलहरियाँ लड़ रही हैं–उनकी अन्तरात्मा और उनका कैरियर।"[8]

जैसा हम देखेंगे कि जब क्रिप्स असफल रहे तो चर्चिल को कतई निराशा नहीं हुई। जो प्रस्ताव लन्दन में तैयार किया गया था और सर स्टेफर्ड को भारत में प्रस्तुत करना था वह संक्षिप्त में इस प्रकार था।

युद्ध के तुरन्त बाद भारत को कॉमनवेल्थ के अन्दर और बाहर भारतीयों द्वारा स्वयं निर्मित संविधान के तहत पूर्ण स्वतन्त्रता दी जा सकती है। और अन्तरिम काल में भारतीय राजनीतिक दलों के नेताओं को वाइसरॉय की कार्यकारिणी परिषद् में प्रवेश दिया जाएगा और उन्हें युद्ध के मामलों को छोड़ जो ब्रिटेन के हाथों में रहेंगे, पर्याप्त स्वायत्तता प्रदान की जाएगी। (जो रियायतें अमेरिका को प्रभावित करेंगी) परन्तु इस सबके पीछे एक निषेध होगा। भारतीयों को स्वतन्त्रता के समय किसी भी देश, रियासत या ब्रिटिश शासित प्रान्त को प्रस्तावित भारतीय संघ से अलग रहने के अधिकार को स्वीकार करना होगा। यदि वे इसे मानते हैं तो, और दोनों प्रस्तावों को या तो पूर्णतः स्वीकार करना होगा या पूर्णतः

अस्वीकार। इसका अर्थ था कि भारतीय राजनीतिक दल यदि भारत सरकार के साथ समझौता कर शासन में शामिल होते हैं तो वे भारत के विभाजन के सिद्धान्त को मानने के लिए बाध्य होंगे।[9]

क्रिप्स के प्रस्तावों के पीछे जो विचार और रणनीति थी वह फरवरी 1942 में इंडिया कमिटी में रची गई थी। उस महीने की 21 तारीख को एम्री ने वाइसरॉय को लिखा कि "यह कहा जाता है कि अल्पसंख्यकों को ब्लैकमेलिंग के लिए 'वीटो' देकर हमने जानबूझकर सारी प्रगति रोक दी है।" इस आलोचना के बचाव में एम्री ने लिखा–'इस आलोचना से बचने के लिए एक तरीका है, प्रोवेंशियल आप्सन यानी जो प्रान्त स्वतन्त्र रहना चाहते हैं उनको यह मौका दिया जाना चाहिए। सामान्यतया अन्य ब्रिटिश शासित क्षेत्रों में यह माना गया है कि अगर कुछ प्रान्त अलग डोमिनियन बनाना चाहते हैं तो बना सकते हैं।[10] इस नीति को चर्चिल ने 26 फरवरी 1942 को स्वीकार कर लिया।[11] और 27 फरवरी को युद्ध मन्त्रिमंडल ने एटली की अध्यक्षता में मान्यता दे दी।[12] रिफॉर्मर रह चुके वी. पी. मेनन ने अपनी पुस्तक 'द ट्रांसफर ऑफ पॉवर' में लिखा है कि "प्रस्ताव भारत में अब तक जारी ब्रिटिश नीति की विदाई का सूचक था।" पहले ऐसा कभी नहीं सोचा गया था कि ब्रिटेन द्वारा शासित प्रान्तों का भारतीय संघ में प्रवेश ऐच्छिक रहेगा।[13]

इस नीति को अपनाकर ब्रिटेन प्रान्तों के इस अधिकार को स्वीकार कर रहा था कि वे देश से बाहर रह सकते हैं, वास्तव में इसने पाकिस्तान के निर्माण का रास्ता खोल दिया। इस सिद्धान्त से बाद में अंग्रेज कभी नहीं हटे। क्रिप्स के 1942 के प्रस्ताव, 1946 में कैबिनेट मिशन के प्रस्ताव और एटली द्वारा 20 फरवरी, 1947 को ब्रिटेन की वापसी की घोषणा सभी में ब्रिटेन द्वारा शासित प्रान्तों को बाहर रहने का अधिकार निरन्तर बना रहा।

लन्दन में सरकार ने फरवरी, 1942 में इस नीति को स्वेच्छा से बिना वाइसरॉय की किसी सलाह के रचा। वास्तव में वाइसरॉय का विचार, जो ऊपर बताया जा चुका है, यह था कि उस समय भारत में किसी प्रस्ताव को रखे जाने की ज़रूरत नहीं थी। इसे ध्यान में रखा जाना चाहिए क्योंकि सामान्य मान्यता यह थी कि अंग्रेजों ने प्रान्तीय विकल्प का सिद्धान्त मुस्लिम दबाव से निपटने के लिए बनाया जो कि सच नहीं था।

क्रिप्स के दिल्ली पहुँचने के पन्द्रह दिन पहले 10 मार्च, 1942 को एम्री ने लिनलिथगो को इस नवीन योजना का महत्त्व समझाया। इससे अंग्रेजों की नीति का खुलासा हो गया। जहाँ तक कांग्रेस का प्रश्न है उनकी प्रतिक्रिया तब तीव्र

हुई जब उन्हें ज्ञात हुआ कि प्रस्तावों के इस घोंसले में पाकिस्तान रूपी कोयल के अंडे हैं।[14]

क्रिप्स ने अपनी खुफिया रिपोर्ट में जिन्ना से दिल्ली में 25 मार्च, 1942 को हुई मुलाकात की प्रतिक्रिया इस तरह नोट की कि वह (जिन्ना) आश्चर्यचकित रह गए कि ब्रिटिश प्रस्ताव में पाकिस्तान के मसले पर इतना झुकाव दिखाया।[15]

यह दूसरी बात है कि हाउस ऑफ कॉमन्स में क्रिप्स मिशन पर बहस का जवाब देते हुए एम्री ने निष्कर्ष रूप में बड़े जोश से कहा कि "हमारा आदर्श एक अखंड भारत है।"

द ट्रांसफर ऑफ पॉवर में वी.पी. मेनन ने अन्तिम अध्याय में सार रूप में लिखा है कि–

> सन् 1942 में जब ब्रिटिश सरकार ने इस प्रस्ताव की घोषणा की तब इस बात की चर्चा हुई थी कि अंग्रेज भारत का विभाजन करना चाहते हैं वे मध्यपूर्व में एक प्रभावशाली क्षेत्र का निर्माण करना चाह रहे हैं और इसी नीति के चलते एक अलग देश पाकिस्तान के निर्माण की चाहत रखते हैं। यह उनकी उस नीति से जुड़ी हुई है जिसके कारण वे स्वेज नहर और फारस की खाड़ी में हार्मूज की पट्टी को रूसी प्रभाव में जाने से बचाना चाहते हैं और साथ ही ईरान, इराक और अरब देशों में तेल के कारण उनके नए पर तेजी से बढ़ते हितों से भी सम्बन्ध रखती है। इसके अलावा जो ईरान, इराक तथा अरेबिया में तेल के कुएँ हैं और जिसके नियन्त्रण करने में उनका बड़ा हित है, रूस से बचाना चाहते हैं।[16]

चर्चिल के गणित में सामरिक मुद्दे इसी समय शामिल हुए या थोड़ी बाद में– निश्चित नहीं कहा जा सकता किन्तु प्रमाण बताते हैं कि 1945 के आस-पास ब्रिटेन की भारत सम्बन्धी नीति में रक्षा सर्वोच्च मुद्दा बन चुका था।

इससे पहले कि चर्चिल क्रिप्स को भारत सम्बन्धी प्रस्ताव लेकर यहाँ भेजते, राष्ट्रपति रूजवेल्ट भारतीय मामलों में बीच में आ गए। चीन के जनरल च्यांग काइशेक ने अपनी हाल की भारत यात्रा के पश्चात् 25 फरवरी, 1942 को रूजवेल्ट को तार भेजकर यह बताया कि वे इस निष्कर्ष पर पहुँचे हैं कि "यदि ब्रिटिश सरकार भारत के प्रति अपनी नीति को बुनियादी रूप से नहीं बदलती हैं तो यह भारत को शत्रु के सम्मुख पेश कर देने जैसा होगा। यदि जापानियों को भारत की वास्तविक स्थिति ज्ञात हो जाए और वे भारत पर आक्रमण कर दें तो उनका सचमुच में कोई विरोध नहीं होगा।" च्यांग काइशेक ने इसके बाद मलाया में ब्रिटेन की बदइन्तजामी का जिक्र करते हुए कहा कि "ब्रिटेन को स्वेच्छा से भारतीयों को

वास्तविक सत्ता सौंप देनी चाहिए और भारत में अलग-अलग पार्टियों को असमंजस पैदा नहीं करने देना चाहिए।"[17]

उसी दिन रूजवेल्ट ने लन्दन स्थित अमेरिकी राजदूत जॉन वायनांट को तार भेजकर कहा कि "भारत की स्थिति को लेकर वह काफी चिन्तित हैं क्योंकि आगे बढ़ती जापानी फौजों के मुकाबले ब्रिटिश प्रतिरक्षा को भारत के ही लोगों द्वारा उत्साहपूर्वक समर्थन नहीं मिलेगा।"[18]

उसके बाद उन्होंने राजदूत को निम्नलिखित निर्देश दिए–

> क्या आप या एवरिल हैरीमन (लन्दन में अमेरिकी राष्ट्रपति के विशेष प्रतिनिधि) या दोनों मुझे यह जानकारी देंगे कि भारत और ब्रिटेन के मध्य नवीन सम्बन्धों के बारे में प्रधानमन्त्री (चर्चिल) क्या सोचते हैं। मैं उन्हें सीधे लिखने में झिझक रहा हूँ क्योंकि यह हमारा दायित्व नहीं है। फिर भी युद्ध के संचालन की दृष्टि से यह मुद्दा हमारे लिए महत्त्वपूर्ण है।[19]

इस मुद्दे पर वाशिंगटन में भी काफी गर्मागर्मी थी। इससे पहले इस महीने में राष्ट्रपति रूजवेल्ट ने भारत में युद्ध उत्पादन बढ़ाने के प्रयासों के लिए एक आर्थिक और युद्ध सप्लाई मिशन कर्नल लुई जॉनसन के नेतृत्व में भेजने का निश्चय किया था। कर्नल जॉनसन पूर्व में युद्ध विभाग के सहायक सचिव रह चुके थे और भारत में बतौर राष्ट्रपति के व्यक्तिगत प्रतिनिधि के तौर पर भेजे जाने थे। अमेरिकियों को यह भय था कि "ब्रिटिश सरकार को यह समझा पाना आसान नहीं होगा कि भारत को रक्षा उत्पादों के मामले में आत्मनिर्भर बनाना चाहिए क्योंकि युद्ध के पश्चात् ब्रिटेन को भारत का बाजार खो देने की आशंका है। स्टेट डिपार्टमेंट ने यह सलाह दी थी : "हमें एक बार फिर इंग्लैण्ड से भारत से सम्बन्धित नीति पर घोषणा की आवश्यकता पर बात करनी चाहिए। ऐसा लगता है कि तर्कसंगत बात तो यह होगी कि चर्चिल लन्दन में यह घोषणा करें कि ब्रिटेन की योजना के अनुसार यह सोचा गया है कि भारत को संयुक्त राष्ट्र का पूर्ण सदस्य बनाया जाए और पूर्व निर्धारित व्यवस्था के तहत अमेरिकी राष्ट्रपति के माध्यम से तुरन्त और गर्मजोशी से इस कदम का स्वागत करें।"

इस अनुशंसा की प्रस्तावना में स्टेट डिपार्टमेंट ने लिखा कि "सेक्रेटरी ऑफ स्टेट कॉर्डेल हल ने 1941 में ब्रिटिश सरकार से भारत की स्वतन्त्र होने की इच्छा और ब्रिटेन समर्थक राष्ट्रों की सदस्यता लेने तथा राष्ट्रपति की इन सामान्य नीतियों पर समर्थन जताने के मुद्दों पर दो बार बातचीत की है।" और इन हालात में ऐसा कोई भी कार्यक्रम (जैसे लुई जॉनसन मिशन में सोचा गया है) ज्यादा सफल नहीं हो सकता। जब तक राजनीतिक स्थिति को बड़ी सक्षमता से संचालित नहीं किया जाए।[20]

इसी समय वाशिंगटन को भी लन्दन स्थित उनके राजदूत से सन्देश मिला कि ब्रिटिश मन्त्रिमंडल में भारत के प्रश्न पर भारी विभाजन है। परन्तु भारत के सम्बन्ध में रूजवेल्ट के ऊपर सबसे बड़ा दबाव था कि वो ब्रिटेन के साथ भारत के सम्बन्ध में कुछ करें। यह दबाव अमेरिकन सीनेट की विदेश सम्बन्धित समिति से था। इस समिति में ऐसे प्रबल सीनेटर्स थे जैसे कि कौनली, वेंडन वर्ग, ग्रीन और डीवी लाफोलेट इन सेनेटरों ने यह विचार रखा था कि मित्र राष्ट्रों को भारत व चीन की जनशक्ति का सेना के लिए पूरी तरह उपयोग करना चाहिए और यह भी कि भारतीय पूरे मनोयोग से नहीं लड़ेंगे यदि वे समझेंगे कि भारत में इंग्लैण्ड की प्रभुता और लम्बी खिंच जाएगी।[21] इस समिति में यह भावना थी कि लैंड लीज के द्वारा अमेरिका ने इंग्लैण्ड के लिए इतना किया कि अब ब्रिटिश साम्राज्य के बारे में परामर्श दे सकते हैं। और भारत के लिए स्वायत्तता की माँग कर सकते हैं।

12 मार्च, 1942 को रूजवेल्ट ने वाशिंगटन में इंडियन एजेंट जनरल सर गिरिजाशंकर वाजपेयी को बुलाकर उनसे अपनी भारत नीति स्पष्ट की। उन्होंने कहा कि भारत को नवीन विचारों की प्रेरणा की ज़रूरत है, भारत में स्वशासन गलती करो, सीखो, प्रक्रिया से उभरना चाहिए। भारत की स्वतन्त्रता की तिथि तय होनी चाहिए और ब्रिटेन व अमेरिका को युद्ध के पश्चात् एशिया में चीन व भारत का समर्थन करना चाहिए।[22]

चर्चिल के पास रूजवेल्ट का ऊपर लिखा सन्देश एवरिल हैरिमन द्वारा पेश किया गया। ये एक बुद्धिमान बना ठना, आकर्षक करोड़पति था और जिसने देश की सेवा के लिए अपना व्यवसाय और पोलो दोनों छोड़कर कई अमेरिकी राष्ट्रपतियों के लिए ढेर सारे कठिन कार्य सम्पादित किए थे। अब जो काम इस व्यक्ति को रूजवेल्ट द्वारा सम्पन्न करने के लिए दिया गया था उसके अनुसार अब तक उसे सौंपे गए कामों में सबसे अधिक चुनौतीपूर्ण था। चर्चिल के भारत सम्बन्धी तीव्र विचारों को वह भली प्रकार जानता था।

हैरीमन का विवाह बाद में चर्चिल के पुत्र रानडाल्फ की पत्नी पामेला चर्चिल से हुआ था और हैरीमन को जब वह चुनौती सौंपी गई तब लॉर्ड बीवरलुक ने यह टिप्पणी की थी कि यह ब्रिटेन का बड़ा सौभाग्य है कि रूजवेल्ट का व्यक्तिगत प्रतिनिधि जिस पर ब्रिटेन को सुरक्षित रखने का भार है, वह प्रधानमन्त्री की पुत्रवधू के साथ सोता है।[23]

26 फरवरी, 1942 को हैरिमन ने यह विषय चर्चिल के समक्ष छेड़ा तो प्रधानमन्त्री ने तुरन्त उत्तर दिया कि भारत के सम्बन्ध में जो राजनीतिक पहल

करने की योजना वह बना रहे हैं, उस सम्बन्ध में मन्त्रिमंडल में उसी दिन चर्चा होनी है। और इसके बाद उन्होंने अपने कूटनीतिक अभियान का पहला गोला दागा और निम्नलिखित सूचना हैरीमन को दी जिसे हैरीमन ने उसी दिन टेलीग्राम से रूजवेल्ट तक पहुँचा दिया। करीब 75 परसेंट फौज मुस्लिम है,...भारत में मुसलमानों की आबादी दस करोड़ से ज्यादा है। भारत के लड़ने वाले लोग ज्यादातर उत्तर के प्रदेशों से है जो कांग्रेस के आन्दोलन के विरोधी हैं। मध्य व दक्षिण के निचले भागों की आबादी वालों में न तो शक्ति है न वे लड़ने लायक हैं। इस कारण प्रधानमन्त्री ऐसा कोई कदम नहीं उठाएँगे जो मुसलमानों को अलग-थलग कर दे। हमारे पास भारत में लड़ने के लिए इच्छुक काफी जनशक्ति है। समस्या ट्रेनिंग देने और साजोसामान से लैस करने की है।[24]

तथ्य वास्तव में यह था कि भारतीय फौजों में सिर्फ 35 परसेंट ही मुसलमान थे (जैसा भारत में कमांडर-इन-चीफ वेवल ने उसी हफ्ते लन्दन टेलीग्राम किया था) पर फिर जैसे कि चर्चिल ने किसी और सन्दर्भ में रूजवेल्ट से कहा था युद्ध में सत्य को कभी-कभी झूठ का सहारा भी लेना पड़ता है।[25] प्रधानमन्त्री ने हैरीमन से विचार-विमर्श के बाद 4 मार्च को रूजवेल्ट को एक लम्बा टेलीग्राम दिया–

> हम इस पर गम्भीरतापूर्वक विचार कर रहे हैं कि इस संकटपूर्ण स्थिति में युद्ध के बाद औपनिवेशिक स्वतन्त्रता की घोषणा के साथ हमसे अलग रहने के अधिकार की भी घोषणा इस समय की जानी चाहिए। हमें किसी भी शर्त पर मुसलमानों से सम्बन्ध खराब नहीं करने है, जो दस करोड़ हैं और सेना के महत्त्वपूर्ण हिस्सा होने के कारण इस समय युद्ध में हम उन पर निर्भर हैं। हमें 4 करोड़ अछूतों (दलितों) के प्रति भी अपने कर्तव्य को ध्यान में रखना है और करीब आठ करोड़ आबादी वाली रियासतों से हमारी सन्धियों का भी हमें ध्यान रखना होगा। वास्तव में आक्रमण की सम्भावना के समय हम भारत को अराजकता में नही ढकेलना चाहते।[26] इस तरह उन्होंने दूसरा गोला दागा।

इसके साथ उन्होंने इंडिया ऑफिस के सैन्य सचिव का यह ज्ञापन भी साथ में संलग्न कर दिया जिसमें कहा गया था–

> भारतीय सैनिक स्वेच्छा से भाड़े के सैनिक है। उन्हें अपने व्यवसाय पर गर्व है जिसमें सबसे प्रमुख तत्त्व व्यक्तिगत तौर पर ब्रिटिश अधिकारियों और ब्रिटिश राज के प्रति आम वफादारी है। जिन परिस्थितियों अथवा शासन की वजह से उन्होंने नौकरियाँ स्वीकार की हैं उसमें बुनियादी तौर पर किसी भी परिवर्तन का संकेत जो उनके भौतिक संभावनाओं या ब्रिटिश ताज के अधीन

उनके सैनिक होने की पहचान को प्रभावित करे, उसके ऊपर विपरीत प्रभाव होगा।[27]

अमेरिकियों को मुसलमानों की भावनाएँ दिखाने के लिए उन्होंने जिन्ना द्वारा लिखा गया एक नोट संलग्न किया जिसमें लिखा गया था–

> एक हिन्दू अखिल भारतीय शासन (अर्थात् बहुमत वाले कांग्रेस शासन) को सत्ता का तुरन्त वास्तविक हस्तान्तरण व्यावहारिक दूरगामी संवैधानिक मुद्दों को तय कर देगा जो ब्रिटिश सरकार द्वारा 8 अगस्त 1940 की घोषणा में मुसलमानों और अन्य अल्पसंख्यकों को दिए गए इस वचन को भंग करना होगा जिसके अनुसार बिना मुसलमानों के दावों, जो उनके धार्मिक विश्वास हैं, को भी खत्म कर देगा।[28]

इसी के बाद चर्चिल ने रूजवेल्ट को 7 मार्च को एक और टेलीग्राम भी भेजा ये उनकी तोप का तीसरा गोला था, "हम अभी से प्रयास कर रहे हैं कि कोई शान्तिकारक और उत्साहवर्द्धक उपाय ढूँढें किन्तु मुझे बहुत सावधान रहना होगा कि हम उस क्षण में जबकि चीजें तेजी से बदल रही हों ब्रिटिश शासन राजनीति को बाधा न पहुँचाएँ।" और इसी में पंजाब के गवर्नर के वाइसरॉय को बताए विचारों को सार रूप में जोड़ दिया, "मुसलमानों और जिम्मेदार वर्ग का यह दृढ़ विचार है कि जब तक मुसलमानों को स्वीकार्य संविधान नहीं बन जाता तब तक ब्रिटेन को यहाँ की कमान थामे रखना चाहिए। वे ऐसे किसी भी संविधान के प्रति निश्चित ही चिन्तित होंगे जो हिन्दुओं के हाथ में सत्ता सौंप दे, जिन पर वे पहले ही जापान समर्थक होने की शंका करते हैं। इस कारण वे युद्ध लड़ने में भड़केंगे और शायद किसी दूसरी ओर झुक जायेंगे।"[29]

परन्तु चर्चिल राष्ट्रपति रूजवेल्ट को आश्वस्त नहीं कर पाए। 10 मार्च 1942 को उन्होंने चर्चिल को तार भेजा–निश्चित ही आप लोग मुझसे ज्यादा इस समस्या के बारे में जानते हैं, और उसके बाद विस्तारपूर्वक लिखा कि किस तरह 1775 से 1783 के मध्य अमेरिकी स्वतन्त्रता संग्राम के दौरान 13 अमेरिकी उपनिवेश संघ बनाने पर सहमति से पहले किसी तरह की प्रयोगों और गलतियों की प्रक्रिया से गुजरे। उन्होंने सुझाव दिया कि भारत के विभिन्न गुटों को युद्ध की समाप्ति पर एक वर्ष एक अस्थायी औपनिवेशिक सरकार बनाने दें। बाद में इसी संस्था को युद्ध समाप्ति के बाद में अधिक स्थायी सरकार का भार सौंपने पर विचार किया जा सकता है। रूजवेल्ट ने यह भी जोड़ा कि ऐसा कदम पिछले पचास वर्षों में दुनिया में हुए परिवर्तनों के मुताबिक होगा। और उन सभी उस लोकतांत्रिक प्रक्रिया के अनुसार भी जो नाजियों से लड़ रहे हैं। उन्होंने अपने सन्देश का अन्त

यह कहते हुए किया–सच पूछिए तो सिवाए इसके कि यह उस सफल लड़ाई का ही एक हिस्सा है जिसमें जिसमें आप और मैं लगे हुए हैं। मेरा इसमें और कोई लेना-देना नहीं है।[30]

इसी मध्य स्टेट डिपार्टमेंट ने सेक्रेटरी ऑफ स्टेट कॉर्डेल हल को सलाह दी गांधीजी का शान्तिवादी प्रभाव मन्दा पड़ चुका है और कांग्रेस पार्टी को युद्ध में शामिल होने के लिए मनाया जा सकता है। पार्टी के कई सदस्य सत्याग्रह (व्यक्तिगत अहिंसा) आन्दोलन को अप्रभावी और अव्यावहारिक मानते है और इसके प्रति विरोध बढ़ता जा रहा है। प्रकट रूप से गांधीजी यह जान चुके हैं कि वह विरोध को रोक नहीं पाएँगे। परन्तु उनकी अहिंसा का सिद्धान्त उन्हें युद्ध में सहयोग की नीति में शामिल होने की अनुमति नहीं देता। इस कारण पार्टी से उन्होंने सक्रिय नेतृत्व को छोड़ने की घोषणा कर दी और नेहरू को अपना वैध उत्तराधिकारी नियुक्त किया।[31]

सर स्टेफर्ड क्रिप्स 22 मार्च को दिल्ली पहुँचे और 30 मार्च को उन्होंने अपना प्रस्ताव रखा। मुझे भली प्रकार याद है, स्कूल में मैंने शाम की खबरों में सर स्टैफर्ड का आल इंडिया रेडियो पर प्रसारण सुना। मैं उनके प्रसारणों में एक शब्द सुनकर चौंक गया। उन्होंने जो शब्द इस्तेमाल किए वह थे–Peoples of India मैंने इससे पहले न कभी सुना या सोचा था कि भारत के लोगों को बहुवचन के रूप में संबोधित किया गया हो और इसी सिद्धान्त को लागू करने के मुद्दे पर कि भारत में एक से अधिक देश हैं, क्रिप्स का यह प्रस्ताव अटक गया।

अमेरिकी उच्चायोग के कार्यवाहक अधिकारी जॉर्ज मैरेल ने दिल्ली में इस समस्या को समझ लिया और अपने सेक्रेटरी ऑफ स्टेट को 2 अप्रैल 1942 को टेलीग्राम भेजा –

> कांग्रेस इस आधार पर इस योजना का विरोधी करेगी कि इसमें अनावश्यक रूप से देश के विभाजन की आशंका प्रकट की गई है। इस प्रस्ताव में सिर्फ औपनिवेशिक राज्य और संविधान सभा के गठन का वचन होना चाहिए बाकी विस्तृत बातें भारतीय नेताओं को स्वयं सुलझाने के लिए छोड़ देनी चाहिए।[32]

उसी दिन वाशिंगटन में भारत के एजेंट जनरल सर गिरिजाशंकर वाजपेयी ने वाइसरॉय को सावधान किया कि अमरीकन राष्ट्रपति ने मुझे बुलाया था। मि. रूजवेल्ट सोच रहे हैं कि तत्काल संघ गठन सम्बन्धी यह ब्रिटिश योजना पर्याप्त नहीं है।[33]

एच. वी. हॉडसन जो उस समय रिफॉर्म कमिशनर थे और वाइसरॉय के संवैधानिक मामलों में प्रमुख सलाहकार थे, ने अपने संस्मरणों में लिखा है कि क्रिप्स

के भारत रवाना होने से पहले लिनलिथगो ने उनकी सलाह पर प्रान्तीय विकल्प के इस विचार पर सख्ती से आपत्ति प्रकट की थी। हॉडसन के अनुसार प्रस्ताव की इस धारा में चूँकि हिन्दू बहुल प्रान्तों में मुसलमानों की रक्षा की और पाकिस्तान की स्वीकृति को देखते हुए मुस्लिम बहुल प्रान्तों में खास तौर पर पंजाब में अल्पसंख्यक सिखों की रक्षा की कोई व्यवस्था न होने के कारण बड़ा विनाशकारी प्रभाव पड़ेगा। वाइसरॉय पंजाब की यथास्थिति में कोई गड़बड़ी नहीं चाहते थे। जहाँ से 50 परसेंट सैनिक भर्ती होते थे। हॉडसन ने याद करते हुए लिखा है–इस मुद्दे पर ब्रिटिश मन्त्रियों में भयंकर विवाद था जिससे युद्ध मन्त्रिमंडल में दरार का खतरा हो गया था किन्तु चर्चिल और पाकिस्तान के समर्थक सफल हो गए और एकमुश्त प्रस्ताव (जिसमें प्रान्तों का विकल्प था) को बदलने का सवाल ठुकरा दिया गया।[34]

6 अप्रैल को जब क्रिप्स भारत में ही थे, पूर्वी तट पर तत्कालीन मद्रास प्रान्त के विशाखापट्टनम और काकीनाडा पर पहले जापानी बम गिरे। उस समय कहा जाता है कि पूरे भारत में सिर्फ 8 विमानरोधी तोपें थी और आक्रमण का सामना करने के लिए एक भी विमान नहीं था। जापानियों ने अब बंगाल की खाड़ी पर पूर्ण नियन्त्रण कर लिया था और वे ब्रिटिश जहाजों को बड़ी मात्रा में डुबो चुके थे। बर्मा से ब्रिटिश फौजें दुर्गम जंगलों और पहाड़ों के मध्य से उत्तर-पूर्वी भारत में वापस लौट रही थीं। मलाया और बर्मा में दोनों जगह ब्रिटिश फौजें जापानियों का प्रतिरोध प्रभावी रूप से नहीं कर पाई। इस कारण ब्रिटेन भारत को बचा पाएगा, इसमें कोई विश्वास नहीं रह गया था।

कर्नल लुई जॉनसन अब तक नई दिल्ली पहुँच गए और पूर्ण तरह से विशिष्ट वार्तालापों में खुद को झोंक दिया। इनका नेहरू पर तत्काल प्रभाव पड़ा। कर्नल ने प्रश्न रखा कि उनके प्रान्तीय विकल्प का जो मुद्दा लम्बे समय से चला आ रहा है उसे अनदेखा कर दें और युद्ध में मित्र राष्ट्रों के पक्ष में शामिल हो जाएँ। यह मुद्दा युद्ध के बाद तय होगा। कांग्रेस को बातचीत के लिए सहमत कराने के लिए क्रिप्स जी-तोड़ कोशिश कर रहे थे और वह इस बात पर राजी हो गए कि कांग्रेस के समक्ष तत्काल मन्त्रिमंडल प्रकार की वाइसरॉय के सीमित अधिकारों वाली सरकार के गठन का प्रस्ताव रखा जाए यद्यपि यह रियायत देना उन्हें दिए गए निर्देशों से बाहर था।

प्रतिरक्षा पर नियन्त्रण के मामले में नेहरू के साथ एक समझौता सम्पन्न हुआ। समझौते के अनुसार नए मन्त्रिमंडल का गठन किया जाए जिसमें उन्हें पूर्ण अधिकार मिल जाएँगे परन्तु सुरक्षा के मामले में अधिकार जब तक लड़ाई चलेगी

ब्रिटिश कमाण्डर इन चीफ के हाथ में रहेंगे। इस प्रस्ताव को नेहरू ने स्वीकार कर लिया। इस पर लिनलिथगो ने चर्चिल को तार देकर शिकायत की कि नेहरू, क्रिप्स और जॉनसन की सहमति के साथ उनके (लिनलिथगो) वीटोपॉवर, जिससे वो अन्तरिम सरकार के निर्णयों को नकार सकते हैं, समाप्त करने का प्रयास कर रहे हैं। यदि उनके वीटोपॉवर समाप्त हो गए तो उसका अर्थ होगा सत्ता का भारतीयों के हाथ में हस्तान्तरण और भारत के मामलों में ब्रिटेन का नियन्त्रण खोना। ऐसे प्रस्ताव के विरुद्ध चर्चिल ने सख्त रवैया अपनाया। चर्चिल ने 10 अप्रैल को क्रिप्स को तार भेजकर लिखा कि कांग्रेस के साथ किसी समझौते की आपकी इच्छा सहज है किन्तु यह बात आपको सौंपे गए अधिकारों से हटकर है।[35]

वास्तव में चूकि कार्यपरिषद् में वाइसरॉय की निषेधाधिकार शक्तियों को ब्रिटेन की संसद द्वारा पारित एक कानून के तहत लाया गया था इसलिए संसद की अनुमति के बिना इन शक्तियों में परिवर्तन नहीं किया जा सकता था। निश्चित ही इसका उपयोग न करना भले आदमी की इच्छा अर्थात् वाइसरॉय की रजामन्दी पर निर्भर था कि वह सिद्धान्त प्राप्त इस शक्ति का उपयोग करे या न करे। इस मुद्दे का निराकरण हो सकता था यदि वे औपचारिक रूप से यह मान लें कि युद्ध के अलावा किसी और मामले में दखल नहीं देंगे पर लिनलिथगो अपने पॉवर छोड़ने के बिलकुल खिलाफ थे इसलिए क्रिप्स, जॉनसन और नेहरू के बीच जो बातचीत हुई थी उस कोई अमल नहीं हो सका।

क्रिप्स के अनुरोध पर कांग्रेस पार्टी ने इस बात पर सहमति जताई थी कि जब तक राष्ट्रीय सरकार के गठन के मुद्दे पर बात जारी है जब तक प्रान्तीय विकल्प या इस प्रस्ताव के दूरगामी सुझावों के सम्बन्ध में वे अपने विरोध को सार्वजनिक नहीं करेगें। किन्तु जब 11 अप्रैल, को क्रिप्स का प्रस्ताव फेल हो गया और क्रिप्स यकायक दिल्ली छोड़कर लन्दन चले गए तब कांग्रेस ने ब्रिटेन के दूरगामी और निकटस्थ सुझावों के विरुद्ध अपने विरोध को सार्वजनिक कर दिया।

कांग्रेस पार्टी ने अपने प्रस्तावों में क्रिप्स के प्रस्ताव का विरोध करते हुए कहा कि प्रान्त को भारतीय संघ में शामिल होने या न होने के सिद्धान्त को पहले ही मान लेना, भारतीय एकता के लिए एक गम्भीर धक्का है।[36]

हालाँकि इसी प्रस्ताव में यह भी कहा कि कांग्रेस कमेटी किसी भी क्षेत्र की जनता को उनकी जाहिर और दृढ़ इच्छा के विरुद्ध भारत के संघ में शामिल होने के लिए विवश नहीं कर सकती। मेहरचन्द खन्ना के अनुसार उत्तर-पश्चिम सीमा प्रान्त के गवर्नर सर जॉर्ज कनिंघम ने वाइसरॉय को चेताया, "क्रिप्स के प्रस्तावों में कांग्रेस को जो खास आपत्तियाँ हैं वे उसमें निहित पाकिस्तानी तथ्यों से हैं।

हालाँकि कांग्रेस इन तथ्यों को ज्यादा नहीं ला सकती जब तक कि वह पूर्व में प्रचारित आत्मनिर्णय के अधिकार की बात को निरर्थक सिद्ध न कर दे।[37]उस समय कहा गया था कि चूँकि कांग्रेस पार्टी आत्मनिर्णय के अधिकार पर इतना जोर देती रही थी अब ऐसा प्रभाव नहीं डालना चाहती थी कि वह उससे मुकर रही है। परन्तु कांग्रेस पार्टी का मानना था कि भारत अखंड है, उसके भाग नहीं किए जा सकते और एक देश के विभिन्न प्रान्तों में आत्मनिर्णय के अधिकार लागू भी नहीं होते तो भारत की अखंडता पर सन्देह क्यों? इसी तरह अन्य मौकों पर भी कांग्रेस ने अपने बिखरे विचारों का परिचय दिया जो कांग्रेस के गले की हड्डी बने। कांग्रेसी नेताओं के ऐसे विरोधाभासी विचारों से जिन्ना के वक्तव्य बिलकुल भिन्न थे जो एक ही तरह के तर्कों पर टिके हुए थे। उनके तर्क कमजोर होने के बावजूद जिन्ना की स्थिति के ताकतवर होने का आभास देते थे।

हॉडसन के अनुसार क्रिप्स के प्रस्तावों को मन्त्रिमंडल में संकट उत्पन्न होने से बचाने के लिए स्वीकार किया गया था। पर सभी मन्त्री इसका अनुमोदन नहीं करते थे। कुछ के लिए यह बुनियादी तौर पर अमेरिका को सन्तुष्ट करने के लिए जनसम्पर्क प्रक्रिया थी जबकि अंग्रेजों के एक वर्ग और उदारवादी भारतीयों के विचार में यह कुल मिलाकर कांग्रेस तथा अन्य पार्टियों को सरकार में मिलाकर लड़ाई में शामिल करने का प्रयास था। जब चर्चिल को इस वार्ता के टूटने का समाचार मिला तब चेकर्स में उन्होंने अपने मेहमानों के सामने घड़ियाली आँसू बहाने का नाटक किया परन्तु अपनी खुशी को छिपाने का भी उन्होंने कोई खास प्रयास नहीं किया।[38]

लिओ एम्री ने क्रिप्स की असफलता सम्बन्धी अपनी प्रतिक्रिया को लिनलिथगो से इन शब्दों में संक्षिप्त रूप से प्रकट किया। जहाँ तक भारत के बाहर इसके प्रभावों के सम्बन्ध की बात है तो वह अच्छे के लिए ही जान पड़ती है। पहली बार अमेरिका भारत के मामलों की जटिलताओं के बारे में कुछ समझ सकेगा, कांग्रेस के नेताओं के दुराग्रह और जिम्मेदारी से बचने का उनका दबा-छिपा इनकार भी जाहिर हो जाएगा। उन्होंने आगे लिखा—यह प्रस्ताव खत्म हो गया इस कारण बड़ी राहत मिली।[39] क्रिप्स के प्रयासों के असफल होने पर टिप्पणियों की बाढ़ आ गई परन्तु सबसे रोचक लिनलिथगो की जायदाद के उवलदार की थी—क्रिप्स की गुस्ताखी देखें कि वह पन्द्रह दिन में वह कर लेगा जो हमारे लॉर्ड साहब छह वर्षों में भी नहीं कर पाए।[40]

चर्चिल ने रूजवेल्ट को क्रिप्स की असफलता के बारे में 11 अप्रैल को सूचना दी। मैं पूरी तरह सन्तुष्ट हूँ कि हमने भरसक प्रयास किए। इसी के साथ क्रिप्स

का उसके द्वारा भेजा गया एक टेलीग्राम भी संलग्न था जिसमें उसने लिखा कि इस घटना का प्रभाव ब्रिटेन में व अमेरिका में पूरी तरह फायदेमन्द हुआ है। वार्ता मोटे-मोटे मुद्दे पर भंग हुई है और रक्षा सम्बन्धी मामलों में नहीं उलझी, यह हमारे लिए बड़ा लाभकारी है इसने भारत के लोगों के भविष्य की प्रगति की बुनियाद डाल दी।[41]

रूजवेल्ट ने उसी दिन चर्चिल को जवाब भेजा–

'मुझे अफसोस है कि मैं आपके इस विचार से सहमत नहीं हूँ कि अमेरिका का जनमत इस बात पर यकीन करता है कि बातचीत मोटी सामान्य शर्तों पर असफल हुई है। यहाँ पर सामान्य धारणा बिलकुल विपरीत है। आम तौर पर सभी मानते हैं कि बातचीत में यह गतिरोध ब्रिटेन की भारतीयों को आत्मनिर्णय का अधिकार न सौंपने की अनिच्छा के कारण हुआ इसके कारण नहीं कि युद्ध सम्बन्धी मामले ब्रिटेन के अधिकार से अलग कर दिए जाएँ। अमेरिकी जनमत यह नहीं समझ पा रहा कि यदि ब्रिटिश शासन इस बात के लिए तैयार है कि युद्ध के पश्चात् भारत के संघटक राज्यों को ब्रिटिश साम्राज्य से अलग होने की इजाजत दी जाएगी तब वह युद्ध के दौरान इन्हें स्व-शासन के समकक्ष स्वतन्त्रता का उपभोग क्यों नहीं करने दे रहा?'

मैं आपके समक्ष इस मुद्दे को साफ तौर पर बता रहा हूँ...जैसा अमेरिका के लोगों को बताया गया कि बातचीत को असफल होने दिया गया तो अगर जापान भारत पर सफलतापूर्वक आक्रमण करे और हमारी सेना व नौसेना की हार हो जाए इसका अमेरिकी जनता पर बड़ा खराब प्रभाव पड़ेगा।

क्या यह सम्भव नहीं है कि क्रिप्स अपनी वापसी को इस आधार पर लम्बित कर दें कि आपने उन्हें एक सामान्य सहमति का आधार तैयार करने के अन्तिम प्रयास के लिए व्यक्तिगत तौर पर निर्देश भेजे हैं।[42]

इस सन्देश के बाद चर्चिल अपनी बात पर दृढ़ता से अड़े रहे। अगले दिन उन्होंने जो उत्तर रूजवेल्ट को भेजा वह इस प्रकार था–आप जानते हैं कि आप जो भी बात मुझे कहते हैं, मैं उसको कितनी तवज्जो देता हूँ। मैं भारत की रक्षा की जिम्मेदारी नहीं उठा सकता हूँ यदि इस विकट मोड़ पर सभी बातों को फिर से नए सिरे से शुरू करना पड़ा।[43] साथ ही उन्होंने यह भी बताया कि क्रिप्स भारत से रवाना हो चुके हैं।

यह सारी बातचीत ठीक उस समय हुई जब जनरल मार्शल चर्चिल से यूरोप पर आक्रमण की आंग्ल अमेरिकी योजना पर विचार विमर्श के लिए लन्दन पहुँचने ही वाले थे। इस योजना में अमेरिकी चाहते थे कि इंग्लिश चैनल के उस तरफ

यूरोप पर हमला किया जाए परन्तु चर्चिल की इच्छा उत्तरी अफ्रीका पर पहले आक्रमण की थी। जब इतने महत्त्वपूर्ण मुद्दे सामने थे तब ऐसे समय में रूजवेल्ट ने चर्चिल पर भारत के मुद्दे पर और दबाव डालना उचित नहीं समझा।

क्रिप्स मिशन के दौरान नई दिल्ली में कर्नल लुई जॉनसन की उपस्थिति के कारण राष्ट्रपति रूजवेल्ट को घटनाओं की जानकारी देने के लिए विश्वसनीय सूचना स्रोत मिल गया था। इस कारण उनके तथा कॉर्डेल हल के दिमाग में यह शंका उत्पन्न हुई कि चर्चिल वास्तव में क्रिप्स मिशन की सफलता चाहते भी थे या नहीं?

चार अप्रैल को जॉनसन ने हल को तार भेजा जिसमें लिखा था—जब तक राष्ट्रपति (रूजवेल्ट) चर्चिल के साथ मध्यस्थता कर सकते हैं, तब तक क्रिप्स मिशन का असफल होना तय दिखता है। साथ ही यह भी जोड़ा कि क्रिप्स भी यही सोचते हैं।[44] और जब 11 अप्रैल को वार्ता भंग हो गई तब उन्होंने फिर तार भेजा। क्रिप्स ने काफी झिझकते हुए मुझे कहा कि मैं चर्चिल की सहमति के बिना मसौदे (ब्रिटिश प्रस्तावों को) बदल नहीं सकता। साथ ही यह लिखा कि चर्चिल ने उन्हें (क्रिप्स को) तार भेजकर सूचित किया कि (चर्चिल) मसौदे में तब तक कोई परिवर्तन नहीं करेंगे जब तक कि वेवल कमांडर इन चीफ ऑफ इंडिया और वाइसरॉय उसकी पुष्टि न करें। जॉनसन ने यह भी कहा कि लन्दन चाहता था कि कांग्रेस की ओर से नामंजूरी आए।[45]

जॉनसन ने वाशिंगटन को अन्य मामलों पर अपनी धारणा प्रेषित की। उन्हें लगा यहाँ राजनीतिक और औद्योगिक वातावरण जितना मुझे बताया गया था उससे ज्यादा मुश्किल है और कि भारत के उद्योगपति युद्ध उत्पादन को ढाई गुना बढ़ा सकते हैं। चीन भारतीय उत्पादों को खरीदने को तैयार है। ब्रिटिश अधिकारी और दस या बारह ब्रिटिश उद्योगपति जो लन्दन में भारत सम्बन्धी नीति को प्रभावित करते हैं, इसके खिलाफ हैं। उन्होंने यह भी रिपोर्ट किया कि 'मुस्लिम लीग का इस्तेमाल अंग्रेज कांग्रेस के खिलाफ कर रहे हैं। और वेवल नेहरू से घृणा करते हैं और उन पर विश्वास नहीं करते हैं।'[46] चर्चिल ने जॉनसन को किस तरह भारत से उनके पद से हटाया इसका जिक्र आगे किया गया है।

अमेरिकी प्रशासन को रिपोर्ट दी गई कि जॉनसन जो कह रहे थे वह लुई फिशर और एडगर स्नो के जो अमेरिकन शासन को रिपोर्ट कर रहे थे उसकी पुष्टि करना था। स्नो, जो चीन सम्बन्धी मामलों के विशेषज्ञ के रूप में जाने जाते थे (रेड स्टार ओवर चाइना के लेखक) सन् 1931 से निरन्तर भारत आते रहे थे। राष्ट्रपति रूजवेल्ट फरवरी, 1942 में स्नो से मिले और उन्हें भारत में युद्ध

संवाददाता के बतौर जाने के लिए प्रेरित किया और कहा जब भी कोई रुचिकर बात लगे उसे उनको लिखें और नेहरू से कहना कि मुझे पत्र लिखे और भारत के लिए ठीक वह क्या करना चाह रहे हैं, यह बताएँ।[47]

फिशर ने जून, 1942 में गांधीजी के साथ सेवाग्राम में एक हफ्ता बिताया। उनकी पुस्तक 'द ग्रेट चैलेंज' में इस यात्रा का विवरण है।

इस बीच अंग्रेज रूजवेल्ट के साथ पूरी कोशिश में जुटे थे कि ब्रिटेन की पहले की असफलता का पूरा दोष भारतीय नेताओं पर डाला जाए और अमरीका में यह बात फैलाई जाए कि स्वशासन के मुद्दे पर हो रही देर, ब्रिटेन के अड़ियलपन के कारण नहीं बल्कि भारत के प्रमुख राजनीतिक तत्त्वों में सहमति के अभाव के कारण है। एक तरफ हैलीफेक्स, कॉर्डेल हल द्वारा की जा रही इस कोशिश को कि क्या भारत के मामलों में अमेरिका कोई मदद कर सकता है, को अवरुद्ध कर रहे थे दूसरी ओर अंग्रेजों के अलावा दूसरे लोगों द्वारा एक अभियान खड़ा किया जा रहा था जिससे अमेरिकी राष्ट्रपति को यह बताया जा सके कि भारत की स्थिति कितनी जटिल है। ग्राहम स्प्रे नामक कनाडा के एक नागरिक को, जो क्रिप्स के साथ भारत आए थे, ब्रिटेन ने वाशिंगटन भेजा कि वह नई दिल्ली में घटित घटनाओं का आँखों देखा विवरण दे। स्प्रे 15 मई, 1942 को रूजवेल्ट से मिले और एक नोट में दर्ज किया। रूजवेल्ट ने शुरुआत में उनके सम्मुख दो प्रश्न प्रस्तुत किए। क्या बाद के दौर में क्रिप्स के निर्देशों पर कोई प्रतिबन्ध थोपे गए थे? और क्या कर्नल जॉनसन वहाँ मददगार सिद्ध हो सके? सुना जाता है कि आप में से ही कोई लोग जो वहाँ थे उनके अनुसार जॉनसन वहाँ हस्तक्षेप कर रहे थे। स्प्रे इन सवालों के लिए तैयार थे उन्होंने तुरन्त सर स्टेफर्ड का एक सन्देश राष्ट्रपति को पढ़कर सुनाया। कृपया राष्ट्रपति को यह बताएँ कि भारत में सम्पूर्ण वार्तालाप के दौरान मुझे युद्ध मन्त्रिमंडल, वाइसरॉय और प्रमुख सेनापति से पूरी वफादारी से सहयोग मिला। निश्चित ही यह सच नहीं था जैसा हमने देखा और विंस्टन चर्चिल ने 12 सितम्बर, 1946 को हाउस ऑफ कॉमन्स में स्वयं स्वीकार किया कि ब्रिटिश सरकार स्टेफर्ड क्रिप्स को उस सीमा तक सहयोग देने के लिए इच्छुक नहीं थी जिस सीमा तक वह स्वयं इसकी उम्मीद कर रहे थे। दूसरे प्रश्न का स्प्रे ने बड़ी चतुरता से उत्तर दिया। उन्होंने कहा क्रिप्स कर्नल की सहायता के प्रति कृतज्ञ हैं, जिन्होंने सारा समय पूर्णतः अपनी व्यक्तिगत क्षमता से एक मध्यस्थ की भाँति कार्य किया। इस सूचना से राष्ट्रपति प्रसन्न हुए और फिर जो कुछ स्प्रे ने कहा उसे बड़े चाव से सुना। स्प्रे को राष्ट्रपति ने जो टिप्पणियाँ दीं वे इस प्रकार थीं, नेहरू बातचीत की सफलता के लिए इच्छुक जान पड़ते थे...।

गांधीजी का पुनः सक्रिय होना कुछ चकित करने वाला है। "मैं सोचता हूँ कि हमारे लोगों को यह समझ में आने लगा है कि समस्या (भारत की) आसान बात नहीं है। रूजवेल्ट के अन्तिम वक्तव्य से स्पष्ट है कि अंग्रेज राष्ट्रपति को अपना सन्देश पहुँचाने में सफल हो गए। स्टेट डिपार्टमेंट के दस्तावेज बताते हैं कि स्प्रे ने वाशिंगटन में अपने समय का उपयोग अमेरिकी अधिकारियों को यह बताने में किया कि भारत में प्रतिरक्षा का मामला कांग्रेस पार्टी का सहयोग प्राप्त करने पर निर्भर नहीं है जैसा कि कांग्रेस दावा कर रही है। गांधीजी और नेहरू के विरक्त रहने के बावजूद हर महीने लगभग 50 हजार स्वयं सेवक सेना में भर्ती हो रहे हैं।"[48]

वाशिंगटन में भारतीय एजेंट जनरल सर गिरिजाशंकर वाजपेयी थे, जो प्रबुद्ध भारतीय सेवा के एक अधिकारी थे और पूर्व में वाइसरॉय की कार्य परिषद् के सदस्य रहे थे और सन् 1941 में नई दिल्ली में अमेरिकी कमिश्नर की नियुक्ति के साथ-साथ ही वाशिंगटन में ब्रिटिश दूतावास में नियुक्त कर दिए गए थे। स्टेट डिपार्टमेंट ने जब उन्हें बुलाकर पूछा 24 अप्रैल, 1942 को क्रिप्स मिशन क्यों असफल हुआ तब उन्होंने उत्तर दिया कि इस असफलता का कारण यह था कि एक तरफ तो नेहरू और राजगोपालाचारी थे और दूसरी ओर गांधीजी जिनमें एक राय नहीं थी। उन्होंने आगे बताया कि मुझे दुख के साथ कहना पड़ रहा है कि पार्टी के कुछ सदस्यों का तर्क था कि यदि अंग्रेज हार जाते हैं और जापानी भारत पर अधिकार करने में सफल हो जाते हैं तो जापानियों के साथ एक सन्तोषजनक समझौता हो जाएगा बनिस्बत ब्रिटेन के प्रस्तावों के समक्ष झुकने के।[49] नेहरू ने अमेरिका में वाजपेयी की भूमिका के बारे में उन्हें ब्रिटिश साम्राज्यवाद का पिट्ठू बताया था। यह वही वाजपेयी थे जिन्होंने स्वतन्त्र भारत की सेवाओं को स्थापित किया। और विदेशी मामलों में नेहरू के निकटतम सलाहकार बने।

> वाशिंगटन में ब्रिटिश उच्चायोग द्वारा तैयार एक आकलन के मुताबिक क्रिप्स मिशन ने अमेरिका की इस शंका के विरुद्ध कि ब्रिटेन भारत के मामलों को चलाने में सक्षम नहीं है, बड़ा ठोस योगदान दिया। क्रिप्स मिशन के कारण ब्रिटेन के पक्ष में अमेरिकी राय में सबसे स्थायी सुधार तो यह हुआ कि भारतीयों की समस्या और भारतीय राजनीति की व्याख्या और उसका हल सरल नहीं है। और दूसरे ब्रिटिश शासन ने भविष्य के लिए कम से कम सही इरादे को घोषित किया है। इस आकलन में यह भी कहा कि अमरीकी लोग इतने अविवेकी नहीं हैं कि वे भारत में संवैधानिक परिवर्तन को लागू करना चाहेंगे जिससे युद्ध को हानि पहुँचे...।[50]

क्रिप्स मिशन के असफल होने के बाद च्यांग-काई-शेक और कॉर्डेल हल की बारम्बार अपील के बावजूद और भारत में आन्दोलन की चेतावनियों के बावजूद राष्ट्रपति रूजवेल्ट ने भारत के सम्बन्ध में आगे कोई पहल नहीं की। स्टेट डिपार्टमेंट की रिपोर्ट से स्पष्ट है कि रूजवेल्ट असमंजस की स्थिति में थे। एक तरफ वे युद्ध के पश्चात् एशिया में अमेरिका की स्थिति के बारे में सोच रहे थे। इसके लिए उन्हें स्वतन्त्र भारत और मुक्त चीन की ओर विशेष ध्यान देने की आवश्यकता थी। दूसरी ओर जर्मनी और जापान के विरुद्ध युद्ध में ब्रिटेन अमेरिका का सबसे निकटतम और सर्वाधिक उपयोगी सैनिक भागीदार था और यह भी था कि वे ब्रिटेन के दूर तक फैले राजनीतिक प्रभाव, सैनिक अड्डों और अंग्रेजों की होशियारी से फायदा उठा सकते थे।

रूजवेल्ट का सोचना था कि युद्धकाल की अमेरिका व ब्रिटेन की भागीदारी, युद्ध के पश्चात् दुनिया में अमेरिका की शर्तों पर शान्ति स्थापित करने में अधिक महत्त्वपूर्ण सिद्ध होगी। चर्चिल का व्यक्तित्व भी इस दुविधा का एक कारण था। वह चर्चिल की इस उम्मीद से सहमत नहीं थे कि येन-केन-प्रकारेण ब्रिटिश साम्राज्य को बनाए रखा जाए और युद्ध के पश्चात् भी भारत इंग्लैण्ड के नियन्त्रण में रखा जाए। दूसरी ओर वह सारी दुनिया में चर्चिल को अमेरिका के सबसे निकटतम मित्र के रूप में देखते थे और ऐसा ब्रिटिश नेता मानते थे जो ब्रिटेन को अमरीका के साथ हमेशा के लिए जोड़ देना चाहते थे।

यहाँ इस बात पर विचार करना श्रेयस्कर होगा कि क्या क्रिप्स के प्रस्तावों को नकार कर कांग्रेस पार्टी ने कोई भूल नहीं की? यह तो मानना पड़ेगा कि इस प्रस्ताव को स्वीकार कर लेने से वे इस बात के लिए राजी हो जाते कि ब्रिटेन के भारत छोड़ने पर भारत के विभाजन के सिद्धान्त को मान लें। और यदि मुस्लिम लीग के नियन्त्रण वाले प्रान्त और कुछ बड़ी रियासतें (हैदराबाद, कश्मीर, मैसूर, त्रावनकोर आदि) प्रान्तीय विकल्प का उपयोग कर भारतीय संघ में न जुड़ते तो देश कई टुकड़ों में बँट जाता।

परन्तु उपरोक्त बातें काल्पनिक थीं, तत्काल इन प्रस्तावों से राष्ट्रवादियों को जो व्यावहारिक लाभ मिलते वे सुनिश्चित थे, इससे कांग्रेस पार्टी को प्रान्तों में सत्ता में वापस आने का मौका मिलता, जिसे 1939 में उन्होंने त्याग दिया था, और देश में पुनः राजनीतिक पहल कुछ उनके हाथ में आ जाती। इससे भी ज्यादा महत्त्वपूर्ण यह था कि उन्हें केन्द्र में वाइसरॉय की कार्यपरिषद् में प्रवेश का अवसर मिलता। भले ही इसमें उनको काम करने की पूर्ण स्वतन्त्रता नहीं मिलती पर इससे यह संकेत मिलते कि कांग्रेस मित्र राष्ट्रों के उद्देश्य के साथ है, इसका परिणाम यह

होता कि ब्रिटेन और अमेरिका में भारत के समर्थन में जन लहर उमड़ती और इस कारण युद्ध के बाद जो ब्रिटिश भारत की स्वतन्त्रता के खिलाफ थे वो भारत को स्वतन्त्रता देने पर मजबूर हो जाते और भारत के विभाजन का प्रश्न भी एक ओर धरा रह जाता। अगर भविष्य के बारे में बिना कोई वचन दिए कांग्रेसी नेता अन्तरिम सरकार में शामिल होने के लिए तैयार हो जाते तो चर्चिल, रूजवेल्ट और अपनी लेबर पार्टी से यह नहीं कह पाते कि जो लड़ाई के बाद होगा उसके बारे में वचन नहीं दिया है इसलिए उनको अपने साथ जापान से लड़ने के लिए नहीं लेंगे। जैसा एडमण्ड वर्क ने लिखा है कि युद्ध में देशों की दिशा इतनी परिवर्तित हो जाती है कि उसे पहचानना मुश्किल हो जाता है।

वास्तव में भारत के सम्बन्ध में भविष्य की संवैधानिक प्रगति पर विचार करने का जब समय आता तब चर्चिल वहाँ नहीं होते क्योंकि जापान के साथ युद्ध समाप्त होने से पूर्व ही वे सत्ता से बाहर कर दिए गए थे।

कांग्रेस पार्टी ने भी इस तथ्य पर पर्याप्त ध्यान नहीं दिया कि दो बड़े महत्त्वपूर्ण मुस्लिम बहुल प्रान्त पंजाब व बंगाल भारतीय संघ से शायद अलग नहीं होते। वास्तव में उस समय इन प्रान्तों के मुख्यमन्त्री सर सिकन्दर हयात और फजल-उल-हक उस समय पाकिस्तान के विचार के विरुद्ध थे। पंजाब में पाकिस्तान योजना के कारण सर सिकन्दर हयात की गठबन्धन सरकार को खतरा उत्पन्न हो गया था क्योंकि उनकी सरकार का आधार सभी समुदाय थे। बंगाल में मुस्लिम बहुमत (49 प्रतिशत के मुकाबले 51 प्रतिशत) इतना कम था कि वह पाकिस्तान के पक्ष में निश्चित मत की गारंटी नहीं थी। बड़ी रियासतें ज़रूर अलग होने का प्रयास कर सकती थीं किन्तु उसकी सम्भावना कम ही होती। यदि राष्ट्रवादी अन्तरिम सरकार में शामिल होते क्योंकि वे अपना प्रभाव सरकार में इस्तेमाल करने की स्थिति में होते, जो कि बाहर रहने पर नहीं कर सकते थे।

नेहरू ने ज़रूर जॉनसन के साथ मिलकर विवादित मुद्दों पर किसी समझौते पर पहुँचने की कोशिश की थी। इंग्लैण्ड को युद्ध में समर्थन न देने की अपनी शर्त को छोड़ अब वे मित्र राष्ट्रों के उद्देश्यों के समर्थक बन गए थे और अपने देशवासियों को हिटलर और जापानियों के विरुद्ध लड़ने को तैयार करना चाहते थे। उन्होंने क्रिप्स और जॉनसन को कहा था कि वे यह नहीं कह सकते कि कांग्रेस पार्टी का क्या रुख होगा। सच बात तो यह थी कि एक तरफ महात्मा गांधी क्रिप्स मिशन के खिलाफ थे, दूसरी तरफ चर्चिल और लिनलिथगो भी नहीं चाहते थे कि क्रिप्स का मिशन सफल हो। जब दोनों ओर यह भावनाएँ थीं तब क्रिप्स मिशन का फेल होना तो निश्चित ही था।

संक्षेप में कहें तो जापान के हाथों सिंगापुर हार जाने के बाद चर्चिल पर रूजवेल्ट का यह दबाव पड़ा कि भारत की रक्षा के लिए गांधी व नेहरू की मदद ली जाए। चर्चिल ने इस दबाव को एक ऐसे प्रस्ताव की ओर मोड़ दिया जो भारतीयों को स्व-शासन देने वाला दिखता था, किन्तु प्रान्तीय विकल्प पर जोर देने के कारण धारा का बहाव पाकिस्तान की दिशा में कर दिया। यदि 1940 में जिन्ना व लिनलिथगो का गठबन्धन पाकिस्तान निर्माण की दिशा में पहला कदम था तो प्रान्तीय विकल्प के विचार को पेश करना इस दिशा में दूसरा कदम था।

दूसरी ओर यदि कांग्रेस क्रिप्स के प्रस्तावों का उपयोग केन्द्र व प्रान्तों में सत्ता में आने के लिए करती तो उसके पास चर्चिल का पासा पलटने का बड़ा युक्तिसंगत मौका होता। यदि साम्राज्य के अन्तिम दिनों में कांग्रेस पार्टी द्वारा 1939 में प्रान्तीय मन्त्रिमंडलों से इस्तीफा देना उसकी पहली गम्भीर भूल थी तो उनकी दूसरी भूल क्रिप्स के प्रस्तावों को ठुकराना थी।

सन्दर्भ

1. विंस्टन चर्चिल, मेमोरीज ऑफ द सेकंड वर्ल्ड वार, भाग–6, वॉर कम्स टू अमेरिका (कैसल एंड कम्पनी, लन्दन, 1950, पृ. 209-10)।
2. वही, पृ. 188।
3. वही, पृ. 286-87।
4. वही, पृ. 188।
5. ट्रांसफर ऑफ पॉवर खंड 1, क्र. 43, पृ. 82।
6. युद्ध मन्त्रिमंडल के दस्तावेज, 24/43, पृ. 104-5, वाइसरॉय द्वारा सेक्रेटरी ऑफ स्टेट को लिखा गया, टी ओ पी में सन्दर्भ दिया गया, खंड-1, क्र. 60, पैरा 10।
7. टी ओ पी, खंड-1, क्र. 60।
8. चर्चिल क्रिप्स को, चार्ल्स मैकमोरन विल्सन में उद्धृत, विंस्टन चर्चिल–द स्ट्रगल फॉर सरवाइवल (कांस्टेबल, लन्दन, 1966, पृ. 74)।
9. क्रिप्स के प्रस्ताव के मूल पाठ के लिए देखें, वी.पी. मेनन, ट्रांसफर ऑफ पॉवर इन इंडिया (लांगमन ग्रीन, लन्दन, 1957, पृ. 124)।
10. टी. ओ. पी., खंड 1, क्र. 163, 21 फरवरी, 1942।
11. वही, क्र. 185।
12. वही, क्र. 191।
13. वी.पी. मेनन, पूर्व में उद्धृत, पृ. 437-38।
14. टी.ओ.पी., खंड-1, क्र. 296।
15. युद्ध मंत्रिमंडल के दस्तावेज, डब्लूपी (42) 283, एल/पी एंड जे/8/510, 6 जुलाई, 1942, क्रिप्स का ज्ञापन, मुस्लिम लीग के साथ बातचीत सम्बन्धी पैरा, पृ. 407-16

16. वी. पी. मेनन पूर्व में उद्धृत, पृ. 138।
17. यू एस एफ आर 1942, खंड-1, पृ. 604-05।
18. वही, पृ. 604।
19. वही।
20. वही, पृ. 602-04, सहायक सेक्रेटरी ऑफ स्टेट, (एडोल्फ ए. बेरले) के ज्ञापन दि. 17 फरवरी, 1942।
21. वही, पृ. 607, सहायक सेक्रेटरी ऑफ स्टेट, ब्रेकिनरिज लोंग के नोट्स।
22. टी. ओ. पी., खंड-1, क्रं. 318।
23. क्रिस्टोफर ऑगडन, लाइफ ऑफ द पार्टी : द बायोग्राफी ऑफ पामेला डिग्बी चर्चिल हेवर्ड हैरीमन (लिटिल ब्राउन एंड कं. लन्दन, 1994, पृ. 122-23)।
24. यू एस एफ आर, 1942, खंड-1, हैरीमैन द्वारा रूजवेल्ट से संपर्क, पृ. 608।
25. विन्सस्टन चर्चिल—मैमोरीज ऑफ द सेकण्ड वर्ल्डवॉर, खं. 10, असाल्ट फ्राम द एअर (कैसल एंड कं., लन्दन, 1950, पृ. 54)।
26. टी. ओ. पी., खंड-1, क्र. 207, चर्चिल ने रूजवेल्ट को लिखा, तार दिनांक 4 मार्च 1942
27. वही, उपरोक्त का संलग्नक।
28. वही, क्र. 271, चर्चिल द्वारा रूजवेल्ट को 7 मार्च 1942 को भेजा गया तार।
29. वही, उपरोक्त का संलग्नक।
30. यू एस एफ आर, 1942, खंड-1, पृ. 615-16, रूजवेल्ट द्वारा चर्चिल को 10 मार्च 1942 को भेजा गया तार।
31. वही, पृ. 601-02, अमेरिकी स्टेट डिपार्टमेंट का मेमो, दिनांक 5 फरवरी, 1942।
32. वही, पृ. 624, मैरोल द्वारा 2 अप्रैल, 1942 को भेजा गया तार।
33. टी. ओ. पी., खंड-1, क्र. 508, 2 अप्रैल, 1942 को वाजपेयी का वाइसरॉय को भेजा गया तार।
34. एच. वी. हॉडसन, द ग्रेट डिवाइड : ब्रिटेन-इंडिया-पाकिस्तान (ऑक्सफोर्ड यूनिवर्सिटी प्रेस संस्करण, दिल्ली, 2000, पृ. 94)।
35. टी. ओ. पी., खंड-1, क्र. 582, चर्चिल द्वारा क्रिप्स को 10 अप्रैल, 1942 को भेजा गया तार।
36. वही, क्र. 605, कांग्रेस वर्किंग कमिटी द्वारा 11 अप्रैल, 1942 को पारित प्रस्ताव।
37. वही, क्र. 673 और एम एस एस/ईयूआर/एफ 125/77, उत्तर पश्चिम सीमा प्रान्त के गवर्नर का 23 अप्रैल, 1942 को वाइसरॉय को लिखा गया पत्र।
38. हॉडसन, पूर्व में उद्धृत, पृ. 103।
39. टी. ओ. पी., खंड-1, पृ. 610, एम एस एस ईयूआर 125-11, 11 अप्रैल, 1942।
40. पैट्रिक फ्रैंच, लिबर्टी ऑर डेथ : इंडियाज जर्नी टू इंडिपेन्डेन्स ऐंड डिविजन (हार्पर कॉलिन्स, लन्दन, 1995, पृ. 148)।
41. यू एस एफ आर 1942, खंड-1, पृ. 632, चर्चिल का 11 अप्रैल, 1942 को रूजवेल्ट को भेजा गया तार।

42. वही, पृ. 633, रूजवेल्ट द्वारा हैली हापकिन्स के (रूजवेल्ट के निजी सचिव) मार्फत चर्चिल को भेजा गया तार 11 अप्रैल, 1942।
43. वही, पृ. 634, चर्चिल द्वारा 12 अप्रैल, 1942 को रूजवेल्ट को भेजा गया तार।
44. वही, पृ. 629, जॉनसन का 4 अप्रैल, 1942 को सेक्रेटरी ऑफ स्टेट्स को भेजा गया तार।
45. वही, पृ. 631, जॉनसन का 11 अप्रैल, 1942 का तार।
46. वही, पृ. 630-32, जॉनसन द्वारा 13 अप्रैल-4 मई, 1942 के मध्य सेक्रेटरी ऑफ स्टेट को भेजे गए तार।
47. एडगर स्नो, जर्नी टु द बिगनिंग, (रैंडम हाउस, न्यूयॉर्क, 1958, पृ. 54)।
48. टी ओ पी, खंड-2, क्र. 61, स्प्रे द्वारा रूजवेल्ट से मुलाकात के नोट्स, 15 मई 1942
49. यू एस एफ आर 1942, खंड-1, अमरीकी स्टेट डिपार्टमेंट में राजनीतिक सम्बन्धों के सलाहकार वॉलेस मुरे की वाजपेयी से हुई बातचीत का मेमो, 24 अप्रैल 1942।
50. वाशिंगटन में ब्रिटिश दूतावास, 'एप्रीसिएशन ऑन यू एस एटिट्यूड टुवर्ड्ज इंडिया', पैरा 33-41, (ऑरिएंटल एंड इंडियन कलेक्शन (ओ आइ सी), ब्रिटिश लाइब्रेरी लन्दन)।

महात्मा का गुस्सा

चर्चिल ने प्रान्तीय विकल्प का विचार प्रस्तुत कर एक संवैधानिक रास्ता खोल दिया था जिससे मुसलमान और रियासतें उस वक्त भारतीय संघ से अलग हो सकें जब कभी भी ब्रिटेन भारत से विदा हो। चर्चिल ने कहा कि इस विकल्प के माध्यम से भारतीयों के भविष्य की नींव डाल दी गई है।

कांग्रेस को युद्ध में बिना शर्त समर्थन देने के लिए राजी करने में असफल रहने पर गांधीजी ने 5 अक्टूबर, 1939 को वाइसरॉय को यह आश्वासन दिया था कि वे यह प्रयास करेंगे कि ब्रिटेन के युद्ध प्रयासों में कांग्रेस कोई ठोस बाधा नहीं पहुँचाए भले ही इस कदम से कांग्रेस पार्टी की लोकप्रियता कम हो जाए। सन् 1940-41 तक गांधीजी वाइसरॉय को दिए वचन पर टिके रहे। ये तो है कि कांग्रेस पार्टी ने सर्व-सम्मति से प्रान्तीय मन्त्रिमंडलों से त्याग पत्र दे दिए थे और पार्टी लगातार तुरन्त स्वतन्त्रता की माँग करती रही। कुछ कांग्रेसी कैद भी किए गए परन्तु आम तौर पर भारत में शान्ति बनी रही जिससे ब्रिटेन को अपने युद्ध संसाधनों को मजबूत करने में मदद मिली। इस दौरान गांधीजी को महसूस होने लगा था कि उनके तथाकथित मित्र वाइसरॉय लिनलिथगो ने उनके साथ धोखा किया है और तुलनात्मक रूप से इस शान्त दौर का उपयोग जिन्ना और मुस्लिम लीग की ताकत बढ़ाने में किया। वास्तव में इस समय वाइसरॉय ने मुस्लिम लीग के साथ एक गठबन्धन कर लिया। यदि 8 अगस्त, 1940 को अल्पसंख्यकों को भविष्य में वीटो देने की ब्रिटेन की घोषणा एक भारी आघात था, तो विभाजन के बीज बोने वाला क्रिप्स का प्रस्ताव ताबूत में आखिरी कील था। इस कारण गांधीजी को अपने रवैये में परिवर्तन के लिए सोचना पड़ा।

यह एक अलग बात है कि लिनलिथगो इन सारे मामलों को बिलकुल दूसरे नजरिए से देखते थे। प्रान्तीय मन्त्रिमंडलों से कांग्रेस के त्यागपत्र लिनलिथगो की नजर में ब्रिटेन के साथ युद्ध में स्पष्ट असहयोग का उदाहरण था। चूँकि उन्हें कांग्रेस द्वारा छेड़े जाने वाले किसी भी आन्दोलन को कुचल देने का आत्मविश्वास था। इस कारण गांधीजी द्वारा युद्ध में सहयोग का जो आश्वासन उन्हें दिया गया

था वह उनके लिए महत्त्वहीन था। अगर गांधीजी ब्रिटेन को युद्ध में समर्थन देने के लिए सचमुच में गम्भीर थे तब फिर कैसे कुछ ही महीनों बाद उन्होंने उसी युद्ध का इस आधार पर विरोध करना शुरू कर दिया कि यह उनके अहिंसा के सिद्धान्त के विरुद्ध है। इसके अलावा जैसे कि लिनलिथगो ने जैटलैंड को लिखा था कि जिन्ना उन पर निर्भर है और इस कारण वह बेहतर विकल्प है।

इससे पहले कि गांधीजी की नई रणनीति पर चर्चा की जाए, पहले कांग्रेस के पूर्व अध्यक्ष सुभाषचन्द्र बोस पर एक नजर डालें जो भारतीय स्वतन्त्रता आन्दोलन के एक ऐसे नेता थे जो अंग्रेजों से सशस्त्र संघर्ष के लिए तैयार थे और पाकिस्तान के बनने में उनका कोई सम्बन्ध नहीं था।

जनवरी, सन् 1941 की एक सुबह बोस, जिन्हें कलकत्ता की ब्रिटिश सरकार ने उनके ही घर में नजरबन्द कर रखा था, ब्रिटिश सरकार को भौचक्का कर गायब हो गए। जब वे कांग्रेस से अलग हुए और उन्होंने यह नारा उछाला कि ब्रिटिश का संकट भारत के लिए एक मौका है और फॉरवर्ड ब्लॉक नाम से अपना एक अलग धड़ा बनाया तथा गांधीजी के अहिंसा और तुष्टीकरण का विरोध किया तब उन्हें पहले कैद किया गया और फिर पुलिस के कड़े पहरे में नजरबन्द। जब वे जेल में थे तब उनकी ख्याति बढ़ने लगी, खास तौर पर शहरी युवा वर्ग में। इसका उदाहरण था कलकत्ता विश्वविद्यालय के मुस्लिम विद्यार्थियों द्वारा उन्हें (बोस को) रिहा करने के लिए आन्दोलन की धमकी देना। लिनलिथगो ने इस घटना की जानकारी 20 जुलाई, 1940 को एम्री को दी और यह चेतावनी दी कि बंगाल के दो सर्वोच्च मुस्लिम नेता, वहाँ के मुख्यमन्त्री फजल-उल-हक और उनके विरोधी नाजिमुद्दीन, बोस को समर्थन देने के लिए पीछे पड़े हुए हैं। निश्चित ही यह बात जिन्ना और उनके (लिनलिथगो) लिए परेशानी का सबब थी।[1]

फरार होने के कुछ दिनों बाद बोस बर्लिन में प्रकट हुए। इससे देश भर में उत्तेजना की लहर दौड़ गई। यह उत्तेजना इसलिए नहीं थी कि नाजी जर्मन के प्रति लोगों में कोई सहानुभूति थी बल्कि इसलिए कि बोस ने ब्रिटिश सरकार के मुँह पर करारा तमाचा जड़ा था। बोस का पलायन एक किंवदन्ती बन गई जिसके कारण ढूँढ़ना कोई कठिन काम नहीं है। नई दिल्ली में अमेरिकी मिशन के उप राजदूत ने वाशिंगटन में सेक्रेटरी ऑफ स्टेट को 21 जुलाई, 1942 को रिपोर्ट किया 'कि पिछले तीन महीनों से ब्रिटेन के खिलाफ अविश्वास और घृणा किस सीमा तक बढ़ गई है।' इसे यहाँ आए बिना समझना मुश्किल है।[2]

सुभाष बाबू कलकत्ता से पेशावर तक मुस्लिम व्यक्ति की वेशभूषा में ट्रेन में सवार हो भाग निकले और वहाँ से अज्ञात पहाड़ी रास्तों से अफगानिस्तान की

सीमा में प्रविष्ट हुए। काबुल पहुँचने के बाद अफगान वेशभूषा में वे इटली के दूतावास गए, जहाँ सम्भवतः ब्रिटिश खुफिया एजेंसी की निगाह कम होगी। इतालवी राजदूत क्वारोनी के पुत्र द्वारा मुझे दिए गए विवरण के मुताबिक राजदूत ने बोस को जलते अँगार की तरह लिया और अपने जर्मन साथियों को सुपुर्द कर दिया, जिन्होंने उनके आगे की यात्रा की समस्त तैयारी की। काबुल से सुभाषबाबू को रूस के रास्ते बर्लिन भेजा गया। रूस के सम्बन्ध अभी जर्मनी से शान्तिपूर्ण थे। स्टालिन हिटलर द्वारा ब्रिटेन को झपटने का इन्तजार कर रहे थे और चर्चिल ताक में बैठे थे कि कब हिटलर सोवियत रूस पर हमला करता है।

यूरोप पहुँचने के बाद सुभाष बाबू मुसोलिनी से मिलने जब रोम पहुँचे तो इतालवी विदेशमन्त्री काउंटचियानो ने अपनी डायरी में नोट किया–'कल के नवाब का मोल अभी स्पष्ट नहीं है।[3] हिटलर के नस्ल संवेदी जर्मनी में उनका सम्मान नही हुआ सिर्फ उन्हें इस्तेमाल करने की कोशिश की गई। उनकी स्वतन्त्र भारतीय सरकार के गठन की माँग अस्वीकार कर दी गई, उसके स्थान पर उन्हें 'फ्री इंडिया सेंटर' आरम्भ करने की इजाजत दी गई जहाँ से वे जर्मन रेडियो से भारत में ब्रिटिश विरोधी प्रचार कर सके। जर्मनी में रहते हुए भारत के लिए उनका सबसे ठोस योगदान शायद 'जयहिन्द' का नारा था, जो उन्होंने ईजाद किया था और बर्लिन से प्रचारित किया था। आज भी भारतीयों में यह बड़ा प्रचलित अभिवादन है। गांधीजी सुभाषबाबू की गतिविधियों को लेकर चिन्तित थे।[4] एक खुफिया ब्रिटिश रिपोर्ट के अनुसार बम्बई में एक निजी बैठक में उन्होंने कांग्रेस कार्यकर्ताओं से कहा–"मैं जानता हूँ कि देश में 'फॉरवर्ड ब्लॉक' एक जबरदस्त संगठन है। सुभाष बाबू ने हमारे लिए बहुत जोखिम उठाया है किन्तु यदि वे भारत में अपनी सरकार स्थापित करना चाहते हैं तो उन्हें रोकना पड़ेगा।"[5]

हिटलर को भारतीयों की स्वशासन चलाने की क्षमता पर सन्देह था। सन् 1943 में बोस को पनडुब्बी में बैठाकर 'केप ऑफ गुड होप' का चक्कर लगाते हुए जर्मनी के सहयोगी जापानियों के सुपुर्द कर दिया। जहाँ जापान उनका जैसा चाहे, वैसा इस्तेमाल करे। दक्षिण-पूर्व एशिया में सुभाष बाबू चमके, जैसा कि अगले अध्याय में देखेंगे कि सुभाष ने ब्रिटिश सेना को अप्रभावी करने में महत्त्वपूर्ण भूमिका निभाई। यह कहना कठिन है कि 1945-46 में बोस के देहावसान के बाद भी भारत से अंग्रेजों की नींव हिला देने में बोस का हाथ था। गांधीजी का हाथ ज्यादा भारी रहा।

गांधी की जो नई रणनीति तय हो रही थी, वह अंततः 8 अगस्त, 1942 के भारत छोड़ो आन्दोलन के प्रस्ताव के रूप में प्रकट हुई। इस प्रस्ताव के मुद्दे

गांधीजी ने कांग्रेस के इलाहाबाद सम्मेलन में कार्यसमिति की एक बन्द कमरे की बैठक में भेजे थे। यह क्रिप्स के भारत से इंग्लैण्ड रवानगी के पन्द्रह दिन बाद की बात है। उन्होंने इसे विश्वासपात्र मीराबेन के सुरक्षित हाथों से भेजा था किन्तु यह प्रस्ताव और इस पर हुई बहस का विवरण दोनों ही कांग्रेस के दो साम्यवादी सदस्यों की कृपा से ब्रिटिश खुफिया के हाथ पड़ गए। उन्हें अब ब्रिटेन के अभिलेखागार में देखा जा सकता है। हिटलर द्वारा अगस्त, 1941 में सोवियत संघ पर आक्रमण के पश्चात् भारतीय मार्क्सवादियों की सहानुभूति राष्ट्रवादियों की बजाए ब्रिटेन के साथ हो गई थी।

गांधीजी के प्रस्ताव के मुख्य बिन्दु संक्षेप में निम्नानुसार हैं–

1. ब्रिटिश सरकार से तुरन्त भारत छोड़ने की माँग की जाए।
2. यदि ब्रिटेन भारत छोड़ने के लिए तैयार नहीं तो उसे यहाँ से खदेड़ना पड़ेगा।
3. एक बार अंग्रेज यहाँ से चले जाएँगे तब भारत आक्रमण से बच जाएगा क्योंकि जापान का झगड़ा ब्रिटेन से है, भारत से नहीं।
4. यदि जापान भारत पर आक्रमण करेगा तो हम उसका मुकाबला अहिंसक तरीकों से करेंगे।
5. भारत की भूमि पर विदेशी सैनिकों की उपस्थिति, जिनमें अमेरिकी सैनिक भी शामिल हैं, बड़ा ही गम्भीर संकट है।

इस बैठक के विवरण के अनुसार नेहरू ने इन सुझावों का विरोध किया– ''यदि जापान से यह कहते हैं कि उनकी लड़ाई ब्रिटिश साम्राज्यवाद से है न कि हमसे तो जापान हमसे कहेगा हम खुश हैं कि अंग्रेजी सेना यहाँ से चली गई। हम आपकी आज़ादी मानते हैं। हमें सुविधाएँ चाहिए, आपके देश से हमारी फौजों को निकालने के लिए रास्ता चाहिए, यह आत्मरक्षा के लिए आवश्यक है।...यदि बापू का प्रस्ताव मान लिया जाता है तो हम धुरी राष्ट्रों के (जर्मन-जापान-इटली) निष्क्रिय भागीदार बन जाएँगे।''

आचार्य कृपलानी ने नेहरू के वक्तव्य पर आपत्ति जाहिर की–"इसका अर्थ यह क्यों होगा कि भारत से जापानी सेनाओं के आवागमन के लिए मार्ग प्रशस्त हो जाएगा? यदि हम ब्रिटेन व अमेरिका से उनकी फौजें हटाने के लिए कह सकते हैं तो हम दूसरों से भी हमारी सीमाओं से बाहर रहने के लिए कह सकते हैं। इस आपत्ति पर नेहरू ने उत्तर दिया कि आप जापान को अहिंसा और असहयोग से नहीं रोक सकते। जापानी सेनाएँ भारत को युद्ध का अखाड़ा बनाएँगी और यहाँ से इराक, ईरान जाएँगी। चीन को दबाएँगी और रूस की स्थिति को और मुश्किल

बना देंगी... इसके अलावा अंग्रेज भारत छोड़ने की हमारी माँग इस समय कभी नहीं मानेंगे। वे जापान को भारत का इस्तेमाल अपने विरुद्ध नहीं करने देंगे... वे भारत को शत्रु राष्ट्र के रूप में लेंगे और हमें धूल में मिला देंगे, वे यहाँ वह करेंगे जो उन्होंने रंगून में किया।"

डॉ. राजेन्द्र प्रसाद नेहरू की बात मानने को तैयार नहीं थे किन्तु उनकी सोच अस्पष्ट थी, उन्होंने कहा कि "हम जब तक बापू का प्रस्ताव नहीं मानेंगे, तब तक देश में हम सामान्य वातावरण नहीं बना सकेंगे।" ब्रिटिश खुफिया सेवा के कर्मचारी पिल्डिच की रिपोर्ट से हमें उनके वास्तविक विचारों का पता चलता है। निकटतम लोगों के मध्य राजेन्द्र प्रसाद ने यह विचार प्रकट किया कि ब्रिटेन की तुलना में जापानियों को भगाना आसान होगा क्योंकि ब्रिटिश साम्राज्यवाद की जड़ें गहरे पैठी हुई थीं। अच्युत पटवर्धन ने भी गांधीजी का समर्थन किया पर गांधीवादी विचारधारा के कारण नहीं। उन्होंने कहा कि "यदि मित्र राष्ट्र धुरी राष्ट्रों को हरा देने की स्थिति में हैं तो हम उनके साथ हो सकते हैं।" आचार्य नरेन्द्र देव ने इसका अनुसरण करते हुए यह गर्वोक्ति की–"हमें यह जताना पड़ेगा कि जापान की धमकियों से हम घबराए हुए नहीं हैं। हम अंग्रेजों से कह सकते हैं कि हमें अपने भाग्य पर छोड़ के यहाँ से चले जाओ।" विश्वनाथ दास ने कहा कि "देश में अमेरिकी सेनाओं की उपस्थिति के विरुद्ध प्रतिरोध भी उचित है।"

राजगोपालाचारी ने गांधीजी के विचारों का विरोध करते हुए कहा कि जापान के हाथों नहीं आ जाना चाहिए जैसा गांधीजी के प्रस्ताव का नतीजा होगा। बल्लभभाई पटेल जो स्वतन्त्रता के दो वर्ष पूर्व सबसे व्यावहारिक और सफल राजनीतिज्ञ के रूप में उभरे थे, इस समय तक गांधीजी के पूरी तरह आज्ञाकारी थे। उनका कहना था मुझे पूरी तरह गाँधीजी पर विश्वास है, "मुझे लगता है कि गांधीजी संकटपूर्ण स्थितियों में नेतृत्व करते समय सदैव अन्तः प्रेरणा से सही दिशा में कार्य करते हैं।" दूसरे सभी जिनमें पार्टी अध्यक्ष मौलाना अबुल कलाम आजाद भी शामिल थे पूरी तरह से गांधीजी के विचारों से सहमत नहीं थे। किन्तु किसी में इसके विरोध में बोलने की हिम्मत नहीं थी। आजाद ने कहा–"गांधीजी का उपाय एक मात्र विकल्प है। बावजूद इसके मुझे इसके कारगर होने पर शंका है। उन्होंने कोई विकल्प नहीं सुझाया।"

यह वही बैठक थी जहाँ नेहरू ने स्पष्ट किया–''यह गांधीजी का सोचना है कि जर्मनी व जापान विजयी होंगे। यह विचार अनजाने ही उनकी सोच पर हावी हो रहा है।'' गुप्तचर रिपोर्ट के माध्यम से लन्दन में इस वक्तव्य को उछाला गया

और रूजवेल्ट को बताया गया जिससे गांधीजी को जापानी समर्थक मानकर उनकी निन्दा की गई।

बैठक का विवरण बताता है कि अत्यधिक गर्मागर्मी वाला यह प्रस्ताव जिसमें गांधी की सलाह शामिल थी, समिति में बहुमत से पारित हो गया। हालाँकि उसी दिन दोपहर को मौलाना आजाद द्वारा कार्य समिति की बैठक पुनः बुलाई गई और प्रस्ताव बिना किसी बहस के उलट दिया गया। यह इस कारण हुआ कि नेहरू ने धमकी दी कि वे धुरी राष्ट्रों (जर्मनी-जापान-इटली) के विरोध के लिए प्रतिबद्ध हैं और यदि इस प्रस्ताव में संशोधन नहीं किया गया तो वे खुलेआम इस प्रस्ताव से खुद को अलग कर लेंगे। परिणामस्वरूप प्रस्ताव में निम्नलिखित दो वाक्य काट दिए गए—जापान का झगड़ा भारत के साथ नहीं है और समिति यह बताना चाहती है कि जापान सरकार यह जान ले कि भारतीयों की जापानियों से कोई शत्रुता नहीं है। इसके स्थान पर निम्नलिखित वाक्य इस प्रस्ताव में जोड़ दिया गया जो कि ढुलमुल और पलायनवादी था। यह वाक्य इस प्रकार था—उन स्थानों पर जहाँ ब्रिटेन और आक्रमणकारी ताकतें लड़ रही होंगी वहाँ हमारा ब्रिटेन से असहयोग व्यर्थ और निष्फल होगा। सिर्फ ब्रिटिश फौजों के मार्ग में कोई रुकावट पैदा न करना आक्रमणकारियों से अपने असहयोग को प्रदर्शित कर सकते हैं।[6] यानी जापान का नाम लिए बिना अंग्रेजों की जापान से लड़ाई में व्यवधान डालना परन्तु अंग्रेजों की मदद भी करना।

ब्रिटिश अभिलेखागार का ऊपर लिखा रिकॉर्ड बताता है कि जो लोग भारत की स्वतन्त्रता के लिए लड़ रहे थे वे किस तरह अपना काम कर रहे थे।

लिनलिथगो सरकार के गृह विभाग ने कांग्रेस कार्यसमिति की उस बैठक की समस्त कार्यवाही लन्दन में सेक्रेटरी ऑफ स्टेट को इस सलाह के साथ लिख भेजी कि गांधी कुछ आक्रामक मूड में हैं। हमें बर्मा में उपद्रवी गतिविधियों की पर्याप्त जानकारी है। ऐसा लगता है कि हमें बर्मा की तरह यहाँ भी हिन्दू आबादी से ऐसी ही जापान समर्थक गतिविधियों के लिए तैयार रहना पड़ेगा। नेहरू का यह वक्तव्य कि गांधीजी ऐसा मानते हैं कि जापान व जर्मनी की विजय होगी, ब्रिटेन द्वारा अमेरिका में प्रचार करने में ब्रिटेन के लिए बड़ा उपयोगी साबित हुआ इसी के साथ अमेरिका में प्रचार के लिए निम्नलिखित बिन्दु इस दावे के साथ सुझाए गए हैं कि इन्हें उपलब्ध पुख्ता सबूतों के आधार पर सिद्ध किया जा सकता है—

1. कांग्रेस का दूरगामी उद्देश्य भारत में स्थायी रूप से एक हिन्दू कांग्रेस बुर्जुआ शासन स्थापित करना है।

2. ब्रिटेन के प्रति कांग्रेस की शत्रुता का कारण हमारा सभी के प्रति निष्पक्ष व्यवहार करना है।
3. कांग्रेस का मित्र राष्ट्रों के प्रति शत्रुतापूर्ण रवैया इस कारण है कि वह अपने लक्ष्य को ब्रिटेन के माध्यम से नहीं प्राप्त कर सकती तो वह इसे जापानियों की जीत के माध्यम से हासिल कर लेना चाहती है।
4. क्रिप्स के प्रस्तावों का विरोध ही इसलिए किया गया कि इससे कांग्रेस को रक्षा सम्बन्धी मामलों में नियन्त्रण का अधिकार नहीं मिल रहा था जिससे वे जापान के साथ स्वतन्त्र शर्तें रख सकें।

इस टेलीग्राम में यह भी सलाह दी गई थी कि गांधी को व्यक्तिगत निशाना न बनाया जाए क्योंकि वे बेहद लोकप्रिय हैं बल्कि उनकी नीतियों को निशाना बनाया जाए।[7]

ब्रिटिश खुफिया विभाग ने नेहरू के वक्तव्यों पर टिप्पणी की–"नेहरू ऐसी भावनाओं से ग्रस्त हैं कि कभी उनके अन्दर जापान के विरुद्ध और कभी ब्रिटेन के विरुद्ध भाव उत्पन्न हो जाते हैं। उस समय वे शायद जापान के विरुद्ध भावनाओं के प्रभाव में थे।"[8]

सन् 1939 में जब विश्वयुद्ध आरम्भ हुआ तब ब्रिटेन के साथ युद्ध में नेहरू के शामिल न होने के दूसरे कारण थे जिनका उल्लेख पिछले अध्याय में किया गया है। सन् 1942 में नेहरू की विचारधारा इस पर केन्द्रित हो गई थी कि भारत में ब्रिटिश सत्ता के विरोध का अर्थ यह नहीं कि धुरी राष्ट्रों के विरुद्ध मित्र राष्ट्रों के संघर्ष का विरोध किया जाए। सोवियत संघ पर जर्मन आक्रमण ने नेहरू की इस सोच को और पुष्ट किया इससे भी बढ़कर चीन की दुर्दशा ने। 1939 में नेहरू चीन गए थे जहाँ वे जनरल इसमो च्यांग काईशेक और उनकी सुन्दर और बातचीत में निपुण पत्नी मैडम च्यांग से मिले। मैडम च्यांग से उनका पत्र व्यवहार भी आरम्भ हुआ। फरवरी, 1942 में मैडम च्यांग अपने पति के साथ भारत यात्रा पर आई थीं और यहाँ नेहरू के सामने उन्होंने अपने देश के हितों के लिए पक्ष रखा था। उन्होंने नेहरू को 'अन्तर्राष्ट्रीय दृष्टिकोण वाला राजनेता' कहा था। क्रिप्स मिशन की असफलता के पश्चात् मैडम च्यांग ने रूजवेल्ट के पास भारत की स्वतन्त्रता का पक्ष उठाते हुए 23 अप्रैल, 1942 को सीधे एक तार भेजा जिसमें कहा कि "ब्रिटेन के अखबारों में कही जा रही यह बात कि क्रिप्स असफल नहीं हुए हैं बल्कि उन्होंने भविष्य के लिए भारत ब्रिटेन सम्बन्धों के बेहतर होने की पृष्ठभूमि तैयार की है, नेहरू के अनुसार बिलकुल झूठ है।"[9] नेहरू ने सन् 1940 में भारत, चीन, ईरान, अफगानिस्तान के एक संघ का समर्थन किया था। एशिया की अखंडता

सम्बन्धी उनकी मान्यता भारत-चीन के अच्छे सम्बन्धों पर आधारित थी और 1962 में चीन ने भारत पर हमला किया तब तक वे इसी धारणा पर टिके रहे।

इस दौर में नेहरू के मित्रराष्ट्रों के प्रति समर्थन की नीति कर्नल लुई जॉनसन के प्रभाव से हुई जो उनके और अमेरिकी सरकार के मध्य एक सेतु बन गए थे। जॉनसन की सलाह पर नेहरू ने 13 अप्रैल, 1942 को अमेरिकी राष्ट्रपति रूजवेल्ट को एक तार भेजकर क्रिप्स मिशन के प्रस्तावों को कांग्रेस द्वारा किन कारणों से अस्वीकृत किया गया यह स्पष्ट किया–

> हमारी इच्छा थी कि हमें आक्रमणकारियों के विरुद्ध वास्तव में जनसमर्थित देशव्यापी आन्दोलन का अवसर मिलता...इसके लिए हमारी न्यूनतम आवश्यकता एक वास्तविक राष्ट्रीय सरकार का गठन है। हमारा पूरा प्रयास होगा कि हम जापानियों या अन्य किसी भी आक्रमणकारी के विरुद्ध नहीं झुकेंगे।[10]

उन्हें अमरीकी राष्ट्रपति से तुरन्त जवाब मिला जिसमें राष्ट्रपति ने नेहरू के सन्देश पर गहरा सन्तोष व्यक्त किया और विश्वास व्यक्त किया कि "भारत के लोग जापान के आक्रमण को रोकने के लिए हर सम्भव प्रभावी उपाय करेंगे।" रूजवेल्ट भारत को स्वशासन प्रदान करने के लिए चर्चिल को मनाने के प्रयास में सफल नहीं हुए थे, इस कारण राष्ट्रीय सरकार के गठन के विषय में वह मौन रहे।[11]

लन्दन में ब्रिटिश सरकार लिनलिथगो की इस राय को पूरी तरह मानने को तैयार नहीं थी कि नेहरू के साथ कुछ भी नहीं किया जा सकता। मिशन की असफलता के बाद लन्दन लौटने पर क्रिप्स ने चर्चिल को बताया था कि नेहरू ने उन्हें लन्दन रवाना होने से पहले आश्वस्त किया कि "हम आक्रमणकारियों के सम्मुख नहीं झुकेंगे। जो कुछ ब्रिटेन और भारत के बीच में हुआ है उसके बावजूद हम ब्रिटेन के युद्ध प्रयासों में बाधा नहीं डालेंगे। हमारे लिए समस्या यह है कि हम खुद को संगठित कैसे करें।"[12] सन् 1942 का मध्य ब्रिटेन के लिए सबसे बुरा समय था। क्या वे नेहरू के समर्थन की उम्मीद कर सकते थे और किसी भी तरह उनसे सम्पर्क करने में कम से कम यह पता कर सकते थे कि गांधीजी संघर्ष करने को कहाँ तक टिके रहेंगे?

सर एडवर्ड विलियर्स जो एक जमाने में बंगाल विधान परिषद् के सदस्य थे और 1920 व तीस के दशक में उन्होंने 24 वर्ष भारत के यूरोपीय संघ के अध्यक्ष और भारत के ब्रिटिश संघ के उपाध्यक्ष के रूप में बिताए थे। इस समय सन् 1942 में वे लन्दन में सूचना प्रसारण मन्त्रालय के लिए काम कर रहे थे। इसी माह की

पाँच तारीख को उन्होंने नेहरू से पाँच घंटे लगातार चर्चा की। इस लम्बी अनवरत चर्चा में मात्र एक बार नेहरू गांधीजी से मिलने के लिए उठे। नेहरू के साथ चर्चा के बारे में विलियर्स लिखते हैं–"प्रत्येक प्रश्न या बिन्दु पर उत्तर देने के लिए आधा घंटा लगाने की नेहरू की आदत के कारण यह साक्षात्कार पाँच घंटे तक चला। उनका (नेहरू) राजनीतिक दृष्टिकोण गांधीजी के विचारों का नहीं है, बल्कि अतीत के महान भारतीय साम्राज्य की कल्पना पर आधारित है। नेहरू ने मुझसे कहा कि उनके विचारों में मात्र चार ऐसे देश हैं जिनका भविष्य बड़ा उज्ज्वल है अमेरिका, रूस, चीन और भारत। उनका निश्चित मत था कि इंग्लैण्ड हर तरह से प्रभावित हो चुका है।"[13]

जब विलियर्स ने क्रिप्स प्रस्तावों की बात उठाई तब नेहरू ने उत्तर दिया कि जो प्रस्ताव पेश किए गए हैं उनके अनुसार इसकी कोई गारंटी नहीं है कि ब्रिटेन युद्ध के पश्चात् भारत से चला जाएगा क्योंकि इससे पूर्व भारत को स्व-शासन देने के मुद्दे पर ब्रिटेन बार-बार अपने वादे से मुकरता रहा है। उन्होंने इंग्लैण्ड पर यह आरोप भी लगाया कि "वह जानबूझकर हिन्दू मुसलमानों के मध्य फूट डाल रहा है।" नेहरू के इस वक्तव्य से विलियर्स को जिस उद्देश्य से वह आए थे उसे कहने का मौका मिल गया। विलियर्स ने कहा–"यदि कांग्रेस भारत और उसकी समस्याओं में सम्बन्ध में बिना किसी शर्त या प्रतिबन्ध के पूरे मन से मित्र राष्ट्रों के साथ युद्ध में साथ देने के लिए तैयार हो जाए तो ब्रिटेन और अमेरिका के लोगों की निगाह में भारत की छवि इस तरह बन जाएगी कि यदि हमारी सरकार अपने घोषित इरादों से मुकरना भी चाहे तो (युद्ध के पश्चात् भारत को स्व-शासन देने का वादा) उसके लिए ऐसा करना बिलकुल भी सम्भव नहीं रहेगा। और इसके अलावा स्वयं आप भी एक महान नेता के रूप में प्रतिष्ठित होंगे।"[14]

विलियर्स लिखते हैं कि इससे नेहरू के ऊपर कुछ असर पड़ता हुआ दिखाई दिया। वे कांग्रेस के व्यवहार से तथा उससे अमेरिका व रूस में पड़ने वाले बुरे प्रभाव से खुश नहीं थे। इस मध्य गांधीजी से मिलकर लौटने के बाद नेहरू की हिचकिचाहट दूर हो गई। अन्ततः जब विलियर्स ने नेहरू से पूछा कि क्या वे गांधीजी से मिल सकते हैं तो नेहरू ने कहा कि गांधीजी अस्वस्थ हैं। तब भी विलियर्स ने कांग्रेस के आन्दोलन की सम्भावना के बारे में इस तरह रिपोर्ट किया–"कांग्रेस आन्दोलन नहीं छेड़ना चाहेगी क्योंकि उन्हें इंग्लैण्ड से कुछ रियायतें मिलने की उम्मीद है।"[15] उन्होंने सलाह दी कि इस हालात में सबसे अच्छी नीति यही होगी कि बिलकुल खामोश रहा जाए। विलियर्स ने अपने वृतान्त को यह लिखकर समाप्त किया कि–जैसे-जैसे बातचीत आगे बढ़ती गई मुझे उनकी भावनाएँ और

ज्यादा समझ में आईं। भारत के गौरवशाली अतीत के प्रति उनमें रोष था कि भविष्य के भारत के बारे में वह ज्यादा सपने देख रहे थे जो चार उभरती हुई शक्तियों के मध्य अपना स्थान बनाएगा। इस बात को उन्होंने चार-पाँच बार कहा। यदि मेरे अनुमान सही हैं तो मैं सोचता हूँ कि वे बहुत ज्यादा दुराग्रही हो जाएँगे।[16]

विलियर्स के दस्तावेज सर स्टेफर्ड क्रिप्स के निजी दस्तावेजों के साथ संलग्न हैं। विलियर्स का आकलन इंग्लैण्ड में चर्चिल जैसे मुस्लिम लीग समर्थकों के लिए इस बात का एक और प्रमाण था कि कांग्रेस के नेतृत्ववाला अखंड स्व-शासित भारत रक्षा और सैनिक मामलों में ब्रिटेन के साथ सहयोग नहीं करेगा। और यह भी कि नेहरू और उनके साथियों के नेतृत्ववाला भारत एक शत्रुतापूर्ण रवैया रखेगा।

क्रिप्स के प्रस्तावों के पश्चात् गांधीजी के विचार उग्र हो गए। 10 मई के बाद उनके अखबार 'हरिजन' में अपने लेखों में उन्होंने भारत के विभाजन की चेतावनी देनी आरम्भ कर दी थी। "मैं भारत की चीर-फाड़ को पाप मानता हूँ।"[17] और उन्होंने इस विचार को भी प्रस्तुत करना प्रारम्भ कर दिया। कि "भारत में ब्रिटेन की उपस्थिति जापान को भारत पर आक्रमण का आमन्त्रण देना है और उनका यहाँ से चला जाना खतरे को टाल देगा।" 26 मई को उन्होंने आश्चर्य व्यक्त किया कि अंग्रेज कहते हैं कि हमें यह पता चल जाए कि किसको सत्ता सौंपनी है तो हम खुशी से सत्ता त्याग देंगे। मेरा जवाब यह है कि भारत को भगवान के भरोसे छोड़ दो और यदि यह भी ज्यादा है तो हमें अराजकता में छोड़ दो।[18]

गांधीजी के इन विचारों तथा कांग्रेस पार्टी पर उनके पूरे नियन्त्रण का परिणाम यह निकला कि ब्रिटेन और भारत के मध्य दरार और बढ़ गई। गांधी पर पार्टी की निर्भरता इसलिए थी कि जनता की उन पर अन्धश्रद्धा थी। लोग गांधीजी की रणनीतियों को न समझते थे और न उन पर ज्यादा ध्यान देते थे।[19]

14 जुलाई, 1942 को कांग्रेस कार्यसमिति ने एक प्रस्ताव पारित किया जिसका सार यह था कि अंग्रेजों को भारत छोड़ देना चाहिए और सभी वर्गों के प्रतिनिधित्व वाली अन्तरिम सरकार का गठन किया जाना चाहिए जो मिलकर भारत और ब्रिटेन के भावी सम्बन्धों के बारे में विचार विमर्श करे और भारतीय सहयोगी बनकर जो आक्रमण कर रहे हैं उनसे कैसे निपटे। यदि ब्रिटेन इस प्रस्ताव को अस्वीकार कर दे तो कांग्रेस अपनी संचित अहिंसा की शक्ति के सहारे गांधीजी के नेतृत्व में देशव्यापी संघर्ष के लिए मजबूर हो जाएगी।[20] इस प्रस्ताव ने ब्रिटेन को 7 अगस्त तक उपरोक्त मामले में निर्णय लेने का समय दिया। और

कहा कि उसके बाद अखिल भारतीय कांग्रेस समिति, कार्यसमिति के इस प्रस्ताव पर विचार विमर्श करेगी।

जब यह सब हो रहा था तब मोहम्मद अली जिन्ना बम्बई में अपने घर शान्ति से बैठे हुए थे और सोच रहे थे कि कांग्रेस के 14 जुलाई के प्रस्ताव पर क्या प्रतिक्रिया की जाए। उन्होंने अपने वक्तव्य में कहा–गांधी और हिन्दूवादी कांग्रेस द्वारा ब्रिटेन को ब्लैकमेल करने की उनकी नीति और कार्यक्रम का यह चरमोत्कर्ष है। उन्होंने माँग की कि मुसलमानों को आत्मनिर्णय के अधिकार का आश्वासन देने वाली कोई घोषणा ब्रिटिश सरकार द्वारा तुरन्त की जाए और यह वचन भी दिया जाए कि वे मुसलमानों के जनमतसंग्रह के निर्णय को मानेंगे और पाकिस्तान योजना को कार्यान्वित करेंगे।[21] कांग्रेस द्वारा जल्दी ही एक जन आन्दोलन छेड़ने की सम्भावना को देखते हुए जिन्ना ब्रिटेन के साथ अपनी नीतियों का तालमेल बैठाने की जमीन तैयार कर रहे थे।

दिल्ली में अमेरिकी मिशन के प्रमुख मैरेल ने कांग्रेस के इस प्रस्ताव की जो रिपोर्ट 14 जुलाई को वाशिंगटन भेजी उसमें इसकी व्याख्या कुछ इस तरह की थी– "जहाँ इस प्रस्ताव में सत्ता के पूर्ण हस्तान्तरण की बात कही गई है वहीं यह प्रस्ताव समझौते की इच्छा से भरपूर है। इसमें जनता के सभी वर्गो के लिए स्वीकार्य (जिसमें मुस्लिम लीग भी शामिल है) एक संविधान सभा का भी प्रस्ताव जोड़ा गया है।" मैरेल ने इसमें लिखा कि "गांधीजी बिल्कुल ठीक कह रहे हैं कि जिन्ना ने पाकिस्तान के आशय को प्रकट नहीं किया और न ही उन्होंने कांग्रेस से बातचीत का कोई प्रयास किया है और जिन्ना मानते हैं कि कई समर्थक पाकिस्तान के बारे में सहमत नहीं हैं।"[23]

ब्रिटिश सरकार का आकलन बिलकुल भिन्न था। एम्री ने हाउस ऑफ कॉमन्स में तथा क्रिप्स ने अमेरिकी जनता को रेडियो प्रसारण में स्पष्ट किया कि कांग्रेस पार्टी की चुनौती से निपटने के लिए सरकार हर सम्भव कदम उठाने से नहीं हिचकिचाएगी। यह सूचना एटली ने राष्ट्रपति रूजवेल्ट को आधिकारिक तौर पर पहुँचा दी जिसका उल्लेख पूर्व के अध्याय में किया गया है।

8 अगस्त को बम्बई में कांग्रेस पार्टी की कार्यसमिति की बैठक में प्रसिद्ध 'भारत छोड़ो आन्दोलन' प्रस्ताव पास हुआ जिसमें अहिंसक असहयोग आन्दोलन को व्यापक स्तर पर छेड़ने का आह्वान था। इसमें ब्रिटेन को तुरन्त भारत छोड़ने को कहा गया। गांधीजी ने अपने स्वभाव के विपरीत आवेशपूर्ण सम्बोधन में घोषित किया–''सवेरा होने से पूर्व, आज ही रात को, तुरन्त स्वतन्त्रता...कांग्रेस को स्वतन्त्रता प्राप्त करना चाहिए या इस प्रयास में खत्म हो जाना चाहिए। मैं

एक मन्त्र देता हूँ छोटा-सा–करो या मरो। हम अनन्तकाल की दासता देखने के लिए जीवित नहीं रहेंगे।"[24]

ब्रिटेन दोनों मोर्चों पर पूरी तरह से तैयार था–आन्तरिक मोर्चे पर भारत के लिए और बाह्य मोर्चे पर अमेरिका के लिए। भारतीय मोर्चे पर अंग्रेज इसके लिए तैयार और आश्वस्त थे कि एम्री ने लिनलिथगो को तार में यह कविता लिखते हुए हरी झंडी दिखाई–"जिसका संघर्ष न्यायपूर्ण है वह दो गुना तैयार हो जो पहले धक्का दे वह तिगुना तैयार है।"[25]

राजगोपालाचारी को छोड़ महात्मा गांधी और दूसरे कांग्रेस कार्यकारिणी सदस्यों की तत्काल गिरफ्तारी के कारण शासन के विरुद्ध गांधीजी की अहिंसात्मक संघर्ष की योजना ठप्प पड़ गई। उसके बजाए आन्दोलन गांधीजी की अहिंसा की नीति के विरोधी क्रांतिकारियों के हाथों आ गया। आन्दोलन के शुरू में ही हुई हिंसा और तोड़फोड़ को नियन्त्रित करने में कुछ हफ्ते लगे और यह दिए गए मूल निर्देशों के अनुरूप भी नहीं था। इसके परिणामस्वरूप लगभग 250 रेलवे स्टेशन और डाकखाने तथा पुलिस स्टेशन नष्ट किए गए, रेल लाइनें और टेलीफोन, टेलीग्राफ के तारों को उखाड़ फेंका गया। बिहार के क्षेत्र में रेल लाइनों को इस कदर नुकसान पहुँचाया गया कि पूर्वी मोर्चे पर संचार और आपूर्ति कुछ समय बिलकुल बन्द रही। व्यवस्था बनाए रखने के लिए अशान्ति को नियन्त्रित करने में फौज की 57 बटालियनों की मदद और हवाई जहाजों से आन्दोलनकारियों पर गोलाबारी करनी पड़ी। 50,000 लोगों को गिरफ्तार किया गया हजार से ज्यादा लोग मारे गए। यह विद्रोह गंगा के तटों तक ही सीमित था जिसका केन्द्र बिहार था। लिनलिथगो ने उसे 1857 के विद्रोह के बाद सबसे बड़ा विद्रोह करार दिया। हालाँकि नवम्बर 1942 तक इस विद्रोह को नियन्त्रित कर लिया गया।

'भारत छोड़ो आन्दोलन' ऐसे समय छेड़ा गया था जब युद्ध में ब्रिटेन की स्थिति गम्भीर थी। उस वर्ष के आरम्भ में उन्हें जापान के हाथों पराजय झेलनी पड़ी थी और उनकी एक लाख सेना जापान के हाथों पड़ गई। सम्पूर्ण बंगाल की खाड़ी पर जापानियों का नियन्त्रण हो गया और अब वह बर्मा के मार्ग से भारत पर आक्रमण के लिए तैयार थे। जून में उत्तरी अफ्रीका में टोब्रूक में भी हारे और 33 हजार ब्रिटिश सेना पकड़ ली गई। इससे जर्मन जनरल रोमेल की अफ्रीकी कोर को मिश्र पर कब्जा करने का रास्ता खुल गया। यूरोप में जर्मनी के पैंजर सोवियत भूमि के अन्दर दूर तक घुस रहे थे और कॉकेशस के तेल कुँओं की ओर तेजी से बढ़ रहे थे। क्या भारत को पार करने के पश्चात् जापानी फौज मध्यपूर्व में जर्मनी फौज से कही मिलने की तैयारी कर रही थी? चर्चिल और अमेरिकी

सेनापतियों में इस बात को लेकर अनबन थी कि सोवियत यूनियन को सम्भालने के लिए इँग्लिश चैनल के पार फ्रांस से आक्रमण किया जाए या फिर पहले उत्तरी अफ्रीका में जनरल रोमेल पर पीछे से आक्रमण किया जाए जिससे मध्यपूर्व में ब्रिटेन को राहत मिले। चर्चिल ने अपने संस्मरणों में लिखा है कि जुलाई 1942 के महीने में मैं अपने राजनीतिक जीवन के कठिनतम मुकाम पर था और विजयों से वंचित। जिस दिन 'भारत छोड़ो आन्दोलन' शुरू हुआ उस दिल चर्चिल काहिरा में थे और सेनापतियों की अदला-बदली करने में लगे थे। आठवीं फौज में रिची के स्थान पर मॉण्टगोमरी को नियुक्त किया गया।

ऐसे समय में 'भारत छोड़ो आन्दोलन' करने के कारण ब्रिटिश सरकार और जनता का गांधीजी और कांग्रेस के प्रति आक्रोश और गुस्सा असामान्य नहीं था। और उनके सबसे संकटपूर्ण पलों में यह उनकी पीठ में छुरा भोंकने जैसा था। भारत में ब्रिटिश प्रशासनिक अधिकारी और इंग्लैण्ड में चर्चिल के मित्रों के लिए गांधीजी के प्रति बेहद खराब भावनाएँ उभरीं। इंग्लैण्ड के जो लोग भारत के प्रति सहानुभूति रखते थे, वे भी गांधीजी के कदम से भौचक रह गए। लेबर पार्टी के आधिकारिक मुख पत्र लन्दन के 'द डेली हेराल्ड' ने कांग्रेस द्वारा आन्दोलन छेड़े जाने के निर्णय के सम्बन्ध में सम्पादकीय लिखा–

"यदि आप इस समय ऐसी माँगे मनवाना चाहते हैं, जो इन क्षणों में पूरी कर पाना असम्भव है। तब आप अपने उद्देश्य को कमजोर कर देंगे। और हम जैसों को जो आपके वफादार और गर्वीले प्रवक्ता हैं, उनके प्रभाव को कम कर रहे हैं। उससे भी खराब बहुत खराब काम कर रहे हैं। इससे आप दुनिया के समक्ष ऐसी छवि प्रस्तुत कर रहे हैं कि भारतीय नेताओं में राष्ट्रवाद जैसे कमतर लक्ष्य और संयुक्त राष्ट्र के आदर्शों के मध्य अन्तर करने की क्षमता नहीं है। इससे यह भी सन्देश जाता है कि दुनिया के प्रगतिशील लोगों के साथ स्वतन्त्रता, समानता और बंधुत्व की तुलना में आप ओछी राजनीतिक राष्ट्रीयता को ज्यादा मानते हैं।"[26]

सच में भारत छोड़ो का नारा बड़ा आकर्षक था इसने ब्रिटिश शासन के खिलाफ लोगों में प्रेरणा दी। सड़कों पर बच्चे अंग्रेज व्यक्ति को देखते ही 'भारत छोड़ो' का नारा लगाते थे। उसके कारण यह भावना फैलने लगी कि आज़ादी करीब ही है। हालाँकि बड़ी सीमा तक यह आन्दोलन प्रतिकूल प्रभाव छोड़ने वाला रहा। असफलता से बढ़कर कोई और पराजय नहीं होती। जिस गति से 'भारत छोड़ो आन्दोलन' को दबाया गया, उससे अंग्रेजों को इस राय से दुनिया भर को इख्तियार हुआ कि भारत की जनता पर कांग्रेस की पकड़ उतनी मजबूत नहीं है, जितनी मानी जाती थी। इससे जिन्ना और मुस्लिम लीग के प्रति अंग्रेजों का झुकाव

बढ़ा और लिनलिथगो के प्रति उनकी दूरदर्शिता के कारण विश्वास भी बढ़ा क्योंकि उन्होंने पहले से ही आंग्ल मुस्लिम गठबन्धन कायम कर लिया था। और बाद में जब जापान भारत पर आक्रमण करने में असफल हुआ तब रूजवेल्ट ने भी ब्रिटेन पर भारत के सम्बन्ध में दबाव डालना कम कर दिया।

आन्दोलन बहुत प्रभावशाली नहीं रहा। साथ ही यह अहिंसक भी नहीं रहा। इसने सन् 1915 से गांधीजी के तरीकों को उलट कर रख दिया जो ब्रिटेन की जनता को प्रभावित कर अंग्रेजी शासन को रक्षात्मक होने के लिए विवश करता था।

वास्तव में एक ऐसे समय जब जापानी आक्रमण का खतरा आसन्न था, वाइसरॉय और युद्ध मन्त्रिमंडल के पास ऐसे आन्दोलनों को कठोरतापूर्वक कुचलने में कोई हिचकिचाहट नहीं थी। और उन्हें इंग्लैण्ड में जनता से कोई विरोध भी नहीं था। नेहरू ने बाद में लिखा है कि संगठित और सशस्त्र शक्तियों को जो एक साथ थीं उनके लिए यह मूर्खतापूर्ण और असामयिक चुनौती थी। उसके साथ ही नेहरू अपने बेहतर आकलन के बावजूद गांधीजी की आज्ञा का पालन करते रहे जैसे कई अन्य मौकों पर भी उन्होंने किया।

गांधीजी और उनके साथी उनके कार्यों को परिणामों के दृष्टिकोण से नहीं देख रहे थे। वे जानते थे कि ऐसे आन्दोलनों के द्वारा अंग्रेजों को भगाने की सम्भावनाएँ बिलकुल नगण्य थीं। तो क्या अपने ऐसे कामों से वे ब्रिटेन को और ज्यादा जिन्ना के करीब नहीं ढकेल रहे थे? और इससे वास्तव में क्या ऐसी स्थिति निर्मित नहीं हो रही थी जो विभाजन की तरफ ले जा रही थी जिसके वे बिलकुल खिलाफ थे। महात्मा की नीति जिन्ना की नीति से बिलकुल भिन्न थी। जिन्ना अपनी रणनीति के जरिए ज्यादा कमजोर स्थिति के बावजूद एक तरफ ब्रिटेन के साथ सहयोग का दावा भी इस्तेमाल कर सके और दूसरी ओर अपने लक्ष्य को प्राप्त करने के लिए सीधे साम्प्रदायिक कार्रवाई की धमकी का भी इस्तेमाल करने में सफल रहे।

गांधीजी के जीवनीकार रॉबर्ट पेन ने 1942 में गांधीजी के आक्रामक अवास्तविक रवैये के बारे में लिखते हुए यह कहा है कि इस समय दुनियाभर में विश्वयुद्ध के कारण मची विभीषिका ने और इसके खिलाफ कुछ न कर पाने की उनकी अक्षमता ने उन्हें बुरी तरह विचलित कर दिया था। उस समय अहिंसा और असहयोग के सिद्धान्तों की प्रभाव क्षमता को सबसे ज्यादा चुनौती थी और इसमें वह बेबस थे। पेन उनकी बेबसी का, उन दो पत्रों से उदाहरण देते हैं जो 1939 और 1941 में उन्होंने हिटलर को लिखे थे। 23 जुलाई, 1939 में उन्होंने हिटलर

से अपील की, "क्या आप ऐसे व्यक्ति की अपील सुनेंगे जो युद्ध के तरीके से दूर रहा और जिसमें उसे सफलता भी मिली। 24 दिसम्बर, 1941 को एक दूसरे लम्बे पत्र में उन्होंने हिटलर की नीतियों की सख्ती से आलोचना करने के बाद उसे लिखा कि हमें आपकी बहादुरी और राष्ट्र के प्रति समर्पण के बारे में कोई सन्देह ही नहीं है और जैसा आपके शत्रु आपको दुष्ट या शैतान मानते हैं हम उससे भी सहमत नहीं हैं। अहिंसक उपायों में हार जैसी कोई बात नहीं होती। यह बिना मारे या चोट पहुँचाए करो या मरो का सिद्धान्त है...। मैं आपसे और मि. मुसोलिनी दोनों को संयुक्त अपील करने की सोच रहा हूँ।"[27]

निश्चित ही वे सिर्फ हिटलर को ही ऐसी राय नहीं दे रहे थे। युद्ध की शुरुआत में क्या उन्होंने वाइसरॉय को सलाह नहीं दी थी कि ब्रिटेन को हिटलर का मुकाबला आत्म-बलिदान की जोखिम उठाने की हद तक जाकर अहिंसक व असहयोगात्मक तरीके से करना चाहिए।

इस समय गांधीजी के मस्तिष्क में जो सोच पनप रही थी उसमें उन्होंने यह भी कह डाला था कि यहूदियों को ईश्वर से हिटलर के लिए अपराधों को क्षमा करने के लिए प्रार्थना करना चाहिए। इस पर पेन ने लिखा है–"आश्रम की शान्ति में वह गैस चेम्बर की भयावह शान्ति को नहीं समझ सकते थे, उन्हें न तो इस बात की कल्पना थी और न हो सकती थी कि किस प्रकार यहूदियों का उत्पीड़न हो रहा था, उन्हें तानाशाहियों के बारे में भी कोई खास पता नहीं था।"[28]

क्या गांधीजी अपने सत्याग्रह के सिद्धान्त का युद्ध के दौरान प्रयोग करने के लिए इतने उत्सुक थे कि वह कल्पनालोक में विचरण करने लगे। जैसा पेन कहते हैं या फिर वे इस बात से चिन्तित थे कि उग्रविचारधारियों जैसे सुभाषचन्द्र बोस आदि के आगे आने के कारण कांग्रेस पर उनकी पकड़ कमजोर होती जा रही थी। इस कारण वह ऐसी हताश कोशिशें कर रहे थे। या फिर क्रिप्स के प्रस्तावों में भारत के विभाजन की आशंका उन्हें जीवनभर की उनकी कोशिशों की असफलता की पीड़ा से भर रही थी।

पर गांधीजी का यह उग्र मूड ज्यादा लम्बे समय तक नहीं टिका। वर्ष के अन्त तक जेल से वह वाइसरॉय से पत्र व्यवहार करने लगे और दोनों ने एक-दूसरे पर जो कुछ घटा था उसके लिए दोषारोपण किया। गांधीजी वाइसरॉय पर उन्हें सफाई देने का मौका दिए बिना गिरफ्तार करने का आरोप लगा रहे थे और वाइसरॉय महात्मा पर उनके भारत छोड़ो प्रस्ताव से जो हिंसा भड़की और जिसकी गांधीजी ने निन्दा नहीं की। इन आरोप-प्रत्यारोपों के मध्य गांधीजी ने वाइसरॉय को उनकी पुत्री के विवाह के लिए बधाई दी और उनसे यह भी निवेदन किया कि वह

वाशिंगटन में हैलीफैक्स जो कि पहले लॉर्ड इरविन के नाम से जाने जाते थे और भारत के वाइसरॉय रहे थे युद्ध में उनके पुत्र के मारे जाने पर उनकी (गांधीजी की) ओर से संवेदना प्रकट कर दें। गांधीजी का सन्तुलन थोड़ा ठीक हुआ। जब उन्होंने 9 फरवरी, 1943 को इक्कीस दिन का उपवास शुरू किया और उनकी मृत्यु के भय से पीड़ा व प्रायश्चित करने के लिए चिन्ता की लहर दौड़ गई। इसमें जिस तरह से लोग रोज उनके स्वास्थ्य सम्बन्धी बुलेटिन की साँस रोककर प्रतीक्षा करते थे, यह इस बात का प्रमाण था कि भारत की जनता पर उनकी जादुई पकड़ बरकरार थी और उनके निर्णयों की असफलता के बावजूद देश के स्वतन्त्रता संग्राम के लिए उनकी अपरिहार्यता बनी हुई थी। वास्तव में लिनलिथगो इस बात को लेकर चिन्तित थे कि कहीं ब्रिटेन की कैद में उनकी मृत्यु हो गई तो देश भर में ब्रिटिश विरोधी लहर फैल जाएगी जो उस उपद्रव से भी भयानक होगी जो 'भारत छोड़ो आन्दोलन' के समय उत्पन्न हुई थी।

1943 में लिनलिथगो ने खुद को 'पूर्व का चर्चिल' कहना आरम्भ कर दिया था। विलियम फिलिप जनवरी, 1943 में कर्नल जॉनसन के स्थान पर भारत में अमेरिकी राष्ट्रपति के विशेष प्रतिनिधि के रूप में नियुक्त हुए थे उन्होंने 18 फरवरी को भेजी एक रिपोर्ट में लिखा कि गांधीजी के उपवास के मध्य जब ऐसा लगने लगा कि वह जीवित नहीं रहेंगे तब लिनलिथगो ने उनसे कहा था यदि वह मर जाएँगे तो उससे उत्पन्न संकट से वे निपट लेंगे और छह महीने के अन्दर सब स्थिति सम्हल जाएगी और रास्ता आसान हो जाएगा...। ब्रिटिश सरकार के सारे प्रयासों को गांधीजी हर बार असफल करते रहे हैं।[29] फिलिप ने रूजवेल्ट को 23 फरवरी को लिखा, सम्भवतः वह लिनलिथगो उसी पुराने साँचे में ढले प्रतीत होते हैं जैसे 1772 में अमेरिका के स्वतन्त्रता संग्राम में हमको दिखाई देते थे।[30] चर्चिल तो हमेशा चर्चिल ही रहे। जब गांधीजी का जीवन खतरे में था तब उन्होंने लिनलिथगो को तार भेजा, "सुना है गांधीजी अनशन के नाटक के दौरान अपने पानी में ग्लूकोज मिलाते हैं क्या यह पता लगा पाना सम्भव है?[31] मैं नहीं सोचता कि गांधीजी का मरने का कोई इरादा है, मुझे लगता है वे पिछले हफ्ते में मुझसे बेहतर खाना खा रहे थे।"[32]

गांधीजी बीसवीं शताब्दी में भारत के सबसे प्रभावशाली नेता थे। वह जैसे ही दक्षिण अफ्रीका से वापस लौटे तो उन्होंने फौरन जनता को आकर्षित किया और सत्याग्रह या अहिंसक, असहयोग का सूत्र देकर उन्हें अंग्रेजी राज के खिलाफ लड़ने के लिए आगे ला सके। एक पददलित कौम में पुनः आत्मविश्वास लौटा सके। सहिष्णुता और बहुदेववाद पर जोर देकर उन्होंने भारतीय मूल्यों के आधार

पर जो लोकतन्त्र का भी मूल है लोगों को एक दूसरे से मिलाने का प्रयास किया। साथ-साथ उन्होंने हिन्दू समाज की उन कुरीतियों को जिसमें सामाजिक उत्तरदायित्व का अभाव, अस्पृश्यता और अपने स्वजनों के अतिरिक्त दूसरे लोगों के प्रति सरोकार न रखना शामिल था, उखाड़ फेंकने का प्रयास किया। उनका चर्खा आत्मनिर्भरता और दृढ़ता का प्रतीक बन गया। जितना ज्यादा वह अपना जीवन सरल, सादा बनाते गए, जितनी उनकी वेशभूषा गरीब ग्रामीण की भाँति होती गई, उतना ही वह लोगों के लिए औरों से अलग महान एक महात्मा प्रतीत होने लगे और उनके व्यक्तित्व में दैवीय आभा बनने लगी।

महात्मा का यह सन्देश ज़रूरी नहीं कि शक्तिहीनों के पास शक्ति न हो दुनियाभर में गूँजा। इसने सदी की तीन क्रान्तियों को भड़काया साम्राज्यवाद, नस्लवाद और आर्थिक शोषण जिसने दुनियाभर के देशों के नेताओं को प्रेरणा प्रदान की। नेल्सन मंडेला ने कहा है—ऐसे समय में जब फ्राइड सेक्स को उन्मुक्त कर रहे थे, गांधी इसे नियन्त्रित कर रहे थे। जब मार्क्स मजदूरों को पूँजीवाद के खिलाफ संघर्ष के लिए खड़ा कर रहे थे तब गांधी उन्हें सामंजस्य की ओर ले जा रहे थे और जब यूरोप के प्रभावशाली विचार में सामाजिक मान्यता से ईश्वर व आत्मा को निकाल दिया गया था तब गांधी समाज को आत्मा व ईश्वर की ओर केन्द्रित कर रहे थे और ऐसे समय जब गुलाम देशों से आदर्श व विचार लगभग खो चुके थे उन्होंने उनको फिर से जागृत किया और इन लोगों को ऐसी शक्ति से भर दिया जिसके कारण वे स्वतन्त्र हो सके और उनका पुनरुत्थान हो सका।

इस महान व्यक्ति को जीवन के इस पड़ाव पर जो भ्रम था कि भारत के बदलते हालात में अहिंसा का सिद्धान्त कहाँ तक उचित है जबकि भारत उपनिवेशवाद से उबर रहा था और ऐसी स्थिति में पहुँच रहा था जैसी कि आजाद देशों में होती है जिनको दूसरे देशों से आमना-सामना करना पड़ता है। अहिंसा की नीति से चिपके हुए थे, जब पूरी तरह से मात्र उपनिवेशवाद के खिलाफ संघर्ष ही नहीं हो रहा था बल्कि इससे हटकर स्वतन्त्र राष्ट्र जब एक दूसरे सामने आ जाते हैं। सत्याग्रह की शक्ति अत्याचारी के अन्दर तक नैतिक भावना को जगा सके इसके लिए अत्याचार सहन करने वाले को अत्याचारी का मन बदलने के लिए आत्मबलिदान तक को चुपचाप सहन करना पड़ता है। यह उन लोगों के लिए सिद्धान्त हो सकता है जो अपने व अपने निकटतम प्रियजनों का जीवन दाँव पर लगा सकते हैं। यह सिद्धान्त सार्वभौम राज्यों और नेताओं के लिए दूसरे राष्ट्रों द्वारा आक्रमण विरुद्ध लड़ने के लिए नहीं हो सकता। किसी भी देश का नेतृत्वकर्ता

आक्रमण कारी सेना के सामने अहिंसा का सिद्धान्त नहीं बरत सकता जिससे देश की हार हो और सम्भवतः लाखों बलिदान हो जाएँ। अहिंसा का प्रयोग ऐसे व्यक्तियों के विरुद्ध हो सकता है जो अपने नैतिक और अनैतिक कार्यों को समझने की क्षमता रखते हैं। जैसा कि विश्व में अंग्रेजी उपनिवेशवाद और दक्षिण अफ्रीका में दक्षिण अफ्रीका नस्लवाद जबकि हालात बदल रहे हैं क्योंकि यह बिलकुल ही अलग नैतिक मूल्यों वाले लोगों जैसे कट्टरपन्थी या जेहादियों से लड़ते समय उपयोगी नहीं हो सकता और नहीं यह स्वतन्त्र देशों को अपनी सीमाओं की बाह्य आक्रमण से रक्षा करने या कूटनीतिक दृष्टि से उपयोगी सिद्धान्त है।

24 मई, 1942 को 'हरिजन' में एक लेख में गांधीजी ने लिखा–'भारत के ब्रिटिश राज के खत्म होने के बाद भारतीय सेना को भंग कर दिया जाएगा।' हम यह भी जानते हैं कि कुछ मौकों पर उन्होंने इससे अलग विचार प्रकट किए थे। विसेन्ट शीअन लिखते हैं कि मेरा मानना है कि अपनी लम्बी जीवन यात्रा में गांधीजी ने इन तथ्यों के बारे में बहुत कुछ सीखा है और टॉलस्टॉय के सिद्धान्तों के प्रति उनका अत्यधिक उत्साह अब काफी हद तक बदल चुका था। मरने से दो दिन पूर्व ही उन्होंने मुझे कहा था, कि कोई भी राज्य सेना के बिना नहीं चल सकता।[33] 29 अक्टूबर, 1947 को उन्होंने माउंटबेटन व लेफ्टिनेंट जनरल एल.पी. सेन (जो कश्मीर में सैन्य अभियान का संचालन कर रहे थे) से कहा कि भारतीय फौजों को कश्मीर से लड़ना पड़ेगा।[34]

यह देश के लिए दुर्भाग्यपूर्ण था कि वह भारत के आजाद होने से पूर्व अपने दिमाग से यह असमंजस दूर नहीं कर पाए और न ही सहिष्णुता व सन्तुष्टिकरण में भेद ही कर पाए।

उनके जीवन के अन्तिम समय वाइसरॉय और कांग्रेस पार्टी में मध्यस्थता करने के उनके प्रयासों को अवास्तविक समझा गया और ब्रिटिश पक्ष में उसे गलत ढंग से लिया गया। विभाजन के बाद उनके पाकिस्तान के तुष्टिकरण के प्रयास अपने ही देश में विवादास्पद रहे। वी.एस. नॉयपॉल ने लिखा है कि यह भारत का सौभाग्य रहा कि देश को चलाने के जिम्मा गांधी के पास नहीं आया। उनका सबसे विवादास्पद कार्य जनवरी, 1948 में उस समय अनशन करना था जब भारत-पाकिस्तान के मध्य युद्ध जोरों पर था। उन्होंने इस बात के लिए अनशन किया था कि विभाजन के समय पाकिस्तान की सम्पदा के रूप में जो पचपन करोड़ रुपया देना मंजूर हुआ था वह भारत सरकार अविलम्ब दे दे। यह पचास करोड़ आज के सन्दर्भ में दो अरब साढ़े सात करोड़ होते हैं। यह इसलिए विवादास्पद था क्योंकि पाकिस्तानी सेना का उद्देश्य होता–सीधे इससे भारतीय

सेना के खिलाफ इस्तेमाल के लिए हथियार खरीद कर भारतीय सैनिकों को गोलियों से उड़ाना।

एटनबरा की 1982 की प्रसिद्ध फिल्म गांधी अन्तिम दिनों के गांधी का पर्याप्त चित्रण नहीं करती। गांधीजी का समर्पण, अनुशासन, साहस और हास्यबोध कभी खत्म नहीं हुआ। पर उनका झुकाव मुक्ति, त्याग और नैतिक धैर्य की ओर हो गया था बनिस्बत कूटनीतिक व विश्लेषणात्मक दूर दृष्टि के। सन् 1946 के बाद उन्होंने जान को खतरे के बावजूद दंगाग्रस्त क्षेत्रों में स्वयं को झोंक दिया और बिना राजनीतिक सोच-विचार के मारकाट रोकने और लोगों के कष्टों को कम करने में जुट गए। ऐसा मानवीय व्यवहार शायद सबसे पवित्र है किन्तु पूर्व के गांधी अधिक तीक्ष्णबुद्धि, स्पष्ट सोच, व्यावहारिक और मौलिक थे जिनमें जटिल मामलों को सुलझाने की शक्ति थी जिसने भारतीय जनता को सम्मोहित किया।

देश के लिए उनका जो आखिरी बड़ा काम था वह उन्होंने सन् 1932 में किया था। यह काम था पूना में कारावास के दौरान हरिजनों के लिए अलग निर्वाचन क्षेत्रों के ब्रिटिश प्रस्ताव के विरुद्ध संघर्ष। इस प्रस्ताव के अनुसार दलित वर्गों के लिए निर्वाचित संस्थाओं में सीटें आरक्षित होने का प्रस्ताव था जिसमें उम्मीदवार और मतदाता दोनों ही दलित वर्गों से ही होंगे। सन् 1909 में मुसलमानों के लिए अलग निर्वाचन के अलगाव को बढ़ाया। अंग्रेजों का यह नया प्रस्ताव जातिप्रधान हिन्दू समाज में राजनीतिक दरार का खतरा उत्पन्न कर रहा था। गांधीजी ने इस प्रस्तावों का विरोध करते हुए आमरण अनशन आरम्भ किया। साथ ही साथ गांधीजी ने हरिजनों के नेता डॉ. अम्बेडकर से इस सम्भावना पर बातचीत आरम्भ कर दी कि यदि कांग्रेस पार्टी अपने कोटे में से हरिजनों को अंग्रेजों के प्रस्ताव से अधिक सीटें दे तो क्या वे सन्तुष्ट होंगे। यह बातचीत सफल रही और पूना पेक्ट सम्पन्न हुआ इससे अंग्रेजों के पास इस मुद्दे से पीछे हटने के अलावा कोई चारा नहीं रहा।

आज दलितों का प्रतिशत भारत के जनसंख्या का (2 करोड़) बीस प्रतिशत है। जबकि आधी शताब्दी पूर्व यह कुल आबादी के 60 परसेंट यानी 2.4 करोड़ थे। कोई नेता जो चुनाव जीतना चाहता है वह दलितों की उपेक्षा नहीं कर सकता। भारत में चुनाव प्रक्रिया ने किसी भी अन्य तथ्य की तुलना में जाति प्रथा को मिटाने में सर्वाधिक भूमिका निभाई है। अगर निम्न वर्गों के लिए अलग निर्वाचन क्षेत्रों को संस्थागत बना दिया गया जैसे कि मुसलमानों के लिए किया गया था तो निर्वाचन प्रक्रिया उच्च एवं निम्नजातियों को एक दूसरे पर आश्रित करने की बजाय चुनाव एक से एक बड़ी दरार पैदा करती रहती। गांधीजी के जीवनीकार जूडिथ

ब्राउन के शब्दों में जातिवाद की बुराइयों के खिलाफ उनके उपदेश तथा गाँव में स्वच्छता के लाभ गांधीजी की वास्तविक छवि प्रस्तुत करते हैं न कि सत्ताधीशों से वार्तालाप या राजनीतिक प्रचार के जो उनके जीवन की घटनाओं के ऐतिहासिक लेखन में सबसे ज्यादा प्रकट हुए हैं।[35]

सन्दर्भ

1. एम एस एस ई यू आर 125/9, खंड-5, वाइसरॉय ने सेक्रेटरी ऑफ स्टेट को 21 जुलाई, 1942 को दी गई सूचना।
2. यू एस एफ आर 1942, खंड-1, पृ. 693, मैरेल द्वारा सेक्रेटरी ऑफ स्टेट को 21 जुलाई, 1942 को दी गई सूचना।
3. ट्रांसफर ऑफ पॉवर–II क्र. 90, 26 मई, 1942 को खुफिया विभाग की रिपोर्ट, पृ. 131।
4. वही, पृ. 35।
5. वही।
6. टी ओ पी–II क्र. 113 (एम एस एस ई यू आर एफ 125/105 भी) 31 मई, 1942, क्र. 113 का संलग्नक कांग्रेस कार्यकारिणी समिति की इलाहाबाद में अप्रैल, 1942 के अन्त में आयोजित बैठक की कार्यवाही की पूर्ण जानकारी दी गई।
7. टी ओ पी II, क्र. 132 (एल/पी एंड जे/8/596 एफ 207-87), पृ. 189, 7 जून, 1942। भारत शासन के गृहविभाग द्वारा सेक्रेटरी ऑफ स्टेट को लिखा गया नोट।
8. वही, पृ. 187-88।
9. यू एस एफ आर 1942, खंड-1, पृ. 639, मैडम च्यांग काई शेक द्वारा राष्ट्रपति रूजवेल्ट को, दिनांक 23 अप्रैल, 1942।
10. वही, पृ. 635, नेहरू द्वारा रूजवेल्ट को भेजा गया सन्देश (कर्नल जॉनसन के माध्यम से) 13 अप्रैल 1942 को भेजा गया।
11. वही, पृ. 637।
12. विंस्टन चर्चिल, मैमोरीज ऑफ द सेकेंड वर्ल्ड वॉर, खंड-7, द ऑनस्लॉट ऑन जापान (कैसल एंड कं., लन्दन, 1950, पृ. 199)।
13. वर्धा में 5 जुलाई, 1942 को सर एडवर्ड विलियर्स की जवाहर लाल नेहरू से बातचीत सम्बन्धी अत्यन्त गोपनीय दस्तावेज, सी ए एस 127-43, पब्लिक रेकॉर्ड ऑफिस, लन्दन।
14. वही।
15. वही।
16. वही।
17. हरिजन, 24 मई, 1942।
18. वही, 26 मई, 1942।

19. टी ओ पी II, क्र. 66-67 (ओ आई सी, ब्रिटिश लाइब्रेरी, लन्दन)।
20. वही, क्र., 265, 14 जुलाई, 1942 को कांग्रेस कार्यकारिणी के प्रस्ताव से, पृ. 387।
21. वी. पी. मेनन, ट्रांसफर ऑफ पॉवर इन इंडिया (लांगमैन ग्रीन, लन्दन, 1957, पृ. 153)।
22. यू. एस. एफ आर 1942, खंड-1, पृ. 679, 14 जुलाई, 1942 को मैरेल द्वारा सेक्रेटरी ऑफ स्टेट को भेजा गया तार।
23. वही, 17 जुलाई, 1942 पृ. 683।
24. पैट्रिक फ्रेंच, लिबर्टी आर डेथ : इंडियाज जर्नी टू इंडिपेंडेंस एंड डिवीजन (हार्पर कॉलिन्स, लन्दन, 1995) पृ. 154।
25. पेनेड्रल मून, द ब्रिटिश कॉनक्वेस्ट एंड डामिनियन ऑफ इंडिया, खंड-2 (इंडिया रिसर्च प्रेस, देहली, 1999, पृ. 1114)।
26. डेली हेराल्ड, लन्दन का सम्पादकीय जिसका उल्लेख पूर्व में भी वी. पी. मेनन में, पृ. 142 पर किया गया है।
27. रॉबर्ट पायने, लाइफ एंड डेथ ऑफ गांधी (रूपा, दिल्ली, 1979, पृ. 485-88)।
28. वही, पृ. 486।
29. यू. एस. एफ. आर., 1943, खंड-IV, पृ. 195-96, विलियम फिलिप्स, भारत में रूजवेल्ट के निजी प्रतिनिधि द्वारा सेक्रेटरी ऑफ स्टेट को, 18 फरवरी, 1943 को दी गई सूचना।
30. वही, पृ. 203।
31. विंस्टन चर्चिल, रोड टू विक्ट्री : 1941-45 (द चर्चिल सेन्टर, लन्दन, 1986, पृ. 343)।
32. टी. ओ. पी. खंड-IV , पृ. 738, चर्चिल द्वारा फील्ड मार्शल जेन क्रिसटियन स्मट्स को सन्देश।
33. विंसेंट शीन, महात्मा गांधी (पब्लिकेशन डिवीजन, भारत सरकार, नई दिल्ली, वर्ष ज्ञात नहीं)।
34. एम. बी./इ/193/2, यूनिवर्सिटी ऑफ साउथम्पटन, यू. के. और लेफ्टिनेंट जनरल एल. पी. सेन, स्लेंडर वाज द थ्रेड (ओरिएंट लांगमन, नई दिल्ली, 1969, पृ. 56)।
35. जूडिथ ब्राउन, पैट्रिक फ्रेंच में उल्लेखित, पूर्व में उल्लेखित, पृ. 104।

भारत, ब्रिटेन और अमेरिका

जैसे ही क्रिप्स मिशन असफल हुआ कॉर्डेल हल ने अमेरिका में बरतानवी राजदूत लॉर्ड हैलीफैक्स को बुलाकर पूछा कि आगे क्या होने की सम्भावना है? हैलीफैक्स ने जवाब दिया कुछ नहीं।[1] हैलीफैक्स के जवाब के बावजूद ऐसा कुछ ज़रूर हुआ जिसका भारत के भविष्य पर दूरगामी परिणाम पड़ा। किन्तु 8 अगस्त, 1942 को क्रिप्स मिशन के प्रस्तावों के विरोध में गांधीजी का जो गुस्सा फूट पड़ा उसका असर मित्र राष्ट्रों द्वारा भारत से चीन को युद्ध सामग्री भेजने पर और भारत में जापान के आक्रमण की सम्भावना के विरुद्ध तैयारियों पर कोई असर नहीं पड़ा, जिस बात को लेकर अमेरिकी विदेश मन्त्री चिन्तित थे।

कॉर्डेल हल को 21 मई, 1942 को गांधीजी की योजना की भनक पड़ी। इस दिन दिल्ली में अमेरिकी दूतावास के प्रमुख मैरेल ने कॉर्डेल को सन्देश भेजा, "गांधीजी निकट भविष्य में कोई बड़ा जन आन्दोलन छेड़ने वाले हैं और इस चेतावनी के बावजूद कि ऐसा कोई भी कार्य भारत को जापानियों के सामने कमजोर कर देगा वे अपने निर्णय पर अटल हैं।"[2]

कॉर्डेल हल को मैरेल ने आगे बताया—जब मिशन के सेक्रेटरी बैरी, नेहरू से मिले तो उन्हें लगा कि नेहरू अपनी स्थिति स्पष्ट करने में या तो असमर्थ हैं या फिर अनिच्छुक। और मुझे ऐसा लगता है कि वे अपने नेतृत्वकर्ता (गांधी) के विचारों से असहमति नहीं रखना चाहते।[3] इस मध्य अमेरिकी गृह विभाग को नई दिल्ली स्थित उनके कार्यालय से 10 मई, 1942 के बाद से गांधीजी द्वारा हरिजन में लिखे गए लेखों की प्रतियाँ मिल चुकी थीं, जिसमें गांधीजी ने कठोर रुख अपनाया था, जिसका विवरण पिछले अध्याय में दिया गया है।

कॉर्डेल हल ने 3 जून, 1942 की दिल्ली से आ रही 'अशान्तिपूर्ण खबरों' के बारे में हैलीफैक्स से पुनः पूछा। इसके बारे में राजदूत ने उत्तर दिया कि वे इस बारे में पता करके उन्हें खबर करेंगे।[4] अल्पभाषी हैलीफैक्स से बातचीत करने के बाद हल ने 15 जून को वाशिंगटन में भारतीय एजेंट जनरल गिरिजाशंकर वाजपेयी से भी इस बारे में बातचीत की। वाजपेयी ने स्पष्ट किया कि गांधीजी का प्रभाव

इतना ज्यादा नहीं है और अमेरिका को अपना ध्यान भारत में लड़ाकू विमान और टैंक भेजने पर केन्द्रित करना चाहिए, जिससे भारत पर सम्भावित जापानी आक्रमण के विरुद्ध तैयारी की जा सके। आगे उन्होंने यह भी कहा कि वैसे आगामी कुछ महीनों तक जापानी आक्रमण की कोई सम्भावना नहीं दिख रही।[5]

ज्यादातर कांग्रेस के नेता और यहाँ तक कि गांधीजी भी अन्तर्राष्ट्रीय मसलों पर ज्यादा ध्यान नहीं देते थे। हाँ, नेहरू अवश्य गांधीजी के कदम के विरुद्ध अमेरिका व चीन की प्रतिक्रिया को लेकर चिन्तित थे। वास्तव में वह यह चाहते थे कि इन ताकतों का इस्तेमाल ब्रिटेन पर भारत के साथ वार्ता पुनः शुरू करने के लिए दबाव डालने के वास्ते किया जाए, जिससे गतिरोध समाप्त किया जा सके। 4 जून को उन्होंने कर्नल जॉनसन जो उस समय तक वाशिंगटन लौट चुके थे, को एक सन्देश भिजवाया। उसमें लिखा था–

यद्यपि गांधीजी युद्ध के मध्य कोई गतिरोध उत्पन्न नहीं करना चाहते हैं और जब तक मजबूर नहीं हो जाएँ वे ऐसा नहीं करेंगे, फिर भी भारत की स्वतन्त्रता को मान्यता देना अब आवश्यक हो गया है, जिससे युद्ध को सफलतापूर्वक लड़ा जा सके और उसके लिए भारत के संसाधनों का उपयोग किया जा सके।[6]

18 जून को कॉर्डेल हल ने जॉनसन के माध्यम से नेहरू को यह जवाब भिजवाया– आपको पता होना चाहिए कि अमेरिका में गांधीजी के वक्तव्यों को गलत समझा जा रहा है ओर उनका यह अर्थ लगाया जा रहा है कि वह हमारे युद्ध के उद्‌देश्यों का विरोध कर रहे हैं।[7]

इसके बाद नेहरू किसी भी तरह गांधीजी को इस बात के लिए राजी करने में लग गए कि वे यह बात मान लें कि यदि भारत को स्वतन्त्रता दी जाती है तो जापान के खिलाफ लड़ने के लिए ब्रिटेन व अमेरिका भारत में अपनी सेनाएँ रख सकेंगे। नेहरू का मानना था कि यह स्पष्टीकरण देना आवश्यक है जिससे चीन व अमेरिका को यह कहा जा सके कि वे युद्ध के मध्य ही चर्चिल पर भारत को स्वशासन देने के लिए दबाव डालें। एन. पी. च्यांग काई शेक को गांधीजी द्वारा भेजा गया तार काफी लम्बा था और इसका प्रारूप नेहरू ने तैयार किया था। इसकी मुख्य बातों का सारांश निम्नलिखित वक्तव्य में है–चीन या भारत में से किसी भी एक देश पर जापान का आधिपत्य दोनों देशों के लिए तथा विश्वशान्ति के लिए घातक होगा–जापानी आक्रमण के खतरे से निपटने के लिए स्वतन्त्र भारत इस बात के लिए राजी हो जाएगा कि मित्र राष्ट्र हमारे साथ एक सन्धि के तहत अपनी फौजों को भारत में रख सकें। मैं हर सम्भव प्रयास कर रहा हूँ कि ब्रिटिश शासन के साथ टकराव को टाला जा सके पर यदि स्वतन्त्रता प्राप्ति के लिए जो

हमारी पहली माँग है, यदि यह (संघर्ष) अपरिहार्य है तो मैं किसी भी जोखिम के बावजूद इस टकराव से हिचकूँगा नहीं।[8]

इसके बाद नेहरू ने गांधीजी को ऐसा ही प्रस्ताव रूजवेल्ट के समक्ष रखने के लिए भी जोर डाला। गांधीजी ने 1 जुलाई, 1942 को रूजवेल्ट को लिखा–अन्तर्राष्ट्रीय नियमों के अनुसार हम इस युद्ध में कोई प्रभावी सहयोग नहीं कर सकते। भारतीय राष्ट्रीय कांग्रेस, जो निःसन्देह देश का सबसे बड़ा और सबसे पुराना राजनीतिक संगठन है, बड़ी हद तक मेरे मार्गदर्शन में संचालित होता है। मित्र राष्ट्रों की यह घोषणा कि वे दुनिया में व्यक्ति मात्र की स्वतन्त्रता और लोकतन्त्र को सुरक्षित रखने के लिए लड़ रहे हैं, खोखली है क्योंकि ब्रिटेन भारत के साथ-साथ अफ्रीका का भी शोषण कर रहा है और अमेरिका में भी नीग्रो लोगों की समस्या है। उसमें आगे लिखा था, "युद्ध के दौरान मित्र राष्ट्रों की फौजें स्वतन्त्र भारत की सरकार के साथ, जो उसके अपने लोगों द्वारा बिना किसी सीधे या अप्रत्यक्ष बाह्य हस्तक्षेप के संचालित होगी, एक सन्धि के तहत भारत में रहेंगी–मैं यह सब आपका सक्रिय समर्थन प्राप्त करने के लिए लिख रहा हूँ।"[9]

च्यांग काई शेक का उत्तर 25 जुलाई, 1942 की दिल्ली स्थित चीनी दूतावास के माध्यम से प्राप्त हुआ। इसमें अनुरोध किया गया था कि गांधीजी किसी भी आन्दोलन का हाल-फिलहाल आरम्भ न करें क्योंकि उत्तरी अफ्रीका में ब्रिटिश फौजें पीछे हट रही हैं।[10] इस सन्देश के कारण और कांग्रेस के नेताओं में इस उम्मीद पर कि शायद ब्रिटेन फिर से भारत के साथ बातचीत शुरू करेगा, भारत छोड़ो आन्दोलन अगस्त तक तक स्थगित किया गया।

25 जुलाई, 1942 की च्यांग काई शेक ने राष्ट्रपति रूजवेल्ट को तीन पन्ने लम्बा टेलीग्राम भेजा। इसके अलावा उन्होंने अपने विदेश मन्त्री टी. वी. सूंग को, जो उस समय वाशिंगटन में थे, एक मौखिक सन्देश भी देने को कहा। च्यांग ने टेलीग्राम में लिखा–भारत के लोग अमेरिका से यह उम्मीद कर रहे हैं कि वह न्याय और समानता के लिए आगे बढ़कर उनका पक्ष लें। स्वभाव से भारत के लोग निष्क्रिय हैं पर किसी भी हद तक जा सकते हैं। उनके प्रति समर्थन दिखाकर उन्हें प्रभावित किया जा सकता है–अमेरिका की हस्तक्षेप न करने की नीति उन्हें निराशा से भर देगी। और स्थिति नियन्त्रण से बाहर हो जाएगी।[11]

विदेश मन्त्री सूँग ने अमेरिका के अंडर सेक्रेटरी समर वेल्थ को तीन बिन्दु मौखिक रूप से बताए। जिनके बारे में च्यांग का मानना था कि वे इतने संवेदनशील थे कि उन्हें कागज पर नहीं बयान किया जा सकता। इसमें पहला था–"भारतीय राष्ट्रीय कांग्रेस भारत के लोगों की इच्छाओं की वास्तविक प्रतिनिधि है।"

दूसरा–"पूरे एशिया में भारत की समस्या को एक उदाहरण के रूप में लिया जा रहा है।" और तीसरा–"चीन व अमेरिका यदि एक साथ काम करें तो वे स्थिति की प्रभावित कर सकते हैं।"[12]

रूजवेल्ट ने च्यांग के इस सम्पूर्ण सन्देश को चर्चिल को भेजना तय किया और अनुरोध किया–इस सम्बन्ध में आप जो भी विचार और सुझाव देना चाहते हैं, उनसे मुझे शीघ्र अवगत कराएँ जिससे गांधीजी को जवाब भेजा जा सके।[13] रूजवेल्ट ने 1 अगस्त को गांधीजी को जवाब भेजा*–

अमेरिका ने सदैव निष्पक्ष व्यवहार का समर्थन किया है। युद्धधुरी राष्ट्रों द्वारा दुनिया को जीत लेने के ख्वाब का परिणाम है, मैं यह उम्मीद करता हूँ कि लोकतन्त्र और न्यायसंगतता सम्बन्धी हमारे परस्पर हितों के कारण मेरे और आपके देशवासी हमारे सामूहिक शत्रु के विरुद्ध सामूहिक उद्‌देश्य रखने में सक्षम होंगे।[14]

रूजवेल्ट का सन्देश जब लन्दन पहुँचा तब प्रधानमन्त्री चर्चिल मध्य-पूर्व एशिया में थे। एटली के विचार में यह मामला इतना महत्त्वपूर्ण और ज़रूरी था कि कुछ दिनों के लिए भी लंबित नहीं रखा जा सकता था। एम्री ने तुरन्त अमेरिकी राजदूत जॉन वाइट को बुला भेजा जिन्होंने 29 जुलाई, 1942 को नीचे लिखी रिपोर्ट भेजी, सबसे पहले एम्री ने भारत के लिए ब्रिटेन द्वारा दी गई सेवाओं के बारे में बताया। उनका जोर भारत के धार्मिक व राजनीतिक मतभेदों और अल्पसंख्यकों की समस्या को रेखांकित करने पर था–भारतीय राष्ट्रीय कांग्रेस अकेली वह पार्टी नहीं है जिसके साथ इंग्लैण्ड बातचीत करेगा–यदि 7 अगस्त के पश्चात् कांग्रेस विद्रोह करती है तो ब्रिटिश सरकार गांधीजी व अन्य नेताओं को गिरफ्तार करेगी। यदि इंग्लैण्ड के अन्दर भी इसी तरह के प्रयास हों तो यही किया जाएगा। इसके बाद एम्री ने बड़े आत्मविश्वास से कहा–आन्दोलन से सैनिकों की भर्ती और युद्ध की तैयारियों पर कोई अन्तर नहीं होगा।[15]

एटली ने 7 अगस्त को रूजवेल्ट को एक लम्बा तार भेजा जिसके साथ 29 अप्रैल 1942 को कांग्रेस कार्य समिति की बैठक का कार्य विवरण भी भेजा। (जिसका उल्लेख पिछले अध्याय में किया गया है।) इससे यह साबित करने की कोशिश की कि कांग्रेस विध्वंसकारी है खास तौर पर गांधीजी, इस कारण इस मोड़ पर कांग्रेस पर भरोसा नहीं किया जा सकता। एटली ने आगाह किया–

---

* यह सन्देश गांधीजी तक नहीं पहुँच सका क्योंकि इसके पहुँचने से पहले ही उन्हें गिरफ्तार कर लिया गया और जब 1944 में उन्हें मुक्त किया गया तब अमेरिकी उच्चायुक्त का मानना था कि यह सन्देश, प्रासंगिक नहीं रहा था और इससे ब्रिटेन के ऊपर विपरीत प्रभाव पड़ सकता है। परन्तु रूजवेल्ट ने सन्देश को गांधीजी तक पहुँचाने का आदेश दिया।

यदि कांग्रेस आन्दोलन करती है तो इसके परिणाम गम्भीर होंगे और उसे दबाने के लिए कठोर कदम उठाना आवश्यक होगा।[16]

इस तार पर रूजवेल्ट ने निम्नलिखित टिप्पणियाँ कॉर्डेल हल को भेजीं– सच कहूँ तो मैं सोचता हूँ कि इसका कोई जवाब न भेजना ही ज्यादा बेहतर होगा। आपकी क्या राय है?– एफ. डी. आर.[17]

एटली का यह तार मिलने पर रूजवेल्ट ने च्यांग को चर्चिल का जवाब पहुँचने का भी इन्तजार नहीं किया और उन्होंने 8 अगस्त, 1942 को च्यांग काई शेक को लिखा–मैं आपसे सहमत हूँ, परन्तु अंग्रेज मानते हैं कि उनकी स्थिति न्यायोचित है और हमारे सुझाव किसी भी स्थिति में भारत स्थित ब्रिटिश शासन को कमजोर करेंगे और वह संकट उत्पन्न होगा जिससे हम बचना चाहते हैं। अगर अगले एक या दो हफ्तों में भारत में घटनाक्रम गम्भीर अवस्था में पहुँचे तो हम इस मुद्दे पर फिर विचार कर सकते हैं।[18]

रूजवेल्ट ने च्यांग काई शेक को 12 अगस्त को एक अन्य सन्देश में यह बात लिखी–एटलांटिक चार्टर के तहत अमेरिका उन सभी के लिए स्वतन्त्रता का समर्थन करता है, जो स्वतन्त्र होना चाहते हैं।[19]

चर्चिल ने रूजवेल्ट को 13 अगस्त को उत्तर भेजा। जैसी कि उम्मीद थी, गुस्साए चर्चिल ने लिखा–कांग्रेस नेताओं से च्यांग की सारी बातचीत के आधार पर वे हमसे भारत छोड़ देने के लिए कह रहे हैं जिससे भारत मित्र राष्ट्रों की मदद करेगा। यह सब आँख में धूल झोंकना है। आप च्यांग को यह याद दिलाइए कि गांधीजी जापान से सन्धि कर हिटलर के साथ शामिल होने के लिए जापानी फौजों को भारत से गुजरने के लिए मार्ग देने को तैयार थे। और व्यक्तिगत रूप से मुझे इस बात में कोई सन्देह नहीं कि गांधीजी व कांग्रेस ने यह भी सोच लिया हो कि वे जापानी फौजों की मदद से 9 करोड़ मुसलमानों, 4 करोड़ अछूतों और रियासतों की 9 करोड़ आबादी को नियन्त्रित कर लेंगे। च्यांग के सन्देश को देखते हुए मुझे फ्रांस के लुई चौदहवें की टिप्पणी याद आती है कि औरत को ढूँढ़ो। आगे आने वाले कुछ हफ्तों में यह साफ हो जाएगा कि भारत की जनता पर हिन्दू कांग्रेस का प्रभाव असल में कितना कम है।[20]

चर्चिल ने तथ्यों को तोड़-मरोड़ कर पेश किया किन्तु आखिरी पंक्तियों में उन्होंने यह चुनौती दे डाली कि आने वाले संघर्ष से यह साबित हो जाएगा कि कांग्रेस की भारतीय जनता पर कितनी पकड़ कम है। लुई चौदहवें के दरबार में जब कोई गड़बड़ होती थी तब वह कहा करता था–इसके पीछे कौन-सी औरत है उसका पता लगाओ। यहाँ चर्चिल का इशारा था मैडम च्यांग काई शेक और

जिनका जनरल च्यांग काई शेक पर बड़ा प्रभाव था तथा नेहरू के प्रति उनका रुझान, अर्थात् भारत के प्रति च्यांग काई शेक के झुकाव का कारण चर्चिल उनकी पत्नी को मानते थे।

इस बीच चर्चिल ने नेहरू व जॉनसन की जोड़ी तोड़ दी। उन्होंने रूजवेल्ट के मित्र और सबसे प्रभावशाली सलाहकार हैरी हापकिंस की मदद से जॉनसन को भारत से वापस बुलवा लिया। उन्होंने 13 मई, 1942 को हापकिंस को तार भेजा था, ऐसी अफवाह है कि राष्ट्रपति रूजवेल्ट पं. नेहरू को अमेरिका बुलाने वाले हैं। मुझे उम्मीद है कि इसमें कोई सच्चाई नहीं है और राष्ट्रपति ऐसा कुछ करने से पहले मुझसे सलाह लेंगे। हम जॉनसन का भारत वापस लौटना कभी भी पसन्द नहीं करेंगे। वाइसरॉय उनसे खुश नहीं हैं। हम असहाय हिन्दुस्तानियों को बचाने के लिए लड़ रहे हैं। मेरी मुश्किलों को समझा जाए।[21] अगस्त के अन्त तक जॉनसन का भविष्य तय हो गया और रूजवेल्ट उनके उत्तराधिकारी की तलाश में लग गए।

जब से कर्नल जॉनसन दिल्ली आए थे तब से अंग्रेज अफसरशाही की अमेरिकियों के प्रति नाराजगी बढ़ती जा रही थी। संयुक्त प्रान्त के गवर्नर सर मारिस हेलेट द्वारा वाइसरॉय को भेजे गए एक तार से अफसरशाही का अमेरिका के प्रति दृष्टिकोण साफ दिखाई देता है। अमेरिका हमें कांग्रेस के हाथों सत्ता सौंपने के लिए विवश कर देगा। लोगों में यह बात फैलना बड़ा घातक होगा कि अमेरिकी, ब्रिटिश शासन की भारत के प्रति नीति को पसन्द नहीं करते और इस नीति में हस्तक्षेप के लिए तैयार हैं।[22] लिनलिथगो ने इसे इस सन्देश को नीचे लिखी टिप्पणी के साथ लन्दन भेजा–"बड़े मुश्किल किस्म के लोग हैं (अमेरिकी) और युद्ध खत्म होने पर हमारी मुश्किलों में बढ़ोतरी तय है–निश्चित ही सिर्फ आपको और मुझे ही यह भली प्रकार मालूम है कि भारत की समस्या को न समझ पाने और भावुकता की वजह से अमेरिका ने कितनी दिक्कतें पेश की हैं।"[23]

नई दिल्ली स्थित उनके मिशन की रिपोर्ट के आधार पर अमेरिकियों का आकलन यह था कि ब्रिटेन के लिए इस आन्दोलन को कुचलना कठिन होगा। पर इसके बावजूद वह कांग्रेस के साथ कोई बातचीत नहीं करें, क्योंकि अमेरिकी व ब्रिटिश खुफिया रिपोर्टों के आधार पर यह तय है कि जापानी आक्रमण की कोई सम्भावना नहीं है। इसके साथ-साथ उनको जिन्ना की शह प्राप्त है। 'भारत छोड़ो आन्दोलन' आरम्भ होने के बाद कॉर्डेल हल ने रूजवेल्ट के समक्ष यह सुझाव रखा कि ब्रिटेन को युद्ध की समाप्ति पर भारत की स्वतन्त्रता का प्रस्ताव पूरे जोर से पुनः रखने की सलाह दी जानी चाहिए।[24] परन्तु जैसा कि च्यांग काई शेक को

लिखे पत्र में संकेत मिलता है कि उनकी नीति हो गई थी देखो और इन्तजार करो और अंग्रेजों के ऊपर दबाव बहुत सोच-विचार कर लगाओ। इस समय राष्ट्रपति रूजवेल्ट के सहायक लाक्लिन क्यूरी चीन से वापस लौटते समय भारत से गुजरे। उन्होंने यह देखा कि अमेरिकी फौजों को और अमेरिकी दृष्टिकोण को भारतीय लोग ब्रिटिश नीति से जोड़ कर देख रहे हैं। उन्होंने राष्ट्रपति को तार भेजा– "यह सोच एशिया में आपके नैतिक नेतृत्व को खतरा पैदा कर रही है। इसी कारण युद्ध के पश्चात् एशिया में अमेरिका द्वारा न्यायसंगत और सर्वमान्य समझौते के लिए अपना प्रभाव इस्तेमाल करने में भी बाधा आएगी। यह ब्रिटेन के ही दूरगामी हित में होगा कि वह अमेरिका के सम्बन्ध में एशियावासियों की यह मान्यता बनाए रखें कि अमेरिका के यहाँ कोई निहित स्वार्थ नहीं हैं। अमेरिकी फौजों द्वारा भारतीयों का खून न बहाया जाए, इस बात की सावधानी रखी जानी चाहिए।"[25]

क्यूरी ने जब राष्ट्रपति को तार द्वारा यह सूचित किया तब राष्ट्रपति ने जो एशिया में अमेरिका की भूमिका को लेकर सदैव सतर्क रहते थे तुरन्त भारत में अमेरिकी फौजों को यह निर्देश भेजा कि ''उनका एकमात्र लक्ष्य संयुक्त राष्ट्र की ओर से धुरी राष्ट्रों के विरुद्ध युद्ध करना है। और उन्हें भारत की राजनीतिक समस्याओं में अंग्रेजों के साथ भागीदारी या किसी भी तरह के हस्तक्षेप से अति सावधानीपूर्वक दूर रहना है।'' इन निर्देशों की एक कापी रूजवेल्ट ने च्यांग काई शेक को भी भेजी जिससे उन्हें पुनः आश्वस्त किया जा सके।

पिछले ही वर्ष 12 अगस्त, 1947 को रूजवेल्ट और चर्चिल ने प्रसिद्ध अटलांटिक चार्टर पर हस्ताक्षर किए थे। इसमें दुनिया के बेहतर भविष्य के लिए अमेरिका और इंग्लैण्ड जिन सिद्धान्तों का पालन करना चाहते थे, उन्हें प्रतिपादित किया गया था। इस चार्टर में यह घोषणा की गई थी–

अमेरिका और ब्रिटेन लोगों के उस अधिकार का सम्मान करते हैं जिसके द्वारा लोग उस शासन व्यवस्था को चुनने के लिए स्वतन्त्र हैं जिसके तहत वे रहना चाहें। "वाशिंगटन स्थित ब्रिटिश दूतावास ने 7 अगस्त, 1942 को लन्दन को सूचित किया कि अटलांटिक चार्टर की जयन्ती के अवसर पर अमेरिका यह सुझाव रख रहा है कि अमेरिकी राष्ट्रपति और ब्रिटिश प्रधानमन्त्री के मध्य तार से सन्देश का आदान-प्रदान हो तथा इसमें राष्ट्रपति रूजवेल्ट के तार में यह प्रेषित किया जाएगा कि चार्टर की घोषणा यूरोप के साथ-साथ एशिया व अफ्रीका पर भी लागू होती है।" जब यह सन्देश चर्चिल के पास पहुँचा तब वे काहिरा में थे पर वहीं से उन्होंने तुरन्त रूजवेल्ट को सन्देश भेजा (9 अगस्त, 1942)

एशिया व अफ्रीका पर चार्टर की घोषणा लागू करने के सम्बन्ध में पर्याप्त

विचार-मन्थन की आवश्यकता है। ऐसे वक्तव्यों के कारण भारत की सुरक्षा के लिए गम्भीर खतरा उत्पन्न हो सकता है–यहाँ मध्य-पूर्व मे अरब लोग बहुसंख्यक होने के नाते यहूदियों को फिलिस्तीन से खदेड़ देंगे। मैं कट्टरता से यहूदीवाद की नीति से सम्बद्ध हूँ क्योंकि मैं इसके प्रतिपादकों में से एक हूँ। नई और आगे की ऐसी घोषणाओं से उठने वाले अनेक अप्रत्यक्ष मामलों में से यह मात्र एक उदाहरण है।[26]

यहूदियों का प्रश्न उठाकर जाहिर तौर पर चर्चिल भारत में और ब्रिटिश साम्राज्य में अन्य स्थानों पर अटलांटिक चार्टर लागू करने के अमेरिकी उत्साह पर पानी फेरना चाहते थे। चार्टर की जयन्ती तो और किसी आंग्ल-अमेरिकी विवाद के बिना बीत गई किन्तु 24 अगस्त 1942 को कॉर्डेल हल ने हैलीफैक्स को बुलाकर साफ-साफ कह दिया–अटलांटिक चार्टर ब्रिटिश साम्राज्य सहित सारी दुनिया में एक-सा लागू होना चाहिए और यदि उसे क्षेत्रवार बाँटकर लागू किया जाएगा तो दिक्कतें आएँगी। "हैलीफैक्स ने जवाब दिया–यह तो आपने बड़ी जोरदार बात कही है" और कुछ नहीं बोले।[27] अटलांटिक चार्टर के माध्यम से स्वतन्त्रता का प्रश्न उठाना ब्रिटेन पर अप्रत्यक्ष दबाव डालने का अमेरिका का एक तरीका था। दूसरा तरीका था ब्रिटेन का ध्यान अमेरिकी जनमत की ओर खींचना जो 'भारत छोड़ो आन्दोलन' की वजह से आ रही खबरों के कारण भारत की आज़ादी के समर्थन में अमेरिका में बन रहा था। जब 17 सितम्बर 1942 को कार्डेल हल ब्रिटिश राजदूत से मिले तो उन्होंने ध्यान दिलाया कि अमेरिका में भारत की आज़ादी के लिए ग्रेट ब्रिटेन के विरुद्ध आन्दोलन की जो सम्भावना बन रही है वह किसी भी तरह पहले या बाद में मुश्किलें पैदा कर सकती हैं और खास तौर पर इस आवश्यकता पर बल दिया कि ब्रिटिश राजनीतिज्ञों की ओर से उदार और संवेदनापूर्ण वक्तव्य आने चाहिए जिससे ब्रिटेन की यह इच्छा प्रकट हो कि भारत को आज़ादी देने सम्बन्धी ब्रिटिश शासन का कार्यक्रम तुरन्त कार्यरूप में परिणत किया जाएगा जैसे ही हिंसा का यह दौर थमे। अपनी इस बातचीत सम्बन्धी विवरण में कार्डेल हल ने लिखा है–"राजदूत समझ गए होंगे कि मैं उनका ध्यान उन दो भाषणों की ओर दिला रहा था जो हाल ही में ब्रिटिश प्रधानमन्त्री और सेक्रेटरी ऑफ स्टेट ऑफ इंडिया ने दिए थे।[28] इन भाषणों में चर्चिल और एम्री ने गांधीजी व अन्य नेताओं की बातों का कड़े शब्दों में खंडन किया था और कहा था कि जो हमारे पास है, हम उसे नहीं छोड़ेंगे।"

महात्मा गांधी द्वारा इलाहाबाद में कांग्रेस कार्य समिति को जो सुझाव भेजे गए थे वे अंग्रेजों के हाथ में पड़ गए थे और उसके कुछ चुनिन्दा अंश अमेरिका में

प्रचारित किए गए। इससे अंग्रेजों को अमेरिका में गांधीजी के खिलाफ यह प्रचार करने का एक हथकंडा मिल गया कि गांधीजी जापान समर्थक हैं और मित्र राष्ट्रों के युद्ध प्रयासों के लिए एक अड़ंगा हैं। अंग्रेजों ने अमेरिका में अपना प्रचार इस बिन्दु पर केन्द्रित किया। प्रश्न यह नहीं है कि इंग्लैण्ड भारत को आज़ादी देने के लिए तैयार है या नहीं बल्कि प्रश्न यह है कि भारत के लोग आज़ादी पाने की स्थिति में हैं या नहीं क्योंकि वहाँ हिन्दू-मुसलमानों में गम्भीर मतभेद हैं और कांग्रेस हिन्दुओं की प्रतिनिधि पार्टी है तथा मुस्लिम लीग मुसलमानों की। "न्यूयार्क टाइम्स और दूसरे बड़े अखबारों ने ब्रिटेन द्वारा व्यक्त कठिनाइयों के प्रति सहानुभूति दिखाई।"

दूसरी और एडगर स्नो और लुईस फिशर, अमरीका जिन आदर्शों के लिए युद्ध लड़ रहा थे उनको सिद्ध करने पर जोर दे रहे थे। और वे चाहते थे कि युद्ध के पश्चात् अमरीका को एशिया का जैसा स्वरूप चाहिए उसके लिए भारत को परीक्षण की कसौटी बनाए अर्थात् भारत के सम्बन्ध में वह अपनी नीति से सिद्ध करे कि अमरीका स्वतन्त्रता और न्याय के लिए युद्ध कर रहा है। 'द नेशन' और 'सटरडे ईवनिंग' पोस्ट में उनके लिखे लेखों और भाषणों तथा अमरीकी प्रशासन से उनकी नजदीकी के कारण वे अमरीका की नीति को प्रभावित कर रहे थे हालाँकि आम अमरीकी उनके लिखे विचारों से अनभिज्ञ ही रहे। वह इसलिए कि वे दोनों विशिष्ट पत्रिकाओं में ही लिखते थे। स्नो ने अपनी पुस्तक 'वेटल फॉर एशिया' में लिखी इस बात को विस्तार से बताया कि ब्रिटेन भारत के औद्योगीकरण को अवरुद्ध कर रहा था जिससे युद्ध के पश्चात् भारत को इंग्लैण्ड की मंडी बनाए रख सके। इसके बाद सितम्बर 1942 में लिखे एक लेख 'क्रिप्स क्यों असफल रहे' में फिशर ने लिखा—"सत्ता को हस्तान्तरित करने की इच्छा ही वहाँ नहीं है। इसी के साथ उन्होंने भारत के राष्ट्रवादियों को यह भी चेतावनी दी कि यदि जन आन्दोलन जारी रहने से मित्र राष्ट्रों के युद्ध सम्बन्धी प्रयासों पर कोई विपरीत प्रभाव पड़ता है तो इससे भारत की आज़ादी के मसले पर अमरीकी जनमत में कमी आएगी।"

सितम्बर 1942 में हैलीफैक्स ने एक तार लन्दन भेजा उसमें लिखा—"किसी तरह का सकारात्मक हल ढूँढ़ने में ब्रिटिश शासन की मंशा यदि नहीं दिखाई देगी तो अमरीका की राय यही होगी कि इंग्लैण्ड भारत के लोगों का युद्ध के संचालन में सहयोग लेने के लिए कोई प्रयास नहीं कर रहा है।"[29] हैलीफैक्स ने इससे पहले लन्दन को इस बारे में सावधान किया था कि 'क्रिप्स मिशन की असफलता' के बाद अमरीका में उत्पन्न जनमत का लाभ उठाने में इंग्लैण्ड पीछे छूट रहा है। इसी

समय लन्दन टाइम्स के सम्पादकीय में यह विचार व्यक्त किया गया कि भारत के प्रश्न पर अमरीकी राय इतनी गम्भीर है कि इससे आंग्ल-अमरीकी सम्बन्धों पर प्रभाव पड़ने की सम्भावना है। इसी तरह की चिन्ता एक अन्य रिपोर्ट में भी जताई गई थी जो उसी दौरान ब्रिटिश दूतावास ने लन्दन भेजी थी–"भारत का मसला अमरीका के लिए ब्रिटिश साम्राज्य वाद की परीक्षा के लिए पहला मुद्‌दा बन चुका है। कुल मिलाकर यह गम्भीर मसला है और बार-बार इसे भावनात्मक आधार पर उछाला जा रहा है।"[30]

इस अवस्था में अमरीकी सरकार ने ब्रिटिश सरकार की दुम दूसरी दिशा में मोड़ने का विचार किया। सितम्बर 1942 तक 'भारत छोड़ो आन्दोलन' हिंसक हो चला था। इस कारण पूर्वी भारत में संचार व्यवस्था ध्वस्त हो गई थी। यह क्षेत्र चीन को तथा भारत बर्मा सीमा पर जापानी मोर्चे के लिए रसद की आपूर्ति का आधार था। इस कारण ब्रिटेन का दमन चक्र अपने चरम पर था। ऐन इसी वक्त ब्रिटेन को बिना कोई नोटिस दिए अमरीका ने इंग्लैण्ड के साथ हुए लैंड लीज समझौते के तहत भारत में जो रसद आपूर्ति की व्यवस्था थी उसे बन्द कर दिया।[31] आरिल वाइगॉल्ड जो आस्ट्रेलिया के शिक्षाशास्त्री हैं, ने सन् 2000 में क्रिप्स मिशन के पश्चात् आंग्ल-अमरीकी सम्बन्धों का सर्वेक्षण कर ज्ञात किया है इनके अनुसार यह गम्भीर परिवर्तन नई दिल्ली में अमरीकी मिशन की रिपोर्टों और स्नो व फिशर के लेखों की वजह से हुआ और इसके साथ-साथ अमरीकी सेनाध्यक्ष द्वारा व्यक्त यह चिन्ता भी सम्मिलित थी कि भारत में उपद्रवों के मध्य अमरीकी रसद या तो गुम हो जाएगी या फिर लूट ली जाएगी। हैलीफैक्स बहुत अच्छे से जानते थे कि आन्दोलन शीघ्र ही कुचल दिया जाएगा इसलिए उन्होंने अमरीका के इस निर्णय के सम्बन्ध में कोई कार्यवाही नहीं की।[32]

जब 1942 तक 'भारत छोड़ो आन्दोलन' कुचल दिया गया और जापान के आक्रमण का भय खत्म हो गया तब अमरीकी प्रेस से भारत ओझल हो गया और भारत की प्रगति में अमरीकी जनमत की रुचि खत्म होने लगी। सन् 1942 के अन्त तक चर्चिल अमरीका में भारत के सम्बन्ध में मीडिया की जंग जीत चुके थे। इसके बावजूद वह इस बात के प्रति चिन्तित थे कि भारत में कोई नया संकट पुनः अमरीका में भारत के पक्ष में वातावरण न गरमा दे और अमरीका इंग्लैण्ड पर पुनः दबाव न बनाए और रिश्ते तनावपूर्ण हो जाएँ, खास तौर पर इसलिए भी क्योंकि उस वक्त या बाद में भारत छोड़ने की ब्रिटेन की कोई मंशा नहीं थी। इसका एक परिणाम तब देखने को मिला जब 1943 के आरम्भ में ब्रिटिश सरकार ने उन कारणों की जाँच कराने के लिए कि अमरीका भारत में क्यों रुचि ले रहा है एक

उच्च स्तरीय सर्वेक्षण कराया जिससे इससे भली प्रकार निपटा जा सके। जाँच का जिम्मा ब्रिटेन के सूचना विभाग के वरिष्ठ अधिकारी सर फ्रेडरिक पकल को सौंपा गया।

सर फ्रेडरिक पकल की विस्तृत रपट के मुख्य अंश इस प्रकार हैं– आंग्ल-अमरीकी सम्बन्धों में भारत एक संयोजक तत्त्व है–और ब्रिटेन तथा अमेरिका के सम्बन्धों को शान्ति वार्ता की मेज पर टिकाए रखना पहले की अपेक्षा और अधिक कठिन हो गया है क्योंकि भारत की समस्या का प्रभाव बहुत खतरनाक हो सकता है। सच कहूँ तो हम कबूल कर लें कि इस बात की जरा सी भी उम्मीद नहीं है कि कोई दिन ऐसा आएगा जब हम यह कह सकेंगे कि भारत के लिए हमने सारे वायदे और दायित्व पूरे कर दिए हैं। अभी बड़ा कठिन और लम्बा रास्ता तय करना है और इसके साथ हमारी यात्रा में हर जगह हमारा बुरा चाहने वालों के द्वारा बेईमानी और पाखंड के आरोपों से हमें दो-चार होना पड़ेगा। ऐसी स्थिति में अमरीका का सहयोग, सहानुभूति और सामंजस्य हमारे लिए अमूल्य होगा क्योंकि इसके बिना हमारे परस्पर सम्बन्धों में भारत सबसे ज्यादा प्रतिकूल तत्त्व होगा और इसके कारण अन्तर्राष्ट्रीय मसलों के निपटारे में आंग्ल अमरीकी सहयोग में गम्भीर रुकावटें आ सकती हैं। वर्तमान में तथा भविष्य में आंग्ल अमरीकी सम्बन्धों पर इसका प्रभाव रहेगा।[33]

पकल ने इंग्लैण्ड और अमरीका के मध्य गलत फहमी के कारणों का विश्लेषण इस प्रकार किया–अमरीका में भारत के सम्बन्ध में जो गलत फहमियाँ हैं और जो अनाप-सनाप लिखा जा रहा है इससे दो बातें साफ हैं–भारत के मामले में अमरीका की रुचि और उसका अज्ञान। भारत में अमरीका की रुचि उसकी सीमा सम्बन्धी पुरानी मानसिकता के कारण है जो अमरीका पर अभी भी हावी है, और उन्हें यह बात समझने ही नहीं देती कि भारत में या और कहीं भी जो अवरोध हो उसका कोई आसान और त्वरित तरीका नहीं है। अमरीकी रुचि भारत में इसलिए भी है कि उसकी सेना की भारत में उपस्थिति है जैसी कि उनकी मान्यता है कि चीन की मुक्ति भारत में अमरीकी अड्डों से ही होगी।

अमरीका को युद्ध में दो बड़े धक्के लगे हैं। एक तो पर्ल हार्बर और दूसरा लेखिका पर्ल बक, क्योंकि पर्ल बक ने चीन और भारत के सम्बन्ध में जनता में संवेदनशीलता फैलाई है।[34]

इसके बाद अमरीका के उन महत्त्वपूर्ण दबाव समूहों के नाम गिनाए हैं। जो इस मामले में भूमिका निभा रहे थे। अमरीकन साम्राज्यवाद विरोधियों के लिए ब्रिटेन के बराबर अन्य कोई साम्राज्यवादी नहीं हैं उनके विचार में ब्रिटेन भारत पर

अत्याचार कर रहा है। टाइम, लाइफ और फारचून के कर्ता-धर्ता हेनरी ल्यूस आने वाले वर्षों को अमरीका की शताब्दी के रूप में देख रहे हैं उनके अनुसार भारत एक जाल है जिसमें पतनोन्मुखी ब्रिटेन फंस चुका है। और अब विश्वशक्ति अमरीका ही उसे मुक्ति दिला सकता है। बड़े पूँजीपतियों (आर्थिक नीति के समर्थक) और न्यू डीलर्स के लिए रूजवेल्ट दुश्मन हैं। और वह चर्चिल की जेब में है। चूँकि चर्चिल भारत की स्वतन्त्रता के सबसे पहले विरोधी हैं इस कारण वह छड़ी बन चुका है जिससे रूजवेल्ट को पीटा जा सके अर्थात् चर्चिल भारत की स्वतन्त्रता के प्रश्न को रूजवेल्ट के खिलाफ इस्तेमाल करते हैं।[35] पकल लिखते हैं अमरीका में ब्रिटेन के प्रति ईर्ष्या है। भारत में हमारी तथाकथित असफलता ऐसे अमरीकियों को भी पसन्द है जो मूलतः ब्रिटिश विरोधी नहीं हैं।

अमरीकी मूलतः भारत के प्रति नहीं बल्कि स्वयं के प्रति चिन्तित हैं, शायद पूरी दुनिया के लिए चिन्तित हैं। भारत, ब्रिटेन की जिम्मेदारी ज़रूर है पर अमरीका की भी जिम्मेदारी है। ऐसे अस्पष्ट विचार अमरीकी नीति को अमरीकी जनमत पर निर्भर बना रहे हैं और ऐसा आलोचनात्मक अमरीकी जनमत कठिनाइयाँ पैदा कर रहा है। भारत में अमरीका द्वारा ब्रिटेन की निन्दा से कांग्रेसी उत्साहित होते हैं, मुसलमान भयभीत और हमारे समर्थक हतोत्साहित। इस बारे में कोई सन्देह नहीं। अमरीकी की ऐसी प्रतिक्रिया से अंग्रेजों के समर्थकों और उनकी विरोधियों दोनों पर जो प्रभाव पड़ता है उसके कारण लन्दन और नई दिल्ली दोनों जगहों पर अंग्रेज सरकार मुश्किल में पड़ जाती है। दूसरी ओर भारत में सरकार ने जो सेंशरशिप लागू की है उसके कारण अमरीका में काफी शंका पैदा हो रही है कि भारत में स्थिति इतनी खराब है कि उसके बारे में पता भी नहीं लगने दिया जा रहा है। गांधीजी का अनशन असफल होने के कारण उनकी चमक कुछ फीकी पड़ी है और अमरीकी अखबारों के मुखपृष्ठों से भारत जरा ओझल हो गया है। किन्तु कोई भी नई घटना विपरीत असर पैदा करेगी क्योंकि ब्रिटिश साम्राज्य का विचार आते ही भारत की तस्वीर उभरती है। ट्रिनिडाड, केन्या या गोल्डकोस्ट पर शायद ही किसी का ध्यान जाता हो। जब भी ऐसा कोई मुद्दा होता है जहाँ अमरीका और इंग्लैण्ड में अनबन होती है तब अमरीका भारत का मुद्दा उछाल देता है। जैसे कि शिकारी दुनाली में एक तरफ कैसा भी कारतूस रखता हो और दूसरी नली में हमेशा भारत।[36]

अब ब्रिटेन की इस समस्या का एक हल है—या तो अमरीकी जनता का भारत से या कि कांग्रेस से जिसे चर्चिल हिन्दू पार्टी कहते थे, मोहभंग हो जाए या फिर भारत के राष्ट्रवादियों का भरोसा अमरीका के इरादों से उठ जाए या फिर

दोनों ही हो जाएँ तभी निकल सकता है। अप्रैल 1942 तक चर्चिल अमरीकी दबाव से मुक्त होने में सफल हो गए। उन्होंने अमरीकियों के दिमाग में कांग्रेस के विरुद्ध यह शंका भर दी कि वह मित्र राष्ट्रों की युद्ध नीति के प्रति प्रतिबद्ध नहीं हैं इस कारण उन्हें वफादार और दमदार मुस्लिम समर्थन पर निर्भर होना आवश्यक है। इतिहासकार आर. मूर का मानना है कि अब–"चर्चिल कांग्रेस और मुस्लिम लीग की टकराहट को अंग्रेजी राज्य का स्तम्भ मान चुके थे।"[37] इस कारण अब अमरीका व भारत के मध्य अनबन के बीज बोने के लिए कुछ निश्चित विषय हो सकते थे किन्तु एक विषय जो अब हर अंग्रेज के पास था वह था पाकिस्तान। अब अंग्रेज व्यक्ति जहाँ भी इस बात की टोह में निकलता था उसकी दुनाली में एक और कुछ भी तर्क हो पर दूसरी ओर उसमें पाकिस्तान अवश्य होता था।

जनवरी 1943 में राजदूत विलियम फिलिप नई दिल्ली में, जो कर्नल जॉनसन के उत्तराधिकारी थे, अमरीकी राष्ट्रपति के विशिष्ट प्रतिनिधि के तौर पर भारत आए। विलियम फिलिप को जो निर्देश राष्ट्रपति द्वारा दिए गए थे उन्हें पढ़कर यह समझ में आता है कि भारत छोड़ो आन्दोलन और चर्चिल के विवाद के बाद अब अमरीका की क्या नीति थी। उसका वर्णन इस प्रकार था–

भारत या ब्रिटेन में से किसी एक की भी तरफदारी करने के कारण दूसरे के साथ सम्बन्ध निभाना कठिन हो जाएगा। ब्रिटेन पर आपत्तिजनक दबाव से किसी तरह के सुधार की सम्भावना नहीं है किन्तु इसके दौरान और बाद में सेनाओं तथा युद्ध अभियानों के संचालन में गड़बड़ी ही हो सकती है। दूसरी ओर भारत की स्थिति की जटिलता को ध्यान में रखते हुए हमें अटलांटिक चार्टर पर अमल और फिलीपींस की स्वतन्त्रता के लिए सहयोग का आदर्श सामने रखना चाहिए जिसके अनुसार सभी पराधीन लोगों को स्वतन्त्रता मिलनी चाहिए। ब्रिटिश अधिकारियों से उस सीमा तक ही स्पष्टवादिता रखना ठीक होगा जब तक इसे वे मित्रतावश मानें। अंग्रेज यह सवाल उठा रहे हैं कि फ्रांस के साम्राज्य की अखंडता को बनाए रखने में हमारे हित हैं और यही दृष्टिकोण ब्रिटिश साम्राज्य के प्रति क्यों नहीं? हमारा मत यह है कि दोनों (फ्रांसीसी व ब्रिटिश साम्राज्य) साम्राज्यों की स्थिति एक समान नहीं है इस कारण दोनों के प्रति दृष्टिकोण में यह अन्तर है।[38]

फिलिप्स भारत में 1943 के आरम्भ से अप्रैल तक चार महीने रुके। इसके बाद उन्हें सलाह मशविरे के बहाने वापस बुला लिया गया और राष्ट्रपति द्वारा दूसरे काम पर भेज दिया गया। नाम के वास्ते वह भारत में उक्त पद पर बने रहे।

फिलिप्स को इसलिए वापस बुलाया गया क्योंकि इस मध्य फरवरी 1943 में गांधीजी के अनशन के कारण भारत व इंग्लैण्ड के मध्य उलझन बढ़ती जा रही थी। ऐसे में अमेरिकी राजदूत की नई दिल्ली में उपस्थिति के कारण गलत फहमी पैदा होती। खास करके इसलिए क्योंकि वाइसरॉय लिनलिथगो उन्हें इस मामले में गांधी से मिलने भी नहीं देते। इससे एशिया व खास तौर पर भारत में राष्ट्रपति रूजवेल्ट की नीति गलतफहमी उत्पन्न कर रही थी। उस समय तक अंग्रेज भारत छोड़ो आन्दोलन को कुचलने में सफल हो गए थे और प्रशान्त महासागर में अमेरिका की नौसेना और वायु सेना में बढ़ोतरी के कारण जापान द्वारा भारत पर आक्रमण की सम्भावना भी क्षीण हो गई थी। चर्चिल और लिनलिथगो दोनों को पूरी तरह यह यकीन हो गया था कि वे युद्ध के बाद भी भारत पर अधिकार बनाए रख सकेंगे। वे किसी को भी इस बात की छूट देने के लिए तैयार नहीं थे, जिससे भारतीय नेताओं को बढ़ावा मिल सके। वाशिंगटन को यह चेतावनी भी दी गयी कि अमेरिकी भारत में जापान के विरुद्ध अपने सैन्य अड्डों को सुरक्षित करें और सभी गैर श्वेत नस्लों के साथ भविष्य में सम्बन्ध को बिगड़ने न दें। यदि वाइसरॉय राष्ट्रपति के प्रतिनिधि को गांधीजी से मिलने से रोक सकते हैं तो भारतीयों का विश्वास राष्ट्रपति की क्षमता के प्रति खत्म हो जाएगा।[39] इस सन्देश के परिणामस्वरूप रूजवेल्ट ने फरवरी 1943 में कार्डेल हल को सन्देश भेजा कि वह हैलीफैक्स को यह सूचना लन्दन भेजने के लिए साफ-साफ कहें कि–"गांधीजी को कैद में न मरने दिया जाए। इसके बारे में फिलिप्स को यह निर्देश दिए गए कि गांधी के बारे में जो चिन्ता राष्ट्रपति ने जाहिर की है उसे भारत में सार्वजनिक न किया जाए।"[40]

निष्क्रिय कर देने के बावजूद भी फिलिप्स वाशिंगटन भेजी अपनी रिपोर्टों में उस समय भारत की स्थिति स्पष्ट करने में सफल रहे। वह लिखते हैं–"भारत में स्थित अंग्रेज इंग्लैण्ड में बदलते दृष्टिकोण से अवगत नहीं जान पड़ते हैं और उन्हें इस बात पर विश्वास ही नहीं होता कि स्वतन्त्र भारत अपना शासन चलाने में सक्षम होगा और भारत में अशिक्षा, स्वशासन में भारतीयों की अरुचि तथा मात्र रक्षा व अन्न में उनकी रुचि, हिन्दू-मुसलमान झगड़े और जैसे ही अंग्रेज यहाँ से जाएँगे तो गृहयुद्ध छिड़ने की सम्भावना आदि मुद्दों को यह लोग गिनाते हैं और कहते हैं कि स्वशासन प्रदान करने से पहले इन तथ्यों पर विचार किया जाना चाहिए। फिलिप्स का मानना था कि ऐसे विचारों से भारतीय नेताओं पर यह प्रभाव पड़ता है कि अंग्रेजों की भारत छोड़ने सम्बन्धी घोषणाएँ झूठी हैं।"[41] उन्होंने 15 फरवरी, 1943 को रिपोर्ट भेजी कि भारत के अमेरिकी संवाददाता ने वाइसरॉय

की कार्य परिषद् के सदस्य सर रेजीनाल्ड मैक्सवेल को जब प्रेस पर सेंसरशिप की शिकायत की कि इसके कारण स्थानीय प्रेस में गांधीजी के अनशन के सम्बन्ध में छपने वाली खबरों को भी अमेरिका नहीं भेजने दिया जा रहा। तब उसने उत्तर दिया कि कांग्रेस हमारी शत्रु है और उन्हें ऐसी कोई भी खबर भारत से बाहर नहीं भेजने दी जाएगी जो गांधीजी या कांग्रेस के पक्ष की हो।[42] स्टेट डिपार्टमेंट में ऐसी आवाज उठ रही थी जो अमेरिका की सक्रिय भूमिका चाह रही थी। राजनीतिक मामलों के सलाहकार वैल्समरी ने लिखा–यदि हम ऐसी परिस्थितियों में अति सावधान दृष्टिकोण सिर्फ इसलिए अपनाएँ कि हमें यह डर है कि यह ब्रिटेन को अच्छा नहीं लगेगा।[43] तो हम आगे जाकर बड़ी कमजोर स्थिति में आ जाएँगे। परन्तु अंडर सेक्रेटरी समरवेल्स ने तत्कालीन नीति में किसी भी परिवर्तन से इनकार कर दिया।

फिलिप्स ने 7 अप्रैल 1943 को लगभग पौने चार घंटे जिन्ना से बातचीत की और उसके बाद उन्होंने वाशिंगटन को तार भेजा–"जिन्ना ने दो बार जोर देकर युद्ध में विजय के लिए हर तरह से सहायता देने की इच्छा प्रदर्शित की और यह भी कहा कि वह ऐसी किसी भी योजना के विरुद्ध नहीं खड़े होंगे जिनसे युद्ध की तैयारियों पर प्रभाव पड़े। जिन्ना ने यह भी कहा कि ब्रिटिश योजना के सम्बन्ध में उनकी शर्तें सिर्फ 'रक्षात्मक' हैं, इससे मेरा अभिप्राय यह है कि पाकिस्तान की माँग को बनाए रखने का अधिकार रहे।[44] फिलिप्स बिना किसी कांग्रेसी नेता से मिले (मात्र राजगोपालाचारी को छोड़ जो उस समय कैद में नहीं थे) अमेरिका वापस लौट गए। पर यह सोचने वाली बात है कि क्या उनमें से एक भी कांग्रेसी नेता जिन्ना की तरह इतना स्पष्टवादी होता जो अमेरिकियों से वह बात कह सकता जो उनके देशवासी उस समय सुनने के लिए सर्वाधिक इच्छुक थे।

भारत छोड़ने से पूर्व फिलिप्स ने अपनी भारत यात्रा के जो अनुभव रूजवेल्ट को 19 अप्रैल और 14 मई को लिख भेजे, वह संक्षेप में इस प्रकार हैं। अंग्रेज यहाँ मजे से बैठे हैं उन्होंने असन्तोष को दबाने में पूरी सफलता पा ली है। कांग्रेस के नेता जेलों में हैं इस कारण उसका प्रभाव घट रहा है और मुस्लिम लीग का बढ़ रहा है। यदि कोई यथास्थिति में परिवर्तन न करने के लिए बहाने ढूँढ़ रहा हो तो भारत जैसे विशाल देश में कोई न कोई तो ऐसा बहाना मिल ही सकता है। भारतीय अब यह विश्वास करने लगे हैं कि अमेरिका मजबूती से ब्रिटेन के साथ खड़ा है। भारतीय नेता यह सोच रहे हैं कि क्या अटलांटिक चार्टर सिर्फ श्वेत लोगों के भले के लिए ही हैं क्या? भारतीयों में कुंठा, हताशा और

असहायता का भाव व्याप्त हो रहा है। इस सबके बावजूद अमेरिका की ओर अभी भी एकमात्र उम्मीद की तरह देखा जा रहा है। भारत में हमारी सैनिक स्थिति को देखते हुए भारतीय मामलों में हमें भी अपनी आवाज उठाने का अधिकार होना चाहिए।[45]

भारत से फिलिप्स की वापसी के समय मुस्लिम लीग के आधिकारिक मुखपत्र 'डॉन' ने उनको क्रिटिसाइज किया। डॉन ने लिखा है कि फिलिप्स अपनी सरकार को प्रभावित न कर सके और इसलिए वापस बुला लिये गए।[46] 25 सितम्बर 1943 को मैरेल ने कार्डेल हल को सूचित किया कि बंगाल में जापानियों के पक्ष में वातावरण बन रहा है क्योंकि बंगालियों में यह उम्मीद जाग रही है कि जापानी बर्मा से चावल लेकर भुखमरी खत्म कर सकते हैं। आकलन के अनुसार लगभग 30 लाख लोग भुखमरी से मरे थे। अमेरिकियों को बंगाली अविश्वास की नजरों से देख रहे हैं क्योंकि अमेरिका और इंग्लैण्ड में बड़ी नजदीकी है।[47] मैरेल ने पुनः 8 अक्टूबर, 1943 को सूचित किया अमेरिका से गहरी निराशा हुई है, अकाल के कारण कटुता बढ़ रही है और ब्रिटिश विरोधी भावना अपने चरम पर है।[48] उसने 18 अक्टूबर को सूचना भेजी कि वाइसरॉय लिनलिथगो ने एक भारतीय पत्रकार से जिसे वह (मैरेल) अच्छी तरह जानते हैं, अनौपचारिक वार्ता में कहा–"अंग्रेजों को अगले पचास वर्षों तक भारत में राज्य करना चाहिए, भारतीयों को खुद का शासन चलाने के लिए कम से कम इतना समय लगेगा।"[49]

इसी महीने ब्रिटेन की समाचार एजेंसी रायटर्स ने एक खबर भेजी कि बंगाल के अकाल के प्रति अमेरिका कोई सहानुभूति नहीं दिखा रहा है। जब यह बात कार्डेल हल तक पहुँची तो वह गुस्सा हुए और उन्होंने मैरेल को तार भेजा कि ब्रिटिश अधिकारियों और रायटर्स न्यूज एजेंसी के मध्य करीबी सम्बन्धों को ध्यान में रखते हुए मैं समझता हूँ कि यह अंग्रेजों की एक चाल है। हल ने मैरेल को कहा कि भारत में अमरीका की स्थिति को स्पष्ट करना ज़रूरी है। यानी यह कि यू. एस. ब्रिटिश समझौते के तहत जो जहाज अमरीका से भारत रसद लेकर जाते हैं वे ब्रिटिश कंट्रोल के अन्दर काम करते हैं। इसलिए रसद की आपूर्ति की जिम्मेदारी ब्रिटिश सरकार की है।[50]

रूजवेल्ट के फिलिप्स को निर्देश थे कि वे भारत की आज़ादी के लिए ब्रिटेन पर मित्रतापूर्ण तरीके से ही दबाव डालें जो ब्रिटिश अधिकारियों को स्वीकार हो। इस कारण लिनलिथगो को फिलिप्स को भारतीय नेताओं के सम्पर्क में आने से रोकने का साधन मिल गया। भारत में अमेरिकी नीति के प्रति गलतफहमी उत्पन्न हुई। भारत में यह बात पता ही नहीं थी कि फिलिप्स ने कांग्रेसी नेताओं से मिलने

की बार-बार कोशिश की किन्तु वाइसरॉय ने ऐसा होने नहीं दिया। हकीकत तो यह है कि स्टेट डिपार्टमेंट ने उन्हें यह बात भारतीयों को बताने से भी रोक दिया। उससे स्पष्ट है कि किस सीमा तक अंग्रेज अमेरिकियों को आतंकित करने में सफल हो गए थे।

उस समय जो पढ़े-लिखे भारतीय थे, उन्हें भी अमेरिका व अमरीकियों के बारे में बहुत ही कम जानकारी थी। भारतीय विश्वविद्यालयों में जो अमरीका का इतिहास पढ़ाया जाता था वह तब तक का था जब तक अमरीका ब्रिटिश कॉलोनी था और आजाद नहीं हुआ था। भारतीय विद्यार्थियों को अमेरिका की अपेक्षा कनाडा व आस्ट्रेलिया के बारे में ज्यादा जानकारी थी क्योंकि ये ब्रिटिश उपनिवेश थे। यहाँ तक कि भारत के पड़ोसी देश व क्षेत्र जैसे अफगानिस्तान, ईरान, फारस, चीन व मध्य एशिया इत्यादि के बारे में कम जानकारी थी। अमेरिका के बारे में जो भी जिज्ञासा होती थी वह हॉलीवुड फिल्मों और मोटरकारों से परिचय के कारण थी। फोर्ड और शेवरलेट कारें इंग्लैण्ड की कारों के मुकाबले भारतीय सड़कों के लिए ज्यादा उपयुक्त थीं। क्योंकि वे ऊँची थीं इस कारण भारत में ज्यादा लोकप्रिय थीं। और हॉलीवुड की फिल्में इस नई दुनिया के बारे में जानने का मुख्य साधन थीं। यद्यपि ये फिल्में अंग्रेजी में होने के कारण कभी गाँवों तक नहीं पहुँच पाती थीं। जहाँ देश की 80 प्रतिशत आबादी रहती थी। जब सिनेमाघरों में युद्ध से सम्बन्धित न्यूजरील दिखाई जाने लगी तब लोगों को अचम्भा हुआ कि द्वितीय विश्वयुद्ध में इंग्लैण्ड नहीं परन्तु अमेरिका का ज्यादा नेतृत्व है।

जब ग्रामीण किसी अमेरिकी को देखते थे तो वे उसे अंग्रेज जैसे 'गोरा या लाल मुँह का बन्दर' मानते थे। जो भारतीय इंग्लैण्ड में शिक्षित थे वे प्रशासनिक सेवाओं में या वकालत या विश्वविद्यालयों में पढ़ाने में और कुछ राजनीति में भी रत थे। वे लोग ऑक्सफोर्ड और कैम्ब्रिज के वातावरण में या फिर लन्दन के स्कूल ऑफ इकोनॉमिक्स के वामपन्थी माहौल में पले-बढ़े थे और अपने अंग्रेज सहपाठियों की भाँति अमेरिकियों के प्रति पूर्वाग्रहों से ग्रस्त थे कि वे लोग अज्ञानी, गँवार और कठोर हृदय के होते हैं। अंग्रेजी राज के दौरान इस विचारधारा को पालना फैशन समझा जाता था। जो वामपन्थी शिक्षा और पत्रकारिता के क्षेत्र में संलग्न थे उनके लिए अमेरिका पूँजीवादी देश था जो ब्रिटेन के चंगुल से भारत को छुड़ाकर अपने कब्जे में करना चाहता था। जब हिटलर ने सोवियत संघ पर आक्रमण किया तब भारत के कम्युनिस्टों ने ब्रिटेन का समर्थन करना आरम्भ कर दिया। और ब्रिटेन ने भारत में उन पर से प्रतिबन्ध हटा लिया और उन्होंने

कम्युनिस्टों के द्वारा अमेरिका के खिलाफ किए जा रहे प्रचार से आँखें मूँद लीं। कांग्रेस के अन्दर समाजवादियों का जो धड़ा था और वह भी पूँजीवादी अमेरिका के पक्ष में नहीं था। दूसरी ओर गांधीजी भी अमेरिका में कोई रुचि नहीं लेते थे और उनका ही अनुसरण अन्य कांग्रेसी करते थे। नेहरू इसका एक अपवाद थे जैसा हम पिछले अध्यायों में देख चुके हैं, उन्होंने राष्ट्रपति रूजवेल्ट की भारतीय संवैधानिक सुधारों में मदद लेने की कोशिश की किन्तु बाद में वह अमेरिका के प्रति अविश्वास रखने लगे।

भारतीय राजा-महाराजाओं की रुचि भी अमेरिका में नहीं थी। मात्र इन्दौर के महाराज होल्कर अवश्य इसका अपवाद थे जिनकी पत्नी अमेरिका की महिला थीं। वास्तव में आज से सौ पचास साल पहले अमेरिका के प्रति वैसा आकर्षण नहीं था जैसा आज है और सैर करने की दृष्टि से भी वह काफी दूर था। भारत से बाहर राजाओं-महाराजाओं की रुचि मात्र इंग्लैण्ड और यूरोपीय महाद्वीप में ही थी। इंग्लैण्ड में राजनीतिक कारणों से और शेष यूरोप में पेरिस के बेल एपोक के चमत्कार में और रिविएरा के नव स्थापित विहारों का आनन्द लेने में। सो अमेरिका के बारे में अरुचि, अज्ञान और कुछ दुराग्रह था जो कि भारत को अमेरिका के खिलाफ ले जा सकता था। भारत में अमेरिकी विरोधी भावना के बावजूद असलियत यह थी कि भारत और अमरीका के बीच हितों की टकराहट नहीं थी। वास्तव में बात उलटी थी। भारत-अमेरिका सम्बन्धों को प्रभावित करने वाला एक अन्य तत्त्व भी था। न भारतीय नेता और नहीं जानकार भारतीय जनमत ने उस समय की अन्तर्राष्ट्रीय कठोर हकीकतों पर पर्याप्त ध्यान दिया था कि जब ब्रिटिश सुरक्षा छत्र हट जाएगा और भारत पूरी तरह अपने पैरों पर खड़ा होगा तब किस तरह से अपने हितों को सुरक्षित रखा जा सकता है। इसी के साथ अज्ञान, अति आदर्शवाद और अकड़ की भी भरमार थी। राष्ट्रपिता की यह विचारधारा कि देश बिना सशस्त्र सेना के रह सकता है, एक जटिल समस्या उत्पन्न कर रही थी। विदेशियों के लिए और खास करके भारत के प्रति अज्ञानी और तेज स्वभाव वाले अमरीकनों के लिए भारतीयों से मेल मिलाप करना और हितों को जोड़ना कोई आसान समस्या नहीं थी।

सिर्फ प्रचार, जनमत को या आरोप-प्रत्यारोपों को नहीं बदल सकते हैं। स्वहित बदल सकते हैं। चर्चिल ने रूजवेल्ट के स्वशासन देने के दबाव को पाकिस्तान की चाल चलकर नाकाम कर दिया अर्थात् पश्चिम के लिए मुसलमानों के महत्त्व को उन्होंने उछाला। भारत की आज़ादी के और विभाजन के ठीक बाद पूर्वी यूरोप पर 'लौह आवरण' छा गया और शीतयुद्ध की शुरुआत हुई। इसी समय

ईरान-अफगानिस्तान के करीब एक नया मुस्लिम राष्ट्र उत्पन्न हुआ जो मध्य पूर्व के तेल के कुओं के लिए सोवियत खतरे को रोकने के लिए पश्चिम की दृष्टि से सर्वाधिक महत्त्वपूर्ण सामरिक क्षेत्र में स्थित था। यह देश अमेरिकी रणनीति के साथ सहयोग के लिए तैयार था। घटनाक्रम के परिवर्तन ने उपमहाद्वीप के बारे में अमेरिका की सोच को भी बदल दिया। ऐसे में भी भारत आंग्ल अमेरिकी सम्बन्धों के बीच से प्रतिकूल तत्त्व के रूप में तब तक ओझल नहीं हुआ जब तक कि ब्रिटेन ने पाकिस्तान को अमेरिका के साथ नहीं मिला दिया।

सन्दर्भ

1. अमेरिकी विदेश रेकॉर्ड 1942, खंड-1, पृ. 623 कॉर्डेल हल की हैलीफैक्स से बातचीत, 1 अगस्त 1942।
2. वही, पृ. 663, मैरेल द्वारा हल को दिया गया सन्देश, 21 मई, 1942।
3. वही, पृ. 664, मैरेल द्वारा हल को दिया गया सन्देश, 25 मई, 1942।
4. वही, पृ. 667, हैलीफैक्स से हल की बातचीत, 3 जून, 1942।
5. वही, पृ. 670, हल की वाजपेयी से बातचीत, 15 जून, 1942।
6. वही, पृ. 667-68, रूजवेल्ट को नेहरू का सन्देश, (जॉनसन के माध्यम से) 4 जून, 1942।
7. वही, पृ. 674, हल/जॉनसन का नेहरू को सन्देश, 18 जून, 1942।
8. वही, पृ. 674-76, गांधीजी का च्यांग काई शेक को सन्देश, 21 जून, 1942।
9. वही, पृ. 677, गांधीजी का रूजवेल्ट को सन्देश, 1 जुलाई, 1942, फ्रैंकलिन डी. रूजवेल्ट लाइब्रेरी न्यूयॉर्क की प्रति।
10. च्यांग काई शेक का गांधीजी को जवाब, 8 जुलाई, 1942, दिल्ली में चीन के काउंसिल जनरल एस. एच. शीन के माध्यम से।
11. यू. एस. एफ. आर., 1942 खंड-II, पृ. 695, च्यांग काई शेक द्वारा रूजवेल्ट को सन्देश 25 जुलाई, 1942।
12. वही, पृ. 698, विदेश मन्त्री सूंग के माध्यम से च्यांग काई शेक का रूजवेल्ट को मौखिक सन्देश, 25 जुलाई, 1942।
13. वही, पृ. 699-700, वेल्स का रूजवेल्ट को लिखा गया नोट, 29 जुलाई, 1942 और रूजवेल्ट को चर्चिल को उसी दिन भेजा गया तार।
14. वही, पृ. 713, रूजवेल्ट का गांधीजी को भेजा गया जवाब, 1 अगस्त, 1942।
15. वही, पृ. 700, वायनैंट द्वारा हल को भेजा गया सन्देश, 29 जुलाई, 1942।
16. वही, पृ. 703, रूजवेल्ट को एटली का सन्देश, 7 अगस्त, 1942।
17. वही, देखें नोट पृ. 705 पर।
18. वही, पृ. 705 च्यांग काई शेक को रूजवेल्ट का जवाब, 8 अगस्त, 1942।

19. वही, पृ. 715 च्यांग काई शेक को 12 अगस्त, 1942 को भेजा गया रूजवेल्ट का सन्देश।
20. टी. ओ. पी. खंड-II, क्र. 532, चर्चिल द्वारा रूजवेल्ट को सन्देश, 13 अगस्त, 1942।
21. वही, क्र. 112, चर्चिल का हैरी हॉपकिंस को सन्देश, 31 मई, 1942।
22. वही, क्र. 695, हैलेट द्वारा वाइसरॉय को भेजा गया तार।
23. वही।
24. यू एस एफ आर 1942, खंड-1, पृ. 721, रूजवेल्ट को हल द्वारा भेजा गया पत्र, 15 अगस्त, 1942।
25. वही, पृ. 712-14, क्यूरी द्वारा रूजवेल्ट को भेजा गया सन्देश, 11 अगस्त, 1942।
26. टी ओ पी, खंड-II, पृ. 477 चर्चिल का रूजवेल्ट को सन्देश, 9 अगस्त, 1942।
27. यू एस एफ आर 1942, खंड-1, पृ. 726-27, हल की हैलीफैक्स से बातचीत, 24 अगस्त, 1942।
28. वही, पृ. 733, हल की हैलिफैक्स से बातचीत, 17 सितम्बर, 1942।
29. वही, पृ. 740-41, 13 अक्टूबर, 1942 को वाजपेयी ने जैसा एडॉल्फ ए. बेरले यू. एस. स्टेट डिपार्टमेंट को बताया।
30. भारत के प्रति अमेरिका के दृष्टिकोण सम्बन्धी ब्रिटिश दूतावास की अनुशंसा पैरा 33 से 42, पृ. 21-24 (ओ आई सी, ब्रिटिश लाइब्रेरी, लन्दन)।
31. यू एस एफ आर 1942, खंड-1, पृ. 735, वाजपेयी की बेरले, यू.एस. स्टेट डिपार्डमेंट से बातचीत, 2 अक्टूबर, 1942।
32. साउथ एशिया, युनिवर्सिटी ऑफ कैनबरा, खंड-XXIII, नं. 2, 2000, पृ. 63-68।
33. भारत के सम्बन्ध में अमेरिकी राय का सर्वेक्षण 8 मई, 1943 सर फ्रेडरिक पकल द्वारा (ओ आई सी, ब्रिटिश लाइब्रेरी, लन्दन)।
34. वही।
35. वही।
36. वही।
37. आर. मूर, साउथ एशिया, यूनिवर्सिटी ऑफ कैनबरा, खंड-XXIII, नं. 2,2000, पृ. 66 और 76।
38. यू एस एफ आर 1942, खंड-1, पृ. 746, राजदूत वायनैंट को 20 नवम्बर, 1942 को भेजे गए तार में रूजवेल्ट द्वारा विलियम फिलिप्स को दिए गए निर्देश।
39. यू एस एफ आर 1943, खंड-IV, पृ. 196-97, फिलिप्स द्वारा रूजवेल्ट को भेजा सन्देश, 19 फरवरी, 1943।
40. वही, पृ. 199, हल की हैलीफैक्स से बातचीत, 20 फरवरी, 1943 ।
41. वही, पृ. 180-83, फिलिप्स द्वारा रूजवेल्ट को 22 जनवरी, 1943 को भेजा गया सन्देश।
42. वही, पृ. 193, सर रेजीनॉल्ड मैक्सवेल की अमेरिकी संवाददाताओं से बातचीत, 15 फरवरी, 1943।

43. वही, पृ. 212, वैलेस मरे, अमेरिकी स्टेट डिपार्टमेंट का समर वेल्स को 6 अप्रैल, 1943 को भेजा गया नोटिस।
44. वही, पृ. 213-14, फिलिप्स द्वारा रूजवेल्ट को 7 अप्रैल, 1943 को भेजा गया सन्देश।
45. वही, पृ. 217-22, फिलिप्स की रूजवेल्ट को दी गई रिपोर्ट, 19 अप्रैल, 1943 और 14 मई, 1943।
46. वही, पृ. 223-24, मैरेल द्वारा हल को लिखा गया सन्देश 27 मई, 1943।
47. वही, पृ. 301, मैरेल द्वारा हल को 25 सितम्बर, 1943 को भेजा गया सन्देश।
48. वही, पृ. 230, मैरेल द्वारा हल को 8 अक्टूबर, 1943 को भेजा गया सन्देश।
49. वही, पृ. 231, मैरेल द्वारा हल को 18 अक्टूबर, 1943 को भेजा गया सन्देश।
50. वही, पृ. 304, 306 और 307, हल द्वारा मैरेल को 9 और 13 अक्टूबर, 1943 को भेजा गया सन्देश।

बँटवारे के नायक वेवल

ब्रिटिश प्रशासनिक सिस्टम में उच्चाधिकारी जिस जगह नियुक्त होते थे वहाँ उनको पर्याप्त अधिकार होते थे और ऐसे पदों पर जैसे कि भारत का वाइसरॉय और भी सक्षम होते थे। उस काल में भारत के वाइसरॉय का पद ब्रिटिश द्वीप समूह के बाहर अत्यधिक महत्त्वपूर्ण होता था। जो लोग वाइसरॉय नियुक्त किए जाते थे, आम तौर पर उनकी प्रतिष्ठा ऐसी होती थी कि उनके विचारों को हल्के-फुल्के ढंग से नहीं लिया जा सकता था। हम पूर्व के अध्यायों में देख चुके हैं कि किस तरह लॉर्ड लिनलिथगो ने वाइसरॉय के रूप में सन् 1942 में सर स्टेफर्ड क्रिप्स जैसे महत्त्वपूर्ण ब्रिटिश मन्त्री द्वारा रखे गए कुछ खास प्रस्तावों को ब्रिटिश प्रधानमन्त्री से सीधा सम्बन्ध स्थापित करके नकार दिया था।

वाइसरॉय की राय को इसलिए भी पर्याप्त महत्त्व दिया जाता था क्योंकि उसकी सेवा में ऐसे आजमाए हुए अधिकारियों की टीम होती थी जिन्हें भारत के बारे में बहुत अनुभव होता था। विभिन्न शासकीय विभागों के सचिव, ब्रिटिश प्रान्तों के गवर्नर, देशी रियासतों में रेजीडेंट और उसके कुशल खुफिया निदेशालय के अधिकारी, ब्रिटिश भारतीय आर्मी का कमाडंर इन चीफ—वाइसरॉय के सलाहकार रहते थे। इसके अलावा भारतीय ब्रिटिश संसद व शासन द्वारा जो इज्जत उन्हें प्रदान की जाती थी वह इस बात से प्रकट होती थी कि उसे इतना विशाल और भव्य आवास प्रदान किया जाता था जो उस समय पूरी दुनिया में एक दम्पति के लिए सबसे बड़ा घर था। वाइसरॉय के लिए अन्य साजो-सामान भी भव्य और शानो-शौकत पूर्ण होता था जो ब्रिटिश साम्राज्य के प्रतिनिधि के तौर पर उपस्थित व्यक्ति की गरिमा के अनुरूप हो।

यह बताना इसलिए ज़रूरी है क्योंकि भारत में तैनात वाइसरॉय की राय का इंग्लैण्ड में भारत सम्बन्धी उच्च स्तरीय नीति पर बड़ा प्रभाव होता था और वह भारत में ऐसी परिस्थितियाँ उत्पन्न कर सकता था जिनकी उपेक्षा नहीं की जा सकती थी। वाइसरॉय के सक्रिय होने से कार्यकारी मन्त्रीगण जो इज्जत और अथॉरिटी ब्रिटिश पार्लियामेंट और सरकार उसको देती थी उससे अपने

उत्तरदायित्व या प्रेस में विवादों से बच सकते थे और कई बार कठोर निर्णय के लिए जाने से भी उन्हें छुटकारा मिल जाता था। यदि लिनलिथगो ने 1940-41 में जिन्ना को मुसलमानों के एकमात्र प्रवक्ता के रूप में उभारने और मुस्लिम लीग के साथ गठबन्धन के लिए पहल की तो वेवल ने फरवरी, 1946 में उन क्षेत्रों का एक विस्तृत खाका प्रस्तुत किया जिससे पाकिस्तान का निर्माण हो सके। यही खाका 1947 में ब्रिटेन की वापसी के समय लागू हुआ। इससे पहले इसे गुप्त रखा गया जिससे लोग यह न समझें कि भारत के विभाजन में ब्रिटेन का कोई हाथ था।

गुप्त अभिलेखों से कभी-कभी पूरा हकीकत सामने नहीं आ पाती। शासन द्वारा लिये गए कई निर्णय ऐसे होते हैं जो कागज पर दर्ज नहीं होते, या फिर कागज पर दर्ज हों तब भी प्रकट नहीं किए जाते। 15 अगस्त, 1947 के बाद जब माउंटबेटन गवर्नर जनरल थे उस दौरान उनकी रिपोर्टों को आज़ादी के 50 साल बाद भी नहीं खोला गया है। इस कारण कश्मीर के सम्बन्ध में ब्रिटिश नीति को जानने के लिए कठिनाई पैदा होती है। जब मैंने उन दस्तावेजों का जिनमें मूल प्रारूप और उनमें किए गए सुधार भी सम्मिलित थे, का अध्ययन किया तब उसमें कई उच्चस्तरीय गुप्त पत्र और निजी व अर्धसरकारी पत्र सम्मिलित थे जिससे लिखने वालों के वास्तविक विचार सामने आए। ये विचार ट्रांसफर ऑफ पॉवर के उन दस्तावेजों में नहीं हैं जो प्रकाशित हुए। इसके अलावा प्रभावशील लोग, दिग्गज पत्रकार या ब्रिटिश प्रधानमन्त्री के करीबी लोग आदि भी थे जो सरकार से सीधे सम्बन्धित नहीं थे किन्तु सरकार के फैसलों को प्रभावित करते थे। जैसे कि चर्चिल के दौरान लॉर्ड वीवरबुक जो राय देते थे, उसका कोई रिकॉर्ड नहीं है पर उनकी राय प्रधानमन्त्री को प्रभावित करती थी। इस कारण घटनाक्रम व नीति को कभी-कभी सम्बन्धित अधिकारियों द्वारा अपनाई गई प्रक्रिया और परिस्थितिजन्य साक्ष्यों के विश्लेषण से ही समझा जा सकता है। भारत का विभाजन अत्यन्त संवेदनशील प्रश्न था। महायुद्ध के पश्चात् ही ब्रिटेन की पीढ़ी खास तौर पर लेबर पार्टी के सदस्य अपने देश की पुरानी नीति 'फूट डालो राज करो' वाले देश के रूप में प्रतिष्ठित छवि को धो डालना चाहते थे।

फील्ड मार्शल आर्चीवाल्ड वेवल कुलीन परिवार से नहीं थे, जैसे कि ज्यादातर वाइसरॉय हुआ करते थे। वे समाज के उसी वर्ग से आते थे अर्थात् उच्च मध्य वर्ग जिसने असलियत में ब्रिटिश राज्य की नींव डाली थी और रूपरेखा तैयार की थी।[1] 1885 में जब से ब्रिटिश सरकार ने भारत में ईस्ट इंडिया कम्पनी से राज्य की बागडोर सँभाली थी तब से लेकर वेवल पहले वाइसरॉय थे जो कि फौजी थे।

वह इससे पूर्व भारत में मुख्य सेनाध्यक्ष थे और दक्षिण पूर्व एशिया में जापान के विरुद्ध ब्रिटिश सेना की कमान सँभाल चुके थे। उससे पहले मध्य पूर्व में वह ब्रिटिश सेना का नेतृत्व कर अबिसीनिया व सेरेनिका में इटली पर विजय प्राप्त कर चुके थे और इसी कारण ब्रिटेन में लोकप्रिय नायक बन गए थे। सत्ता में आने के पश्चात् चर्चिल ने उन्हें मध्य पूर्व से हटाकर भारत में तैनात किया और जब दक्षिण पूर्व एशिया में जापान के हाथों ब्रिटेन की पराजय हुई तब उन्हें सम्मानजनक तरीके से वाइसरॉय के पद पर धकेल दिया। चर्चिल वेवल को अति निराशावादी और पराजयवादी मानते थे। उन्होंने एक बार कहा था कि वह किसी गोल्फ क्लब को चलाने के लिए एकदम उपयुक्त हैं।[2] चर्चिल आशा करते थे कि वेवल भारत के युद्ध के दौरान राजनीतिक पहल नहीं करेंगे। दूसरी तरफ वेवल चर्चिल को एक ऐसा नेता समझते थे जो कि रूजवेल्ट या स्टालिन से ज्यादा महान थे।[3] परन्तु उन्हें (वेवल) यह शिकायत भी रहती थी कि "चर्चिल हमेशा अपने मातहतों से चमत्कारों की उम्मीद करते रहते थे।"[4] विडम्बना देखिए कि चर्चिल जिसे सामान्य कहते थे उसके बारे में कई इतिहासकारों का मानना है कि वह कर्जन के पश्चात् भारत के सबसे महत्त्वपूर्ण वाइसरॉय हुए। उनकी विशेषता थी कल्पना में उड़ान न भरना और उनकी उपलब्धि है भारत का विभाजन।

वाइसरॉय का जिम्मा सँभालने से पूर्व वेवल दक्षिण अफ्रीका के प्रधानमन्त्री फील्ड मार्शल स्मट्स जो चर्चिल के विश्वस्त परामर्शदाता थे, से मिले थे। वेवल के अनुसार स्मट्स ने भारत के बारे में चर्चिल के दिमाग में जो विचार थे वे बताए, जो कि चर्चिल उन्हें सीधे-सीधे नहीं बताना चाहते थे। प्रधानमन्त्री भारत पार्लियामेंट में या किसी अन्य समस्या के बारे में युद्ध के दौरान कुछ सोचना ही नहीं चाहते थे क्योंकि इससे उनकी कंजर्वेटिव पार्टी में फूट पड़ सकती थी।[5] इस कारण वाइसरॉय के रूप में वेवल ने एक साल तक कोई राजनीतिक कदम नहीं उठाया जब कि उनका यह पक्का विचार था कि भारत में चीजों को यों ही पड़े रहने देना ब्रिटेन के हित में नहीं है। वह अपने पूर्ववर्ती वाइसरॉय लिनलिथगो के इस विचार से बिलकुल भी सहमत नहीं थे जो कि उन्होंने दिल्ली से रवानगी के पूर्व बताया था कि हमें अगले तीस वर्षों तक भारत में जिम्मेदारी उठानी पड़ेगी और देश में हमारी काफी अच्छी हालत है। गांधी तथा कांग्रेसी नेता जेलों में हैं और पिछले तीन वर्षों में मुसलमान काफी मजबूत हो गए हैं।[6] वेवल का आकलन था कि ब्रिटेन की स्थिति तेजी से खराब हो रही है और भारत से वापसी के लिए एक व्यवस्थित और संगठित योजना बनाने की ज़रूरत है जिससे भविष्य में मध्य पूर्व एशिया तथा हिन्द महासागर के विस्तृत क्षेत्र को नियन्त्रित करने के लिए जो

भारत में सेना का अड्डा है उसको बचाया जा सके। यह ध्यान देने योग्य है जैसा कि हाल में एक अध्ययन में एक भारतीय विद्वान ने कहा है कि–

सेना में वायुसेना की बढ़ती भूमिका तथा मध्य पूर्व में तेल के अत्यधिक महत्त्व के कारण एशिया में ब्रिटिश नीति में बदलाव आया। एक शताब्दी से अधिक समय से खाड़ी में ब्रिटेन की नीति का रूप उसके भारतीय साम्राज्य के सामरिक हितों से तय होता रहा है। अब यह बदल गया–1947 के बाद स्थिति ठीक उसके उल्टी हो गई। खाड़ी और मध्य पूर्व में ब्रिटेन के सामरिक हित उसकी भारत सम्बन्धी नीति का एक महत्त्वपूर्ण कारक बन गए।[7] वेवल मात्र एक बिन्दु पर लिनलिथगो और चर्चिल से पूर्णतया सहमत थे कि भारत में ब्रिटेन की स्थिति मुसलमानों की सद् इच्छा पर निर्भर है और उसे मुसलमानों और जिन्ना की मुस्लिम लीग के सहयोग से बचाया जा सकता है।

कांग्रेस के प्रति उनका पूर्ण विश्वास था कि कांग्रेस पार्टी ब्रिटेन का कभी सहयोग नहीं करेगी, वेवल ने यह विश्वास अपने बादशाह को लिखे एक पत्र में व्यक्त किया था। मैं यह कभी नहीं भूल सकता हूँ कि 1942 में जब भारत में युद्ध का सबसे संकटपूर्ण दौर था और मुख्य सेनाध्यक्ष की हैसियत से अपर्याप्त साधनों के साथ भारत की जापान के आक्रमण से सुरक्षा के लिए प्रयासरत था तब कांग्रेस ने जानबूझकर पूर्वी मोर्चे पर संचार व्यवस्था को बड़े पैमाने पर तोड़-फोड़ और उपद्रव मचाकर ध्वस्त करने की कोशिश की थी।[8] इसी पत्र में उन्होंने लिखा कि–

ब्रिटिश शासन के समय यदि कोई गम्भीर संकट उत्पन्न हुआ तो ऐसी स्थिति में भारत में पुलिस और भारतीय सेना की वफादारी शंकास्पद लगती है।[9]

वेवल को एक बड़ा धक्का उस वक्त लगा था जब युद्ध के दौरान 1942 में सिंगापुर में ब्रिटिश हार के बाद शासक के नाम पर शपथ लेने वाले भारतीय अफसरों के अलावा उनकी अपनी फौज के हजारों अंग्रेज सैनिक जापान से मिल गए थे और इस कदम की कांग्रेस पार्टी ने सराहना की थी।

सुभाषचन्द्र बोस 1943 में सिंगापुर पहुँच चुके थे। बोस के जादुई व्यक्तित्व, ऊर्जा और संगठन क्षमता के कारण जापान की गिरफ्त में साठ हजार भारतीय युद्ध बन्दियों में उत्साह जागा और वहाँ रहने वाले भारतीयों ने सुभाष बाबू को धन और सहयोग दोनों प्रदान किया। उनकी पुकार 'दिल्ली चलो' (जो कि 1857 में मेरठ के आन्दोलनकारियों का नारा था) से युद्धबन्दियों में उत्साह जागा तथा ब्रिटेन की सख्त सेंसरशिप के बावजूद इसकी प्रतिध्वनि भारत में गूँजने लगी। जहाँ ब्रिटिश सैनिक खुफिया एजेंसी सुभाषचन्द्र बोस की आजाद हिन्द फौज में भर्ती होने वाले अफसरों व भारतीय सैनिकों की संख्या बीस हजार बताती थी वहीं सुभाष बाबू के

सहयोगी बाद में इसकी संख्या पचास हजार तक होने का दावा करते थे। आरम्भ में ब्रिटिश सैनिक खुफिया सेवाओं द्वारा बोस के आन्दोलन को कम आँक रहे थे। किन्तु बाद में उन्होंने स्वीकारा कि जो सैनिक सुभाष बाबू के साथ जुड़ गए थे वे उनके प्रेरणादायी व साहसी व्यक्तित्व से गहरे प्रभावित हो गए थे। और उन्होंने भारत की अंग्रेज सेना से डटकर मुकाबला किया। वे खुद को मातृभूमि का उद्धारक समझते थे इसके अलावा आजाद हिन्द फौज को भारत में बड़ा जन समर्थन था।[10]

वेवल के लिए यह और अधिक झटका था कि बर्मा की लड़ाई के अन्तर्गत भारत की सेना के कुछ सैनिक टूटकर आजाद हिन्द फौज व जापानी सेना से मिल गए। चर्चिल ने इस हालात के लिए भारतीय सेना में अचानक विस्तार और हिन्दुओं की भर्ती को जिम्मेदार बताया। उन्होंने कहा था कि "ऐसी सेना किस काम की जो हमारी पीठ पर गोली मारे।"[11]

हकीकत यह थी कि सेना के आधुनिकीकरण और टैंकों तथा अन्य यन्त्रों के मशीनीकरण के कारण सेना के विभिन्न वर्गों में भर्ती के लिए शिक्षित होना आवश्यकता बन गया था और जो भारतीय शिक्षित थे वे ज्यादा राष्ट्रभक्त थे। पहली बार भारतीय और ब्रिटिश अधिकारी बड़ी संख्या में एक साथ लड़े थे क्योंकि रंगभेद या नस्लभेद के कारण भी भारतीय और अंग्रेज सैनिकों में दरार पैदा हुई थी, इसके बारे में आगे लिखा गया है।

वेवल की इन आशंकाओं को निराशावाद या पराजयवाद की संज्ञा नहीं दी जा सकती और तब यह साबित हो गया जब दो ही सालों के अन्दर सेना के विभिन्न अंगों में विद्रोह आरम्भ हो गया। भारतीय नौसेना में बम्बई के बन्दरगाह पर 1946 के आरम्भ में सबसे पहले विद्रोह हुआ। यह उत्पात दूसरे नौसैनिक अड्डों जैसे कराची आदि पर पहुँच गया और इसने सेना के दूसरे अंगों को चपेट में ले लिया। कहा जाता है कि नौसैनिक विद्रोह के लिए एक कमांडिंग अधिकारी का व्यवहार जिम्मेदार था जो बम्बई में युद्धपोत 'तलवार' पर नियुक्त था और अपने अधीनस्थ भारतीयों को गालियों व अपमानजनक शब्दों से सम्बोधित करता था। बम्बई का ब्रिटिश कमांडर उसकी बदली करने से इनकार कर रहा था। यह विद्रोह तेजी से फैला और करीब सात हजार नौसैनिक इसमें शामिल हो गए। कुछ युद्धपोतों ने अंग्रेजों के बैरकों और यूरोपीय समुदाय की समुद्रतटों पर स्थित बस्तियों व ताजमहल होटल की ओर मोर्चा मोड़ दिया। कराची बन्दरगाह पर तटवर्ती टुकड़ियों और एच. एम. आई. एस. हिन्दुस्तान पोत के सैनिकों के मध्य दो घंटे द्वन्द्व होता रहा जब तक कि युद्धपोत के कर्मचारियों ने आत्मसमर्पण नहीं कर दिया। गड़बड़ मात्र नौसेना तक ही सीमित नहीं रही। रॉयल इंडियन एअरफोर्स

के मद्रास, कराची, पूना, इलाहाबाद और दिल्ली अड्डों पर, जबलपुर में व अन्य शहरों में रॉयल इंडियन आर्मी सिग्नल कोर के सत्रह हजार सैनिकों ने और मद्रास में सोलह सौ रॉयल इलेक्ट्रिकल मैकेनिकल इंजीनियर्स ने भी विद्रोह कर दिया। इन सभी इकाइयों में अच्छे पढ़े-लिखे भारतीय थे।

बम्बई के सैनिक विद्रोह को दबाने के दौरान दो सौ लोग मारे गए व एक हजार घायल हुए। यह लोग ज्यादातर शहर के अन्दर के प्रदर्शनकारी थे जो सैनिकों के साथ मिल गए थे। वास्तव में विद्रोह जंगल में आग की तरह फैला इससे स्पष्ट है कि इसके पीछे कारण मात्र अंग्रेज अधिकारियों द्वारा प्रताड़ना भर नहीं, बीमारी और गहरी थी। क्या ऐसी स्थिति में अंग्रेज भारतीय फौजी अधिकारियों पर सशस्त्र विद्रोह या जन आन्दोलन को दबाने के लिए भरोसा कर सकते थे? जो नए दस्तावेज उपलब्ध हुए हैं उनके अनुसार लन्दन में संयुक्त गुप्तचर समिति और दिल्ली में अधिकारी वर्ग उस समय ऐसा नहीं सोचते थे। वेवल के पश्चात् सेनाध्यक्ष बने फील्ड मार्शल ऑकिनलेक ने एक गुप्त रिपोर्ट में लिखा—इस बात से आँख नहीं मूँदना चाहिए कि भारतीय सैनिक अपने राष्ट्र के प्रति नमक हलाली रखते हैं परन्तु इसका अर्थ यह नहीं है कि वे ब्रिटेन विरोधी हैं। उन्होंने यह भी लिखा था, "भारतीय सेना में बड़े पैमाने पर बिखराव और पद त्याग सम्भव है।"[12]

भारतीय नेताओं की क्षमता के बारे में जो वेवल की सोच थी उससे भी वे अन्दाजा लगाते थे कि भविष्य में ब्रिटेन के सहयोगी के रूप में उनकी क्या उपयोगिता हो सकती है। पटेल को छोड़कर जिनके बारे में वेवल की यह राय थी कि "सभी नेताओं में वे अत्यधिक शक्तिशाली हैं और ज्यादा मानवीय हैं—हालाँकि साम्प्रदायिक हैं।"[13]

दूसरे नेताओं के लिए वेवल को फुर्सत नहीं थी। आजाद के लिए उनका ख्याल था, "वे भले हैं किन्तु वे गांधी के सामने ढेर हो जाते हैं, गफ्फार खान के लिए उनका मानना था कि वे मूर्ख और जिद्दी हैं और गांधी चतुर किन्तु भ्रमित और विद्वेषपूर्ण हैं।" भारत के भावी प्रधानमन्त्री नेहरू के लिए वेवल की यह राय थी कि "ईमानदार, बुद्धिमान, व्यक्तिगत रूप से साहसी किन्तु असन्तुलित हैं।" जिन्ना के लिए जो विशेषण उन्होंने इस्तेमाल किए वह इस प्रकार थे—"असन्तुष्ट, अराजक, आत्मकेन्द्रित, एकाकी किन्तु स्पष्टवादी और ईमानदार।" वे जिन्ना को उस तरह से अस्वीकार नहीं करते थे जैसे कि कांग्रेस के नेताओं के बारे में उन्होंने लिखा।[14]

भारतीय सेना के कई ऐसे अफसरों ने जो बर्मा और मध्य-पूर्व में लड़े थे इस लेखक को बताया तो अचम्भा हुआ कि अंग्रेज कितने नस्लवादी थे पर वे इससे

ज्यादा परेशान नहीं दिखे। यह पुस्तक लिखते समय यह ज़रूरी हो गया कि पता किया जाए कि क्या रंगभेद वास्तव में ब्रिटिश भारतीय सेना में अंग्रेजों व भारतीयों में भेद उत्पन्न करने वाला कारण था? 93 वर्षीय मेजर जनरल उदयचन्द्र दुबे अंग्रेजी राज के सबसे पुराने कमीशन प्राप्त जीवित व्यक्ति हैं जो अभी भी चुस्त दुरुस्त हैं। इन्होंने ब्रिटिश मिलेट्री अकादमी, सैंडहर्स्ट से 1928 में कमीशन प्राप्त किया था। प्रसिद्ध अभिनेता डेविड निवेन ब्रिटिश वॉर कॉलिज में उनके रूममेट थे। माउंट एवरेस्ट पर चढ़ने वाले प्रसिद्ध पर्वतारोही जॉन हंट और पाकिस्तान के भूतपूर्व राष्ट्रपति मोहम्मद अयूब खान वहाँ उनके सहपाठी थे। जब लेखक ने जनरल से पूछा कि क्या सेना में उन्हें रंगभेद का सामना करना पड़ा? उनका जवाब इस तरह था–

सैंडहर्स्ट के पश्चात् कुछ समय के लिए उन्हें ब्लैक वाच नामक ब्रिटिश रेजीमेंट में पदस्थ किया गया जहाँ बिलकुल भी भेदभाव नहीं था। किन्तु जब उन्हें भारतीय सेना की गुरखा रेजीमेंट में नियुक्त किया गया तब उन्हें उसका सामना करना पड़ा। उदाहरण के लिए अफसरों की मेस में जब ब्रिटिश समुदाय के लोगों को सपत्नीक 'गेस्ट नाइट' के समय बुलाया जाता था तो भारतीयों को खाना बिलियड्र्स रूम में या ताश के कमरे में अलग खाना पड़ता था। उनके एक सहयोगी कैप्टन मोहम्मद अली को गुरखा रेजीमेंट के कमीशन से हाथ धोना पड़ा था, कहा गया कि वह राजनीति में रुचि रखते थे पर असलियत यह थी कि उन्होंने एक अंग्रेज लड़की से शादी की थी। उनके ब्रिटिश सहयोगी कभी-कभी भारतीय अफसरों के प्रति तिरस्कारपूर्ण टिप्पणियाँ करते रहते थे। और वे भारतीय अफसरों के बीच भेदभाव फैलाने की कोशिश भी करते थे।

मेजर जनरल दुबे ने बताया कि बर्मा के बूथी डॉग के जंगलों में युद्ध के दौरान जब सभी ओर से गोलाबारी हो रही थी तब कुछ भारतीय अफसरों ने उन ब्रिटिश अफसरों को जो इन लोगों को रंगभेद के कारण नीचा समझते थे गोली से उड़ा दिया था। उन्होंने कहा–"वेवल और माउंटबेटन ने इन घटनाओं के बारे में अवश्य सुना होगा। उन्होंने यह भी कहा कि मैं आपको यह नहीं कह रहा कि इन समस्याओं के कारण शत्रु से लड़ते समय हम एकत्र होकर मुकाबला नहीं करते थे पर जो हकीकत थी वह यह है।"

जनरल स्टेन मेंजीस ने अपनी पुस्तक 'फाइडेलिटी एंड ऑनर' में (पेंग्विन, नई दिल्ली, 1993, पृ. 357) उन्हें ज्ञात मात्र एक प्रकरण का उल्लेख किया है, जब एक ब्रिटिश कमांडिंग आफिसर को उड़ा दिया गया था। एक और भारतीय मेजर जनरल ने स्थिति को इस तरह लिखा है–''सन् 1941 में अधिकांश सेवारत

भारतीय अफसर जिनकी नियुक्ति युद्ध के दौरान हुई थी उनको उतनी परेशानी नहीं उठानी पड़ी जितनी युद्ध के पहले नियमित नियुक्त अधिकारियों ने उठाई। सन् 1942 तक जब अधिकांश ब्रिटिश अधिकारी उपनिवेशवादी पूर्वाग्रह से काफी मुक्त हो चुके थे। युद्ध से पूर्व के ब्रिटिश अधिकारी ही हमारे शत्रु थे। परन्तु मैं यह नहीं मान सकता कि मात्र रंगभेद की वजह से कोई भारतीय अफसर अपने वरिष्ठ को मार डालेगा। क्या आप मान सकते हैं?[15]

डी. के. पलित 1938 में भारतीय सेना की बलूच रेजीमेंट में नियुक्त हुए थे और पोलो के बड़े शौकीन खिलाड़ी थे। वह लिखते हैं, "सेना में भारतीय और ब्रिटिश अफसरों के मध्य कोई सामाजिक मेलजोल नहीं था। मुझे मेरे कमांडिंग अधिकारी ने या कम्पनी कमांडर ने खाने के लिए या चाय के लिए कभी घर पर नहीं बुलाया। आपस में लोगों का कोई सम्पर्क नहीं था बावजूद इसके हम एक सेना के थे और समान शत्रु से लड़ते थे।"[16]

लेखक खुशवन्त सिंह जो जीवनभर इंग्लैण्ड के प्रशंसक रहे हैं, लिखते हैं– "यदि वे ब्रिटिश कभी किसी से मित्रता करते भी थे तो यह उनकी अपनी खिदमतदारों के प्रति दयालुता के दृष्टिकोण के कारण था। उनमें से अधिकांश लोग इस देश से घृणा करते थे जब वे यहाँ थे।"[17]

लॉर्ड माउंटबेटन ने अपनी शुरुआती साप्ताहिक अति गोपनीय रिपोर्ट में सेक्रेटरी ऑफ स्टेट को अप्रैल 1947 में लिखा कि वाइसरॉय हाउस में एक सत्कार समारोह के दौरान कुछ अंग्रेज महिलाओं को भारतीय मेहमानों के लिए अपमानजनक टिप्पणियाँ करते सुना गया, इस कारण उनको प्रान्तों के गवर्नरों को निर्देश देने पड़े कि ऐसा आगे न हो इस बात को सुनिश्चित करें। 1947 में अंग्रेजों में ये विचार विशुद्ध नस्लवाद के कारण थे या फिर ब्रिटिश ताज के सबसे चकमदार हीरे अर्थात् भारत को ब्रिटेन के हाथों से छीन लेने के प्रयास के कारण–यह पता कर पाना कठिन है। जो बात साफ थी वह यह कि इस समय भारत में मौजूद अंग्रेजों का अधिसंख्य वर्ग मुसलमानों को अपना मित्र और कांग्रेस को (और हिन्दुओं को) अपना दुश्मन मानता था। वाइसरॉय वेवल ने अपनी डायरी में लिखा कि यह एक ओर हिन्दू धर्म और दूसरी ओर हमारी और मुसलमानों की मानसिकता, भारत में हमारी कठिनाई का मुख्य कारण है।[18]

सदी-दर-सदी भारतीय मुसलमानों के बारे में अंग्रेजों की राय में बदलाव आता रहा। 1857 के गदर तक जैसा कि अध्याय–3 में बताया गया है कि मुसलमान अंग्रेजों का मुख्य दुश्मन था। उसी साल सर हेनरी रॉलिन्सन ने भारत में मुसलमानों में बढ़ती उत्तेजना, कटुता और शत्रुता में बढ़ोतरी के बारे में लिखा है। परन्तु 20वीं

शताब्दी में मुसलमान अंग्रेजों के दोस्त रहे। सर ओलेफ कैरो ने जो एन. डब्ल्यू. एफ. पी. के गवर्नर रहे थे अमेरिका में दिए भाषणों में यह तर्क दिया कि मुसलमानों ने पाश्चात्य मूल्यों को ज्यादा बेहतर अपनाया है तथा वे हिन्दुओं के मुकाबले ज्यादा भरोसेमन्द हैं।[19] मुसलमानों के प्रति पश्चिम की सोच में इक्कीसवीं शताब्दी में तालिबान, अलकायदा द्वारा वर्ल्ड ट्रेड सेंटर, न्यूयॉर्क तथा वाशिंगटन पेंटागन पर हमले के बाद फिर से परिवर्तन आ गया है।

वेवल की इस सोच के पीछे कि अंग्रेज और लम्बे समय तक भारत में नहीं रह सकते कुछ अन्य कारण भी थे। जब वेवल वाइसरॉय बने तब बंगाल अकाल की चपेट में था। अन्ततः इस अकाल में तीन वर्षों में डेढ़ करोड़ लोग मौत के मुँह में समा गए। वाइसरॉय पद सँभालने के बाद वेवल ने लन्दन को तार देकर कहा था, "बंगाल का अकाल ब्रिटिश साम्राज्य की सबसे बड़ी आपदाओं में से एक है और इस कारण यहाँ हमारी प्रतिष्ठा की जो क्षति पहुँची है उसे आँका नहीं जा सकता।"[20] मतलब भारत में अंग्रेजों की स्थिति उतनी ठीक नहीं थी जैसी लिनलिथगो ने उनको बताई थी।

पिछले दशकों में कई अकाल पड़ चुके थे जो प्रशासन की बढ़ती कमजोरियों और जनता की दरिद्रता की ओर संकेत करता है अकाल जितना अन्न की कमी के कारण थे उतना ही खराब व्यवस्था की भी देन थी। आवश्यक सेवाएँ जैसे पुलिस, डाक व तार, रेलवे, न्यायालय और राजस्व वसूली आदि सेवाओं को तो ब्रिटिश शासन के अन्त तक भली प्रकार बनाए रखा गया। किन्तु प्रथम विश्वयुद्ध के पश्चात् बुनियादी ढाँचे के विकास पर नाम मात्र को ही खर्च किया जा रहा था। कृषि राजस्व का मुख्य आधार था किन्तु न तो नई नहरें बनाई जा रही थीं, न बाँध, और न ही सड़कें–जिनसे अन्न यहाँ से वहाँ लाया ले जाया जा सके। भारतीय उद्योगों को प्रोत्साहन नहीं दिया जा रहा था ताकि ब्रिटिश माल भारत में बिकता रहे। तीस के दशक में विश्वव्यापी आर्थिक मन्दी के कारण भारतीय कच्चे माल के निर्यात में भारी कमी आ गई थी। उस समय यहाँ मध्यवर्ग था ही नहीं तब आयकर नाममात्र को ही आता था। सैनिक व नागरिक बजट में वृद्धि से निपटने के लिए लगान (भूमिकर) का बढ़ाना, बढ़ती गरीबी और ग्रामीण ऋण ग्रस्तता का मुख्य कारण था। आज़ादी से पचास वर्ष पूर्व भारत में प्रति व्यक्ति आय प्रतिवर्ष 0.6 प्रतिशत की दर से बढ़ रही थी जब कि जनसंख्या में तीन प्रतिशत वार्षिक दर से वृद्धि हो रही थी। ऐसे में भी एक शानदार नई राजधानी बनाई गई और ब्रिटिश अधिकारियों की शानो-शौकत में कोई कमी नहीं आयी थी। प्रान्तों के गवर्नरों के लिए ग्रीष्मकालीन आवास पहाड़ों पर बने हुए थे जो स्काटलैंड

की गढ़ियों की तरह थे। किन्तु युद्ध के पश्चात् ब्रिटेन के पास न तो पैसा था, न ही सेना, और न ही आत्मविश्वास। इसके बावजूद चर्चिल और ब्रिटिश के बड़े-बड़े बोल थे कि वे भारत में ब्रिटेन का राज बनाए रख सकेंगे।

सन् 1944 तक ब्रिटेन के समक्ष खड़ी समस्याओं का सम्भावित हल वेवल के दिमाग में पनपने लगा था। जब ब्रिटेन भारत छोड़ देगा उसके बाद भारतीय उप महाद्वीप में अपनी सैनिक उपस्थिति बनाए रखने का तरीका महत्त्वाकांक्षी जिन्ना को तैयार करना और उनकी मदद से कांग्रेस के आधिपत्य वाले क्षेत्रों में से ब्रिटिश सेना को हटाकर मुस्लिम बाहुल्य वाले प्रान्तों में तैनात करना था। इसमें भारत का सामरिक दृष्टि से महत्त्वपूर्ण उत्तर-पश्चिग क्षेत्र शामिल होगा। कराची के बन्दरगाह के साथ यह क्षेत्र सोवियत संघ की किसी भी योजना का सामना करने के लिए सबसे उपयुक्त है। पाकिस्तान ब्रिटेन के साम्राज्य का उपनिवेश बनेगा जब कि शेष भारत को उसके अपने संसाधनों के साथ छोड़ दिया जाएगा और भारत की उपद्रवी क्षमता आंग्ल-पाक संगठन के माध्यम से नियन्त्रित की जा सकेगी। वेवल के पूर्ववर्ती लिनलिथगो ने युद्ध के दौरान जिन्ना से जैसा सहयोग प्राप्त किया था और जिन्ना ने रक्षा सम्बन्धी मामलों में सहयोग का वादा किया था। इस कारण इस लक्ष्य को हासिल करने में उन्हें पूरा भरोसा था। किन्तु इस बारे में लन्दन में सलाह-मशविरा करने का तो प्रश्न ही नहीं उठता था क्योंकि चर्चिल भारत के सम्बन्ध में कोई भी कदम उठाने के सख्त खिलाफ थे। इस कारण वेवल ने भविष्य में अपनी योजना को साकार करने के लिए गुपचुप और सुव्यवस्थित ढंग से पृष्ठभूमि बनानी शुरू कर दी। उनके समक्ष इस दिशा में पहला लक्ष्य मोहम्मद अली जिन्ना की शक्ति को बढ़ाना था।

वेवल को मुस्लिम लीग की स्थिति उतनी अच्छी नहीं लग रही थी जैसी लिनलिथगो ने अपनी विदाई के समय बताई। पूर्वी भारत में बंगाल में मुस्लिम लीग की सरकार आन्तरिक परस्पर झगड़ों के कारण गिर गई थी। असम में मुस्लिम लीग की सरकार के मुख्यमन्त्री को सत्ता में बने रहने के लिए कांग्रेस के साथ समझौता करना पड़ा था। पश्चिम में, जैसा वेवल ने अपनी डायरी में नोट किया–"सिंध की सरकार मुस्लिम लीग के नियन्त्रण से विद्रोह करती दिखाई देती है, उत्तर-पश्चिम सीमान्त प्रान्तों की (मुस्लिम लीग) सरकार गिरने को है। (और 1945 में यह गिर गई) और पंजाब का संघीय मन्त्रिमंडल (जिन्ना विरोधी गठबन्धन) खुद को मजबूत कर रहा है।"[21] इस आखिरी बात से वाइसरॉय को सबसे ज्यादा चिन्ता हो रही थी। जिन्ना के हाथों पूरा पंजाब आए बिना वह भारत के उत्तर-पश्चिम हिस्से को शेष भारत से अलग करने की योजना को आगे ही नहीं

बढ़ा सकते थे। लिनलिथगो, पंजाब के वफादार मुख्यमन्त्री सिकन्दर हयात की मुसलमान, हिन्दू और सिखों के गठबन्धन वाली सरकार को जिन्ना समर्थक सरकार के रूप में गठन कर विस्थापित नहीं कर पाए थे। 1941 में सिकन्दर हयात की मृत्यु के पश्चात् भी यह पुरानी गठबन्धन सरकार खिजर हयात खान रिवाना के अधीन बनी रही। पाकिस्तान के निर्माण के लिए एक अन्य महत्त्वपूर्ण प्रान्त उत्तर-पश्चिमी सीमा प्रान्त भी जिन्ना की पकड़ से बाहर था। वास्तव में सम्पूर्ण मुस्लिम बहुल प्रान्त में 'हिन्दू कांग्रेस पार्टी' सत्ता में थी। लॉर्ड इस्मे जो माउंटबेटन के चीफ ऑफ स्टाफ बने थे, ने इसे 'हरामी स्थिति' करार दिया था।[22] यह स्थिति इसलिए थी क्योंकि पख्तून लोग विदेशी शासन के परम्परागत विरोधी थे परन्तु सम्भावना थी कि वे हिन्दुस्तानियों से उनके ऊपर राज्य करने के खिलाफ हो जाएँ। इसलिए पाकिस्तान की कुंजी पंजाब के हाथ में थी। वहाँ जिन्ना को कैसे आगे बढ़ाया जाए।

संयुक्त प्रान्त, मध्य भारत, उड़ीसा, बिहार, असम, बम्बई, मद्रास और उत्तर-पश्चिमी सीमा प्रान्त—इन आठ प्रान्तों में कांग्रेस सरकारों ने युद्ध आरम्भ होते ही इस्तीफे दे दिए थे। वहाँ ब्रिटिश गवर्नरों का शासन चल रहा था। संयुक्त प्रान्त में निश्चित ही मुस्लिम लीग की शक्ति बढ़ रही थी। ऐसे प्रदेशों में जहाँ मुसलमान अल्पसंख्यक थे वहाँ 'इस्लाम खतरे में है' का नारा काम करता था। किन्तु मुस्लिम बहुल प्रान्तों जैसे उत्तर-पश्चिमी सीमान्त प्रदेश और पंजाब में यह नारा नहीं चलता था क्योंकि वहाँ मुसलमान खुद सरकारें चला रहे थे और राजनीति में प्रभावी थे।

संयुक्त प्रान्त और अन्य ब्रिटिश शासित प्रदेशों में बढ़ती साम्प्रदायिकता के प्रति वेवल सरकार का दृष्टिकोण था कि इसमें किसी प्रकार का हस्तक्षेप न किया जाए। बढ़ती साम्प्रदायिकता को वेवल सरकार कठोरता से कुचलने का कोई प्रयास नहीं कर रही थी।

तभी एक ऐसी घटना घट गई जिसने वेवल को यह मौका दिया कि वह जिन्ना पंजाब में अग्रिम पंक्ति में खड़ा कर सके। गांधीजी जो उस वक्त जेल में थे बढ़ती साम्प्रदायिकता को रोकने के लिए कुछ करने को बेसब्र थे उन्होंने जेल में ही जिन्ना से मिलने के असफल प्रयास किए। सन् 1944 के मध्य वेवल के प्रयास से खराब स्वास्थ्य के कारण गांधीजी को जेल से रिहा किया गया। और उन्होंने फौरन जिन्ना से मुलाकात करने का निश्चय किया। जिन्ना के साथ गांधीजी की यह बहुचर्चित बैठक कई दिनों तक बम्बई के आधुनिक इलाके मालाबार स्थित जिन्ना के बँगले पर हुई। मैं उस समय स्कूल में था और मुझे याद है कि उस समय यह नारा प्रचलित हुआ था—'खूब मिले गांधी और जिन्ना, ताक धिन्ना ताक धिन्ना।'

हिन्दू-मुसलमानों के मध्य बढ़ते मतभेदों को नियन्त्रित करने की उम्मीद में गांधीजी ने जिन्ना को सन्तुष्ट करने के लिए प्रस्ताव रखा। उन्होंने वादा किया कि वह कांग्रेस को इस बात के लिए राजी करने का प्रयास करेंगे कि जिन ब्रिटिश प्रान्तों के लिए जिन्ना दावा कर रहे हैं। वहाँ जिलावार जनमत संग्रह के लिए राजी हो जाएँ और अगर वह चाहें तो भारत से अलग हो जाएँ। हालाँकि इसके लिए शर्त यह हो कि इस विकल्प का पालन तब किया जाए जब अंग्रेज भारत छोड़ दें। जिन्ना ने इसका जवाब दिया कि पाकिस्तान के लिए जिस सम्पूर्ण पंजाब असम और बंगाल के लिए वे दावा कर रहे हैं। इस सुझाव से इन प्रान्तों की सीमाएँ कट-छँट जाएँगी और गांधीजी की इस योजना के कारण छोटे से पाकिस्तान का निर्माण भी भारत से अंग्रेजों के विदा होने तक टल जाएगा और यह भविष्य में सम्भव भी होगा या नहीं, इसकी कोई वैधानिक गारंटी भी नहीं होगी। जिन्ना ने लन्दन के न्यूज क्रानिकल के प्रतिनिधि को बताया कि जो प्रस्ताव उनके समक्ष रखा गया है वह उनके विवेक का अपमान है।

इस बातचीत के दौरान एक घटना हुई जिसे जिन्ना के जीवनीकार हेक्टर बोलियो ने इस प्रकार लिखा है–"एक दिन जब गांधीजी कायदे आजम से मिलने गए तब वे दोनों बहस खत्म होने के बाद अपनी दिनचर्या के बारे में बातचीत करने लगे। वे दोनों थके हुए खिलाड़ी के माफिक थे जिन्हें ऐसी बातों से कुछ राहत मिल रही थी। जिन्ना ने बताया कि उन्हें काफी सारी तकलीफें हैं। उन्हें एक पैर की नस पर फोड़ा है। गांधीजी नीचे झुके और जिन्ना के जूते मोजे उतारे। वह दृश्य जिसमें जिन्ना बने-ठने कपड़ों में और गांधीजी अपनी निर्वस्त्र सादगी से लिपटे पहली बार तो मजेदार लगता है किन्तु बाद में दिल को छूता है। महात्मा ने जिन्ना की तकलीफ वाला पैर अपने हाथों में लिया और वहाँ "मुझे पता है आप किस चीज को लगाने से ठीक होंगे। मैं वह सुबह भिजवा दूँगा।" दूसरे दिन मिट्टी के लेप का एक छोटा-सा डिब्बा आया। जिन्ना ने उसका इस्तेमाल नहीं किया। उस शाम जब गांधीजी फिर मिलने आए तब जिन्ना ने इसके लिए धन्यवाद दिया और उन्हें बताया कि दवाई से दर्द में राहत मिली है।"[23]

जिन्ना ने सज्जनतापूर्ण व्यवहार किया किन्तु गांधीजी के इस व्यवहार से उनकी रणनीति में कोई फर्क नहीं आया। वास्तव में गांधीजी के जिन्ना से मिलने के प्रयासों का प्रभाव उनकी सोच के विपरीत पड़ा। इससे जिन्ना विरोधी मुसलमानों को यह अहसास हो गया कि किसी न किसी तरह विभाजन होने वाला है। और जिन्ना का विरोध करने में कोई भलाई नहीं है। ऐसे में कई अवसरवादी मुस्लिम नेता और काम की तलाश वाले लोग, मुस्लिम लीग की ओर

आकृष्ट हुए। इसके अलावा लीग के अन्दर ऐसे लोगों को बल मिला जो यह मानते थे कि गांधीजी पर दबाव बनाने का सबसे बढ़िया तरीका साम्प्रदायिकता को हवा देना है।

वाइसरॉय वेवल ने उस रात अपनी डायरी में लिखा–"इस मुलाकात से निश्चित ही एक नेता के रूप में गांधीजी की छवि ध्वस्त होगी।"[24]

इस मुलाकात से कई और नतीजे निकले। वेवल को लगा कि गांधीजी ने अनिच्छा से ही सही पर पाकिस्तान के सिद्धान्त को मान लिया, भले ही इसके क्षेत्रों पर मतभेद हो। वेवल को एक अवसर मिल गया जिसे उन्होंने राष्ट्रवादी धड़े का विभाजन, कांग्रेसी मोर्चे में एक दरार मानते हुए चर्चिल को सीधा एक तार भेजा बावजूद इसके कि उन्हें कोई पहल न करने की चेतावनी दी गई थी–

> लगता है गांधीजी जिन्ना वार्ता असफल हो जाने से ब्रिटिश सरकार को कदम बढ़ाने का अनुकूल अवसर मिला है।[25]

उन्होंने (वेवल) तर्क दिया कि ब्रिटिश प्रशासनिक तन्त्र इतना कमजोर हो गया है कि वह राष्ट्रवादियों के दबाव को रोक नहीं पाएगा। और दमन चक्र के सहारे भारत में ब्रिटिश शासन का खींचना ब्रिटेन की जनता और विश्व जनमत दोनों को ही स्वीकार नहीं होगा। वेवल ने विचार-विमर्श के लिए और नवीन ब्रिटिश पहल पर चर्चा के लिए घर लौटने की अनुमति चाही। चर्चिल ने वेवल के निवेदन को नहीं माना। उन्होंने जवाब में तार भेजा।

> इन बड़ी समस्याओं पर धीरे से सोचने की आवश्यकता है और इसके लिए सबसे बढ़िया मौका होगा जीत के बाद।[26]

अस्वीकृति मिलने के बावजूद वेवल इसके पीछे लगे रहे और कई तार भेजने के पाँच महीने बाद मार्च 1945 में वे लन्दन बुलाए गए।

वेवल 23 मार्च 1945 को लन्दन पहुँचे। यह यूरोप में जर्मनी द्वारा आत्मसमर्पण और युद्ध के अन्त से करीब डेढ़ महीने पहले की बात है। अंग्रेजों, अमरीकियों और रूसियों के मध्य याल्टा सम्मेलन पोलैंड की भावी सरकार के विवाद का अखाड़ा बना था। अप्रैल 1945 में स्टालिन ने आंग्ल अमेरिकी जनरलों पर आरोप लगाया था कि उन्होंने स्विटजरलैंड में जर्मनी के साथ एक समझौता कर लिया है जिसकी वजह से जर्मनी, आंग्ल अमरीकी फौजों को पूर्व की ओर बढ़ने की अनुमति देगा और बदले में इंग्लैण्ड और अमेरिका जर्मनी से शान्ति वार्ता में नरमी बरतेंगे।[27] इस आरोप से रूजवेल्ट भड़क उठे और उन्होंने स्टालिन को एक तार भेजा जिसमें कहा कि यह मेरे काम का या मेरे विश्वस्त अधीनस्थों के कामों का एकदम घटिया आकलन है।[28] मध्य-पूर्व में भी आंग्ल रूसी रिश्तों में शीतयुद्ध

की पहली झलक दिखाई देने लगी। रूस का ईरान से वापसी के समय यह प्रयास था कि अजरबेजान का प्रदेश हथिया लिया जाए। स्टालिन के इस वक्तव्य से कि 'रूस में तेल उत्पादन उनकी ज़रूरत के हिसाब से अपर्याप्त है।' ब्रिटेन की चिन्ता और बढ़ गई कि रूस फारस की खाड़ी के तेल क्षेत्रों और यहाँ तक कि अफगानिस्तान की ओर बढ़ सकता है।

ब्रिटिश सेना को भविष्य में रूस के इरादों को लेकर कैसी चिन्ता थी वह भारत और हिन्द महासागर की रक्षा सम्बन्धी एक अत्यधिक गोपनीय रिपोर्ट में प्रकट होती है जिसे चर्चिल के आदेश पर युद्ध मन्त्रिमंडल के युद्धोत्तर योजना स्टाफ ने तैयार किया था। यह रिपोर्ट मई 1945 में तैयार की गई थी जिसके बारे में पहले अध्याय में संकेत किया गया है। यह बताती है, "सोवियत संघ एकमात्र वह महाशक्ति है जो 1955-1960 तक भारत और हिन्द महासागर में हमारे हितों को चुनौती दे सकता है।" और इस कारण यह बेहद ज़रूरी है कि भारत ब्रिटिश साम्राज्य से अलग न हो या युद्ध में तटस्थ न बना रहे। इस विश्लेषण के अनुसार भारत का सामरिक महत्त्व इन कारणों से है–

(अ) सैनिक अड्डे के रूप में इसका महत्त्व है जहाँ से मध्य पूर्व में, सुदूर पूर्व में तथा हिन्द महासागर में सेनाएँ उपयुक्त तरीके से तैनात की जा सकती हैं।

(ब) इंग्लैण्ड और मध्य-पूर्व तथा आस्ट्रेलिया व सुदूर पूर्व से जल और वायु सम्पर्क की दृष्टि से भारत की भौगोलिक स्थिति।

(स) ब्रिटेन के लिए युद्ध में भारत की जनशक्ति जहाँ से कुछ बहुत अच्छे लड़ाके मिलते हैं।

रिपोर्ट में यह भी लिखा था कि भारत के वायु सैनिक अड्डों से उत्तर-पश्चिमी सोवियत संघ के काकेशस स्थित तेल कुओं को निशाना बनाया जा सकता है। और चूँकि मध्य-पूर्व में जितने तेल का उत्पादन होता है उसका बड़ा हिस्सा फारस की खाड़ी और अरब सागर के समुद्री मार्गों से ढोया जाता है। इस कारण भारत का सामरिक महत्त्व है।

इसके बाद रिपोर्ट में इस सम्भावना की ओर भी संकेत किया गया कि ब्रिटेन के लक्ष्यों को हासिल करने के लिए भारत से कुछ हिस्से अलग किये जा सकते हैं।

संवैधानिक परिवर्तन चाहे जो हों यह सुनिश्चित करना चाहिए कि भारत में हम अनुकूल सैनिक अड्डे बनाये रखें–स्वतन्त्रता के बाद भारत में सैनिक अड्डे बनाने में राजनीतिक आपत्तियाँ आ सकती हैं–भारत के केन्द्रीय मुख्यालय ने इसके

लिए बलूचिस्तान का नाम सुझाया है। यह इस आधार पर कि इस क्षेत्र को भारत से अलग करना अपेक्षाकृत आसान है।

इस रिपार्ट में अमरीका की भूमिका का भी जिक्र है, "सोवियत आक्रमण की स्थिति में अमरीका से त्वरित सहायता हमारे हितों की सुरक्षा के लिए अत्यन्त ज़रूरी है।" इसे कैसे सुनिश्चित किया जा सकता है, इस सम्बन्ध में सुझाव भी दिया है–"बावजूद इसके कि हिन्द महासागर क्षेत्र में अमरीका के सीधे हित बहुत कम हैं। एक विश्व संगठन के माध्यम से अमरीका वहाँ अपनी फौजों की जिम्मेदारी स्वीकार कर ले। हालाँकि यह सुनिश्चित करना होगा कि क्षेत्रीय मामलों में भागीदारी का अर्थ यह नहीं कि अमरीका भारत व इंग्लैण्ड के सम्बन्धों में हस्तक्षेप करे। इस रिपोर्ट में भारत के विभाजन की ओर बहुराष्ट्रीय प्रतिरक्षा व्यवस्था सेंटो की एक झलक मिलती है और ब्रिटेन की इस चिन्ता की भी झलक मिलती है कि भारत को उसके प्रमुख सहयोगी अमरीका के प्रभाव से दूर रखा जाए।"[29]

रिकॉर्ड यह नहीं दर्शाते कि वेवल इस आकलन से किसी तरह जुड़े हुए थे। परन्तु उनके विचार इस रिपोर्ट से मिलते थे। सैनिक अड्डों के तौर पर मात्र एक मुद्दे पर विचार अलग थे। जहाँ तक रिपोर्ट भारत पर 1955 तक ब्रिटेन के नियन्त्रण बने रहने की सम्भावना व्यक्त कर रही थी वहीं वेवल को ऐसी कोई उम्मीद नहीं थी।

लन्दन में वेवल की सबसे महत्त्वपूर्ण मुलाकात 29 मार्च 1945 को चर्चिल के साथ हुई। इस मुलाकात का रिकॉर्ड उपलब्ध नहीं है, पर दोनों के बीच क्या चर्चा हुई उसका कुछ अनुमान वेवल की संक्षिप्त टिप्पणी से लगता है जो उन्होंने उस रात अपनी डायरी में लिखी–

> इसके बाद प्रधानमन्त्री ने भारत के सम्बन्ध में लम्बा प्रलाप शुरू किया जो करीब चालीस मिनट जारी रहा। वह भारत का पाकिस्तान, हिन्दुस्तान और प्रिंसिस्तान (रियासतों) में विभाजन किए जाने के पक्षधर जान पड़ते हैं।[30]

इस विभाजन को अमली जामा कैसे पहनाया जाए इस सम्बन्ध में क्या कोई चर्चा हुई? इस बारे में वाइसरॉय की डायरी मौन है। युद्ध मन्त्रिमंडल की इंडिया कमेटी सदस्यों से, जिसके प्रमुख क्लीमेंट एटली थे, वेवल की चर्चा दो महीने तक चली। उन्होंने वेवल के उस प्रस्ताव की चर्चा की जिसमें उन्होंने भारतीय नेताओं का एक सम्मेलन बुलाए जाने की पेशकश की थी। जिसमें सुझाव दिया कि राजनीतिक प्रतिनिधित्व वाली कार्य परिषद् के गठन पर विचार-विमर्श करें। कार्य परिषद् ने समान संख्या में ऊंची जाति के हिन्दू और मुसलमान हों तथा यह

वाइसरॉय के न्यूनतम हस्तक्षेप में संचालित हो। इसमें यह भी कहा गया कि सम्मेलन के बुलाए जाने से पहले कांग्रेस के नेताओं को जो अभी भी जेल में हैं, रिहा किया जाए। युद्ध मन्त्रिमंडल अन्ततः इस प्रस्ताव पर राजी हो गया किन्तु यह ज्ञात था कि इस प्रस्तावित कार्य-परिषद् के गठन पर जिन्ना की सहमति पूर्व में आवश्यक होगी। चर्चिल इसमें हाथ डालने से पहले झिझके किन्तु उन्हें यह कहकर आश्वस्त किया गया कि इस प्रस्ताव के कारण भारत में कोई सरकार नहीं बनेगी और यह सम्मेलन असफल हो जाएगा।[31] और सचमुच में इसके भाग्य में असफल होना लिखा था। इस पर चर्चिल ने अपनी स्वीकृत दे दी। ऊपर लिखे आश्वासन पाने के बावजूद भी चर्चिल इस प्रस्ताव को नहीं मानते यदि अमरीकी दबाव न होता। जब वेवल लन्दन में सलाह मशविरा कर रहे थे तब ब्रिटेन के विदेश मन्त्री सर एन्थनी ईडन अप्रैल, 1945 में अमेरिका की यात्रा पर गए थे। संयुक्त राष्ट्र के आरम्भ के अवसर पर आयोजित सेन फ्रांसिस्को सम्मेलन में भाग लेने के लिए ईडन की यात्रा का लाभ उठाते हुए अमरीकियों ने फिर से भारत के सम्बन्ध में ब्रिटेन पर दबाव बनाने की कोशिश की। सेक्रेटरी ऑफ स्टेट (विदेश मन्त्री) एडवर्ड स्टेटींस और सहायक सेक्रेटरी ऑफ स्टेट जॉसिफ ग्रू दोनों ने भारत में संवैधानिक पहल की आवश्यकता के सम्बन्ध में ईडन से बातचीत की। 17 मई 1945 को ग्रू ने इस बातचीत का सारांश इस तरह दर्ज किया–

> मैंने ईडन से कहा कि हमारी इस सोच पर स्टेटींस आपसे पहले ही बात कर चुके हैं कि जब भारत की समस्या का समाधान मिल जाएगा तो सुदूर पूर्व में हमारी प्रतिष्ठा बहुत अधिक बढ़ जाएगी। और हमें एशिया, एशिया वालों के लिए है, आन्दोलन नहीं भूलना चाहिए। मैंने कहा कि भारत में प्रगतिशील कदम ऐसे आन्दोलन की शक्ति घटाने में मदद करेंगे। मिस्टर ईडन ने इस पर कोई प्रतिक्रिया नहीं की सिर्फ यह कहा कि उन्हें नहीं लगता कि भारत की समस्या का कोई हल तब तक निकल पाएगा जब तक गांधी जिन्दा हैं।[32]

ईडन के कड़े जवाब के बावजूद कुछ ही दिनों के अन्दर ब्रिटेन ने अमरीकियों को यह सूचना भेजी कि कांग्रेस कार्यसमिति के लोगों को छोड़ने के इन्तजाम किए जा रहे हैं। (इन्हें 1942 से कैद में रखा गया था) और लॉर्ड वेवल को भारतीयों के सम्मुख नए प्रस्ताव रखने के लिए अधिकार दिए गए हैं।

सिंगापुर के पतन के पश्चात् भारत को स्वशासन देने सम्बन्धी रूजवेल्ट के दबाव को चर्चिल ने क्रिप्स मिशन के माध्यम से पाकिस्तान या मुसलमानों की चाल चलकर सफलता पूर्वक नाकाम कर दिया था। इसी तरह ब्रिटेन के विचार में वेवल

द्वारा प्रस्तावित सम्मेलन में हिन्दू-मुसलमानों की असहमति भी अमरीकियों को फिर से शान्त कर देगी।

जैसा पिछले अध्याय में बताया गया है कि अमरीकियों ने राष्ट्रपति रूजवेल्ट द्वारा स्थापित नीति के तहत ब्रिटेन पर भारतीयों को स्वशासन देने सम्बन्धी अपना मित्रता पूर्ण दबाव निरन्तर जारी रखा। जुलाई 1944 में ब्रिटेन में नियुक्त अमरीकी राजदूत जान वाइनेंट ने वाशिंगटन के निर्देशानुसार ब्रिटेन सरकार से कहा कि "भारत की समस्या के सम्बन्ध में कोई सन्तोषजनक हल सुदूर पूर्व में युद्ध के सफल संचालन में मददगार होगा और भविष्य में विश्व शान्ति के लिए अत्यधिक महत्त्वपूर्ण।"[33] चर्चिल ने इस सलाह पर बिलकुल ध्यान नहीं दिया। किन्तु नवम्बर, 1944 में अमरीकियों को एक पलटवार का मौका मिला। जाने माने पत्रकार ड्रेव पियर्सन ने एक रिपोर्ट प्रकाशित की जिसमें यह आरोप लगाया कि भारत में अमरीकी राष्ट्रपति के विशेष दूत विलियम फिलिप ने रूजवेल्ट को एक रिपोर्ट भेजी जिसमें कहा था कि–(अ) भारतीय सेना (जिसे वह विशुद्ध भाड़े के सैनिक करार देते हैं) का मनोबल बहुत नीचा है। (ब) जापान के विरुद्ध युद्ध में बहुत ज्यादा भूमिका निभाने की इंग्लैण्ड की मंशा नहीं है। (स) चर्चिल भारत में एटलांटिक चार्टर लागू करने के इच्छुक नहीं हैं।[34] चर्चिल अखबार की इस खबर से भड़क उठे। ब्रिटिश राजदूत हैलीफैक्स द्वारा तत्काल इन कई अपीलों के बावजूद कि अमरीकी राष्ट्रपति कार्यालय और अमरीकन विदेश मन्त्रालय इस रिपोर्ट को नकार दे, अमरीकियों ने यह करने से इनकार कर दिया। राष्ट्रपति रूजवेल्ट ने कार्यवाहक सेक्रेटरी ऑफ स्टेट से सहमति जताते हुए कहा हम राजदूत के पत्र में प्रकट विचारों से आम तौर पर सहमत हैं।[35]

वेवल द्वारा 25 जून, 1945 को बुलाई गई भारतीय नेताओं की कॉन्फ्रेंस शुरू से आखिर तक एक ढकोसला थी। इसमें भारत की सभी प्रमुख पार्टियों के प्रतिनिधि, सिखों, दलितों के प्रतिनिधि, पूर्व और वर्तमान ब्रिटिश प्रान्तों के प्रमुखों जिनमें कांग्रेस के भूतपूर्व मुख्यमन्त्री जिन्होंने 1939 में त्यागपत्र दे दिए थे, शामिल थे। इन सभी को ग्रीष्मकालीन राजधानी शिमला में वाइसरॉय से मिलने बुलाया गया।

क्योंकि शिमला की सड़कों पर वाइसरॉय के लिए ही कार की अनुमति थी। गांधीजी भी शिमला आए पर उन्होंने सम्मेलन में भाग नहीं लिया। नेहरू ने भी इसमें भाग नहीं लिया क्योंकि वेवल द्वारा सम्मेलन में भाग लेने के लिए जो ओहदे तय किए गए थे नेहरू उनमें से किसी भी श्रेणी में नहीं आते थे। लन्दन में बने सूट को पहने जिन्ना आकर्षण के केन्द्र थे।

सम्मेलन असफल रहा जैसा कि पूर्व निश्चित था। वेवल ने जिन्ना के इस दावे को कि वे ही समस्त मुसलमानों के एकमात्र प्रवक्ता हैं, स्वीकार कर लिया। दुर्गादास जो विश्वस्तरीय पत्रकार के तौर पर माने जाते थे, जिन्ना ने शिमला के सेशिल होटल के सम्मेलन के आखिर में उनसे कहा कि इंग्लैण्ड में उनके कुछ मित्रों ने उन्हें (जिन्ना को) आश्वासन दिया है कि "यदि वे अपनी माँग पर दृढ़ रहते हैं (मुसलमानों के एकमात्र प्रतिनिधि होने का दावा कर सम्मेलन को असफल करने में) तो उन्हें पाकिस्तान मिल जाएगा।"[36] शिमला सम्मेलन के दो सचिवों में से एक ने लिखा है, "हुसैन इमाम, जो काउँसिल ऑफ स्टेट में मुस्लिम लीग के नेता के तौर पर सम्मेलन में भाग ले रहे थे उन्होंने मुझे सेशिल होटल के रास्ते पर रोक कर बताया कि वाइसरॉय की परिषद् के एक सदस्य जिन्ना को अड़े रहने की सलाह दे रहे हैं।"[37] जिन्ना को दुराग्रही बने रहने की यह ब्रिटेन की सलाह मात्र अलिखित सावधानी के कारण थी, वह तो पहले से ही अंग्रेजों का खेल खेल रहे थे। उन्होंने शिमला सम्मेलन का इस्तेमाल लम्बे वक्तव्य द्वारा पाकिस्तान के मसले पर पूरे तर्क-वितर्क करने और हिन्दू-मुसलमानों के झगड़ों को उछालने के लिए किया। इससे ब्रिटेन के पास अमरीका को देने के लिए पर्याप्त सामग्री मिल गई। स्टेट डिपार्टमेंट के एक गुप्त दस्तावेज के अनुसार सम्मेलन के दौरान और बाद में वेवल के अधिकारियों ने दिल्ली में अमरीकी उच्चायोग को आठ बार अलग-अलग मौकों पर कॉन्फ्रेंस की जानकारी दी।

विचाराधीन वाइसरॉय की परिषद् में मुसलमानों को समानता देने की बात समझी जा सकती है कि यह अल्पसंख्यकों के हितों को सुरक्षित करने के लिए है। किन्तु जिन्ना के इस दावे को बनाए रखना कि वे भारत के सभी मुसलमानों के अकेले प्रतिनिधि हैं। उस स्थिति में जब कि पंजाब और उत्तर पश्चिमी सीमा प्रान्त में मुसलमानों के मन्त्रिमंडल जिन्ना का विरोध कर रहे थे, वे सत्ता में थे और विधान परिषदों में बहुमत में थे इससे यह स्पष्ट होता है कि ब्रिटेन का इरादा भारत में नई सरकार गठन करना नहीं अपितु कुछ और ही था। वेवल के समय पंजाब के गवर्नर ग्लांसी का अत्यन्त गोपनीय व्यक्तिगत तार जो 3 जुलाई 1945 का था, जिसमें लिखा था मुझे लगता है मुस्लिम बहुल प्रान्तों में लीग की पर्याप्त पकड़ न होने के कारण जिन्ना का सभी मुसलमानों का प्रतिनिधित्व करने का दावा सर्वथा अनुचित है यदि कहें कि 5 में से 3 अंक भी उन्हें दिए जाते हैं तो उन्हें खुद को भाग्यशाली मानना चाहिए।[38] और उसी दिन बंगाल के गवर्नर लॉर्ड केसी ने जो आगे आस्ट्रेलिया के विदेश मन्त्री बने एक अत्यन्त गोपनीय और व्यक्तिगत सन्देश में वेवल को सावधान किया कि ख्वाजा निजामुद्दीन (बंगाल के मुस्लिम लीग के

पूर्व मुख्यमन्त्री) ने उन्हें सूचित किया है उन्हें यकीन है कि जिन्ना ऐसे पंजाबी मुसलमान को स्वीकार करने को तैयार हो जाएँगे जो न तो कांग्रेस का सदस्य है और न मुस्लिम लीग का।[39]

वेवल यह बराबर जानते थे कि जिन्ना अपनी बात पर अड़े रहेंगे और यह स्थिति कांग्रेस को स्वीकार नहीं होगी। वह यह भी जानते थे कि जिन्ना की माँग लन्दन से कभी भी अमान्य नहीं होगी। चाहे वह कितनी ही अनर्गल क्यों न हो और मुस्लिम लीग को कांग्रेस के बराबर मन्त्रिमंडल में सीट दिए बिना कांग्रेस को उनके (वेवल) मन्त्रिमंडल में प्रवेश नहीं करने दिया जाएगा। इस कारण शिमला सम्मेलन के आयोजन का इसके अलावा कोई अर्थ और नहीं था कि जिन्ना को पंजाब में उनके मुसलमान प्रतिद्वन्द्वियों के खिलाफ बढ़ावा दिया जाए और भारत को स्वराज दिए जाने का जो दबाव पुनः अमेरिका द्वारा डाला जा रहा था उसे खत्म किया जाए। इसमें वेवल सफल रहे। शिमला के परिणामों को पंजाब के गवर्नर ने इस तरह दर्ज किया है–"जिन्ना अपने अड़ियल रवैये से शिमला सम्मेलन को भंग करने में सफल रहे इससे अपने समर्थकों और मुसलमानों के एक बड़े वर्ग के साथ उनका कद बढ़ा है। वे खुलेआम कहने लगे हैं कि आने वाले चुनावों में पाकिस्तान के लिए जबरदस्त समर्थन मिलेगा। अनजान मुसलमानों को कहा जाएगा कि चुनावों में जिन्ना की यह अपील होगी कि क्या आप इस्लाम के सच्चे अनुयायी हैं या नास्तिक या फिर द्रोही? इस नारे के विरुद्ध यूनियनिस्ट पार्टी के पास कोई जवाब न होगा।[40] ग्लांसी ने चेतावनी दी कि "यदि निकट भविष्य में पाकिस्तान वास्तव में बन गया तो बड़े पैमाने पर रक्तपात हो सकता है।"[41]

वाइसरॉय के पूर्व रिफार्म कमिश्नर हाडसन ने अपनी पुस्तक 'द ग्रेट डिवाइड' में लिखा है–शिमला सम्मेलन में मि. जिन्ना द्वारा उद्दंड शक्ति का प्रदर्शन मुस्लिम लीग के प्रभाव को उभारने में मददगार सिद्ध हुआ और इससे उसके प्रतिद्वन्द्वियों को जबरदस्त धक्का लगा, खासकर पंजाब में।

लॉर्ड वेवल द्वारा अपनी योजना (एक प्रतिनिधि कार्य परिषद् का निर्माण) को अचानक छोड़ देना एक निर्णायक कदम था जिसके कारण भारत का विभाजन अपरिहार्य हो गया। यह साफ है कि जिन्ना को किसी तरह दबाना उस योजना का अंग नहीं था जो वेवल ने बड़े जतन से ब्रिटिश सरकार के साथ मिलकर बनाई थी।[42] शिमला सम्मेलन के पश्चात् राजनीतिक महत्त्वाकांक्षा रखने वाले मुसलमान जो दूसरे मुस्लिम संगठनों से थे, मुस्लिम लीग में शामिल होने लगे। हालाँकि पंजाब में टिवाना डटे रहे। इस सम्मेलन के तुरन्त बाद सेक्रेटरी ऑफ स्टेट एम्री ने एक व्यक्तिगत तार द्वारा वाइसरॉय को इन शब्दों में बधाई दी–"इस

सम्मेलन में शामिल होकर अन्ततः कांग्रेस ने अपना यह दावा त्याग ही दिया कि वे अकेले ही हैं जो हमसे सत्ता हासिल कर सकते हैं। इससे जिन्ना की ताकत बढ़ गई है।"[43]

वही एम्री जिन्होंने 1940 में लिनलिथगो को पाकिस्तान के खतरे से सावधान किया था, अब पाकिस्तान के बड़े उत्साही समर्थक बन चुके थे, युद्ध में कमजोर पड़ चुके ब्रिटेन को रूस के दबाव का मुकाबला करने के लिए भारत में सहयोगी चाहिए था। कट्टरवाद के भड़कने के खतरे के बावजूद उनके लिए (ब्रिटेन के लिए) रक्तपात की चेतावनी पर ध्यान देना ठीक इस तरह होता जैसे अमेरिका चालीस साल पश्चात् अफगानिस्तान में मुजाहिदीनों को रूस के खिलाफ समर्थन देने से इनकार कर देता।

शिमला वार्ता के टूटने के ठीक बाद दो अनपेक्षित घटनाएँ घटीं जिससे भारत में अंग्रेजों को धक्का पहुँचा था। पहला चर्चिल की कंजर्वेटिव पार्टी ब्रिटेन के आम चुनाव में हार गई और लेबर पार्टी सत्ता में आई और 23 जुलाई, 1945 को क्लीमेंट एटली ने प्रधानमन्त्री के रूप में शासन की बागडोर सँभाली। इससे इस बात की पुष्टि हुई कि ब्रिटिश जनता का रुख युद्ध और साम्राज्य के खिलाफ बदल चुका है। दूसरी घटना संयुक्त राज्य अमेरिका द्वारा हिरोशिमा और नागासाकी पर अणुबम डालने की थी इस कारण जापान ने 15 अगस्त, 1945 को बिना शर्त आत्मसमर्पण कर दिया। इस सैनिक सफलता से अमेरिका के इस आत्मविश्वास में बढ़ोतरी हुई कि वह अपने लक्ष्यों पर अमल करे और इसमें अन्य बातों के अलावा एशिया में यूरोपीय देशों के उपनिवेशों में एटलांटिक चार्टर लागू कर उन्हें मुक्त करे। एटली अपनी आत्मकथा में बेबाकी से स्वीकारते हैं कि ब्रिटेन भारत पर कब्जा बनाए नहीं रख सकता था क्योंकि साम्राज्यवाद के खिलाफ अमेरिका का दबाव था।[44]

दूसरी ओर से भी ब्रिटेन की भारत से वापसी का बिगुल बजने लगा था। अर्थशास्त्री जान मेनार्ड केन्स ने लेबर मन्त्रिमंडल को सत्ता सँभालते ही चेतावनी दी थी कि ब्रिटेन का ऋण तीस हजार करोड़ (तीन हजार मिलियन) पाउंड तक जा चुका है। उन्होंने यह भी कहा कि दो हजार मिलियन पौंड साम्राज्य के प्रशासन और उसके नियन्त्रण पर खर्च किया जा रहा है। यह हमारी आर्थिक दिक्कतों के लिए जिम्मेदार है जिसका सारांश यह है कि अमेरिका से ब्रिटेन की आर्थिक आज़ादी (जो लेबर नेता चाहते थे) भविष्य के खर्चों में भारी कटौती के बिना असम्भव है।[45] और भारत इस घाटे को पूरा करने में कोई सहायता नहीं कर सकता है। युद्ध आरम्भ होने से पहले ही भारत को ब्रिटेन का निर्यात 83 मिलियन

पौंड से घटकर 40 मिलियन पौंड रह गया है। अमेरिका और जापानी माल से प्रतियोगिता का यह मुख्य परिणाम है।

कांग्रेस के नेताओं के प्रति एटली के चाहे जो भी दुराग्रह थे उसके बावजूद वह उनके साथ अच्छे सम्बन्ध के लिए उत्सुक थे क्योंकि वह जानते थे यदि भारत का विभाजन भी होता है तब भी दुनिया में वह साधन सम्पन्न दक्षिण पूर्व एशिया और अस्थिर चीन के आस-पास सबसे बड़े राष्ट्र के रूप में उभरेगा। क्रिप्स और उन्हें यह भी विश्वास था कि यदि जवाहरलाल नेहरू को जो हेरो के विद्यार्थी रह चुके थे, ठीक से सँभाला जाता है तो उनके साथ भागीदारी की जा सकती है। इंग्लैण्ड यात्राओं के दौरान उन्होंने नेहरू को उन्हीं समाजवादी आदर्शों से युक्त पाया था जिनसे वह स्वयं भी प्रभावित थे और लड़ाई के प्रारम्भ में उनका गुस्सा चेम्बरलेन की प्रतिक्रियावादी सरकार के प्रति था जो क्रिप्स और एटली के हिसाब से गलत नहीं था। क्या नेहरू ने 1940 में यह नहीं कहा था कि इंग्लैण्ड के संकट से भारत को फायदा नहीं उठाना चाहिए। गोया कि कभी-कभी उनकी कथनी और करनी में भिन्नता होती थी। क्या उन्होंने लेबर समर्थक कृष्णा मेनन के जरिए उनकी पार्टी से इंग्लैण्ड में सम्पर्क नहीं बनाए रखा। क्रिप्स और एटली यह मानते थे कि नेहरू की अदम्य ऊर्जा को रचनात्मक कार्यों में परिवर्तित किया जा सकता है और उनके अव्यावहारिक ख्यालों को उनकी जिम्मेदारियाँ सौंपकर नियन्त्रित किया जा सकता है। वाइसरॉय की राय उनके बारे में चाहे कुछ भी हो किन्तु वे लोग एक ऐसे व्यक्ति से झगड़ा मोल नहीं लेना चाहते थे जिसकी मदद से वे भविष्य में ब्रिटेन और भारत के मध्य पुनः सम्बन्ध सुधारने की उम्मीद रखते थे।

दूसरी ओर जैसे ही लेबर पार्टी ने सत्ता सँभाली, वेवल जिन्ना और मुस्लिम लीग के पक्ष में अपनी नीति को लेकर और अधिक सक्रिय हो गए क्योंकि सम्भवतः उन्हें लगता था कि चर्चिल के जाने के बाद लेबर सरकार "भारत के मुद्दे को ठीक से नहीं सँभाल पाएगी।" उदाहरण के लिए उन्होंने 6 अगस्त, 1945 को अपनी डायरी में लिखा—मैं नए सेक्रेटरी ऑफ स्टेट पैथिक लॉरेंस के बारे में कुछ नहीं जानता। मुझे डर है कि कांग्रेस पार्टी के नेताओं से सम्पर्क के कारण उनके विचार उन्हीं की तरह तो नहीं हो गए।[46]

20 अगस्त को उन्होंने अपने नए आकाओं को निम्नलिखित चेतावनी दी : ब्रिटिश सरकार को भारत के सम्बन्ध में तुरन्त कोई घोषणा करने में अत्यन्त सावधानी बरतनी चाहिए। यह कहना आसान है कि मुसलमानों को समझौते में रुकावट पैदा नहीं करने दी जाएगी। किन्तु वे जनसंख्या का इतना बड़ा हिस्सा हैं कि उनकी अनदेखी नहीं की जा सकती या उन्हें बाध्य नहीं किया जा सकता

क्योंकि इसका परिणाम अत्यन्त घातक हो सकता है।[47] और जब मन्त्रिमंडल के समक्ष यह बात कही–''मुस्लिम लीग और कांग्रेस के मध्य समझौते की गुंजाइश नहीं है, और हमें किसी एक के पक्ष में झुकना पड़ेगा। अब यह सम्भव नहीं है कि जिन्ना किसी विचार विमर्श में शामिल हों जिससे उन्हें सिद्धान्त रूप में पाकिस्तान का आश्वासन मिल जाए। यह सच है कि किसी एक नेता के महत्त्व को अत्यधिक महत्त्व नहीं देना चाहिए, परन्तु जिन्ना भारत की जनसंख्या के 99 फीसदी मुसलमानों की ओर से हिन्दू आधिपत्य की शंका जाहिर कर रहे हैं। आगे बढ़ने के पहले हमें पाकिस्तान के पीछे जो मूल कारण है उसे अच्छी तरह समझ लेना चाहिए।''[48]

उन्होंने अपने विचारों को एक नोट में और अधिक स्पष्ट किया जो उन्होंने 31 अगस्त 1945 की ब्रिटिश मन्त्रिमंडल के समक्ष विचार के लिए रखा। इसमें उन्होंने कहा : "सन् 1942 की घोषणा (क्रिप्स के प्रस्ताव) हिन्दू-मुस्लिम समस्या के सबसे आखिरी उपाय के रूप में विभाजन को ही हल मानती है।" किन्तु क्रिप्स का प्रस्ताव अब जिन्ना को स्वीकार नहीं होगा क्योंकि उन्हें विश्वास नहीं है कि पंजाब और बंगाल–ये दो प्रदेश विभाजन के पक्ष में मत देंगे या नहीं। यदि जनमत संग्रह कराया जाता है तो सम्भवतः पंजाब पाकिस्तान के पक्ष में वोट नहीं देगा।

इस कारण मुस्लिम बहुमत के लिए सम्बन्ध विच्छेद में बचाव के लिए ब्रिटिश शासन को ऐसी पाकिस्तान योजना को सहमति देनी होगी जो विभाजन के समय मुसलमान बहुमत को सुरक्षा प्रदान करे। इसके बाद वेवल ने लिखा, ''यद्यपि दोनों दलों के मध्य कोई अनुबन्ध या समझौता सम्भव नहीं है फिर भी इसके लिए जिन्ना द्वारा माँगे गए सारे इलाकों पर सहमति न हो जाए क्योंकि बंगाल और पंजाब को बाँटने की ज़रूरत है। पूरा पंजाब पाकिस्तान को दिए जाने की बात सिखों को स्वीकार नहीं होगी और हिन्दू बहुल कलकत्ता और पश्चिम बंगाल पाकिस्तान को देने का अर्थ हिन्दुओं के साथ नाइंसाफी होगी।"[49]

ऊपर लिखे उनके कर्तव्य से साफ जाहिर है कि वेवल लगातार उस नीति के पीछे पड़े हुए थे जो उनके दिमाग में जमी हुई थी। यह भी उल्लेखनीय है कि जहाँ लेबर मन्त्रिमंडल के सदस्य सार्वजनिक घोषणाओं और अमेरिकियों के समक्ष ब्यौरा देते समय अखंड भारत का राग अलापते रहे थे, वहीं दूसरी ओर वे गंभीरता से यह विचार कर रहे थे कि देश का विभाजन किस तरह कम से कम विवादित तरीके से हो सकता है और यह सब भारत की स्वतन्त्रता और विभाजन के लिए माउंटबेटन के आने से दो वर्ष पूर्व हो रहा था जब कि आम तौर से माउंटबेटन

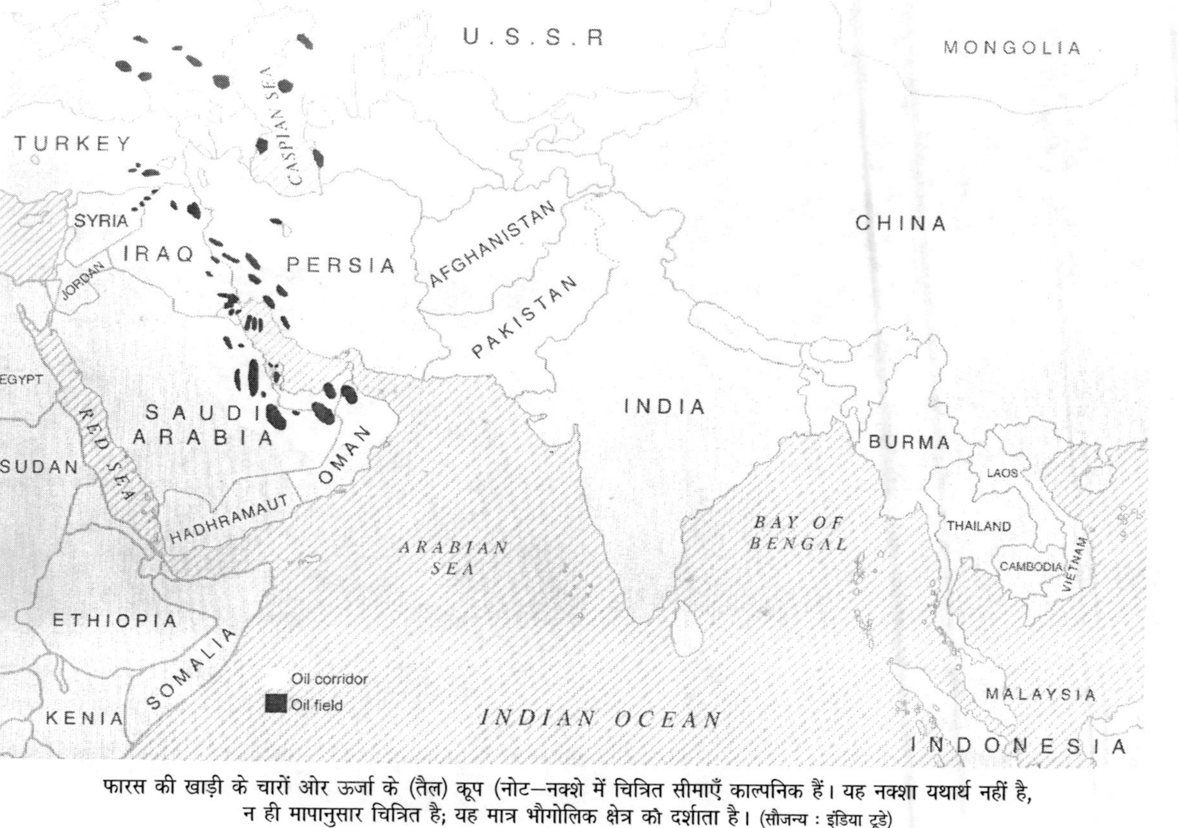

फारस की खाड़ी के चारों ओर ऊर्जा के (तैल) कूप (नोट–नक्शे में चित्रित सीमाएँ काल्पनिक हैं। यह नक्शा यथार्थ नहीं है, न ही मापानुसार चित्रित है; यह मात्र भौगोलिक क्षेत्र को दर्शाता है। (सौजन्य : इंडिया टूडे)

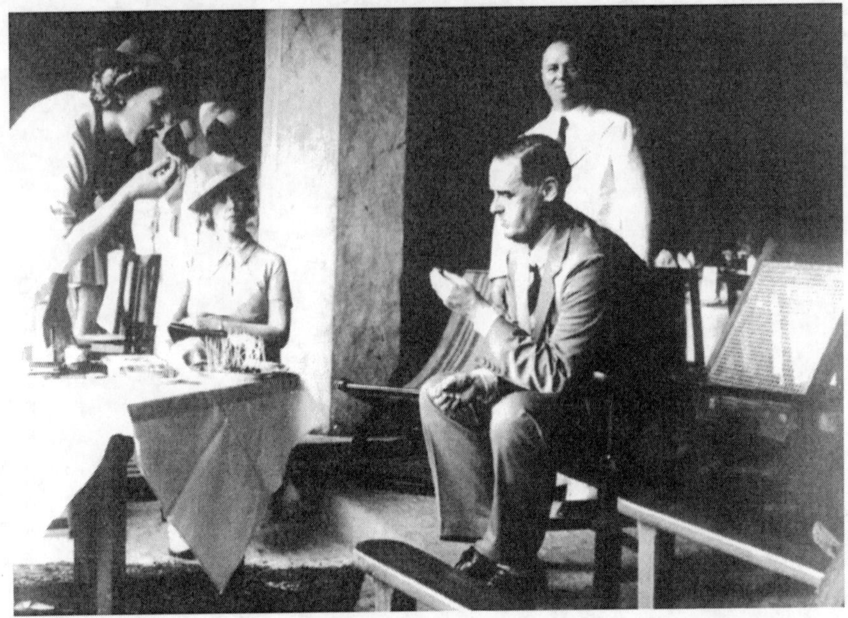

लॉर्ड लिनलिथगो, अप्रैल 1936 से सितंबर 1943 तक भारत के वाइसरॉय, एक पिकनिक के समय
(सौजन्य : नेहरू स्मारक संग्रहालय एवं पुस्तकालय, नई दिल्ली)

अमरीकी राष्ट्रपति फ्रैंकलिन डेलानो रूजवेल्ट एवं ब्रिटिश प्रधानमंत्री विंस्टन चर्चिल (कुर्सियों पर), भारत की स्वतंत्रता के समय अमरीका के राज्य सचिव जनरल जॉर्ज मार्शल (रूजवेल्ट के पीछे)
(सौजन्य : अमरीकी दूतावास, नई दिल्ली)

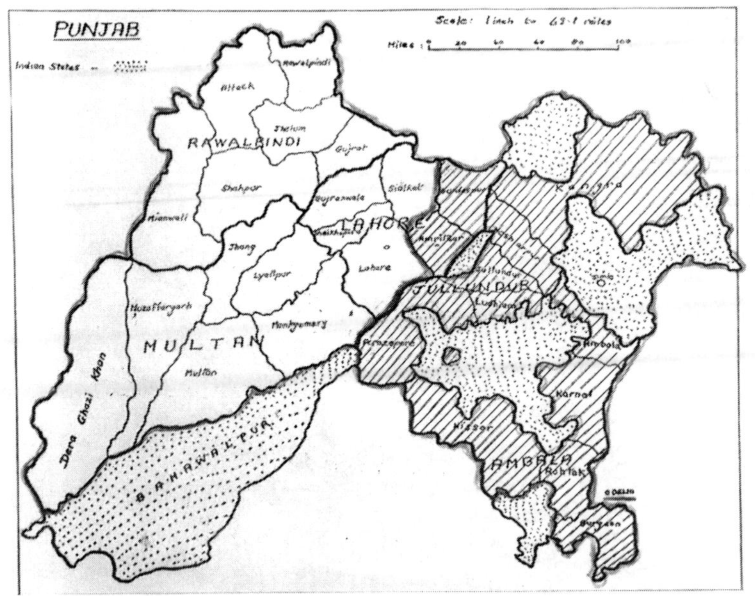

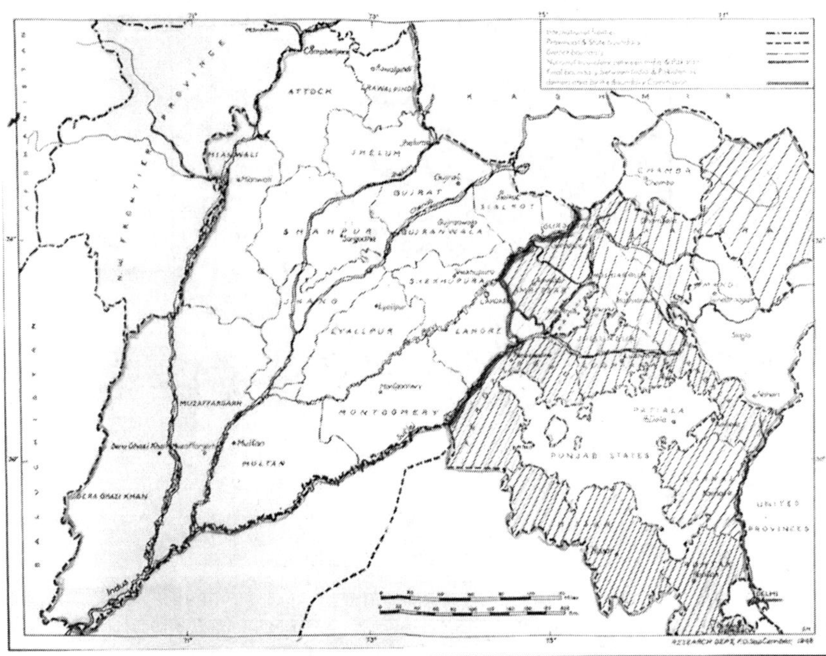

ऊपर : पंजाब के लिए लॉर्ड वेवल की प्रस्तावित सीमांकन रेखा (फरवरी 1946)
नीचे : उक्त राज्य के लिए सर सिरिल रैडक्लिफ का अधिनिर्णय (अगस्त 1947)
(ये नक्शे यथार्थ नहीं हैं, न ही मापानुसार चित्रित हैं; ये मात्र निर्देशक हैं।)
(सौजन्य : सत्ता हस्तांतरण संबंधी दस्तावेज)

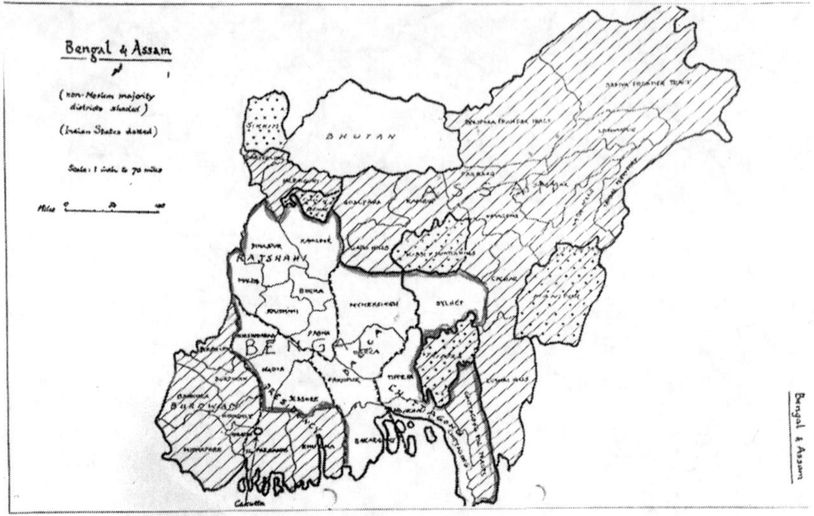

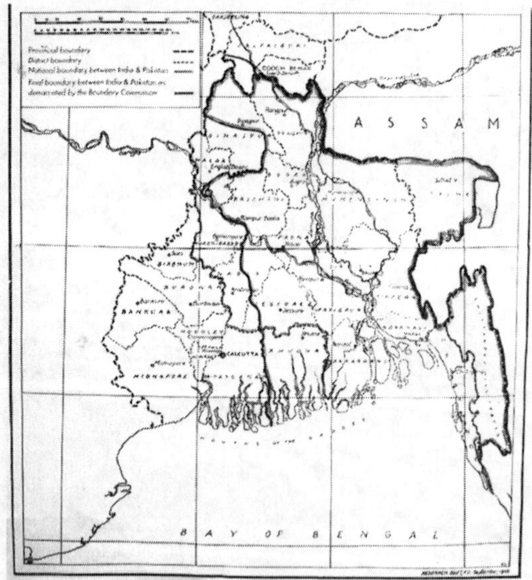

ऊपर : लॉर्ड वेवल का प्रस्तावित बंगाल एवं असम का विभाजन (फरवरी 1946)
नीचे : उक्त दोनों राज्यों के लिए सर सिरिल रैडक्लिफ का अधिनिर्णय (अगस्त 1947)
(ये नक्शे यथार्थ नहीं हैं, न ही मापानुसार चित्रित हैं, ये मात्र निर्देशक हैं।

(सौजन्य : सत्ता हस्तांतरण संबंधी दस्तावेज)

को भारत के विभाजन और विभाजन के पश्चात् पंजाब में हुए रक्तपात के लिए दोषी ठहराया जाता है।

लन्दन प्रवास के दौरान वेवल 31 अगस्त, 1945 को चर्चिल से मिले वे लिखते हैं कि–

> उन्होंने मुझे सावधान किया कि लंगर (चर्चिल स्वयं) उठ गया है और मैं (वेवल) जहाज पायलट के हाथों में हूँ। जब मैं लिफ्ट का दरवाजा बन्द कर रहा था तब चर्चिल ने आखिरी टिप्पणी में कहा थोड़ा-सा भारत का टुकड़ा रख लेना।[50]

ब्रिटेन की स्थिति को इस अवस्था में शायद इस तरह निष्कर्ष के रूप में बताया जा सकता है–

(अ) ब्रिटिश फौजों के खिलाफ किसी भी तरह की रक्षात्मक या आक्रामक कार्यवाही के संचालन के लिए भारतीय उपमहाद्वीप में अड्डा बनाया जाए।

(ब) वेवल के दिमाग में यह बिलकुल साफ था कि यह उद्देश्य सिर्फ विभाजन द्वारा प्राप्त किया जा सकता है यानी थोड़ा भारत का टुकड़ा रख लेना। क्योंकि आज़ादी के बाद कांग्रेस पार्टी राजनीतिक मामलों पर ब्रिटेन से सहयोग नहीं करेगी।

(स) जहाँ कि लेबर नेता वेवल से इस बात पर सहमत नहीं थे कि कांग्रेस के साथ अब कुछ नहीं हो सकता है, एटली फिर भी भारत के विभाजन का समर्थन करने के लिए तैयार थे। मगर विभाजन का दोष ब्रिटेन के माथे पर न मढ़ा जाए।

यह बात गौर करने लायक है कि गिलवर्ट लैथवेट, जो कि लिनलिथगो के पूर्व निजी सचिव रह चुके थे और जिन्ना के कट्टर समर्थक थे, अब ब्रिटिश मन्त्रिमंडल की इंडिया कमेटी के सेक्रेटरी थे। और लॉर्ड इस्मे जो युद्ध के दौरान चर्चिल का दाहिना हाथ थे, अब ब्रिटिश मन्त्रिमंडल के सचिवालय के वरिष्ठ सदस्य थे और एटली और ब्रिटेन की सेना के प्रमुख के मध्य सम्पर्क सेतु थे।

भारत में केन्द्रीय और प्रान्तीय विधान सभाओं के लिए 1945 के शीत ऋतु में चुनावों की घोषणा हो चुकी थी। यह चुनाव मताधिकार के निम्न सिद्धान्त पर होने थे जिसमें मात्र 14 प्रतिशत जनसंख्या मतदाता थी और मुसलमानों के लिए अलग निर्वाचन क्षेत्रों की व्यवस्था थी। यह आश्चर्यजनक है कि कांग्रेस पार्टी ने चुनावों में इतने कम मताधिकार पर कोई आपत्ति नहीं उठाई जब कि दुनिया भर में यह भारत के विभाजन के सन्दर्भ में जनमत संग्रह के रूप में देखा

जाने वाला था। यह भी घोषणा की गई थी कि चुनावों के बाद संविधान निर्माण सभा गठित की जाएगी और इस दौरान प्रमुख भारतीय राजनीतिक दलों के सहयोग से सरकार चलाने के लिए कार्य परिषद् का गठन किया जाएगा। "जो भारत को विश्व व्यवस्था में स्थापित करने में पूरी भूमिका निभाने योग्य बनाएगा।"[51] यह आखिरी बात नेहरू को आकर्षित करने के लिए की गई थी क्योंकि वह जानते थे कि नेहरू अन्तर्राष्ट्रीय पटल पर भारत को प्रतिष्ठित करने के लिए बेताब थे, जैसे एक धावक दौड़ शुरू करने के लिए बेचैनी से सीटी का इन्तजार करता है।

माना कि सुभाषचन्द्र बोस 1945 में फारमोसा में एक विमान दुर्घटना में मारे गए थे। आजाद हिन्द फौज के तीन अधिकारियों पर विद्रोह के जुर्म में लालकिले में मुकद्‌दमा चला। इनमें एक हिन्दू, एक मुसलमान और एक सिख था। इस कारण 1946 में देश भर में भावनाओं का ऐसा ज्वार उमड़ा कि इनको मृत्यु दंड सुनाने के बाद ही ब्रिटिश सरकार को माफी देनी पड़ी और दूसरे लोगों के मुकद्‌दमे ढीले कर दिए गए। भारतीय सशस्त्र सेनाओं में इसी समय विद्रोह आरम्भ हुआ। इस समय कई राष्ट्रवादी नेताओं का मानना था कि करो या मरो के लिए यह बिलकुल उपयुक्त मौका है क्योंकि इस समय ब्रिटेन युद्ध के कारण पस्त हो चुका था और भारत में उसका मनोबल गिर चुका था। गांधीजी द्वारा 1942 में चलाए गए आन्दोलन की अपेक्षा यह कहीं ज्यादा अच्छा अवसर था। नौसैनिक विद्रोह के एक नेता का दावा था कि हमारा संघर्ष धीरे-धीरे भारतीय सेना को प्रभावित कर रहा था। लड़ाई होती तो हममें से कई मारे जाते किन्तु 1947 के मुकाबले कम रक्तपात होता।[52]

खुफिया विभाग की राय थी कि आन्दोलन के ब्रिटिश विरोधी रुख धारण करने का तोड़ साम्प्रदायिक अशान्ति है। इसी तरह राष्ट्रवादियों द्वारा पूरे जोश से क्रान्ति की शुरुआत जिन्ना की गृहयुद्ध की धमकियों का तोड़ हो सकती थी। सम्भवतः यदि ऐसा होता तो जिन्ना का डायरेक्ट एक्शन जो उन्होंने कुछ महीनों बाद चलाया, दरकिनार हो जाता।

जहाँ नई लेबर पार्टी सरकार भारत में क्या अगला कदम उठाया जाए इस पर विचार विमर्श कर रही थी वहीं वेवल ने विभाजन के सिद्धान्त को स्वीकार करने के लिए उन पर दबाव डालना शुरू कर दिया। उन्होंने 6 नवम्बर, 1945 को सेक्रेटरी ऑफ स्टेट को एक अत्यन्त गोपनीय ज्ञापन भेजकर लिखा।

भारत में अब हमें भारी मुसीबतों व खतरों का सामना करना पड़ रहा है। कांग्रेस के नेता व्यापक स्तर पर अशान्ति उत्पन्न करने के लिए रास्ता बना रहे

हैं या भड़का रहे हैं। आजाद हिन्द फौज को विद्रोह की अगुवाई करने के लिए तैयार कर रहे हैं। उनकी धमकियाँ भारतीय पुलिस की वफादारी और कार्य कुशलता को लड़खड़ा सकती हैं। कांग्रेस के प्रति हिन्दुओं के बढ़े उत्साह के बारे में कोई शक नहीं है। आई. सी. एस. (इंडियन सिविल सर्विस) और आई. पी. (इंडियन पुलिस) में अफसरों का मनोबल टूटा हुआ है–जबकि उनके भारतीय अधीनस्थ जिन पर बड़े पैमाने पर प्रशासन की निर्भरता है स्वाभाविक ही भारत के भविष्य के आकाओं से दुश्मनी मोल नहीं लेना चाहते।[53]

वेवल ने इस दबाव को 27 दिसम्बर, 1945 को भेजे एक अन्य टेलीग्राम में जारी रखा जिसमें ब्रिटेन को दो सिद्धान्त मानने का सुझाव दिया।

(अ) यदि मुसलमान विशुद्ध मुस्लिम क्षेत्रों में आत्म निर्णय के अधिकार पर जोर देते हैं तो उसे स्वीकार कर लेना चाहिए।

(ब) दूसरी तरफ यह प्रश्न नहीं उठता कि बड़ी संख्या में गैर मुसलमान जनसंख्या को पाकिस्तान में उनकी इच्छा के विरुद्ध डाला जाए।[54]

जिन्ना स्वतन्त्र रूप से और इसी वक्त पाकिस्तान के सिद्धान्त को मान्यता प्रदान करने के लिए प्रयास कर रहे थे। ब्रिटिश संसद के सांसद वुड्रो वायट लिखते हैं कि जिन्ना ने 8 जनवरी को उन्हें कहा कि वह किसी अन्तरिम सरकार में तब तक भागीदारी नहीं करेंगे जब तक पाकिस्तान को मान्यता देने की घोषणा नहीं की जाती, हालाँकि इस समय वे इस सम्बन्ध में गहराई से विचार विमर्श करेंगे और न ही कोई आश्वासन देंगे। इसके बाद जिन्ना ने वायट से कहा–हिन्दू पाकिस्तान स्वीकार कर लेंगे क्योंकि इससे उन्हें तीन चौथाई भारत मिल जाएगा जो कि कभी भी उनके पास नहीं रहा।[55]

कांग्रेस कार्यकारिणी की सितम्बर 1945 की बैठक में जो प्रस्ताव पास किया गया था, इसमें विशेष रूप से भारत की स्वतन्त्रता और अखंडता पर जोर दिया गया था परन्तु उसी प्रस्ताव में यह भी घोषित कर डाला कि यह सोचा भी नहीं जा सकता कि किसी क्षेत्र के लोगों को भारत के संघ में रहने के लिए विवश किया जाए। इस प्रस्ताव में जो अलग होने का हक मान लिया गया था उसको कांग्रेस कमेटी ने नहीं माना। तब भी इस प्रस्ताव से मुस्लिम लीग (ब्रिटेन) को यह अहसास हुआ कि कांग्रेस पार्टी विभाजन मान लेगी।

जो कुछ भी हो पर कांग्रेस पार्टी ने कोई भी आन्दोलन चलाने का प्रस्ताव नहीं रखा है। 29 जनवरी, 1946 को सेक्रेटरी ऑफ स्टेट ने वेवल को एक तार भेजा– "हमें यह जानकर बड़ी मदद मिलेगी कि आप विशुद्ध मुस्लिम क्षेत्र किन क्षेत्रों को मानते हैं।"[56]

इसी तार के जवाब में वेवल ने 6-7 फरवरी, 1946 को सम्भावित पाकिस्तान का नक्शा भेज दिया (जो कि 18 महीने बाद आज़ादी के समय कार्यान्वित किया गया)।

यह तार एक सबसे महत्त्वपूर्ण सन्देश वाला था जो कि किसी वाइसरॉय ने जब से वाइसरॉय पद स्थापित हुआ, भेजा था परन्तु आश्चर्य है इतिहासकारों ने इस पर कोई गौर नहीं किया है।

(1) यदि मुझे रेखांकित करना पड़े तो मेरी संस्तुति इस तरह होगी–
  (अ) सिन्ध, उत्तर-पश्चिमी सीमा प्रान्त, ब्रिटिश-बलूचिस्तान और पंजाब में रावलपिंडी, मुल्तान और लाहौर डिवीजन जिनसे सिर्फ अमृतसर और गुरुदासपुर जिले को निकाल लिया जाए।
  (ब) बंगाल में चटगाँव और ढाका डिवीजन, राजशाही डिवीजन छोड़कर जलपाईगुड़ी और दार्जिलिंग, प्रेसीडेंसी डिवीजन में नादिया, मुर्शिदाबाद और जैसोर जिले और आसाम का सिलहट जिला।

(2) पंजाब में सिर्फ गुरुदासपुर, गोया कि वह मुस्लिम बहुल पाकिस्तान को न जाएगा, गुरुदासपुर को भौगोलिक कारणों से अमृतसर के साथ जाना पड़ेगा क्योंकि वह सिखों का पवित्र स्थल है इसलिए उसे पाकिस्तान से बाहर रखना पड़ेगा।

(3) हम जो भी घोषणा करें उसमें स्पष्ट कर दें कि यह सिर्फ एक संकेत है कि ब्रिटेन की सोच है कि मुसलमान सिर्फ इन्हीं क्षेत्रों पर दावा कर सकते हैं। आपसी बातचीत में दोनों पक्ष चाहें तो फेरबदल कर सकते हैं। और ऐसे समझौतों में सिखों के हितों पर विशेष ध्यान देना होगा। यह कहना ज़रूरी होगा जिससे कि सिख अभी से दंगा फसाद शुरू न कर दें।

(4) बंगाल में प्रेसीडेंसी डिवीजन के ऊपर लिखे मुस्लिम बहुल जिलों को मेरे विचार में पाकिस्तान में मिलाना होगा। गोया कि पाकिस्तान का सीमान्त क्षेत्र गंगा से कुछ इस तरफ आ जाएगा।

(5) जो सिद्धान्त लिये गए हैं उनके अनुसार कलकत्ता पाकिस्तान को नहीं दिया जा सकता। शायद मुसलमान कोशिश करेंगे कि इसे एक फ्री पोर्ट बना दिया जाए। और यदि यह न हुआ तो पूर्वी बंगाल का भविष्य भी अधर में लटक जाएगा। परन्तु पाकिस्तान चाहता है तो उसको इस समस्या का सामना करना पड़ेगा।[57]

भारत छोड़ने के दो वर्ष बाद जून, 1949 में वेवल ने रॉयल सेंट्रल एशिया सोसाइटी लन्दन को सम्बोधित करते हुए अपने वक्तव्य में कहा–दो मुख्य कारण

हैं जिससे एशिया की रणनीति का रुख बदल गया है एक है एअर पॉवर (हवाई शक्ति) और दूसरा है तेल जो कि हवाई शक्ति का मुख्य स्रोत है। उसका सबसे बड़ा भंडार उन क्षेत्रों में है जिनसे यह सोसाइटी सम्बन्धित है यानी फारस की खाड़ी। अगर भविष्य में विश्व की शक्तियों में संघर्ष हुआ तो वह इन्हीं तेल के भंडारों के लिए होगा इसका सम्भावित केन्द्र पश्चिम एशिया, पश्चिम खाड़ी और भारत के प्रवेश द्वारों में होगा। यह युद्ध क्षेत्र हो सकता है तेल और हवाई अड्डों के लिए अत्यधिक संघर्ष तीन महत्त्व क्रिश्चियनिटी, इस्लाम, कम्युनिज्म, राजनीतिक विचारधारा टोटलीटेरियेनिज्म, प्रजातन्त्र ऐसे महान झगड़े में पश्चिमी शक्तियों का देश बिलकुल मध्य पूर्व में होना चाहिए।[58]

उन्होंने इसका बिलकुल आभास नहीं दिया कि उन्होंने एक जमीन तैयार की थी एक ऐसी रियासत की जो कि मध्य-पूर्व में ब्रिटिश मिलिट्री पोजीशन को सद्‌दाम बनाने में मदद करेगी।

सन्दर्भ

1. देखें, वेवल, द वाइसरॉयज जर्नल (ऑक्सफोर्ड युनिवर्सिटी प्रेस, लन्दन, 1977, पृ. 463)
2. पैट्रिक फ्रैंच, लिबर्टी आर डेथ : इंडियाज जर्नी टू इंडिपेंडेंस एंड डिवीजन (हार्पर कॉलिन्स, लन्दन, 1995, पृ. 173)।
3. वेवल, पूर्व में उद्‌धृत, पृ. 111।
4. फ्रैंच, पूर्व में उद्‌धृत, पृ. 171।
5. वेवल, पूर्व में उद्‌धृत, पृ. 24।
6. पैनेड्रल मून, द ब्रिटिश कॉनक्वेस्ट एंड डॉमीनियन ऑफ इंडिया, खंड-2, (इंडिया रिसर्च प्रेस, दिल्ली, 1999, पृ. 1129)।
7. सी. दासगुप्ता, वॉर एंड डिप्लोमेसी इन कश्मीर–1947-48 (सेज, नई दिल्ली, 2002, पृ. 18)।
8. वेवल, पूर्व में उद्‌धृत, पृ. 499।
9. वही।
10. टी. ओ. पी. सिक्स्थ, पृ. 532, दिनांक 13 अगस्त, 1945।
11. पेनेड्रल मून, पूर्व में उद्‌धृत, 1127।
12. टी. ओ. पी. सेवेन्थ, क्र. 286।
13. वेवल, पूर्व में उद्‌धृत, पृ. 245, और टी. ओ. पी. सेवेन्थ, क्र. 641, एपेंडिक्स।
14. वही।
15. लन्दन में सुश्री टालबोट राइस सैन्य शोधार्थी द्वारा 17 अगस्त, 2001 को मुझे लिखे गए एक पत्र से (उन्होंने उक्त अधिकारी का नाम नहीं लिया)।

16. ट्रेवर रॉयल, द लास्ट डेज ऑफ द राज (जॉन मुरे, लन्दन, 1997, पृ. 269)।
17. वही, पृ. 271।
18. वेवल, पूर्व में उद्धृत, पृ. 271।
19. हेनरी रॉलिंसन, इंग्लैण्ड एंड रूस (जॉन मुरे, लन्दन, 1875, पृ. 279-80)।
20. टी. ओ. पी. फोर्थ, क्र. 706-07।
21. वेवल, पूर्व में उद्धृत, पृ. 185-86।
22. एलन कैम्पबेल-जॉनसन, मिशन विद माउंटबेटन (एथेनम, न्यूयॉर्क, 1986, पृ. 54)।
23. हेक्टर, बोलिथो, जिन्ना (जॉन मुरे, लन्दन, 1954, पृ. 25)।
24. वेवल, पूर्व में उद्धृत, पृ. 91।
25. वही, पृ. 99।
26. टी. ओ. पी. फिफ्थ, क्र. 111।
27. विन्स्टन चर्चिल, मेमोरीज ऑफ द सेकंड वर्ल्ड वॉर : ट्रायम्फ एंड ट्रेजेडी (कैसल एंड कं., लन्दन, 1950, पृ. 105-06)।
28. वही, पृ. 107-08।
29. पोस्ट होस्टिलिटीज प्लानिंग स्टाफ की 19 मई, 1945 की रिपोर्ट से लिए गए समस्त अंश, अति गोपनीय पी. एच. पी. (45) 15 (0) (ओरिएन्टल एंड इंडियन कलेक्शन (ओ आई सी) ब्रिटिश लाइब्रेरी लन्दन)।
30. वेवल, पूर्व में उद्धृत, पृ. 120।
31. पेनेड्रल मून, पूर्व में उद्धृत, पृ. 1137।
32. यू. एस. एफ. आर. 1945, खंड सिक्स्थ, पृ. 251।
33. यू. एस. एफ. आर. 1944, खंड फिफ्थ, पृ. 240।
34. यू. एस. एफ. आर. 1943, खंड फोर्थ, पृ. 220-222।
35. यू. एस. एफ. आर. 1944, खंड फिफ्थ, पृ. 242।
36. दुर्गादास, इंडिया फ्रॉम कर्जन टू नेहरू एंड आफ्टर (हार्पर कॉलिन्स इंडिया, नई दिल्ली, 2000, पृ. 216)।
37. वी. पी. मेनन, ट्रांसफर ऑफ पावर इन इंडिया (लांगमन ग्रीन, लन्दन, 1957, पृ. 241)।
38. टी. ओ. पी. फिफ्थ, क्र. 565।
39. वही, क्र 566।
40. टी. ओ. पी. सिक्स्थ, क्र. 29।
41. वही।
42. एच. वी. हॉडसन, द ग्रेट डिवाइड : ब्रिटेन, इंडिया-पाकिस्तान (ऑक्सफोर्ड युनिवर्सिटी प्रेस एडिशन, दिल्ली 2000 पृ. 127)।
43. टी. ओ. पी. फिफ्थ, क्र. 598।
44. क्लीमेन्ट एटली, ए प्राइम मिनिस्टर रिमेम्बर्स (हैनिमन, लन्दन, 1961)।
45. टी. ओ. पी. सिक्स्थ, क्र. 484 और 486।
46. वेवल, पूर्व में उद्धृत, पृ. 161।

47. टी. ओ. पी. सिक्स्थ, क्र. 47।
48. वही, क्र. 78।
49. वही, क्र. 82।
50. वेवल, पूर्व में उद्धृत, पृ. 168।
51. टी. ओ. पी. सिक्स्थ, क्र. 99, एनेक्सर सेकंड।
52. सी. आर. दास, मीनू मसानी की अवर इंडिया में उल्लेखित (ऑक्सफोर्ड यूनिवर्सिटी प्रेस, दिल्ली, 1953, पृ. 126)।
53. टी. ओ. पी. सिक्स्थ, क्र. 194।
54. वही, क्र 316।
55. टी. ओ. पी. फोर्थ, क्र. 323, संलग्न।
56. टी. ओ. पी. सिक्स्थ, क्र. 387।
57. वही, क्र. 406।
58. ओलेफ कैरो की वेल्स ऑफ पावर में उल्लिखित (मैकमिलन, लन्दन, 1951, पृ. 184)।

एटली की गुप्त नीति

लॉर्ड वेवल द्वारा ब्रिटिश सरकार को भारत के विभाजन के सम्बन्ध में निर्णय देने की अनुशंसा प्रधानमन्त्री एटली को पूरी तरह नागवार गुजरी। माउंटबेटन की प्रेस अटैची कैम्पबेल जॉनसन ने एक बार इस लेखक को बताया कि "एटली बड़े निर्णायक थे, परन्तु इस बारे में अति संवेदनशील थे कि भारत के बँटवारे का इल्जाम इंग्लैण्ड के माथे न आए। वह अमेरिकन सोच कि 'बँटवारे से उपमहाद्वीप में वामपन्थी ताकतों को बढ़ावा मिलेगा' के विपरीत नहीं जाना चाहते थे और विभाजन करने के निर्णय का मतलब होगा कांग्रेस पार्टी से सम्बन्धों का टूटना जिससे लेबर पार्टी के नेता बचना चाहते थे। एटली, ब्रिटिश सामरिक हितों की रक्षा के लिए वेवल की छोटे पाकिस्तान के निर्माण की नीति पर सहमत तो थे किन्तु वह चाहते थे कि सम्भव हो सके तो यह कांग्रेस पार्टी के नेताओं के साथ किसी समझौते या कम से कम उनकी मौन सहमति के साथ हो। यह जान लेना महत्त्वपूर्ण है कि एटली अपने पूरे कार्यकाल में भारत में ब्रिटिश नीति की डोर सम्भाले रहे।"

एटली का मानना था कि–1930 के दशक के बाद एक अखंड भारत का निर्माण नहीं हो सकता।[1] वे चर्चिल के युद्ध मन्त्रिमंडल में 1942-45 तक उप-प्रधानमन्त्री तथा इंडिया कमिटी के प्रधान रहे थे। इस कारण उन निर्णयों से पूरी तरह अवगत थे जो भारत के बँटवारे के सम्बन्ध में लिए गए थे। हालाँकि इन निर्णयों को गुप्त रखा गया था। जैसाकि इस पुस्तक के अध्याय चार में बताया गया है कि इंग्लैण्ड के सेक्रेटरी ऑफ स्टेट एम्री ने सन् 1942 में वाइसरॉय लिनलिथगो को लिखा था कि भारत के प्रति और अधिक नरम रुख अपनाने के लिए एटली अपनी ही पार्टी के दबाव का सामना कर रहे थे। इसका अर्थ यह हुआ कि यदि उन्हीं पर छोड़ दिया जाता तो भारत के बारे में कंजर्वेटिव दृष्टिकोण रखने में वे बड़े मददगार सिद्ध होते। भारत की आज़ादी के समय सेक्रेटरी ऑफ स्टेट्स लॉर्ड लिस्टोवेल ने सन् 1967 में लन्दन में एक सभा को सम्बोधित करते हुए कहा था...एटली भारत के सम्बन्ध में कट्टरवादी थे।[2]

इसका यह मतलब नहीं है कि एटली चर्चिल की भाँति भारत की आकांक्षाओं के प्रति असंवेदनशील थे। 1947 में उन्होंने इंडिया ऑफिस और लॉर्ड लिस्टोवेल के विरोध के बावजूद माउंटबेटन को भारतीय रियासतों को भारत में विलय के लिए दबाव डालने की अनुमति देकर भारत को मजबूत किया। सेना प्रमुखों की आपत्ति के बावजूद एटली ने बंगाल की खाड़ी में स्थिति अंडमान और निकोबार द्वीपसमूह भारत को सौंपे। इससे दक्षिण-पूर्व एशिया में भारत की पैठ बढ़ गई। वह एक ऐसा पाकिस्तान चाहते थे जो मध्य पूर्व में ब्रिटेन की नीतियों मे सहायक सिद्ध हो और ऐसा भारत चाहते थे जो ब्रिटेन के साथ पूर्वी एशिया में सहयोग और सहायता प्रदान करे। एटली के लिए जहाँ भारत के दो हिस्से ब्रिटेन की रणनीति के हिसाब से फायदेमन्द थे वहीं दो से अधिक टुकड़ों में बाल्कन राज्यों की तरह (कई सारे टुकड़ों में बँटा भारत) (जैसा कुछ टोरियों की उम्मीद थी) बेकार था। डीन एक्सन जो कि अमरीकन सेक्रेटरी ऑफ स्टेट रहे थे, ने अपने संस्मरण में लिखा है कि एटली धुँधले पर्दे के पीछे से संचालन करने में माहिर थे।[3] अपनी इस प्रतिभा को उन्होंने दो विरोधी लक्ष्यों भारत का विभाजन और भावी हिन्दुस्तान के साथ अच्छे सम्बन्धों को हासिल करने में लगा दिया।

नवम्बर 1945 में स्टेफर्ड क्रिप्स जो भारत के बारे में एटली के दिशा-निर्देशक थे और जवाहर लाल नेहरू को भली प्रकार जानते थे उन्होंने नेहरू को एक पत्र लिखा। नेहरू ने फौरन जवाब भेजा–"पिछले कुछ वर्षों में घटी कई घटनाओं (उनका मतलब 1942 के क्रिप्स मिशन से था) ने मुझे दुखी किया। किन्तु मेरे मन में कभी भी इस बात का सन्देह नहीं रहा कि दिल से आप भारत का हित चाहते हैं। उन्होंने कहा कि हम गर्म खोपड़ी के लोगों को नियन्त्रित रख ब्रिटेन से संघर्ष टालने का प्रयास करेगें।"[4] इससे क्रिप्स बहुत खुश हुए। एटली की सबसे बड़ी चिन्ता यह थी कि वेवल की भविष्यवाणी के मुताबिक भारत में राष्ट्रवादी खूनी विद्रोह न कर दें, जिसे दबाने के लिए उनके पास बहुत कम साधन थे। जिसके कारण हालात बेकाबू हो सकते थे और विश्व समुदाय में, खासकर अमेरिका में ब्रिटेन की बदनामी होती।

भारत में 1945 से 46 की शीत ऋतु ब्रिटेन के लिए असन्तोषजनक थी। भारत में बोस की आजाद हिन्द फौज के अधिकारियों पर विद्रोह के लिए मुकदमे की प्रतिक्रिया उलटवार की तरह हुई और उसने अंग्रेजी राज्य के खिलाफ जनमत को उकसाया। जैसा पीछे वर्णन किया गया है कि नौसेना वायुसेना, सिग्नल कॉर्स, और इंजीनियर कॉर्स तथा थल सेना की वफादारी, भी सन्देहास्पद थी, जैसा कि सातवें अध्याय में हमने देखा। भूमि को अकाल ने जकड़ रखा था। पुलिस और

सिविल सेवाओं का मनोबल डाँवाडोल हो रहा था और ब्रिटेन खुद आर्थिक संकट में था। 12 सितम्बर को क्रिप्स ने नेहरू को जवाब दिया–"मुझे खुशी है कि आप भी मेरी तरह इस बात पर सहमत हैं कि हमें दोनों तरफ की हिंसा को रोकने के लिए अपने सर्वोत्तम प्रयास करना चाहिए। और समस्या के समाधान को तर्कसंगत ढंग से हल करने पर ध्यान देना चाहिए।" उसके बाद चतुराई से उन्होंने पूछा–"यदि आप वाइसरॉय के स्थान पर होते तो आप चुनावों के बाद किस तरह की नीति का पालन करते? कृपया मुझे अनौपचारिक तौर पर जवाब दीजिए।"[5]

इस सवाल जवाब ने नेहरू के अहम को उकसा दिया। उन्होंने क्रिप्स को साढ़े तीन हजार से ज्यादा शब्दों वाला एक पत्र 27 जनवरी 1946 को जवाब के तौर पर लिख मारा। दस्तावेजों से यह साफ नहीं है कि ऐसा करने से पूर्व उन्होंने अपने किसी सहयोगी से कोई परामर्श किया था या नहीं। इस पत्र के मुख्य बिन्दु इस प्रकार हैं–

(ए) ब्रिटिश सरकार को अत्यन्त स्पष्ट रूप से घोषणा कर देना चाहिए कि वह भारत की स्वतन्त्रता स्वीकार करती है।

(बी) स्वतन्त्र भारत के संविधान का निर्माण भारत के निर्वाचित प्रतिनिधियों द्वारा हो तथा इसमें ब्रिटेन की ओर से कोई हस्तक्षेप न हो।

(सी) ब्रिटिश सरकार भारत के बँटवारे को बढ़ावा न दे यह प्रश्न भारत के लोगों को स्वयं तय करने के लिए छोड़ दिया जाए : "आदर्श तो यह होगा कि भारत का एक (संघ) हो जिसमें अल्पसंख्यकों के हितों के संरक्षण की व्यवस्था हो और रक्षा, वैश्विक सम्बन्ध, संचार व मुद्रा को छोड़कर बाकी सारी शक्तियाँ संघ की इकाइयों के पास हों।"

(डी) किसी क्षेत्र के निवासी अलग होना चाहें तो ऐसा सिर्फ जनमत संग्रह के बाद ही किया जा सकेगा और वे अपने साथ उसी क्षेत्र के अन्य निवासियों को उनकी इच्छा के बिना नहीं ले जा सकेंगे। नेहरू जी ने लिखा कि पाकिस्तान के मुद्‌दे का मर्म यह है कि पाकिस्तान में सिर्फ पंजाब का एक हिस्सा और बंगाल का एक हिस्सा ही होगा। और यदि यह न माना जाए तो फिर विभाजन नहीं होगा।

(ई) विभाजन की स्थिति में सेना फिर भी एक ही रहेगी।

(एफ) चूँकि उत्तर-पश्चिमी सीमा प्रान्त के लोग सम्भवतः विभाजन के पक्ष में मत नहीं देंगे इस कारण पाकिस्तान का बनना असम्भव है।

(जी) चुनाव में मुस्लिम लीग को दिया गया वोट पाकिस्तान के पक्ष में दिया गया वोट नहीं है, मात्र एक ऐसे संगठन को वोट है जो भारतीय मुसलमानों के परस्पर भाईचारे का प्रतीक है।

(एच) लीग की कार्रवाई सतही है और उसके खिलाफ कड़ी कार्रवाई से इसे रोका जा सकता है।

(आई) कुछ रियासतें भारतीय संघ में शामिल न होने के लिए प्रेरित हो सकती हैं, यदि पाकिस्तान नहीं बनता है तो सिर्फ बड़ी रियासतें सम्भवतः एक-आध दर्जन ही स्वतन्त्र इकाई के रूप में टिक सकती हैं बाकियों को प्रान्तों में विलय कर लेना चाहिए या उन्हें एक दूसरे से मिला देना चाहिए जिससे पर्याप्त बड़ी संघीय इकाई बन सके जिसमें प्रान्तों की भाँति लोकतान्त्रिक स्वतन्त्रता और प्रशासनिक पद्धति हो और अन्त में–

(जे) ऐसे युवा महिलाओं एवं पुरुषों की तादाद बढ़ती जा रही है जिनकी सोच यह है कि एक बड़े संघर्ष से ही कुछ ढंग का हासिल किया जा सकता है–यह धमकी थी।[6] नेहरू ने एक शान्तिपूर्ण और समझौतेवादी हल का वादा किया। इससे क्रिप्स और एटली को बड़ी राहत मिली। नेहरू ने इस पत्र में बड़े ही छिपे शब्दों में विभाजन की सम्भावना को व्यक्त किया है। इस विभाजन के मुद्दे पर कांग्रेस के विचारों के साथ वे 10 जनवरी 1946 को लन्दन पहुँच गए। लेबर पार्टी के सांसद वुड्रो वायट ने रिपोर्ट दी कि नेहरू के साथ चार घंटे की बातचीत में नेहरू ने स्वीकार किया कि ब्रिटेन को पाकिस्तान की घोषणा करनी पड़ सकती है किन्तु उन्होंने कहा कि सीमावर्ती जिलों में जनमत संग्रह होना चाहिए जिससे हिन्दू आबादी वाले ठोस धड़े पाकिस्तान में शामिल न किए जाएँ।[7] (यदि कांग्रेस पार्टी की गांधीजी समेत अखंड भारत की माँग थी तो ऊपर लिखे पत्र से उसका महत्त्व घट गया। ऐसे अस्पष्ट विचारों से अंग्रेजों को विभाजन के लिए बढ़ावा मिला।)

वाइसरॉय ने पहले ही ऐसे गैर-मुसलमान क्षेत्रों को उन ब्रिटिश प्रोवेंसिज जिन पर जिन्ना दावा कर रहे थे, अलग कर दिया था। ब्रिटिश सरकार के समक्ष जो मुद्दा था वह था कि क्या अब कांग्रेस को छोटे क्षत-विक्षत पाकिस्तान के लिए राजी नहीं किया जा सकता। नेहरू के पत्र में शान्ति का जो सन्देश था उससे अंग्रेजों को यह यकीन हो गया कि कांग्रेस से बातचीत होते रहना तथा यहाँ तक कि उन्हें वास्तविक जिम्मेदारियों से लैस कर उनके अन्दर से टकराववादी सारी प्रवृत्तियों को निचोड़कर बाहर किया जाना, यह समय की माँग है। एटली सोचते थे कि नेहरू और गांधी से वेवल बातचीत न करें क्योंकि वेवल और इन दोनों के मध्य गहरा अविश्वास था। इस कारण उन्होंने मौके पर सम्भावना तलाशने के

लिए कैबिनेट के सदस्यों का एक दल क्रिप्स के नेतृत्व में नई दिल्ली भेजने का निश्चय किया।

27 फरवरी 1946 को भारत के सेक्रेटरी ऑफ स्टेट ने वाइसरॉय को एक तार भेजा : "हम आपके प्रस्ताव (पाकिस्तान का) पर तब तक कोई निर्णय लेने में सक्षम नहीं हैं जब तक बातचीत के पहले दौर में आधार को परख नहीं लिया जाता। हमें अपनी प्रक्रिया पर विचार करने में समय लगेगा। यदि भारतीय नेताओं से पाकिस्तान के बारे में समझौता न हो सका तो पाकिस्तान का मुद्दा सुलझाने के लिए कुछ दूसरे साधन खोजने होंगे।"[8]

क्रिप्स के साथ भारत भेजने के लिए जिन कैबिनेट मन्त्रियों को चुना गया उनमें भारत में सेक्रेटरी ऑफ स्टेट लॉर्ड पैथिक लारेंस जो वरिष्ठ क्वेकर थे और दूसरे सदस्य ए. वी. अलेक्जेंडर थे जो नेवी मिनिस्टर थे जिनकी भारत के बारे में जानकारी कम थी। नेहरू के पत्रों से अत्यधिक उत्साहित स्टेफर्ड क्रिप्स किसी समझौते पर पहुँच जाने के आत्मविश्वास से छलक रहे थे। वेवल यह नहीं पकड़ पाए कि एटली का सुझाव सम्भवतः उसी हाल पर पहुँचना था जो उन्होंने पहले सुझाया था (यानी पाकिस्तान), पर वे यह इस तरह से करना चाहते थे कि विभाजन की जिम्मेदारी भारतीयों के कन्धे पर थोपी जा सके। उन्हें डर था कि उनके नए स्वामी लेबर पार्टी के मिनिस्टर इस क्षेत्र में ब्रिटेन के दूरगामी सामरिक हितों की उपेक्षा कर सकते हैं। इस कारण 3 मार्च 1946 को उन्होंने फिर एक तार भेजा– पहला और सबसे महत्त्वपूर्ण मुद्दा है पाकिस्तान का। इस मुद्दे पर ब्रिटिश सरकार की कोई नीति होना ज़रूरी है...। ये यह तय कर सकते हैं कि भारत की एकता इतनी महत्त्वपूर्ण है कि किसी भी स्थिति में भारत का पूरा विभाजन नहीं होने देंगे और इसके न सिर्फ भारत के बल्कि दुनिया भर के मुसलमानों पर होने वाले प्रतिकूल प्रभावों पर ध्यान ही न दें और उन परिणामों का सामना करने के लिए तैयार हों जिसमें भारत में गृहयुद्ध और दूसरे मुस्लिम देशों से शत्रुता।[9]

वेवल जिस निर्णय पर जोर दे रहे थे वे सोचते थे कि उसका प्रभाव न सिर्फ भारत पर बल्कि दुनिया के देशों पर भी पड़ सकता था। इस कारण उनका झुकाव था कि जो क्षेत्र पाकिस्तान को जाने हैं वे कैबिनेट मिशन के लन्दन छोड़ने से पूर्व ही तय कर लेने चाहिए।

वेवल के पत्र व्यवहार में आरम्भ से ही भारत में मुस्लिम लीग के सन्तुष्टीकरण को इस आधार पर जायज ठहराया जा रहा था कि जिन्ना की माँगों की उपेक्षा का असर मध्य पूर्व के मुसलमानों पर पड़ेगा जिससे ब्रिटेन की छवि खराब हो सकती थी। वास्तव में अंग्रेज अरबों की सद्भावना को ऐसे समय बनाए रखना

चाहते थे जब वह फिलिस्तीन में यहूदियों के प्रवेश के प्रति वचनबद्ध थे। किन्तु इस उद्देश्य के लिए जिन्ना को सन्तुष्ट करने से कोई फायदा नहीं था क्योंकि मुस्लिम देशों में जिन्ना और उनके आन्दोलन के प्रति कोई खास सहानुभूति नहीं थी बल्कि उन कई देशों में जिन्ना को अंग्रेजों की कठपुतली समझा जाता था। उन दिनों में मध्यपूर्व में उपनिवेश विरोधी, राष्ट्रवादी और समाजवादी भावनाएँ मुस्लिम बन्धुत्व की भावना की अपेक्षा अधिक बलवती थी। फिलिस्तीनी लोग यहूदियों से अपनी मातृभूमि की रक्षा के लिए राष्ट्रवादी भावना के आधार पर लड़ रहे थे न कि साम्प्रदायिक आधार पर। लेबनान की धर्म निरपेक्ष बाथ पार्टी, जो सीरिया एवं इराक में भी फैल रही थी और मिश्र में नासिर की नीति यह प्रयास कर रही थी कि धर्मनिरपेक्षता और राष्ट्रवाद को अपनी पार्टियों के घोषणा पत्र में शामिल करें। जिससे इस्लाम के अलावा एक वैचारिक आधार खड़ा किया जा सके। जिससे दूसरे धर्मों के लोग विदेशी हुकूमत के खिलाफ मुसलमानों के संघर्ष में उनके साथ जुड़ सकें। वास्तव में ब्रिटेन की मूल चिन्ता सोवियत संघ थी जिसके खिलाफ तेल समृद्ध मध्य-पूर्व में महाखेल के लिए सहयोगी ढूँढ़े जाएँ।

अफगानिस्तान भी पाकिस्तान के प्रति इतना शत्रुतापूर्ण रवैया रखता था कि वह दुनिया का अकेला ऐसा राष्ट्र था जिसने पाकिस्तान के संयुक्त राष्ट्र संघ में प्रवेश देने के विरोध में मत दिया था। जिन्ना और सऊदी अरब के मध्य कोई सम्पर्क नहीं था। सऊदी राज परिवार उन मुसलमान देशों को जो धर्मनिरपेक्षता को समर्थन देते थे अपने राज्य और स्वयं के लिए खतरा मानते थे। मोहम्मद मुसदेक जिसने ईरान में तेल का राष्ट्रीयकरण किया, धर्मनिरपेक्ष भावना से ही प्रेरित था। ईरान तब पाकिस्तान का समर्थक बना जब ब्रिटेन व अमेरिका ने रूस विरोधी बगदाद व सेंटो पैक्ट के तले ईरान को रूस के खिलाफ 1954 में संयुक्त सुरक्षा सन्धि से जोड़ दिया।

एटली अपने पत्ते वाइसरॉय वेवल को दिखाने के इच्छुक नहीं थे। उन्होंने कैबिनेट मिशन और वाइसरॉय को निर्देश दिए कि आप किसी निश्चित या पूर्व निर्धारित कट्टर योजना पर पहुँचने से पहले सारी सम्भावनाओं को टटोल लें और विचार-विमर्श कर लें। उन्होंने 17 मार्च 1946 को जो निर्देश दिए उनमें यह तीन मुख्य बिन्दु थे–

(अ) अल्पसंख्यकों के लिए संवैधानिक संरक्षण।

(ब) भारत तथा हिन्द महासागर क्षेत्र की सुरक्षा के लिए प्रावधान।

(स) भारत से ब्रिटेन के जाने के बाद देशी रियासतों को यह छूट दी जाए कि वह अपनी स्वेच्छा से जैसी चाहे वैसी व्यवस्था करें।[10]

सिर्फ दो दिन पूर्व 15 मार्च 1946 को कैबिनेट मिशन की भारत यात्रा पर हाउस ऑफ कॉमन्स में बहस हुई। एटली ने घोषणा की कि वर्तमान राज्य व्यवस्था के स्थान पर किस प्रकार की सरकार बने इसका निर्णय भारत पर छोड़ दें और इसके बाद बड़ी सफाई से एक गुगली फेंकी कि हम लोग अल्पसंख्यकों के अधिकारों को लेकर सचेत हैं, दूसरी ओर हम अल्पसंख्यकों को बहुसंख्यकों की प्रगति को रोकने के लिए निषेध लगाने की अनुमति नहीं देंगे।[11] यह एक चकमा था क्योंकि मुस्लिम अल्पसंख्यकों को संवैधानिक विकास में वीटो का अधिकार जो ब्रिटेन ने 8 अगस्त 1940 को दिया था उसको आगामी बातचीत में नहीं बदला और इस वक्तव्य से कांग्रेस पार्टी और जिन्ना का कट्टरपन ब्रिटेन की सौदेबाजी का आधार बना रहा। कांग्रेस पार्टी एटली के इस वक्तव्य से बहुत खुश हुई। कैबिनेट मिशन के स्वागत के लिए सौहार्दपूर्ण वातावरण तैयार कर दिया जो कि इस वक्तव्य का असली ध्येय था।

प्रान्तीय चुनाव के नतीजे आ गए बावजूद इसके कि मुस्लिम लीग सबसे बड़े मुस्लिम दल के रूप में उभरी किन्तु उसने उन मुस्लिम बाहुल्य ब्रिटिश प्रान्तों में बेहद खराब प्रदर्शन किया जिन्हें वेवल ने पाकिस्तान के रूप में चिह्नित किया था। उत्तर-पश्चिमी सीमा प्रान्त में जहाँ 95 प्रतिशत मुस्लिम जनसंख्या थी वहाँ कांग्रेस सत्ता में वापस आई। पंजाब में जो कि पाकिस्तान के निर्माण में एक महत्त्वपूर्ण प्रान्त था, मुसलमानों की एक बड़ी तादाद जो कि मुस्लिम लीग के खिलाफ थी यूनियनिस्टों के साथ बनी रही जिन्होंने फिर से हिन्दुओं तथा सिखों के साथ मिलकर सरकार बना ली। आसाम में जो बर्मा की सीमा पर लगा एक गैरमुस्लिम बहुमत वाला प्रान्त था और जिस पर जिन्ना ने दावा किया था, कांग्रेस फिर से विजयी हुई। पाकिस्तान के लिए दावा किए गए ब्रिटिश बलूचिस्तान के अलावा पाँच प्रान्तों में से मात्र दो प्रान्त सिन्ध और बंगाल में ही मुस्लिम लीग सरकार बना सकी। सिन्ध में गवर्नर के हस्तक्षेप से यह सरकार बन सकी क्योंकि यहाँ लीग और विरोधी दलों की सदस्य संख्या बराबर थी। मुस्लिम लीग को उन 6 प्रान्तों में अच्छी बढ़त मिली जहाँ मुस्लिम अल्पसंख्यक थे। (आबादी का 5 से 15 प्रतिशत तक) और जिन्हें वेवल ने हिन्दुस्तानी क्षेत्रों के रूप में चिह्नित कर रखा था यानी यूनाइटेड प्रॉविंस, बिहार, सेंट्रल प्रॉविंस, बम्बई, मद्रास, उड़ीसा और गोवा हरेक में कांग्रेस पार्टी भारी बहुमत से सत्ता में वापस आई।

इस चुनाव ने उस पूर्वानुमान की पुष्टि कर दी कि पाकिस्तान का विचार उन क्षेत्रों के मुसलमानों में बल पकड़ रहा था जिन क्षेत्रों में वे अल्पसंख्यक थे और

जहाँ 'इस्लाम खतरे में है' यह नारा उछाला जा सकता था किन्तु मुस्लिम बहुल क्षेत्रों में यह नारा प्रभावहीन था क्योंकि वहाँ मुसलमान पहले से ही राजनीतिक आधिपत्य जमाए हुए थे। मुस्लिम लीग का चुनाव प्रचार अत्यधिक साम्प्रदायिक था। अलीगढ़ मुस्लिम विश्वविद्यालय के विद्यार्थी यूनाइटेड प्रॉविंस में गाँवों में मुस्लिम मतदाताओं को भाषणों में पैगम्बर मोहम्मद के पौत्र इमाम हुसैन की शहादत का वास्ता देकर उकसाते थे और कहते थे कि नए कांग्रेस (हिन्दू) राज में मस्जिदों में गाय बाँधी जाएँगी और भी ऐसी बातें कहकर सांप्रदायिक भावना भड़काते थे। मुस्लिम अल्पसंख्यक प्रान्तों में मुस्लिम लीग इसलिए भी सफल हो सकी क्योंकि इन प्रान्तों में मुसलमानों को कोई यह समझाने वाला नहीं था कि यदि पाकिस्तान बन गया तो वे पाकिस्तान का हिस्सा नहीं होंगे। यहाँ तक कि पढ़े-लिखे मुसलमान भी पाकिस्तान के बारे में गहराई से समझने में असफल रहे। एक इतिहासकार ने लिखा कि पाकिस्तान उनकी समझ में सामान्यतः भारत में इस्लाम का पुनरुत्थान करेगा और हिन्दुओं के आधिपत्य से छुटकारा दिलाएगा।[12] (किस तरह से यह सोचा गया)

जिन्ना का समर्थन करने के पीछे ब्रिटेन घोषित रूप से अल्पसंख्यकों को संरक्षण देने की बात कहता था किन्तु उन तीन करोड़ मुसलमानों का क्या था जो पाकिस्तान से बाहर छूट जाने वाले थे। क्या भारत में मुसलमानों के प्रति वह खास चिन्ता मात्र उन्हें संरक्षण देने के लिए थी या उनके एक धड़े का इस्तेमाल ब्रिटेन के सामरिक लक्ष्यों के लिए इस्तेमाल करने के लिए थी? अगर यह सच था कि दो राष्ट्र सिद्धान्त के अनुसार हिन्दुस्तानी मुसलमान दूसरे धर्मावलम्बियों के साथ एक राष्ट्र में नहीं रह सकते थे तब फिर तीन करोड़ मुसलमानों को हिन्दुओं के बीच कैसे छोड़ा गया? इन सभी अनुत्तरित और असुविधाजनक प्रश्नों के बावजूद कैबिनेट मिशन के लिए तैयार किए गए दस्तावेज दर्शाते हैं कि वेवल की छोटे पाकिस्तान की योजना अंग्रेजों के दिमाग में बैठ गई थी और ब्रिटिश सरकार का लक्ष्य भी बन चुकी थी हालाँकि सार्वजनिक घोषणाओं में वे भारत की एकता के मन्त्र का जाप करते रहते थे। उदाहरण के लिए 13 मार्च 1946 को इंडिया ऑफिस के अफसर फ्रांसिस टर्नबुल ने सेक्रेटरी ऑफ स्टेट को एक नोट द्वारा सुझाव दिया, जिसको स्टेफर्ड क्रिप्स को भेजा गया था कि विभाजन की योजना को कैसे मनवाया जाए :

> मिस्टर गांधी छोटे पाकिस्तान को भी न मानेंगे यदि आरम्भिक चरणों में कैबिनेट मिशन मिस्टर गांधी के साथ बातचीत टाल सके तो यह लाभप्रद होगा...अगर समझौते की कोई उम्मीद है तो नेहरू और आजाद से बातचीत

की जाए। यदि गांधी पहले से ही न कह दें और उनके समर्थक एक मत से बोलें तो उन पर कुछ असर पड़ सकता है।[13]

जब कैबिनेट मिशन मार्च 1946 के मध्य में दिल्ली पहुँचा तो सड़कों पर लगे नारंगी गुलमोहर और नीले जकरण्डा के वृक्ष फूलों से लदे थे। किन्तु महीने भर में ही जब गर्मी बढ़ जाएगी तब ये पुष्प मुरझा जाएँगे और भारतीय राजनीतिज्ञों के घर और दफ्तर भट्ठी बन जाएँगे जो उस जमाने में बिना एयर कंडीशनर के थे। सिर्फ पत्थरों से निर्मित विशाल वाइसरॉय हाउस और इम्पीरियल सेक्रेटरिएट और विधान सभा भवन को छोड़कर एडविन लुटियन द्वारा नई दिल्ली एक शीतकालीन राजधानी थी जहाँ कि चन्द महीनों के लिए स्वास्थ्यवर्धक ग्रीष्मकालीन राजधानी शिमला से नीचे आ जाती थी। चौकोर सफेद बँगले हरी-भरी घास के उद्यानों के मध्य बने थे और फारसी और मुगलखेमों की याद दिलाते थे हालाँकि फर्क इतना था कि यह खेमे ईंट-गारे से निर्मित थे। सर स्टेफर्ड क्रिप्स तो गर्मी से ज्यादा परेशान नहीं हुए किन्तु बूढ़े पैथिक लारेंस और अलेक्जेंडर को इससे तकलीफ हुई। ए.वी. अलेक्जेंडर तो मुश्किल से ही वाइसरॉय हाउस के एयर कंडीशंड वातावरण से बाहर निकले। क्रिप्स भी एक दो महीने से ज्यादा गति नहीं पकड़ पाए। मई के अन्त में वह बीमार पड़ गए और इसके बाद वेवल अपनी योजना पैथिक लारेंस पर थोपने में ज्यादा सफल हो गए।

11 अप्रैल 1946 को क्रिप्स ने एक योजना बनाई, जिसे प्रधानमन्त्री एटली के निर्देश के लिए लन्दन भेजा गया :

> समझौते के दो सम्भावित आधार दिखाई पड़ रहे हैं। पहला एकीकृत भारत का जो एक संघ हो जिसमें केन्द्र के पास रक्षा और वैदेशिक सम्बन्धों की प्राथमिक जिम्मेदारी हो (और अधिकार इकाइयों को हों) (स्कीम ए) दूसरा आधार भारत के विभाजन का है जिसमें छोटा पाकिस्तान हो (जैसा वेवल के 6/7 फरवरी 1946 के दस्तावेजों में था) (स्कीम बी)।[14]

एटली ने तुरन्त 13 अप्रैल 1946 को निम्नलिखित जवाब भेजा :

> आप स्कीम बी (पाकिस्तान) के आधार पर कोई समझौता कर सकते हैं कि यह एकमात्र हल है जिस पर सहमति हो सकती है। मैं सेनाप्रमुखों के विचार जो 2-7 पैराग्राफ में हैं आपको भेज रहा हूँ जो आपकी जानकारी और विचार विमर्श के लिए उपयोगी होगा। एक ढीले अखिल भारतीय संघ की व्यवस्था स्कीम बी की अपेक्षा कहीं बेहतर है। पर हम मानते हैं कि ऐसा कर पाना शायद असम्भव हो। स्कीम बी (पाकिस्तान) के विकल्पों के जो नुकसान नीचे बताए गए हैं उनके बावजूद यह बेहतर होता कि कोई समझौता ही न हो

जिससे व्यापक अराजकता फैलेगी। स्कीम बी के नुकसान इस प्रकार हैं– पाकिस्तान दो प्रवेशद्वारों पर स्थित है पश्चिम में पेशावर से समुद्र तक और पूर्व में हिमालय से समुद्र तक। भारत के लिए रास्ते खोलना या प्रतिबन्धित करना पाकिस्तान के हाथ में होगा। जिन हवाई ठिकानों से भारत पर हमले किए जा सकते हैं वे सोवियत, मध्य एशिया और पश्चिमी चीन में स्थित हैं। इन ठिकानों से भारत के बड़े शहरों के लिए सबसे करीबी और आसान रास्ते पूर्वी और पश्चिमी भारत के पाकिस्तान से लगे क्षेत्रों में पड़ते हैं। और वे हवाई ठिकाने जिनसे जवाबी कदम उठाए जा सकते हैं मुख्यतः पाकिस्तान में पड़ते हैं। इस कारण यह कहा जा सकता है कि सम्पूर्ण भारत की सुरक्षा की दृष्टि से पाकिस्तान के क्षेत्र अत्यन्त महत्त्वपूर्ण हैं। स्कीम बी भारतीय सेना की एकरूपता को नष्ट कर देंगी जो अभी बड़ी मजबूत और साधन-सम्पन्न है और पूरे भारत की सुरक्षा के लिए उत्तरदायी है। इसकी जगह पाकिस्तान, भारत और भारतीय रियासतों की सेनाएँ होंगी जो अपेक्षाकृत कमजोर होंगी, प्रत्येक के अपने प्रशिक्षण में मापदंड होंगे, प्रत्येक के अपने साधनों के पैमाने होंगे और प्रत्येक की अपनी राजनीतिक योजनाएँ। यदि यह सभी पूरे भारत की रक्षा के लिए सम्मिलित काम करें तब भी इनमें सहयोग, बिना किसी केन्द्रीय सत्ता के सम्भव नहीं होगा। हिन्दुस्तान और पाकिस्तान की संचार व्यवस्था प्रभावी ढंग से संचालित करने के लिए उन्हें एक-दूसरे की मदद लेना आवश्यक होगा जिस तरह उन्हें तैयार किया गया है। किन्तु इसके लिए भी केन्द्रीय नियन्त्रण आवश्यक है। पाकिस्तान में औद्योगिक विकास लगभग न के बराबर है। कराची लम्बे और असुरक्षित रेलवे लाइन के सिरे पर है इसी तरह चटगाँव भी ऐसी ही खुली स्थिति में है। युद्ध के लिए आवश्यक सामग्री के आयात-निर्यात और भंडारण के लिए पाकिस्तान को भारत पर निर्भर रहना पड़ेगा। बिना केन्द्रीय सत्ता के यह सम्भव नहीं होगा। पाकिस्तान बनने की स्थिति में वह (पश्चिमी पाकिस्तान) स्वयं के हितों को हिन्दुस्तान की अपेक्षा मध्य एशिया के मुस्लिम राज्यों के साथ जोड़ना ज्यादा पसन्द करेगा भले ही यह राज्य कमजोर, अस्थिर और अरक्षित हों। इससे पाकिस्तान ऐसे युद्धों में उलझ सकता है जिनका न तो हिन्दुस्तान और न ही सम्पूर्ण भारत के लिए ज्यादा महत्त्व हो। या फिर वह स्वयं खुद की ही कमजोरी से उत्पन्न भय के कारण शत्रु को भारत के सीमान्त पहाड़ी युद्ध मैदानों पर न रोक कर भारत के क्षेत्रों को अरक्षित छोड़ देगा।[15]

एटली के निर्देशों से स्पष्ट है कि भारत के विभाजन को स्वीकारने में वह पर्दे की ओट से काम करना चाहते थे। यह बात एकदम बेतुकी लगती है कि सेना के प्रमुख पैरा दो में पाकिस्तान के निर्माण का समर्थन करते हैं और पैरा 3 से 7 तक की रिपोर्ट में बिलकुल ही भिन्न इस सम्बन्ध में अपना विरोध प्रकट करते हैं। 12 अप्रैल 1946 को एटली द्वारा तुरत-फुरत में बुलाई गई सेना प्रमुखों की इस मीटिंग के दस्तावेजों से हमें यह संकेत मिलता है कि इस मीटिंग में क्या हुआ होगा? इस बैठक में फील्ड मार्शल एलनबुक ने पाकिस्तान योजना का समर्थन करते हुए कहा था :

> सैनिक रूप से पाकिस्तान का निर्माण गलत होगा। किन्तु यह योजना राजनीतिक है (इस पर जोर दिया गया) इस कारण यदि इसे लागू नहीं किया गया तो भारत में अव्यवस्था उत्पन्न हो सकती है।[16]

एलनबुक द्वारा राजनीतिक कारण का उल्लेख करना एटली का हाथ होना स्पष्ट करता है। इससे पता चलता है कि फील्ड मार्शल को सरकार द्वारा यह समझाया गया था कि वह विभाजन का समर्थन इस आधार पर करें कि इससे उपमहाद्वीप में अव्यवस्था से बचा जा सकेगा। अर्थात् एटली भारत के विभाजन पर सैनिक कारणों की आड़ में सहमति देना चाहते थे।

यह भी बेतुकी बात लगती है कि एटली जिन्ना को सन्तुष्ट रखने के लिए इतने व्यग्र थे कि भारत विभाजन के दूरगामी गम्भीर खतरे जो सेनाध्यक्षों ने रिकॉर्ड किए थे उनको नजरअन्दाज कर दें। एक तरफ तो वह वेवल द्वारा भारत में हिंसक दंगों की चेतावनियों को लगातार अनदेखा कर रहे थे किन्तु दूसरी ओर इस निर्णय के पीछे दंगे होने की सम्भावना का मुख्य मुद्दा बनाया। यह भी है कि जिन्ना देश भर में हिंसा नहीं फैला सकते थे यदि कांग्रेस पार्टी और एटली साथ-साथ होते। एटली के इस बनावटी आचरण के पीछे सीधी-सी बात यह थी कि भारत के विभाजन के लिए सेनाप्रमुखों का समर्थन उनके बेकार विचारों के बावजूद प्राप्त करना चाहते थे।

तीन बुद्धिमान व्यक्तियों ने वाइसरॉय तथा भारतीय राजनीतिज्ञों के साथ लम्बे वार्तालाप के पश्चात् 16 मई 1946 को भारत से ब्रिटेन की वापसी की योजना प्रस्तुत की। इसके अनुसार तत्काल राजनीतिक दलों के नेताओं के साथ एक अन्तरिम सरकार बनाई जाएगी जो वाइसरॉय की कार्यकारिणी में मनोनीत सदस्यों का स्थान लेगी। संविधान सभा के लिए चुनाव करवाए जाएँगे जो देश के लिए संविधान का निर्माण करेगी। एक अखिल भारतीय केन्द्रीय सरकार और एक विधानमंडल जिसमें सभी चुने हुए सदस्य भाग लेंगे। ब्रिटिश प्रान्तों से इस केन्द्रीय

सरकार के पास सिर्फ रक्षा, संचार व विदेश सम्बन्धों के अधिकार होंगे और सब बाकी के अधिकार स्वशासी प्रान्तों के पास होंगे। इसका महत्त्व कि केन्द्र दुर्बल होगा। इस नवीन योजना के अनुसार प्रस्तावित संविधान सभा में सदस्य निम्न तीन समूहों का प्रतिनिधित्व करेंगे :

(अ) आसाम को छोड़कर गैर-मुस्लिम बहुल 6 प्रान्त जिनमें मद्रास, बम्बई, उड़ीसा, मध्यप्रान्त, बिहार और संयुक्त प्रान्त शामिल होंगे।

(ब) मुस्लिम बहुल प्रान्त जिसमें पंजाब, उत्तर-पश्चिमी सीमा प्रान्त, सिन्ध और बलूचिस्तान होंगे और

(स) बंगाल तथा आसाम।

(ब) और (स) समूह के संविधान सभा सदस्यों (इसमें वे सभी ब्रिटिश प्रान्त होंगे जिन्हें जिन्ना पाकिस्तान के लिए माँग रहे थे) को अपने-अपने समूह का संविधान निर्मित करना होगा। इन प्रान्तों को जिस समूह में रखा है उसी में उन्हें रहना होगा। जैसे ही संविधान सभा के लिए चुनाव पूरे होंगे (2 जुलाई 1946 में होना तय थे) तीनों समूहों के सदस्य इकट्ठे बैठकर पूरे भारत का संविधान बनाना आरम्भ करेंगे।

इस योजना में व्यवस्था थी कि दस वर्षों पश्चात् ब और स समूहों को यह विकल्प रहेगा कि वे अपने समूह के सदस्यों के बहुमत से संघ से अलग होकर एक या एक से अधिक राज्य स्थापित कर सकते हैं। अर्थात् इस योजना से भारत एक सम्पूर्ण इकाई के रूप में था चाहे दस वर्ष बाद उसके टुकड़े हो जाएँ। योजना के प्रियम्बल में तो विभाजन नकारा गया परन्तु योजना में एक रास्ता भी छोड़ा गया जिससे पाकिस्तान बन सकता था, उस पाकिस्तान से भी बड़ा जो वेवल ने फरवरी 1946 में सुझाया था।

वुड्रो वायट ने अपने 13 अगस्त 1997 को 'स्पेक्टेटर' में लिखे लेख में यह उजागर किया है कि उसने कैसे जिन्ना को मनाया क्योंकि इस योजना को स्वीकारने में उन्हें सन्देह था क्योंकि योजना सम्प्रभु पकिस्तान के विचार को नकारती थी (जिन्ना को भ्रम था कि यह योजना पाकिस्तान को निश्चित रूप से स्थापित नहीं करती) :

> मैंने उन्हें बताया कि योजना की घोषणा में यद्यपि पाकिस्तान को खारिज कर दिया गया है किन्तु यह तो उस तक पहुँचने के लिए पहला कदम है...मैंने विस्तार से बात कही। जब मैंने बात पूरी की तो उनका चेहरा चमक उठा। उन्होंने अपने हाथ से टेबल ठोंका और बोले—यही बात है। आपने बात पकड़ ली।[17]

वायट बी और सी प्रान्तों की बात कर रहे थे जिन्हें दस वर्षों बाद संघ से अलग हो जाने का विकल्प दिया गया था। जिन्ना ने इस बात को भी नहीं छिपाया कि वह इस योजना को उनके द्वारा माँगे गए पूरे पाकिस्तान की दिशा में पहला कदम मानते हैं। कैबिनेट मिशन की विदाई के पश्चात् उन्होंने बम्बई में मुस्लिम लीग की एक सभा को सम्बोधित करते हुए कहा कि योजना में पाकिस्तान समाहित है।

सिख नेता बलदेव सिंह ने लीग द्वारा योजना को स्वीकार करने के तुरन्त पश्चात् अपने भय के बारे में एटली को लिखा–उन्होंने कहा लीग ने इस प्रस्ताव को इस मुख्य उद्देश्य से स्वीकारा है कि वह एक दिन संघ से बाहर आकर एक स्वतन्त्र सम्प्रभु राष्ट्र बना लेगी। पंजाब में सिख खास तौर पर असुरक्षित होंगे। उधर उत्तर-पश्चिमी सीमान्त प्रान्त में पठान जो कांग्रेस के साथ खड़े हैं तथा आसाम जो कि गैर-मुस्लिम आबादी है जहाँ कांग्रेस की सरकार है यह भी असुक्षित रहेंगे। इसके अलावा कलकत्ता महानगर के गैर-मुस्लिम नागरिक नवजात पूर्वी पाकिस्तानी स्वशासी समूह में रखे गए हैं जब कि इस बात की कोई गारंटी नहीं है कि अखिल भारतीय संघ अक्षुण्ण रहेगा और वे स्वयं को एक दिन पाकिस्तान में नहीं पाएँगे। वास्तव में इस योजना में एक ऐसा बम रखा गया था जो बाद में फटने वाला था इसके परिणामस्वरूप बी और सी प्रान्त प्रस्तावित संघ से अलग हो जाएँगे और इस बीच हिंसा और अस्थिरता बढ़ेगी।

यदि मुस्लिम लीग की पुरानी नीतियों से सबक लिया जाए तो यह बी और सी समूह के प्रान्तों में अल्पसंख्यकों के खिलाफ साम्प्रदायिक दंगे भड़काएगी और यहाँ के मुसलमानों को पाकिस्तान के नाम पर एकत्र कर दस वर्ष की अवधि के पश्चात् संघ छोड़ देगी। यदि भारत के दूसरे हिस्सों में प्रतिक्रियात्मक हिंसा होगी तो इससे नवजात पाकिस्तान स्वशासित समूहों में रहने वाले मुसलमान वहाँ के अल्पसंख्यकों के खिलाफ भड़केंगे और हिंसा बढ़ेगी तथा दोनों ओर बढ़ती चली जाएगी। केन्द्र सरकार से मुस्लिम लीग और कांग्रेस में मतभेदों के कारण केन्द्र की सरकार लकवाग्रस्त होगी और उसके अधिकार भी सीमित होने की वजह से इस स्थिति को नियन्त्रित नहीं कर पाएगी।

विभाजन के समय सन् 1947 में भयंकर हिंसा पंजाब तक ही सीमित रही। किन्तु कैबिनेट मिशन योजना के तहत अगले दस वर्षों में और बड़े क्षेत्र इसकी चपेट में आ जाते और इसके परिणामों के बारे में कुछ भी कहा नहीं जा सकता था।

कुछ लोगों की सोच थी और आशा करते थे कि एक बार अखिल भारतीय संघ बन गया तो यह एकता बढ़ाने में गति प्रदान करेगा किन्तु जैसी परिस्थितियाँ बनती जा रही थीं उनसे यह मुश्किल ही लग रहा था।

उन रजवाड़ों की क्या स्थिति होती जो एक तिहाई भारत में फैले हुए थे। योजना के मुताबिक सभी रजवाड़े बड़े और छोटे वैधानिक रूप से स्वतन्त्र हो जाएँगे और अपनी-अपनी व्यवस्था स्थापित करने के लिए मुक्त भी होंगे। बड़ी रियासतों को स्वतन्त्रता की चाह में संघ से अलग होने से कैसे बचाया जा सकता था जबकि केन्द्रीय मन्त्रिमंडल स्वतः ही इस मुद्दे के विरोध में बँटा हुआ होता।

7 जुलाई 1947 को ब्रिटिश सेनाध्यक्ष यह मानकर चल रहे थे कुछ बड़ी रियासतें जैसे–हैदराबाद, त्रावणकोर और कश्मीर खुद स्वतन्त्र हो जाएँगी। 7 जुलाई 1947 के वक्तव्य में जिससे हैदराबाद में ब्रिटिश सैनिक हवाई जहाजों को आवागमन के अधिकार मिलने की आशा थी, इनसे ब्रिटिश सेना के जहाजों को मध्य पूर्व से दक्षिण एशिया जाने में सुविधा हो जाएगी। त्रावणकोर में थोरियम का भंडार था जिसमें ब्रिटिश कम्पनियाँ रुचि रखती थीं। और कश्मीर अफगानिस्तान, सीक्यांग, और रूस की सीमाओं से लगा हुआ था और इसलिए ब्रिटेन के लिए सामरिक महत्त्व रखता था। (वर्णन अध्याय 1 में है।)

बड़ी भारी संख्या में मध्यम और छोटी रियासतें केन्द्र के सहयोग के बिना कैसे टिक सकती थी? उनका क्या होता? ये रियासतें ब्रिटेन अधिकृत प्रान्तों के मध्य फैली हुई थीं और संचार, सड़क, रेल, ऊर्जा, सिंचाई के लिए जल और कई अन्य ज़रूरतों के लिए ब्रिटिश प्रान्तों पर निर्भर थीं इस कारण आस-पास के कांग्रेस या मुस्लिम लीग द्वारा शासित प्रान्त इनका जबरदस्ती अधिग्रहण कर सकते थे और इनके शासकों का जीवन खतरे में पड़ जाता। क्या बर्मा की सीमा पर स्थित अत्यन्त कम आबादी वाले मणिपुर और त्रिपुरा के राज्य जो हिन्दुस्तानी प्रान्तों से कटे हुए थे मुस्लिम लीग के आधिपत्य वाले बंगाल के लोग जबरन घुसकर उन्हें पाकिस्तान में शामिल नहीं कर लेते?

इस समय कुछ राष्ट्रवादी, कांग्रेस के नेताओं से भारत छोड़ो आन्दोलन पुनः शुरू करने और इस बार हिंसक तरीकों से शुरू करने का आग्रह कर रहे थे। निश्चित ही विद्रोह के लिए यह समय ज्यादा उचित था बनिबस्त 1942 के जब युद्ध के चलते ब्रिटेन के पास सेना और अन्तर्राष्ट्रीय जनमत का समर्थन तथा विद्रोह को कुचलने की इच्छा शक्ति थी। परन्तु कांग्रेस के नेता इस विकल्प से मुकर गए। वे ऐसे किसी प्रयास के हल की अनिश्चितता से भयभीत थे क्योंकि इसके लिए उन्हें न सिर्फ ब्रिटेन शासित प्रान्तों पर नियन्त्रण आवश्यक था बल्कि

देशी रियासतों पर भी जिनमें से कुछ के पास सशस्त्र सेनाएँ भी थीं। इसी के साथ इस बात का एहसास भी था कि युद्ध की शुरुआत में ब्रिटेन से सहयोग के स्थान पर टकराव की नीति अपनाकर उन्होंने रणनीतिक गलती की थी। इस कारण भी वे ऐसे किसी आन्दोलन से हिचकिचाते थे एक और दूसरा कारण भी था। एटली और क्रिप्स के कांग्रेस के नेताओं की ओर खुशामदी रवैये ने भी कांग्रेसी नेताओं को आत्मसन्तुष्ट बना दिया था। पटेल और नेहरू समझने में असफल रहे कि उनके आन्दोलन न छेड़ने से मुस्लिम लीग को अपनी बात मनवाने के लिए हिंसक कार्रवाई कर दबाव डालने का मौका मिल गया और इसका उसने पूरा फायदा उठाया।

कांग्रेस के लिए इस योजना की सबसे आपत्तिजनक बात (ब) और (स) समूह के राज्यों का संघ से अलग होकर अलग राज्य या राज्यों के निर्माण की सम्भावना थी। परन्तु दूसरी ओर इस योजना के उस प्रस्ताव से वे मोहित थे जिसके अनुसार त्वरित प्रभाव से अन्तरिम सरकार का गठन किया जाना था। अन्तरिम सरकार में सत्ता अपने हाथ में लेने और संविधान सभा में बहुमत स्थापित कर उन्हें उम्मीद थी कि वह संयुक्त भारत का निर्माण कर सकेंगे। इस कारण योजना को ठुकराने की अपेक्षा उन्होंने इसके अधपके विधिक दाँव-पेंच को ढूँढा जिसके दम पर इसकी दूरगामी व्यवस्थाओं में अपनी स्थिति को सुरक्षित रख सकें। उनका कानूनी दाँव यही था कि चूँकि ब्रिटेन, प्रान्तीय विकल्प (प्रान्तों की स्वेच्छा) पर सदा से जोर देता आ रहा था इस कारण उसके हिसाब से इस योजना की व्याख्या यही हो सकती थी कि (ब) और (स) समूह में रखे गए प्रान्तों के पास इन समूहों में शामिल होने या न होने का विकल्प है। यदि कांग्रेस के आधिपत्य वाले उत्तर पश्चिमी सीमा प्रान्त और आसाम (ब) और (स) समूह से बाहर रहते हैं तो दस वर्षों के पश्चात् पाकिस्तान के निर्माण के लिए इन प्रान्तों द्वारा संघ छोड़ने की सम्भावना समाप्त हो जाएगी।

कांग्रेस प्रान्तों को समूहों में बाँटने सम्बन्धी प्रस्ताव की व्याख्या कैबिनेट मिशन के इरादों से बिलकुल भिन्न थी। वास्तव में वेवल मानते थे कि समूहों में बाँटने की योजना सम्पूर्ण योजना का मूल स्तम्भ थी। एटली सरकार नेहरू और पटेल को अन्तरिम सरकार में जिम्मेदारियों से लैस करने के लिए इतनी उत्सुक थी कि उसमें ऐसी अन्तरिम सरकार के गठन के लिए और संविधान सभा के लिए चुनावों की तैयारी की अनुमति दे दी। साथ ही एटली सरकार ने इस ओर से नजरें फेर लीं कि कांग्रेस योजना के समूह प्रस्तावों की स्वहित व्याख्या कर रही है और वेवल की इस चेतावनी को कि केन्द्रीय मन्त्री जिन्ना को भाव नहीं दे रहे।

वास्तव में तीनों मे से कोई भी सही नहीं खेल रहा था न तो कांग्रेस जैसा कि ऊपर बताया गया है न जिन्ना जो कि योजना का लाभ उठाने की फिराक में थे और न ही ब्रिटेन जो कर कुछ और रहा था और दिखा कुछ और रहा था।

यह बात गले ही नहीं उतरती कि एटली कैबिनेट मिशन की विध्वंसकारी योजना को समझते नहीं थे। इस लेखक की दृष्टि में इस योजना को एटली के निम्नलिखित उद्देश्यों को हासिल करने के लिए तैयार किया गया था :

पहले अन्तरिम सरकार में नेहरू और पटेल को शामिल करके कांग्रेस द्वारा किसी विद्रोह की सम्भावना को रोकना और साथ-साथ, जैसा ऊपर कहा गया है नेहरू और पटेल को सन्तुष्ट करना। दूसरे, पाकिस्तान योजना की हानियों को दर्शाकर जिन्ना की दिन पर दिन बढ़ती जा रही माँगों पर रोक लगाना जिससे भविष्य में उन्हें डराकर छोटे पाकिस्तान को स्वीकार करने के लिए तैयार किया जा सके। तीसरे, अमेरिका में और उनकी अपनी लेबर पार्टी के साथियों के मध्य यह छवि बनाना कि वह भारत की अखंडता को बनाए रखने के लिए सर्वोत्तम प्रयास कर रहे हैं।

वाशिंगटन में सेक्रेटरी ऑफ स्टेट डीन एक्सन भारत की प्रगति को बड़े ध्यान से देख रहे थे। वह भारत की एकता को बनाए रखने के लिए ब्रिटेन के कैबिनेट मिशन की योजना न समझ सके कि इसमें भारत के विभाजन के लिए जानबूझकर रास्ता छोड़ा गया था। उन्होंने नई दिल्ली में अमेरिकी मिशन के प्रमुख को लिखा आसाम और उत्तर-पश्चिमी सीमा प्रान्त का आर्थिक महत्त्व नगण्य है। चूँकि उसका सामरिक महत्त्व है इस कारण भारत की केन्द्रीय सरकार रक्षा और वैदेशिक मामलों के मद्दे नजर वहाँ नियन्त्रण रख सकेगी। असलियत यह थी कि आसाम में तेल, चाय और लकड़ी की सम्पदा कम महत्त्वपूर्ण नहीं थी। इस पर प्रश्न उठता है कि सरकार किस प्रकार आसाम और उत्तर-पश्चिमी सीमा प्रान्तों में अपने आदेश लागू कर पाएगी जब कि मुस्लिम लीग और कांग्रेसी मन्त्रियों के मध्य एक दूसरे की विदेश और रक्षा नीति के प्रश्न पर बुनियादी मतभेद होंगे?

उन दिनों भारत के बारे में अमेरिकियों की समझ बहुत कम थी। इसका एक उदाहरण है 1955 वार्तालाप आइजनहॉवर के सेक्रेटरी ऑफ स्टेट्स जॉन फास्टर डलास और वरिष्ठ पत्रकार वाल्टर लिपमैन। दोनों के बीच पाकिस्तान को सीटो (साउथ ईस्ट एशियन ट्रीटी ऑर्गनाइजेशन) में शामिल करने की बात हो रही थी। वाल्टर लिपमैन ने डलास से कहा, "दक्षिण एशिया में मुझे कुछ अच्छे लड़ाकों की

तलाश है और एकमात्र एशियाई जो वास्तव में अच्छे लड़ाके हैं वे पाकिस्तानी हैं। इस कारण हमें संगठन में उनकी ज़रूरत है। हम गोरखों के बिना काम नहीं चला सकते।" "इस पर लिपमैन ने कहा कि "परन्तु फास्टर गुरखे पाकिस्तानी नहीं हैं, भारतीय गोरखे नेपाली हैं।" "कोई बात नहीं", डलास ने कहा, "वे पाकिस्तानी भले ही न हों पर वे मुसलमान तो हैं।" लिपमैन ने डलास को टोका, "नहीं भाई नेपाली मुसलमान नहीं है, वे सब हिन्दू हैं।"[19]

भारत के बारे में अज्ञानता के कारण ही भारत की स्वतन्त्रता के बाद अमेरिका इस उपमहाद्वीप के सवालों पर ब्रिटेन की सलाह पर ही निर्भर हो गया।

वेवल जिन्हें एटली उच्चतर नीतियों के सम्बन्ध में विश्वास में नहीं लेते थे, घटनाएँ जो मोड़ ले रही थीं उससे अत्यन्त चौकन्ने हो रहे थे और जिन्ना भी। क्या होगा यदि संविधान सभा जिसमें कांग्रेस बहुमत में होगी स्वयं को एक सम्प्रभु संस्था घोषित कर दे और ब्रिटेन की सहमति से या बिना सहमति के स्वतन्त्रता की घोषणा कर दे? क्या एटली सरकार में इतनी दम या साधन होगा कि वह किसी ऐसे किसी कदम का विरोध कर सके खास तौर से अब जबकि अमेरिका कांग्रेस को समर्थन देता दिखाई दे रहा है। जिन्ना का राजनीतिक आधार सुरक्षित नहीं था, उत्तर-पश्चिमी सीमा प्रान्त तथा पंजाब मुसलमान राजनीतिज्ञों के नियन्त्रण में तो थे किन्तु वे जिन्ना की पार्टी से सम्बन्धित नहीं थे। ब्रिटेन के व्यापारिक हित बड़े और समृद्ध हिन्दुस्तान की तरफ हो जाएँ और अब ब्रिटिश सरकार में चर्चिल जैसे मित्र भी नहीं बचे थे? जिन्ना इस बारे में भी किसी तरह से आश्वस्त थे कि यदि वे मुसलमानों को विद्रोह के लिए भड़काते भी हैं तो ब्रिटिश भारतीय सेना के मुसलमान अफसर फौज छोड़कर उनके साथ जुड़ जाएँगे व आर्मी कमाण्ड के कायदे कानून बने रहेंगे। वे उनके प्रति वफादार रहेंगे। युद्ध के दौरान जो लाभ उन्हें मिला था, तब ब्रिटेन को उनकी ज़रूरत थी, अब उनके हाथ से पिघल रहा था। सबसे भयानक स्थिति उनके लिए वह होगी कि अंग्रेज और कांग्रेस पार्टी हाथ मिला लें। इन समस्त आशंकाओं का नतीजा यह निकला कि जिन्ना ने जो पहले कैबिनेट मिशन योजना पर सहमत थे अब इसको अस्वीकार करने का निर्णय ले लिया। नेहरू ने 6 जुलाई 1946 को बम्बई में एक पत्रकार वार्ता में कहा कि कांग्रेस संविधान सभा में शामिल होने के अलावा और किसी बात के लिए प्रतिबद्ध नहीं है। इस वक्तव्य ने जिन्ना को कैबिनेट मिशन योजना को अस्वीकार करने का एक बहाना दे दिया। हालाँकि वह स्वयं भी उतने ही उत्तेजक तरीके से यह दम्भ भर रहे थे कि कैबिनेट मिशन योजना ने पाकिस्तान को हासिल करने का मार्ग प्रशस्त कर दिया है। अपनी स्थिति को सुधारने के लिए जिन्ना ने जो हल निकाला उस

पर नजर डालने से पूर्व कांग्रेस को रोकने के लिए वेवल ने जो योजना बनाई उस पर विचार करना आवश्यक है।

जब कैबिनेट मिशन योजना मुश्किल में पड़ गई, वेवल ने मिशन के समक्ष एक ज्ञापन प्रस्तुत किया जिसमें निम्न बिन्दु थे–

हिन्दू और मुसलमान दोनों का सहयोग पाना नामुमकिन है। हमें वापसी का एक क्रमबद्ध और सुरक्षित प्रयास करना चाहिए सम्पूर्ण भारत से नहीं और निश्चित ही सम्पूर्ण से एकदम नहीं। हमें किसी भी कीमत पर हिन्दू व गुरालमानों दोनों से साथ-साथ उलझने से बचना चाहिए–हमें समझौता करके हिन्दू प्रान्तों (कांग्रेस द्वारा शासित प्रान्त) को जितना राम्भव हो शान्तिपूर्वक हिन्दू शासकों को सौंप देना चाहिए और वहाँ से क्रमबद्ध तरीके से सेना, अधिकारी और अंग्रेज नागरिकों को हटा लेना चाहिए (मुस्लिम बहुल प्रान्तों में इन्हें भेज देना चाहिए) और साथ ही हमें मुस्लिम प्रान्तों को हिन्दू आधिपत्य के खिलाफ सहायता देनी चाहिए और उन्हें उनका संविधान बनाने में मदद करनी चाहिए। हमें कांग्रेस को यह बिलकुल स्पष्ट कर देना चाहिए कि इसका परिणाम भारत के विभाजन के रूप में होगा। वेवल ने आगे कहा कि यह पॉलिसी शायद कांग्रेस को मुस्लिम लीग से समझौते के लिए विवश कर दे अर्थात् वह विभाजन मान ले।[20]

भारतीय रियासतों का जहाँ तक प्रश्न है वेवल ने इस बारे में लिखा कश्मीर, बलूचिस्तान और पंजाब की रियासतें उत्तर-पश्चिम में और सिक्किम, भूटान, कूचबिहार और मणिपुर आदि उत्तरपूर्व में तथा हैदराबाद के शासक निःसन्देह ब्रिटिश प्रभुत्व में रहेंगे।[21]

वेवल ने आगे कहा इस सुझाव का मतलब यह नहीं है कि यह व्यवस्था स्थायी रूप से रहे जिसका मतलब भारत में एक उत्तरी आयरलैण्ड बनाना हो। हमें इससे बेहतर सम्भव शर्तों पर संघ बनाने का प्रयास करना चाहिए और फिर पूरी तरह से हट जाना चाहिए।[22] (यह अन्तिम लाइन सम्भवतः इसलिए रिकॉर्ड में जोड़ी गई कि इससे लिखित में यह रहे कि ब्रिटेन भारत की एकता बनाए रखने के लिए काम कर रहा है।)

अन्तरिम सरकार के लिए ज्ञापन में कहा गया–

एक ऐसी सरकार के हाथों भारत का नियन्त्रण सौंपना अत्यन्त खतरनाक होगा जिसमें मुसलमान शामिल होने से इनकार करें। इससे पंजाब और बंगाल में भयंकर अव्यवस्था उत्पन्न होगी और सम्पूर्ण मुस्लिम जगत में हमारी स्थिति के लिए यह अत्यन्त घातक होगा। कांग्रेस द्वारा नियन्त्रित अन्तरिम सरकार

के चलते यह बात निश्चित होगी कि वे हर सम्भव तरीके से ब्रिटिश सत्ता को दुर्बल करेंगे। एक वास्तविक मिली-जुली सरकार के कारण इससे बचा जा सकेगा, क्योंकि मुसलमान ब्रिटिश प्रभाव को न तो घटने देना चाहेंगे और न ही खत्म होने देना चाहेंगे।[23]

वेवल ने यह सलाह देते हुए बात खत्म की कि यदि अन्तरिम सरकार और संविधान सभा दोनों को एक साथ चलाना मुश्किल जान पड़ता हो तो अन्ततः उनकी योजना पर अमल करना बेहतर होगा जिसे उन्होंने ब्रेकडाउन प्लान का नाम दिया था।

भारत में कमाण्डर इन चीफ ऑकिनलेक से नीचे लिखे मुद्दे पर राय माँगी गई। पाकिस्तान को ब्रिटिश कॉमनवेल्थ में शामिल करने के क्या परिणाम होंगे (अर्थात् ब्रिटिश प्रतिरक्षा व्यवस्था के साथ जुड़े रहने के) जब कि हिन्दुस्तान को उसके अपने साधनों पर छोड़ दिया जाए और ब्रिटेन उसकी रक्षा सम्बन्धी कोई जिम्मेदारी न उठाए। ऑकिनलेक के 16 मई 1946 को दिए गए उत्तर पर वेवल के ज्ञापन के साथ कैबिनेट मिशन ने 31 मई को गौर किया। ऑकिनलेक ने अपना उत्तर दो भागों में दिया।

(अ) हिन्दुस्तान पर ब्रिटेन द्वारा नियन्त्रित पाकिस्तान का प्रभाव

(ब) पाकिस्तान की सुरक्षा समस्या

(अ) पहली रिपोर्ट में उन्होंने लिखा–

सिद्धान्ततः ऐसा लग सकता है कि ब्रिटेन के प्रभाव में पाकिस्तान आजाद हिन्दुस्तान की शत्रुतापूर्ण सम्भावनाओं पर एक नियन्त्रण रख सकता है। हालाँकि यह अत्यन्त शंकास्पद है कि पाकिस्तान के पास आवश्यक संसाधन जैसे कच्चा माल, औद्योगिक उत्पादन, मानव शक्ति और इन सबसे ज्यादा महत्त्वपूर्ण युद्ध संचालन के लिए पर्याप्त जगह हो जहाँ सैनिक अड्डा बनाया जा सके। और जहाँ से हिन्दुस्तान जिसे रूस जैसी ताकतों का समर्थन प्राप्त हो, को रोका जा सके। निश्चित ही यह बड़े पैमाने पर युद्ध के संचालन के लिए अनुकूल न होगा। जैसे-जैसे परमाणु ऊर्जा का विकास होगा और जमीन पर, हवा में और पानी पर युद्ध के लिए हथियार उन्नत होंगे तब प्रतिरक्षा में पकड़ और प्रक्षेपण के लिए पर्याप्त जगह युद्ध के लिए दिन पर दिन अनिवार्य होती जाएगी। इससे समझा जा सकता है कि पाकिस्तान के चाहे दो क्षेत्र हों या उत्तर-पश्चिम भारत का अकेला क्षेत्र इससे वह उतने साधन उपलब्ध नहीं करा सकता जिसके सहारे ब्रिटिश कामन वेल्थ आजाद हिन्दुस्तान को प्रभावित करने या उसके खिलाफ बल प्रयोग की उम्मीद कर

सके और उसे शत्रुतापूर्ण वैदेशिक प्रभावों से मुक्त कर हिन्दमहासागर में हमारे संचार या आवागमन के साधनों की सुरक्षा का आश्वासन दे सके।[24]

(ब) दूसरे भाग में पाकिस्तान की सुरक्षा समस्याओं पर रिपोर्ट में कहा गया– यह मान लिया जाए कि कश्मीर पाकिस्तान में मिल जाए या पाकिस्तान उस पर प्रभाव बनाए रखे, पाकिस्तान को उत्तर से कोई गम्भीर चुनौती नहीं मिल सकती। क्योंकि इस ओर से वह हिमालय की वजह से सुरक्षित है...किन्तु यह थल मार्ग से उत्तर-पश्चिम (अफगानिस्तान) और दक्षिण-पूर्व से (भारत की ओर से) बड़े पैमाने पर आक्रमण के लिए खुला है।[25]

ऑकिनलेक पाकिस्तान के निर्माण के राकारात्मक पहलुओं को (भविष्य में महाखेल के सम्भावित भागीदार के रूप में) इस प्रकार बताते हैं–

चूँकि अब पाकिस्तान एक सम्प्रभु मुस्लिम राज्य होगा जो अपना भाग्य निर्धारण खुद कर सकेगा जब कि इससे पहले ब्रिटेन के पास सारी शक्तियाँ थीं जो कि एक गैर मुसलमान राज्य था, इस कारण अफगान और रूसी उससे भयभीत रहते थे और शंकित भी। अब इन सम्बन्धों के बदल जाने से पाकिस्तान के पश्चिमी सीमान्त की सुरक्षा की समस्या आसान हो जाएगी।[26]

ऑकिनलेक का निष्कर्ष हालाँकि सुस्पष्ट था–

यदि हम हिन्द महासागर में समुद्र और हवा में आसानी से आवागमन के अधिकार को बनाए रखना चाहते हैं जो कि मेरी दृष्टि में ब्रिटिश कॉमनवेल्थ यानी ब्रिटिश डिफेंस सिस्टम को बनाए रखने के लिए ज़रूरी है तो ऐसा हम सिर्फ भारत को अविभाजित रख कर ही कर सकते हैं। और ऐसे में भारत स्वेच्छा से कॉमनवेल्थ का सदस्य बने और उसके समस्त संसाधनों के साथ रक्षा सम्बन्धी मामलों में भागीदार हो।[27]

ऑकिनलेक का यह वक्तव्य कि विभाजन ब्रिटेन के लिए ज्यादा उपयोगी सिद्ध नहीं होगा, वेवल के विचारों के विरुद्ध था। इस कारण कैबिनेट मिशन के प्रतिनिधिमंडल के समक्ष बैठक में जिसमें ऑकिनलेक उपस्थित थे क्रिप्स बीमारी की वजह से उपस्थित नहीं थे, वेवल ने सेनाध्यक्ष की इस बात को कड़ाई से चुनौती दी–रिकॉर्ड के मुताबिक महामहिम वाइसरॉय ने कहा–

वह नहीं सोचते हैं कि उत्तर-पश्चिमी और उत्तर-पूर्वी इलाकों में ब्रिटेन अनिश्चितकाल तक नहीं रुक सकेगा। वह सेनाध्यक्ष की इस राय से बिलकुल इख्तियार नहीं रखते कि ब्रिटेन की मदद पाकर पाकिस्तान साम्राज्य के अंग के रूप में सैनिक दृष्टि से बचाव के लिए बिलकुल उपयुक्त न होगा और साम्राज्य के लिए सैनिक दृष्टि से बिलकुल भी लाभदायक न होगा।[28]

इस वक्तव्य से खेल की झलक मिलती है। एटली भी थोड़े-बहुत संकोच के साथ यही विचार रखते थे पर वह अपने विचारों को दर्शाना नहीं चाहते थे। यदि वह इनको दर्शाते तो उन्हें ऐसा माहौल पैदा करने में बाधा आती जिसमें वह नेहरू और उनके साथियों को उत्तर-पूर्व नहीं तो उत्तर-पश्चिम क्षेत्र छोड़ने के लिए मना सकें।

लन्दन में सेना के प्रधान भी प्रधानमन्त्री की इस चुप्पी से बेचैन थे। युद्ध के दौरान चर्चिल का दाहिना हाथ और मन्त्रिमंडल सचिवालय के सदस्य तथा सेनाध्यक्षों के मध्य सम्पर्क सूत्र का निर्वाह करने वाले जनरल इस्मे ने प्रधानमन्त्री को लिखा–

> हकीकत में इसकी सम्भावना बड़ी क्षीण है कि आजाद भारत हमारी न्यूनतम ज़रूरत सुरक्षा को मान ले क्योंकि मिस्र वासियों की भाँति भारतीय भी उनकी नवप्राप्त सार्वभौमिकता को लेकर शंकित होंगे। सेनाध्यक्ष यह नहीं समझ पा रहे कि घटनाक्रम को नियन्त्रित करने के लिए क्या कुछ किया जा सकता है।[29]

एटली अपने पत्ते सीने से चिपकाये रहे और भारतीय नेताओं को फुसलाने में लगे रहे। वेवल, सेक्रेटरी ऑफ स्टेट तथा अलेक्जेंडर को एटली के समक्ष अपनी विभाजन की योजना रखने के लिए मनाने में सफल हो गए। क्रिप्स इस समय बीमार पड़े हुए थे। इस योजना के अनुसार ब्रिटेन उन प्रान्तों में जहाँ कांग्रेस का कंट्रोल था हटकर उन क्षेत्रों में जो उन्होंने पाकिस्तान के लिए चिह्नित किए थे वहाँ चले जाएँ। यह 3 जून 1946 को भेजा गया। पैथिक लारेंस ने एटली को आगाह किया कि "वस्तुतः इस प्लान से सर स्टेफर्ड क्रिप्स जो बीमार हैं असहमत हैं। एटली जिनकी प्रवृत्ति मधुमक्खी को शहद से पकड़ने की थी न कि जहर से उन्हें वेवल की योजना अप्रिय ही लगनी थी। किन्तु एटली ने उत्तर देते समय सेनाध्यक्षों के विचारों की सहायता ली जो प्रस्ताव वेवल ने प्रस्तुत किया वह सेनाध्यक्षों की राय में सैनिक आधार पर अस्वीकार है।"[30] एटली ने 8 जून 1946 को पैथिक लारेंस को भेजे अपने जवाब में वेवल के प्रस्ताव को ठुकरा दिया। "हमें स्वयं ही यह समझ में आता है कि कांग्रेस और मुसलमान इस मुद्दे को टकराव की सीमा तक नहीं ले जाना चाहते हैं, इस कारण इसमें थोड़ा विलम्ब ठीक होगा (इसलिए कैबिनेट मिशन लन्दन वापस आ जाए)।"[31]

वेवल की योजना लन्दन की सहमति पर निर्भर थी जो नहीं मिल रही थी। दूसरी ओर जिन्ना की योजना किसी की सहमति पर निर्भर नहीं थी सिवाय कितनी धर्मान्धता उनके अधीनस्थ फैला सकते हैं। मुस्लिम लीग के सदस्य और मुस्लिम

नेशनल गार्ड। उनकी योजना हिंसा और ज्यादा हिंसा को उकसाना था जिससे ब्रिटेन के लेबर शासन और कांग्रेस के नेताओं को डराया जा सके।

27 जुलाई 1946 को बम्बई में मुस्लिम लीग ने एक प्रस्ताव पारित कर कैबिनेट मिशन को समर्थन देने के अपने निर्णय को वापस ले लिया। इसी दिन जिन्ना ने घोषणा की कि लीग को अब संवैधानिक उपायों को अलविदा कहकर सीधी कार्रवाई (डायरेक्ट ऐक्शन) को अपनाना चाहिए। जिसका मतलब था हिंसा फैलाना। उन्होंने आगे कहा कि हमने पिस्तौल तैयार कर लिया है और अब उसे इस्तेमाल करने की स्थिति में आ गए हैं। ब्रिटिश सरकार के अपने वायदे पर टिके रहने के प्रति शंका जताते हुए उन्होंने एकत्रित भीड़ को इस तरह सम्बोधित किया–

> सिर्फ लीग की सीधी कार्रवाई ही कांग्रेस को बहुमत के आधार पर संविधान सभा पर कब्जा करने, उसे सार्वभौम संस्था में बदल देने और इस प्रकार धोखे से सत्ता हासिल करने से रोक सकती है।[32]

16 अगस्त 1946 डायरेक्ट ऐक्शन दिवस के रूप में जाना गया। इस दिन मुसलमानों को कहा गया कि हड़ताल करें, सभाएँ करें और लीग के नए प्रस्ताव को समझाएँ और बढ़ावा दें। लीग के नियन्त्रण में मात्र बंगाल एक बड़ा मुस्लिम बहुमत वाला प्रभावी प्रान्त था जिसकी राजधानी कलकत्ता एकमात्र बड़ा शहर था जहाँ जिन्ना प्रभावी ढंग से अपनी बात रख सकते थे, यहाँ के मुख्यमन्त्री हुसैन सोहरावर्दी जो लीग के सबसे सिद्धान्तहीन नेता थे, वह जिन्ना के अभियान की शुरुआत के लिए सर्वाधिक उचित व्यक्ति थे।

मुस्लिम लीग ने 16 अगस्त 1946 को कलकत्ता में जो हिंसा फैलाई वह जिन्ना की हताशा का एक नमूना था। वह यह जताना चाहते थे कि मुस्लिम लीग की उपेक्षा नहीं की जा सकती। कलकत्ता के उस भयानक नरसंहार के बारे में जिसमें दोनों समुदायों के करीब पाँच हजार लोग मारे गए और करीब बीस हजार लोग घायल हुए बहुत कुछ प्रस्तुत पंक्तियों में लिखा गया है यहाँ यह चित्र प्रस्तुत किया जा रहा है जैसा ब्रिटिश आधिकारिक गोपनीय दस्तावेजों में दर्शाया गया है–

> 22 अगस्त 1946 को नरसंहार के बाद बंगाल के गवर्नर सर फ्रैडरिक वरोज़ ने वेवल और सर पैथिक लारेंस को लम्बी रिपोर्ट भेजी जिसमें उन्होंने लिखा–"मुस्लिम लीग की सभा आक्टरलोनी स्मारक पर (16 अगस्त को) शाम 4 बजे आरम्भ हुई। हालाँकि कलकत्ता शहर के हर हिस्से से जुलूस मध्याह्न की नमाज के ठीक पश्चात् ही आरम्भ हो गए थे...इस जन सभा में

भीड़ का आँकड़ा करीब 20 लाख था...मुख्यमन्त्री सोहरावर्दी ने एक भड़काऊ भाषण दिया जिसमें से श्रोताओं ने स्वाभाविक ही गर्म बातें याद रखीं और ठंडी बात भूल गए। केन्द्रीय खुफिया एजेंसी के अधिकारी और सेना द्वारा नियुक्त एक विश्वसनीय रिपोर्टर ने सोहरावर्दी के एक अत्यन्त शरारती बयान पर सहमति दर्शाई है। (कलकत्ता पुलिस ने जिसका कतई जिक्र नहीं किया है) इनमें से पहले वाले का बयान बताता है सोहरावर्दी ने ऐसी व्यवस्था कर रखी थी कि न तो पुलिस और न ही सेना व्यवस्था में हस्तक्षेप करेगी।" दूसरे के बयान में कहा गया था, "वह पुलिस और सेना को रोकने में असफल हो गए हैं।" अनपढ़ श्रोताओं ने गृहमन्त्री (मुख्यमन्त्री ही कानून और शान्ति व्यवस्था का विभाजन सँभाले हुए थे) के ऐसे बयानों से यही अर्थ निकाला कि यह अव्यवस्था फैलाने के लिए खुला न्योता है, ओर सचमुच में उनमें से कई श्रोताओं ने आम सभा से लौटते समय ही हिन्दुओं पर आक्रमण करना और उनकी दुकानों को लूटना आरम्भ कर दिया। मेरी तरफ से सीधे आदेश के अलावा मुख्यमन्त्री को जब मर्जी चाहे कंट्रोल रूम में जाने से रोकने का कोई उपाय नहीं था। और ऐसा आदेश मैं दे नहीं सकता था क्योंकि इसका सीधा अर्थ उनमें अविश्वास प्रकट करना होता। मैं ईमानदारी से कह सकता हूँ कि मैंने शनिवार (17 अगस्त) को शहर के कई हिस्सों में इतनी तोड़-फोड़ देखी है कि जो सोमे के युद्ध, जिसमें मैं लड़ा था उससे भी ज्यादा खराब थी। (सोमे फ्रांस में है, जहाँ प्रथम विश्वयुद्ध के दौरान ब्रिटिश और जर्मन सेना के मध्य जुलाई 1916 में भयंकर लड़ाई लड़ी गई थी)।[33]

हालाँकि गवर्नर की रिपोर्ट में इसका जिक्र नहीं किया गया है। ब्रिटिश ब्रिगेडियर जे.पी.सी. मैकनले जिनके हाथ में शान्ति व्यवस्था का प्रभार था उन्होंने अपनी फौज को उस दिन बैरक में ही बने रहने का आदेश दिया और शहर को दंगाइयों के लिए खुला छोड़ दिया।[34]

कलकत्ता के एक अंग्रेज वाशिन्दे ने दंगों के बारे में इस तरह रिपोर्ट की (यह रिपोर्ट अब ब्रिटिश अभिलेखों में उपलब्ध है)–

इस मामले में सभी एकमत हैं कि मुसलमानों ने पहला वार किया और इससे पहले कि हिन्दू तैयार हो पाते कई जानें ले ली गईं। मैं एक अमेरिकी दूत का कथन पेश कर सकता हूँ जो शहर की सबसे ऊँची इमारत पर रहता था। उसने कलकत्ता की इस मुख्य सभा को देखा। लीग के झंडों और समर्थकों को ले जाने वाली लारियों में भालों, लाठियों और पत्थरों के ढेर लगे थे जो

नीचे सड़क से दिखाई नहीं देते थे। अगले चार दिनों की भयावहता तो अब पूरे देश को पता है।[35]

हिन्दुओं ने इसके बाद सिखों के साथ मिलकर जो कलकत्ता की करीब-करीब सभी टैक्सियाँ चलाते थे उलटवार किया। सोहरावर्दी ने फौरन गांधीजी की मदद माँगी और गाँधीजी तुरन्त कलकत्ता पहुँचे। उनकी धमकी कि मैं आमरण अनशन करूँगा जब तक हत्याएँ न रुकेंगी। उसका तुरन्त प्रभावी असर पड़ा और तूफान थम गया। हालाँकि इसका जहर बिहार तक फैल गया जो कि नजदीक ही है। यहाँ हिन्दुओं ने एक विस्तृत क्षेत्र में हमले किए। गवर्नर ने वाइसरॉय को भेजी अपनी लम्बी रिपोर्ट मे अपनी बात को न्यायसंगत ठहराते हुए इस तरह लिखा–

यह कलकत्ता के अपराध जगत के दो प्रसिद्ध प्रतिद्वन्द्वी टुकड़ियों का करा-धरा था...कानून और शान्ति की व्यवस्था सम्बन्धी मेरी जिम्मेदारी मेरे विवेक का प्रश्न नहीं है। मुझे हमेशा अपने मन्त्रिमंडल की भावनाओं को ध्यान में रखना पड़ता है।[36]

ब्रिटिश अभिलेखागार में मुस्लिम लीग की डायरेक्ट ऐक्शन दिवस की 13 अगस्त 1946 की घोषणा है जिसे गवर्नर के कार्यालय से लन्दन और नई दिल्ली को भेजा गया था। इस दस्तावेज से शंका की कोई वजह नहीं बचती कि गवर्नर को लीग के उद्देश्यों की अग्रिम जानकारी मिल चुकी थी। यह घोषणा पचास वर्षों पश्चात् के अलकायदा की घोषणाओं की तरह लगती है। लीग के घोषणा पत्र का अन्तिम पैराग्राफ इस प्रकार है–

रमजान में ही कुरान प्रकट हुई थी। रमजान में ही अल्लाह ने जेहाद की अनुमति दी थी। रमजान में ही वद्र की लड़ाई में जो कि मुसलमानों और हिदवादियों के मध्य पहला युद्ध हुआ था जिसमें सिर्फ 313 मुसलमानों ने जीत हासिल की थी। (900 लोगों के विरुद्ध सन् 634 में) और फिर रमजान में ही हजरत पैगम्बर के नेतृत्व में 10,000 मुसलमानों ने मक्का पर (सन् 630 ई. में) फतह की थी और जन्नत की सल्तनत स्थापित कर अरब में इस्लाम का सामूहिक राज स्थापित किया था। मुस्लिम लीग नसीब वाली है कि यह अपना अभियान इस पवित्र महीने में शुरू कर रही है।[37]

वाइसरॉय ने जिन्ना को कलकत्ता के नरसंहार के लिए कभी भी जिम्मेदार नहीं ठहराया बल्कि इसके उलट वेवल ने कलकत्ता की यात्रा के बाद सेक्रेटरी ऑफ स्टेट को 28 अगस्त 1946 को अपने टेलीग्राम में मुस्लिम लीग को यह लिखकर निर्दोष कर दिया–

दोनों पक्षों ने तैयारी की है जो शायद मात्र सुरक्षात्मक न हो।[38]

उन्होंने 16 अगस्त को सोहरावर्दी द्वारा दिए गए भाषण को मूर्खतापूर्ण कहकर एक किस्म से उसे बरी कर दिया। इस सम्पूर्ण घटनाक्रम से वेवल ने जो नतीजे निकाले वे इस तरह थे। मुस्लिम लीग को अन्तरिम सरकार में शामिल होने के लिए मनाया जाए। यह बात जिन्ना के मनवाने के लिए वह लन्दन से यह सुनिश्चित निर्णय चाहते थे कि जिन्ना का कैबिनेट मिशन के समूह के बारे में जो दृष्टिकोण है वह वाजिब है। अर्थात् उत्तर-पश्चिमी सीमा प्रान्त और आसाम को क्रमशः (ब) और (स) समूह से बाहर रहने की अनुमति बिलकुल न दी जाए। इस प्रकार वेवल ने कलकत्ता नरसंहार का लाभ अपनी योजना को मनवाने के लिए उठाया। कलकत्ता नरसंहार का प्रभाव जारी सवैधानिक चर्चाओं पर किस तरह पड़ा इस पर चर्चा आगामी अध्याय में की जाएगी। किन्तु किसी भी स्थिति में इस नरसंहार ने जिन्ना को विदेशों में भी अपनी इस धारणा को फिर से स्थापित करने में सहायता दी कि हिन्दू और मुसलमान एक ही देश में साथ-साथ नहीं रह सकते। पर यह सवाल कि वास्तव में वे एक ही महाद्वीप में दो अलग-अलग खंडों में विभाजित किए जा सकते थे? जो कि उतना ही संगत प्रश्न था उसे फर्श के नीचे दबा दिया गया।

कुछ समय बाद खुफिया विभाग के निर्देशक एन.पी.ए. स्मिथ ने वाइसरॉय को लिखे एक नोट में लिखा–

> गम्भीर साम्प्रदायिक गड़बड़ियों के कारण हमारा काम प्रभावित नहीं होना चाहिए जिससे ब्रिटिश विरोधी आन्दोलन पुनः आरम्भ हो सके। ऐसा आन्दोलन खतरनाक स्थिति पैदा कर सकता है और हमें कहीं का न छोड़ेगा। साम्प्रदायिक तनाव यद्यपि एक खूँखार परन्तु स्वाभाविक रास्ता है, जिससे भारत की समस्या का हल निकाला जा सकता है।[39]

वाइसरॉय द्वारा यह रिपोर्ट लन्दन को भेजी गई जिसका अर्थ है कि वाइसरॉय डायरेक्टर से सहमति रखते हैं।

सन्दर्भ

1. ट्रांसफर ऑफ पॉवर (टी ओ पी X, क्र. 194)।
2. जॉन ग्रिग (संपा.), नेहरू मेमोरियल लेक्चर्सः 1966-91 (ऑक्सफोर्ड युनिवर्सिटी प्रेस, नई दिल्ली, 1991, पृ. 139)।
3. डीन एकसन, प्रेजेन्ट एट द क्रिएशनः माय इयर्स एट द स्टेट डिपार्टमेंट (डब्ल्यू. डब्ल्यू. नार्टन, न्यूयॉर्क, 1969, पृ. 483)।

4. सी ए बी/127/143, 75800, नेहरू का क्रिप्स को सन्देश, पब्लिक रेकार्ड आफिस, लन्दन।
5. वही, क्रिप्स का सन्देश नेहरू को।
6. वही, नेहरू का सन्देश क्रिप्स को।
7. टी ओ पी VI, क्र. 796, पैरा 7।
8. वही, क्र. 472।
9. वही, क्र. 491।
10. वही, क्र. 507।
11. हाउस ऑफ कॉमन्स में एटली का सम्बोधन, 15 मार्च 1945 को, वी.पी.मेनन द्वारा ट्रांसफर ऑफ पॉवर इन इंडिया में उद्धृत (लांगमन ग्रीन, लन्दन, 1957, पृ. 234-35)।
12. पैट्रिक फ्रेंच की लिबर्टी ऑर डेथः इंडियाज जर्नी टू इंडिपेंडेंस एंड डिवीजन में उद्धृत अनिता इंदर सिंह (हार्पर कॉलिन्स, लन्दन, 1995, पृ. 226)।
13. फ्रांसिस टर्नबुल, सी.एच.एफ., 127/128, पब्लिक रेकार्ड्स आफिस, लन्दन।
14. टी ओ पी VII, क्र. 86।
15. वही, क्र. 105।
16. सी ओ एस की 12 अप्रैल 1946 की बैठक का कार्य विवरण, पैरा-6 (ओ आई सी, ब्रिटिश लाइब्रेरी, लन्दन)।
17. द एशियन एज में उल्लेखित, नई दिल्ली, 14 अगस्त 1997।
18. यू एस एफ आर, 1946, खंड पाँच, पृ. 97।
19. डेनिस कक्स, डिसएनचान्टेड अलाइज (ऑक्सफोर्ड युनिवर्सिटी प्रेस, कराची, 2001, पृ. 72)।
20. टी ओ पी VII, क्र. 407।
21. वही।
22. वही।
23. वही।
24. क्लॉड ऑकिनलेक की पाकिस्तान के सामरिक प्रभावों पर अतिगोपनीय नोट, जी एच क्यू, दिल्ली, 16 मई 1946।
25. वही।
26. वही।
27. वही।
28. टी ओ पी VII, क्र. 415, पैरा 7।
29. सी ओ एस 1046/8, लॉर्ड इस्मे के एटली को अतिगोपनीय कार्य विवरण, 30 अगस्त 1946।
30. टी ओ पी VII, क्र. 509, पैरा-25 सी ओ एस के कैबिनेट पेपर, 12 जून 1946।
31. टी ओ पी VII, क्र. 495, पैरा-9।
32. देखें वी. पी. मेनन पूर्व में उद्धृत पृ. 234-35।

33. टी ओ पी VIII, क्र. 197, पैरा-7,8,9 और 14 (2)।

34. एम. जे. अकबर, नेहरू (वायकिंग, लन्दन 1981, पृ. 382)।

35. इंडियन आफिस रेकार्ड्स की फाइल (आइ ओ आर), एल/डब्ल्यू एस/1/1030, पृ. 127।

36. टी ओ पी VIII, क्र. 197।

37. वही, संलग्न पैरा-6।

38. टी ओ पी VIII, क्र. 206, सेक्रेटरी ऑफ स्टेट को वेवल की रिपोर्ट, 28 अगस्त 1946।

39. टी ओ पी IX, क्र. 304, संलग्न।

नेहरू के हाथों में कमान

एटली और क्रिप्स 2 सितम्बर 1946 को नेहरू के हाथों जिम्मेदारियाँ सौंपने में सफल हुए। अन्तरिम सरकार में नेहरू को वाइसरॉय की कार्य परिषद् में उपाध्यक्ष बनाया गया। मुस्लिम लीग इसमें शामिल नहीं हुई। इस परिषद् को मन्त्रिमंडल के नाम से पुकारा गया और इसके उपाध्यक्ष को प्रधानमन्त्री नाम दिया गया। राष्ट्रवादियों में इससे सफलता का रोमांच फैल गया।

नेहरू ने विदेश मन्त्रालय स्वयं के पास रखा और पटेल को गृह मन्त्रालय सौंपा गया। जिन्ना के लिए यह परिवर्तन अनिष्टकारी था क्योंकि ब्रिटिशसत्ता के अस्त होने के समय कांग्रेस सत्ता पर इस माध्यम से अपनी पकड़ मजबूत बनाने की स्थिति में आ सकती थी। जिन्ना ने प्रेस से कहा कि इस परिषद् को मन्त्रिमंडल नहीं कहा जा सकता। आप गधे को हाथी बुलाकर उसे हाथी नहीं बना सकते। कुछ अंग्रेजों की दृष्टि में यह एक सौदा था, कांग्रेस पार्टी के समर्थकों को नियन्त्रित रखने के लिए पार्टी को भारतीय शासन के एक बड़े हिस्से की जिम्मेदारी सौंपी गई थी। खुफिया विभाग के निदेशक एन. पी. ए. स्मिथ ने भविष्य का अनुमान लगाते हुए कहा–

> जैसा कि मैं कुछ महीनों से कह रहा हूँ कि कांग्रेस का सत्ता ग्रहण ही पाकिस्तान बनने की सम्भावना पैदा करेगा। यानी कांग्रेसस्तान से पाकिस्तान बनेगा।[1]

स्मिथ की इस भविष्यवाणी से एटली शायद सहमत होते। स्टेट डिपार्टमेंट के एक सहायक सेक्रेटरी ऑफ स्टेट डीन एकसन ने नवनिर्मित राष्ट्रपति हैरी एस. ट्रमन को भारत में होने वाले परिवर्तनों के सम्बन्ध में निम्नलिखित सुझाव दिया–

> नये मन्त्रिमंडल में भारत की मुख्य राजनीतिक पार्टी के सबसे काबिल नेताओं के साथ कुछ खास अल्पसंख्यक समूहों के प्रतिनिधि नेता भी होंगे। इसी तरह ब्रिटिश योजना में बहुत जल्द ही एक संविधान सभा के गठन का प्रावधान है, जिसे कामन वेल्थ और ब्रिटिश साम्राज्य दोनों से भारत को अलग रखने

का अधिकार होगा, यदि भारतीय ऐसा चाहें तो हालाँकि भारत की दूसरी बड़ी राजनीतिक पार्टी मुस्लिम लीग ने अभी तो इन प्रक्रियाओं में शामिल होने से इनकार किया है फिर भी यह माना जा रहा है कि नई सरकार भारत की कम से कम 80 प्रतिशत जनसंख्या का प्रतिनिधित्व करेगी। ऐसी उम्मीद की जा रही है कि इस नई सरकार के शुरुआती कामों में से प्रथम कार्य भारत और अमेरिका के बीच पूरी तरह अधिकृत राजनयिक आदान-प्रदान के लिए अनुरोध करना होगा। जब तक नया संविधान लागू नहीं होता तब तक वीटो का अधिकार कानूनन वाइसरॉय के पास ही होगा। हम सोचते हैं कि प्रतिनिधि भारतीय नेताओं के हाथों में बहुसंख्यक भारतीयों के प्रवक्ता के तौर पर भारतीय मामलों का पूरा नियन्त्रण होगा–क्योंकि नए मन्त्रिमंडल के निर्णय के विरुद्ध वाइसरॉय इसलिए राय नहीं देगा कि इसके तीव्र गम्भीर परिणाम की सम्भावना है अतः बिना किसी हिचकिचाहट के अमेरिका में भारतीय राजदूत और भारत में अमरीकी राजदूत की नियुक्ति पर सहमति हो जानी चाहिए। मुझे इस मामले में आपके विचारों की आवश्यकता है जिससे कि यदि नई भारतीय सरकार ऐसा करने के लिए इच्छुक है तो हम इस मसले पर अविलम्ब कदम उठा सकें।[2]

ट्रमन ने इस अनुरोध को 2 सितम्बर, 1946 को मान्यता दे दी। ब्रिटिश हुकूमत अमेरिका के इस कदम से कुछ ज्यादा खुश नहीं थी। जब अमरीकी मामलों के प्रभारी ने इंडिया ऑफिस के सर पॉल पैट्रिक को 9 सितम्बर, 1946 को अपनी सरकार की भारत में राजनयिक नियुक्त करने सम्बन्धी इच्छा के बारे में सूचित किया तब पैट्रिक का जवाब था–

इससे अन्तरिम सरकार को कुछ प्रतिष्ठा हासिल होगी और इससे मुसलमान कांग्रेस के प्रति अधिक मैत्रीपूर्ण रवैया अपनाने के लिए तैयार होंगे, क्योंकि यह इस बात का सीधा प्रमाण होगा कि अमरीकी सरकार भारत की अन्तरिम सरकार के प्रति इतना सम्मान रखती है कि वह राजदूतों के आदान-प्रदान पर विचार करती है। भारत के साथ सीधे राजनयिक सम्बन्ध स्थापित करने की अमरीकी इच्छा के कारण नेहरू की विदेश नीति में ऐसे कदम उठाने के लिए प्रेरणा मिलेगी जो ब्रिटिश नीति से मेल न खाती हो। तकनीकी रूप से अन्तरिम सरकार भारत शासन (ब्रिटिश शासन) के अधीन है और तब तक अधीन रहेगी जब तक भारत के लिए नवीन संविधान का निर्माण नहीं हो जाता। अन्तरिम सरकार के निर्णयों में व्हाइट हॉल का हस्तक्षेप हो सकता है किन्तु ब्रिटिश सरकार ऐसे हर सम्भव हस्तक्षेप को टालने का प्रयास करेगी।

हालाँकि अन्तरिम सरकार के कामकाज और निर्णयों पर ब्रिटिश संसद में प्रश्न उठाए जा सकते हैं।[3]

जब इसके ठीक बाद संविधान सभा के गठन को लेकर संकट उत्पन्न हुआ और नेहरू सरकार के इस्तीफे की सम्भावना दिखाई देने लगी तब अमरीका में ब्रिटेन के राजदूत लॉर्ड इनवरचैपल (सर आर्किवाल्ड केर) लन्दन भेजे तार में अमरीकियों की मंशा को स्पष्ट नहीं कर पाए किन्तु उन्होंने लिखा–

> अमरीका द्वारा इतनी शीघ्र अन्तरिम सरकार के साथ राजनीतिक सम्बन्ध समीचीन नहीं हैं, क्योंकि अचानक सरकार के पतन से अमेरिका को स्वाभाविक तौर पर अपमानित होना पड़ेगा।[4]

एटली सरकार की जो भी मान्यता रही हो किन्तु उसने अमरीकी प्रस्ताव पर सहमति देने में कोई हिचक नहीं दिखाई। स्टेट डिपार्टमेंट में सहायक अवर सचिव और पेशेवर कूटनीतिज्ञ हेनरी ग्रेडी को भारत में अमरीका का राजदूत नियुक्त किया गया। भारत ने भी इसका अनुसरण करते हुए मुस्लिम धर्मावलम्बी कांग्रेसी आसिफ अली को वाशिंगटन में राजदूत बनाकर भेजा। वह इससे पहले कभी अमेरिका नहीं गए थे। उनकी पत्नी अरुणा कट्टर वामपन्थी थीं।

अमरीकी अभिलेखागार के मुताबिक प्रधानमन्त्री के रूप में जवाहरलाल नेहरू ने अमरीकी सरकार को पहला सन्देश 20 सितम्बर, 1946 को भेजा। सन्देश इस प्रकार था–"भारत में गम्भीर अन्न संकट को देखते हुए आपसे विनम्र निवेदन है और आपके माध्यम से लेबर नेताओं से भी निवेदन है कि भारत को जल्द से जल्द अनाज के जहाज भेजने की व्यवस्था करें यह अन्न संकट अमरीका में जहाजरानी हड़ताल के कारण निर्धारित आबंटन में देरी के कारण अधिक विकट हो रहा है।"[5]

इस सन्देश में अमरीकी सरकार द्वारा अन्तरिम नेहरू सरकार को दिए गए समर्थन के प्रति न तो कोई औपचारिक आभार प्रदर्शन दिखाई देता है और न ही मुस्लिम लीग को नजरअन्दाज करते हुए कांग्रेस पार्टी को दिए गए समर्थन के प्रति कोई आभार था।

वेवल ने मुस्लिम लीग के प्रतिनिधित्व के बिना कार्यपरिषद् के गठन का कड़ाई से विरोध किया। किन्तु लन्दन सरकार ने उनकी अनसुनी कर दी। 27 अगस्त, 1946 को वेवल ने आखिरी बेवश कोशिश की कि गांधी एवं नेहरू को कैबिनेट मिशन द्वारा सुझाई गई समूह योजना को बिना किसी आपत्ति के स्वीकार करने के लिए तैयार किया जाए। उन्होंने तर्क दिया कि इसके बिना लीग कार्यपरिषद् में शामिल होने के लिए तैयार नहीं है। और यह नहीं होने का अर्थ है अधिक साम्प्रदायिक दंगे। गांधीजी और नेहरू ने वेवल की आपत्ति को इस आधार पर

ठुकरा दिया कि पहले जिन्ना को संविधान में शामिल होना होगा। एटली इस बात पर अड़े थे कि संविधान सभा के सम्बन्ध में चाहे जो भी विवाद बने रहें किन्तु अन्तरिम सरकार का गठन हो जाए। वह कांग्रेसस्तान चाहते थे। 29 अगस्त, 1946 को वेवल की अपनी डायरी में दर्ज की गई टिप्पणी इस प्रकार थी–"मुझे सेक्रेटरी ऑफ स्टेट का लगभग घबराहट भरा तार मिला कि कांग्रेस के साथ कोई कठोर कार्यवाही न की जाए।"[6] 30 अगस्त 1946 को वेवल ने लिखा–"मुझे फिर से सेक्रेटरी ऑफ स्टेट ने एक परेशानी भरा तार भेजा है। जिसमें मुझे किसी भी आधार पर कोई ऐसी बात कहने या करने से इनकार किया है जो कांग्रेस से मतभेद पैदा कर दे।"[7]

इस आखिरी तार के जवाब में उन्होंने लिखा कि वह 2 सितम्बर 1946 को सरकार का गठन कर लेंगे किन्तु वह नहीं सोचते कि किसी एक पार्टी की सरकार भारत को बिना किसी गम्भीर समस्याओं के लम्बे समय तक नियन्त्रित रख सकेगी। वेवल ने अपनी डायरी में सेक्रेटरी ऑफ स्टेट के प्रति कुछ अच्छा नहीं लिखा। उन्होंने अपनी डायरी में उनके बारे में लिखा–"उनकी सलाह सत्ता के मेरुदंड के बिना है।"

कलकत्ता नरसंहार के कारण कांग्रेस ने अन्तरिम सरकार में शामिल होने का फैसला तेजी से लिया। मुकाबला करने में असमर्थ होने के कारण ड्राइवर की सीट पर बैठना उनके लिए सबसे बेहतर विकल्प था।

ब्रिटेन द्वारा अन्तरिम सरकार के गठन के लिए दिए गए आमन्त्रण और संविधान सभा के शीघ्र ही आह्वान की सम्भावनाओं को देखते हुए उन्हें यह महसूस होने लगा कि वे इन हालातों के मध्य किसी भी तरह स्वतन्त्र और अखंड भारत निर्मित करने में सफल हो जाएँगे। दिल्ली में लम्बे प्रवास के दौरान क्रिप्स की मिलनसारिता ने भी कांग्रेसियों को आत्म-सन्तुष्टि की हद तक बढ़ा दिया था। यहाँ तक कि यथार्थवादी पटेल भी इसका शिकार हो गए थे। उन्होंने 2 जून, 1946 को अपने एक मित्र को लिखा– "जिन्ना की खास माँग पाकिस्तान हमेशा के लिए दफन हो गई है।"[8] बाद में अगस्त, 1946 को बॉम्बे क्रॉनिकल के संवाददाता से बातचीत करते हुए पटेल ने पाकिस्तान की तुलना "पेंक्चर हो चुकी साइकिल ट्यूब से की थी।"[9]

यदि नेहरू ब्रिटेन की मदद से उन संसाधनों को प्राप्त करने के प्रति उत्साहित थे जिनसे वह अपनी इच्छानुसार भारत को ढाल सकें, तो दूसरी ओर पटेल के ब्रिटेन के प्रति हृदय परिवर्तन का कारण विशुद्ध राजनीतिक था। उन्होंने ब्रिटेन के खिलाफ बम्बई में भड़के भयंकर नौसैनिक विद्रोह का विरोध किया था और

विद्रोही सैनिकों को शान्त करने में क्रिप्स की मदद की थी जिससे अंग्रेजों को सन्तुष्ट कर सकें। पटेल का मानना था कि ब्रिटेन और जिन्ना से एक साथ नहीं लड़ा जा सकता, उनकी सोच में मुस्लिम लीग की बजाय अंग्रेजों से अच्छे सम्बन्ध बनाना अधिक बेहतर विकल्प था क्योंकि अंग्रेज यहाँ से जाने वाले थे। पटेल ठीक वही करना चाह रहे थे जिसका भय जिन्ना को था अर्थात् जब ब्रिटेन का ध्यान दूसरी तरफ लगा हुआ था उस समय प्रशासनिक और संवैधानिक शक्तियों पर पूरा नियन्त्रण कर लिया जाए और अविभाजित स्वतन्त्र भारत के निर्माण की इच्छा पूरी की जाए।

सन् 1947 के आरम्भ में पद से हट जाने के कुछ ही समय पहले खुफिया विभाग के निदेशक सर एन. पी. ए. स्मिथ ने वेवल को एक नोट प्रस्तुत किया। इस नोट से अन्य बातों के अलावा यह भी पता चलता है कि पटेल अपने अंग्रेज अधीनस्थों से कैसे वैचारिक सम्बन्ध बनाने में सफल हुए यहाँ तक कि उन लोगों से भी जो यह जानते थे कि वह उनकी छुट्टी कर देना चाहते हैं जैसा कि स्वयं स्मिथ के मामले में था–

> मैंने उन्हें (पटेल को) यहाँ तक बताया कि मुसलमानों पर दबाव डालने के किसी भी प्रयास का नतीजा यह होगा कि पुलिस और सेना में बिखराव के साथ उत्तर-पश्चिमी सीमा प्रान्त हाथ से निकल जाएगा। इस पर उनका जवाब था कि यदि आप यह समझते हैं कि उदारता मुसलमानों को सन्तुष्ट कर सकती है तो इसका मतलब है कि आप न तो मुसलमानों की सोच को ही समझ सके हैं और न ही मौजूदा हालात को।[10]

पटेल के इस कथन से मैं सहमत हूँ। वेवल जो कांग्रेसी नेताओं से घृणा करते थे पटेल के बारे में लिखते हैं–

> उन सभी में पटेल राजनीतिज्ञ की तरह हैं, और उनके साथ आसानी से काम किया जा सकता है।[11]

अंग्रेजों के प्रति मात्र सद्भावना दिखाकर पटेल उनका दिल जीत सकते थे या नहीं यह समझ पाना कठिन है। ब्रिटेन इतनी आसानी से जिन्ना को छोड़ नहीं सकता था जो उन्हें सामरिक पुरस्कार के तौर पर उत्तर-पश्चिमी भारत दे सकते थे। ऊपर से विदेश मन्त्री के तौर पर नेहरू ने ऐसा कोई कदम नहीं उठाया जो कांग्रेस के प्रति ब्रिटेन के अविश्वास को कम कर सकता। पटेल जरूर इसमें सफल हुए। सन् 1947 के आरम्भ में वाइसरॉय के रिफॉर्म कमिश्नर के जरिए जो पटेल के मध्यस्थ थे वह तब भी भारत से अलग होने वाले हिस्सों को बचाने में खास तौर पर रियासतों को भारत से अलग होने से बचाने में सफल रहे।

जब एटली सरकार ने मुस्लिम लीग के बिना अन्तरिम सरकार में कांग्रेस को सम्मिलित करने का निर्णय कर लिया उस समय वेवल की निराशा का 20 अगस्त, 1946 को उनकी डायरी में दर्ज टिप्पणी से पता चलता है–

> आज सुबह घुड़सवारी के दौरान हमेशा खुश रहने वाले और आशावादी इयान स्काट बड़े निराश लगे। जॉर्ज एबेल और वह दोनों इस बात से सहमत लगे कि अब सिर्फ एक ही रास्ता है कि भारत को उसके भाग्य पर छोड़कर जितनी जल्दी हो सके यहाँ से चले जाना। भारत का नसीब गृहयुद्ध है।[12] (स्काट वाइसरॉय के उप निजी सचिव और एबेल निजी सचिव थे।)

इस मानसिक स्थिति में वेवल ने अपनी विभाजन की योजना को पुनर्जीवित किया, जो उन्होंने कैबिनेट मिशन के सम्मुख 30 मई, 1946 को प्रस्तुत की थी, और जो निष्फल रही थी इस योजना से एक ही प्रहार में प्रस्तावित नेहरू सरकार, संविधान सभा सबका सफाया हो जाता और कैबिनेट मिशन योजना का भी।

यह योजना ब्रिटेन की भारत से वापसी के तुरन्त बाद भविष्य में सामरिक दृष्टि से महत्त्वपूर्ण उत्तर-पश्चिम और उत्तर-पूर्व दोनों क्षेत्रों पर पकड़ मजबूत करती तथा कांग्रेस पार्टी के ऊपर दबाव बनाती जिससे उसे मजबूरी में पाकिस्तान स्वीकार करना पड़ता।

> 10 अगस्त, 1946 को उन्होंने (वेवल) अपनी योजना के निम्नलिखित तथ्य एक नोट में स्पष्ट किए जिसके साथ एक जुमला निष्कर्ष रूप में दर्ज किया कि मुस्लिम लीग सम्भवतः इस योजना का स्वागत करेगी। योजना के तथ्य निम्नलिखित हैं–
>
> (1) ब्रिटिश सरकार बम्बई, मद्रास, उड़ीसा, मध्यप्रान्त, बिहार और संयुक्त प्रान्त के कांग्रेस बहुमत वाले प्रान्त कांग्रेस कार्यकारिणी को सौंप देगी।
>
> (2) उत्तर पश्चिमी सीमा प्रान्त, पंजाब, सिन्ध, बंगाल, असम, मुख्य कमिश्नर के अधीन दिल्ली का प्रान्त, ब्रिटिश एजेंसी का बलूचिस्तान वर्तमान संविधान के नियन्त्रण में बना रहेगा। (इनमें से दिल्ली को छोड़कर सभी पर पाकिस्तान के लिए दावा किया गया था।)
>
> (3) महामहिम की सरकार उत्तर-पश्चिमी और उत्तर-पूर्वी भारत की रक्षा की जिम्मेदारी उठाएगी और एक समझौते के तहत यदि हिन्दुस्तान चाहेगा तो उसकी बाह्य रक्षा की जिम्मेदारी भी उठाएगी।
>
> (4) हिन्दुस्तान के क्षेत्र में पड़ने वाली रियासतों के ऊपर ब्रिटेन का प्रभुत्व समाप्त कर दिया जाएगा। किन्तु जो रियासतें उत्तर-पूर्व और उत्तर-पश्चिमी क्षेत्रों में पड़ती है, उन पर ब्रिटेन का नियन्त्रण जारी रहेगा।[13]

इस नोट के आधार पर कार्रवाई के लिए विस्तृत योजना बनाई गई, उसमें कुछ संशोधन किए गए जिससे योजना में निहित पाकिस्तान पर पर्दा डाला जा सके। इस योजना को तब प्रस्तुत किया जाना था जब बातचीत भंग होती या जब नेहरू और उनके साथी एकतरफा स्वतन्त्रता की घोषणा कर दें या फिर कोई बड़ा जन आन्दोलन छेड़ दें।

वेवल ने अपनी योजना लन्दन को अग्रेषित करते हुए उसमें कुछ टिप्पणियाँ जोड़ी। "प्रशासनिक आधार पर हम सम्पूर्ण भारत पर एक या डेढ़ साल से ज्यादा शासन नहीं चला सकते" और "अधिकांश प्रान्तों में (गवर्नर की संवैधानिक शक्तियाँ) उन पर सिर्फ एक सीमा तक छलबल से ही नियन्त्रण रखा जा सकता है।"[14] उन्होंने इस बात पर भी जोर दिया कि केन्द्र में कांग्रेस के हाथों सत्ता और मुस्लिम लीग के बिना संविधान सभा चलाने की कोशिश का नतीजा होगा हिन्दू-मुसलमानों के मध्य गम्भीर टकराहट। उन्होंने कलकत्ता की त्रासदी को उदाहरण के तौर पर प्रस्तुत करते हुए बताया कि क्या कुछ हो सकता है? उन्होंने यह भी कहा कि मुख्य राजनीतिक शक्तियाँ साम्प्रदायिक झगड़ों को भड़काती हैं तो सेना की वफादारी को बनाए रखना नामुमकिन हो जाएगा।

वेवल की योजना को लन्दन में निराशा और असहमति के रूप में लिया गया। एटली की प्रतिक्रिया को संक्षेप में निम्नलिखित वक्तव्य से समझा जा सकता है। विभाजन की योजना बनाना तो वाइसरॉय की वाजिब बात है किन्तु उनकी यह बात उचित नहीं है कि हम इसकी असफलता को स्वीकारें।[15] (अर्थात् वाइसरॉय की अपनी नीति की असफलता जो उन्हें पता नहीं थी) वेवल अपनी बात पर अड़े रहे, उन्होंने तर्क दिया कि "आगामी अठारह महीनों में स्थिति को नियन्त्रित करने का अधिकार हमारे पास नहीं होगा और देर करने से हमारी निर्भरता प्रतिद्वन्द्वी कांग्रेस पर बढ़ जाएगी।" उन्होंने तर्क दिया कि वर्तमान में भारत में हमारी स्थिति उस फौज की तरह है जिसे ज्यादा संख्या के सामने पीछे हटना पड़ता है—एक सेनापति होने के नाते वह फौज के पीछे हटने के बारे में अधिक अनुभव रखते हैं।[16] इसके बाद उन्होंने वाइटहाल को खुश करने के लिए लिखा—

> मेरे प्रस्ताव से भारत के संवेदनशील उत्तर-पश्चिम और उत्तर-पूर्वी सीमाओं पर ब्रिटेन नियन्त्रण कुछ समय के लिए और बढ़ जाएगा।[17]

एटली भारत को विभाजित करने के पक्ष में तो थे किन्तु किसी आदेश या घोषणा द्वारा नहीं बल्कि कांग्रेस की सहमति से। जहाँ कई ब्रिटिश इतिहासकार और राजनीतिक विश्लेषक एटली की भारत सम्बन्धी नीति को कांग्रेस के

सन्तुष्टीकरण की नीति मानते हैं किन्तु दूसरी ओर हकीकत यह है कि अगले ही वर्ष दूसरे वाइसरॉय के नेतृत्व में वह कांग्रेसिस्तान बनाकर न सिर्फ वह विभाजन की जिम्मेदारी भारतीयों के कन्धे पर डालने में सफल रहे बल्कि कांग्रेस को ब्रिटेन के डोमिनियन के रूप में स्वतन्त्रता स्वीकार करवाने में भी कामयाब हुए (अर्थात् ब्रिटिश कामनवेल्थ के सदस्य के रूप में)।

राष्ट्रवादियों की अखंड भारत को पाने की एकमात्र उम्मीद यह थी कि वे शासन की बागडोर को मजबूती से अपने हाथों में थामे रखते और जिन्ना को इसमें प्रवेश न करने देते। इससे उन मुसलमान नेताओं को आगे आने के लिए प्रोत्साहन मिलता, जो जिन्ना के विरोधी थे, और मुसलमानों पर जिन्ना की पकड़ को कमजोर कर सकते थे। वेवल इस बात को समझते थे किन्तु महामहिम की सरकार ने कांग्रेस को रोकने में उन्हें समर्थन नहीं दिया। अब वेवल लक्ष्य को पाने के लिए अपने प्रधानमन्त्री नेहरू की ओर मुड़े। वेवल नेहरू को पसन्द नहीं करते थे। वह भावुकता में कोई काम नहीं कर सकते थे और न ही वह अपने उत्तराधिकारी (लुई माउंटबेटन) की भाँति पल-पल में अपना सम्मोहन अलग-अलग लोगों पर बिखेर ने में सक्षम थे, यहाँ तक कि उनके पूर्ववर्ती (लिनलिथगो) भी ऐसा नहीं कर सके थे, हालाँकि वेवल ने (सन् 1945) जेल में नेहरू की स्वयं की संकलित कविताओं का संग्रह 'अदर मेंस फ्लॉवर' भेंट की थी। 2 सितम्बर 1946 को जैसे ही नेहरू को प्रधानमन्त्री के रूप में शपथ दिलाई गई वेवल ने उन पर मुस्लिम लीग को अन्तरिम सरकार में शामिल करने के लिए इस तर्क पर दबाव डालना शुरू किया कि "यह साम्प्रदायिक शान्ति और एकता के हित में होगा। वह जानते थे कि कट्टर धर्म-निरपेक्ष नेहरू को यह बात कितनी प्रिय थी। रेकॉर्ड बताते हैं कि उन्होंने इस विषय पर नेहरू से 11, 16, 26 और 27 सितम्बर को बात की। किन्तु नेहरू इस बात पर दृढ़ रहे कि पहले जिन्ना संविधान सभा में शामिल होकर कैबिनेट मिशन योजना को स्वीकारने का प्रमाण दें, दूसरे शब्दों में अखंडता को स्वीकार करें। किन्तु इसके बाद अनपेक्षित रूप से 2 अक्टूबर 1946 को उन्होंने वेवल को जवाब भेजा जिसे वाइसरॉय की जिन्ना से इस विषय पर चर्चा के लिए नेहरू की मौन सहमति के रूप में लिया जा सकता है। नेहरू ने गांधीजी के एक युवा विश्वस्त साथी सुधीर घोष को बताया कि "यह व्यक्ति (वेवल) जिन्ना से बातचीत शुरू करने के लिए मुझ पर कई दिनों से दबाव डाल रहे थे। मैंने उकताकर उसे कह दिया कि यदि वह जिन्ना से बातचीत के लिए इतने उत्सुक हैं तो वह ऐसा कर सकते हैं। और अगले ही दिन सुबह उन्होंने (वेवल ने) जिन्ना से बातचीत शुरू

कर दी।" इस पर घोष ने नेहरू से पूछा, "आपने वाइसरॉय से यह क्यों नहीं कह दिया कि यदि वह आपके कामकाज में हस्तक्षेप करेंगे तो आपका इस्तीफा उनके (वाइसरॉय के) पास होगा? इस सम्बन्ध में घोष ने लिखा है, "नेहरू थके, हारे चिन्तित और नाखुश दिखे और बोले देखो मैं जो कुछ भी जानता था उस बारे में सबकुछ बता चुका हूँ।"[18] वेवल ने इस घटना का विवरण इस प्रकार दिया है–"नेहरू ने साम्प्रदायिक गड़बड़ी के खतरे (मुस्लिम लीग को बाहर रखने की स्थिति में) को कम करने की कोशिश करते हुए कहा कि पुलिस इसे आसानी से दबा देगी। मैंने दृढ़ता से उनके इस विचार को नकार दिया। अन्त में उन्होंने कहा, "यदि आप जिन्ना से मिलना ही चाहते हैं तो मैं आपको नहीं रोक सकता।"[19]

वाइसरॉय के पूर्व रिफॉर्म कमीश्नर एच. वी. हाडसन ने लिखा है–

> यदि उन्होंने (कांग्रेस नेताओं ने) मुस्लिम लीग को कैबिनेट मिशन योजना को स्वीकारने और संविधान में शामिल होने के लिए मजबूर करने की अपेक्षा त्याग पत्र देने की धमकी दी होती तो वह वाइसरॉय को या तो जिन्ना से बातचीत छोड़ने या कांग्रेस से विकल्प के तौर पर लीग को सत्ता सौंपने या फिर नामांकित अर्ध-सरकार शासन स्थापित करने के लिए विवश कर सकते थे।[20]

जैसे ही यह हुआ वेवल ने मुस्लिम लीग को वाइसरॉय की कार्य परिषद् में शामिल होने का आमन्त्रण दे दिया। उन्होंने न तो लीग को संविधान सभा में प्रवेश के लिए राजी किया और न ही उनसे सीधी कार्रवाई (डाइरेक्ट ऐक्शन) का अभियान वापस लेने के लिए कहा।

अन्तरिम सरकार में मुस्लिम लीग का प्रवेश जिन्ना और वाइसरॉय के लिए एक बड़ी जीत थी और कांग्रेस के लिए भारी पराजय। जिन्ना और उनके सहयोगियों को बिना उनके पक्ष पर समझौता किए सरकार में शामिल किया गया था। अब लीग अन्दर से ही नेहरू सरकार के कामकाज को नुकसान पहुँचा सकती थी और पुनः यह सिद्ध कर सकती थी कि दोनों के रास्ते अलग हो जाना ही सभी के हित में है। वास्तव में कुछ ही महीनों में लीग इस काम को सफलतापूर्वक अंजाम दे सकी जब उनके लोग लियाकत अली खाँ के नेतृत्व में वाइसरॉय की कार्य परिषद् में सम्मिलित हुए। लियाकत अली खाँ को वित्त मन्त्रालय सौंपा गया, जिन्ना इसमें शामिल नहीं हुए।

कुछ महीनों पूर्व सरदार पटेल ने 27 जुलाई, 1946 को मध्य प्रान्त के एक वरिष्ठ कांग्रेसी नेता डी. पी. मिश्रा को लिखा–

> वह (नेहरू) अक्सर बच्चों जैसी मासूमियत भरा व्यवहार करते हैं–हाल के दिनों में उन्होंने कई काम ऐसे किए हैं जिसमें हमें बड़ी मुसीबतें उठानी पड़ी हैं उनके भावनात्मक उन्माद भरे कामों से हम पर मामलों को ठीक करने के लिए काफी दबाव पड़ता है। उनके निष्कपट, अविवेकी व्यवहार के बावजूद उनमें लाजवाब उत्साह और आज़ादी के लिए धधकती दीवानगी है जो उन्हें व्यग्र कर देती है और यह उन्हें अधीरता की उस पराकाष्ठा पर पहुँचा देती है जहाँ वे सब कुछ भूल जाते हैं।[21]

वेवल की यह मान्यता कि मिली-जुली सरकार साम्प्रदायिक हिंसा को रोक सकेगी, गलत सिद्ध हुई। मुस्लिम लीग के सरकार में प्रवेश ने इस पार्टी को राजनीतिक दबाव डालने के लिए दंगे भड़काने के लिए बढ़ावा दिया। मिलीजुली सरकार बनने के बाद नवम्बर, 1946 में पूर्वी बंगाल के नोआखाली और त्रिपुरा जिलों में सीधी कार्रवाई आन्दोलन छेड़ा गया। "इस सम्बन्ध में प्रमाण मिलते हैं कि यह प्रायोजित कार्रवाई थी न कि व्यक्तिगत साम्प्रदायिक घृणा का त्वरित विस्फोट।"[22] यह बात एक ब्रिटिश पर्यवेक्षक ने लिखी है जिसने इस दृश्य को करीब से देखा था।

इन प्रभावित क्षेत्रों में गांधीजी पैदल घूमे, जिसने लोगों के लिए मरहम का काम किया। इसके बाद पास में बिहार में हिन्दू फिर से भड़क उठे और भयानक नरसंहार हुआ। नेहरू हिन्दुओं की विनाशकारी भीड़ पर बमबारी करना चाहते थे। सेना ने अन्ततः दंगों पर काबू पा लिया। लोगों को किस तरह कष्ट भोगने पड़े इस तथ्य से परे, इंग्लैण्ड, भारत व अन्य लोगों को लगने लगा कि जिन्ना की यह बात उचित है कि अब हिन्दू और मुसलमानों को अलग हो जाना चाहिए।

दिल्ली सचिवालय में मुस्लिम लीग के मन्त्रियों की नियुक्ति होते ही वरिष्ठ सिविल सेवा अधिकारी साम्प्रदायिक आधार पर बँटने लगे और पाकिस्तान की सिविल सेवा का आधार तैयार होने लगा। वित्तमन्त्री लियाकत अली खान ने अपने पहले बजट में 1200 पाउण्ड (मोटे तौर पर वर्तमान दरों में परिवर्तित) के ऊपर के सभी लाभों पर 25 प्रतिशत कर लगाया। कांग्रेस मन्त्रियों ने इसका विरोध किया कि लियाकत अली का उद्देश्य सरकार से लोगों का विश्वास डिगाना है। इस कर वृद्धि से जो लोग प्रभावित हुए उनमें व्यापारी थे जो बड़े पैमाने पर राष्ट्रवादियों की आर्थिक मदद करते थे।

अन्दरूनी गम्भीर समस्याओं के बावजूद नेहरू विदेशी मामलों में बहुत ज्यादा समय देते रहे। वह रंगभेद और उपनिवेशवाद की पहल में गहरी रुचि ले रहे थे। उन्होंने आगामी गर्मियों में दिल्ली में एशियाई नेताओं की एक बैठक बुलाने के लिए

योजना प्रस्तुत की। इसका ध्येय था एशिया, एशियावासियों के लिए है। "इसी के साथ वह कई राष्ट्रों के साथ व्यक्तिगत रूप से राजदूतों और उनके स्टाफ का चयन करने में भी खुद जुट गए। संयुक्त राष्ट्र की साधारण सभा में सितम्बर, 1946 तक भारतीय प्रतिनिधिमंडल का नेतृत्व नेहरू की बहन विजयलक्ष्मी पंडित ने किया। प्रतिनिधिमंडल की सक्रियता ने असेम्बली में आपसी ढंग से काम किया और अन्तर्राष्ट्रीय स्तर पर एक नए सितारे के उदय की घोषणा की। रंगभेद के मुद्दे पर ब्रिटेन और अन्य यूरोपीय शक्तियों के इस आधार पर विरोध के बावजूद कि यह दक्षिण अफ्रीका जैसे एक सम्प्रभु राष्ट्र का अन्दरूनी मसला है, विजयलक्ष्मी पंडित द्वारा इसे असेम्बली के सम्मुख ले जाने को भारत में एक बड़ी राजनयिक उपलब्धि के रूप में लिया गया। इस कारण अफ्रीका और एशिया के निवासियों में भारत की छवि ऊँची हो गई। हालाँकि उस समय भारत के समक्ष सबसे महत्त्वपूर्ण मुद्दा उसके स्वयं के स्वतन्त्र और अखंड देश के रूप में उभरने का था न कि रंगभेद का मुद्दा चाहे वह कितना ही घृणित और निन्दनीय क्यों न हो? दक्षिण अफ्रीका ब्रिटेन का पुराना भागीदार था और संयुक्त राष्ट्रसंघ में इस मुद्दे को उठाकर ब्रिटेन को संकट में डालने का यह उचित अवसर नहीं था। भारत के संयुक्त राष्ट्र में जोर-शोर से प्रवेश के विपरीत चीन कई वर्षों बाद इस संस्था में प्रविष्ट हुआ। चीनी प्रतिनिधिमंडल को पहले कुछ वर्षों तक बीजिंग सरकार द्वारा असेम्बली में किसी भी मुद्दे में पहल या आगे बने रहने से रोका जाता था।

जैसे ही साधारण सभा का अधिवेशन समाप्त हुआ उसके ठीक बाद भारत में रॉयटर द्वारा भेजी गई एक खबर प्रकाशित हुई कि असेम्बली में उस वर्ष अमेरिका के प्रतिनिधि (जो बाद में अमेरिका के विदेश मन्त्री बने) जॉन फॉस्टर डलेस ने एक रात्रि भोजन में (नेशलन पब्लिशर्स एसोसिएशन के) भाषण देते समय आरोप लगाया कि वामपन्थी भारत की अन्तरिम सरकार पर अपने प्रभाव का उपयोग कर रहे हैं। नेहरू ने प्रेस को एक आधिकारिक वक्तव्य जारी कर इस आरोप का खंडन किया और यदि वह खबर सत्य है तो उस पर आश्चर्य और दुख व्यक्त किया। इससे पूर्व कि यह मामला तूल पकड़ता, नए अमेरिकी सेक्रेटरी ऑफ स्टेट जनरल जॉर्ज मार्शल ने, जो उस समय चीन से लौटे थे, इस मामले में हस्तक्षेप किया। उन्होंने भारत में अमरीकी मामलों के जिम्मेदार जॉर्ज मैरेल को नेहरू के पास व्यक्तिगत रूप से यह स्पष्टीकरण देने के लिए भेजा कि भाषण पूरी तरह अनधिकारिक है और अमरीकी सरकार को भारतीय स्थिति के बारे में कोई गलत धारणा नहीं है। मार्शल ने यह भी कहा कि "डलेस ने साधारण सभा में किसी भारतीय प्रतिनिधि से बातचीत के आधार पर यह धारणा बनाई होगी।" मार्शल

ने मैरेल की उनकी जानकारी के सम्बन्ध में सूचित किया–"हम उम्मीद कर रहे हैं कि डलेस के समक्ष भारतीय परिस्थितियों का पूरा चित्र हो।"[23] यह बाद में पता चला कि डलेस ने अपनी राय भारतीय प्रतिनिधिमंडल के एक सदस्य कृष्णा मेनन के साथ बातचीत के आधार पर बनाई थी। जैसे-जैसे समय बीतता गया संयुक्त राष्ट्रसंघ भारत और दूसरे देशों खासकर पाश्चात्य देशों के मध्य गलत फहमियों के पैदा होने का बड़ा मंच बनता गया किन्तु 1946 में इस मौके पर अमरीका ने द्वेष को दूर करने में तत्परता से काम लिया।

जैसे ही नेहरू ने अन्तरिम सरकार की बागडोर सँभाली, लॉर्ड इस्मे ने 20 सितम्बर, 1946 को प्रधानमन्त्री एटली को लिखा–

> सेना के प्रधान आपके विचारार्थ यह सुझाव देना चाहते हैं कि भारत को कॉमनवेल्थ में बनाए रखने के लिए हर सम्भव कोशिश की जानी चाहिए।[24] (अर्थात् ब्रिटेन के प्रतिरक्षा घेरे के अन्दर)

8 सितम्बर, 1946 को ब्रिटिश सेना प्रमुख ने ब्रिटिश कॉमनवेल्थ के लिए भारत का सामरिक महत्त्व शीर्षक से अपनी रिपोर्ट पेश की। इस रिपोर्ट में मूलतः पूर्व में दिए गए वक्तव्यों को ही दोहराया गया था कि जनशक्ति और क्षेत्रफल के हिसाब से भारत ब्रिटिश कॉमनवेल्थ की प्रतिरक्षा के लिए अपरिहार्य है। रिपोर्ट में उठाए गए मुख्य बिन्दुओं को संक्षेप में इस प्रकार बताया जा सकता है–

(1) हिन्द महासागर में किसी भी सम्भावित शत्रु को अड्डे बनाने की अनुमति नहीं दी जानी चाहिए।

(2) फारस की खाड़ी का तेल ब्रिटिश कॉमनवेल्थ के लिए ज़रूरी है और इसके लिए सुरक्षित मार्ग सुनिश्चित किया जाना चाहिए।

(3) यदि रूस शक्तिशाली वायुसेना के सहारे भारत पर अपना प्रभाव स्थापित करता है तो हमें फारस की खाड़ी और उत्तरी हिन्द महासागर के रास्तों से अपना नियन्त्रण खोना पड़ेगा।

(4) भारत ब्रिटिश साम्राज्य की सामरिक योजना की एक आवश्यक कड़ी है।

(5) भारत इसलिए भी महत्त्वपूर्ण है कि आने वाले समय में परमाणु सैन्य पद्धति के लिए स्थान की आवश्यकता होगी और भारत में उसके लिए जगह है।

(6) सुदूर पूर्व में कॉमनवेल्थ की सैनिक गतिविधियों को बड़े पैमाने पर संचालित करने के लिए भारत सबसे सुविधाजनक अड्डा होगा।

(7) सैनिक दृष्टि से भारत की सबसे महत्त्वपूर्ण संपदाओं में से एक उसकी अदम्य जनशक्ति है।

(8) ब्रिटेन को (अंडमान और निकोबार द्वीप समूह नहीं छोड़ना चाहिए जिसे बर्मा और मलाया के लिए बाह्य चौकी के रूप में विकसित करना चाहिए) यह दोनों देश तब भी ब्रिटेन के अधीन थे।[25]

सेनाध्यक्षों के इस आकलन को अन्तिम रूप देने के कुछ दिनों पश्चात् ही फील्ड मार्शल ऑकिनलेक ने लन्दन में जनरल रूपर्ट मायने को सचेत किया कि "नेहरू से उन्हें भारत के बाहर तैनात फौजों के सम्बन्ध में नोट मिला है इस कारण विदेशों से भारतीय फौजों की शीघ्र वापसी की माँग की जा सकती है।"[26]

इस समय भारतीय फौजें इराक, बर्मा, मलाया, हांगकांग और जापान में तैनात थीं और दक्षिण-पूर्व एशिया कमांड संगठन के प्रशासनिक कार्यों का अधिकांश भार ढो रही थीं। इस खबर ने लन्दन में सेनाप्रमुखों को परेशानी में डाल दिया। पैथिक लारेंस ने वेवल को 26 सितम्बर, 1946 को तार भेजा–"आपकी अन्तरिम सरकार द्वारा भारत से बाहर तैनात भारतीय फौजों की माँग का परिणाम दक्षिण पूर्व एशिया कमांड को तोड़ देगा। इस कारण मध्य पूर्व में गम्भीर स्थिति उत्पन्न हो जाएगी।" उन्होंने स्वयं सेना प्रमुखों के इस सुझाव का समर्थन किया कि "अन्तरिम सरकार पर दबाव डाला जाए कि वह इस माँग को न उठाएँ।"[27] फौजों को वापस बुलाने का नेहरू का आदेश यथावत् बना रहा।

नेहरू ने सितम्बर, 1946 में कृष्णा मेनन को सोवियत विदेश मन्त्री मोलोतोब से मिलने भेजा। कृष्णा मेनन ने नेहरू का एक पत्र मोलोतोब को दिया। और सोवियत संघ के साथ भारत के मैत्रीपूर्ण सम्बन्ध स्थापित करने की हार्दिक इच्छा व्यक्त की। मेनन उन्हें दिए गए निर्देशों से आगे बढ़ गए। उन्होंने भारत को रूसी सैन्य विशेषज्ञ दल भेजने की सम्भावनाओं को तलाशा। उनकी यह पहल पटेल और अन्य कांग्रेसी नेताओं को रास नहीं आई। अन्तरिम सरकार के निर्णयों के प्रति ब्रिटेन अभी भी उत्तरदायी था, किन्तु नेहरू ने उनसे सलाह नहीं ली।

इस दौर में इंडिया आफिस में सेनाध्यक्षों को भारत की वास्तविकताओं के बारे में सचेत किया (या सिखाया)। 31 अक्टूबर, 1946 को इंडिया ऑफिस के स्थायी अवर सचिव सर डैविड मानटीथ ने मेजर जनरल सर लेसली हालिस को, जो प्रतिरक्षा मन्त्रालय में स्टाफ ऑफीसर थे यह लिखा–

> मैं जोर देकर कहता हूँ कि सम्पूर्ण भारत स्वेच्छा से ब्रिटिश कॉमनवेल्थ में शामिल होगा इस पर भरोसा करना बुद्धिमत्ता नहीं होगी। मैं सम्पूर्ण भारत की बात कर रहा हूँ क्योंकि यदि भारत का दो या उससे अधिक हिस्सों में विभाजन होता तो मुस्लिम क्षेत्र और रियासतें कॉमनवेल्थ में रहने के लिए शायद उत्सुक होंगे–जब से पंडित नेहरू ने अन्तरिम सरकार की बागडोर

सँभाली है, तब से अपने भाषणों में वे भारत की विदेश नीति में स्वतन्त्र दृष्टिकोण रखने और किसी बड़े धड़े के साथ न जुड़ने का इरादा प्रकट कर रहे हैं। (बड़े धड़े भारत को सैन्य सहयोग के लिए प्रभावित करेंगे ही।)[28]

इंडिया ऑफिस के विचार निम्नलिखित प्रारूप से समझे जा सकते हैं जो उसने मन्त्रिमंडल को प्रस्तुत किया था–

यह ध्यान में रखना चाहिए कि सेनाध्यक्ष भारत को कॉमनवेल्थ में रखकर जिस लाभ को पाना चाहते हैं। (अर्थात् कॉमनवेल्थ के तले रक्षा सहयोग) वह वास्तव में तब तक प्राप्त नहीं हो सकता जब तक कि भारत इच्छुक और सहयोगी सदस्य नहीं बनता (घोषणा में इसे रेखांकित किया गया था)–भारत बेहद अविश्वसनीय और छलावे वाला सदस्य साबित हो सकता है–हिन्दू भारत में अहिंसा की बड़ी ही कट्टर परम्परा रही है जिसका गांधी एक उदाहरण हैं–युद्ध के दौरान वह तटस्थता बनाए रख सकता है।[29]

ब्रिटेन के विदेश विभाग का दफ्तर भी सतर्क हो गया। इंडिया ऑफिस के साथ एक संयुक्त ज्ञापन में इसने अन्तरिम सरकार के दौर में भारत की विदेशी नीति पर चिन्ता व्यक्त की। ज्ञापन में कहा गया–अनुभव की कमी और गैर जिम्मेदारी की दशा में विकसित विचारों को क्रियान्वयन करने की अधीरता और उसके बृहत् परिणामों की परवाह किए बिना कांग्रेस के कई नेता खासकर पंडित नेहरू इस कपटी किस्म के प्रशासन के सम्बन्ध में बड़े साफ-साफ विचार रखते हैं। ज्ञापन में आगे कहा गया था–"सन् 1946 की संयुक्त राष्ट्र की साधारण सभा में (जो सितम्बर में आरम्भ हुई थी) भारत और ब्रिटेन के मध्य दक्षिण अफ्रीका में रंगभेद के मुद्दे पर और संयुक्त राष्ट्र ट्रस्टीशिप काउंसिल में औपनिवेशिक मसलों पर विवाद पहले ही हो चुका है। भारत इंडोनेशिया को डचों के विरुद्ध और वियतनाम को फ्रांसीसियों के विरुद्ध जन समर्थन प्रदान कर सकता है। यह नहीं भूलना चाहिए कि बर्मा, मलाया और श्रीलंका के स्वतन्त्रता आन्दोलन को भी भारतीय नेताओं से बराबरी का समर्थन मिल सकता है। और भारतीय राजनेता पुर्तगाली और फ्रांसीसी आधिपत्य वाली बस्तियों को वापस करने की माँग भी कर सकते हैं।"[30]

मध्य-पूर्व में ब्रिटेन के हितों के सम्बन्ध में ज्ञापन कहता है–

फारस की खाड़ी के अरब सागर वाले तट पर ब्रिटिश सरकार के हितों का महत्त्व और उसका रूप देखते हुए यह आवश्यक है कि उन हितों की जिम्मेदारी किन्ही विश्वस्त हाथों में होनी चाहिए। (जैसे-जैसे रूस का दबाव फारस की खाड़ी पर बढ़ता जा रहा था उसे देखते हुए तेल आपूर्ति के संरक्षण,

> तेल के संसाधनों के विकास और बढ़ते सामरिक महत्त्व के कारण हवाई और समुद्री यातायात के विध्वंस की ओर ध्यान दिलाया गया) और सीधे ब्रिटिश नियन्त्रण में होनी चाहिए। इस क्षेत्र में हमारे हितों को देखते हुए, भारतीयों के ऊपर निर्भर रहने का जोखिम नहीं उठाना चाहिए।[31]

यह विश्वस्त हाथ कौन-सा होगा, जब भारत इस महाखेल में शामिल न होगा। ब्रिटिश सरकार ने सर टेरेंस शोन को दिल्ली में उच्चायुक्त बनाकर भेजा। वह 19 नवम्बर, 1946 को दिल्ली पहुँचे। उच्चायुक्त ने नई सरकार की विदेश नीति जिस दिशा में जा रही थी उस बारे में व्हाइट हॉल की आशंका की पुष्टि की। उन्होंने कांग्रेस पार्टी के हलकों में हिन्दी चीन में फ्रांस की कार्रवाई पर अत्यन्त गम्भीर चिंता जताने और राष्ट्रवादियों के "एशिया एशियावासियों के लिए है" जैसे विचारों के सम्बन्ध में रिपोर्ट दी। उन्होंने यह रिपोर्ट भी दी कि भारतीय साम्यवादी ताकत को और एशिया में सोवियत तन्त्र को कम आँक रहे हैं। यह शोन थे जिन्होंने पहली बार व्हाइटहॉल को सूचित किया कि "कांग्रेस ऐसा संविधान तैयार कर रही है। जिसमें एक स्वतन्त्र सार्वभौम गणतन्त्र की व्यवस्था होगी। इसका अर्थ होगा ब्रिटिश कॉमनवेल्थ के छत्र तले स्वतन्त्र भारत के साथ रक्षा और विदेशी मामलों में सहयोग की उम्मीद खत्म हो जाएगी। यह सारे परिवर्तन ब्रिटेन के विदेश विभाग की स्वतन्त्र भारत द्वारा अपनाई जाने वाली विदेश नीति सम्बन्धी अपेक्षा से बिलकुल भिन्न थे। वर्ष के आरम्भ (1946) में विदेश विभाग द्वारा तैयार किए गए ज्ञापन में लिखा था–

> भारत रक्षा के मामले में ब्रिटेन पर आगे भी निर्भर रहेगा और बाह्य मामलों में प्रमुख मुद्दों पर वह इंग्लैण्ड का अनुसरण करेगा। इस क्षेत्र का केन्द्र होने के नाते भारत इस सम्बन्ध में और अधिक सचेत रहेगा। यह उम्मीद की जाती है कि सामान्यतः वह जितना ध्यान अपने पश्चिमी और उत्तरी पड़ोसियों पर भी देगा–राष्ट्रमंडल (कॉमनवेल्थ) के अन्दर स्वशासी भारत एशिया में अगुवाई करने की अपेक्षा रखेगा और चीन से भी ज्यादा महत्त्वपूर्ण भूमिका निभाना चाहेगा। भारत सदैव दूसरे देशों में रहने वाले भारतीयों के कल्याण में रुचि लेगा–भारत की विदेश नीति मुख्यतः उसके छोटे पड़ोसियों के साथ सम्बन्धों के परिप्रेक्ष्य में संचालित होगी। मूलतः उसके हित सामरिक होंगे अर्थात् उसकी सीमा पर स्थित छोटे राज्य 'मध्यवर्ती राज्य' (बफर स्टेट) हों, और यह क्षेत्र किसी भी शत्रु या सम्भावित शत्रु के प्रभाव में न आए। हालाँकि भारत की नीति निर्धारण में सामरिक मुद्दा ध्यान में रखा जाएगा, यह सोचना अविवेकपूर्ण लगता है।[32]

ब्रिटेन के विदेश विभाग के विचारों को लेबर पार्टी की सरकार के विदेश सचिव पूर्व ट्रेड यूनियन नेता और एटली सरकार के प्रभावशाली सदस्य अर्नेस्ट बेविन के उस भाषण से समझा जा सकता है जो उन्होंने जून, 1947 में विभाजन की घोषणा के पश्चात् मार्गेट में आयोजित लेबर पार्टी के सम्मेलन में व्यक्त किए थे कि विभाजन से मध्य-पूर्व में ब्रिटेन की स्थिति मजबूत होगी।

जैसे ही नेहरू ने सरकार का गठन किया उन्होंने उत्तर-पश्चिमी सीमा प्रान्त के दौरे की योजना आरम्भ की जो विदेश विभाग के प्रभारी होने के नाते उनके अधीन आता था। उत्तर-पश्चिमी सीमा प्रान्त दो हिस्सों में विभाजित किया गया था। स्थायी जिले और कबीलाई क्षेत्र। स्थायी जिलों में पठानों को सीधे ब्रिटिश शासन के अधीन रखा गया था और इनमें पेशावर जैसे शहर आते थे। कबीलाई क्षेत्र में अफगानिस्तान की सीमा से लगे पर्वतीय क्षेत्र आते थे जिनमें घुमन्तू पठान कबीले थे। इन्हें अप्रत्यक्ष रूप से बेर और कोड़े की नीति से नियन्त्रित किया जाता था। बेर अर्थात् इन कबीलों के मुखियाओं को वार्षिक अनुदान के रूप में भारी रकम दी जाती थी और कोड़े अर्थात् स्थायी बस्तियों में लूट के लिए बोले जाने वाले धावे, विद्रोह, तोड़फोड़ आदि के लिए ब्रिटिश फौजों की कठोर कार्रवाई। ब्रिटेन ने ऐसे अधिकारियों की एक श्रेणी बना रखी थी जिन्हें कबीलाई क्षेत्रों के सम्बन्ध में और उनके नेताओं के सम्बन्ध में बड़ी जानकारी थी। इनकी नियुक्ति राजनीतिक एजेंटों के रूप में इन क्षेत्रों को नियन्त्रित रखने के लिए की जाती थी।

उत्तर-पश्चिमी सीमा प्रान्त और इसके दक्षिण में स्थित बलूचिस्तान को सन् 1880 में दूसरे अफगान युद्ध के पश्चात् ब्रिटिश नियन्त्रण में लाया गया जब कुछ कबीलाई क्षेत्रों को अफगानिस्तान से छीना गया। इस कारण ब्रिटेन के नियन्त्रण वाले क्षेत्रों की सीमा काबुल से मात्र 50 कि.मी. दूर तक रह गई थी। इस कारण 1893 में भारत-अफगान सीमा रेखा तय की गई। इस कार्रवाई से अफगान कबीलों का विभाजन हो गया, अभेद्य पर्वतीय अफगान क्षेत्र ब्रिटिश नियन्त्रण में आ गया। काबुल ने इस काल्पनिक ड्यूरंड रेखा को कभी स्वीकार नहीं किया। यह कबीले ब्रिटेन के लिए एक स्थायी काँटा बन गए जिन्हें नियन्त्रित रखने के लिए दस हजार से ज्यादा फौज रखनी पड़ती थी।

काबुल के अमीर अब्दुर्रहमान ने भारत के वाइसरॉय लॉर्ड लेंसडाउन को चेतावनी दी थी कि "जब तक आपकी सरकार शक्तिशाली और स्थिर है आप शक्तिशाली तरीके से उन्हें शान्त रख सकते हैं, लेकिन जैसे ही आपकी सीमा पर बाह्य शत्रु दिखाई देगा यह कबीले आपके सबसे खराब शत्रु साबित होंगे।"[33]

भारत-अफगान सीमा निर्धारित होने से एक लाभ मिला। इस कारण रूस की यह आशंका दूर हुई कि ब्रिटेन अब पश्चिमी दिशा में अर्थात् रूस की ओर विस्तार नहीं करेगा इस कारण महाखेल भी ठंडा पड़ा। सन् 1907 के आंग्ल-रूस समझौते के तहत अफगानिस्तान एशिया में इन दोनों महाशक्तियों के मध्य बफर स्टेट बन गया। इसकी सीमाएँ दोनों महाशक्तियों द्वारा तय की गईं न कि अफगानिस्तान द्वारा। (अफगानिस्तान ने आज भी ड्यूरंड लाइन को मान्यता नहीं दी है) उत्तर-पश्चिमी सीमा जो उत्तर में पामीर से लेकर दक्षिण में अरब सागर के तट तक फैली हुई थी, भारत की सबसे महत्त्वपूर्ण जमीनी सीमा थी। यह एकमात्र भू-सीमा थी जहाँ से भारत पर बड़े पैमाने पर आक्रमण किया जा सकता था। क्योंकि सुदूर उत्तर और पूर्व में अफगानिस्तान से बर्मा तक बर्फीली हिमालय पर्वत माला फैली हुई है। पिछले दो हजार सालों से इस दिशा से तीस से ज्यादा बड़े आक्रमण हो चुके हैं।

पठान हमेशा हर उस राजनीतिक नियन्त्रण को तोड़ने का प्रयास करते रहते थे जो उन्हें अपने अधीन करना चाहता था। पठान उस हर शक्ति से दोस्ती करते थे जो ब्रिटेन को अपदस्थ करना चाहती थी। उदाहरण के लिए कांग्रेस पार्टी के साथ उत्तर-पश्चिमी सीमा प्रान्त में 95 प्रतिशत मुसलमान आबादी थी इस कारण यहाँ साम्प्रदायिक बँटवारे को भुनाया नहीं जा सकता था जैसा देश के दूसरे हिस्सों में किया जा सकता था। वास्तव में 1937 के बाद जब से जिन्ना ने मुस्लिम लीग में फिर से जान फूँकी तबसे पठान, जिन्ना और उनकी पार्टी को अंग्रेजों की कठपुतली समझने लगे थे। जैसा अध्याय-3 में स्पष्ट किया गया है कि गांधीजी ने खिलाफत आन्दोलन को कांग्रेस का समर्थन दिया था। इस कदम के कारण कबीलाई पठान कांग्रेस के करीब आ गए थे। तीस के दशक से जब से महात्मा गांधी के नेतृत्व में पूरे भारत में स्वशासन के लिए ब्रिटिश सत्ता के खिलाफ आन्दोलन उठ खड़े हुए थे, ऐसे में कई पठान कबीले सीमान्त गांधी खान अब्दुल गफ्फार खान के नेतृत्व में ब्रिटिश सत्ता को उखाड़ फेंकने की उम्मीद करने लगे थे।

भारत सरकार अधिनियम 1935 के तहत सन् 1936 में जो चुनाव हुए उनमें कांग्रेस ने मुस्लिम लीग को पूरे सीमान्त प्रदेश में मात दी। सन् 1935 के भारत सरकार अधिनियम द्वारा प्रान्तों को पर्याप्त स्वशासन प्रदान किया गया था।

अक्टूबर, 1939 में उत्तर-पश्चिमी सीमा प्रान्त में कांग्रेसी मन्त्रिमंडल ने त्याग-पत्र दे दिया क्योंकि कांग्रेस ने युद्ध में बिटेन के साथ असहयोग की नीति अपनाई थी। इस स्थिति के कारण पूरे प्रान्त में राजनीतिक शून्य उत्पन्न हो गया

था। इसके बाद सन् 1940 की शुरुआत में जिन्ना ने ब्रिटेन द्वारा भारत छोड़ने के पश्चात् स्वतन्त्र पृथक इस्लामी राष्ट्र की स्थापना की घोषणा कर दी। इस कारण पठानों के लिए भारत और मुस्लिम लीग के मध्य चुनाव का अवसर उपलब्ध कराया और इस तरह प्रान्त की राजनीति में साम्प्रदायिक तत्त्व शामिल हो गया। इसके बावजूद 1945 के आम चुनाव में जो मूलतः पाकिस्तान के मुद्‌दे पर लड़ा गया उसमें कांग्रेस ने मुस्लिम लीग के 17 सीटों के मुकाबले 30 पर विजय पाई। परिणामस्वरूप डॉक्टर खान साहब के नेतृत्व में कांग्रेस सत्ता में पुनः वापस आई। डॉ. खान साहब ब्रिटिश भारतीय सेना में डॉक्टर रह चुके थे राजनीति और धर्म के घालमेल के कट्टर विरोधी थे। उनकी पत्नी अंग्रेज महिला थीं।

मार्च, 1946 में वेवल ने ओलेफ कैरो को उत्तर-पश्चिमी सीमा प्रान्त में गवर्नर नियुक्त किया। जो उत्तर-पश्चिमी सीमा प्रान्त मामलों के बड़े जानकार व्यक्ति थे। (जिनसे हमारा परिचय पहले अध्याय में हो चुका है) कैरो अपने प्रमुख की भाँति सामरिक विशेषज्ञ थे। उनकी पहली चिन्ता उत्तर-पश्चिमी सीमा प्रान्त के साथ ब्रिटेन के आधी शताब्दी पुराने रक्षा सम्बन्धों को सुरक्षित रखना था। जिसे कैरो के ही शब्दों में "उत्तर की लम्बी होती परछाइयाँ" (रूस की) शक्ति के कुओं (अर्थात् फारस की खाड़ी के तेल के कुओं) तक न पहुँचें और न ही अफगानिस्तान पर उसकी छाया पड़नी चाहिए। उनकी प्राथमिकता उत्तर-पश्चिम को एक ऐसी स्वतन्त्र इकाई बनाना था जो ब्रिटेन से जुड़ी रहे और जहाँ से ब्रिटेन अफगानिस्तान की घटनाओं को नियन्त्रित कर सके। चर्चिल की मन्त्रिमंडल के पोस्ट होस्टलिटी स्टाफ ने सन् 1945 में इस बात की सम्भावना तलाशी कि क्वेटा बोलन दर्रे के पास का क्षेत्र और फारस की खाड़ी के करीब के समुद्री तट पर सैनिक अड्‌डे स्थापित करने के लिए बलूचिस्तान को पृथक किया जाए। ऐसा ही कुछ उत्तर-पश्चिमी सीमा प्रान्त के साथ क्यों नहीं हो सकता? इसका विकल्प यह हो सकता था कि इस क्षेत्र को एक नवीन मुस्लिम राज्य के साथ रखा जाए। जिसके नेता भारतीय राष्ट्रीय कांग्रेस की तुलना में सोवियत इरादों के खिलाफ ब्रिटेन के साथ सैन्य मसलों पर अधिक सहयोगात्मक रुख अपनाएँगे।

यदि कैरो ने अपने राजनीतिक और खुफिया अधिकारियों का इस्तेमाल कबीलों को, जिनके मुखियों को वह व्यक्तिगत रूप से जानते थे, सन् 1946 में मुस्लिम लीग के संरक्षण में जाने के लिए तैयार किया तो साथ ही बदली परिस्थितियों ने भी इसमें उनकी मदद की। जैसा कि खान बन्धुओं और उनके समर्थकों का दावा था। पठानों को जब यह ज्ञात हो गया कि अंग्रेज यहाँ से चले जाएँगे तब उनकी सतर्कता उन लोगों के प्रति बढ़ गई जो आने वाले समय में उन

पर शासन करने वाले थे। मुस्लिम लीग इन हालात में इन पठानों को यह समझाने में सफल हो गई कि अंग्रेजों के जाने के बाद उन पर शासन करने वाले कबीलाई खान नहीं होंगे बल्कि भारत के मैदानी इलाकों के गैर मुसलमान होंगे। ब्रिटिश राज्य के पश्चात् अब हिन्दू राज्य को स्वीकारने में पठानों की कतई रुचि नहीं थी। हकीकत यह है कि इस सारे प्रचार के बावजूद 1946 तक पठानों को बड़े पैमाने पर प्रभावित नहीं किया जा सका और यह बात उस वर्ष जुलाई में संविधान सभा के लिए हुए चुनावों के नतीजों से स्पष्ट है। इनमें भारतीय राष्ट्रीय कांग्रेस को इस प्रान्त के लिए चार में से तीन सीटें प्राप्त हुई थीं।

कांग्रेस पार्टी पाकिस्तान योजना को निफल करने के लिए जिन्ना को उत्तर-पश्चिमी सीमा प्रान्त न देने को आधार बना रही थी। नेहरू ने जब उत्तर-पश्चिमी सीमा प्रान्त का दौरा करने का निश्चय किया जहाँ का प्रभार उनके पास था, तब पटेल और मौलाना आजाद ने उन्हें ऐसा न करने की सलाह दी। पटेल और आजाद चाहते थे कि वहाँ की स्थिति को गफ्फार खाँ और प्रान्त के मुख्य मन्त्री डॉ. खान साहब और उनके पठान समर्थकों को सँभालने दिया जाए। किन्तु नेहरू ने उनकी बात पर ध्यान नहीं दिया उनकी स्मृति में सन् 1935 में उत्तर-पश्चिमी सीमा प्रान्त की यात्रा के दौरान उनका एक नायक की तरह हुआ स्वागत बसा हुआ था। उनके आशावादी स्वभाव के कारण, इस विश्वास के कारण कि पठान कांग्रेस के साथ हैं और लोगों पर धर्म के प्रभाव को कम करने की उनकी सोच के कारण परिस्थिति को समझने में वह पूरी तरह चूक गए। जनरल फ्रैडरिक रॉबर्ट्स की यह सलाह कि (19वीं शताब्दी में दी गई थी) जितना कम वह हमें देखेंगे उतनी ही हमसे कम नफरत करेंगे उनके लिए अभिशाप था। किस तरह उनके जैसा कोई व्यक्ति जो कबीलों के उत्थान और कल्याण के लिए इतनी दिलचस्पी रखता हो, उनमें लोकप्रिय नहीं हो सकता था?

जैसे ही नेहरू पेशावर पहुँचे वहाँ उनका स्वागत एक बड़ी और विरोधी भीड़ से हुआ। इस प्रदर्शन के लिए गफ्फार खाँ ने सार्वजनिक रूप से गवर्नर और उनके अधिकारियों को कोसा। दूसरे दिन वजीरस्तान, मीरशाह और रज्माक में नेहरू को अत्यन्त शत्रुतापूर्ण माहौल का सामना करना पड़ा। यह क्षेत्र अत्यन्त महत्त्वपूर्ण कबीले 'मेहसूद' के आधिपत्य वाला क्षेत्र था। वजीरस्तान के रेजीडेंट के. सी. पैकमन के अनुसार, "पंडित नेहरू ने अपनी सारी गरिमा और आपा खो दिया और जिरगा (कबीले की सभा) पर चिल्लाने लगे।"[34] कैरो ने जो रिपोर्ट वेवल को भेजी वह बताती है–"जो बात उन्हें (कबीले के मुखियों को) खास तौर से अच्छी नहीं लगी वह यह कि प्रेमपूर्ण शासन की बात उद्दंडता से आपा खोकर कही गई।"[35]

हालाँकि मेहसूद कबीले के कुछ लोग भारतीय नेताओं से मिलने ज़रूर आए। आने वाले दिनों में विरोध प्रदर्शनों की चेतावनी के बावजूद ध्यान न देते हुए नेहरू ने सड़क मार्ग से यात्रा करने का निश्चय किया। खैबर दर्रे से, जो अफ्रीदियों का क्षेत्र है। लौटते समय लान्दीकोटल में उनकी कार पर पत्थर फेंके गए, भीड़ को तितर-बितर करने के लिए खैबर राइफल्स को गोलीबारी करनी पड़ी। मालन्द में पत्थर फेंकने से नेहरू के कान और ठुड्डी पर गुमड़े पड़ आए और खान अब्दुल गफ्फार खान तथा मुख्यमन्त्री भी घायल हो गए। हमलों को रोकने के लिए, जिसमें नेहरू की जान भी जा सकती थी, फिर से गोलीबारी करनी पड़ी। हालाँकि गफ्फार खाँ के सरदरिया स्थित आश्रम में कांग्रेस समर्थक बड़ी संख्या में जमा हो गए और लीग के कबीलाई दरकिनार हो गए।

उत्तर-पश्चिमी सीमा प्रान्त में मदरान के रहबासी बी. एम. सहगल, जो 90 वर्ष से अधिक आयु के हो चुके हैं, अब दिल्ली में रहते हैं। उन्होंने इस लेखक को बताया कि मालकन्द की अनर्थकारी यात्रा से लौटते हुए नेहरू उनके निवास पर चाय पान के लिए रुके थे। यहीं पर अचानक नेहरू ने बलूच कबीले की यात्रा करने का निश्चय किया जिन्होंने खुले दिल से उनका स्वागत किया। इस घटना से सहगल यह बताना चाहते थे कि नेहरू की यात्रा के लिए निर्धारित स्थानों पर ही अधिकारियों ने विरोध प्रदर्शन करवाए। हालाँकि सहगल ने स्वीकार किया कि कांग्रेस के विरुद्ध धीर-धीरे धारा बदलने लगी थी और पठानों की आज़ादी पाकिस्तान के पक्ष में जाने लगी थी। हालाँकि उनका यह मानना था कि बहाव इतना पर्याप्त नहीं था कि कबीलों पर और शेष उत्तर-पश्चिमी प्रान्तों में आगामी दस महीनों में जब तक अंग्रेज भारत में रहे कांग्रेस की पकड़ का सफाया कर देता।

नेहरू की यात्रा के सम्बन्ध में कैरो ने 23 अक्टूबर, 1946 को वेवल को सूचित किया—"यह सारे प्रदर्शन मुस्लिम लीग द्वारा आयोजित थे जैसे ही यह ज्ञात हुआ कि नेहरू फ्रंटियर की यात्रा पर आ रहे हैं लीग ने कबीलों के मध्य प्रचार तेज करने का निश्चय किया और मानकी के मुल्ला मालकन्द के संरक्षण वाले इलाकों और खैबर में जमरूद यात्रा पर गए। उनकी यात्रा का समय नेहरू के आगमन के ठीक पहले नियोजित किया गया। इसमें कोई दो मत नहीं कि इन सभाओं में पर्याप्त धार्मिक उन्माद पैदा किया गया।"[36]

> यह जानते हुए कि नेहरू की यात्रा कांग्रेस के हितों को आगे बढ़ाने के लिए थी, लीग के प्रचारकों को कबीलाई क्षेत्रों में जाने से रोकने के लिए सख्त कदम उठाना गलत होगा...मोटे तौर पर स्थिति यह है कि हमने कबीलाइयों

से कहा कि इस वक्त सत्ता नेहरू के साथ है और कबीलाइयों ने नेहरू से कहा कि वे उनकी एक न सुनेंगे (कैरो की) नेहरू की यात्रा ने और कुछ नहीं विभाजन को अपरिहार्य बना दिया।[37]

जब दिल्ली लौटने से पूर्व नेहरू कैरो से मिले तब उन्होंने खैबर और मालकन्द के पॉलिटिकल एजेंटों के पक्षपातपूर्ण व्यवहार की शिकायत की। बाद में वाइसरॉय कैरो के खंडन के बावजूद मालकन्द और खैबर के पॉलिटिकल एजेंट शेख महबूब के बर्ताव के खिलाफ जाँच बिठाई। नेहरू ने कैरो को सलाह दी कि कबीलों पर से मालिकों का कब्जा तोड़ा जाए और उन क्षेत्रों में शिक्षा, लोकतन्त्र और आर्थिक विकास को बढ़ावा दिया जाए। कैरो ने नेहरू द्वारा उनके अधिकारियों पर आरोपों के सम्बन्ध में अप्रसन्नता जाहिर की और कहा कि उनकी यात्रा असामायिक थी। कैरो ने कहा : "यदि वह (नेहरू) खुद शान्तिपूर्वक बिना आपा खोए घूमते और कबीलों से कहते कि वह उनके मेहमान हैं तो उनका बड़ी विनम्रता से स्वागत होता।"[38] कैरो ने वेवल को लिखा : "यह अन्तर्राष्ट्रीय ख्याल का राजनेता राजनीति के गुणों से रहित है उचित समय, सामंजस्य, शान्तिपूर्ण पहुँच और बड़े मुद्दों पर तौलकर निर्णय लेना मायने रखता है। किन्तु यह उनकी क्षमता से परे है। इस अवसर पर नेहरू ने बहादुरी तो दिखाई पर उनकी बहादुरी स्त्री सुलभ थी।"[39]

नेहरू बदला लेने वाले व्यक्ति नहीं थे जब उन्होंने वाइसरॉय पर कैरो को हटाने के लिए दबाव डालना शुरू किया उसके पीछे कारण यह नहीं था कि कैरो ने उन्हें भाषण पिलाया था। बल्कि इसलिए कि वह मालिकों पर निर्भरता में परिवर्तन चाहते थे। नेहरू ने इस यात्रा में बड़ा साहस प्रदर्शित किया। कैरो का यह मूल्यांकन कि नेहरू की यात्रा ने पाकिस्तान के विषय में निर्णायक मदद की ठीक नहीं है। (उत्तर-पश्चिमी सीमा प्रान्त पाकिस्तान का हिस्सा कैसे बना यह कहानी अगले अध्याय के लिए है) नेहरू की यात्रा के तुरन्त पश्चात् वेवल उत्तर-पश्चिमी सीमा प्रान्तों की यात्रा पर गए। वहाँ उन्होंने एक कबीलाई जिरगा को आश्वासन दिया कि ब्रिटेन की वापसी के समय उनके क्षेत्र उन्हें लौटा दिए जाएँगे। वेवल का यह प्रयास उत्तर-पश्चिमी सीमा प्रान्त में चुनावों के लिए वातावरण बनाने के लिए और प्रान्तों के निर्वाचित प्रतिनिधियों को जो अखिल भारतीय संविधान सभा में शामिल थे उन्हें दरकिनार करने के लिए था।

अन्तरिम सरकार का गठन एक महत्त्वपूर्ण परिवर्तन था, किन्तु स्वतन्त्र भारत के लिए संविधान बनाने वाली संविधान सभा के आह्वान में देरी की जा रही थी। जिन्ना के लिए कैबिनेट मिशन के साथ इतनी सोच समझकर बनाई गई योजना पर नरम पड़ने और अब इस बात पर सहमत होने कि (ब और स) समूहों में गए

प्रान्तों को इन समूहों में रहने न रहने का विकल्प दिया जाना, जैसा कांग्रेस चाहती थी, राजनीतिक आत्महत्या के बराबर था। ऐसा कोई कदम उनकी सारी उम्मीदों पर पानी फेर देगा जो कैबिनेट मिशन के माध्यम से दस वर्षों पश्चात् पाकिस्तान के लक्ष्य को पाने का था जिन्ना का प्रभाव क्षेत्र मुस्लिम बहुल प्रान्तों पंजाब, सिन्ध और उत्तर-पश्चिमी सीमा प्रान्त तक सीमित हो जाता जहाँ 'इस्लाम खतरे में है', के नारे का प्रभाव नगण्य होता और बंगाली मुसलमानों के लिए कौम का अर्थ बंगाली राष्ट्रवाद था। यह एक महत्त्वपूर्ण प्रश्न था कि कांग्रेस ऐसी योजना के साथ क्यों जुड़ी जो कांग्रेस समर्थक उत्तर-पश्चिमी सीमा प्रान्त और असम को नवजात पाकिस्तान के साथ रखने वाली थी? पटेल द्वारा क्रिप्स को लिखे गए एक पत्र में क्रिप्स की कांग्रेसी नेताओं को वाइसरॉय की परिषद् में खींच लाने की आतुरता के कारण उन्होंने नेताओं को कुछ मौखिक आश्वासन दिया था कि प्रान्तीय विकल्प के विचार पर गौर किया जाएगा।

वेवल ने लन्दन को सलाह दी कि संविधान सभा का आह्वान तब तक नहीं किया जा सकता जब तक ब्रिटेन सरकार कैबिनेट मिशन के (ब) और (स) समूहों के प्रान्तों की सम्बद्धता को स्पष्ट नहीं करती क्योंकि संविधान का प्रारूप उसी के मुताबिक निर्धारित होगा। हालाँकि एटली और क्रिप्स इस समय ऐसे विवादित मुद्दे पर स्पष्टीकरण नहीं देना चाहते थे। यह जिन्ना की सोच के पक्ष में होना चाहिए था और उससे कांग्रेस अन्तरिम सरकार से त्यागपत्र दे देती और इससे नेहरू और पटेल की अन्तरिम सरकार में सत्ता का वास्तविक इस्तेमाल करने की छूट देकर उन्हें पटाने की नीति भी चौपट हो जाती। साथ ही इस मसले पर किसी तरह के स्पष्टीकरण से दस वर्षों पश्चात् पाकिस्तान के निर्माण की सम्भावना के लिए बचाव का जो रास्ता कैबिनेट मिशन ने सुलभ कराया था वह सभी की नजर में आ जाता। इस पर जैसा कि 7वें अध्याय में बताया गया है, भारत में अंग्रेजी राज्य के विरुद्ध वातावरण बेहद गरम हो चुका था, इस कारण अब यह बेहद ज़रूरी हो गया था कि कांग्रेस के नेताओं की हरकतों को नियन्त्रित रखने के लिए उन्हें अन्तरिम सरकार में भागीदार बनाकर काबू में किया जा सके।

ब्रिटिश भारतीय प्रदेशों के लिए आबंटित 296 विधानसभा सीटों के लिए चुनाव जुलाई 1946 में पूर्ण हुए। मुसलमानों के लिए खास तौर पर आबंटित 78 सीटों में से मुस्लिम लीग ने जबर्दस्त 73 सीटें जीतीं। फिर भी विधानसभा में कांग्रेस का वर्चस्व रहना था। यहाँ तक कि यदि भारतीय रजवाड़ों के 93 प्रतिनिधि मुस्लिम लीग में शामिल हो जाते तो भी कांग्रेस बहुमत में बनी रहती। (तब तक रजवाड़ों में से 93 प्रतिनिधियों का चुनाव करने की विधि का स्पष्ट निर्धारण नहीं हुआ था)।

वाइसरॉय के तत्कालीन निजी सचिव जॉर्ज एबेल ने 18 नवम्बर, 1946 को जिन्ना के बाद दूसरे प्रमुख मुस्लिम लीग के नेता लियाकत अली खान से मुलाकात की और संविधान सभा के गठन के बारे में लियाकत अली के विचारों से वेवल को इस प्रकार अवगत कराया–"जब मैंने उनसे यह कहा कि वाइसरॉय अनिश्चितकाल तक मुस्लिम लीग के दृष्टिकोण का समर्थन जारी नहीं रख सकते" इस पर लियाकत अली ने दो टूक कह दिया कि "लीग समझौता संविधान सभा में तब तक शामिल नहीं हो सकती जब तक ब्रिटिश सरकार समूह के गठन को लेकर उन्हें कोई गारंटी नहीं देती।" एवेल ने आगे लिखा–"लियाकत ने कहा कि लीग देश में साम्प्रदायिक उन्माद को खत्म नहीं होने दे सकती उन्हें इन साम्प्रदायिक भावनाओं की ज़रूरत पाकिस्तान के मामले को पुख्ता करने के लिए है।"[40]

दूसरी और संविधान सभा के गठन के लिए कांग्रेस नेताओं के बढ़ते दबाव और पर्दे के पीछे से अमरीकियों द्वारा लम्बे समय से संविधान सभा की माँग की लम्बे समय तक उपेक्षा नहीं की जा सकती थी। इस कारण सभा के उद्घाटन के लिए 9 दिसम्बर, 1946 की तिथि तय की गई। इन हालात में एटली को समूह की व्यवस्था के सम्बन्ध में स्पष्टीकरण देने का खतरा मोल लेना था किन्तु उन्होंने सोचा कि इस मुद्दे पर कोई वक्तव्य देने से पहले उस पर सम्मेलन में चर्चा करना ज्यादा बेहतर होगा जिसमें कि कांग्रेस को लगने वाले धक्के को जहाँ तक सम्भव हो हल्का किया जाए। इसका नतीजा यह निकला कि उन्होंने कांग्रेस और मुस्लिम लीग के नेताओं को सिखों के प्रतिनिधि के रूप में बलदेव सिंह के साथ 2 से 6 सितम्बर, 1946 को लन्दन में सम्मेलन के लिए बुलाया वह भी ठीक संविधान सभा की निर्धारित बैठक से ठीक पहले। पटेल ने इस बैठक में भाग लेने पर आपत्ति प्रकट की क्योंकि वह इसके असल उद्देश्य को ताड़ गए थे और उन्होंने स्वयं इसमें भाग लेने से इनकार कर दिया।

यह सम्मेलन परस्पर विरोधों को सुलझाने में असफल रहा, बावजूद इसके कि विवादास्पद मुद्दे को यह प्रस्ताव रखकर बकवास साबित करने की कोशिश की गई कि मुस्लिम लीग के प्रवेश के बाद संविधान सभा इस मुद्दे को संघीय अदालत के समक्ष प्रस्तुत कर देगी। जिन्ना ने होशियारी से इस प्रस्ताव को यह कहकर नकार दिया कि इस मुद्दे को इस योजना की रचना करने वालों से बेहतर कौन स्पष्ट कर सकता है। 6 दिसम्बर को समूह के विवाद पर ब्रिटेन द्वारा दिए गए स्पष्टीकरण में कहा गया–

> कैबिनेट मिशन का आरम्भ से ही यह विचार है कि विरोधों पर सहमति न हो सकने पर विभिन्न गुटों के निर्णयों पर विभिन्न प्रतिनिधि समूहों के साथ

साधारण मतों के बहुमत से लिए जा सकेंगे। (प्रत्येक समूह के प्रान्तों के प्रतिनिधियों से पृथक मत से नहीं।)[41]

ब्रिटेन के इस वक्तव्य से देश भर में बड़ा आक्रोश फैल गया जिसकी झलक पटेल द्वारा क्रिप्स को 15 दिसम्बर, 1946 को लिखे गए पत्र से मिलती है। किन्तु नेहरू मन्त्रिमंडल ने कार्य परिषद् से त्यागपत्र नहीं दिया।

मैं नहीं जानता कि इस वक्तव्य द्वारा ऐसी हरकत की गई है उसका बोध भी है या नहीं (6 दिसम्बर की) हमारे समझौते द्वारा ब्रिटेन के प्रति विश्वास और आस्था की जैसी भावना पैदा हुई थी वह तेजी से खत्म हो रही है।–हम सिखों को सन्तुष्ट करने के लिए क्या करें जिनके साथ वास्तव में अन्यायपूर्ण बर्ताव है। यदि वे (मुस्लिम लीग) असम का संविधान (गैर मुसलमान) इस तरह से बनाते हैं कि असम का समूह से बाहर रह पाना असम्भव (बंगाल से अलग होना) हो जाए तो आपके वक्तव्य में इसका क्या उपाय है? हम सभी यह महसूस कर रहे हैं कि कुछ धोखा हुआ है...[42]

नेहरू की हताशा इस तथ्य से स्पष्ट हो जाती है कि लन्दन से लौटने के बाद 9 दिसम्बर को संविधान सभा के उद्घाटन के पहले ही दिन उन्होंने एक प्रस्ताव रखा जिसमें यह घोषणा की गई कि स्वतन्त्रता प्राप्ति के पश्चात् भारत एक 'स्वतन्त्र सम्प्रभु गणतन्त्र' होगा। (ऑब्जेक्टिव रिजूलेशन) कार्य प्रस्ताव में कहा गया जिसे नेहरू ने कहा हम शपथ रूप में इसे लेंगे। इसका प्रारम्भ इस प्रकार है।

"यह संविधान सभा अपना दृढ़ और पवित्र निश्चय घोषित करती है कि वह भारत को एक स्वतन्त्र, सम्प्रभु गणतन्त्र घोषित करेगी और उसके भावी शासन के लिए एक संविधान का निर्माण करेगी।"

इस पर पेनेड्रल मून ने इस घटना को कम करके प्रस्तुत किया किन्तु यह ब्रिटेन की आधिकारिक प्रतिक्रिया थी–

दो महत्त्वपूर्ण दल लीग और शासक के प्रतिनिधि के बिना इस चाल को चतुराईपूर्ण नहीं कहा जा सकता क्योंकि दोनों द्वारा इस विषय पर कुछ कहने की अपेक्षा की जाती है।[43]

भारत में शक्तिशाली ब्रिटिश शासन नागरिक सेवाओं तथा सशस्त्र सेवाओं के सभी वरिष्ठ पदों पर कब्जा जमाए हुए था, जो पहले से ही कांग्रेस हिन्दू पार्टी विरोधी था। उस तन्त्र में इसे सम्राट के मुँह पर तमाचे के रूप में लिया गया। इंग्लैण्ड में यह मुस्लिम लीग और जिन्ना के प्रति ब्रिटेन की भावनाओं की एक और चेतावनी के रूप में देखा गया। दुनिया भर के लोगों में अंग्रेज सबसे अधिक

व्यावहारिक और प्रशासन में निपुण लोग माने जाते हैं परन्तु जैसा हैमलेट में कहा गया है : "मुझे ऐसे व्यक्ति दो जो भावनाओं के गुलाम न हों।" साम्राज्य की रूमानियत अंग्रेज आत्मा में प्रविष्टि हो चुकी थी। यदि राष्ट्रवादी 1946 के बाद से बातचीत के द्वारा हल चाहते थे (संघर्ष के रास्ते के विपरीत) तो इसका रहस्य अंग्रेजों की साम्राज्य से पृथक होने की पीड़ा को कम करने में था। नेहरू के कदम पर न तो ठीक से विचार किया गया था न इसे कांग्रेस के अन्दर भली प्रकार समझाया जा सका था। यह बात इस तथ्य से प्रमाणित होती है कि तीन हफ्तों पश्चात् रिफार्म कमिश्नर वी. पी. मेनन ने पटेल से एक दूसरे ही रास्ते पर विचार विमर्श किया वह था भारत के स्वतन्त्र उपनिवेश रूप में स्वतन्त्र होने की सम्भावना। यह विचार विमर्श एक अत्यन्त महत्त्वपूर्ण परिवर्तन था इसने कांग्रेस की भविष्य की नीति की दिशा बदलने में मदद की। वी. पी. मेनन ने तर्क रखे कि विभाजित भारत में–

> केन्द्र सरकार मजबूत, इकट्ठी और प्रभावशाली होगी अर्थात् विकेन्द्रीकरण की प्रवृत्ति के समक्ष मजबूती से खड़ी हो सकेगी। (जो कि इस समय बहुत प्रकट थी) और संविधान सभा को सचमुच से एक प्रजातान्त्रिक संविधान बनाने में सक्षम करेगी जो किसी भी साम्प्रदायिक सोच से अप्रभावित होगी। यदि हम विभाजन के लिए तैयार होते हैं तो जिन्ना पंजाब, बंगाल और असम के वह हिस्से जिनमें गैर मुसलमान आबादी ज्यादा है, उन्हीं सिद्धान्तों के आधारों पर नहीं माँग पाएँगे। जिनके आधार पर वह भारत के साम्प्रदायिक आधार पर विभाजन की माँग कर रहे हैं। जिन्ना के दुराग्रह को ब्रिटिश जनमत के एक बड़े वर्ग का समर्थन है और उससे ज्यादा उनके साथ राजधानी और प्रान्तों के ब्रिटिश अधिकारियों की सहानुभूति है। जो अभी भी सेना और प्रशासन के बड़े पदों पर आसीन हैं। इन अंग्रेजों के पास वह शक्ति है कि यदि भारत स्वयं को गणतन्त्र घोषित करता है और ब्रिटिश राष्ट्रमंडल त्याग देता है तो वे सत्ता के हस्तान्तरण के समय अत्यन्त मुश्किलें पैदा कर सकते हैं। अंग्रेजों की शत्रुता को कम किया जा सकता है और ब्रिटेन में जनमत बदला जा सकता है यदि भारत शुरुआत में स्वतन्त्र उपनिवेश का दर्जा (डोमिनियन दर्जा) स्वीकार कर लेता है। राष्ट्रवादियों का पूरे भारत पर नियन्त्रण नहीं है अर्थात् रियासतों पर जिनका एक तिहाई भूमि पर नियन्त्रण है और जिन्हें अभी एकता के सूत्र में बाँधना है। भारत यदि उपनिवेश रहता है तो इन रियासतों के लिए एक आश्वासन भी होगा जिनके ब्रिटिश ताज से पुराने सम्बन्ध हैं यह उनके साथ बातचीत को आसान कर देगा।[44]

पटेल एक मजबूत केन्द्र सरकार की आवश्यकता पर जोर देने की बात से खास तौर से स्तब्ध थे। वी. पी. मेनन लिखते हैं–"महान राजनीतिज्ञ की तरह उन्होंने मुझे आश्वस्त किया कि यदि सत्ता डोमिनियन के आधार पर तुरन्त हस्तान्तरित की जा सकती है तो वह अपने प्रभाव से कांग्रेस को इसे स्वीकार करने के लिए कहेंगे।"[45]

यह देखते हुए कि कांग्रेस स्पष्ट रूप से पूर्ण स्वतन्त्रा की माँग कर रही है, तब उसके लिए कोई जगह ही नहीं बचती कि कांग्रेस औपनिवेशिक स्वराज के आधार पर सत्ता का हस्तान्तरण मंजूर करेगी। वेवल के उत्तराधिकारी माउंटबेटन ने भारत आने से पहले या तो मेनन के पटेल के साथ उपर्युक्त बातचीत के नोट को देखा था या उन्हें दिखाया गया था।

ब्रिटिश अधिकारियों विशेषकर भारत सम्बन्धी विशेषज्ञों के दिमाग में कुछ और ही तत्त्व रहा था। इन लोगों के पास भारत सम्बन्धी मौलिक जानकारियाँ थीं इस कारण यह लोग ब्रिटिश नीति पर बड़ा प्रभाव डालते थे। यह उनकी ठोस मान्यता थी कि भारत स्वतन्त्र देश के रूप में एक इकाई की तरह टिक नहीं पाएगा, जबकि पाकिस्तान एक इकाई बना रहेगा क्योंकि उसे जोड़ने वाला तत्त्व इस्लाम है। इस कारण पाकिस्तान ज्यादा उपयोगी तत्त्व है। ब्रिटिश मन्त्रिमंडल के लिए कॉमनवेल्थ रिलेशन ऑफिस (जो शीघ्र ही इंडिया ऑफिस बन गया) की एक उच्च स्तरीय गुप्त अनुशंसा में भारत के सम्बन्ध में ब्रिटेन के सन्देहों के बारे में जानकारी मिलती है। हालाँकि यह अनुशंसा भारत के आजाद होने के बाद तैयार की गई थी किन्तु इसमें प्रकट विचार रातोंरात तो परिपक्व नहीं हुए होंगे। ऐसे विचारों ने ब्रिटिश के नीतिकारों के दिमाग में यह बात बैठा दी थी कि भारत की झोली में सारे दाँव नहीं डाले जा सकते। इस अनुशंसा को (जो बहुत बड़ी थी) व्हाइट हाल में वितरित किया गया। इसका सारांश निम्नलिखित है–

> आर्थिक, औद्योगिक, मानव संसाधन और अन्य संसाधनों की दृष्टि से भारत, पाकिस्तान की तुलना में अधिक शक्तिशाली है। किन्तु भारत के पास ऐसा कोई ठोस आधार नहीं है जो एक संगठित राष्ट्र का निर्माण कर सके। यहाँ उत्तर और दक्षिण के मध्य कोई जुड़ाव नहीं है, यहाँ सिखों और वामपन्थियों जैसे तत्त्व हैं जिनकी अपनी शर्तें हैं और जो संख्या और प्रभाव में बढ़ रहे हैं।[46]

दूसरी ओर अनुशंसा बताती है कि पाकिस्तान यद्यपि आर्थिक और भौतिक संसाधनों की दृष्टि से कमजोर है किन्तु खाद्यय और मानव संसाधन की दृष्टि से ठीक-ठाक है–

उसके पास लोगों को जोड़ने और एक राष्ट्र के निर्माण की दृष्टि से एक निश्चय आधार है इस्लाम...और भारत सरकार की तुलना में आन्तरिक तोड़फोड़ वाले तत्त्वों से उसको कम भय है, और पृथकतावादी प्रवृत्तियों से भी खतरा कम है।[47]

हालाँकि ब्रिटिश मन्त्रिमंडल में इस धारणा के सम्बन्ध में कोई एक सत्ता नहीं थी। कुछ मन्त्री जैसे अर्नेस्ट बेविन, (विदेश सचिव) और फिलिप नोएल बेकर (कॉमनवेल्थ रिलेशन के सेक्रेटरी ऑफ स्टेट) उन अधिकारियों से बड़े प्रभावित थे जो ऐसे विचार रखते थे। सर स्टैफर्ड क्रिप्स भारत के भविष्य को लेकर बड़े आशावादी थे। जब कांग्रेस में पाकिस्तान के निर्माण के लिए सहमति हो गई तब एटली आगामी वाइसरॉय लॉर्ड माउंटबेटन के साथ भारत को मजबूत बनाने और उसके और टुकड़े न होने पाएँ, इस प्रयास में जुट गए।

इतिहास ने उपरोक्त आकलन को गलत सिद्ध कर दिया। इन विचारकों ने इस तथ्य की ओर ध्यान नहीं दिया कि गहरी जड़ें लोगों को उनके मतभेदों के बावजूद बाँधती हैं। उन्होंने धर्म को राष्ट्र को बाँधने वाले तत्त्व के रूप में अधिक महत्त्व दिया। वास्तव में इस्लामिक पाकिस्तान के टूटने से 1971 में पृथक बांग्लादेश बना, जब कि बहुधर्मी भारत आन्तरिक एवं बाह्य चुनौतियों के बावजूद एक रहा।

जब कैबिनेट मिशन दिल्ली में था तब अमरीकी विदेश विभाग ने चुप्पी साध रखी थी। अमरीकी मामलों के अधिकारी जॉर्ज मैरेल ने सलाह दी थी कि न तो ब्रिटेन और न ही भारतीय अमरीकी हस्तक्षेप को लेकर उत्सुक हैं। उन्होंने कैबिनेट प्रतिनिधि मेजर विल्सन वायट के उस उद्‌गार का सन्दर्भ दिया। (रायटर के उस समाचार को देखकर कि वाशिंगटन पाकिस्तान के प्रश्न को अन्तर्राष्ट्रीय मध्यस्थता के लिए प्रस्तुत करने का समर्थक है।) :

"क्या अब वे हस्तक्षेप करनेवाले हैं?"[48] एक अन्य तार में मैरेल ने भारतीय दृष्टिकोण को स्पष्ट किया—"हमारी सरकार ने विभिन्न आधिकारिक माध्यमों से भारतीयों के मन में बहुत ज्यादा उम्मीदें पैदा कर दी थीं। सही या गलत किसी भी ढंग से उनमें से कइयों को यह उम्मीद बँध गई थी कि अमरीका उन्हें ब्रिटिश शासन से मुक्ति दिलाएगा। और जब यह उम्मीद पूरी न हुई तब भारतीय बुरी तरह निराश हुए हैं और अमरीका को भी ब्रिटेन की श्रेणी में एक साम्राज्यवादी ताकत मानने लगे हैं।"[49]

जब राष्ट्रपति हैरी एस. ट्रूमन ने डीन एक्शन की अन्तरिम सरकार में एक अमरीकी राजदूत नियुक्त करने की सलाह को दिसम्बर 1946 में स्वीकार कर लिया तब स्टेट डिपार्टमेंट एकदम सक्रिय हो गया। इसके बाद उन्होंने संवैधानिक

अवरोध को तोड़ने और भारत के लिए एक हल निकालने के लिए प्रयत्न करना शुरू कर दिया। एक्शन, भारतीय एजेंट जनरल गिरजाशंकर वाजपेयी ने जो बातें उनसे 8 नवम्बर 1946 को वाशिंगटन में कही थीं, उससे बड़े प्रभावित थे–

> भारत की संविधान सभा द्वारा जो संविधान निर्मित होगा वह भारत सरकार और ब्रिटिश सरकार के मध्य कनाडा, आस्ट्रेलिया और न्यूजीलैंड की तुलना में बहुत ही कम सम्बन्ध रखने वाला होगा इसकी प्रकृति आयरलैंड जैसी ज्यादा होगी। इस कारण इसके कई तत्त्व ऐसे होंगे जिसकी वजह से उसे सलाह या मार्गदर्शन पाने के लिए ब्रिटेन पर ज्यादा निर्भर नहीं होना होगा...वैसे तो नेहरू उस स्थिति में नहीं रहना चाहेंगे कि उन्हें सोवियत संघ और पश्चिमी ताकतों के मध्य किसी एक को चुनना पड़े। हालाँकि हकीकत यह है कि अन्ततः उन्हें किसी एक को चुनना पड़ेगा।...इस परिस्थिति में एक अमरीकी राजदूत भारत को मित्रता और मदद की ज्यादा सही दिशा दे सकेगा बनिस्बत उन देशों के जिनके संवैधानिक ढाँचे और विदेश नीतियाँ अधिक सुनिश्चित हैं।[50]

इसके पश्चात् अमरीका के साथ काम करने या परस्पर हितों को पहचानने के लिए संवाद स्थापित करने के कोई प्रयास भारत द्वारा किए जाने के प्रमाण नहीं मिलते। आसिफ अली जिन्हें फरवरी 1947 में भारत का पहला राजदूत बनाकर अमेरिका भेजा गया, उन्हें ऐसे किसी काम का कोई अनुभव नहीं था। जब आफिस अली पहली बार सेक्रेटरी ऑफ स्टेट जनरल जॉर्ज मार्शल से मिले तब मार्शल ने इस बात पर आश्चर्य व्यक्त किया कि "राजदूत ने न तो एकता पर जोर दिया, जैसे कि उनके पूर्ववर्ती वाजपेयी दिया करते थे, और न ही लोकतान्त्रिक शासन पद्धति के सम्बन्ध में कुछ कहा। खास तौर पर जब उन्होंने (मार्शल) यह कहकर बात आगे बढ़ाई थी कि अमरीका का उद्देश्य चीन में पहले एकता और लोकतान्त्रिक शासन व्यवस्था स्थापित करना है। मार्शल चकरा गए जब आसिफ अली ने इन बातों की अपेक्षा भारत की स्वतन्त्रता के लिए ब्रिटेन द्वारा भारत की ऋण ग्रस्तता का मुद्दा उठाने की बात कही।"[51]

डीन एक्शन ने ब्रिटेन में अमरीकी मामलों के प्रमुख वाल्दमर गैलमन को 30 नवम्बर 1946 को निर्देश दिया कि वह ब्रिटेन सत्ताधारियों को लन्दन वार्ता से पूर्व, जो ब्रिटिश और भारतीय नेताओं के मध्य 2 सितम्बर 1946 को आरम्भ होनी थी, यह सन्देश देने को कहा–

> वहाँ (भारत) संवैधानिक प्रक्रिया के मध्य किसी भी तरह का अन्तराल चीन की भाँति ऐसी व्यापक दुर्व्यवस्था उत्पन्न कर सकता है। जो वर्षों तक जारी

रहे और जिसके विश्व व्यापी परिणाम हों–अमरीका स्थिर, संगठित (इसे रेखांकित किया गया था) और शक्तिशाली भारत से परस्पर लाभदायक आर्थिक सम्बन्धों का आकांक्षी है।[52]

एक्शन ने गैलमन को लन्दन में जिन्ना और नेहरू से भी बराबर सम्पर्क में रहने का निर्देश दिया। एक्शन ने इन निर्देशों को वाशिंगटन में 3 दिसम्बर 1946 को एक प्रेस वार्ता में भी जारी रखा। इस प्रेस वार्ता में उन्होंने कहा–"अमेरिका अत्यन्त चिन्ता के साथ लन्दन वार्ता के परिणामों की राह देख रहा है।" गैलमन को भारतीय नेताओं से मिलने के जो निर्देश मिले थे उसके लिए इंडिया ऑफिस ने उन्हें बड़ी चतुराई से रोक दिया। उन्होंने अपने देश को तार भेजा कि ब्रिटिश अधिकारियों ने उन्हें बताया कि–"भारतीय नेताओं का कार्यक्रम अत्यन्त व्यस्त है. ..कि यह प्रधानमन्त्री (विशेष तौर पर) तनावों के चलते नेहरू या जिन्ना हो सकते हैं। दोनों ही अमरीकी दूतावास की बातों को हस्तक्षेप या पक्षपात के रूप में ले सकते हैं।"[53]

लन्दन वार्ता की असफलता के पश्चात् पैथिक लारेंस ने तार द्वारा इसके परिणामों की सूचना विदेश सविच अर्नेस्ट बेविन को दी। यह सूचना अमरीका को देनी थी।

> नेहरू को कांग्रेस के रवैये में परिवर्तन के लिए, जो पहले से ही हमें ज्ञात है, राजी कर पाना सम्भव नहीं है। यदि मतदान प्रत्येक प्रान्त के प्रतिनिधियों के बहुमत के आधार पर होता है (जैसा नेहरू चाहते हैं) तब समूहों के संविधान नहीं बनाए जा सकेंगे क्योंकि इसमें असम और उत्तर-पश्चिमी सीमा प्रान्त को आपत्ति होगी। समूहों के निर्धारण के लिए उचित मौका महत्त्वपूर्ण है जिससे मुस्लिम लीग का सहयोग मिल सके जो कि मिशन की योजना का आवश्यक हिस्सा है इस कारण यदि अमेरिका 16 मई, 1946 के हमारे वक्तव्य की हमारी व्याख्या से सहमत होता। तो यह बड़ा मददगार होगा और यदि दिल्ली में अमरीकी प्रतिनिधि कांग्रेसी नेताओं से मिलें...मैं स्टेट डिपार्डमेंट की प्रतिक्रिया जानकर बड़ा आभारी रहूँगा।[54]

इस पर एक्शन ने 11 दिसम्बर, 1946 को मेरेल को तार द्वारा, नेहरू से भेंट कर निम्नलिखित बातें करने के लिए कहा–

> जब आप नेहरू से मिलें तब आप इस पर जोर दें कि भारत की राजनीति में गतिरोध पर अमरीका की ताजा प्रतिक्रिया क्या है? और इस बात को नकार दीजिए कि अमरीका की कार्यवाही ब्रिटेन के कहने से प्रभावित है। यद्यपि ब्रिटिश योजना में केन्द्र की सीमित शक्तियों पर निष्पक्षता और खुली

चर्चा हो सकती है...संघीय वाद में अमेरिका का ऐतिहासिक अनुभव दर्शाता है कि शुरुआत में केन्द्र सरकार की सीमित शक्तियाँ और धीरे-धीरे अतिरिक्त अधिकार जो संघीय यूनियन की समस्याओं से निपटने के लिए हों (उदाहरणार्थ असम और उत्तर-पश्चिमी सीमा प्रान्त के बारे में जो कि सीमावर्ती राज्य हैं और रक्षा एक संघीय विषय है) कांग्रेस का दृष्टिकोण इस मोड़ पर मुस्लिम लीग को वर्तमान ढाँचे में ईमानदारी से कार्य करने पर निर्भर करेगा कि भारतीय संघ के केन्द्र के विषयों को दस वर्षों के अनुभव के पश्चात् ही पुनः खोले जाएँ।[55]

मैरेल ने नेहरू की प्रतिक्रिया के बारे में एक्शन को 14 दिसम्बर 1946 को सूचित किया—"कांग्रेस इस आवश्यकता को पूरी तरह समझती है कि शुरुआत में संघ का केन्द्र कमजोर हो, किन्तु लीग के सदस्यों ने सार्वजनिक रूप से घोषित किया है कि वे मन्त्रिमंडल में संघर्ष के लिए सम्मिलित होंगे। अब वे गुपचुप तरीके से यह कह रहे हैं कि वे संविधान सभा में इसे ध्वस्त करने के इरादे से शामिल होंगे, नेहरू ने लन्दन पर आरोप लगाया कि लन्दन वार्ता के पश्चात् 6 दिसम्बर, 1946 के अपने वक्तव्य से वे (ब्रिटेन) जिन्ना के दुराग्रह को प्रेरित करने के लिए उन्हें औजार प्रदान कर रहे हैं।"[56]

19 दिसम्बर को स्टेट डिपार्टमेंट ने मैरेल को निर्देश दिए—

जिन्ना और लियाकत अली खाँ या दोनों को हमारे सन्देहों के बारे में सूचित करें कि प्रान्तीय समूहों के सम्बन्ध में कांग्रेस के दृष्टिकोण को बदला जा सकता है यदि इसकी कोई सार्वजनिक घोषणा हो या फिर ऐसा कोई ठोस प्रमाण इस बात का दिखाया जाए कि मुस्लिम लीग भारतीय संघीय यूनियन के ढाँचे में कैबिनेट मिशन योजना के अनुरूप काम करने को तैयार है। ज़रूरी बचाव तब तक हासिल नहीं किए जा सकते जब तक प्रस्तुत राजनीतिक दल केन्द्र के स्वरूप को आम तौर पर स्वीकार नहीं कर लेते।[57]

27 दिसम्बर, 1946 को लियाकत अली के विचारों के सम्बन्ध में मैरेल ने सूचित किया कि जिन्ना के सहायक ने तर्क दिया कि कांग्रेस ने ब्रिटेन की सरकार के 6 दिसम्बर, 1946 के समूहों के सम्बन्धी बयान को स्वीकार नहीं किया जो कैबिनेट मिशन योजना का बुनियादी मुद्दा है। इसके बाद लियाकत ने बिहार की साम्प्रदायिक हिंसा का हवाला दिया जिसमें तीस हजार मुसलमान मारे गए जब कि सरकारी आँकड़े इस संख्या को 5 हजार बता रहे हैं। लियाकत अली बोले : "यदि भारत में दुर्व्यवस्था फैलती है तो रूस इसमें हस्तक्षेप कर सकता है।"[58] इस प्रकार उन्होंने यह जताने का प्रयास किया कि मुस्लिम लीग पश्चिम के सैन्य मुद्दों के

साथ सहयोग के लिए तैयार है। उनका सोचना था कि उनका यह रवैया अमरीका को ज्यादा रास आएगा बनिस्बत इस मुद्‌दे के किसी भी अच्छी बात पर दिए गए किसी अन्य तर्क के। मैरेल ने दो दिनों बाद तार भेजा कि लियाकत अली ने इस बात की पुष्टि की है कि जिन्ना को तब तक किसी आश्वासन देने के लिए मनाया नहीं जा सकता, जब तक कि कांग्रेस ब्रिटेन की समूह योजना को स्वीकार करने के लिए किसी प्रकार का कोई आश्वासन नहीं देती। इसके बाद अमरीकी गृह विभाग ने कराची में जिन्ना का पीछा किया जहाँ अमरीकी वाइस काउंसिल जोसिफ एस. स्पार्क उनसे बातचीत में सफल हो गए। "अपनी सरकार से कह दीजिए, भगवान के लिए सिर्फ प्रचार पाने के कांग्रेस के अर्थहीन हथकंडों को बेसुध होकर न मानें"—यह कायदे आजम की प्रतिक्रिया थी।[59]

मुस्लिम लीग अमरीकी दृष्टिकोण को जानने के लिए वहाँ अपने प्रतिनिधि भेजकर पता लगा रही थी। कलकत्ता के एक प्रमुख व्यापारी एम. ए. एच इसफाहानी जो जिन्ना के करीबी थे। (बाद में उन्हें अमरीका में पाकिस्तान का पहला राजदूत बनाकर भेजा गया।) उन्होंने एक ऐसी ही मुलाकात के पश्चात् नवम्बर, 1946 में जिन्ना को लिखा : "मुझे समझ में आ गया है कि अमरीकियों के लिए पहली मुलाकात की छाप और मीठी वाणी बड़ी मायने रखती है।" उन्होंने जिन्ना को सलाह दी कि टाइम लाइफ के दक्षिण एशिया संवाददाता को पटाया जाए।[60] इसके पहले की गर्मियों में टाइम ने जिन्ना को मुख्य पृष्ठ पर छापा था और इस सम्बन्ध में तीन पृष्ठों का एक लेख लिखा था जिसमें जिन्ना के राजनीतिक उत्थान को सत्ता की ललक की गाथा बताते हुए लिखा था कि यह पहाड़ी क्षेत्र में बैलगाड़ी की भाँति हिचकोले खाती है। इस सन्दर्भ में डेनिस कुक्स ने टिप्पणी की थी कि "यदि पाकिस्तान की कल्पना के सम्बन्ध में स्टेट डिपाटमेंट का रवैया ठंडा है, तो अमरीकी मीडिया की टिप्पणियाँ विरोधपूर्ण हैं।"[61]

7 फरवरी 1947 को अन्तरिम सरकार के अल्पसंख्यक सदस्य और कांग्रेस पार्टी ने वाइसरॉय को एक ज्ञापन भेजकर मुस्लिम लीग के इस संस्था से त्यागपत्र देने की माँग की। उनका तर्क था कि कांग्रेस पार्टी ने ब्रिटेन की 6 दिसम्बर, 1946 की घोषणा के अनुरूप समूह के फार्मूले को स्वीकार करने के बावजूद जिन्ना ने संविधान सभा में सम्मिलित होने से इनकार कर उपरोक्त घोषणा को 'बेईमानी की युक्ति' बताया है। हकीकत यह है कि 6 दिसम्बर, के फार्मूले को बिना किसी आपत्ति के कांग्रेस ने भी स्वीकार नहीं किया था इस कारण जिन्ना को यह मौका मिल गया कि वह इसे अनुचित मानें। किन्तु मुस्लिम लीग की तीखी प्रतिक्रिया

यह बताती है कि लन्दन में प्रवास के दौरान जिन्ना को यह आश्वासन मिला था कि वह अपने हक को जारी रखें।

अमेरिका पुनः 11 फरवरी, 1947 को इस मामले में आगे बढ़ा। इस दिन अमेरिका के नए सेक्रेटरी ऑफ स्टेट जनरल मार्शल ने लन्दन में अमेरिकी मामलों के प्रमुख को निम्न निर्देश दिए–

> यदि आपके पास मौका है तो हम उम्मीद करते हैं कि आप यह पता लगाने का प्रयास करेंगे कि क्या ब्रिटेन वाइसरॉय को मुस्लिम लीग मन्त्रियों को काउंसिल से बाहर करने का निर्देश देगा या नहीं और क्या वे राजा-महाराजाओं पर यह दबाव डालने की योजना बना रहे हैं कि वे कांग्रेस के साथ किसी निश्चित समझौते पर पहुँचें।[62]

इससे पहले कि अमेरिकी मामलों के प्रमुख इस बात को ब्रिटिश आकाओं तक पहुँचाते, वाशिंगटन में ब्रिटिश राजदूत मार्शल से 20 फरवरी 1947 को मिले और उन्हें वह वक्तव्य सौंपा जिसे भारत के सम्बन्ध में एटली, हाउस ऑफ कॉमन्स में उसी दिन पढ़ने वाले थे। और जिससे बातचीत का पूरा ढाँचा ही बदलने वाला था।

20 फरवरी, 1947 के एटली वक्तव्य में भारत से ब्रिटेन की विदाई '1948 के जून से ज्यादा नहीं' बताई गई थी–

> यदि यह लगता है कि बताए गए समय से (जून, 1948) पूर्व प्रतिनिधि सभा द्वारा संविधान निर्मित नहीं होता है तो ब्रिटिश सरकार को यह विचार करना होगा कि केन्द्र सरकार की शक्तियाँ निर्धारित तिथि तक कैसे सौंपी जाएँ क्या ब्रिटिश भारत में किसी प्रकार की केन्द्रीय सरकार को या कुछ क्षेत्रों में चल रही प्रान्तीय सरकारों को या फिर किसी और तरीके से जो भारत के लोगों के हित में हो (जहाँ तक रियासतों का सवाल है) ब्रिटिश सरकार की शक्तियाँ और प्रभुत्व के अन्तर्गत आने वाले दायित्व ब्रिटिश भारत की किसी भी सरकार को सौंपे नहीं जाएँगे (और इस तरह वे अपनी स्वतन्त्र व्यवस्था करने और यहाँ तक कि स्वतन्त्रता घोषित करने के लिए मुक्त होंगे)।[63]

एटली ने वेवल के स्थान पर माउंटबेटन को भारत में वाइसरॉय बनाकर भेजने की घोषणा भी की।

उपरोक्त घोषणा अत्यन्त महत्त्वपूर्ण इस मायने में थी कि इसमें भारत से ब्रिटेन की विदाई की तिथि तय की गई थी। ब्रिटेन की विदाई के समय मौके पर जो व्यक्ति महत्त्वपूर्ण भूमिका निभा सकता है। इस बात को ध्यान में रखते हुए वाइसरॉय का परिवर्तन भी एक महत्त्वपूर्ण कदम था। हालाँकि जो मूल मुद्दा था

कि भारत संगठित रहेगा या विभाजित इस पर पुरानी ब्रिटिश नीति जारी रही। यदि मुस्लिम लीग संविधान सभा में शामिल नहीं होती है तो यह संस्था पूरी तरह 'प्रतिनिधि सभा' नहीं होगी और जो संविधान निर्मित किया जाएगा वह सम्पूर्ण भारत पर लागू नहीं होगा बल्कि मात्र उन्हीं क्षेत्रों में मान्य होगा जहाँ के प्रतिनिधि इस सभा में थे और जिन्होंने सभा की कार्यवाही में भाग लिया था। इस तरह भारत की अखंडता सन् 1940 से जिन्ना की इस मामले में सहमति की बंधक थी और वास्तव में ब्रिटेन के विवेक पर निर्भर थी। ऐसा इस कारण क्योंकि जैसा लिनलिथगो ने जैटलैंड से बहुत पहले कहा था : "वह (जिन्ना) एक ऐसे अल्पसंख्यक समूह का प्रतिनिधित्व करता है जो हमारे समर्थन के बिना टिक नहीं सकता।"

चूँकि सब जानते हैं कि जिन्ना कभी भी नहीं झुकेंगे, खास तौर से ब्रिटेन की इस नवीनतम घोषणा के बाद, इस कारण 20 फरवरी को जिन्ना की घोषणा पाकिस्तान के निर्माण के लिए एक नवीन विधि थी। कुछ दूसरे रूप में और अब एकमात्र यही प्रश्न शेष रह गया था खास तौर पर ब्रिटेन के लिए कि भारत के कौन से क्षेत्र पाकिस्तान को जाएँगे और रियासतों के साथ क्या किया जाएगा?

माउंटबेटन को भारत इसलिए भेजा जा रहा था कि वह अपने चिरपरिचित सम्मोहन और बातचीत की कला में माहिरता के चलते कांग्रेस पार्टी को विभाजन स्वीकार करने और खास तौर पर मुस्लिम बहुल सामरिक दृष्टि से महत्त्वपूर्ण उत्तर-पश्चिमी सीमा प्रान्त को जो कांग्रेस के हाथ में था भारत से अलग करने के लिए मना सकें। और जिन्ना को 'छोटे से पाकिस्तान' के लिए सहमत करने के लिए भी जिसकी वेवल ने पिछले वर्ष घोषणा की थी।

वेवल ने 26 फरवरी, 1947 को पैथिक लारेंस को तार भेजकर भारतीय दलों की ब्रिटिश घोषणा पर प्रतिक्रिया की सूचना दी। कांग्रेस तिथि तय होने का स्वागत करती है और उम्मीद करती है कि यदि मुस्लिम लीग से उनका कोई समझौता नहीं होता है तब वे एक संगठित मजबूत शासन की स्थापना करेंगे जो कैबिनेट मिशन योजना पर नहीं बल्कि भारत की ज़रूरत के मुताबिक उनके अपने मूल्यांकन पर आधारित होगी। वेवल के अनुसार मुस्लिम लीग की प्रतिक्रिया थी कि "यदि लीग संविधान सभा के साथ सहयोग नहीं करती है तो उन्हें छोटा नहीं बल्कि बड़ा पाकिस्तान मिलेगा।" वेवल ने आगे कहा–"सब कुछ ठीक हो जाएगा।"[64] यद्यपि वेवल को वाइसरॉय के पद से हटाया जा रहा था किन्तु उनकी नीति विजयी होकर प्रकट हो रही थी।

मुस्लिम लीग की वरिष्ठता क्रम में नम्बर तीन पर आसीन खलीक उज जमन ने अपने संस्मरणों में लिखा है–"इस वक्तव्य में एटली ने लीग को बड़ी राहत दी क्योंकि उसका संविधान सभा में शामिल होने या केन्द्रीय संविधान निर्मित करने का कोई इरादा नहीं था और इस तरह भारत के विभाजन के लिए रास्ता खुला रखना था।" उन्होंने आगे लिखा–"आश्चर्य की बात है कि पंडित जवाहरलाल नेहरू ने इस घोषणा को बुद्धिमत्तापूर्ण और साहसी माना है।"[65]

अंग्रेजों ने एटली की 20 फरवरी, 1947 की घोषणा को निम्नलिखित मोड़ दिया जब उसी दिन उनके राजदूत ने सेक्रेटरी ऑफ स्टेट से मुलाकात की–

> यह घोषणा इस तरह से की गई थी कि इससे न तो पाकिस्तान के निर्माण का आश्वासन दिया गया था कि इससे किसी को यह लगे कि सत्ता किसी एक को सौंपी जाएगी। और दूसरी ओर यह इशारा कि हम लोग जो भी हो सत्ता एक ही हाथ को देंगे। कांग्रेस पार्टी को असहयोग के लिए उत्साहित करना। इससे मुस्लिम लीग और कांग्रेस किसी को भी प्रोत्साहन नहीं मिले।[66]

अमेरिका का रुख भारत के टुकड़े होने से रोकने की तरफ ही था जैसा कि एक्शन के लन्दन में अमेरिकी दूतावास को भेजे तार से स्पष्ट होता है। यह 4 अप्रैल, 1947 को भेजा गया था–

> दुनिया के इस हिस्से में हमारे राजनीतिक और आर्थिक हित भारत की अखंडता से ही बेहतर ढंग से सँवर सकते हैं।[67]

एक्शन ने यह सन्देश उस सन्दर्भ में भिजवाया जब कि ऐसी खबरें आ रही थीं कि हैदराबाद राज्य भारत से पूरी तरह अलग दर्जा रखना चाह रहा था और ब्रिटेन के साथ 'सीधे सम्बन्ध' स्थापित रखना चाह रहा था। उन्होंने (एक्शन ने) आगे कहा–हम मानकर चल रहे हैं कि ब्रिटिश सरकार हैदराबाद (जैसी अन्य योजनाओं) के पृथकतावादी कदम को बढ़ावा नहीं देगी जो कि छिन्न-भिन्न होने की प्रक्रिया का पहला कदम है और जिसके दूरगामी परिणाम भारत की एकता बनाए रखने की किसी भी योजना पर प्रभाव डालेंगे। (इसे रेखांकित किया गया था।)[68]

इससे पहले कि माउंटबेटन वेवल के स्थान पर 22 मार्च, 1947 को भारत आते, कांग्रेस कार्यसमिति ने (8 मार्च को) एक प्रस्ताव बनाया जिसके दूरगामी परिणाम होने वाले थे। प्रस्ताव ने–

> पंजाब का दो प्रान्तों में विभाजन स्वीकार किया जिससे कि मुस्लिम आधिपत्य वाला भाग गैर मुस्लिम आधिपत्य वाले भाग से अलग किया जा सके।

कई कांग्रेसी नेताओं ने खुद को समझा लिया था कि चूँकि उत्तर-पश्चिमी सीमा प्रान्त उनके हाथ में है इस कारण पंजाब का विभाजन (या सिन्ध के मुसलमान बहुल क्षेत्र को पंजाब के साथ जोड़ लें तो भी) मात्र भारत की सीमा में एक मुस्लिम बहुल क्षेत्र ही होगा जो कि लम्बे समय तक नहीं टिक सकता। हालाँकि पंजाब के विभाजन को मान्य कर उन्होंने अप्रकट तौर पर जिन्ना के दो-राष्ट्रों के सिद्धान्त को स्वीकार कर लिया था। यदि कांग्रेस उपरिलिखित सिद्धान्त को पंजाब में स्वीकार करने के लिए तैयार थी तब ऐसा दूसरी जगह उन्हें क्यों मान्य नहीं था? नेहरू ने ज़रूर 9 मार्च, 1947 को वेवल को कांग्रेस पार्टी का प्रस्ताव भेजते समय कवर नोट में लिखा था कि–

> इस सिद्धान्त को (साम्प्रदायिक आधार पर पंजाब के विभाजन को) बंगाल में भी अपनाया जा सकता है।[69]

अन्तरिम सरकार में पटेल के अनुभवों और संभवतः वी. पी. मेनन से उनकी चर्चा (या चर्चाओं) के कारण उनको यह समझ में आ गया था कि भारत के भविष्य के लिए यह अत्यन्त ज़रूरी है कि केन्द्र अत्यन्त शक्तिशाली होना चाहिए चाहे इसके लिए देश के कुछ हिस्सों को त्यागना पड़े।

भारत में अमेरिकी मामलों के प्रमुख जॉर्ज मैरेल ने कांग्रेस के प्रस्ताव का विश्लेषण करते हुए स्टेट डिपार्टमेंट को 22 अप्रैल, 1947 को लिखा–

> कांग्रेस का प्रयास है कि वह पाकिस्तान को उतना अनाकर्षक बना सके जितना सम्भव हो–पंजाब और बंगाल के विभाजन की माँग कर कांग्रेस के नेताओं ने ऐसे तत्त्व वहाँ छोड़ दिए हैं जो वर्षों से भारत की एकता के प्रचार में उनके समर्थक रहे थे। उन्होंने जिन्ना के इस आरोप को कि हिन्दू-मुस्लिम साथ नहीं रह सकते, जिसे कांग्रेस पार्टी पहले अस्वीकार करती रही थी, अब अप्रत्यक्ष रूप से स्वीकार कर लिया है। मेरे विचार में कांग्रेस का यह विचार कि दोनों साथ-साथ नहीं रह सकते ठीक है।[70]

मार्शल और एक्शन को शीघ्र ही यह समझ में आ गया था कि संगठित भारत की उनकी उम्मीदें टूट चुकी हैं। यह अत्यन्त ध्यान देने वाली बात है कि भारतीय राष्ट्रवादियों ने एकीकृत भारत के पक्ष में हल निकालने के लिए अमेरिका के समर्थन का लाभ नहीं उठाया। वे ब्रिटेन पर अमेरिका के बढ़ते प्रभाव को समझ नहीं पाए जैसा जिन्ना समझ गए थे। अन्ततः अमेरिका ने न सिर्फ पाकिस्तान के निर्माण को स्वीकार किया बल्कि इस सामरिक दृष्टि से महत्त्वपूर्ण क्षेत्र के साथ रक्षा भागीदारी भी की। बिना विभाजन के पाक-अमेरिकी सम्बन्ध उस सीमा तक नहीं बढ़ सकते थे जैसे कि वे शीत युद्ध के दौरान बढ़ गए। इस विभाजन ने

आंग्ल-अमेरिकी सम्बन्धों में उन प्रतिकूल तत्त्वों को खत्म कर दिया जो भारत के विभाजन की नीति को लेकर थे। (जिनकी विवेचना अध्याय-6 में की गई है) बल्कि दक्षिण एशिया में अमेरिकी नीति पर ब्रिटेन के प्रभाव को भी बढ़ा दिया।

यदि ब्रिटेन के कुछ हिस्सों में भारत के विभाजन की चतुराई के सम्बन्ध में कुछ भ्रम थे तो अन्तरिम शासन के राष्ट्रवादियों ने उन्हें दूर करने में मदद दी। कांग्रेस आधिपत्य वाली संविधान द्वारा सभा पारित प्रस्ताव में भारत को ब्रिटिश कॉमनवेल्थ से बाहर रखने की धारा ब्रिटेन के लिए एक धक्का था। यह इस बात का संकेत था कि भविष्य में कॉमनवेल्थ रक्षा में भारतीय सशस्त्र सेनाओं के सहयोग की उम्मीदों का खात्मा। उसके बाद जवाहरलाल नेहरू द्वारा अपनाई जानेवाली विदेश नीति ने यह आशंका पैदा कर दी कि जब तक भारत का कोई टुकड़ा पृथक नहीं किया जाता जिस पर वह भरोसा कर सके—तब तक भारत की स्वतन्त्रता इंग्लैण्ड के लिए भारी सैनिक विपदा ही सिद्ध होगी। हर हाल में गुप्तचर ब्यूरो के निदेशक (जिसका सन्दर्भ इस अध्याय के पहले किया गया है) का यह आकलन कि पाकिस्तान अन्ततः कांग्रेसिस्तान से ही आएगा भविष्यवाणी सिद्ध हुआ।

सन्दर्भ

1. टी. ओ. पी. IX, पृ. 304 संलग्नक।
2. यू. एस. एफ. आर. 1946, खंड-V, पृ. 92-93।
3. वही, पृ. 93-94।
4. टी. ओ. पी. IX, क्र. 69।
5. यू. एस. एफ. आर. 1946, खंड-V, पृ. 94।
6. वेवल, द वाइसरॉयज जर्नल (ऑक्सफोर्ड युनिवर्सिटी प्रेस, लन्दन 1977, पृ. 343)।
7. वही।
8. पटेल, कलेक्टेड वर्क्स, खंड-X, (भारत सरकार, नई दिल्ली, पृ. 230)।
9. वही, पृ. 257।
10. टी. ओ. पी. IX, पृ. 304, संलग्नक।
11. वेवल, पूर्व में उद्धृत, पृ. 315।
12. वही, पृ. 336।
13. वही, पृ. 330।
14. टी. ओ. पी. VIII, पृ. 286।
15. टी. ओ. पी. IX, पृ. 35 (एटली का बिना तिथि वाला नोट)।
16. टी. ओ. पी. VIII, पृ. 501 (पैरा 3, 8, और 11)।

17. वही।
18. सुधीर घोष, गांधीजीज इमीसरी (फर्स्ट क्रेसेट, लन्दन, 1967, पृ. 25-26)।
19. वेवल, पूर्व में उद्धृत, पृ. 349।
20. एच. वी. हॉडसन, द ग्रेट डिवाइड : ब्रिटेन, इंडिया, पाकिस्तान (ऑक्सफोर्ड यूनिवर्सिटी प्रेस संस्करण, दिल्ली 2000, पृ. 173)।
21. पटेल, पूर्व में उद्धृत, खंड-X, पृ. 252-53।
22. हॉडसन, पूर्व में उद्धृत, पृ. 180।
23. यू. एस. एफ. आर. 1947, खंड-III, पृ. 139।
24. टी. ओ. पी. IX, पृ. 224,... 30 अगस्त, 1946।
25. सी. ओ. एस. (46) 229 (0) (ओ. आई. सी., ब्रिटिश लाइब्रेरी, लन्दन)।
26. ऑकिनलेक द्वारा मायने को किया गया निजी तार नं. 270087/सी. जी. एस., दिनांक 14 सितम्बर, 1946।
27. टी. ओ. पी. VIII, पृ. 371।
28. वही, पृ. 537।
29. टी. ओ. पी. IX, पृ. 338, संलग्नक पैरा 7 (ii)।
30. टी. ओ. पी. VIII, पृ. 228।
31. वही।
32. फॉरेन ऑफिस फाइल्स (1946), पृ. 479।
33. स्टेनले वोलपोर्ट, रूट्स ऑफ कॉनफ्रानटेशन इन साउथ एशिया (ऑक्सफोर्ड यूनिवर्सिटी प्रेस, लन्दन, 1982, पृ. 67)।
34. आर./3/1/92, फाइल नं. 243/8/99 (43-46) पैकमन टू कैरो (ओ. आई. सी., ब्रिटिश लाइब्रेरी, लन्दन)।
35. वही, डी ओ नं. 911-16, कैरो टू वाइसरॉय, 23 अक्टूबर 1946, पैरा 3, 6, 12 और 15।
36. वही।
37. वही।
38. वही।
39. वही।
40. टी. ओ. पी. IX, पृ. 49, पैरा 6।
41. वही, पृ. 166।
42. पटेल, पूर्व में उद्धृत, खंड-X, क्र. 367, 15 दिसम्बर 1946।
43. सर पेनेड्रल मून, द ब्रिटिश कॉनक्वेस्ट एंड डॉमिनियन ऑफ इंडिया, खंड-2 (इंडिया रिसर्च प्रेस, दिल्ली, 1999, पृ. 1162)।
44. वी. पी. मेनन, ट्रांसफर ऑफ पॉवर इन इंडिया (लांगमन ग्रीन, लन्दन, 1957, पृ. 358-59)।
45. वही, पृ. 359।

46. एम. बी. आई./डी./241 (ब्रांडलैंड अभिलेखागार, युनिवर्सिटी ऑफ साउथम्पटन)।
47. वही।
48. यू. एस. एफ. आर., 1946, खंड-V, पृ. 87।
49. वही, पृ. 91।
50. वही, पृ. 97।
51. वही, पृ. 98।
52. वही, पृ. 99।
53. वही, पृ. 103-04।
54. टी. ओ. पी. IX, पृ. 170।
55. यू. एस. एफ. आर. 1946, खंड-V, पृ. 103-04।
56. वही, पृ. 105।
57. वही, पृ. 106।
58. वही, पृ. 106-09।
59. यू. एस. एफ. आर. 1947, खंड-III, पृ. 137-38।
60. कॉरसपोंडेंस एम. ए. जिन्ना-इसफहानी : 1936-48 (कराची रॉयल बुक कं., कराची, 1976)।
61. डेनिस कक्स, डिसएनचान्टेड अलाइज (ऑक्सफोर्ड युनिवर्सिटी प्रेस, दिल्ली, 2001, पृ. 8)।
62. यू. एस. एफ. आर. 1947, खंड-III, पृ. 141।
63. टी. ओ. पी. IX, पृ. 438।
64. वही, पृ. 469।
65. खलिक-उज-जमान, पाथवे टू पाकिस्तान (लांगमन ग्रीन, लन्दन, 1961, पृ. 375)।
66. यू. एस. एफ. आर. 1947, खंड-III, पृ. 143, पैरा 4।
67. वही, पृ. 151-52।
68. वही।
69. टी. ओ. पी., खंड-IX, पृ. 511, पैरा 4।
70. यू. एस. एफ. आर., खंड-III, पृ. 152-54।

माउंटबेटन के सलाहकार

रियर एडमिरल लॉर्ड माउंटबेटन 22 मार्च 1947 को दिल्ली पहुँचे। वह दक्षिण-पूर्व एशिया कमांड के सर्वोच्च कमांडर थे और इन्होंने मलाया इंडो-चायना, इंडोनेशिया और सिंगापुर में जापानी सेनाओं से समर्पण कराया था। उन्हें प्रधानमन्त्री चर्चिल ने कई वरिष्ठ ब्रिटिश सैन्य अधिकारियों को परे रख सर्वोच्च सेनापति नियुक्त किया था। चर्चिल उन्हें अत्यधिक अभिनव प्रयोगकर्ता और सकारात्मक सोच वाला नेतृत्वकर्ता मानते थे जिनका व्यक्तित्व अमेरिकी सीजर जनरल डगलस मैक ऑर्थर और चीन के जनरल चांग काई शेक से मेल खा सकता था। दक्षिण पूर्व एशिया में उन्होंने हर नस्ल के लोगों से निभाने की क्षमता प्रदर्शित की और राष्ट्रवाद की ओजस्विता को समझने की भी।

संयुक्त युद्ध अभियानों के प्रमुख के रूप में उन्होंने काफी नाम कमाया था। यह संगठन 1941 में इस खास कार्य के लिए बनाया गया था ताकि इसके कार्य नौसेना, वायुसेना और थलसेना के संयुक्त हमले बढ़ा कर फ्रांस में उपस्थित जर्मन फौजों पर आक्रमण की तैयारी की जाए।

नौसेना, वायुसेना और थलसेना को संयुक्त रूप से इंग्लिश चैनल की दूसरी ओर हमलों की बढ़ती तीव्रता से निबटने के लिए तैयार करना था जिससे इसका मुख्य उद्देश्य फ्रांस पर आक्रमण के खतरे के लिए तैयार रहना था।[1] चर्चिल ने उन्हें स्वयं ही निर्देश दिया था कि तुम्हारा सारा ध्यान आक्रामक कार्रवाई पर केन्द्रित होना चाहिए।[2] इस पद ने उन्हें यह अवसर प्रदान किया कि वह अपनी मौलिक प्रतिभा और लीक से अलग सोच का पूरी क्षमता से उपयोग कर सकें। संयुक्त अभियान का प्रमुख होने के नाते वह शीघ्र ही सेना शीर्ष हलकों में अन्य तीन प्रमुखों के साथ जल, थल और वायु समिति में काम करने लगे। इन अधिकारियों में अमेरिकी सेनापति जॉर्ज मार्शल और आइजनहॉवर भी शामिल थे जो दोनों उन्हें अंग्रेज वरिष्ठों से ज्यादा पसंद करते थे। अंग्रेज वरिष्ठ अधिकारियों की नजर में यह गलत था कि एक महज नौसैनिक कमोडोर को इतना (माउंटबेटन के सलाहकार का) मान मिल रहा है।

माउंटबेटन सम्राट जॉर्ज षष्ठ के रिश्ते के भाई थे और जुलाई 1922 में उनका विवाह इंग्लैण्ड की सबसे समृद्ध वारिसों में से एक एडविना एशले से हुआ था जो उस समय की तीक्ष्ण बुद्धिमता और सुरुचि-संपन्नता के कारण लन्दन की सबसे योग्य कुमारिका थी।[3] उनके दादा सर अर्नेस्ट कासेल एक यहूदी साहूकार थे और 19 वीं शताब्दी के अन्त में जर्मनी से लन्दन गये थे और सम्राट एडवर्ड सप्तम के अंतरंग मित्र बन गये। अर्नेस्ट कासेल अपने पीछे 7.5 पौण्ड करोड़ की सम्पत्ति और साथ ही लन्दन स्थित उनका निवास ब्रुक हाउस छोड़ गये थे। साथ ही कासेल ने अपनी बहन के लिए हर साल आजीवन तीस हजार पौण्ड की राशि छोड़ी थी जो उनकी मृत्यु के बाद उनकी सबसे लाड़ली पोती एडविना को मिलनी थी इसके अलावा उनकी संपत्ति का एक बड़ा भाग (2.3) मिलियन पौण्ड एडविना को मिला था। इस तरह इस जोड़ी में एक तरफ शाही खून था और दूसरी ओर ऐश्वर्य। इस युवा दम्पत्ति की जीवन शैली बीस के दशक के तड़क भड़क भरे लन्दन में सबसे ज्यादा तड़क वाली समझी जाती थी। हनीमून के लिए वे अमेरिका गए थे जहाँ माउंटबेटन न्यूयॉर्क के रंगीन, शोख, जिन्दादिल समाज से अति प्रभावित हुए।[4] हालीवुड में उनका बड़े सितारों के घरों में स्वागत हुआ जिनमें चार्ली चैपलिन भी शामिल थे और उन्होंने एक फिल्म में काम करने का समय भी निकाल लिया। माउंटबेटन ने 18 अक्टूबर 1922 को अपनी डायरी में नोट किया : “यह बड़ा आकर्षक काम है। मैं और एडविना इसमें प्रेमी-प्रेमिका हैं।”[5]

इस समय माउंटबेटन की तनख्वाह मात्र 310 पौण्ड सालाना थी (उस समय के लगभग 400/-रु. और आज लगभग 3000/-रु. प्रतिमाह) और लाभांशों से उन्हें 300 पौण्ड की आय और होती थी।[6] उनके पिता एडमिरल प्रिंस लुई बैटनबर्ग जर्मनी में राइन नदी के किनारे स्थित हेस राज्य से आए थे, और अपने पूरे कैरियर के दौरान एक नौ सैनिक अधिकारी रहे। ये किसी भी मायने से धनी नहीं थे। वह शाही नौसेना, जो उस समय की दुनिया की सबसे बड़ी नौसेना थी, में काम करने की अपनी तीव्र इच्छा के कारण इंग्लैण्ड आए थे, अंग्रेजी बैटनबर्ग ने अपनी सीमित संसाधनों की कमी को सिर्फ ब्रिटिश शाही परिवार के सम्बन्धों के बल पर ही नहीं बल्कि यूरोप के अधिकांश शाही परिवारों से अपनी सम्बन्धों के बल पर पूरा कर दिया। रूस के जार अलेक्जेंडर द्वितीय का विवाह माउंटबेटन के दादा की एक बहन से हुआ था, बरतानवी महारानी विक्टोरिया की एक बेटी हेस परिवार में ब्याही थी और इस कारण भावी वाइसरॉय ब्रिटिश महारानी के पड़ पोते होते थे। माउंटबेटन की अपनी बहन स्वीडन के शासक से ब्याही थी। जो वंशावली उन्होंने बनायी थी उनके अनुसार उनके रिश्ते सम्राट शॉर्लमैन से लेकर यूरोप के

प्रसिद्ध वंशों वैलिस वाश, रोमानाफ, हेप्सबर्ग और होहेनजोलन से सम्बन्धित थे।[7] उनके जन्म के समय महारानी विक्टोरिया ने आग्रह कर उनके नाम में अपने पति का नाम अल्बर्ट जुड़वाया था इस कारण उनका नाम जिसमें काफी शब्द जुड़े हुए थे लम्बा हो कर लुइस फ्रांसिस अल्बर्ट विक्टर निकोलस बैटनबर्ग हो गया था। उन्हें ऑर्डर ऑफ द गार्टर जैसी उपाधियाँ और अन्य सम्मान मिले जैसे-जैसे उनका कैरियर उन्नत हुआ वैसे ही वे उस समय के सर्वाधिक उपाधियों वाले अंग्रेजों में शुमार हो गए।

किन्तु न तो उनके ऊँचे सम्बन्धों और न ही उनकी पत्नी की दौलत ने उन्हें नौ सेना के अपने पेशे के प्रति कट्टर समर्पण से विचलित किया जिस कारण उन्हें उनके सहयोगियों ने 'काम विहीन कार्यशील' का उपनाम दे डाला था।[8] उनका ध्येय था कि एक दिन वह अंग्रेज नौसेना के सर्वोच्च पद को प्राप्त करेंगे। वह पद जो उनके पिता बैटनबर्ग ने हासिल किया था और जिस पद को प्रथम विश्वयुद्ध के शुरू में उनके जर्मन मूल का होने के कारण छोड़ना पड़ा था और चर्चिल जो उस समय नौसेना मन्त्री थे ने उनका त्यागपत्र स्वीकार कर लिया था। इस घटना के बाद उन्होंने अपना नाम जर्मन बैटनबर्ग से बदलकर माउंटबेटन कर लिया था।

बाकी कुछ भी कहा जाए, प्यार से डिकी से पुकारे जाने वाले लुई माउंटबेटन में साहस, आत्मविश्वास और आत्मप्रदर्शन की कोई कमी नहीं थी। मई सन् 1941 में जिस विध्वंसक युद्धपोत एच.एम.एस. कैली के वह कमांडर थे, इस युद्धपोत को कीट के निकट जर्मन जंकर बमवर्षक ने निशाना बनाया और वह डूबने लगा। यह सोचते हुए कि उन्हें सबसे अन्त में जहाज छोड़ना चाहिए। मैंने इसमें कुछ देर कर दी उन्होंने अपनी बेटी पेट्रीसिया को बताया इसके बाद मेरे अन्दर पानी भरने लगा, मैं जानता था कि खत्म हो जाऊँगा, यदि मैंने अपनी श्वाँस को तोड़ा तो पानी मेरे अन्दर आ जाएगा तो इस कारण मैंने अपना बाँया हाथ मुँह और नाक पर रख उन्हें बन्द किया। तब मुझे लगा मेरे फेफड़े फट जाएँगे। आखिरकार मुझे एकदम से दिन का उजियारा दिखा और एकाएक मैं बोतल के डाट के खुलने की तरह पानी से बाहर उछला।[9] युद्धपोत के एक सदस्य के अनुसार जैसे ही माउंटबेटन को लकड़ी का तख्ता (राफ्ट) पकड़ने को मिला उन्होंने दूसरे लोगों को जो बच गए थे, तथा दूसरे तख्तों का सहारा लिए हुए थे इकट्ठा करना शुरू कर दिया। जैसे ही कैली डूबा तो उन्होंने सभी को (डूबते जहाज के लिए) थ्री चियर्स कहने के लिए प्रोत्साहित किया। लॉर्ड साहब अधीनस्थों के मध्य सदैव बड़े लोकप्रिय थे बनिस्बत अपने वरिष्ठों के जिन्हें यह लगता था कि कैरियर को आगे बढ़ाने के लिए छोटे रास्ते ढूढ़ने में उन्हें कोई हिचक नहीं है।[10]

चर्चिल के अन्दर जीवनभर यह अपराधबोध बना रहा कि उन्होंने उत्साही माउंटबेटन के पिता के साथ अन्याय को नहीं रोका। सन् 1941 में जब कैली नष्ट हो गया उसके बाद चर्चिल ने इस दुस्साहसी और अच्छे सम्पर्कों वाले युवा नौसैनिक को अमेरिकी राष्ट्रपति रूजवेल्ट के संकटमोचन हैरी हॉपकिंस के माध्यम से एक व्याख्यान यात्रा पर अमेरिका आमन्त्रित करवाया। जहाँ उन्हें अपने संस्मरणों से जर्मनी के विरुद्ध ब्रिटेन के नौसैनिक कारनामों को बताना और प्रचार तथा अच्छे सम्बन्ध निर्मित करने थे।[11] लेडी एडविना उनके साथ सद्भावना यात्रा पर गई। जिससे वह अमेरिकी रेडक्रास को उनके द्वारा प्रदान सहायता के लिए आभार प्रदर्शित कर सकें। उनकी अमेरिकी यात्रा सफलता के झंडे गाड़ देने वाली रही। हर जगह उनको अमीर और प्रभावशाली लोगों ने आदर प्रदान किया।[12] तीन बार उन्हें व्हाइट हाउस में रात्रिभोज के लिए आमंत्रित किया गया। पहले मौके पर राष्ट्रपति रूजवेल्ट रात के एक बजे तक उनकी बातों में मग्न रहे। एक जानकार आलोचक का ऐसा मानना था–उन्होंने अन्य किसी के मुकाबले अमेरिकी मानस में ब्रिटेन के प्रति प्रशंसा का भाव कहीं ज्यादा गहरे बैठाया।[13] अमेरिकी राष्ट्रपति ने स्वयं चर्चिल को लिखा। हमारे नौसैनिकों के लिए माउंटबेटन सचमुच उपयोगी साबित हुए हैं।[14] वह जीवन भर विश्वास से भर देने वाले वक्ता रहे इस अमेरिकी यात्रा के दौरान ही चर्चिल ने उन्हें संयुक्त अभियान का प्रमुख सेनापति बनाना तय कर लिया।

माउंटबेटन के लिए भारत कोई नया देश नहीं था। वह पहली बार 1921 में प्रिंस ऑफ वेल्स जो बाद में एडवर्ड VIII हुए, के साथ उनके सहयोगी के रूप में लम्बी भारत यात्रा पर आए थे। जहाँ उन्होंने भारतीयों का अंग्रेजों के प्रति बैर, अपने साथियों की भारत में खुशनुमा जीवन शैली, पोलो, भाले से सुअर का शिकार, बाघों का शिकार (उन्होंने अपना पहला बाघ इसी यात्रा के दौरान मारा था, उस समय भारत के जंगलों में करीब जिनकी संख्या 40,000 थी।) समारोह, बॉल रूम डांस, भारतीय शासकों के दरबारों में मौज मस्ती–सभी कुछ देखा। उस समय कोई यह नहीं सोच सकता था, कि भारत में ब्रिटिश साम्राज्य की समाप्ति महज करीब पच्चीस सालों में हो जाएगी। इसी यात्रा के दौरान दिल्ली में एडविना एशले से उनकी मंगनी हुई थी। एडविना वाइसरॉय लॉर्ड रीडिंग और उनकी पत्नी से उनकी मेहमान नवाजी का निमन्त्रण गांठ कर दिल्ली पहुँच गई थी। जब उनकी दक्षिण पूर्व एशिया कमांड का मुख्यालय माउंटबेटन द्वारा श्रीलंका के पर्वतीय स्थल कैंडी में स्थानान्तरित किए जाने से पूर्व नई दिल्ली में ही था।

एटली और क्रिप्स भी उनकी प्रशंसा करते थे। एटली ने लिखा है–"वह अत्यन्त जिन्दादिल व्यक्तित्व के धनी थे। उनके अन्दर हर तरह के लोगों से सम्पर्क रखने की अद्‍भुत क्षमता है...ईश्वर ने उन्हें बड़ी उपयोगी पत्नी से नवाजा है।"[15] क्रिप्स उन्हें उनकी नेतृत्व की योग्यता के कारण पसन्द करते थे, जिसका स्वयं उनमें अभाव था। कहते हैं कि उन्होंने ही (क्रिप्स ने) जानबूझकर मार्च 1946 में जवाहरलाल नेहरू के लिए दक्षिण पूर्व एशिया की यात्रा का जोड़ तोड़ कर प्रबन्ध किया था कि वे (नेहरू) सिंगापुर में माउंटबेटन के अतिथि बनें। नेहरू को ऐसा मैत्रीपूर्ण व्यवहार अन्य किसी ब्रिटिश अधिकारी से नहीं मिला था जैसा माउंटबेटन ने दिया। इसके कारण वे उनके सम्मोहन में जकड़ गए। यहाँ पर वे पहली बार लेडी एडविना के सम्पर्क में आए जहाँ एक स्वागत समारोह के दौरान उत्साही सिंगापुरियों की धक्का-मुक्की में लेडी जमीन पर गिर पड़ी थी और नेहरू ने उन्हें बचाया था।

भारतीय राजनीतिक परिदृश्य पर माउंटबेटन के प्रभाव को समझने के लिए यह परिचय ज़रूरी है। एक तरफ उनके ऊँचे शाही सम्बन्ध, चर्चिल और एटली द्वारा उनमें व्यक्त किया गया विश्वास और सुदर्शन और शोख व्यक्तित्व था तो दूसरी ओर उनके भारतीय वार्ताकारों से बर्ताव में सामंतवादिता या अकड़ बिलकुल नहीं थी जिससे वे नम्रता से दूसरों का मन मोह लेते थे। इन खूबियों का भारतीयों पर तीक्ष्ण प्रभाव पड़ा। इसी तरह उनकी पत्नी के अथक शरणार्थी शिविरों और अस्पतालों के प्रतिदिन चक्कर, गरीबों के कष्टों और दुखों के प्रति चिन्ता करने वाला रुख लोगों के दिलों को छू गया।

माउंटबेटन को 1947 में भारत इसलिए नहीं भेजा गया था कि वे भारतीय नेताओं को विभाजन स्वीकार करने के लिए मनाएँ। वह तो सिद्धान्त मान लिया गया था। उन्हें जो करने के लिए भेजा गया था, वह था–

(अ) विभाजन की जिम्मेदारी पूर्णतया भारतीयों के कन्धों पर डालें।

(ब) कांग्रेस के नेताओं को उत्तर पश्चिमी सीमा प्रान्त को भारत से मिलाने की माँग छोड़ देने के लिए मनाने (जिससे इस महत्त्वपूर्ण सामरिक क्षेत्र को पाकिस्तान के हाथों रखने का रास्ता साफ हो) और जिन्ना को पूरे पंजाब, बंगाल और आसाम पर अपने दावे को छोड़ने के लिए (जिससे राष्ट्रवादियों के लिए विभाजन सन्तोषजनक बनाया जा सके) राजी करना और

(स) सुनिश्चित करना कि स्वतन्त्रता के पश्चात् भारत ब्रिटिश कॉमनवेल्थ का सदस्य बना रहे, जिन्ना के पाकिस्तान से तो खैर यह उम्मीद थी ही।

जनरल लॉर्ड हेस्टिंग्ज इस्मे, जो युद्ध के दौरान चर्चिल के चीफ ऑफ स्टाफ थे और उनका दाहिना हाथ थे, उन्हें माउंटबेटन के चीफ ऑफ स्टाफ बनाकर भेजा गया। 1930 के दशक में वह पहले उत्तर पश्चिमी सीमांत पर ब्रिटिश फौज में रह चुके थे और वाइसरॉय लॉर्ड विलिंगडन के सैन्य सचिव भी रह चुके थे। उन्हें चर्चिल की भारत सम्बन्धी नीति और एटली के भारत के प्रति विचारों की पूरी जानकारी थी। यद्यपि भारत के सम्बन्ध में माउंटबेटन और चर्चिल के विचार भिन्न थे, इससे इस्मे की माउंटबेटन के प्रति वफादारीपूर्ण सेवा पर कोई फर्क नहीं पड़ता। लॉर्ड इस्मे माउंटबेटन के मित्र थे और माउंटबेटन उन्हें एडविना और उनके बीच के झगड़े सुलझाने में डालते थे। इस्मे का ब्रिटिश शासन व्यवस्था में उनके विवेकशील और निरभिमानी स्वभाव के कारण बड़ा प्रभाव था।

भारत में उनका स्वाभाविक झुकाव मुसलमानों की तरफ था और उन्हें जो काम सौंपा गया था उसमें से एक जिन्ना से सम्पर्क रखना था। दूसरी ओर उन्होंने माउंटबेटन की नीतियों को पूरा सहयोग दिया। उनके और माउंटबेटन के मध्य विवाद तभी पैदा हुए जब विभाजन हो गया और उन्हें यह महसूस होने लगा कि माउंटबेटन भारत के गवर्नर जनरल के रूप में भारत की ऐसी नीतियों में बहुत ज्यादा बढ़चढ़कर भूमिका निभा रहे हैं जो पाकिस्तान के विरोध में जाती हैं और वह खुद माउंटबेटन इसके लिए चिह्नित न हो जाएँ, इस्मे ने व्यक्तिगत नोट नहीं छोड़े हैं क्योंकि वह मानते थे कि सरकारी कर्मचारी जो राज्य की अतिगोपनीय बातें जानता हो उसे अपना मुँह नहीं खोलना चाहिए।

माउंटबेटन ने इस्मे को बताया कि जिस भी भारतीय नेता से वह पहली बार मिलते हैं उससे मैं कहता हूँ कि मैं अखंड और प्रबल भारत को देखना चाहता हूँ। निश्चित ही यह सब उनके विभाजन विरोधी होने की छवि बनाने के लिए था। वे कहते थे मैं दृढ़प्रतिज्ञ था। जहाँ तक सम्भव हो विभाजन हो या नहीं इस समय जनता पर छोड़ दिया जाए और इस तरह का भारत विभाजन ब्रिटेन ने किया है, इस इल्जाम से बचा जा सके।[16] साथ ही इस पर जोर देते थे कि यदि विभाजन हो तो उसकी जिम्मेदारी ब्रिटेन पर न लगाई जा सके साथ ही इस बात के लिए भी प्रतिबद्ध थे कि भारत कॉमनवेल्थ में बना रहे।

यह सब सिर्फ इसलिए ही नहीं था, कि एटली ने उन्हें इसके लिए निर्देशित किया था बल्कि इसलिए भी क्योंकि यही उनकी दृढ़ व्यक्तिगत मान्यता भी थी। माउंटबेटन मानते थे कि यदि युद्ध के पश्चात् की दुनिया में भी ब्रिटेन को महती भूमिका निभानी है, तो उसे पुराने साम्राज्य को बहुनस्लीय स्वतन्त्र देशों के

विश्वव्यापी संगठन में बदलना होगा। यह संगठन कॉमनवेल्थ होगा जिसके माध्यम से यह राष्ट्र ब्रिटेन से जुड़े रहेंगे।[17]

वाइसरॉय नियुक्त होने के पश्चात् उन्होंने अपने मिशन की शुरुआत के लिए भारत आने का इन्तजार पहीं किया। उन्होंने जवाहरलाल नेहरू के विश्वासपात्र और लन्दन में उनके लिए लेबर पार्टी के नेताओं से सम्पर्क रखने वाले कृष्णा मेनन से सम्पर्क किया। कृष्णा मेनन द्वारा माउंटबेटन को कुछ ही समय बाद लिखे पत्र के निम्न वाक्य से उस समय उन दोनों के मध्य हुए विचार-विमर्श की झलक मिलती है—गत मार्च लन्दन में जब हमारी बात-चीत हुई थी, और पहली बार मैंने अपने विचार प्रस्तुत किये थे कि क्या किया जा सकता है तब बुनियादी रूप से एक बात जो हम दोनों ने सोची थी और किसी भी हल के लिए वह ज़रूरी है कि जो विभाजन योजना मैं प्रस्तुत करूँ (नेहरू को सलाह के रूप में) उसमें भारत की बाहरी रूप-रेखा अक्षुण्ण रहनी चाहिए और जो विभाजन हो वह इसके अन्तर्गत हो।[18]

कृष्णा मेनन कांग्रेस कार्यकारिणी की बैठक में 6 मार्च 1947 को पारित प्रस्ताव के मद्देनजर बोल रहे थे। इस प्रस्ताव में अनुमान लगाया गया था कि जब तक उत्तर-पश्चिमी प्रान्त भारत की सीमा में रहेंगे और पश्चिमी पंजाब से युक्त पाकिस्तान भारत की सीमाओं के अन्दर बँधा रहेगा, वह नुकसान दायक नहीं रहेगा और बहुत सम्भव है कि यह अस्थायी हो। कृष्णा मेनन ने उन्हें यह भी बताया कि संविधान सभा के जनवरी 1947 के प्रस्ताव के अनुसार कॉमनवेल्थ में भारत की सदस्यता असम्भव है।

माउंटबेटन के 22 मार्च 1947 को दिल्ली आगमन पर उन्होंने पाया कि प्रधानमन्त्री नेहरू द्वारा आयोजित एशिया रिलेशंस कान्फ्रेंस अगले ही दिन शुरू होने वाली थी और नेहरू पूरी तरह उसमें व्यस्त थे। नेहरू इस बैठक की योजना तब से बना रहे थे जब से सितम्बर 1946 में उन्होंने अन्तरिम सरकार में विदेश मन्त्री का कार्यभार सँभाला था। एशियाई (मिस्त्र सहित) देशों के अलग-अलग विचारधाराओं वाले गैर आधिकारिक प्रतिनिधियों को इसमें आमंत्रित किया गया था। इसमें सभी विचारधाराओं का प्रतिनिधित्व हुआ था। इस प्रकार प्रतिनिधि कोमिंगतान और चीनी साम्यवाद दोनों को सुन सकते थे। प्रत्येक दृष्टिकोण से यह सफलता अद्भुत है। नेहरू ने कहा था मुझे लगता है हम निश्चित रूप से इसे एशिया के इतिहास में एक नए युग की शुरूआत मान सकते हैं।[19] वास्तव में इस सम्मेलन में स्थापित एशिया रिलेशन ऑर्गनाइजेशन से कुछ भी हासिल नहीं हुआ और भाग लेने वाले देशों में इस ऑर्गनाइजेशन की राष्ट्रीय इकाइयाँ और एशियन

स्टडीज संस्थाएँ स्थापित करने के प्रभाव पर भी कुछ नहीं हुआ। यहाँ तक कि इस एशिया रिलेशन सम्मेलन का दूसरा सत्र भी नहीं हुआ, हालाँकि कुछ लोग इंडोनेशिया के बांडुग में 1955 में आयोजित एशिया-अफ्रीका सम्मेलन के उद्भव पर इसका प्रभाव देखते हैं। न तो कानून और शान्ति की समस्या और न ही उनके प्रधानमन्त्री की एशिया रिलेशन सम्मेलन में व्यस्तता माउंटबेटन को आते ही दिन भर में 12 घंटे काम करते हुए भारतीय नेताओं से मुलाकात के क्रम को शुरू करने से रोक सकी। जिस दिन वह दिल्ली पहुँचे, उसी दिन उन्होंने गांधीजी को पत्र लिखकर उनसे मुलाकात करने के लिए बुलाया। गांधीजी भी दंगाग्रस्त बिहार से तुरन्त दिल्ली लौटे और 31 मार्च 1947 को माउंटबेटन से मिले और उसके बाद मात्र एक दिन छोड़ 4 अप्रैल तक प्रतिदिन मुलाकात करते रहे।

माउंटबेटन और उनके साथ लेडी माउंटबेटन का इरादा, गांधीजी को जो कुछ कहना था उस पूरी बात को बड़े धैर्य से सुनाकर बहलाए रखना था। लेडी एडविना से पहले किसी वाइसरॉय की पत्नी ने गांधीजी से ऐसा स्नेह जताने की कोशिश नहीं की थी। वह फोटो जिसमें गांधीजी का हाथ लेडी एडविना के कंधों पर रखा था, इंग्लैण्ड में आलोचना और चर्चा का विषय बना। माउंटबेटन जानते थे कि वह नेहरू और पटेल के साथ जिस भी समझौते पर पहुँचेंगे उस पर गांधीजी की सहमति महत्त्वपूर्ण होगी। गांधी शिकायत करते थे—मेरी बात कोई नहीं सुनता मैं जंगल में चिल्ला रहा हूँ। खैर, इस वाइसरॉय के पास उनके लिए पूरा समय था जितना वह चाहें।

फिर भी गांधीजी आने वाले समय में होने वाली चर्चाओं में पूरी तरह दरकिनार रहने के इच्छुक नहीं थे। पहली अप्रैल को अपनी दूसरी मुलाकात में उन्होंने माउंटबेटन को सलाह दी कि भारतीय समस्या को हल किया जा सकता है यदि जिन्ना अन्तरिम सरकार का गठन कर लें और वाइसरॉय अन्ततः सत्ता उनके हाथों सौंप दें। इस तरह नया मन्त्रिमंडल पूरी तरह जिन्ना द्वारा ही गठित किया जाएगा और यदि वह चाहें तो इसमें सारे सदस्य मुस्लिम लीग से ही होंगे। कांग्रेस पार्टी जो विधानसभाओं में बहुमत में है शासन के साथ ईमानदारी और निष्ठा से सहयोग की गारंटी देगी परन्तु यदि जिन्ना इस प्रस्ताव को ठुकरा देते हैं तो ठीक यही मौका कांग्रेस को दिया जाए।[20]

माउंटबेटन गांधीजी के ऐसे किसी प्रस्ताव के चक्कर में भटकने के इच्छुक नहीं थे, चाहे इसका कोई मतलब निकलता हो या नहीं। उन्होंने इसका प्रत्युत्तर यह कह कर दिया कि इस बात से उन्हें तब तक कोई लेना देना नहीं है जब तक कि गांधीजी को इस बात के लिए कांग्रेस कार्यकारिणी समिति का पूरा समर्थन

प्राप्त न हो जाय। वह यह जानते थे कि इस अवस्था में पटेल और नेहरू को सत्ता छोड़ने और मुस्लिम लीग को सत्ता सौपने के लिए राजी करना सम्भव नहीं होगा और सच में 11 अप्रैल को गांधीजी ने वाइसरॉय को लिखा–"वह अपने प्रस्ताव के सम्बन्ध में कांग्रेस के अग्रणी सदस्यों की सहमति हासिल करने में असफल रहे हैं।"[21]

वास्तव में गांधीजी यह प्रस्ताव बीस साल देरी से रख रहे थे। यदि सन् 1928 में उन्होंने युवा जवाहर लाल की तुलना में जिन्ना को कांग्रेस की अध्यक्षता सौंपी होती तो कांग्रेस का यह पुराना दिग्गज जो मूलतः कट्टरपन्थी नहीं था किन्तु अपनी प्रशंसा का भूखा और अपनी ओर ध्यान आकर्षित करने के लिए बेताब था शायद इस प्रस्ताव को हाथों हाथ ले लेता और खुद को अंग्रेजों की गोद में नहीं सौंप देता। वह दूसरों के मुकाबले ज्यादा विवेकी और अनुशासित वार्ताकार थे। एक बार वह किसी केस को ले लेते थे तो उनके अन्दर के वकील का अहम् और अहंकार उन्हें तर्क और विचार को परे रख किसी भी कीमत पर जीतने के लिए प्रेरित कर देता था। यदि उन्हें कांग्रेस का नेतृत्व करने के लिए आग्रह किया जाता तो संभवतः भारत के विभाजन को रोका जा सकता था क्योंकि दूसरा कोई मुसलमान नेता नहीं था जो मुसलमानों को अलग राष्ट्र के लिए एकत्र कर सकता। गांधीजी दूसरे कांग्रेसी नेताओं से अपने विचारों का सामंजस्य स्थापित किए बिना माउंटबेटन से अक्सर मुलाकातें करते रहे। बड़ी होशियारी से इन मुलाकातों से माउंटबेटन ने गांधीजी से कांग्रेसी नेताओं की ताजा सोच को जानने का तरीका अपनाया था और कांग्रेसी नेताओं के परस्पर मतभेदों की जानकारी वह इस माध्यम से जुटाते थे।

जिन्ना से माउंटबेटन पहली बार 5 अप्रैल को मिले और उनकी बातचीत 7 से 10 अप्रैल तक रोज होती रही। जिन्ना ने माँग की कि सत्ता प्रान्त दर प्रान्त सौंपी जाए और प्रान्तों को स्वयं अपने समूह बनाने की छूट दी जाए और जिनमें मुस्लिम बहुमत है उन्हें नया राष्ट्र बनाने की स्वतन्त्रता मिले। उन्होंने धमकी दी–"यदि भारत की अखंडता को बनाए रखने की कोशिश की गई तो मुस्लिम लीग को इसे रोकने के लिए सशस्त्र बल का प्रयोग करना पड़ेगा।[22] माउंटबेटन ने तर्क दिया कि न्यायोचित ढंग से तो यह सिद्धान्त बंगाल और पंजाब के क्षेत्रों में भी लागू करना पड़ेगा जहाँ गैर मुसलमान आबादी का आधा हिस्सा है और नतीजतन इन दोनों प्रान्तों को विभाजित करना पड़ेगा। अन्ततः 10 अप्रैल को माउंटबेटन ने उन्हें झुकने के लिए विवश किया, एक बार फिर यह साबित हो गया कि जिन्ना की ताकत ब्रिटिश अधिकारियों से मिलने वाले समर्थन पर आधारित है। जिन्ना

ने कहा–"मुझे इस बात की परवाह नहीं कि मुझे आप कितना कम देते हैं परन्तु जो भी दें वह पूरा दें और फिर बोले मैं आपको कोई अनुचित सफाई नहीं देना चाहता किन्तु आपको यह जान लेना चाहिए कि पाकिस्तान निश्चित ही ब्रिटिश साम्राज्य के तहत औपनिवेशक दर्जा चाहेगा।"[23]

वाइसरॉय की रिपोर्ट के अनुसार एक अन्य मौके पर जिन्ना ने निवेदन किया था–"सारे मुसलमान शुरुआत से ही ब्रिटेन के प्रति वफादार रहे हैं, दोनों युद्धों में जो सेना लड़ी उसका बड़ा हिस्सा उन्होंने भेजा है। हमारे किसी भी नेता को कभी गद्दारी के लिए जेल नहीं जाना पड़ा। मुस्लिम लीग का एक भी नेता नहीं है जो संविधान सभा की उस बैठक में उपस्थित हो जिसमें स्वतन्त्र संप्रभु गणराज्य बनाने का प्रस्ताव पारित हुआ था।"[24]

इसका मतलब जिन्ना माउंटबेटन के समक्ष उनके तीनों ही मुद्दों पर झुक गए। छोटे से पाकिस्तान को मान लिया, कॉमनवेल्थ की सदस्यता के लिए तैयार हो गए और ग्रेट गेम के लिए ब्रिटेन की ओर से साझीदार बनने को तैयार हो गए, हालाँकि वह स्वतन्त्र बंगाल का मुद्दा, कलकत्ता पर संयुक्त नियन्त्रण और यहाँ तक कि पश्चिमी और पूर्वी पाकिस्तान को जोड़ने के लिए गलियारे की माँग उठाते रहे।

जब माउंटबेटन सरदार पटेल से पहली बार मिले तो महत्त्वपूर्ण मुद्दों पर कोई बात नहीं हुई। यद्यपि वह ऐसे नेता थे जो कांग्रेस से विभाजन स्वीकार करने और कॉमनवेल्थ से जुड़े रहने के लिए मनाने में मददगार हो सकते थे। बाद में भी अक्सर वह पटेल से बातचीत के लिए वी.पी. मेनन का मध्यस्थ के तौर पर इस्तेमाल करते रहे। क्या उन्हें पटेल और नेहरू के मध्य बढ़ती दरार का बोध हो गया था और जवाहरलाल नेहरू से, जिन्हें उन्होंने आगे कर रखा था, अपने सम्बन्धों पर आँच नहीं आने देना चाहते थे?

चैम्बर ऑफ प्रिंसेस (नरेन्द्र मंडल) के चांसलर नबाब भोपाल ने वाइसरॉय से पूछा कि क्या रियासतों के समूहों को औपनिवेशक स्वराज या स्वतन्त्रता दी जा सकती है? माउंटबेटन ने उन्हें कोई बढ़ावा नहीं दिया। तब भोपाल नबाब ने शिकायत की कि कुछ बड़ी रियासतें उनसे अलग हो गई हैं और उन्होंने कांग्रेस को खुश करने के लिए संविधान सभा में प्रवेश कर लिया है। भोपाल को शीघ्र ही चेम्बर ऑफ प्रिंसेस (भारतीय नरेश मंडल) की अध्यक्षता छोड़नी पड़ी थी और उनका स्थान अग्रणी सिख शासक महाराजा पटियाला ने लिया। भोपाल की पाकिस्तान के प्रति समर्थन भावना के कारण दूसरे शासक उसके खिलाफ हो गए थे। माउंटबेटन ने आरम्भ से ही रियासतों के नरेशों के साथ बड़ी ही आत्मीयता

दर्शाई और उनके साथ व्यावहारिक दक्षता से काम लिया। उन्होंने रियासतों को अपनी इच्छानुसार झुकाने में अपने वाइसरॉय काल के मात्र अन्तिम तीन सप्ताह ही दिए।

सी. एच. भावा जो एक विद्युत मन्त्री थे, ने वाइसरॉय से कहा—"मैं कोई राजनेता नहीं हूँ एक व्यवसायी हूँ जो कि अपनी किसी भी कम्पनी के बोर्ड में अन्तरिम सरकार के किसी भी मन्त्री को नहीं लेता (यानी वे अयोग्य हैं)।"[25] माउंटबेटन उनकी इस टिप्पणी से सहमत नहीं थे तो अपनी अतिगोपनीय रिपोर्टों में इसे दर्ज नहीं करते गोया कि वह जनता में अपने मन्त्रियों की तारीफ करता रहता था। नेहरू पहले भारतीय नेता थे जिससे माउंटबेटन ने भेंट की। यह भेंट उनके भारत आने के मात्र दो दिन बाद अर्थात् 24 मार्च को हुई। नेहरू ने अपनी बात यह कहते हुए शुरू की कि "भारत की तमाम समस्याओं में आर्थिक समस्या सबसे भीषण है।"[26] जब माउंटबेटन उनके समक्ष सीधे प्रश्न अर्थात् सत्ता के हस्तान्तरण पर नेहरू का ध्यान खींचने में सफल हुए तब नेहरू ने तुरन्त उत्तर दिया—मनोवैज्ञानिक और भावनात्मक कारणों से भारत कॉमनवेल्थ में शामिल नहीं हो सकता।[27] माउंटबेटन ने अपनी रिपोर्ट में कहा—अन्ततः 8 अप्रैल को (कई बैठकों के पश्चात्) मैंने नेहरू से दो टूक पूछा कि यदि वह मेरी जगह होते तो सत्ता के हस्तान्तरण को लेकर उनका हल क्या होता? माउंटबेटन के अनुसार नेहरू ने उत्तर दिया—''ऐसे किसी भी समुदाय पर जो किसी एक खास क्षेत्र में बहुमत में है किसी भी तरह की संवैधानिक शर्त थोपना उचित नहीं होगा।''[28] माउंटबेटन ने इसका यह अर्थ निकाला कि नेहरू सिर्फ पंजाब और बंगाल और गैर मुस्लिम हिस्सों को ही खुली छूट मात्र देने से सहमत नहीं बल्कि वह उन सभी ब्रिटिश प्रान्तों का, उनमें वह प्रान्त भी शामिल हैं जो कांग्रेस के साथ हैं जैसे उत्तर पश्चिमी सीमा प्रान्त, के लिए भी यही छूट मानने के लिए तैयार हैं।

इसी बातचीत के पश्चात् माउंटबेटन के स्टाफ द्वारा जिसके प्रमुख लॉर्ड इस्मे थे, भारत से ब्रिटेन की वापसी की योजना बनानी आरम्भ की गई। उनके लिए एटली के 20 फरवरी के वक्तव्य में ब्रिटिश प्रान्त के (और रियासतों को) भविष्य को चुनने की छूट निहित थी।

वे यह मान कर चल रहे थे कि जिन्ना और नेहरू दोनों ने ही इसे स्वीकार कर लिया है। इस कारण उनकी योजना के अनुसार यह एक ब्रिटिश प्रान्त जिसमें कांग्रेस शासित प्रान्त भी थे, की विधानसभाओं के निर्वाचित सदस्यों को भविष्य में अखिल भारतीय संविधान सभा से जुड़ने या दूसरी संविधान सभा या यदि और सभाएँ गठित करें तो उससे जुड़ने की उन्हें खुली छूट देने का प्रस्ताव था। इसमें

स्वतन्त्रता घोषित करने की छूट भी शामिल थी। ब्रिटिश प्रान्तों को मिली छूट भारतीय रियासतों के शासकों पर भी लागू होगी जो अपने राज्यों को अपनी मर्जी के मुताबिक किसी भी तरह से सम्बद्ध करने में सक्षम थे या फिर स्वतन्त्र भी रह सकते थे।

उत्तर-पश्चिमी सीमा प्रान्त जो पूरी तरह मुस्लिम प्रान्त था उसे तब तक भारत से पृथक नहीं किया जा सकता था जब तक अखिल भारतीय संविधान सभा के लिए इस प्रान्त के प्रतिनिधि इस सीमा प्रान्त को भारत से जोड़ने का समर्थन कर रहे थे। उनको दरकिनार करने का एक ही उपाय था कि कुछ ही दिनों पूर्व हुए चुनावों के बावजूद दूसरे प्रान्तीय चुनाव घोषित कर मतदाताओं को सीधे प्रान्त के भविष्य को निर्धारित करने के लिए मत देने को कहा जाता। इस कारण इस्मे-माउंटबेटन योजना में उत्तरी-पश्चिमी सीमा प्रान्त में पुनः चुनाव का प्रावधान किया गया और उसे न्यायसंगत ठहराने के लिए तर्क दिया गया कि पिछले चुनावों में स्वतन्त्र रहने की छूट नहीं दी गई थी। चूँकि अब पाकिस्तान के निर्माण की बात साफ हो चुकी थी। उम्मीद की जा रही थी कि एक मुस्लिम राज्य से जुड़ने या फिर स्वतन्त्र रहने की छूट के कारण पठान सम्भवतः कांग्रेस से मुँह मोड़ने के लिए राजी हो सकते हैं।

पठान और कबीलाई मामलों पर ब्रिटेन के विशेषज्ञ सर ओलेफ कैरो पिछले वर्ष से ही उत्तर पश्चिमी सीमा प्रान्त के गवर्नर बना दिए गए थे। मुस्लिम लीग पहले ही डॉ. खान साहब के नेतृत्व वाली सत्ताधारी कांग्रेस के खिलाफ आन्दोलन छेड़ चुकी थी। डॉक्टर खान साहब ने अपना कैरियर ब्रिटेन की सेना में एक डॉक्टर के रूप में शुरू किया था और एक अंग्रेज महिला से विवाह किया था। वह उनके सौतेले छोटे भाई खान अब्दुल गफ्फार खाँ की तरह ही भारत में मुस्लिम पृथकतावाद के कट्टर विरोधी थे। उन्होंने मुस्लिम लीग के आन्दोलन और दबाव डालने की नीति के खिलाफ कड़े कदम उठाए और हजारों मुस्लिम लीग समर्थकों को जेल में ठूंस दिया था।

माउंटबेटन जिस दिन दिल्ली आए ठीक उसी दिन उन्हें गवर्नर कैरो का लम्बा पत्र मिला जिसमें प्रान्त की अस्थिर स्थिति के सम्बन्ध में जानकारी दी गई। गवर्नर ने लीग के आन्दोलन का दोषारोपण डॉ. खान साहब के दमनकारी उपायों पर किया और सलाह दी कि प्रान्त को शान्त करने का एक मात्र उपाय यहाँ दूसरे चुनाव करवाना है। उन्होंने लिखा कि इस बात को सुनिश्चित किया जाए कि चुनाव निष्पक्ष हों। डॉ. खान साहब को बर्खास्त किया जाए और संविधान की धारा 93 के अनुसार गवर्नर को प्रशासन पर सीधा नियन्त्रण प्रदान किया जाए।

माउंटबेटन द्वारा अप्रैल 1947 के मध्य में बुलाए गए गवर्नरों के सम्मेलन में भी कैरो ने जोर देते हुए कहा कि यदि नए चुनाव करवाए जाएँ तो कांग्रेस को हराया जा सकता है। इसी दौरान जिन्ना ने भी वाइसरॉय को इस प्रान्त में गवर्नर का शासन लागू करने और फिर चुनाव करवाने का निवेदन किया।

माउंटबेटन ने विधिवत् निर्वाचित सरकार की बर्खास्तगी की माँग को ठुकरा दिया किन्तु उन्होंने कहा कि नेहरू के साथ मिलकर वह इस सम्भावना को तलाशेंगे कि प्रान्त के भविष्य के सम्बन्ध में वहाँ के लागों से फिर बातचीत की जाए। माउंटबेटन ने निजी तौर पर कैरो को बताया कि नेहरू, खान अब्दुल गफ्फार खाँ और खान साहब के पीछे हाथ धोकर पड़े है और नेहरू ने तो उनकी बर्खास्तगी के लिए एक औपचारिक प्रस्ताव भी पेश किया है। उन्होंने कैरो को इशारा किया कि वह ऐसा सौदा करने की कोशिश करेंगे कि उन्हें (कैरो को) हटाने के बदले में इन लोगों से यह बात मनवा ले कि डॉ. खान साहब की सरकार को हटाया नहीं जाएगा बशर्ते कि वे प्रान्त में जनमत संग्रह के लिए राजी हो जाएँ। इसका मतलब तो चुनाव ही होगा परन्तु शब्द भर बदल लेने से शायद नेहरू और उनके साथियों को इस प्रस्ताव को स्वीकार करने में आसानी होगी।

माउंटबेटन ने ऑपरेशन फ्रंटियर की शुरुआत 18 अप्रैल 1947 को की। वाइसरॉय की रिपोर्ट के मुताबिक नेहरू ने सीमान्त प्रान्त में चुनाव को तो जोरदार ढंग से नकार दिया किन्तु वह इस बात पर सिद्धान्ततः राजी हो गए कि अन्तिम रूप से सत्ता प्राप्त करने से पूर्व वहाँ के विचारों का जानना उचित होगा।[29] इस महत्त्वपूर्ण बिन्दु को हासिल करने के बाद माउंटबेटन ने अब डॉ. खान साहब को तलब किया और पठान गवर्नर जो वहाँ उपस्थित थे उन्होंने उनके मुँह पर आरोप लगाया कि वह पक्षपात, असहयोग तथा हस्तक्षेप कर रहे हैं।

इस चर्चा के बाद माउंटबेटन ने 28 और 29 अप्रैल 1947 को प्रान्त की यात्रा करना तय किया। उनके पेशावर आगमन पर पचास हजार से ज्यादा का हुजूम उनके स्वागत के लिए उमड़ा जो माउंटबेटन की जय और पाकिस्तान जिन्दाबाद के नारे लगा रहा था। जब खान साहब ने वाइसरॉय से कहा कि जिन्ना का उत्तर पश्चिमी सीमा प्रान्त में मुस्लिम लीग पर कोई नियन्त्रण नहीं है, माउंटबेटन ने पूछा कि तब किसका नियन्त्रण है? खान साहब ने तत्काल उत्तर दिया—गवर्नर और उनके अधिकारियों का उनका एकमात्र उद्देश्य मेरे मन्त्रिमंडल को सत्ता से बाहर करना है।[30] खान साहब की सोच जो कुछ भी हो, किन्तु पेशावर में हुए विशाल प्रदर्शन और कबीलाई इलाके जिनका माउंटबेटन ने दौरा किया उनमें कांग्रेस विरोधी कट्टर भावना को देखकर माउंटबेटन को कांग्रेस नेताओं से यह कहने का

मौका मिल गया कि अब यह निर्णय लेने से पहले आवश्यक हो गया है कि यह जाना जाए कि उनके पास (कांग्रेस के) जनता का समर्थन अभी भी है कि नहीं और सत्ता के हस्तान्तरण के समय सत्ता किसके हाथों दी जा सकती है।

इस बीच मुस्लिम लीग का आन्दोलन और सीधी कार्रवाई का असर परिस्थितियों के सांप्रदायिकीकरण के रूप में होने लगा था और शहरों में हिन्दुओं और सिखों पर आक्रमण होने लगे। वाइसरॉय की रिपोर्ट बताती है कि डेरा इस्माइल खाँ, बन्नू और टैंक में करोड़ों की सम्पत्ति को नुकसान पहुँचा और नरसंहार, जबरन धर्मान्तरण और अत्याचारों के कारण अत्यन्त घृणा का वातावरण बन गया।[31]

अप्रैल के अन्त तक माउंटबेटन नेहरू को यह समझाने में सफल हो गए कि फ्रंटियर प्रान्त में पाकिस्तान या नवीन भारत इस सादे से मुद्दे पर जनमत संग्रह के लिए तैयार हो जाएँ बनिस्बत नवीन चुनावों के। वाइसरॉय ने अपनी रिपोर्ट में लिखा–"पं. नेहरू ने प्रस्ताव यह कहते हुए स्वीकार किया कि जो संस्था चुनाव सम्पन्न कराएगी वह मेरे (माउंटबेटन) नियन्त्रण में रहेगी, जिससे निष्पक्षता सुनिश्चित की जा सके।"[32] इस प्रकार कांग्रेस उत्तर पश्चिमी सीमा प्रान्त के मामले में उस प्रक्रिया से डिग गई जो भारत या पाकिस्तान से जुड़ने के लिए अन्य ब्रिटिश प्रान्तों पर लागू होनी थी। कांग्रेस नेता इस बात पर सहमत हो गए कि उत्तर पश्चिम सीमा प्रान्त के निर्वाचित प्रतिनिधि जो संविधान सभा में हैं और जिन पर प्रान्त के भविष्य को निर्धारित करने की जिम्मेदारी है, उनकी अनदेखी की जा सकती है। ऐसा करके उन्होंने उत्तर पश्चिम सीमा प्रान्त के भविष्य को लेकर एक जोखिम उठाया क्योंकि उनकी सोच थी कि यदि फ्रंटियर पाकिस्तान को नहीं मिलेगा तो पाकिस्तान बन ही नहीं सकेगा और उस समय जो फ्रंटियर के प्रतिनिधि जो संविधान सभा में बैठे थे उन्होंने जाहिर ही कर दिया था कि फ्रंटियर भारत में ही रहेगा। उ.प्र. सीमा प्रान्त में यह स्थिति थी जब इस्मे 2 मई 1947 को भारत के भविष्य के सम्बन्ध में इस्मे–माउंटबेटन योजना के साथ लन्दन के लिए रवाना हुए थे।

बंगाल के मुख्यमन्त्री हुसैन सोहरावर्दी और जिन्ना को जब यह समझ में आया कि बंगाल के विभाजन से उनकी कलकत्ता पर, जो पूरे ब्रिटिश साम्राज्य में दूसरा बड़ा शहर था, राज करने की इच्छा पूरी नहीं होगी तब उन्होंने माउंटबेटन और बंगाल के कांग्रेसी विधायकों को अखंड स्वतन्त्र बंगाल के पक्ष में पटाना आरम्भ कर दिया। निश्चित ही बंगाल की संस्कृति भिन्न थी और यहाँ सभी जातियों द्वारा बंगाली ही बोली जाती थी। इसके साथ ही कलकत्ता पर ब्रिटेन का खास दाँव लगा

हुआ था। यह भारत में ब्रिटेन के व्यापारिक हितों का केन्द्र था और भारत में अधिकांश ब्रिटिश व्यापारिक संस्थानों का मुख्यालय भी। आसाम और दार्जिलिंग में अंग्रेजों के चाय बागानों की चाय यहाँ टेस्ट की जाती थी और पैक कर यहाँ के मुख्य बन्दरगाह से निर्यात की जाती थी। ब्रिटिश मालकियत की जूट मिलें पश्चिम (गैर-मुसलमान) बंगाल के आसपास थीं जबकि जूट पूर्वी बंगाल में उगाई जाती थी, जो पाकिस्तान के हिस्से में जाना था। यदि बंगाल स्वतन्त्र हो जाता और लीग द्वारा शासित होता तो बंगाल की निर्भरता ब्रिटेन पर बनी रहती।

कलकत्ता में भारत के किसी अन्य शहर के मुकाबले ब्रिटिश राज का माहौल कुछ खास था। यहाँ के कुछ रास्ते लन्दन में थ्रेड-नीडेल स्ट्रीट के आसपास के रास्तों से मिलते-जुलते थे। चौरंगी स्ट्रीट पिकाडिली की तर्ज पर बनी थी, जिसमें सामने एक ओर भारी खुला स्थान था जो मैदान कहलाता था। मैदान पर विशाल गुम्बजदार संगमरमर से बना शास्त्रीय शैली में निर्मित विक्टोरिया मेमोरियल बना था। पास ही में रॉयल टर्फ क्लब जहाँ घुड़-दौड़ होती थी, था और कई स्पोर्ट्स और सामाजिक क्लब शहर के अंग्रेज इलाकों की छायादार सड़कों के आस-पास फैले थे। बंगाल क्लब में भारतीयों को अभी भी सदस्यता नहीं मिलती थी। पूर्वी पाकिस्तान से शरणार्थियों की घुसपैठ के पहले यह अत्यधिक भीड़-भाड़ भरा शहर नहीं था, जैसा बाद में यह बन गया। इस्मे-माउंटबेटन योजना में बंगाल की स्वतन्त्रता का भी प्रावधान रखा गया था, यदि यहाँ के विधायक इसके लिए तैयार हो जाएँ।

इसी तरह पंजाब में संयुक्त पंजाब के लिए प्रयास आरम्भ हो गए ये जो निश्चित ही पाकिस्तान के हाथों जाता। सिख रक्षा मन्त्री बलदेव सिंह ने याद करते हुए बताया कि किस तरह दिसम्बर 1946 में लन्दन सम्मेलन के दौरान जिन्ना उनके पास आए और कहने लगे—“बलदेव सिंह तुम यह माचिस की डिबिया देख रहे हो। यदि मुझे इस आकार का भी पाकिस्तान मिलता है तो भी मैं इसे स्वीकार कर लूँगा पर इसके लिए मुझे तुम्हारा सहयोग चाहिए होगा। यदि आप सिखों को मुस्लिम लीग से हाथ मिलाने के लिए मना लें तो एक शानदार पाकिस्तान बन जाएगा जिसके दरवाजे दिल्ली के आसपास या खुद दिल्ली में होंगे।”[33]

कोशिशें तो मास्टर तारासिंह को भी पटाने की की गयी जो सिखों के महत्त्वपूर्ण नेता थे। उनकी चिन्ता स्वाभाविक रूप से सिख किसानों के भाग्य को लेकर थी जो पश्चिमी पंजाब की सम्पन्न कृषि भूमि में फैले हुए थे और उनके प्रति भी थी जो लाहौर में रहते थे जो पहले सिखों की राजधानी रह चुकी थी। यदि पंजाब का विभाजन होता तो लाहौर पाकिस्तान को चला जाएगा।

मूल रूप से पहले सिख हिन्दुओं का एक धार्मिक सम्प्रदाय मात्र था जिसकी उत्पत्ति हिन्दू समाज की कुप्रथाओं, जाति व्यवस्था आदि और ऐसे दृष्टिकोण जो सामाजिक उत्तरदायित्वों की उपेक्षा कर वैयक्तिता पर जोर देते थे, के उन्मूलन के लिए हुई थी सत्रहवीं सदी के अन्त तक सिख एक सैनिक और अलग समुदाय बन गए। यह सब नवदीक्षितों के उत्साह और मुगल शासक औरंगजेब के धर्म परिवर्तन कराने और अत्याचार का नतीजा था। उन्नीसवीं शताब्दी में महाराजा रणजीतसिंह के अधीन इन्होंने सम्पूर्ण पंजाब में और खैबर दर्रे तक अपनी सत्ता का विस्तार कर लिया था और लड़ाकों के रूप में विस्मयकारी प्रतिष्ठा अर्जित की थी।

सिख पाकिस्तान के निर्माण की सम्भावना से अत्यधिक चौकन्ने हो उठे थे जिस कारण पूरा पंजाब मुस्लिम शासन के अधीन चले जाने की सम्भावना थी। 'अकाली' (या सर्वदा अमर) रणजीत सिंह की सेना की एक प्रसिद्ध टुकड़ी का नाम था। बीसवीं शताब्दी में एक उग्र सिख राजनीतिक दल ने खुद का अकाली नाम ले लिया और सिखों के पवित्र स्थलों पर जिनमें अमृतसर का स्वर्ण मन्दिर भी सम्मिलित था, शासन द्वारा समर्थित ग्रन्थियों के खिलाफ संघर्ष छेड़ दिया। इस दौरान अकाली ब्रिटिश हुकूमत के विरोधी हो गए। दूसरी ओर ब्रिटिश भारतीय सेना में सिखों का एक बहुत बड़ा वर्ग था और उनमें से कई को सरकार से पेंशन मिलती थी। सन् 1942 में गांधीजी के भारत छोड़ो आन्दोलन में चन्द मुट्ठी भर अकालियों ने हिस्सा लिया था बाकी अलग-थलग रहे। संकट के समय उनके जैसे अल्पसंख्यक समुदाय से उम्मीद की जा सकती थी कि वह ब्रिटिश सरकार की ओर संरक्षण के लिए मुँह ताके।

कुछ ब्रिटिश अधिकारियों ने जिनमें सिखों के जानकार मेजर जॉन बिली शार्ट भी शामिल थे जो कहा करते थे सिखों को हाथ में ले लो तो भारत भी हाथ में आ जाएगा। उन्होंने युद्ध के दौरान सिखों को ब्रिटेन के हितों के पक्ष में करने और साथ ही में सिखों और मुसलमानों का पुनर्मेल कराकर पंजाब को एकीकृत रखने के लिए बड़े मनोयोग से काम लिया।[34]

एक ब्रिटिश अधिकारी जो पवित्र नगरी अमृतसर में डिप्टी कमिश्नर था वह सिखों के नेताओं के निकट सम्पर्क में रहता था। उसका आकलन था कि अकाली और यूनियनिस्टों का गठबन्धन दो शक्ति सम्पन्न राष्ट्रों के मध्य पंजाब के बँटवारे को रोक सकता है और सिखों को पाकिस्तान के अंग के रूप में विशेष अधिकार और सुविधाएँ प्राप्त होंगी। मुसलमान और सिख यदि हिन्दुस्तान के साथ रहते हैं तो वे महत्त्वहीन हो जाएँगे और उनका प्रभाव अधिक नहीं रहेगा। पंजाब में मुसलमानों, सिखों और हिन्दुओं से युक्त यूनियनिस्ट पार्टी के गठबन्धन वाली

सरकार ने मार्च 1947 में सत्ता त्याग दी। एटली के 20 फरवरी के वक्तव्य के बाद यह स्पष्ट हो गया था कि विभाजन होगा। इस कारण कई पंजाबी मुसलमानों ने अपनी वफादारी यूनियनिस्ट पार्टी से बदलकर मुस्लिम लीग की ओर कर ली। इसका परिणाम हयात खाँ की मिली-जुली सरकार के रूप में हुआ था जिसने पंजाब पर एक दशक तक राज किया। इसके बाद पंजाब में साम्प्रदायिक तनाव उभरा और मास्टर तारासिंह ने अपनी तलवार लहराते हुए पाकिस्तान मुर्दाबाद का नारा उछाला। रावलपिंडी के आसपास के गाँवों में मार्च 1947 में हुए सिखों के हत्याकाण्ड और उसके बाद लाहौर सहित अन्य स्थानों पर हुई मारकाट और लूटपाट की घटनाओं से मास्टर तारासिंह ही नहीं वरन् अन्य सिख भी समझ गए कि भारत विभाजन से उनकी क्या गति होगी।

सिखों की एक समुदाय के रूप में अस्तित्व बनाए रखने की भावना और मास्टर तारासिंह के कट्टर नेतृत्व के कारण सिखों ने पंजाब की उन सम्पन्न कृषिभूमियों को जो पाकिस्तान में जाने वाली थी तथा धन-सम्पत्ति को छोड़कर पंजाब के पूर्वी हिस्सों में जो भारत में रहने वाले थे, जत्थों मे आने का निर्णय लिया। और इस क्षेत्र में पहुँचने के बाद यहाँ से मुसलमानों को खदेड़कर उनकी जमीनों और मकानों पर कब्जा करने की ठानी। अन्ततः सिखों ने आदान-प्रदान में ज्यादा कृषि सम्पत्ति खोई पर मुसलमानों ने जानें ज्यादा गँवाईं। प्रदेश की आर्थिक गतिविधियों में प्राधान्य रखने वाले हिन्दू लाहौर व पश्चिमी पंजाब में अन्य स्थानों में अपनी सम्पत्ति और व्यापार से चिपके रहे। इसलिए वे ज्यादा मरे और लुटे।

यह घटनाएँ तब घटीं जब विभाजन की योजना की जानकारी लोगों को मिली। पंजाब के साम्प्रदायिक तनावों ने इसके पश्चिम में स्थित फ्रंटियर प्रान्त और दक्षिण में स्थित सिन्ध में साम्प्रदायिक ताकतों को बढ़ावा दिया और इन मुस्लिम प्रान्तों में मुस्लिम लीग की मदद की।

16 अप्रैल और 2 मई के मध्य वापसी की योजना को इस्मे और उनके सहयोगियों ने दर्जनों बार बनाया बिगाड़ा। माउंटबेटन की रिपोर्ट के अनुसार इसकी मोटी रूपरेखा सर एरिक मेईविल ने जो उनके मुख्य सचिव थे, नेहरू और जिन्ना को दिखाई और उन्होंने इस पर उनसे सहमति ले ली थी। किन्तु असलियत यह है कि जो बिन्दु नेहरू को दिखाए गए थे उससे पूरी योजना का पता नहीं चलता था। लॉर्ड इस्मे 2 मई को लन्दन रवाना हुए और 6 मई को उन्होंने तार द्वारा सूचित किया कि इंग्लैण्ड में इस योजना के प्रति प्राथमिक प्रतिक्रियाएँ अनुकूल हैं। माउंटबेटन अब अपने दूसरे उद्देश्य से मुखातिब हुए और वह था नेहरू को कॉमनवेल्थ से जुड़े रहने के लिए तैयार करना।

इस्मे योजना में भारत के ब्रिटिश कॉमनवेल्थ के साथ सम्बद्धता को लेकर कोई जिक्र नहीं किया गया था। जब कृष्णा मेनन और नेहरू से माउंटबेटन ने यह सुना कि भारत कॉमनवेल्थ में नहीं रहेगा तब उन्होंने निश्चय किया कि वह इस मुद्दे को उनके तीन उद्देश्यों में से पहले दो हासिल करने के बाद उठाएँगे। कॉमनवेल्थ का मुद्दा—ब्रिटेन के लिए और स्वयं माउंटबेटन के लिए एक गम्भीर मुद्दा था। उनके चचेरे भाई और उसके सम्राट जॉर्ज षष्ठ ने विदाई के समय उनसे कहा था कि जहाँ तक सम्भव हो, भारत को कॉमनवेल्थ में रखने के लिए कोशिश की जाए। साथ ही यह बात की थी कि स्वतन्त्र भारत ब्रिटिश कॉमनवेल्थ का सदस्य बनता है तो इससे यह सिद्ध हो जाएगा कि भारत के नेताओं ने विभाजन को खुद की इच्छा से स्वीकार किया है। यदि ऐसा नहीं होता तो भारत क्योंकर ब्रिटिश राष्ट्रमंडल से जुड़ा रहता। यह बात खास तौर पर बँटवारे को लेकर अमेरिका के विरोध को देखते हुए महत्त्वपूर्ण थी।

यह नतीजा इसलिए भी ज़रूरी था जिससे कि भारत की स्वतन्त्रता सम्बन्धी बिल को कंजर्वेटिव पार्टी आसानी से मान्यता दे दे तथा ब्रिटेन में इस आम विरोध को कि लेबर पार्टी भारत को गँवा रही है, भी दूर किया जा सके। राष्ट्रमंडल के गोरे उपनिवेश खास तौर पर दक्षिण अफ्रीका और ऑस्ट्रेलिया, ब्रिटेन की लेबर पार्टी की नीतियों से शंकित थे। दक्षिण अफ्रीका के प्रधानमन्त्री यान स्मट्स ने 16 फरवरी 1947 को एटली को लिखा था—

> ब्रिटेन की निवृत्ति से अब सत्ता कांग्रेसी भारत के हाथों आएगी। निश्चित ही भारत और पूर्व में मुसलमानों की स्थिति और ब्रिटिश हितों की दृष्टि से यह अत्यन्त अनचाहा परिवर्तन होगा। रणनीति और सैद्धान्तिक दृष्टि के साथ ही साथ साम्राज्य के लिहाज से भी देखें तो मुसलमान ज्यादा वफादार साबित होंगे।[35]

ऐसे वातावरण में यदि भारत कॉमनवेल्थ छोड़ देता तो एटली की छवि धूमिल होने की सम्भावना थी।

इस लक्ष्य को पाने के लिए माउंटबेटन ने कृष्णा मेनन को इस्तेमाल किया। उनके ऐसा करने के पीछे कई कारण थे। पहला यह कि कृष्णा मेनन सचमुच में यह मानते थे कि विश्वयुद्ध के बाद की दुनिया में ब्रिटिश राष्ट्रमंडल यदि एक ताकत बना रहता है तो इससे नवजात राष्ट्रों पर अमेरिकी प्रभुत्व को छाने से रोका जा सकेगा। 20 अप्रैल 1947 को एक लम्बी बातचीत में कृष्णा मेनन ने माउंटबेटन से कहा था कि संयुक्त राज्य की नीति भारत में आर्थिक, राजनीतिक और सैनिक शक्ति सभी में अपनी छवि बढ़ाने की है।[36] उस ग्रीष्म ऋतु में माउंटबेटन से उनका

जो पत्राचार चला उसमें एक पत्र में उन्होंने लिखा–जनमत, मि. बेविन बरतानवी विदेशमन्त्री पर डॉलर के समक्ष हथियार डालने पर रोक लगा रहा है। सौभाग्य से लेबर पार्टी में उच्च स्तर पर अमेरिका के आधिपत्य के विरुद्ध प्रतिरोध बढ़ रहा है।[37] एक माह पूर्व उन्होंने माउंटबेटन को एक हस्तलिखित पत्र में लिखा–"शायद आपने ध्यान दिया होगा कि अमेरिकी राजदूत ग्रेडी के अनुसार अमेरिका हमें भारत को आज़ादी दिलाने में मदद करने वाला है। किससे आज़ादी यह नहीं बताते? कुछ लोग समझदार होने में समय लेते हैं।"[38]

दूसरा ठोस कारण यह था जिस वजह से माउंटबेटन मेनन पर विश्वास कर सकते थे वह यह थी कि मेनन स्वतन्त्रता के पश्चात् ब्रिटेन उच्चायुक्त बनकर जाना चाहते थे। इस कारण वे यह चाहते थे कि माउंटबेटन नेहरू से उनकी अनुशंसा कर दें। स्वतन्त्रता का दिन करीब आ रहा था। इन दोनों के मध्य इस मुद्दे पर अन्तरंग बातचीत के आदान-प्रदान का रिकॉर्ड है। कृष्णा मेनन ने माउंटबेटन को लिखा–आप इस पर जे. एन. से कुछ पूछताछ करेंगे।[39] इस पर माउंटबेटन ने जवाब दिया–अगली बार जब मैं जे. एन. से मिलूँगा। तो मैं उनसे पूछूँगा कि वह क्या करना चाहते हैं?[40]

इनमें सबसे महत्त्वपूर्ण कारण था, कृष्णा मेनन की नेहरू से नजदीकी। माउंटबेटन ने सेक्रेटरी ऑफ स्टेट को जो लन्दन में सबसे विवादित हस्ती थे कृष्णामेनन से गहरे सम्पर्क रखने के कारण को स्पष्ट किया। माउंटबेटन ने लिखा था–

> वह (कृष्ण मेनन) पं. नेहरू के गहरे मित्र हैं। मैं उनसे यह पूछताछ कर सकता हूँ कि नेहरू के दिमाग में क्या है? वह मुझे कांग्रेस के गलियारों में क्या चल रहा है? इसकी सूचना देते रहते हैं। मैं उनकी सहायता नेहरू को ऐसे बिन्दु पेश करने के लिए लेता हूँ जो मुझे बड़े संवेदनशील लगते हैं। वह उनमें मेरी नेहरू से बातचीत के लिए पहले से आधार तैयार कर देते हैं।[41]

माउंटबेटन ने नेहरू से बातचीत के लिए कॉमनवेल्थ का मुद्दा शिमला की ठंडी ऊँचाइयों में उठाने का फैसला किया। उन्होंने नेहरू और मेनन को 7 मई को शिमला, माशोब्रा में वाइसरॉय के अधिकारिक आवास द रिट्रीट में आमन्त्रित किया। परन्तु शिमला में एक दूसरे मेनन अथार्त् वी.पी. मेनन हीरो के रूप में उभरे और उन्होंने (वी.पी. मेनन ने) सिर्फ कॉमनवेल्थ की ही बल्कि भारत के विभाजन की रूपरेखा तैयार कर दी।

वी.पी मेनन वाइसरॉय के रिफार्म कमिश्नर थे। इसके बावजूद माउंटबेटन ने इस्मे योजना की तैयारी में तब तक उनसे कोई सलाह मशविरा नहीं किया गया था। माउंटबेटन के प्रेस अटैची एलेन कैम्पबेल[42] (जॉनसन, जिन्होंने मिशन विद

माउंटबेटन पुस्तक लिखी है।) के अनुसार इस्मे ने इस प्रक्रिया में किसी भी भारतीय को न जोड़ने की सलाह दी थी। इन प्रकरण में क्या होना चाहिए उस पर मेनन के अपने सुलझे हुए विचार थे। वे यह जानते थे कि कांग्रेसी नेताओं की प्राथमिकता जल्दी स्वतन्त्रता है और इसे पाने के लिए वे कुछ रियायतें जहाँ तक कि क्षेत्र सम्बन्धी रियायतें भी देने के लिए तैयार थे। दूसरी तरफ कांग्रेस के नेताओं के विचार में ब्रिटेन इस बात के लिए दृढ़ था कि भारत कॉमनवेल्थ में बना रहे और इसे हासिल करने में वे काफी सौदेबाजी, करने के लिए तैयार थे। सरदार पटेल के साथ सन् 1946 से वी.पी. मेनन के सम्पर्कों ने उन्हें यह यकीन दिला दिया था कि कांग्रेस कार्यसमिति अन्ततः पश्चिमी पंजाब, सिन्ध, बलूचिस्तान, पूर्वी बंगाल, जिसमें असम का सिलहट जिला भी था, की पृथकता को स्वीकार कर लेगी। सिर्फ एक बड़ी समस्या उत्तर पश्चिमी सीमा प्रान्त से ही पेश आएगी जो कांग्रेस शासित प्रान्त था और जहाँ कांग्रेस पार्टी विधान सभा में बहुमत में थी।

वी.पी. मेनन का जिन्ना से सीधे कोई सम्पर्क नहीं था किन्तु वाइसरॉय के स्टाफ और उनके अंग्रेज सहयोगियों के माध्यम से वह यह बात जान गए थे कि जिन्ना कितनी भी धौंस देते हों वह उनके द्वारा पाकिस्तान के लिए माँगे गए क्षेत्रों में कटौती स्वीकार करने को तैयार थे। क्या जिन्ना ने वेवल से नवंबर 1946 में यह नहीं कहा था कि ब्रिटेन उनको कुछ क्षेत्र दे दे चाहे वह कितना ही छोटा क्यों न हो?[43] और क्या उन्होंने माउंटबेटन से 10 अप्रैल 1947 को नहीं कहा था कि मैं इस बात की परवाह नहीं करता कि आप मुझे कितना कम देते हैं बशर्ते आप मुझे पूरी तरह दे दें।[44] जिन्ना ने यह भी वादा किया था कि पाकिस्तान कॉमनवेल्थ में शामिल रहेगा। इसलिए इस सौदे की रूपरेखा वी.पी. मेनन के दिमाग में साफ थी–

(अ) भारत का विभाजन वेवल की योजना के अनुसार अर्थात् एक छोटा पाकिस्तान।

(ब) सत्ता का तुरन्त हस्तान्तरण।

(स) चूँकि (ब) सिर्फ 1935 के कानून (जो उस समय प्रभावी थी) में संशोधन करके ही किया जा सकता था, (बजाए इसके कि संविधान सभा या विधान सभाओं के काम के पूर्ण होने तक इन्तजार किया जाता।) इस प्रक्रिया का तथ्यतः अर्थ था–दो उत्तरवर्ती राष्ट्र ब्रिटेन के डोमिनियन के रूप में उभरेंगे जिसका अर्थ होगा कॉमनवेल्थ से जुड़े रहना।

(द) और भारत को फ्रंटियर प्रान्त और बलूचिस्तान की पृथकता स्वीकार कराने के बदले में माउंटबेटन पटेल को यह मौखिक आश्वासन देंगे कि

स्वतंत्रता-पूर्व भारत में अमरीकी उपराजदूत
ऊपर : कर्नल लुइस जॉनसन एवं लुइस फिलिप्स
नीचे : हेनरी एफ. ग्रेडी एवं जॉर्ज मेरेल
(सौजन्य : अमरीकी दूतावास, नई दिल्ली)

फील्ड मार्शल लॉर्ड वेवल, सितंबर, 1943 से मार्च 1947 तक भारत के वाइसरॉय, डायरी लिखते हुए (सौजन्य : नेहरू स्मारक संग्रहालय एवं पुस्तकालय, नई दिल्ली)

सरदार वल्लभभाई पटेल एवं मौलाना अबुल क़लाम आज़ाद, शिमला में (जून 1945)
(सौजन्य : नेहरू स्मारक संग्रहालय एवं पुस्तकालय, नई दिल्ली)

ग्रेट ब्रिटेन के प्रधानमंत्री क्लीमेंट एटली (हाथ में पाइप लिये), भारतीय राष्ट्रवादियों से वार्ता हेतु नियुक्त अपने प्रतिनिधि सर स्टेफर्ड क्रिप्स के साथ
(लेखक के संग्रह से)

सर ओलेफ कैरो (आई.सी.एस.) सितंबर 1946 से जुलाई 1947 तक
उत्तर-पश्चिम सीमा प्रांत के गवर्नर (लेखक के संग्रह से)

लॉर्ड माउंटबेटन, स्वतंत्रता के समय भारत के वाइसरॉय एवं तत्पश्चात जून 1948 तक गवर्नर-जनरल (लेखक के संग्रह से)

सीमांत गांधी, खान अब्दुल ग़फ़्फ़ार खान, 1947 में
(सौजन्य : नेहरू स्मारक संग्रहालय एवं पुस्तकालय, नई दिल्ली)

जवाहरलाल नेहरू एवं लेडी एडविना माउंटबेटन, द रिट्रीट, शिमला में, 1948, लेखक (लेडी माउंटबेटन के पीछे) (लेखक के संग्रह से)

वे रजवाड़ों से आग्रह करेंगे कि किसी एक न एक डोमिनियन में मिल जाएँ और ऐसी किसी भी रियासत का विरोध करेंगे जो स्वतन्त्र होने का प्रयास करेगी। इस आश्वासन का अर्थ होगा कि रियासतों का नब्बे प्रतिशत क्षेत्र भारत को चला जाएगा जो कि पाकिस्तान में जाने वाले क्षेत्र की भरपाई करेगा।

मेनन भारत के दक्षिणी तट की रियासत कोचीन (आज का केरल) के निवासी थे वह एक क्लर्क के पद से बढ़कर वाइसरॉय के रिफॉर्म्स कमिश्नर की ऊँची पदवी पर पहुँचे थे। वह अभिजात्य प्रशासनिक सेवा इंडियन सिविल सर्विस के प्रतिनिधि नहीं थे। दूसरे गोलमेज सम्मेलन के दौरान 1931 में लन्दन में सेवॉय होटल की लिफ्ट में मेरे पिता से मेनन की भेंट हुई थी। उनके मुताबिक बावजूद इसके कि वे वाइसरॉय लॉर्ड इरविन की फाइलों का बोझ उठाए हुए थे पर उनके मस्तक पर सत्ता का गुरूर था।[45] मेनन ठिगने थोड़े झुके हुए, निचला ओठ लटका हुआ, बिलकुल ठेठ बाबू (क्लर्क) लगते थे।

भारत की संवैधानिक आज़ादी के लिए जो आधारभूत फॉर्मूला इस्तेमाल किया गया वह मेनन ने ही प्रस्तुत किया था। बाद में मन्त्रालय के सचिव के रूप में उन्होंने सरदार पटेल के मन्त्रित्व में और माउंटबेटन की मदद से रियासतों को भारत की आज़ादी की तिथि से पूर्व भारत में विलय के लिए मनाया तथा अगले वर्ष रियासतों को भारत में विलय कराने में उनकी मुख्य भूमिका थी। सन् 1946 से 48 के मध्य वी.पी. मेनन अभिनव रणनीतिकार, प्रतिभाशाली अधिकारी के रूप में चमके। मई 1947 के पश्चात् तो वह माउंटबेटन के सबसे निकटतम सलाहकार बन गए जिनकी महत्त्वपूर्ण भूमिका के बारे में वाइसरॉय बातचीत में हमेशा जिक्र करते थे। अधिकांश इतिहासकारों ने उनकी उपेक्षा की है सिर्फ हॉडसन के अपवाद के जो उनके ऊपर अधिकारी रह चुके थे।

ब्रिटिश राज के एक वफादार अधिकारी होने के साथ वह देशभक्त भारतीय थे जो 1946 तक इस निष्कर्ष तक पहुँचे थे कि वास्तव में जो हकीकतें ठोस रूप में सामने आ गई हैं उनसे निपटने में कांग्रेसी नेताओं की नाकामयाबी के कारण, यदि कांग्रेसी नेता इस क्षेत्र पर समझौता करने के लिए राजी नहीं होते तो भारत के और छोटे-छोटे टुकड़े होकर अत्यन्त घातक परिणाम सामने आएँगे। इस कारण विभाजन को स्वीकार कर लिया जाए।

वी.पी. मेनन को वाइसरॉय के समक्ष अपनी वैकल्पिक रणनीति स्पष्ट करने का मौका तभी मिला जब मई के दूसरे हफ्ते उन्हें शिमला बुलाया गया। वाइसरॉय ने उनकी बात बड़े ध्यान से सुनी। माउंटबेटन इस बात की सम्भावना से चौंक

उठे थे कि यदि सत्ता शीघ्र सौंप दी जाए तो कांग्रेस नेता डोमेनियन स्टेट और विभाजन स्वीकार कर लेंगे। वह वी. पी. मेनन से इस बात पर भी सहमत थे कि देश के विभाजन से दो शक्तिशाली सरकारें जिनकी सीमाएँ पहले से तैयार हों ब्रिटेन से सत्ता हाथ में ले लें। यदि भारत कई छोटे-छोटे भागों में विभाजित हो जाता तो उसके लिए खतरा पैदा हो सकता था जिनके कारण घोर अस्थिरता पैदा होती। ऐसी हालत में देश अराजकता और विनाश के गर्त में चला जाता और ब्रिटेन की प्रतिष्ठा को दुनिया भर में धक्का लगता।

माउंटबेटन ने तुरन्त निर्णय लेते हुए मेनन को नेहरू के साथ अपने विचारों को रख उनकी प्रतिक्रिया को जानने की कोशिश करने को कहा। नेहरू उसी आवास में ठहरे हुए थे। वी.पी. मेनन ने नेहरू के साथ इस मुद्दे पर 9 मई 1947 को बातचीत की और उन्होंने देखा कि देश के भावी प्रधानमन्त्री इससे असहमत नहीं हैं।

शिमला में 10 और 11 मई बड़े नाटकीय दिवस थे। 2 मई को जो योजना लन्दन भेजी गई थी वह 10 मई को सरकार की सहमति के साथ वापस आ गई। इसमें कोई मूलभूत संशोधन नहीं किया गया था। सिवाय इसके कि भारत की एकता के सम्बन्ध में भाषा को और ढीला कर दिया गया। उसी रात माउंटबेटन ने इसे नेहरू को उनकी प्रतिक्रिया जानने के लिए दिया। यह उनके स्टाफ की सलाह के विपरीत था जिसका मानना था कि यह योजना या तो सारे पक्षों को बताई जाए या फिर किसी को भी नहीं। माउंटबेटन को इस बात का पूर्वानुमान था और इसी पूर्वानुमान ने उनको असफल होने से बचा लिया। हालाँकि यह सन्देहास्पद है कि यदि उन्हें विश्वास नहीं होता कि वी.पी. मेनन की योजना उनकी व इस्मे की योजना से बेहतर है तो शायद वह यह योजना नेहरू को नहीं बताते और उन्हें इसका पूर्वानुमान ही क्यों होता? जिससे उनके तीनों मुद्दे एक मुश्त हल हो जाते।

इस्मे योजना ने नेहरू को किंकर्तव्यविमूढ़ बना दिया। वह सुबह चार बजे तक जागते रहे और अगली सुबह वाइसरॉय को उनके हाथ से लिखा एक नोट मिला, बाद में उन्होंने एक लम्बा टाइप किया हुआ पत्र भी भेजा जिसमें इस योजना को जोरदार ढंग से नकारा गया था। नेहरू के लिए पंजाब और बंगाल के टुकड़े करने में उनकी मौन सहमति का अर्थ भारत की भौगोलिक और ऐतिहासिक एकता को त्याग देना नहीं था। भारत एक साम्राज्य है जैसे कि संविधान सभा के गठन करते समय माना गया था। उसमें से कुछ भाग अलग हो जाए यह एक बात थी परन्तु देश के अलग-अलग हिस्सों को शुरुआत में स्वतन्त्र होने का विकल्प देना, और

उसके बाद उन्हें अर्थात् कई सारे प्रभावित उत्तरवर्ती राज्यों को राज्यों के रूप में गठित होने के लिए कहना बिलकुल अलग बात थी। नेहरू ने लिखा कि इससे भारत बाल्कन राज्यों की तरह छोटे-छोटे टुकड़ों में बँट जाएगा। इससे केन्द्रीय सत्ता खत्म हो जाएगी, नागरिक संघर्ष को बढ़ावा मिलेगा और सेना, पुलिस तथा प्रशासनिक सेवाओं (मुखियाहीन बनाने से) का मनोबल टूटेगा। तनाव के बीच काम करते हुए सम्भवतः नेहरू ने अब तक का सर्वाधिक विश्वासोत्पादक पत्र लिखा। माउंटबेटन तुरन्त समझ गए कि कांग्रेस उनकी योजना को स्वीकार नहीं करेगी। यदि नेहरू के विचारों को मान लिया जाए तो भी वास्तव में इसका नतीजा उनकी योजना से कुछ ज्यादा अलग नहीं होगा।

ब्रिटेन को यह भ्रम बना रहा कि भारत की एकता उनकी देन है परन्तु वास्तव में भारत ऐतिहासिक रूप से उत्तर में हिमालय से, दक्षिण में सागर तटों तक एक विशिष्ट सामाजिक सांस्कृतिक इकाई रहा है। यहाँ के लोग अब राजनीतिक आधार पर एक राष्ट्र के रूप में उभर रहे थे जैसा उन्नीसवीं सदी में जर्मन व इटली में हुआ था।

माउंटबेटन की यह खूबी थी कि विपत्ति के समय उनके पास यह विचार नहीं आता था कि कठिनाइयों को समझौते या टाल-मटोल कर उन पर परदा डाला जाए बल्कि वह उनके वैकल्पिक मार्ग खोजकर उसकी पुनः शुरुआत कर सफल होने की सोचते थे।[46] दूसरे ही क्षण उन्होंने उनकी योजना को बदल दिया। अब उनके पास एक और विकल्प था। उन्होंने वी.पी. मेनन की योजना को स्वीकार कर तुरन्त लन्दन को सूचित किया। यह कदम इतनी तत्परता से लिया गया कि कुछ लोगों को यह शक हो सकता था कि नेहरू को पहली योजना बताई ही इसलिए गई थी कि उन्हें धमकाकर दूसरी योजना मंजूर करवाई जाए पर ऐसा नहीं था। विपत्ति के खयाल से जितना दिमाग ज्यादा केन्द्रित होता है और किसी हालत में नहीं। और नेहरू को, जो एशियाई देशों की एकता और औपनिवेशिक साम्राज्य से परतन्त्र देशों की मुक्ति का स्वप्न देख रहे थे, अपने देश पर मँडराते संकट को देखकर समझ आ गई। इस कारण माउंटबेटन इस्मे योजना ने उन्हें बंगाल और पंजाब के विच्छेदन के अलावा बंटवारे से भी आगे बढ़ विभाजन को स्वीकार करने में मदद दी।

माउंटबेटन के अचानक योजना बदल देने से लन्दन में हड़कम्प मच गया किन्तु वाइसरॉय को यह यकीन था कि यदि वह भारतीय नेताओं को छोटे पाकिस्तान पर जिसमें उत्तर-पश्चिमी सीमा प्रान्त शामिल होगा, मना लेंगे और औपनिवेशिक स्वराज के आधार पर स्वतन्त्रता को स्वीकार करने के लिए

डोमिनियन स्टेटस पर सहमत करा लेंगे, तो एटली नवीन योजना पर सहमत हो जाएँगे। उन्होंने 11 मई 1947 को इस्मे को नवीन योजना के फायदे समझाने के लिए निम्नलिखित तार भेजा कि–

(अ) ऐसे समझौते से दुनिया भर में ब्रिटेन की प्रतिष्ठा में वृद्धि होगी।

(ब) साम्राज्य की सुरक्षा के दृष्टिकोण से वैश्विक रणनीति का ढांचा पूर्ण होगा।

(स) वर्तमान जिम्मेदारियों से झटपट मुक्ति, खास तौर पर कानून और शान्ति की व्यवस्था से,

(द) भारत ब्रिटिश सम्बन्धों को भविष्य में और मजबूत करना।

इनसे होने वाले लाभ इस प्रकार होंगे–[47]

(अ) क्योंकि भारतीय दल खुद इस समझौते को (विभाजन को) स्वीकार करेंगे और कॉमनवेल्थ में बने रहेंगे। (ब) क्योंकि भारतीय उपमहाद्वीप में सैनिक दृष्टि से महत्त्वपूर्ण उत्तर पश्चिम में भारत से अलग राज्य बनेगा जो ब्रिटेन के महत्त्वपूर्ण सैनिक मामलों में मदद रखेगा। (स) क्योंकि ब्रिटेन सभी प्रशासकीय जिम्मेदारियों से मुक्त हो जाएगा इससे पंजाब और अन्य जगहों पर उठने वाले बवालों से निपटने से वह बच जाएगा। (द) क्योंकि विभाजन के बावजूद भारत ब्रिटेन के साथ अच्छे सम्बन्ध रखेगा।

वी. पी. मेनन लिखते हैं कि मेरे पास सिर्फ दो या तीन घंटे थे जिसमें यह वैकल्पिक योजना तैयार करनी थी। इस कारण मैं तुरन्त इस पर काम करने बैठ गया। इससे पहले कि वह (नेहरू) उसी शाम शिमला से चले जाते वाइसरॉय नेहरू को यह योजना मसौदा दिखाकर उनकी प्रतिक्रिया जान लेना चाहते थे। मैं बमुश्किल उस प्रारूप को आकार दे पाया था कि सर एरिक मेइविल आए और इसे वाइसरॉय के पास ले गए। उस रात मैंने वाइसरीगल लॉज में खाना खाया। मैंने पाया कि लॉर्ड माउंटबेटन फिर से अपनी जिन्दादिली और अच्छे मूड में लौट आए थे।[48]

लॉर्ड माउंटबेटन को उनके अचानक यूँ पलटने के लिए सफाई देने के लिए लन्दन बुलाया गया। लन्दन पहुँचते ही वह तुरन्त ब्रिटिश मन्त्रिमंडल की बैठक में बुलाए गए। उन्होंने बताया कि भारतीय दलों द्वारा विभाजन को स्वेच्छा से स्वीकार करने और स्वतन्त्र उपनिवेश के आधार पर सत्ता के हस्तान्तरण का अर्थ है भारत ब्रिटिश कॉमनवेल्थ में बना रहेगा। यह सारे परिवर्तन बिलकुल नए और महत्त्वपूर्ण

हैं। उन्होंने जोर देकर कहा कि कांग्रेस की सहमति हासिल करने के लिए सत्ता का हस्तान्तरण तुरन्त किया जाना होगा। कांग्रेस शासित प्रान्तों में नए चुनाव नहीं होंगे।

माउंटबेटन ने उत्तर पश्चिमी सीमा प्रान्त के बारे में कहा कि वह (वाइसरॉय) जनमत संग्रह (चुनाव नहीं) से यह जानने का प्रयास करेंगे कि क्या वह पाकिस्तान में मिलना चाहते है या फिर भारत में। ब्रिटिश प्रान्तों को स्वतन्त्रता चुनने के विकल्प वापस ले लिए जाने के कारण निश्चित ही बंगाल के स्वतन्त्र होने की सम्भावना खत्म हो जाएगी।

ब्रिटिश बलूचिस्तान की मर्जी जानने के लिए शाही जिरगा में मत जानने के बजाय जैसा कांग्रेस पार्टी भी जोर दे रही है, ज्यादा लोकतान्त्रिक तरीका खोजा जाएगा। हालाँकि इसके ऐसा करने से हालात में वास्तव में कोई परिवर्तन नहीं आएगा। सेना को क्षेत्रीय भरती के आधार पर बाँटा जाएगा। भारत-पाकिस्तान के मध्य सुनिश्चित सीमा के निर्धारण के लिए एक सीमा रेखा आयोग काम करेगा जो विभाजन के समझौते के आधार पर सीमा रेखा तय करेगा। रियासतों के बारे में इससे ज्यादा कहने की ज़रूरत नहीं है कि ब्रिटिश प्रभुसत्ता समाप्त हो जाएगी।

भारत के स्वतन्त्र उपनिवेश के आधार पर स्वतन्त्र होने की बात को मन्त्रिमंडल ने उत्साहपूर्वक लिया। बंगाल के स्वतन्त्र होने के लिए विकल्प को वर्जित करने पर शंकाएँ जताई गईं किन्तु उस पर जोर नहीं दिया गया। बंगाल को मुस्लिम लीग शासन के अधीन रखने से ब्रिटेन को कुछ तात्कालिक व्यापारिक लाभ हो सकता था, किन्तु ब्रिटेन के लिए ज्यादा महत्त्वपूर्ण बात उत्तरी-पश्चिमी सीमा प्रान्त को कांग्रेस के नियन्त्रण से बाहर लाना था। हमेशा की तरह एटली ने निर्णायक होने का परिचय दिया। उन्होंने कहा कि भारत की स्वतन्त्रता सम्बन्धी बिल का प्रारूप नई योजना के अनुसार छह हफ्तों 3 जून के बाद तैयार हो जाएगा जिस तिथि को विभाजन की योजना की घोषणा होनी थी।

अगला कदम विपक्षी नेताओं की स्वीकृति हासिल करना था, जिनमें विंस्टन चर्चिल भी शामिल थे। चर्चिल इस बात से नाखुश थे कि माउंटबेटन ने वाइसरॉय बनना स्वीकार कर लिया था। उन्होंने (चर्चिल) उन्हें पुराने साम्राज्य की सेवा और उसको बनाए रखने के लिए तैयार किया था न कि उसे तोड़ने के लिए। चर्चिल को उनसे ऐसी उम्मीद कभी नहीं थी। सन् 1973 में माउंटबेटन ने इस लेखक को बताया कि चर्चिल से उनकी भेंट कैसी रही। यह भेंट सम्भवतः 20 या 21 मई को हुई होगी क्योंकि रेकॉर्ड बताते हैं कि जब वे 22 मई को एटली के निर्देश पर चर्चिल से मिले तब उन्होंने माउंटबेटन को सहमति पत्र दे दिया।

चर्चिल इस भेंट के समय अत्यधिक जुकाम की वजह से बिस्तर में थे, इस कारण माउंटबेटन को उनके शयन कक्ष में ले जाया गया। दरवाजे से उन्होंने मुझे आते हुए देख करवट लेकर दूसरी तरफ मुँह कर लिया।

उन्होंने कुर्सी खींची और बिना एक भी शब्द बोले बैठ गए। कुछ मिनटों की नीरव शान्ति के बाद चर्चिल गुर्राए, मैं जानता हूँ तुम मुझसे मिलने क्यों आए हो। माउंटबेटन ने बताया कि फिर उन्होंने उनके जुकाम के बारे में पूछा। इसके बाद फिर सन्नाटा छा गया। एक और गुर्राहट–''कम-से-कम उन्हें डोमिनियन तो बनाओ और कॉमनवेल्थ में शामिल करो।'' माउंटबेटन ने कहा मैं यही करने में सफल हुआ हूँ। इसका चर्चिल पर एकदम दवा की भाँति असर हुआ वह पलटे, जुकाम गायब हो गया और उनको ध्यानपूर्वक सुनने लगे। फिर माउंटबेटन ने उन्हें बताया कि कैसे वे पाकिस्तान को हिन्दुस्तान से अलग करने और फिर भी दोनों को स्वतन्त्र उपनिवेश बनाकर कॉमनवेल्थ में शामिल करने में सफल हुए थे। चर्चिल भावुक हो उठे। उन्होंने नम आँखों से मुझे धन्यवाद दिया और वादा किया कि वह हाउस ऑफ कॉमन्स में भारतीय स्वतन्त्रता बिल का समर्थन करेंगे बशर्ते यह ठीक वैसा ही हो जैसा मैंने उन्हें सूचित किया है।

जब माउंटबेटन चर्चिल से 22 मई को फिर मिले, तब उन्होनें चर्चिल को बताया कि दिल्ली से प्रस्थान से पूर्व उन्होंने इस योजना पर कांग्रेस पार्टी की लिखित सहमति हासिल कर ली थी पर तब तक जिन्ना से सहमति नहीं मिल पाई थी। हालाँकि उन्हें इसमें कोई शक नहीं है कि जिन्ना इस पर राजी हो जाएँगे। चर्चिल का इस सम्बन्ध में जवाब माउंटबेटन की रिपोर्ट में दर्ज है कि पाकिस्तान के लिए यह जन्म-मरण का प्रश्न है कि वह इस मुद्दे को दोनो हाथों से स्वीकार करे। ईश्वर जानता है जिन्ना हमारे ऊपर कितना निर्भर है। जो ब्रिटेन की मदद के बिना कुछ नहीं कर सकते।[49] और चर्चिल ने माउंटबेटन को खास तौर पर कहा कि यह सलाह जिन्ना तक पहुँचा दें।

कुछ महीनों पहले चर्चिल ने संसद में संविधान सभा के गठन की यह कहकर निन्दा की थी कि इसके सदस्य घास के पुतले हैं जिनका कुछ सालों बाद नामोनिशान नहीं रहेगा। और उन्होंने लेबर सरकार को उनकी भारत सम्बन्धी नीति के लिए लताड़ा था कि कई लोगों ने ब्रिटेन को उसके शत्रुओं से बचाया है, किन्तु कोई उसे खुद अपने आप से–नहीं बचा सकता पर कम से कम शर्मनाक पलायन से जुड़ना नहीं चाहिए। हमारी टीस को अपमान के कलंक और विकृति से और मत बढ़ाइए।[45] परन्तु तीन जून को योजना की घोषणा के बाद उन्होंने हाउस ऑफ कॉमन्स में कहा–"प्रधानमन्त्री कहते हैं कि इसका श्रेय वाइसरॉय को जाता है।

यह ऐसे मसले हैं जिन पर एक निश्चित राय तय कर पाना मुश्किल है किन्तु जो उम्मीदें इस घोषणा में निहित हैं यदि वह सफल होंगी तो उसका बड़ा श्रेय निश्चित ही वाइसरॉय को जाता है और सिर्फ वाइसरॉय को ही नहीं बल्कि प्रधानमन्त्री को भी जाना चाहिए जिन्होंने ब्रिटिश सरकार को उन्हें वाइसरॉय नियुक्त करने की सलाह दी थी।"[50]

जब माउंटबेटन चर्चिल से 22 मई 1947 को मिले तब चर्चिल ने एटली के लिए एक पत्र दिया था जिसमें माउंटबेटन-एटली योजना को मान्यता इस वजह से दी थी कि इसके अन्तर्गत उन्होंने समझा था कि विभाजित भारत के विभिन्न हिस्सों के लिए डोमिनियन स्टेटस को स्वीकृति दी थी। इस पत्र से लगता है कि उन्हें यह भ्रान्ति थी कि भारत और पाकिस्तान ने स्थायी तौर पर औपनिवेशिक डोमिनियन रहना स्वीकार कर लिया है। साथ ही इस पत्र से लगता है कि चर्चिल को कई सारे डोमिनियन भारतीय साम्राज्य से उभरने की उम्मीद थी सिर्फ दो की नहीं, खास तौर से बड़ी रियासतों से। माउंटबेटन अगली बार चर्चिल से बंकिंघम पैलेस में युवराज्ञी (भविष्य की सम्राज्ञी) एलिजाबेथ के विवाह समारोह में, नवम्बर 1947 में मिले। चर्चिल ने उन्हें खूब कोसा और कहा कि उनके पूर्व आश्रित ने उन्हें सब्जबाग दिखाए। उसके बाद चर्चिल मुड़े और सभी मेहमानों के सामने वहाँ से चले गए। उसके बाद कई वर्षों तक उन्होंने माउंटबेटन से बात करने के लिए इनकार कर दिया।

सन्दर्भ

1. फिलिप जिगलर, माउंटबेटन (कॉलिन्स, लन्दन, 1985, पृ. 156)।
2. वही।
3. वही पृ. 66।
4. वही पृ. 71।
5. वही, माउंटबेटन की डायरी, 18 अक्टूबर 1922।
6. वित्तीय वर्ष की समाप्ति, 5 अप्रैल 1920, ब्राडलैण्ड अभिलखागार, (बीए) पृ. 10।
7. जिगलर, पूर्व में उल्लेखित, पृ. 21।
8. पैट्रिक फ्रेंच, लिबर्टी ऑर डेथ : इडियाज जर्नी टू इन्डिपेन्डेंस ऐंड डिवीजन (हार्पर कॉलिन्स, लन्दन, 1995, पृ. 284) एलन कैम्पबेल-जॉनसन से एक साक्षात्कार पर आधारित 1946।
9. जिगलर, पूर्व में उद्धृत, पृ. 144 (लेडी माउंटबेटन के दस्तावेजों पर आधारित, 10 जून 1941)।

10. वही, पृ. 149।
11. रिअर एडमिरल ए.एम पीटर्स द्वारा एच. हार्डिंग्ज को भेजा गया सन्देश, आर आर जी वी आई (पी एस) (नेवी) पृ. 53-78, 21 जून 1941।
12. जिगलर, पूर्व में उद्धृत, पृ. 150।
13. ब्रिटिश राजदूत का 27 अक्टूबर 1941 को लिखा पत्र, बी. ए., पृ. 116।
14. फ्रांसीस लॉहेम et al (eds.) रूजवेल्ट एंड चर्चिल : देअर सीक्रेट वारटाइम कॉरसपान्डन्स (डी कापो प्रेस न्यूयॉर्क, 1975, पृ. 162)।
15. क्लीमेन्ट एटली, ए प्राइमिनिस्टर रिमेम्बर्स (हैनिमन लन्दन, 1961, पृ. 209-10)।
16. रिपोर्ट आन दि लास्ट वाइसरॉयल्टी, पार्ट ए, पैरा 94 (ओ आई सी, ब्रिटिश लाइब्रेरी, लन्दन)।
17. मेरे (लेखक) साथ बातचीत के आधार पर (1958)।
18. कृष्णा मेनन का माउंटबेटन को सन्देश, एम.बी.आई/104, 14 जून 1947, हार्टले लाइब्रेरी, युनिवर्सिटी ऑफ साउथम्पटन।
19. एस. गोपाल, नेहरू (ऑक्सफोर्ड यूनिवर्सिटी प्रेस, दिल्ली, 2003, पृ. 345)।
20. रिपोर्ट ऑन द लास्ट वाइसरॉयल्टी, पार्ट ए, पैरा 11 (ओ आई सी, ब्रिटिश लाइब्रेरी, लन्दन)।
21. वही, पैरा 14।
22. वही, पैरा 19।
23. वही, पैरा 26।
24. वही, पार्ट बी, पैरा 152।
25. वही, पार्ट बी, पैरा 41।
26. वही, पैरा 28।
27. वही, पैरा 31।
28. वही, पैरा 34।
29. वही, पार्ट बी, पैरा 46।
30. वही, पैरा 49।
31. वही, पैरा 54।
32. वही, पैरा 62।
33. बलदेवसिंह का नेहरू को सन्देश, नेहरू पेपर्स (नेहरू मेमोरियल म्यूजियम एंड लाइब्रेरी, नई दिल्ली, 19 सितंबर 1955)।
34. पेनेड्रल मून, डिवाइड ऐंड क्विट (ऑक्सफार्ड यूनिवर्सिटी प्रेस, लन्दन, 1998 संस्करण, पृ. 33)।
35. आई ओ आर/एल/पार्ट/10/77(409) पृ. 303।
36. एम बी आई/ई 104, 16 जुलाई 1947, हार्टले लाइब्रेरी, यूनिवर्सिटी ऑफ साउथम्पटन
37. वही, 18 जुलाई 1947, पृ. 6-7।
38. वही, 10 जून 1947, पृ. 2।

39. एम बी आई/ई 104/16 जुलाई 1947 और 18 जुलाई 1947, हार्टले लाइब्रेरी, युनिवर्सिटी ऑफ साउथम्पटन।

40. वही, 23 जुलाई 1947।

41. रिपोर्ट ऑन द लास्ट वाइसरॉयल्टी, पार्ट बी, पृ. 123 (ओ आई सी, ब्रिटिश लाइब्रेरी, लन्दन)।

42. एलन कैम्पबेल-जॉनसन से मेरी (लेखक) बातचीत के आधार पर।

43. वी पी मेनन, ट्रांसफर ऑफ पॉवर इन इंडिया (लांगमन ग्रीन, लन्दन, 1957, पृ 323)।

44. रिपोर्ट आन द लास्ट वाइसरॉयल्टी, पार्ट ए, पैरा 26 (ओ आई सी, ब्रिटिश लाइब्रेरी, लन्दन)।

45. जैसा मुझे (लेखक) सरीला के स्व. राजा ने बताया था।

46. एच. बी. हॉडसन, द ग्रेट डिवाइड : ब्रिटेन-इंडिया-पाकिस्तान (ऑक्सफोर्ड युनिवर्सिटी प्रेस, संस्करण, दिल्ली, 2000, पृ. 308)।

47. टी ओ पी X, पृ. 409।

48. वी. पी. मेनन, पूर्व में उद्धृत, पृ. 365।

49. रिपोर्ट आन द लास्ट वाइसरॉयल्टी पार्ट-सी, पैरा 56 (ओ आई सी, ब्रिटिश लाइब्रेरी, लन्दन)।

50. वी. पी. मेनन से लिया गया, पूर्व में उद्धृत, पृ. 378।

साम्राज्य के अन्तिम दिन

लन्दन में माउंटबेटन को एटली से भारत की आज़ादी के लिए पुनः निर्देश प्राप्त हो गए थे। यह योजना 3 जून 1947 को होनी थी, उसके सिर्फ दो दिन पहले वह दिल्ली पहुँचे। सबसे गम्भीर मुद्दा फ्रंटियर प्रान्त का भविष्य था।

तब तक पाकिस्तान और पूरी योजना का भविष्य अधर में लटका हुआ था। अगर खान भाई (जो कि कांग्रेस पार्टी के साथ थे) फ्रंटियर में राज की डोर सम्भाले रहे तो जिन्ना को एक अधूरा पाकिस्तान भी नहीं मिल सकता था। इसलिए कांग्रेस का पूरा जोर इस पर था कि वह खान भाइयों को पेशावर में जमाए रखें और लीग का पूरा जोर इस पर कि उनको उखाड़ फेंके।

24 मई 1947 को जबसे गांधीजी पूर्वी भारत के दंगाग्रस्त इलाकों से दिल्ली लौटे थे, वह बँटवारे के विरोध में बोल रहे थे और इसके विरोध के लिए जनमत को प्रभावित कर रहे थे। माउंटबेटन उनसे 2 जून को मिले। गांधीजी से बातचीत की माउंटबेटन की रिपोर्ट में लिखा है–"मुझे अत्यन्त राहत मिली जब कि मैंने उन्हें मुँह पर उँगली रखे कमरे में प्रवेश करते देखा जिसका मतलब था कि वह उनके मौन का दिन था।" गांधीजी ने एक पर्चे पर लिखकर दिया मुझे माफ करें मैं बोल नहीं सकता। विपत्ति के दौर में भी उनका मजाकियापन खत्म नहीं हुआ था। उन्होंने दूसरे वाक्य में लिखा, पर मैं जानता हूँ कि आप भी नहीं चाहेंगे कि मैं अपनी चुप्पी तोड़ूँ। उसके बाद उन्होंने एक और चिट पर लिखा कि अब्दुल गफ्फार खाँ ने मुझे आप से यह अनुरोध करने के लिए कहा है कि फ्रंटियर प्रान्त के गवर्नर (ओलेफ कैरो) को हटा दिया जाए। मैं नहीं जानता कि वह (गफ्फार खाँ) सही हैं या गलत। पर वह एक सच बोलने वाले पुरुष हैं। अगर यह आसानी से किया जा सकता है तो आप कर दें।[1]

माउंटबेटन के लन्दन जाने से पहले उनके और नेहरू के मध्य यह तय हो गया था कि फ्रंटियर प्रान्त की समस्या को बाकी सभी मुद्दों पर सहमति हो जाने के बाद सुलझा लिया जाएगा। तब भी यह ज़रूरी था कि कांग्रेस फ्रंटियर प्रान्त में जनमत संग्रह पर अपनी सहमति 3 जून से पहले दे दे। जब लन्दन में बातचीत

चल रही थी, गवर्नर कैरो ने वाइसरॉय को सूचित किया था–"मेरे मन्त्रिमंडल (अर्थात् डॉ. खान साहब के) और गफ्फार खाँ ने पठान राष्ट्रीय प्रान्त के लिए प्रचार शुरू कर दिया है।"[2] हुआ यह कि जैसे जैसे मुस्लिम लीग ने यह प्रचार तेज किया कि खान बन्धु पठानों को भारत के मैदानी इलाकों के हिन्दुओं के साथ सौंपने जा रहे हैं। फ्रंटियर के कांग्रेसियों ने मुस्लिम लीग की इस चाल को काटने के लिए एक दूसरा मुद्दा सामने रखा था, वह था कि यहाँ पख्तूनिस्तान या पठानिस्तान के रूप में एक अलग राज्य गठित किया जाए। इससे कबीलाई नेताओं को आकर्षित किया जा सकेगा।

जैसे ही माउंटबेटन दिल्ली पहुँचे वैसे ही वाइसरॉय की रिपोर्ट के अनुसार कांग्रेस नेताओं ने उनसे फ्रंटियर प्रान्त के जनमत संग्रह में एक विकल्प और जोड़ने का निवेदन किया अर्थात् स्वतन्त्र रहने का। यह बात माउंटबेटन और नेहरू के साथ इस मुद्दे पर 3 जून की बैठक के शुरू होने के ठीक पहले उठाई गई। माउंटबेटन ने कहा मुस्लिम लीग इस प्रस्ताव पर कभी राजी नहीं होगी। पं. नेहरू ने खुद के निवेदन पर ही बंगाल और अन्य प्रान्तों को स्वतन्त्र रहने का विकल्प खत्म कर दिया है जिससे भारत के छोटे-छोटे टुकड़े होने से बचा जा सके। मुझे आश्चर्य है कि आप ऐसे समय में यह मुद्दा उठा रहे हैं जबकि आपने माना है कि फ्रंटियर प्रान्त अपने पैरों पर खड़ा नहीं हो सकता।[3] इसी वार्तालाप में माउंटबेटन ने दो बातें कहीं वह जानते थे कि इससे नेहरू खुश होंगे। पहला कि वह ओलफ कैरो को हटा रहे हैं जैसा कि कांग्रेस पार्टी चाहती है। और दूसरा यह कि वह नरेशों के रियासतों को डोमिनियनों (भारत-पाकिस्तान) में जोड़ने में सहायता करेंगे जिसका मतलब था कि वह रियासतों को आजाद न होने देंगे। दूसरी बात इतनी महत्त्वपूर्ण थी कि नेहरू ने वी. पी. मेनन को सरदार पटेल के पास इसको बताने के लिए फौरन भेजा।

नेहरू ने अपने साथियों को बाद में समझाया कि यदि वे फ्रंटियर जनमत संग्रह के लिए नहीं मानते, तो माउंटबेटन को जिन्होंने ब्रिटिश मन्त्रिमंडल से इस सम्बन्ध में आश्वासन दिए हैं त्यागपत्र देना पड़ सकता था। और यह हमारे लिए हानिकारक बात हो सकती है क्योंकि भारत से ब्रिटेन की वापसी के अत्यधिक महत्त्वपूर्ण दौर में माउंटबेटन से फायदा लिया जा सकता है।[4] (मतलब रियासतों को मिलाने में)

उसी विभाजन योजना पर नेताओं की बैठक से पहले डॉ. खान साहब से मिलने का मौका नहीं था इसलिए माउंटबेटन उनको 5 जून को मिले। माउंटबेटन ने खान साहब से कहा कि इस मामले में यह विवश हैं। प्रान्तों के स्वतन्त्र रहने

का विकल्प कांग्रेस के आग्रह पर वापस ले लिया गया है, जिससे देश के छोटे-छोटे टुकड़े न हों। माउंटबेटन ने खान साहब को यह भी समझाया कि तीन करोड़ जनसंख्या वाला यह प्रान्त जिसे केन्द्र से पर्याप्त आर्थिक सहायता मिलती है, अकेले खड़ा नहीं हो सकता। उन्होंने कहा कि जनमत संग्रह सैन्य अधिकारियों और माउंटबेटन की खुद की अधीनता में होगा।[5] यदि वह चाहते हैं कि फ्रंटियर प्रान्त भारत के साथ मिले तो क्यों न जनमत संग्रह के द्वारा सम्पन्न हो।

खान साहब इसका कोई जवाब नहीं दे सके क्योंकि कांग्रेसी नेताओं ने पठानों की स्वतन्त्रता की सम्भावना को खत्म कर दिया था। और उन्होंने दृढ़ संकल्प किया कि वह जनमत संग्रह में पख्तूनिस्तान के लिए लड़ेंगे। परन्तु इस संकल्प से भी उन्हें मात खानी पड़ी क्योंकि सीमान्त गांधी अब्दुल गफ्फार खाँ ने तय कर लिया था कि उनकी पार्टी जनमत संग्रह में हिस्सा न लेगी।

सीमान्त गांधी के भतीजे मोहम्मद यूनिस ने मुझे बताया कि उन्होंने ऐसा क्यों किया था। पहला कारण तो यह था कि जनमत संग्रह के चुनावों में ऐसा कोई प्रावधान नहीं था कि एक मतदाता (पुरुष) दुबारा मत न डाल सके। उन्हें लीग के समर्थकों द्वारा बड़े पैमाने पर फर्जी मतदान का डर था। जैसा कि यूनिस खान ने मुझसे कहा कि वास्तव में यही हुआ। दूसरा कारण यह था कि सीमान्त गांधी को दो पठान समूहों के मध्य भारी हिंसा और रक्तपात की आशंका थी। इस राय पर उनको गांधीजी का समर्थन था। यह गांधीजी द्वारा 21 जून 1947 को माउंटबेटन के लिए लिखे गए पत्र से स्पष्ट है। इसमें उन्होंने वाइसरॉय को आश्वस्त किया कि जनमत संग्रह में अब्दुल गफ्फार खाँ के समर्थक हस्तक्षेप नहीं करेंगे।[6] यूनिस ने कहा था कि "गांधीजी का अहिंसा का सिद्धान्त गफ्फार खाँ की आत्मा में पूरी तरह प्रवेश कर गया था।" डॉ. खान साहब और उत्तरी-पश्चिमी सीमा प्रान्त में तथा भारत में कई अन्य लोग यह मानते रहे कि कांग्रेस ने जनमत संग्रह में भाग न लेकर बहुत बड़ी गलती की अगर पाकिस्तान को न बनने देना चाहते थे। डॉ. खान साहब का मानना था कि कोई भी बड़ी क्रान्ति बिना खून बहाए नहीं होती है और वे जनमत संग्रह में भाग लेना चाहते थे, और ज़रूरी हुआ तो हिंसा का जवाब हिंसा से देना चाहते थे। उन्हें जीत का पूर्ण विश्वास था।

जनमत संग्रह जुलाई में सम्पन्न हुआ। कैरो तब तक पेशावर छोड़ चुके थे और गवर्नर के रूप में उनका स्थान जनरल रॉबर्ट लॉकहार्ट ने ले लिया था। लॉकहार्ट ने माउंटबेटन को रिपोर्ट किया कि कांग्रेस पार्टी अपने समर्थकों को शान्त रहने और मतदान में भाग न लेने का निर्देश दे रही है। 20 जुलाई को जनमत संग्रह घोषित हुआ। परिणाम बताते हैं कि कुल 5,72,798 मतदाताओं में से

2,89,244 या 50.49 प्रतिशत मतदाताओं ने पाकिस्तान के समर्थन में वोट दिया। इससे प्रतीत होता है कि डॉ. साहब का यह आकलन शायद सही था कि यदि उनकी पार्टी जनमत संग्रह में भाग लेती तो पाकिस्तान का बनना रोका जा सकता था। तीन लाख से भी कम लोगों ने उत्तरी-पश्चिमी सीमा प्रान्त का भविष्य तय किया।

आखिरी गढ़ जहाँ से अखंड भारत की रक्षा की जा सकती थी बिना लड़े छोड़ दिया गया।

लॉकहार्ट की माउंटबेटन को भेजी अन्तिम रिपोर्ट में कहा गया कि पख्तूनिस्तान की पैरवी बड़े जोश से की जा रही है और मुझे लगता है कि यह विचार कई पठानों के लिए बड़ा लुभावना है। इप्पी के फकीर वजीरस्तान के अमीर होना चाहते हैं। यह रिपोर्ट अंग्रेजों के लिए परेशानी पूर्ण थी। काबुल रेडियो पर और अफगानी प्रेस में जो कॉमिन्ट्री आ रही है। अब ये मसले जिन्ना को निपटाने के हो गए थे।[7] भारतीय नेता इनसे हाथ धो बैठे थे। पठानों मे कड़ुवाहट बनी रही कि कांग्रेस पार्टी के नेताओं ने उनको धोखा दिया। बलूचिस्तान में कबीला, जिगरा और क्वेटा म्यूनिसिपैलिटी के सदस्यों के द्वारा वोट डाले गए। नेहरू ने मई में जैसे लोकतान्त्रिक तरीके से मतदान व्यवस्था की माँग की थी उसके लिए कोई तरीका न निकाला जा सका। जो परिणाम निकलने थे, वह पहले से ही निश्चित थे।

कांग्रेस को फ्रंटियर प्रान्त में जनमत संग्रह की बात पर सहमत कराने के लिए माउंटबेटन ने ओलेफ कैरो को बलिदान कर दिया था। यह देखते हुए कि फ्रंटियर और अफगानिस्तान में कैरो का मानना था कि ब्रिटेन को सोवियत संघ से वास्तविक चुनौती अफगानिस्तान से मिलेगी। कैरो ने अमेरिकी कूटनीतिज्ञ पाल्सर से बातचीत में अफगानिस्तान को एक अनिश्चित ड्योढ़ी या प्रवेश द्वार का वर्णन किया था। अध्याय दो देखें। उनका ख्याल था कि इस चुनौती से निपटे जाने का तरीका ब्रिटेन को पामीर से अरेबियन सागर तक के वे सारे क्षेत्र (ब्रिटेन की भारतीय सीमा यानी उत्तरी कश्मीर से बलूचिस्तान तक) काबू में रखना चाहिए जो सिन्धु नदी के पश्चिम में पड़ते हैं। कैरो की सोच थी कि ब्रिटेन के पास लड़ाकू जनजातियों को नियन्त्रण में रखने की विशेषज्ञता है। अफगानिस्तान के निकट इसकी सैनिक उपस्थिति के कारण ब्रिटेन अफगान नीति को प्रभावित कर सकता है। भारतीय मुसलमान (अर्थात् पाकिस्तानी) यह न कर पाएँगे। उनके पास सीमित आर्थिक साधन होंगे। वे ब्रिटेन को भारत की साम्प्रदायिक समस्या में उलझने की कोई ज़रूरत नहीं समझते थे। ब्रिटेन को इन क्षेत्रों को भारत से आजाद और अलग

करके कबीलों के मुखियों से अच्छे सम्बन्ध बनाए रखना चाहिए। दूसरी तरफ यह कहा जा सकता है कि उत्तर पश्चिमी सीमा प्रान्त, बलूचिस्तान, फ्रंटियर, चित्राल और गिलगित अगर एक होकर आजाद हो जाए तो उनके ऊपर किसी और देश का प्रभाव भी हो सकता था जिसको ब्रिटेन न रोक पाए।

कैरो के विचार तब सिद्ध हुए जब इसी द्वार से अफगानिस्तान के माध्यम से 1970 के दशक में सोवियत यूनियन दक्षिण की तरफ बढ़ा। और भारतीय मुसलमान (यानी पाकिस्तान) अफगान नीति को कभी भी प्रभावित न कर सके और जब 90 के दशक में पाकिस्तान ने अफगानिस्तान में इस्लामी कट्टरवादियों ओसामा बिन लादेन और तालिबान की मदद से प्रभाव जमाया तो पाकिस्तान को नुकसान ही नुकसान पहुँचा। सन् 2000-2001 में फ्रंटियर प्रान्त में अमेरिकी, ड्यूरंड, लाइन के दोनों ओर पठानों (और पाकिस्तानियों) को नियन्त्रित करने के लिए खुद जमे और जमे हुए हैं।

1947 तक कैरो एक अलग पठान राज्य की वकालत करते रहे। जब माउंटबेटन फ्रंटियर प्रान्त में जनमत के प्रश्न पर एटली से लन्दन में प्रारूप को अन्तिम रूप दे रहे थे, भारत में कार्यवाहक वाइसरॉय सर जॉन कोलबिल को भेजे एक तार में कैरो ने लिखा–

> मेरे मन्त्रिमंडल और अब्दुल ग फ्फार खाँ ने एक अलग पठान राज्य का प्रचार आरम्भ कर दिया है जैसा मैंने कुछ महीने पहले उन्हें सुझाव दिया था। जब मैंने यह बात उनके सामने पहले रखी थी तब वह इस सुझाव के बिलकुल खिलाफ थे। परन्तु यह विचार इस्लाम खतरे में हैं के नारे से ज्यादा बेहतर है। अब्दुल गफ्फार खाँ का परिवर्तन देर में हुआ है। मेरे ख्याल में एक बात कि पठानिस्तान आर्थिक रूप से या अन्य मामलों में अपने पैरों पर खड़ा नहीं हो सकता, कोई बुरी बात नहीं (क्योंकि उसको हमारे ऊपर निर्भर रहना पड़ेगा) इस ख्याल में कमजोरी यह है कि पठान हमेशा अपने आप में विभाजित रहे हैं। कि वे स्थिर राज्य स्थापित नहीं कर सके। उन्होंने जहाँ कहीं शासन किया। पूरे इतिहास में वे खुद तो सदा अराजकता की अवस्था में रहे हैं। जब तक हमने आकर उनको व्यवस्था में नहीं ढाला, अफगानिस्तान वास्तव में एक पठान राज्य है ही नहीं।[8]

जैसे ही यह तय हुआ कि फ्रंटियर पाकिस्तान को देना है, कैरो ने ऊपर लिखित विचारों को छोड़कर शासन की नीति फौरन ग्रहण कर ली फिर उन्होने अपने रिटायरमेंट के बाद पाकिस्तान को पश्चिम के साथ जोड़ने के मुद्दे पर बहुत काम किया। अमरीकियों में पश्चिम की सुरक्षा के सवालों पर कोई और

बेहतर दोस्त नहीं मिल सकता है उनके कुछ प्रयासों का जिक्र प्रथम अध्याय में किया गया है। उनकी पुस्तक 'द वेल्स ऑफ पॉवर' इसी विषयवस्तु पर आधारित है।

कांग्रेस की सरकार के खिलाफ मुस्लिम लीग द्वारा चलाए जा रहे आन्दोलन के कारण उत्तर पश्चिमी सीमा प्रान्त में अशान्ति बढ़ी परन्तु माउंटबेटन ने जिन्ना की विनती कि कांग्रेस मन्त्रिमंडल को हटा कर गवर्नर शासन लगा दिया जाए, न मानी। एक पठान दूसरे पठान से जूझ रहा था परन्तु यह पठानों में यह कोई नई बात नहीं थी। एस.एम. सहगल जिनके बारे में अध्याय 9 में मैंने उल्लेख किया है, ने मुझे बताया कि यह साफ हो गया था कि सिख और हिन्दुओं को उत्तर पश्चिम प्रान्त छोड़ना पड़ेगा। एक मात्र पठान जिनमें उनका विश्वास था वह डॉ. खान साहब थे। सहगल के अनुसार सीमान्त गांधी रक्तपात को टालने के लिए इस कदर चिन्तित रहते थे कि वह शत्रु के सम्मुख सदैव झुकने के लिए तैयार हो जाते थे (सीमा प्रान्त से आए हुए शरणार्थियों ने ही दिल्ली में डॉ. खान साहब की स्मृति में खान मार्केट बनवाया)।

जो अन्य कुछ प्रभावशाली पठान नेता थे वह ज्यादातर कांग्रेस के साथ थे। इस कारण जिन्ना ने पठानों और राजनेताओं के अलावा कुछ अन्य जो फ्रंटियर में मुस्लिम लीग की पुष्टि करते थे उनको हथिया लिया था। इस्कन्दर मिर्जा एक बंगाली मुसलमान अंग्रेजी पॉलिटिकल डिपार्टमेंट में ऊँचे अफसर थे। 1947 में रक्षा मन्त्रालय में ज्वाइंट सेक्रेटरी थे। उनको उत्तर पश्चिम सीमा प्रान्त के कबीलियों का काफी अनुभव था। वे अत्यन्त योग्य अधिकारी थे। 1950 के दशक में वे पाकिस्तान के राष्ट्रपति हो गए थे। जिन्ना ने उनको बुलाकर जो कहा वो उनके लड़के हुमायूँ मिर्जा के शब्दों में इस तरह है–

> "वह जिन्ना बातचीत से मुद्दे को सुलझाने की कोशिश करते रहेंगे परन्तु झगड़े के लिए तैयार रहना चाहिए। उन्होंने इसलिए मिर्जा को सरकार की सेवाओं से त्यागपत्र देकर उन कबीलियाई क्षेत्रों में जाने के लिए कहा जिन्हें कि वे अच्छी तरह जानते थे। और वहाँ जिहाद शुरू करने की राय दी और यह भी कहा कि यह असाधारण कदम मुसलमानों के हित में ज़रूरी है।"

जिन्ना के इस निवेदन पर मिर्जा चौंक उठे...वह जानते थे कि यदि कबीलों को विद्रोह के लिए उकसाया गया तो शान्त क्षेत्रों में कबीलों की घुसपैठ से बड़ी मात्रा में खून-खराबा होगा। परन्तु वह जिन्ना के निवेदन की अनदेखी नहीं कर सके...इस कारण उन्होंने जिन्ना से कहा कि इस काम को करने के लिए पैसों की ज़रूरत होगी खास तौर पर (वजीरिस्तान, तिरह और मोहाद क्षेत्रों में)...पूछे जाने

पर कि कितने पैसों की ज़रूरत पड़ेगी तो इस्कन्दर मिर्जा ने कहा एक करोड़ रुपया (जो कि आज के 50 करोड़ रु. के बराबर है। इस्कन्दर मिर्जा को बीस हजार रुपये तुरन्त खर्च के लिए दिये गए और यह बताया गया कि बाकी की रकम भोपाल के नवाब देंगे।)[9]

हुमायूँ ने लिखा है कि इसके कुछ समय पश्चात् जिन्ना ने उनके पिता को सन्देश भेजा कि पाकिस्तान बन रहा है और जिहाद की ज़रूरत नहीं पड़ेगी। जिन्ना को इस्कन्दर मिर्जा की ज़रूरत तब पड़ी जब वह पाकिस्तान निर्माण के बाद रक्षा मन्त्रालय के सचिव थे। जिन्ना ने उन्हीं की मदद से कबीलों का लश्कर जो कश्मीर भेजा गया था, तैयार करवाया था।

माउंटबेटन की लन्दन से वापसी के बाद जिन्ना ने बंगाल के विभाजन के खिलाफ विरोध प्रकट किया और जोर दिया कि प्रान्त को स्वतन्त्र रहने का विकल्प दे दिया जाए। 22 मई को जिन्ना ने रायटर के एक संवाददाता को साक्षात्कार दिया। जिसमें कहा कि मैं बंगाल के विभाजन का अन्त तक विरोध करूँगा। और उन्होंने पूर्वी और पश्चिमी पाकिस्तान को जोड़ने के लिए एक गलियारे की माँग की।[10] जब जिन्ना ने माउंटबेटन के सामने बंगाल की आज़ादी पर हथियार डाले और गलियारे की बात भूल गए तब उन्होंने कलकत्ता पर छह महीने के लिए संयुक्त नियन्त्रण की पेशकश की। इस मुद्दे पर जब माउंटबेटन ने वी.पी. मेनन के माध्यम से बल्लभ भाई पटेल की राय जाननी चाही। और यह तर्क दिया कि इससे विभाजन के दौरान कलकत्ता में शायद उत्पन्न होनी वाली गड़बड़ियों से बचा जा सके। पटेल ने उत्तर दिया कि कलकत्ता में छह महीने तो दूर छह घण्टों के लिए भी संयुक्त नियन्त्रण नहीं होगा।[11]

3 जून को नेहरू, जिन्ना और बलदेव सिंह (सिखों के प्रतिनिधि) ने विभाजन की योजना पर अपनी औपचारिक सहमति दे दी–जिन्ना ने सिर्फ सिर हिलाकर। उसी शाम दिल्ली और लन्दन से दुनिया भर में भारत की स्वतन्त्रता और विभाजन की घोषणा कर दी गई। दूसरे दिन माउंटबेटन ने गांधी से मुलाकात कर निवेदन किया। माउंटबेटन ने उनको अपनी रिपोर्ट में लिखा है–"मैंने गांधीजी से कहा कि वह समझौता जो अखबारों में जिसे माउंटबेटन योजना का नाम दिया गया है किन्तु उन्हें वास्तव में इसे गांधी योजना का नाम देना चाहिए चूँकि उसमें निहित तत्त्व जैसे भारतीयों को उनके भविष्य चुनने के लिए उनकी मर्जी पर छोड़ दिया जाना, और जबरदस्ती नहीं अपनाना और जल्द से सत्ता छोड़ देना, यह आपके ही (गांधीजी के ही) सुझाव हैं। और गांधीजी के पुराने वक्तव्यों से स्पष्ट है कि वह डोमिनियन स्टेट्स–(औपनिवेशक स्वराज) के खिलाफ नहीं रहे हैं।"[12]

गांधीजी के सचिव प्यारेलाल ने लिखा है कि माउंटबेटन ने अपनी बात गांधीजी के समक्ष दक्षता, विश्वासपूर्ण और इस हुनर से रखी थी कि इसकी तुलना करना मुश्किल है। उसी शाम गांधीजी ने अपनी प्रार्थना सभा में कहा–"ब्रिटिश सरकार विभाजन के लिए जिम्मेदार नहीं है।" वाइसरॉय का इसमें कोई हाथ नहीं है...हम दोनों हिन्दू और मुसलमान किसी अन्य बात में सहमत नहीं हो सकते तो वाइसरॉय के हाथ में इसके अलावा कोई चारा नहीं था।[13]

14 जून को आल इंडिया कांग्रेस कमेटी की मीटिंग हुई। इसमें गांधीजी के वक्तव्य ने तीन जून की योजना को मान्यता देने में प्रथम भूमिका निभाई।

कांग्रेस पाकिस्तान के खिलाफ थी...परन्तु वह आल इंडिया कांग्रेस कमेटी के सामने यह कहने को आए हैं कि कमेटी में भारत के विभाजन का प्रस्ताव मान लिया जाए। कुछ निर्णय कितने ही कड़ुवे हों उनको स्वीकार करना आवश्यक हो जाता है।[14]

कांग्रेस के प्रस्ताव को गोविन्द बल्लभ पन्त ने रखा था। उन्होंने कहा–हमारे सामने अब यह सवाल है कि "या तो हम 3 जून योजना को मान लें या खुदकुशी कर लें।"

बल्लभभाई पटेल ने कहा था...कि अगर वे कैबनिट मिशन 16 मई 1946 की योजना मान लेते तो पूरे देश के टुकड़े-टुकड़े हो जाते। आज 75 परसेंट से 80 परसेंट भारत बच गया है जिसको वह अपनी प्रतिभा से विकसित कर सकते हैं। लीग अपने हिस्से को विकसित कर सकती है।

पुरुषोत्तम दास टंडन ने एक जोशीले भाषण में कहा–योजना न हिन्दुओं के और न मुसलमानों के फायदे में होगी हिन्दू पाकिस्तान में डर के रहेंगे तथा मुसलमानों का भारत में भी यही हाल होगा। प्रस्ताव एक सौ सत्तावन वोट से पास हुआ। 30 या 32 सदस्यों ने वोट नहीं दिए।[15]

पाँसा पलट गया।

ये पटेल थे, जिन्होंने खतरे को भाँपा कि भारत को ब्रिटेन से संघर्ष कायम रखने में भलाई नहीं है। इससे एक छोटे पाकिस्तान का निर्माण और रियासतों को भारत में मिलने के द्वार खुल गए। परन्तु माउंटबेटन के अनुसार वह नेहरू थे जिनके बिना अन्तिम समझौता शायद न हो सकता। बहुत से अंग्रेज नेहरू के शानीले स्वभाव को पचा नहीं पाते थे। कुल मिलाकर ये इंग्लैण्ड के हैरो स्कूल में पढ़े पूर्वी पश्चिमी विदेशियों की अपेक्षा, अंग्रेजों से सहजता से घुल-मिल जाते थे। क्या चीन के प्रधानमन्त्री चाऊ एन लाई ने 1955 में नेहरू के लिए बन्डुंग में यह नहीं कहा था, कि मैंने ऐसा अभिमानी व्यक्ति नहीं देखा।

भारत के प्रधानमन्त्री होने के कुछ समय बाद जॉर्ज मैकगी अमेरिकन विदेश मन्त्रालय के उपसचिव ने राष्ट्रपति हैरी एस. ट्रुमेन के लिए नेहरू के ऊपर एक नोट तैयार किया था। इस नोट में नेहरू के उक्त रवैये के बारे में यह लिखा था–

> उनके ऊपर हिन्दू उच्च वर्ग में पैदा होना और उसके बाद इंग्लैण्ड पब्लिक स्कूल में 30 साल पूर्व कुलीन परम्परागत शिक्षा प्राप्त करने का प्रभाव था" यह नोट करने वाली बात है कि उनके इंग्लैण्ड में मित्र या तो कुलीन परिवार के थे या बुद्धिजीवी परिवार के। कभी-कभी ऐसा प्रतीत होता था कि उनके मन में ब्रिटिश लेबर पार्टी के नेताओं के प्रति हीनभावना उभर आती थी। वास्तव में ऐसा लगता था कि वह एटली की अपेक्षा चर्चिल से ज्यादा निकट हो सकते थे। अमेरिका ने अंग्रेजों से भारत को आज़ादी दिलाने में जो मदद की है उसका एहसास नेहरू के दिल में बिलकुल नहीं है।[16]

नेहरू का जैसा एक तरफा नजरिया हमारे खिलाफ है पहले इंग्लैण्ड के खिलाफ भी था और अभी भी है। यह बिलकुल खत्म नहीं हुआ है परन्तु इंग्लैण्ड और नेहरू के बीच एक सामंजस्यपूर्ण स्थिति स्थापित हो गई।[17]

विभाजन की इस घोषणा के तुरन्त पश्चात् ब्रिटिश विदेश सचिव अर्नेस्ट बेविन ने इंग्लैण्ड के मार्गेट शहर में लेबर पार्टी के वार्षिक सम्मेलन में बताया था कि भारत से ब्रिटेन की वापसी मध्यपूर्व में ब्रिटेन की स्थिति को मजबूत करने में मदद देगी। मध्य पूर्व और हिन्द महासागर में ब्रिटेन की रक्षा योजनाओं में पाकिस्तान मुख्य धुरी होगा जैसा कि ब्रिटिश सेनापतियों की 7 जुलाई 1947 की रिपोर्ट से स्पष्ट है (पहले अध्याय में इसका वर्णन किया गया है।)

भारत में चल रहे घटनाक्रम के सम्बन्ध में सोवियत संघ की क्या प्रक्रिया थी?

25 मार्च 1947 को सोवियत संघ में उपस्थित ब्रिटिश राजदूत ने स्टालिन से मुलाकात की और उन्हें भारत की आज़ादी के विषय में जानकारी दी। राजदूत ने लन्दन को बताया कि स्टालिन ने माना कि भारत का प्रश्न एक जटिल मुद्दा है। उन्होंने कहा कि रूस इसमें कोई हस्तक्षेप नहीं करेगा और उन्होंने ग्रेट ब्रिटेन को भारत में उनके द्वारा आरम्भ किए उद्यम के लिए शुभकामनाएँ दीं।[18] सोवियत प्रेस में कुछ अलग विचार दिखे। आई. पेट्रोव ने रेड स्टार में 31 जुलाई 1947 को एक लेख में लिखा–"भारत के विभाजन सम्बन्धी ब्रिटेन की योजना कृत्रिम रूप से औद्योगिक और कृषि क्षेत्रों को अलग करने की है जिससे भारत की उन क्षेत्रों में राजनीतिक क्षमता कमजोर हो।"[19]

भारत सम्बन्धी सोवियत विचारों का और अधिक खुलासा 4 जुलाई 1947 को यूरी झुकोव द्वारा दिए एक भाषण से होता है। यह सोवियत एकेडमी ऑफ

साइंसिस के सदस्य थे–मार्च 1947 में नई दिल्ली एशियन कान्फ्रेंस में सोवियत संघ के प्रतिनिधि होकर आए थे। एटली द्वारा प्रस्तावित औपनिवेशक दर्जे के बारे में बोलते हुए उन्होंने कहा कि–स्वतन्त्रता को लम्बित करने की यह एक और चाल है। झुकोव ने कहा उत्तरपूर्वी एशियाई उपनिवेशों के लोगों द्वारा युद्धोत्तर काल में स्वतन्त्रता के लिए किए जा रहे सफल संघर्ष को ध्यान में रखते हुए और भारत में कामगार वर्ग द्वारा किए जा रहे आन्दोलन की प्रगति के कारण ब्रिटेन भारत को कब्जे में रखने के लिए एक नया तरीका अपना रहा है। जिससे भारत में ब्रिटिश पूँजीपतियों का आधिपत्य बना रहे...लेबर सरकार ने स्वतन्त्रता का वादा किया है यह भली-भाँति जानते हुए कि वे इसे विफल कर सकेंगे। गोया कि ब्रिटिश फौज हटाई जा रही है परन्तु क्षेत्रों को ब्रिटिश अड्डों मे परिवर्तित किया जा रहा है। जहाँ कि ब्रिटिश आधिपत्य बनाए रखा जाएगा और भारतीय पार्टियाँ और नेता जो कि सभी मध्यमवर्गीय, बुद्धिजीवी वर्ग से हैं। उन्हें कामगार वर्ग से अपने शोषण का भय है इस कारण वे ब्रिटेन के साथ घनिष्ठ सम्बन्ध बनाए रहेंगे..."गांधीजी के कार्यक्रमों का मर्म यह है कि लोगों को निहत्था रखा जाए, और प्रगति को अवरुद्ध किया जाए।" पाकिस्तान योजना का मतलब यह है–फूट डालो और उसके जरिये राज करो, और ब्रिटेन ने मुख्य उम्मीदें पाकिस्तान पर लादी हैं। झुकोव ने यह भी कहा–"मुस्लिम लीग कुछ मायनों में कांग्रेस से ज्यादा प्रगतिशील है।"

इसके पश्चात् झुकोव ने स्पष्ट किया कि भारतीय वामपन्थी आज़ादी को किस दृष्टि से देखते हैं। यह विचार उन्होंने सम्भवतः अपनी दिल्ली यात्रा के दौरान महसूस किए होंगे। झुकोव ने कहा भारतीय वामपन्थी पार्टी देश को स्वतन्त्र राष्ट्रों के रूप में बाँटना चाहती है, जिन्हें आत्म निर्णय का अधिकार हो। और भारतीय संघ के साथ रहने या उसके बाहर रहने का भी अधिकार हो और यह भी अधिकार हो कि वह भारत में रहें कि न रहें उनके विचारों में भारत की विभिन्न कम्युनिटी को आज़ादी देने का यही सही रास्ता है।[20] स्पष्ट है कि वे भारत के टुकड़े-टुकड़े होने में अपना फायदा समझते थे।

इस मध्य जिन्ना ने अमेरिकियों को पटाने की शुरुआत कर दी। रेमण्ड ए. हरे जो स्टेट डिपार्टमेंट में पदस्थ थे उन्होंने 2 मई 1947 को जिन्ना से अपनी मुलाकात के पश्चात् स्टेट डिपार्टमेंट को एक रिपोर्ट भेजी। उसमें कहा कि जिन्ना ने उन्हें बताया कि पाकिस्तान का निर्माण मध्य पूर्व में हिन्दू साम्राज्यवाद को फैलने से रोकने के लिए आवश्यक है। मुस्लिम देश रूस के सम्भावित आक्रमणों के खिलाफ एकत्र हो जाएँगे और हमारी ओर सहायता के लिए देखेंगे।[21] भारत में

अमेरिकी राजदूत हेनरी एफ. ग्रेडी ने स्टेट, डिपार्टमेंट के समक्ष कुछ अलग ही विचार प्रस्तुत किए। हेनरी द्वारा 9 जुलाई 1947 को स्टेट डिपार्टमेंट को दी गई रिपोर्ट में उन्होंने बताया कि पं. नेहरू ने उनसे कहा कि भारत की विदेश नीति किसी भी एक खेमे के साथ न जुड़ने की इच्छा पर आधारित है।

राजदूत ने रिपोर्ट किया कि नेहरू ने निम्नलिखित अन्य बिन्दु इस प्रकार रखे–

(अ) गोया कि भारत में अमेरिकी अर्थव्यवस्था की घुसपैठ का भय है फिर भी भारत अमेरिका से कैपिटल गुड्स चाहेगा।

(ब) अतीत में सोवियत संघ के प्रति भारतीयों में पर्याप्त आकर्षण रहा है। किन्तु अब आन्तरिक संकट इतने हैं कि यह लगाव कम हो गया है।

(स) भारत की अर्थव्यवस्था सम्भवतः समाजवादी शासन व्यवस्था के अन्तर्गत ब्रिटेन की आर्थिक परम्पराओं का अनुसरण करेगी...खास बड़े उद्योगों का सम्भवतः राष्ट्रीयकरण किया जाएगा।

(द) भारत पठान आबादी वाले उत्तर पश्चिमी प्रान्त (जो पाकिस्तान हो गया) पर अफगानिस्तान के दावे के प्रयासों का विरोध करेगा।[22]

पाकिस्तान के साथ सम्बन्ध जोड़ने के लिए अमेरिका ने जो सावधानीपूर्वक उपाय अपनाए थे वे 20 जून 1947 को नई दिल्ली स्थिति अमेरिकी दूतावास को सेक्रेटरी ऑफ स्टेट द्वारा भेजे गए एक तार से स्पष्ट होते हैं। यह तार भारत के विभाजन सम्बन्धी घोषणा हो जाने के 15 दिनों पश्चात् भेजा था। रायटर की एक न्यूज एजेंसी की खबर के अनुसार कराची जो कि पाकिस्तान की राजधानी के रूप में होनी थीं इसमें एक अमेरिकी दूतावास स्थापित किया जाएगा। जब जॉर्ज मार्शल को इस खबर का पता चला तो उन्होंने (जॉर्ज मार्शल) ने इस बात पर जोर दिया कि इस समय जब तक पाकिस्तान ही नहीं बना है तब तक इस मुद्दे को उठाने की कोई ज़रूरत नहीं है।[23] भारतीय रियासतों के प्रति अमेरिका का दृष्टिकोण सेक्रेटरी ऑफ स्टेट के 16 जुलाई 1947 को मद्रास में अमेरिकन कंसुलेट को भेजे एक तार से स्पष्ट होता है। इस तार में मद्रास स्थित अमेरिकी दूत से पूछा कि क्या उन्हें त्रावणकोर में जो थोरियम पाया जाता है उस पदार्थ में कोई दिलचस्पी है? इस तार में साफ कर दिया गया कि किसी भी भारतीय रियासत से सीधा या औपचारिक सम्बन्ध न रखा जाए क्योंकि इसका अर्थ है कि अमेरिका भारतीय रियासतों को भारत से अलग होने के लिए प्रोत्साहित कर रहा है जो कि अमेरिकन पॉलिसियों के विरुद्ध है।[24]...हम ऐसा कोई कदम उठाना नहीं चाहते हैं जो भारत की अखंडता के खिलाफ हो।

16 दिसम्बर 1947 को भारत में अमेरिकी राजदूत ग्रेडी ने स्टेट डिपार्टमेंट

वाशिंगटन की एक मीटिंग में स्पष्ट किया था–

> अंग्रेजों का व्यवहार तो मित्रतापूर्ण है किन्तु उन्होंने हमसे, हम दोनों की सामान्य समस्याओं पर न तो कोई सलाह करने की कोशिश की और न ही कोई परामर्श माँगा है। न ही (ब्रिटेन के नई दिल्ली स्थित राजदूत टेरिंस शोन और न ही माउंटबेटन) हमें किसी भी तौर पर भागीदार नहीं मानते हैं...एक से अधिक अवसरों पर माउंटबेटन ने नेहरू को डॉलर के साम्राज्यवाद के खिलाफ चेतावनी दी है।[25]

वेवल के विपरीत माउंटबेटन ने अपनी किसी भी रिपोर्ट या विवरण में जो परीक्षण के लिए उपलब्ध है, अत्यन्त सावधानी से ब्रिटेन के सामरिक विचारों का कोई हवाला नहीं दिया है। इसके स्थान पर वे प्रशासनिक और सैनिक अधिकारियों को इस मुद्दे पर बातचीत के लिए लॉर्ड इस्मे को बार-बार लन्दन भेजते रहे। उत्तर पश्चिमी सीमा प्रान्त को कांग्रेस के हाथों से अलग करने में माउंटबेटन की भूमिका दर्शाती है कि वह युद्ध के पश्चात् इस क्षेत्र में ब्रिटेन की इस प्रतिरक्षा नीति को इस्मे की सतर्क निगाहों के तले पूरा बढ़ावा दे रहे थे। कश्मीर पाकिस्तान में ही जुड़ेगा इसे पूरी ब्रिटिश व्यवस्था द्वारा पहले से ही निष्कर्ष रूप में माना जा रहा था। हालाँकि माउंटबेटन की योजना में और चर्चिल की नीतियों में एक महत्त्वपूर्ण अन्तर था। जब पाकिस्तान बन गया और इस उप महाद्वीप में ब्रिटेन की रक्षा सम्बन्धी सारी आवश्यकताएँ पूरी हो गईं तो ब्रिटिश लेबर सरकार ने पूरी कोशिश की कि जो भारत बचा था उसे संगठित रखा जाए।

विभाजन योजना पर भारत की सहमति के तुरन्त पश्चात् का समय ब्रिटिश सम्बन्धों के सामंजस्य का सर्वाधिक महत्त्वपूर्ण काल था। हिन्द महासागर में अंडमान और निकोबार द्वीप समूह भारत को दिए गए। ऐसा ब्रिटिश मिलिट्री प्रमुखों की इस माँग के बावजूद किया गया कि इन्हें हिन्द महासागर में समुद्री सीमाओं की चौकसी के लिए रखा जाए और बावजूद पाकिस्तान की माँग जिससे उनका पूर्वी और पश्चिमी भागों से समुद्र के रास्ते से निबन्ध रहे। चूँकि भारत की ब्रिटिश कॉमनवेल्थ में एक औपनिवेशक राज्य रहने की उम्मीद थी इस कारण एटली ने वाइसरॉय की सलाह पर इसे भारत से अलग करने की कोई ज़रूरत महसूस नहीं की और भारत के साथ इस पर कोई विवाद भी उठाने की ज़रूरत नहीं समझी।

माउंटबेटन और एटली जानते थे कि भारत का औपनिवेशक दर्जा बहुत लम्बे समय तक नहीं रहेगा और कॉमनवेल्थ के साथ इसका जुड़ा रहना भी पूरी तरह निश्चित नहीं है। विभाजन का प्रस्ताव जो मेनन ने रखा था उसमें यह द्वीप शामिल

नहीं थे। इस कारण यह ब्रिटिश नियन्त्रण में रहते तो भारत कुछ नहीं कर सकता था। इन द्वीपों का भारत को सौंपना ब्रिटिश सौहार्द का प्रतीक था। इसमें वह यह भी चाहते थे कि दक्षिण पूर्व एशिया में प्रतिरक्षा में दोनों मिलकर चलें और भारत कॉमनवेल्थ में बना रहे। विभाजन की अनिवार्य प्रक्रिया एक बार पूरी तरह स्वीकार हो जाने पर भारत ब्रिटिश सम्बन्धों में एक नवीन अध्याय की शुरुआत हो सके।

इसी तरह ब्रिटिश सरकार ने भारत की इस माँग को भी मान लिया कि संयुक्त राष्ट्र में भारत की सदस्यता स्वतः ही बनी रहेगी और पाकिस्तान को नवीन राष्ट्र के नाते सदस्यता के लिए अर्जी लगानी पड़ेगी। एटली सरकार और विशेषकर लॉर्ड माउंटबेटन द्वारा भारत के प्रति जो अत्यन्त महत्त्वपूर्ण सेवा थी वह भी भारतीय राजाओं को 15 अगस्त 1947 के पूर्व भारत में विलय के लिए मना लेना। ब्रिटेन की इस मदद को भली प्रकार आँका नहीं गया है क्योंकि रियासतों के विलय का यह अभियान बड़ी ही आसानी से सम्पन्न हो गया। भारतीय राजाओं की रियासतें ब्रिटिश भारतीय साम्राज्य के एक तिहाई से ज्यादा हिस्से में फैली थीं...जो कि बहुत बड़ा क्षेत्र था। इस योजना में कुछ दिक्कतें थीं—जम्मू-कश्मीर, हैदराबाद और जूनागढ़; किन्तु जरा कल्पना करें कि ऐसे दस बीस कश्मीर, हैदराबाद और होते तो कितनी गम्भीर स्थिति उत्पन्न होती। और यह सम्भव भी था क्योंकि जिन्ना जो हिन्दू बाहुल्य रियासतें थीं उन्हें पाकिस्तान में मिलाने की कोशिश कर रहे थे और कई हिन्दू शासक इसे स्वीकार करने के इच्छुक थे। सरदार पटेल के नेतृत्व में और वी.पी. मेनन की कार्य कुशलता में यह कार्य सम्पन्न हुआ परन्तु यह लॉर्ड माउंटबेटन के सौजन्य, रुआब और धमकी के मिले-जुले प्रयोग के बिना सम्भव न हो पाता।

देशी रियासतें स्वशासी थीं किन्तु उन पर ब्रिटिश सार्वभौम सत्ता लागू थी। 1947 तक ब्रिटेन की रियासतों के प्रति नीति जो 1942 में घोषित की गई थी, यह थी कि जब अंग्रेज जाएँगे तब छोटी या बड़ी रियासतें पूरी तरह स्वतन्त्र हो जाएँगी। ऐसा कोई प्रावधान नहीं था जो आज़ादी के बाद इन रियासतों तक केन्द्र के मध्य सम्बन्ध किस तरह संचालित होंगे—इसकी व्याख्या करता।

ज्यादातर भारतीय रियासतें ब्रिटिश प्रान्तों के क्षेत्रों के साथ गुथी हुई थीं तथा आवागमन मुद्रा, बिजली, सिंचाई के लिए पानी, आयात, निर्यात और भी कई मामलों में ब्रिटिश प्रान्तों के ऊपर निर्भर थीं। और सुरक्षा के लिए केन्द्र सरकार पर निर्भर थीं। 350 रियासतों में सिर्फ 5 और 6 ही उतनी बड़ी या सबल थीं जो कि स्वतन्त्र रह सकती थीं। दूसरी करीब 50 रियासतें 500 से लेकर 5000 वर्गमील

और बाकी सिर्फ 25 से 200 वर्गमील के क्षेत्रफल में थीं। ये रियासतें इतनी छोटी थीं कि बिना केन्द्र सरकार की मदद के टिक नहीं सकती थीं। एक अति गोपनीय पत्र में 23 नवम्बर, 1943 में सर फ्रांसिस वाइली जो कि दिल्ली में पॉलिटिकल विभाग के सचिव थे, ने सर आर्थर लोदियन जो कि हैदराबाद में रेजीडेंट थे, को लिखा था कि ये सरकार को भली-भाँति जानकारी है कि ये बहुत उच्च स्तर की राजनीति है; जैसी स्थिति है, फिलहाल वैसी ही चलने दी जाए।*[26]

इसका मतलब कि कुछ बड़ी रियासतें स्वतन्त्र हो सकें इसके लिए उन रियासतों को जो कि बहुतायत में थी, उनके भविष्य को नजरअन्दाज किया जाए इस नीति को लॉर्ड वेवल का समर्थन था जिन्होंने सितम्बर 1943 में वाइसरॉय का पद सँभाला था। ब्रिटिश सेना के प्रमुखों ने कुछ रियासतों के स्वतन्त्र रहने की बात तय मान ली थी। उनको आशा थी कि कुछ ऐसी रियासतें जैसे कि हैदराबाद जो कि भारत के मध्य में था, वहाँ से ब्रिटेन को पूर्व एशिया जाने के लिए हवाई सुविधा मिल सकती थी। 1947 में यह नीति बदल गई।

वाइसरॉय लॉर्ड माउंटबेटन को लिखे पत्र में प्रधानमन्त्री एटली ने जो निर्देश दिए उसमें कहा कि यह ज़रूरी है कि भारतीय रियासतें, जिन शक्तियों को हम अधिकार सौंप रहे हैं, उनसे अपना सामंजस्य बना लें...परन्तु ब्रिटिश सरकार स्वयं उनकी बागडोर किसी को नहीं सौंपेगी।[27]

इसका मतलब था कि जो अब तक ब्रिटिश नीति थी कि रियासतें आजाद हो सकती हैं, वह बदल गई। अब रियासतों को भारत या पाकिस्तान में से किसी एक में जुड़ना होगा। माउंटबेटन की रिपोर्ट में लिखा है इन निर्देशों के अनुसार भारत में विलय के लिए एक निर्धारित दस्तावेज तैयार किया है जो शासकों के समक्ष रखा जाए जिससे संविलयन और केन्द्र सरकार सत्ता मात्र तीन विषयों पर सौंपे विदेश सम्बन्ध, प्रतिरक्षा और संचार। सरदार पटेल ने यह साफ कर दिया है...सिर्फ मैं यदि उन्हें यह आश्वासन दे दूँ कि सभी या लगभग सभी रियासतें (पूरी भरी टोकरी) 15 अगस्त से पूर्व भारत में विलीन हो जाएँगी तो वो कांग्रेस को मना लेंगे कि सिर्फ ऊपर लिखे तीन विषयों पर ही सत्ता सौंपे।[28] वह कांग्रेस और ब्रिटिश सरकार के बीच जो सौदा हुआ था उसका एक हिस्सा था। जिसे वी. पी. मेनन ने प्रस्तावित किया था जिनका पूर्व में उल्लेख किया गया है। यह सौदा सरदार पटेल के उस वक्तव्य से स्पष्ट है जो जुलाई 1947 को उन्होंने विधान सभा में दिया था।

---

* इन आँकड़ों में उन करीब 200 रियासतों को नहीं जोड़ा है जो कि सिर्फ एक या दो गाँव की ही थीं, जूनागढ़ काठियाबाड़ (गुजरात) में।

"विभाजन को स्वीकार करने के बदले में ब्रिटेन ने न सिर्फ भारत से दो महीने के अन्दर जाने पर सहमति दर्शाई है बल्कि उन्होंने भारतीय रियासतों के प्रश्न पर कोई हस्तक्षेप न करने पर भी सहमति दिखाई है।"[29] वाइसरॉय ने सूचित किया जहाँ तक पाकिस्तान का सम्बन्ध है जिन्ना प्रत्येक रियासत के साथ अलग बातचीत करने के लिए जोर दे रहे हैं और इस तथ्य को देखते हुए उचित भी लगता है कि जो रियासतें पाकिस्तान में मिलने के लिए राजी दिखाई देती हैं वे बहुत कम हैं। उनमें कलात, खैरपुर, भावलपुर, चित्राल, दीर, स्वात और सम्भवतः कश्मीर हैं।[30] (कलात, चित्राल, दीर, स्वात, छोटे क्षेत्र थे जो पर्वतीय कबीलाई इलाके में उत्तर पश्चिमी सीमा प्रान्त में अफगानिस्तान और कश्मीर के मध्य फैले हुए थे।)

माउंटबेटन ने आपरेशन प्रिंसेस* की शुरुआत 25 जुलाई 1947 को चैम्बर ऑफ प्रिंसेस की बैठक में की। इस संघ का गठन 1927 में किया गया था। उसके कार्य थे वाइसरॉय से मिलकर विचार करना और सलाह देना। यह वाइसरॉय के सभापतित्व के अधीन कार्यरत था। इसका गठन ब्रिटेन की उस नीति का अगला चरण था जो उसने 1857 के विद्रोह के पश्चात् शुरू की थी, जिसके द्वारा सम्भावित शत्रुओं को सम्भावित मित्रों में परिवर्तित किया जाना था और हो सके तो नरेशों को ब्रिटिश राज के स्तम्भों के रूप में स्थापित किया जा सके।**

* चैम्बर के 108 शासक अपने राइट में मेम्बर थे। इसके अलावा 12 एडिशनल (अतिरिक्त) जिनको रियासतों ने चुना था, निजाम हैदराबाद और महाराजा मैसूर चैम्बर में शरीक नहीं होते थे।

** ये राजा कौन थे? ज्यादातर क्षत्रिय राजा थे जो कि बारहवीं शताब्दी के तुर्की आक्रमण से बच गए थे और उन्होंने बचकर अपने राज्य रेगिस्तान, जंगलों और पहाड़ी इलाकों में स्थापित कर लिए थे। 10वीं शताब्दी तक भारत एक अलग सामाजिक, सांस्कृतिक और धार्मिक यूनिट था जिसमें क्षत्रिय वंशज योद्धा राज्य और देश की सुरक्षा करते थे जो एक केन्द्रीय तन्त्र के अधीन कार्यरत रहते थे। इस तन्त्र को मुस्लिम आक्रमणों ने तोड़ दिया। मुस्लिम शासक वो थे जो 18वीं शताब्दी में मुगल साम्राज्य के टूटने पर मुगल प्रान्तों पर काबिज हो गए थे। ब्रिटेन ने भारत को अधिकतर मुस्लिम शासकों को हराकर अपने क्षेत्रों को बढ़ाया था। कुछ मुस्लिम शासकों से जैसे कि निजाम हैदराबाद से सन्धि कर ली थी। मराठा शासक उन मराठा कमाण्डों के परिवार से थे जो कि 18वीं शताब्दी में वैस्टर्न घाट से आकर कमजोर मुगल राज को हराकर पूरे मध्य भारत में छा गए थे और जिनकी अंग्रेजों से मुठभेड़ हुई थी। पूना में मराठा शासक को अंग्रेजों ने हरा दिया परन्तु उनके कई कमाण्डर जो बड़े-बड़े क्षेत्रों पर आधिपत्य जमाए थे उनसे सन्धियाँ कर ली थीं। सिख रियासतें तब बनी जब शक्तिशाली महाराजा रणजीत सिंह जिनका शासन लाहौर में था, का निधन हो गया। अंग्रेजों ने अधिकतर पंजाब को अपने कब्जे में ले लिया परन्तु कुछ क्षेत्रों को सिख राजाओं के हाथ देकर उनको छोड़ दिया। इसी समय पर जम्मू के डोगरा राजपूत राजा को मान्यता देकर कश्मीर में अपना राज्य फैलाने के लिए प्रोत्साहित किया।

सन् 1857 के विद्रोह के बाद ब्रिटेन ने इन राजाओं के साथ सन्धियाँ की थीं। उन सभी शासकों को जिनके राज्यों का अधिग्रहण नहीं किया था उनको आश्वस्त किया था कि वे शासन के प्रति जबतक वफादार बने रहेंगे तब तक उनके राज्यों और विशेषाधिकारों को अक्षुण्ण रखा जाएगा। उसके बाद से उनका प्रयास इन शासकों का महत्त्व बनाए रखना था। यह उम्मीद की जाती थी कि यह संघ उनमें आपस में नीतियों के और वाइसरॉय के साथ भारत में बदलते राजनीतिक परिदृश्य के साथ भी समन्वय बनाने में मददगार होगा।

शासकों के सम्बन्ध में ब्रिटेन की अपेक्षा तब चरम पर पहुँची जब 1935 के भारत सरकार अधिनियम द्वारा एक अखिल भारतीय संघ का प्रस्ताव रखा गया (जैसा कि अध्याय दो में दर्शाया गया है) केन्द्रीय विधायिका के निचले सदन में एक तिहाई सदस्य रियासती शासकों के नामांकित सदस्य होने थे। अगर ये एक साथ रहकर कंजर्वेटिव इलेक्टिड सदस्यों के साथ अपनी नीतियों को सम्बद्ध करके अपना संघ बना लेते तो सदन पर ही नहीं फेडरल सरकार पर भी प्रभावी हो सकते थे।

किन्तु नरेश इस अखिल भारतीय संघ में शामिल होने से हिचकिचाए क्योंकि उन्हें भय था कि विधायिका में उनकी निर्वाचित प्रतिनिधियों के साथ भागीदारी करने से उनके अपने राज्यों में भी निर्वाचित सरकारों की माँग होने लगेगी। युद्ध शुरू होने के बाद अखिल भारतीय संघ का विचार ताक पर रख दिया गया और राजाओं को जो राजनीतिक मौका दिया गया था वह समाप्त हो गया।

25 जुलाई 1947 की चैम्बर ऑफ प्रिंसेस की बैठक इसकी आखिरी बैठक थी। मैं इस बैठक में अपने पिता के प्रतिनिधि के रूप में सम्मिलित हुआ था जिसमें मैंने माउंटबेटन के किरदार को देखा। वाइसरॉय मंच पर अंग्रेज एडमिरल की सफेद पोशाक में प्रकट हुए, नागरिक और सैनिक सम्मानों से पूरी तरह सजे-धजे। क्षण भर के लिए, वह शान्त खड़े रहे और अपना सिर थोड़ा सा दाएँ और बाएँ मोड़ा पक्के कलाबाज की तरह। उसके बाद उन्होंने स्पष्ट और ऊँची आवाज से सभा को सम्बोधित करना शुरू किया। योर हाइनेसिस और सज्जनो... स्वतः बोलते हुए उन्होंने दो मुद्दे रखे—पहला यह कि शासकों को एक राजनीतिक प्रस्ताव पेश किया जा रहा है जिसे दोहराने की सम्भावना नहीं है और जिसमें विलय के प्रस्ताव में सिर्फ वे अधिकार छोड़ रहे हैं जो उनके हाथ में कभी भी नहीं थे। और दूसरा यह कि 15 अगस्त के पश्चात् वह स्वयं ब्रिटिश शासक के प्रतिनिधि के तौर पर राजाओं की मदद नहीं कर सकेंगे। वह यह प्रभाव उत्पन्न करने में सफल हो गए कि वह शासकों की मदद करने की कोशिश कर रहे हैं।

उनका अन्दाज और उत्साह दोनों ही मुग्ध कर देने वाला था। इस भाषण के पश्चात् एक प्रश्न-उत्तर का सत्र हुआ। उठाए गए प्रश्नों से यह प्रतीत हुआ कि रियासतों के प्रति ब्रिटिश नीति में परिवर्तन, वहाँ अधिकांश लोगों की समझ में नहीं आया। वहाँ एक दिलचस्प दृश्य भी सामने आया। भावनगर के दीवान ने कहा कि चूँकि उनके शासक विदेश में हैं इस कारण उन्हें इस बात के निर्देश नहीं मिल सके हैं कि अधिग्रहण के दस्तावेज पर उन्हें हस्ताक्षर करने हैं या नहीं। माउंटबेटन ने तुरन्त एक काँच का पेपरवेट उठाया और कहा कि "मैं इस क्रिस्टल में देखकर आपको जवाब देता हूँ।" एक खामोशी छा गई। वाइसरॉय कई क्षणों तक काँच में देखते रहे फिर वह बोले—"मैं अपने क्रिस्टल में देख रहा हूँ कि आपके महाराज इस दस्तावेज पर हस्ताक्षर करने के लिए तैयार हैं।" माउंटबेटन के इस जवाब पर पूरा सदन ठहाकों से गूँज उठा। एलन केम्पवेल जॉन्सन ने अपनी डायरी में इसे रिकॉर्ड किया है : "थोड़ा हल्का-फुल्का वातावरण निर्मित करना बुद्धिमानी थी क्योंकि मोटी बुद्धि वाले दिमागों में अपनी बात घुसाने का यह सबसे अच्छा तरीका था।"[31]

आने वाले दिनों में बड़ी संख्या में शासकों ने भारत में अपनी रियासतों को विलय कर लिया। शासकों की खुशी कि अंग्रेजों के जाने के बाद वे जो करना चाहें वह करने के लिए आजाद हो जाएँगे, बहुत जल्द हवा हो गई क्योंकि "केन्द्र सरकार से किसी तरह के संवैधानिक सम्बन्धों को स्थापित किए बिना शासक लोग कांग्रेस द्वारा संचालित आन्दोलनों के शिकार हो जाएँगे और उन्हें कोई मदद नहीं मिलेगी जैसा कि अबतक उन्हें पॉलिटिकल डिपार्टमेंट की क्राउन रिजर्व पुलिस से मिलती थी—महाराजा नावा नगर ने चेताया। अधिकांश राजाओं ने हस्ताक्षर कर दिए परन्तु माउंटबेटन ने अपनी रिपोर्ट में नोट किया है कि कुछ आलसी रह गए। हैदराबाद, कश्मीर और जूनागढ़ के अलावा जिन राज्यों ने सबसे ज्यादा परेशान किया वे थे त्रावणकोर, इन्दौर, भोपाल, रामपुर, जोधपुर, और बड़ौदा।"[32]

मध्य भारत में स्थित भोपाल, हैदराबाद के पश्चात् सबसे बड़ा राज्य था जिसके शासक मुसलमान थे। यहाँ के नवाब हमीदुल्ला खान ने कुछ पड़ोसी हिन्दू राज्यों के साथ 25 जुलाई की चैम्बर ऑफ प्रिंसेस की बैठक में भाग नहीं लिया था।

कश्मीर और त्रावणकोर के शासक भी इसमें उपस्थित नहीं हुए। कश्मीर को बुलाया ही नहीं गया था (हैदराबाद के निजाम ने चैम्बर ऑफ प्रिंसेस की बैठक में कभी भाग नहीं लिया क्योंकि वह मानते थे कि उन्हें दूसरे शासकों की बराबरी पर नहीं बैठाया जा सकता) 1947 तक हमीदुल्ला पूरी तरह से पाकिस्तानी खेमे

में जा चुके थे और वह उन हिन्दू शासकों को जो उनके मित्र थे और जिनकी रियासतों के क्षेत्र भोपाल और पाकिस्तान की पश्चिमी सीमा के मध्य पड़ते थे जैसे इन्दौर, बड़ौदा और राजस्थान की रियासतें, इन्हें वह भड़काने में जुटे हुए थे कि वे भारत में न मिलें। माउंटबेटन ने अपनी रिपोर्ट में लिखा है–

> नई दिल्ली से जोधपुर का विलग होना दूसरी निकट की रियासतों जैसे जैसलमेर, उदयपुर और जयपुर को पाकिस्तान में मिलने के लिए का मौका दे सकता था।[33]

माउंटबेटन ने फिर लिखा कि उन्होंने भोपाल के मंसूबों पर किस तरह पानी फेरा–

> जोधपुर के युवा महाराज को जिन्ना से मिलने के लिए ले जाया गया। वहाँ भोपाल के नवाब और उनके सलाहकार सर मोहम्मद जफरुल्ला खाँ (जो बाद में पाकिस्तान के पहले विदेश मन्त्री बने) उपस्थित थे। मि. जिन्ना ने महाराजा के समक्ष प्रस्ताव रखा कि उन्हें कराची के बंदरगाह को बिना चुंगी दिए इस्तेमाल करने दिया जाएगा।
>
> शस्त्रों का चुंगीमुक्त आयात, सिन्ध के हैदराबाद और जोधपुर के बीच रेलवे पर अधिकार, जोधपुर रियासत के अकालग्रस्त जिलों को बड़े पैमाने पर अनाज की आपूर्ति आदि सुविधाएँ दी जाएगी किन्तु यह सभी सिर्फ एक शर्त पर होगा कि जोधपुर 15 अगस्त से पूर्व अपनी स्वतन्त्रता घोषित कर दे फिर बाद में पाकिस्तान में मिल जाए।[34]

महाराज जोधपुर ने मुझे 1948 में ऊपर लिखे सन्दर्भ में एक मजेदार बात बताई। प्रस्ताव को स्पष्ट करने के पश्चात् जिन्ना ने एक खाली पेपर अपने हस्ताक्षर करके मुझे (महाराज जोधपुर) दिया और कहा आपकी जो और शर्तें हो पाकिस्तान में शामिल होने के लिए वह लिख दें। मुझे डर था कि आज़ादी के बाद कांग्रेस वाले तंग करेंगे इसलिए मुझे लगा कि जिन्ना का प्रस्ताव मान लूँ पर महाराज कुमार जैसलमेर जो मेरे साथ थे उन्होंने कहा कि हमें पहले राजमाता जोधपुर, मेरी माता और जोधपुर के सरदारों से सलाह कर लेनी चाहिए। मैंने मि. जिन्ना को उनके प्रस्ताव के लिए धन्यवाद दिया और कहा कि हम इस पर सोच कर आपके पास वापस आएँगे। जैसे ही मैंने यह कहा वैसे ही जिन्ना ने उस खाली पेपर को जिस पर उनके हस्ताक्षर थे, मेरी उँगलियों से खींच लिया। उसने शायद सोचा कि मैं उस कागज को लेकर भाग न जाऊँ।

माउंटबेटन की रिपोर्ट आगे बताती है–एक पारिवारिक बैठक जिसमें कि जोधपुर के सरदार भी शामिल थे, 5 अगस्त को जोधपुर में हुई जहाँ बहुमत

पाकिस्तान में शामिल होने के खिलाफ था परन्तु महाराजा अभी भी सोचते थे कि जिन्ना का प्रस्ताव बहुत बढ़िया है और उन्होंने भोपाल के नवाब को यह कहते हुए तार भेजा कि वे उनसे विस्तृत बातचीत तय करने के लिए 11 अगस्त को दिल्ली में मिलेंगे, 7 अगस्त को महाराज जोधपुर बड़ौदा के लिए रवाना हुए जहाँ उन्होंने बड़ौदा के गायकवाड़ को अधिग्रहण के दस्तावेज पर हस्ताक्षर न करने के लिए मनाने की कोशिश की। उसी दिन महाराजा को एक तार भेजा गया जिसमें कहा गया कि मैं (माउंटबेटन) उनसे तुरन्त मिलना चाहता हूँ...यह साफ था कि गृहमन्त्री सरदार पटेल इस सबको होने से रोकने के लिए किसी भी सीमा तक जाने को तैयार थे। सरदार पटेल इस बात पर सहमत हो गए कि जोधपुर के राजपूतों को पहले की तरह हथियार रखने और उन्हें आयात करने पर कोई प्रतिबन्ध नहीं होगा...पटेल ने यहाँ के अकाल पीड़ित जिलों को खाद्यान्न की आपूर्ति भी स्वीकार कर ली...और फिर इसके लिए राजी हो गए कि जोधपुर से लेकर कच्छ के एक बंदरगाह तक रेलवे लाइन बनाने को सर्वोच्च प्राथमिकता देंगे।[35] इन शर्तों पर और वास्तव में वाइसरॉय द्वारा दबाव डालने पर युवा महाराजा हनुमन्त सिंह ने अस्त्र डाल लिए।*

इसके बाद माउंटबेटन ने दूसरे भटके हुए शासकों की ओर अपना ध्यान डाला—भोपाल के एक अन्य मित्र इन्दौर (एक मराठा शासक) ने मुझसे आकर मिलने से इनकार कर दिया। मैंने बड़ौदा के महाराजा गायकवाड़ और कोल्हापुर के महाराजा को कहा कि वह और मराठा शासकों को एकत्र करें, इन्दौर जाएँ और महाराजा इन्दौर को मेरे पास बुला लाएँ।

जब महाराजा इन्दौर 5 अगस्त को दिल्ली आए तो माउंटबेटन ने उनसे कहा कि उन्होंने अपनी प्रजा के प्रति अपना उत्तरदायित्व ठीक ढंग से नहीं निभाया और इसके अलावा उन्होंने ब्रिटिश शासक के प्रतिनिधि के प्रति अभद्रता की है। महाराजा ने मुझे एक लम्बा पत्र पकड़ाया जिसमें उन्होंने शिकायत की कि मेरी

---

* माउंटबेटन कहते हैं कि कुछ क्षण के लिए मेरे कार्यालय में मेरी अनुपस्थिति में युवा महाराज ने एक फाउंटेन पेन निकाला जिसमें रिवाल्वर छिपी हुई थी और भारतीय रियासतों के सचिव श्री वी. पी. मेनन से बोले मैं तुम्हें कुत्ते की तरह गोली से उड़ा दूँगा यदि वे जोधपुर के अकाल पीड़ितों को खाद्यान्न की आपूर्ति नहीं करेंगे। यह हनुमन्त सिंह की विक्षिप्तता का अन्त नहीं था। जोधपुर के भारत में मिलने पर जब वहाँ पहले चुनाव हुए तब उन्होंने अपने 35 उम्मीदवारों को कांग्रेस पार्टी के खिलाफ चुनाव लड़ाया जो सभी जीत गए। और उन्होंने राजस्थान में कांग्रेस के प्रमुख नेता जयनारायण व्यास को हरा दिया। हालाँकि वह अपनी शानदार जीत का स्वाद न चख सके क्योंकि उसी दोपहर अपने निजी विमान की दुर्घटना में वे मारे गए।

नीति ब्रिटिश सरकार द्वारा संसद में घोषित नीति के विरुद्ध है।[36] वह विलय के दस्तावेजों पर हस्ताक्षर किए बिना वापस लौट गए। किन्तु उन्होंने विलय के दस्तावेज पर हस्ताक्षर करके साधारण डाक से स्टेट्स मिनिस्ट्री को भेज दिया जो कि 15 अगस्त 1947 को पहुँचा। बाद में महाराजा बड़ौदा ने वाइसरॉय को बताया कि इन्दौर रियासत के प्रधानमन्त्री हार्टन (जो ब्रिटिश पुलिस के एक पूर्व अधिकारी थे) और भोपाल के नवाब इन्दौर महाराजा के अक्खड़पन के पीछे थे।[37]

माउंटबेटन की रिपोर्ट के अनुसार उन्होने भोपाल के साथ तर्क-वितर्क के घंटों बिताए क्योंकि वह लिखते हैं वह उनके मित्र थे और वे नहीं चाहते थे कि उनके किसी कार्य से भोपाल में अशान्ति और दंगे होने से उनके वंश का विनाश हो जाए। नवाब साहब ने माउंटबेटन को एक गोपनीय बात बताई कि उन्हें पाकिस्तान में उच्च पद देने का वादा किया गया है। सम्भवतः गवर्नर का या यहाँ तक कि मि. जिन्ना के बाद उनके उत्तराधिकारी के रूप में गवर्नर जनरल तक का। जब अन्त में हार मानी तब उन्होंने यह माँग की कि भारत में उनके अधिग्रहण की सूचना भारत की स्वतन्त्रता के पश्चात् दस दिन तक गुप्त रखी जाए।[38] माउंटबेटन ने पटेल को इस माँग को मानने के लिए राजी कर लिया। भोपाल नवाब को आशा थी कि पाकिस्तान में 14 अगस्त के तुरन्त बाद उन्हें किसी उच्च पद पर नियुक्त किया जाएगा इसलिए वह भारत में विलय की बात तब तक गुप्त रखना चाहते थे। पर क्या जिन्ना उन्हें बड़े पद पर नियुक्त करने के बाद जब सुनते कि भोपाल ने भारत में छिपे-छिपे विलय कर लिया है तब उन्हें इस पद से हटा नहीं देते? खैर, हमीदुल्ला अपनी पाकिस्तान में नियुक्ति के लिए दस दिन तक व्यर्थ इन्तजार करते रहे।

हमीदुल्ला का दुर्भाग्य यह था कि जब उन्होंने देखा कि उनका प्रिय भोपाल उनके हाथ से निकल रहा है तब मारे घबराहट के वह मुस्लिम पृथकतावादियों के संरक्षण की ओर मुड़ गए। ऐसा करते समय वह भारत में अपने वंश के पूर्वजों तथा अपने खुद के, अपनी प्रजा के सभी धर्मावलम्बियों के प्रति सहिष्णुतापूर्ण शासन को भूल गए और एक बार फिर उनके पूर्वजों की भाँति जो मध्य भारत में बसने से दो सौ वर्ष पूर्व मध्य एशिया में यायावर का जीवन जी रहे थे, पुनः वैसे ही हो गए। अर्थात् जड़विहीन और खानाबदोश। दूसरी तरफ अपने राज्य को खोने की भयानक सम्भावना से भरे हुए कुछ हिन्दू शासक बन्धु जिनमें पन्ना और धौलपुर जैसे कट्टर प्रजातन्त्र के विरोधी, जो कांग्रेस से अत्यन्त घृणा करते थे अपने देश से जुड़े रहे और कुछ समय के बाद उनकी सन्तानें नए

हालातों के अनुसार ढल गईं जैसा कि महाराजा पन्ना के पुत्र 1970 में सांसद चुने गए और उनके पौत्र 80 के दशक में मध्य प्रदेश के विधायक रहे। धौलपुर की बहू विदेश मन्त्रालय में राज्य मन्त्री बनीं, और 2000 में राजस्थान की मुख्यमन्त्री हो गईं।

नेहरू और शेख अब्दुल्ला महाराजा हरि सिंह के इतना खिलाफ थे कि उनको कश्मीर छोड़ना पड़ा और वे बम्बई में रहने पर मजबूर हुए परन्तु कर्ण सिंह उनके युवराज जम्मू-कश्मीर के सदर ए रियासत या गवर्नर बने और फिर इन्दिरा गांधी सरकार में मन्त्री हुए और बाद में अमेरिका में भारत के राजदूत।

महाराजा भूपेन्द्र सिंह जिनके बारे में दीवान चमनलाल ने अपनी रोचक पुस्तक महाराजा लिखी है जिसमें उनकी रसिकता का विस्तार से विवरण दिया गया है। उनके पोते अमरेन्द्र सिंह पंजाब में 2002 चुनाव के बाद वहाँ के मुख्यमन्त्री चुने गए। जो लड़ाइयाँ भारत और पाकिस्तान के बीच 1965 में और 1971 में हुईं उनमें दो भूतपूर्व शासकों के राजकुमार भारतीय सेना में थे, यानी कर्नल भवानी सिंह जयपुर और ब्रिगेडियर सुखजीत सिंह कपूरथला। दोनों को वीरता के लिए महावीर चक्र प्रदान किए गए। महाराजा ग्वालियर कांग्रेस में केन्द्रीय मन्त्री हुए और उनके पूर्व उनकी माँ भाजपा में महत्त्वपूर्ण पदों पर थीं।

भारत के दक्षिण पश्चिमी तट पर स्थित त्रावणकोर ने (जो वर्तमान में केरल में है) 25 जुलाई 1947 की चैम्बर ऑफ प्रिंसेस की बैठक से पहले स्वतन्त्र रहने का अपना इरादा जाहिर कर दिया था। त्रावणकोर में दो मुख्य आकर्षण थे। यहाँ कोचीन का बहुत अच्छा बन्दरगाह था जो हिन्द महासागर में नौ सैनिक अड्डा बन सकता था और दूसरे यहाँ थोरियम के भंडार थे जो परमाणु ऊर्जा के उत्पादन में उपयोग में लाए जा सकते थे। त्रावणकोर भारत में ऐसा राज्य था जहाँ समान रूप से प्राथमिक शिक्षा लागू की गई थी।

1930 के आस-पास ही वहाँ मन्दिरों के द्वार अछूतों के लिए खोल दिए गए थे। त्रावणकोर पहला राज्य था जहाँ एल्युमिनियम का उत्पादन होने लगा था और समुद्री यानों का भी निर्माण किया जाने लगा था। राज्य के शक्तिशाली प्रधानमन्त्री सर सी. पी. रामास्वामी अय्यर का मानना था कि त्रावणकोर भारत की रियासतों तथा ब्रिटिश प्रान्तों के मुकाबले इतना विकसित है कि भारत के साथ जुड़ने से उसकी प्रगति अवरूद्ध हो जाएगी। अपने शासक के प्रति वफादार होने के कारण उन्हें यह भी भय था कि अधिग्रहण के कारण महाराजा को अपने पद से हाथ धोना पड़ेगा। त्रावणकोर ने अपने थोरियम भंडारों के उपयोग के लिए एक ब्रिटिश कम्पनी से बातचीत भी आरम्भ कर दी थी और मद्रास स्थित अमेरिकी दूत से

त्रावणकोर की स्वतन्त्रता के लिए मान्यता प्राप्त करने के लिए भी सम्पर्क किया था। जैसा कि ऊपर बताया जा चुका है अमेरिकी विदेश मन्त्री ने अमेरिकी दूत को राज्यों के साथ किसी भी तरह का सम्पर्क स्थापित करने से मना कर दिया था जिससे इंग्लैड में उन लोगों के उत्साह जो यह सोचते थे कि त्रावणकोर स्वतन्त्र हो जाएगा, पर पानी फिर गया।

माउंटबेटन को सर सी.पी. को अनुशासित करने के लिए कुछ कठोर रवैया अपनाना पड़ा। वाइसरॉय ने रिपोर्ट किया है कि सर सी. पी. ने मुझे यह जताने का प्रयास किया कि महात्मा गांधी एक खतरनाक कामवासना को दबाने से पागल व्यक्ति है और यदि माउंटबेटन अस्थिर नेहरू को यथार्थवादी पटेल के खिलाफ समर्थन देते रहे तो दो वर्षों के अन्दर कांग्रेस टूट जाएगी...और उन्होंने यह भी कहा था कि वे ऐसे अविश्वसनीय राष्ट्र के साथ खुद को जोड़ने के लिए तैयार नहीं हैं।[39] निश्चित ही उनकी भावनाएँ एक कटु विपक्षी नेता जैसी थी बनिस्बत एक अलगाव वादी के। जब लगा कि अब तर्क काम नहीं करेंगे तब माउंटबेटन कहते हैं कि मैंने उनको बताया कि मुझे पता चला है कि सेठ डालमिया ने (जो उस समय भारत में सबसे धनी उद्योगपति थे और कांग्रेस पार्टी के समर्थक भी थे) उसी सुबह त्रावणकोर कांग्रेस पार्टी कोष में 5 लाख रूपए दिए हैं ताकि 15 अगस्त के पश्चात् राज्य में आन्तरिक गड़बड़ी पैदा की जाए।[40] बाद में रिपोर्ट किया कि दिल्ली से लौटने के तुरन्त पश्चात् जुलाई के अन्त में सर सी.पी. पर फरसे से हमला हुआ जिसमें वे मरते-मरते बचे और जब राज्य प्रजामंडल ने गर्मी दिखाई तो त्रावणकोर राज्य प्रशासन ने फौरन हथियार डाल दिए और महाराजा ने तार द्वारा मुझे अधिग्रहण के दस्तावेज को स्वीकार करने की सहमति भेजी और सर सी. पी. रामास्वामी अय्यर के मित्रों ने सरदार पटेल से राज्य जन आन्दोलन को खत्म करने की गुजारिश की।[41]

त्रावणकोर के समर्पण के बाद वे शासक जो अभी तक भारत में विलय के लिए तैयार नहीं थे, जुड़ने को मान गए। इससे माउंटबेटन पटेल से पहले किए गए वादे के मुताबिक उन्हें 'रियासतों का भरा हुआ टोकरा' भेंट करने सक्षम हो गए, निश्चित ही इसमें हैदराबाद, जूनागढ़ और कश्मीर शामिल नहीं था। इसमें से कश्मीर के बारे में लन्दन को उम्मीद थी कि वह पाकिस्तान में शामिल हो जाएगा और उन्हीं माउंटबेटन जिन्होंने रियासतों को भारत में मिलाने के लिए अत्यधिक श्रेयस्कर कार्य किया था, आज़ादी के बाद कश्मीर के भारत में जोड़ने के प्रयासों को विफल किया। यह किस तरह से हुआ इसका उल्लेख अगले अध्याय में है।

भारत में अधिकतर सूर्यास्त के पहले एक दीप्तिमान प्रकाश छा जाता है जो पृथ्वी पर एक मोहिनी छटा बिखेर देता है अँधेरे में विलीन होने से पूर्व भारतीय रियासतों में ऐसा ही कुछ दृश्य सामने आया। माउंटबेटन की आत्मकथा में लेखक ने सारगर्भित शब्दों में इस नजारे के बारे में लिखा है–

> ये भारतीय रियासतों के बिगुल की आखिरी गूँज थी, सजे हाथियों के जुलूस, महलों का उम्दा वैभव, राजाओं के पारम्परिक मनोरंजन, ग्वालियर में शेर का शिकार, मैसूर में मछली पकड़ने का मजा, बीकानेर का मशहूर तीतर। इनसे दूसरे दर्जे के क्रियाकलापों को भी नकारा नहीं गया। "गोल्फ कोर्स बढ़िया था। उन्होंने एक पेड़ काट दिया मेरे खेल को आसान बनाने के लिए।" यह एक दुनिया थी जिसको समाप्त करने में उनका भाग था, यह तो जाना ही था पर उसके जाने से उसके आकर्षणों का मोह कुछ कम नहीं हुआ।[42]

माउंटबेटन दम्पत्ति मराठा महाराजाओं, बड़ौदा और ग्वालियर, मैसूर, त्रावणकोर और कोचीन, कपूरथला (जहाँ के वृद्ध सिख महाराजा ने उनको लॉर्ड एंड लेडी विलिंगडन कहकर स्वागत किया) भोपाल जो उनके खिलाफ गए थे और राजपूताने में जयपुर, जोधपुर, उदयपुर, बीकानेर और बूँदी आदि का दौरा किया। आखिरी जगह पर युवा महाराजा बहादुर सिंह ने शेर का शिकार किया। "जहाँ तक मुझे पता है भारत में आखिरी बार खेला गया। महामहिम ने ड्रिंक्स और दोपहर के भोजन के बाद शेर का शिकार खेला था। दस मिनट मचान पर पहुँचने में, 5 मिनट शेर का इन्तजार करने में और 5 मिनट एक फोटोग्राफ उतारने, जिससे मरा हुआ शेर उनके पैरों तले। मैं निश्चित रूप से शेर के इस शिकार के खेल का प्रत्यक्षदर्शी था क्योंकि मैं माउंटबेटन के ए. डी. सी. की हैसियत से वहाँ उपस्थित था।"

इस दौरे में जो जुलाई-अगस्त 1947 में हुआ था उसमें जो गम्भीर परिणति हुई थी उसका कोई मनमुटाव नहीं देखा गया। क्या इस दौरे ने शासकों के अपनी रियासतें खोने के दर्द को कम किया था। एक महाराजा को आज़ादी के तीन माह बाद कहते हुए सुना गया, क्या बेवकूफी की बात है कि अंग्रेज जा रहे हैं पर वाइसरॉय तो प्रतिवर्ष की भाँति बीकानेर के शिकार में उपस्थित थे।

1857 के विद्रोह के पश्चात् भारतीयों के साथ अंग्रेजों का मेल-जोल बन्द हो गया था। और सामाजिक मेल-जोल शासकों और कुछ चुनिन्दा भारतीयों के अतिरिक्त किसी के साथ कम ही होता था। यहाँ तक सेना में ब्रिटिश और भारतीय अफसरों से भी। भारतीयों को रेल के डिब्बों मे टिकिट होने के बावजूद वहाँ बैठे हुए अंग्रेज, नहीं बैठने देते थे। ब्रिटिश क्लबों में भारतीयों का जाना मना

था। किसी घुड़सवार भारतीय को रास्ते में यदि कोई अंग्रेज मिल जाए तो घोड़े से उतरकर सलाम करना पड़ता था। यू.पी. के गवर्नर हरकोट बटलर ने मोतीलाल नेहरू (जवाहरलाल नेहरू के पिता) को जेल में पहली रात एक बोतल शैम्पेन भेजी थी, जो उनकी उनके साथ पिए गए जामों की यादगार में थी। वह एक अपवाद था।

इस तरह के दृष्टिकोण के लिए कई कारण जिम्मेदार थे और यह दृष्टिकोण द्वितीय विश्वयुद्ध तक काफी जोर से देखे गए। 17वीं 18वीं शताब्दी में भारतीय और ब्रिटिश सेनाओं के मध्य शक्ति में साम्य था और युद्ध में बराबरी होती थी इससे एक-दूसरे के प्रति आदर और भाई-चारा उत्पन्न होता है। 19वीं शताब्दी तक एक पक्ष ने उद्योग, विज्ञान, हथियार और प्रशासन में सर्वोच्चता पा ली थी और भारतीय निम्न स्थिति में ढकेल दिए गए थे। कमजोरी एक अभिशाप है। यूरोपीय लोगों के दिमाग में भारत की समृद्धि, उसकी प्राचीन सभ्यता को लेकर जो छवि दिमाग में थी वह नष्ट हो गई और साथ-साथ भारत और भारतीयों के लिए सम्मान भी खत्म हो गया। फिर दुनिया भर में फैले साम्राज्य की भारी चुनौती के लिए अंग्रेजों का अपनी श्रेष्ठता और महत्ता के लिए विश्वास ज़रूरी हो गया था। इसका ही असर था कि गोरे आदमी का बोझ यानी गोरे लोगों को ही दुनिया का बोझ उठाना है। जैसे नारे भी प्रचलन में आ गए थे। 19वीं शताब्दी में ईसाई मिशनरियाँ भारत में आईं। यह स्वाभाविक था कि वे भारत का बुरे से बुरा चित्र इंग्लैण्ड में पेश करें ताकि उन्हें चन्दा बटोरने में सहानुभूति मिले और वासना जो कि रंगभेद को कम करती है वह कम हुई क्योंकि ब्रिटेन और भारत के बीच तेज जहाज चलने लगे तो अंग्रेज मेमों को भारत लाने लगे।* और उनको सुरक्षित रखने के लिए भी रंगभेद का पाँसा जोर से खेलना पड़ा।**

माउंटबेटन दम्पत्ति ने यह एक नियम बना लिया था कि उनके यहाँ चाय पार्टी और दावतों पर बुलाए जाने वाले आमन्त्रितों में आधे से कम भारतीय न हों जबकि तब तक ऐसे अवसरों पर चन्द भारतीयों को ही बुलाया जाता था। उन्होंने पहली बार भारतीय व्यक्तियों को अपने निजी ए.डी.सी. के रूप में नियुक्त किया। उन्होंने लिखा है–"ऐसे कदम यूरोपीय लोगों के कुछ वर्गों में लोकप्रिय नहीं थे।"

---

* सर केनिथ फिट्स आई.सी.एस. जब गवर्नमेंट ऑफ इंडिया में पॉलिटिकल सेक्रेटरी बनाए गए तो उनको अपनी एंग्लो इंडियन पत्नी को इंग्लैण्ड में छोड़ना पड़ा। दिल्ली और शिमला में उनके सहकारी उसे स्वीकार करने के खिलाफ थे।

** बदलाव का एक तथ्य यह भी था कि 20वीं शताब्दी तक ब्रिटिश फौज की श्रेष्ठता अब नहीं रही थी और भारतीय फौज के बराबर हो गई थी।[44]

उन्होंने यह भी रिपोर्ट किया कि मुझे साफ हो गया जब मेरी छोटी बेटी लेडी पेमिला ने मुझे बताया कि दो अंग्रेज महिलाएँ आपस में बात कर रही थीं कि मुझे इस घर में गन्दे भारतीयों को देखकर घिन आती है।[43]

1947 में आधे से ज्यादा प्रशासनिक अधिकारी, साठ प्रतिशत से ज्यादा पुलिस अधिकारी और सेना में ले. कर्नल से ऊपर के पद अंग्रेजों को ही प्राप्त थे। पहला भारतीय बिग्रेडियर के. एम. करिअप्पा को बनाया गया था। भारतीय राष्ट्रीय कांग्रेस जिसने ब्रिटिश हुकूमत के खिलाफ आवाज उठाई थी उसे शत्रु की तरह देखा जाता था और मुस्लिम लीग और पाकिस्तान को मित्र की तरह। इस सबकी तह में एक किस्म की कुंठा थी जो ब्रिटिश साम्राज्य के सबसे कीमती रत्न को और साथ ही साथ अच्छे रोजगार, सुरक्षा, अच्छी तनख्वाह, और प्रतिष्ठा खोने के कारण थी। इस गुस्से का कुछ अंश माउंटबेटन पर भी फूटा। इंग्लैण्ड में उनके खिलाफ एक आवाज उठ रही थी कि वो "भारत को खो बैठे।"

उन्हें (माउंटबेटन) ब्रिटिश सरकार के साथ या ब्रिटिश लोगों के साथ जोड़ना पूरी तरह से गलत है। मुझे पता है कि बड़े पैमाने पर आधिकारिक और ग़ैर आधिकारिक हलकों में माउंटबेटन के लिए एक शाही विचार मन में आता है...कि उन्होंने निश्चित ही भारत का पक्ष लिया (पाकिस्तान के खिलाफ)।

यह बात भारत की आज़ादी के तुरन्त बाद सर फ्रांसिस मूडी ने लखनऊ में अपने एक मित्र को लिखी थी। मूडी भारत सरकार में गृह सचिव रहे थे और आज़ादी से पहले सिन्ध के गवर्नर भी और बाद में उन्होंने पाकिस्तान में अपना कार्यक्षेत्र चुना। उन्होंने अपने पत्र में यह भी लिखा।

हालात की हकीकत यह है कि पाकिस्तान एक ओर अत्यधिक वैमनस्यपूर्ण भारत से घिरा है और दूसरी साम्राज्यवादी और अनैतिक रूस से। जब तक पाकिस्तान और ब्रिटेन के रिश्ते अच्छे हैं तब तक भारत के आक्रमण के समय ब्रिटेन तथा अमेरिका पाकिस्तान के पक्ष में खड़े रहेंगे। और यदि ऐसी स्थिति नहीं रहती है तो पाकिस्तान अकेला पड़ जाएगा तथा जल्द या देर से भारत उसे हड़प जाएगा या बहुत सम्भव है कि पोलैण्ड की तरह इसका विभाजन हो जाए। मैं आपको यकीन दिला सकता हूँ कि ब्रिटेन में पाकिस्तान के प्रति समर्थन की जबर्दस्त भावना है और माउंटबेटन और क्रिप्स कुछ भी करते हैं तो यह भी बढ़ती जाएगी। मुझे अपने देश से जो पत्र मिले हैं वे सब यही कहते हैं।[45]

सेना में ब्रिटिश अधिकारियों के विचार सर आर्थर स्मिथ के माध्यम से पता चलते हैं। ये भारत में ब्रिटिश सेना के डिप्टी कमाण्डर इन चीफ ऑफ जनरल

स्टाफ थे। उन्होंने अपनी सामयिक अत्यन्त गोपनीय और व्यक्तिगत रिपोर्ट में अगस्त 1947 में लन्दन स्थित ब्रिटिश सेनापतियों को लिखा था।

मैं कोशिश करूँगा और उसे संक्षेप में प्रस्तुत करूँगा जो मेरे हिसाब से यहाँ पर ब्रिटिश सीनियर अफसरों की सोच है...गत दो महीनों की घटनाओं से यह पूरी तरह स्पष्ट हो गया है कि कांग्रेस (हिन्दू) पर भरोसा नहीं किया जा सकता। कांग्रेस ने खुद को बेईमान, भ्रष्ट, धूर्त और अक्षम सिद्ध किया है जिनके कोई उच्च आदर्श भी नहीं हैं, आप यह मान सकते हैं कि यहाँ सन्तुलन और निष्पक्षता बनाए रखना आसान नहीं है। मैं मानता हूँ कि लगभग सभी ब्रिटिश अधिकारी जिन्होंने यहाँ रुकने का फैसला किया है वे नवीन भारत की अपेक्षा पाकिस्तान में जाना अधिक पसन्द करेंगे। मुझे डर है कि भारत दिन पर दिन अक्षम होता जाएगा और दूसरा ईरान बन जाएगा।[46]

इसमें कोई आश्चर्य नहीं है कि कई सैनिक-असैनिक अधिकारी, जिन्होंने पाकिस्तान में सेना का विकल्प चुना, उन्होंने भारत के विरुद्ध पाकिस्तान की उन मुद्‌दों पर जो स्वतन्त्रता के बावजूद अनसुलझे रह गए थे, जिनमें से सबसे महत्त्वपूर्ण जम्मू-कश्मीर की रियासत की सम्बद्धता थी, पाकिस्तान को पूरी तरह मदद करने की कोशिश की।

भारतीय सेना के विभाजन में माउंटबेटन को अपने सेनापति फील्ड मार्शल ऑकिनलेक की राय की उपेक्षा तक करनी पड़ी। ऑकिनलेक की मान्यता थी कि यदि एक बार सेना का बँटवारा हो जाएगा, और संयुक्त ब्रिटिश कमान हटा ली जाएगी तो भारतीय प्रतिरक्षा नीति को प्रभावित कर पाना मुश्किल होगा। किन्तु उनके पास इस पुराने सवाल का कोई जवाब नहीं था कि बिना भारतीय नेताओं के सहयोग के भारतीय सेना ब्रिटेन की मदद किस तरह करेगी। और पाकिस्तान तब तक ब्रिटेन की मदद कैसे कर सकता था जब तक उसकी अपनी स्वतन्त्र फौज न हो।

ब्रिटिश फौजों की वापसी की तिथि बड़ा विवादास्पद मुद्‌दा सिद्ध हुआ। ऑकिनलेक जल्दी वापसी के विरोधी थे, जबकि माउंटबेटन का तर्क था कि यदि ब्रिटिश सेना को बने रहने दिया गया तो यह समझा जाएगा कि हम उन नए साम्राज्यों पर यकीन नहीं करते।[47] उसी समय फील्ड मार्शल मॉण्टगोमरी भारत आए और माउंटबेटन ने उनको इस्तेमाल ऑकिनलेक को समझाने के लिए किया। फिलिप जिगलर ने लिखा है कि माउंटबेटन और मॉण्टगोमरी दोनों ब्रिटेन की सर्वोच्च संस्था ऑर्डर ऑफ द गार्टर के सदस्य थे। जो इस ऑर्डर के सदस्य होते थे उन्हें ये अधिकार था कि वे अपने नौकरों को अपनी पहचान वाला नीले रंग

का पट्टा डलवा सकते थे। फिलिप जिगलर लिखते हैं कि वाइसरॉय के नौकर माउंटबेटन का व्यक्तिगत पहचान चिह्न M ऑफ B (माउंटबेटन ऑफ बर्मा) लगाते थे। माउंटबेटन ने मॉण्टगोमरी के नौकरों को बी के स्थान पर ए; एम ऑफ ए (माउंटबेटन ऑफ अलामेन) चिह्न लगवाकर खुश कर दिया। फिर एम ऑफ बी ने एम ऑफ ए को सेना के विभाजन के लिए मना लिया। इससे न सिर्फ दो महीनों में सेना विभाजित की गई बल्कि ब्रिटिश फौजों को शीघ्र ही जैसे ही परिवहन उपलब्ध हो वैसे ही भारत छोड़ने के आदेश मिल गए। क्रिप्स ने माउंटबेटन को तार भेजा, बहुत बढ़िया हम हर घंटे आपको ही याद करते रहते हैं।[48] स्वतन्त्रता के समय वी. पी. मेनन की सलाह माउंटबेटन के एक बार पुनः काम आई। माउंटबेटन ने इस लेखक को बताया कि यही सलाह जिसने भारत में स्वतन्त्रता दिवस के उत्सव को इतना आनन्दपूर्वक और धूम-धड़ाकेदार बनाने में मदद की और जलसे से ब्रिटेन के प्रति भारतीयों के पुराने वैमनस्य को एक हद तक भूलने में मदद हुई। सीमा रेखा के बारे में बाउंड्री कमीशन जो जस्टिस लॉर्ड सिरिल रेडक्लिफ के अधीन था उसको 15 अगस्त 1947 के पूर्व अपने निर्णय की घोषणा करनी थी। मेनन ने राय दी कि आज़ादी के मौके पर ये घोषणा किसी एक या दूसरे या फिर दोनों पक्षों की अपेक्षाओं पर खरी नहीं उतर सकेगी। इससे उपद्रव हो सकता है। उनका इस समस्या से निपटने के लिए एक सीधा रास्ता है वो यह कि इसकी घोषणा आज़ादी तक न की जाए। मेनन ने सुझाव दिया कि 13 अगस्त को जब रेडक्लिफ प्रस्ताव भेजें तो उसे सेफ में रख दिया जाए। इस बहाने पर कि वाइसरॉय पाकिस्तान के स्वतन्त्रता दिवस समारोह में भाग लेने कराची के लिए रवाना हो गए थे।

दिल्ली की सड़कों पर लॉर्ड और लेडी माउंटबेटन लोगों की भीड़ के साथ इस भावुक उत्सव में सम्मिलित हुए। इससे दुनिया भर में ब्रिटेन की प्रतिष्ठा में अत्यधिक वृद्धि हुई। उसी रात वाइसरॉय निवास के मुगल गार्डन्स में दस हजार आमन्त्रितों ने समारोह में भाग लिया। कार्टूनिस्ट शंकर पिल्लै ने अपने एक कार्टून के शीर्षक में बदले हुए युग के वातावरण को इस तरह प्रदर्शित करते हुए इस पार्टी का कार्टून बनाया जिसके नीचे लिखा। "गवर्नमेंट हाउस में पानी शैम्पेन की तरह बहा।" आजाद हिन्दुस्तान की सरकार ने शराब पर प्रतिबन्ध लगा दिया था।

यह एक अलग बात है कि भारत और पाकिस्तान ने अपने-अपने स्वतन्त्रता दिवस मनाए बिना यह तय किए कि उनकी वास्तविक सीमाएँ क्या हैं, पंजाब में नरसंहार शुरू हो चुका था और कश्मीर में युद्ध शुरू होने के दो महीने ही रह गए थे जिससे भारत ब्रिटिश मतभेद फिर से जीवित हो उठे।

सन्दर्भ

1. रिपोर्ट ऑन 'द लास्ट वाइसरॉयल्टी', मार्च-अगस्त 1947, पार्ट-सी, पैरा 78-79 (ओ आई सी, ब्रिटिश लाइब्रेरी, लन्दन)।
2. टी ओ पी X, क्र. 512 (एल/पी एंड जे/5/224 एफ 45)।
3. रिपोर्ट ऑन 'द लास्ट वाइसरॉयल्टी', पार्ट-सी, पैरा 87 (ओ आई सी, ब्रिटिश लाइब्रेरी, लन्दन)।
4. एस. गोपाल, नेहरू (ऑक्सफोर्ड युनिवर्सिटी प्रेस, दिल्ली, 2003, पृ. 357)।
5. रिपोर्ट ऑन 'द लास्ट वाइसरॉयल्टी', पार्ट-डी, पैरा 60 (ओ आई सी, ब्रिटिश लाइब्रेरी, लन्दन)।
6. वही, पैरा 71।
7. टी ओ पी XII, क्र. 394।
8. टी ओ पी X, क्र. 512 (एल/पी एंड जे/5/224 एफ 45)।
9. हुमायूँ मिर्जा, फ्रॉम प्लासी टू पाकिस्तान (रोमॅन एंड लिटिल फील्ड पब्लिशर्स, ऑक्सफोर्ड, यू के, 1999, पृ. 151-52)।
10. रिपोर्ट ऑन 'द लास्ट वाइसरॉयल्टी', पार्ट-सी, पैरा 61 (ओ आई सी, ब्रिटिश लाइब्रेरी, लन्दन)।
11. वही, पैरा 28।
12. वही, पैरा, 105-106।
13. वी.पी. मेनन, ट्रांसफर ऑफ पॉवर इन इंडिया (लांगमन ग्रीन, लन्दन, 1957, पृ. 382)।
14. वही, पृ. 386।
15. वही, पृ. 386।
16. मैकगी का नोट, स्टेट डिपार्टमेंट पेपर 611, 91/11-350, 3 नवम्बर 1950।
17. वही।
18. एफ ओ, फाइल नं. 6567, 31 जून 1947, राजदूत सर एम. पैटरसन का तार।
19. एफ ओ, फाइल नं. 905, पैरा 4189 एफ. एफ.।
20. वही।
21. यू एस एफ आर 1947, खंड III, पृ. 154-55।।
22. वही, पृ. 160-61।
23. वही, पृ. 156-57।
24. वही, पृ. 162-63।
25. वही, पृ. 177-78।
26. वायली का सन्देश लोथियन को, पत्र क्र. 148, पृ. 143, पैरा 3, 30 नवम्बर 1943
27. टी ओ पी IX, क्र. 543।
28. रिपोर्ट ऑन 'द लास्ट वाइसरॉयल्टी', पार्ट ई, पैरा 68 (ओ आई सी, ब्रिटिश लाइब्रेरी, लन्दन)।

29. फिलिप जिगलर, माउंटबेटन (कॉलिन्स, लन्दन, 1985, पृ. 405)।
30. रिपोर्ट ऑन 'द लास्ट वाइसरॉयल्टी', पार्ट-ई, पैरा 69 (ओ आई सी, ब्रिटिश लाइब्रेरी, लन्दन)।
31. एलन कैम्पबेल-जॉनसन, मिशन विद माउंटबेटन (न्यू एज पब्लिशर्स, दिल्ली-1994, डायरी में दि. 25 जुलाई 1947 को दर्ज, पृ. 142)।
32. रिपोर्ट ऑन 'द लास्ट वाइसरॉयल्टी', पार्ट एफ, पैरा 12 (ओ आई सी, ब्रिटिश लाइब्रेरी, लन्दन)।
33. वही, पैरा 36।
34. वही, पैरा 33।
35. वही, पैरा 36।
36. वही, पैरा 16-24।
37. वही, पैरा 37।
38. वही, पैरा 25-27।
39. वही, पार्ट-ई, पैरा 73।
40. वही, पैरा 75।
41. वही, पैरा 13।
42. जिगलर, पूर्व में उद्धृत, 459।
43. रिपोर्ट ऑन 'द लास्ट वाइसरॉयल्टी', पार्ट ए, पैरा 112 (ओ आई सी, ब्रिटिश लाइब्रेरी, लन्दन)।
44. सर पेनेड्रल मून, द ब्रिटिश कॉनक्वेस्ट एंड डॉमिनियन ऑफ इंडिया, खंड-2 (इंडिया रिसर्च प्रेस, दिल्ली, 1999, पृ. 1187)।
45. देखें खलीक-उज-जमान, पाथवे टू पाकिस्तान, (लांगमन ग्रीन, लन्दन, 1967, पृ.392)।
46. फाइल एल/डब्ल्यू एस/1/1107, आई ओ आर, लन्दन, 12 अगस्त 1947, पृ. 242-44।
47. रिपोर्ट ऑन 'द ऑन लास्ट वाइसरॉयल्टी', पार्ट डी, पैरा 99 (ओ आई सी, ब्रिटिश लाइब्रेरी, लन्दन)।
48. जिगलर, पूर्व में उद्धृत, पृ. 391।

कश्मीर : गिलगित और पुंछ

25 अक्टूबर, 1947 को पाकिस्तान द्वारा जम्मू-कश्मीर रियासत पर कबीलियों के हमले की नेहरू द्वारा की गई शिकायत का एटली ने बड़ा गोल-मोल उत्तर दिया : "इस राज्य के भारत और पाकिस्तान के बीच भावी सम्बन्ध आरम्भ से ही बड़े कठिनाई भरे हैं। अतः इसकी अच्छाइयों का जिक्र मैं उचित नहीं समझता।"[1]

जम्मू और कश्मीर पर ब्रिटेन की नीति, कॉमनवेल्थ सम्बन्धों के विदेश मन्त्री ने कश्मीर के भारत में शामिल होने के पाँच दिनों बाद अत्यन्त गोपनीय नीतिगत निर्देशों में दिल्ली और कराची में ब्रिटिश उच्चायुक्तों को, 31 अक्टूबर 1947 को स्पष्ट की थी–

कश्मीर के लिए यह स्वाभाविक होता कि वह पाकिस्तान के साथ मिल गया होता, परन्तु भारत की सहमति के आधार पर (इस बात को रेखांकित किया है)।[2] जम्मू और कश्मीर पर ब्रिटेन की नीति का निष्कर्ष यह था कि यह राज्य पाकिस्तान को जाना चाहिए था किन्तु यह भारत की सहमति से होता जैसा कि उत्तर पश्चिम सीमा प्रान्त के मामले में किया गया था। यह समझौता या तो राज्य के विभाजन के रूप में होता या फिर भारत को किसी और तरीके से सन्तुष्ट किया जाता जैसे हैदराबाद के मामले में। पर यह नहीं हुआ और युद्ध शुरू हो गया। हालाँकि दो ऐसे क्षेत्र जिन्हें ब्रिटेन ने पूरी तरह पाकिस्तान को दिए जाने के लिए चिह्नित किया था, एक ब्रिटेन की विश्व रणनीति के सन्दर्भ में और दूसरा पाकिस्तान की रक्षा को आश्वस्त करने की दृष्टि से, उन्हें सफलतापूर्वक भारत के नियन्त्रण से बाहर रखा गया और तब से अब तक 55 सालों से वह ऐसे ही बने हुए हैं। यह कश्मीर के उत्तरी क्षेत्र थे जो चीन और सोवियत सीमा से लगे हुए हैं और दूसरा जिसकी पट्टी दक्षिण-पश्चिम की ओर पाकिस्तानी पंजाब के साथ जुड़ी हुई है।

उत्तर क्षेत्र में गिलगित एजेंसी है। इसमें हुंजा और नागर के दो क्षेत्र तथा स्वात और चित्राल* की रियासतें आती हैं। ये काल्पनिक ड्यूरंड लाइन के उत्तर में स्थित

* चित्राल के शासक ने उन्नीसवीं शताब्दी में जम्मू-कश्मीर के महाराजा के साथ सहायक सम्बन्धों को स्वीकार किया था। इसे सन् 1914 में ब्रिटेन द्वारा मान्यता दे दी गई थी। 6 अक्टूबर 1947 को चित्राल के शासक ने जम्मू-कश्मीर से सभी प्रकार की सन्धियाँ औपचारिक रूप से तोड़ दीं और 2 नवम्बर 1947 को पाकिस्तान में शामिल हो गया।

है, जो पाकिस्तान और अफगानिस्तान की विभाजन रेखा है। उत्तर पश्चिमी सीमा प्रान्त के उत्तर और पूर्व में स्थित गिलगित एजेंसी, चीन के राज्य सियाचीन (नाडोमिनियन) तक फैली हुई है। और इसे अफगानिस्तान की एक बहुत ही संकरी पट्टी सोवियत रूस से अलग करती है। ब्रिटेन की जोड़-तोड़ में इसका सामरिक महत्त्व उत्तर-पश्चिमी सीमा प्रान्त से कहीं भी कम नहीं था जिसे माउंटबेटन ने बड़ी निर्भीकता से पाकिस्तान के हाथों में सौंप दिया। यह याद रखने लायक है कि 27 मई 1947 को सर ऑलेफ केरो ने अफगानिस्तान में अमेरिकी राजनयिक एली. ई. पामर से बातचीत के दौरान उनका ध्यान इस क्षेत्र में सोवियत रूस की घुसपैठ की सम्भावनाओं की तरफ उस समय आकर्षित किया था, जब वह पामर को पाकिस्तान के निर्माण की आवश्यकता समझा रहे थे। जब से लॉर्ड वेवल ने विभाजन की योजना रची थी तभी से ब्रिटेन की अपेक्षा थी कि उत्तरी कश्मीर उनके प्रभाव में रहे, चाहे स्वतन्त्र कश्मीर के रूप में या फिर पाकिस्तान के हिस्से के रूप में।

1940 के दशक में सियाचीन एक तरह से ऐसा प्रभुत्वहीन क्षेत्र बन गया, जिसमें सिर्फ तनाव थे। इस पर कोमिंगतांग सरकार का अधिकार कमजोर पड़ रहा था और ऐसी आशा की जा रही थी कि माओ की रेड आर्मी जो कि उस समय सोवियत रूस की अत्यधिक करीबी मानी जा रही थी, वहाँ शीघ्र ही प्रवेश करने वाली थी और सियाचीन स्थित ब्रिटिश और अमेरिकी दूतों के मुताबिक इस प्रदेश पर शीघ्र ही सोवियत आक्रमण की सम्भावना थी। ब्रिटेन की मान्यता यह थी और वह सही भी थी कि यदि गिलगित पर भारत का अधिकार हो जाता है तब वह वहाँ से किसी भी सोवियत विरोधी चाल को चलने नहीं देगा। दूसरी ओर जिन्ना ने पहले ही ब्रिटेन से रक्षा सम्बन्धी मामले में सहयोग की सहमति दे दी थी।

सन् 1935 में उत्तरी सीमा की प्रशासनिक एवं प्रतिरक्षा सम्बन्धी जिम्मेदारी कश्मीर के महाराजा ने ब्रिटिश सरकार को साठ वर्षों की लीज के आधार पर हस्तान्तरित कर दी थी। चीन में गृहयुद्ध के पश्चात् वाइसरॉय ने साम्राज्य की सुरक्षा के हित में महाराज पर इस पर सहमति के लिए दबाव डाला था। इस क्षेत्र का प्रशासन उत्तर-पश्चिमी सीमा प्रान्त की भाँति दिल्ली से पॉलिटिकल डिपार्टमेंट द्वारा चलाया जाता था। जैसे कि मालकन्द या खैबर में पॉलिटिकल अधिकारी पेशावर के माध्यम से वाइसरॉय को रिपोर्ट करते थे। एक बड़े ध्यान से चुनी गई सेना, जो पहाड़ी क्षेत्रों में तेजी से कार्यवाही में दक्ष थी और ब्रिटिश ऑफीसर द्वारा संचालित थी उसे गिलगित स्काउट के नाम से जाना जाता था। इसने प्रशासन को आधार प्रदान किया।

आज़ादी के 15 दिन पहले अर्थात् 1 अगस्त 1947 को दिल्ली ने जम्मू-कश्मीर के महाराजा को गिलगित लीज पुनः सौप दी और लेफ्टिनेंट कर्नल रोजर बैकन जो ब्रिटिश पॉलिटिकल एजेंट थे उन्होंने यह क्षेत्र श्रीनगर से नए भेजे गए राज्य के गवर्नर ब्रिगेडियर घनसरा सिंह को सौंप दिया। वी.पी. मेनन ने अपनी पुस्तक 'द स्टोरी ऑफ इंटीग्रेशन ऑफ इंडियन स्टेट्स' में लिखा है : "कश्मीर के अधिकारियों के पास संसाधन नहीं थे और उनके पास पैसा भी नहीं था, जिससे गिलगित को कब्जे में रखा जा सकता। सर्दियों में जिसका श्रीनगर से सम्पर्क टूट जाता है,...ब्रिटिश द्वारा प्रभुसत्ता वापस लेने पर लीज स्वतः समाप्त हो गया। ज्योंही गिलगित महाराजा को दिया गया, उनका सुदूर उत्तर का क्षेत्र पाकिस्तान की कृपा पर आधारित हो गया (उत्तर पश्चिम सीमा प्रान्त के माध्यम से)।"[3]

गिलगित स्काउट के ब्रिटिश अधिकारी मेजर विलियम अलेक्जेंडर ब्राउन और कैप्टन मैथीसन अनुबन्धित अधिकारियों के तौर पर जम्मू-कश्मीर के महाराजा की सेवा में बने रहे, यद्यपि वे पेशावर स्थित (खैबर) पॉलिटिकल एजेंट से निर्देश भी पाते रहे और उन्हें रिपोर्ट करना भी इन अधिकारियों ने जारी रखा। पेशावर का यह क्षेत्र 14 अगस्त के पश्चात् पाकिस्तान का अंग बना। ब्राउन और मैथीसन को महाराजा के समक्ष पवित्र ग्रन्थ पर वफादारी की शपथ लेनी पड़ी थी। इतिहासकार एलिस्टर लैम्ब के अनुसार, "वास्तव में उन्हें पता था, जैसी कि कहानी बताई जाती है, कि जिस पुस्तक को वह हाथ में लेकर शपथ ले रहे थे, वह वास्तव में मोटे कपड़े में लिपटी हुई शॉर्ट ऑक्सफोर्ड इंग्लिश डिक्शनरी थी।"[4] नए वजीर को यद्यपि भव्य आवास दिया गया था किन्तु वह स्वयं शक्तिरहित थे। ब्राउन और मैथीसन के पास गिलगित में सत्ता की जिम्मेदारी थी। ले. कर्नल बैकन को गिलगित से खैबर चौकी पर नियुक्त किया गया। इसकी वजह से गिलगित स्काउट और पेशावर के मध्य अति उत्तम सामंजस्य स्थापित हुआ। ग्रेट ब्रिटेन मिलिट्री हिस्टोरिकल सोसायटी के बुलेटिन के अनुसार "विभाजन के बाद की योजना मेजर ब्राउन और कर्नल बैकन के मध्य जून में ही तय हो गई थी" और जब मैथीसन गिलगित में आए तब दोनों ब्रिटिश अधिकारियों ने अपने तरीकों को नई दृष्टि से पुनरावलोकन किया। अगर महाराजा अपने राज्य को भारत को सौंपते हैं।[5] ऐसे हालात में जब शेष जम्मू और कश्मीर का हश्र कुछ भी होता, गिलगित को पाकिस्तान के हाथों सौंपना कुछ ज्यादा ढिठाई थी। यह काम 31 अक्टूबर 1947 की रात को बड़ी सफाई से पूरा किया गया। निश्चित ही यह पहले से तय योजना के अनुरूप ही था। जैसे ही महाराजा हरि सिंह ने भारत में विलय किया वैसे ही ब्राउन ने रेजीडेंसी के चारों ओर गिलगित स्काउट को तैनात कर दिया और एक

छोटी-सी झड़प के पश्चात् जिसमें उन्होंने एक स्काउट को खोया किन्तु गवर्नर घनसरा सिंह को कैद कर लिया। इसके बाद पेशावर को मे. ब्राउन द्वारा सूचित किया गया कि गिलगित को पाकिस्तान में सम्मिलित किया गया है। 2 नवम्बर को मेजर ने उनके मुख्यालय पर पाकिस्तानी झंडा फहराया और सेना को सूचित किया कि वे पाकिस्तान की तत्कालीन राजधानी कराची की सरकार के अधीन काम करेंगे। ब्राउन और मैथीसन ने महाराजा द्वारा भारत के पक्ष में सम्मिलित होने वाले दस्तावेज पर हस्ताक्षर करते ही पाकिस्तान में काम करने का निश्चय किया। चूँकि गिलगित इस एक्ट के द्वारा भारत का हिस्सा हो चुका था, कायदे से उन्हें अपने पदों से मुक्त करने का तुरन्त निवेदन करना चाहिए था। उनका वहाँ रुकना और उनके द्वारा उठाया गया कदम राजनीतिक कार्य था।

ब्राउन ने अपनी कार्यवाही को तख्ता पलट बताया। एलिस्टिअर लैम्ब ने पिछले 15 वर्षों में जम्मू और कश्मीर पर तीन पुस्तकें लिखीं हैं जिसमें उन्होंने अपनी कल्पना से पाकिस्तान का पक्ष ऊँचा रखा है। वह लिखते हैं ब्राउन निश्चित ही किसी ब्रिटिश षड्यन्त्र के हिस्से की तरह काम नहीं कर रहे थे, वहाँ पर ब्रिटिश सैनिकों और अधिकारियों का हालाँकि एक छोटा सा ही ग्रुप था जो पाकिस्तान के मित्रों के रूप में अपनी निजी क्षमता से ही ब्राउन और मैथीसन को सत्ता हस्तान्तरण की पूर्व सन्ध्या पर गिलगित में रहने के लिए प्रोत्साहित कर रहा था और बाद में जो कुछ हुआ वह कर्नल बेकन जैसे लोगों के बिलकुल भी आश्चर्य नहीं था जो गिलगित में मेजर ब्राउन और पाकिस्तान की सरकार के मध्य सम्पर्क सूत्र की तरह कार्य कर रहे थे और इस परिप्रेक्ष्य में उन्होंने गिलगित विद्रोह की सफलता में महत्त्वपूर्ण योगदान दिया। बेकन लन्दन की ब्रिटिश सरकार की नीति का किसी भी तरह प्रतिनिधित्व नहीं कर रहे थे। परन्तु न तो बेकन और न ही पाकिस्तान सरकार के प्रतिरक्षा सचिव इस्कन्दर मिर्जा, जो कुछ घट रहा था उसको लेकर जरा भी नाखुश दिखे।[6]

उत्तरी-पश्चिमी सीमा प्रान्त के गवर्नर सर जॉर्ज कनिंघम ने गिलगित में ब्राउन के क्रिया-कलाप को सुनकर ब्राउन और उनके सहयोगी के मैथीसन को शान्ति व्यवस्था स्थापित करने के लिए कहा।[7] कनिंघम ने इस तथ्य की पूर्णतः उपेक्षा की कि गिलगित जो जम्मू और कश्मीर का हिस्सा है वह भारत में सम्मिलित हो चुका है।

इंग्लैण्ड के शासक ने भी इस विद्रोह पर कोई असन्तोष जाहिर नहीं किया। 1948 में लन्दन गजेट में दर्ज सूचना के अनुसार "सम्राट ने महामहिम के जन्मदिन के अवसर पर अत्यन्त प्रसन्नतापूर्वक ब्रिटिश साम्राज्य के अत्यधिक सम्माननीय

पदों पर निम्न नियुक्तियाँ की है–"ब्राउन मेजर (कार्यवाहक) विलियम एलेक्जेंडर, स्पेशलिस्ट (पूर्व भारतीय सेना)।" ऊपर उल्लेखित मिलेट्री बुलेटिन जिसमें उपरोक्त पुरस्कार की अनुशंसा की गई थी। इसके बाद लिखते हैं कि आधिकारिक सूत्रों से और तथ्य उपलब्ध नहीं हैं जिसमें इसी के समान अन्य पुरस्कारों का उल्लेख किया गया हो।

शीघ्र ही मेजर असलम खान जो कभी मेजर खुर्शीद अनवर (पाकिस्तानी सेना के एक अधिकारी जिन्होंने कश्मीर पर पाकिस्तान के कबाइली हमले का नेतृत्व किया और उसे संगठित किया था) के अधीनस्थ रहे थे, उन्होंने गिलगित का जिम्मा सँभाला। प्रकट रूप से गिलगित को पाकिस्तान को सौंपे जाने का कुछ सेना प्रमुखों द्वारा प्रतिरोध किया गया और इस दौरान एक गणतन्त्र की घोषणा की गई जिसे 'गिलगित एस्टोर' नाम दिया गया। हालाँकि असलम खान इस आन्दोलन को दबाने में सफल हो गए और गिलगित स्टोर गणतन्त्र बिना किसी मिशन के गुम हो गया। लैम्ब लिखते हैं : "पाकिस्तान चीन से सीधे क्षेत्रीय सम्पर्क बनाए रख सकता है जिससे आने वाले वर्षों में इसका भू-राजनीतिक महत्त्व सिद्ध हो जाएगा। भारत न तो अफगानिस्तान से सीधे क्षेत्रीय सम्पर्क रखता है और न ही उत्तर पश्चिमी सीमा प्रान्त से और इस कारण पठानों की पाकिस्तान और उसके बाहर घुसपैठ रोकने के लिए कोई वह सफल कदम नहीं उठा सकेगा और इससे पाकिस्तान की अखंडता पर कोई आँच नहीं आएगी।"[8] भारत का सीमागत सम्बन्ध अफगानिस्तान से नहीं रह पाएगा और न पठानों से, इस प्रकार पश्चिमी पाकिस्तान के बने रहने में यह स्थिति महत्त्वपूर्ण रहेगी क्योंकि भारतीय इस मौके से चूक गए हैं।

पूरे कश्मीर युद्ध के दौरान 22 अक्टूबर 1947 से एक जनवरी 1949 (जब युद्ध विराम की घोषणा की गई उस कारण गिलगित पाकिस्तान के हाथों में बना रहा) ब्रिटेन ने सफलतापूर्वक यह प्रयास किया कि पाकिस्तान का गिलगित पर कब्जा बिना व्यवधान के बना रहे। पाकिस्तान को गिलगित में पहली सैनिक चुनौती दिसम्बर 1947 में मिली। यह माउंटबेटन के मध्यस्थ की भूमिका और नेहरू-लियाकत वार्तालाप को टूटने के पश्चात् हुआ और इसके बाद भारतीय मन्त्रिमंडल ने सेना को पूरे स्तर पर युद्ध लड़ने के लिए प्रेरित किया और इससे गिलगित पर पाकिस्तानी कब्जे के लिए खतरा उत्पन्न हुआ। हालाँकि इस दौरान माउंटबेटन, नेहरू को इस बात के लिए राजी करने में सफल हुए कि सैनिक कार्यवाही की तैयारियों के साथ-साथ उन्हें संयुक्त राष्ट्र की मदद भी लेनी चाहिए। उन्होंने कहा कि संयुक्त राष्ट्र तुरन्त पाकिस्तान को यहाँ से छापामारों को वापस

बुलाने के निर्देश देगा जिससे युद्ध की ज़रूरत नहीं पड़ेगी।[9] नेहरू ने उनकी बात का यकीन नहीं किया। भारतीय प्रधानमन्त्री ने यह भी नहीं सोचा कि सुरक्षा परिषद् भारत के सैनिक विकल्पों के मार्ग में कहाँ तक आड़े आएगी। किन्तु यह एक अलग मसला था। गिलगित में सैनिक खतरा टल चुका था।

गिलगित के खिलाफ भारत की सैनिक कार्रवाई का खतरा 1948 के उत्तरार्ध में फिर से महसूस किया गया। सन् 1948 की पहली नवम्बर को भारतीय टैंकों ने हिमालय की तराई में 3500 मीटर की ऊँचाई पर स्थित जोजिला दर्रे को पार किया। इसके पहले इतनी ऊँचाई पर दुनिया में कहीं भी टैंकों का इस्तेमाल नहीं किया गया था। इस आवागमन से लद्दाख के लिए पूर्व में और उत्तर में कारगिल, सकार्दू और सिन्धु घाटी से होकर गिलगित की ओर मार्ग खुल गया। पाकिस्तानी सेना के प्रमुख जन. सर डगलस ग्रेसी ने कुछ माह पूर्व कराची में एक विवरण में भारत के उत्तर पश्चिम की ओर बढ़त के खतरों की व्याख्या निम्नलिखित शब्दों में की थी–

> इससे भारतीय सेना की पाकिस्तान की सीमा में चित्राल और स्वात के प्रान्तों (गिलगित के पश्चिम में) तक पहुँच हो जाएगी और इससे स्वतन्त्र पठानिस्तान के लिए पाकिस्तान के विरुद्ध हो रहे आन्दोलन के नेताओं से भारत का सम्पर्क स्थापित होने में मदद मिलेगी...इससे पाकिस्तान के विरुद्ध भारत अफगानिस्तान को दोहरा दबाव बनाने का मौका मिल सकता है। अफगानिस्तान पठान आन्दोलन में बड़ी रहस्यमयी रुचि दर्शाता है।[10]

जोजिला को पार करना एक झूठी चेतावनी थी। भारतीयों ने लद्दाख की राजधानी लेह को पाकिस्तान के कब्जे में जाने से बचाने के लिए हिमालय को पार कर लिया था। पाकिस्तानी सेना की एक टुकड़ी ने गिलगित से आगे लद्दाख की ओर बढ़ना शुरू किया, उनका लक्ष्य लेह था जिसे फरवरी 1948 के मध्य तक हासिल करना था। इसे सकार्दू में छह महीने रुकना पड़ा, जहाँ महाराजा की सेनाओं ने उन्हें कड़ा प्रतिरोध दिया किन्तु सितम्बर तक यह सेना फिर सिन्धु घाटी की ओर बढ़ने लगी। यह उल्लेखनीय है कि चूँकि लद्दाखी बौद्ध हैं इस कारण यह नहीं कहा जा सकता कि कबीलाई वहाँ के मुसलमानों को मुक्त करना चाहते थे।

शेष जम्मू और कश्मीर के साथ गिलगित मुद्दे को संयुक्त राष्ट्रसंघ में किस तरह हल किया गया यह अगले अध्याय में देखा जाएगा। यहाँ उन मुख्य मुद्दों को प्रस्तुत करना पर्याप्त होगा कि ब्रिटेन ने अमेरिका के समक्ष वे कौन से कारण प्रस्तुत किये जिसके आधार पर वे गिलगित पाकिस्तान को सौंपना

चाहते हैं? मामला अगस्त 1948 में तब सामने आया जब पाकिस्तान और भारत के लिए संयुक्त राष्ट्रसंघ के आयोग ने उस पश्चिमी फौज की वापसी का प्रस्ताव रखा जो कश्मीर में घुस गई थी (इसमें पाकिस्तान की गिलगित से वापसी भी सम्मिलित थी) यह प्रस्ताव ब्रिटिश नीति के विरुद्ध था। हालाँकि अमेरिका ने पाकिस्तान की वापसी का इस आधार पर समर्थन जारी रखा कि इस राज्य के भारत में संविलय पर प्रश्न उठाया ही नहीं जा सकता जब तक कि भारत वहाँ जनमत संग्रह में हार नहीं जाता। यही वह स्थिति थी जब विदेश मन्त्री अर्नेस्ट बेविन ने अमेरिकी विदेश मन्त्री जॉर्ज मार्शल से साफ-साफ बात करने का निर्णय लिया। बेविन ने जॉर्ज मार्शल से 27 अक्टूबर 1948 को बात की। इस समय दोनों संयुक्त राष्ट्र की साधारण सभा की बैठक में भाग लेने के लिए पेरिस में थे। यह जान लेने के पश्चात् कि चूँकि नेहरू कश्मीरी हिन्दू हैं इस कारण वह इस विषय पर बड़े संवेदनशील और दुराग्रही हैं। बेविन ने कहा– मुख्य मुद्दा यह है कि मध्य एशिया की ओर जाने वाली मुख्य धमनी पर किसका नियन्त्रण होगा। भारत का प्रस्ताव इस नियन्त्रण को उनके हाथों में बने रहने देगा...।[11]

बेविन ने रहस्य खोल दिया कि गिलगित से जुड़ा मुद्दा सामरिक है न कि वहाँ पाकिस्तानी सेना की उपस्थिति की वैधानिकता का। बेविन मध्य एशिया की जिस मुख्य धमनी की बात कर रहे थे वह ब्रिटेन द्वारा सियाचीन में गिलगित से काशगर तक 4709 मीटर ऊँचे मिनताक दर्रे के माध्यम से शक्तिशाली काराकोरम श्रृंखला के पार बनाया गया रास्ता था। (यह उनके लिए महत्त्वपूर्ण कड़ी थी, काशगर में उनके कांसुलेट जनरल के कारण काराकोरम में ब्रिटेन की उपस्थिति दर्ज होती थी।)

वाशिंगटन में स्टेट डिपार्टमेंट और पेरिस में संयुक्त राष्ट्र के लिए अमेरिकी प्रतिनिधिमंडल के मध्य तारों के आदान-प्रदान से यह स्पष्ट है कि बेविन अमेरिकियों को मनाने में असफल रहे।

वाशिंगटन ने पेरिस में अपने प्रतिनिधिमंडल को 11 नवम्बर 1948 को जबाब में तार भेजा।

> शान्ति, सन्धि और जनमत संग्रह के प्रावधान के बिना युद्ध बन्द करने का आदेश जैसा ब्रिटेन का आग्रह था पाकिस्तानी सेना पर प्रतिबन्ध लगा देगा (इसे रेखांकित किया और यह सुरक्षा परिषद् और भारत-पाकिस्तान के लिए संयुक्त राष्ट्र के आयोग के प्रावधानों के न सिर्फ परस्पर विरोधी कदम होगा बल्कि भारत सरकार को बिलकुल ही स्वीकार न होगा।)[12]

संयुक्त राष्ट्र के लिए अमेरिकी प्रतिनिधि जॉन फॉस्टर्ड लेस ने इसके अनुसार 20 नवम्बर 1948 को संयुक्त राष्ट्र के लिए ब्रिटिश प्रतिनिधि सर अलेक्जेण्डर काडोगन को बताया : "बिना सम्पूर्ण राजनीतिक समझौते और इस क्षेत्र (गिलगित) पर भारत के दावे को देखते हुए तुरन्त युद्ध बन्द करने में कठिनाइयाँ हैं।"[13] आइए गिलगित के सम्बन्ध में भारत की नीति पर कुछ ध्यान दिया जाए। पं. नेहरू ने माउंटबेटन को जम्मू और कश्मीर पर पहली बार एक नोट के माध्यम से 17 जून 1948 को जानकारी दी थी; उन्होंने बताया कि राज्य मोटे तौर पर तीन हिस्सों से युक्त है; मुख्य कश्मीर, जम्मू और लद्दाख, बालटिस्तान, सकार्दू और कारगिल। इस नोट में कहीं भी गिलगित को राज्य का एक हिस्सा नहीं बताया गया। भावी प्रधानमन्त्री की ओर से ऐसे दस्तावेज से लन्दन में ऐसा प्रभाव उत्पन्न हो सकता था कि भारतीय नेताओं ने गिलगित को जम्मू-कश्मीर का हिस्सा मानना बन्द कर दिया हो (सम्भवतः लीज के कारण)। यह उन लोगों की हिम्मत बढ़ा सकता था जो ब्राउन के विद्रोह की योजना में शामिल थे। हालाँकि 25 अक्टूबर को पाकिस्तान ने कबीलाई आक्रमण के माध्यम से जम्मू-कश्मीर को हड़पना चाहा तब नेहरू ने एटली को निम्नांकित बात लिखी–

> जैसा कि आप जानते हैं, कश्मीर की उत्तरी सीमाएँ तीन राष्ट्रों-अफगानिस्तान, सोवियत संघ और चीन से मिलती हैं। कश्मीर की सुरक्षा...भारत की सुरक्षा के लिए महत्त्वपूर्ण है खास तौर पर भारत और कश्मीर की उत्तरी सीमा एक है। इस कारण कश्मीर की मदद, भारत के राष्ट्रीय हित में है।[14]

आखिर 20 फरवरी 1948 को चार माह बाद प्रधानमन्त्री ने लन्दन में भारतीय उच्चायुक्त कृष्णा मेनन को लिखा–

> माउंटबेटन ने भी कश्मीर के विभाजन के समय इशारा किया था कि जम्मू भारत का और शेष क्षेत्र जिसमें कश्मीर की खूबसूरत घाटी है पाकिस्तान का हिस्सा है। यह हमारे लिए कतई स्वीकार नहीं है फिर भी खराब से खराब हालत में मैं पुँछ और गिलगित का विभाजन स्वीकार करने के लिए तैयार हूँ (इसे रेखांकित किया गया था)[15]

लॉर्ड माउंटबेटन जून में अपने गवर्नर जनरल पद का कार्य खत्म होने से पहले कश्मीर का मसला हल करने के इच्छुक थे। उनके निर्देश पर वी. पी. मेनन और बिना विभाग के मन्त्री सर गोपाल स्वामी आयंगर ने राज्य के विभाजन की योजना नक्शे सहित बनाई (जिसमें गिलगित पाकिस्तान में दर्शाया गया) यह यकीन करना मुश्किल है कि भारतीय मन्त्री इस कार्रवाई से अनभिज्ञ थे। इससे हल तो कुछ नहीं निकला किन्तु इस प्रस्ताव को गोपनीय नहीं रखा गया। वी. पी. मेनन ने 23

जुलाई 1948 को नई दिल्ली के अमेरिकी दूतावास के प्रमुख को बताया कि "भारत सरकार मीरपुर, पुंछ, मुजफ्फराबाद और गिलगित के पाकिस्तान में विलय पर आधारित कोई भी बन्दोबस्त स्वीकार करेगी।"[16] ऐसी बातों ने अमेरिका के उस रवैये का कि अधिकृत क्षेत्रों का पाकिस्तान के नियन्त्रण में रखना भारत सरकार के लिए अत्यधिक आपत्तिजनक होगा, आधार ही खिसका दिया।

जोसेफ कारबेल, संयुक्त राष्ट्रसंघ के भारत-पाकिस्तान आयोग के एक सदस्य थे, वह जुलाई 1948 में दिल्ली की यात्रा पर आए। उन्होंने लिखा है कि भारत के विदेश मन्त्रालय के महासचिव सर गिरिजाशंकर वाजपेयी ने 13 जुलाई 1948 को संयुक्त राष्ट्र के भारत-पाकिस्तान आयोग के सदस्यों से चर्चा करते हुए बताया कि "सबसे पहले जम्मू-कश्मीर से पाकिस्तानी सेनाओं की वापसी हो (इसमें गिलगित भी शामिल था) और उन्होंने कहा समय हाथ से निकला जा रहा है। यदि समस्या को विवेकपूर्ण ढंग से नहीं सुलझाया गया तो तलवार ही इसका हल निकालेगी।"[17] यह सुरक्षा परिषद् में भारत द्वारा दर्ज शिकायत के मुताबिक था। हालाँकि कारबेल यह कहते रहे कि भारतीय प्रधानमन्त्री ने कुछ दिनों बाद उनसे कहा कि "वह भारत-पाकिस्तान के मध्य इस राज्य के विभाजन के विचार का विरोध नहीं करेंगे।"[18] इसका अर्थ था गिलगित को पाकिस्तान के पास रहने देना।

डेनमार्क के कूटनीतिज्ञ लार्स ब्लिंकनबर्ग ने अपनी पुस्तक (इंडिया पाकिस्तान, द हिस्ट्री ऑफ अनसॉल्व्ड कॉनफ्लेक्ट खंड एक) में लिखा है; 20 अगस्त को नेहरू ने संयुक्त राष्ट्रसंघ के भारत-पाकिस्तान के आयोग के अध्यक्ष को एक अलग पत्र में बताया : "इस सम्पूर्ण क्षेत्र (उत्तरी क्षेत्रों) पर सत्ता को पूरी तरह चुनौती नहीं मिली है या यह अस्त-व्यस्त नहीं हुआ है सिवाय कुछ शत्रुओं या कुछ स्थानों पर उपद्रवियों या पाकिस्तानी सेनाओं के अलावा। हम चाहते हैं कि इस क्षेत्र से पाकिस्तानी सेनाओं और उपद्रवियों की वापसी के पश्चात् इन मुक्त किए गए स्थानों के प्रशासन की जिम्मेदारी पुनः कश्मीर की सरकार को सौंपी जाए और रक्षा की जिम्मेदारी हमें सौंपी जाए। हमें इस क्षेत्र में कुछ चुनिन्दा स्थानों पर सेना तैनात करने की स्वतन्त्रता होनी चाहिए।"[19]

अध्यक्ष ने अपने जवाब में इस मुद्दे को टाल दिया : "आपके द्वारा पत्र में उठाए गए प्रश्न पर प्रस्ताव के लागू किए जाने के समय विचार किया जाएगा।"[20] हालाँकि इस प्रश्न पर बाद में ध्यान नहीं दिया गया।

4 नवम्बर 1948 को भारतीय लड़ाकू विमानों ने पाकिस्तानी वायु सेना के डाकोटा हवाई जहाज को गिलगित में सामान वितरित करते समय मार गिराया। इसके परिणामस्वरूप पाकिस्तान मन्त्रिमंडल ने विचार किया कि गिलगित में

सामान के वितरण के समय लड़ाकू विमान साथ में जाएँ। सर्दियों में गिलगित का सम्पर्क पाकिस्तान से कट जाता है। लन्दन में इस बात की चिन्ता हुई कि यदि ऐसा किया गया तो भारत पाकिस्तानी वायुसेना के साथ दो-दो हाथ करेगा और पाकिस्तान के हवाई क्षेत्रों में हमले करेगा। दिल्ली में ब्रिटिश उच्चायुक्त से चर्चा के पश्चात् भारतीय वायुसेना के प्रमुख मार्शल थॉमस एमहर्स्ट ने प्रधानमन्त्री से मुलाकात की और इस मुद्दे पर एक घंटे तक विचार किया। इसमें वह नेहरू को इस बात के लिए राजी करने में सफल हो गए कि वे गिलगित में पाकिस्तानी हवाई जहाजों द्वारा माल की सप्लाई की ओर ध्यान न दें। आने वाले सर्दियों के महीनों में गिलगित को पाकिस्तान से अलग-थलग करने का सीधा रास्ता छोड़कर उत्तरी क्षेत्र में पाकिस्तान की उपस्थिति को महत्त्व दिया गया। यह उल्लेखनीय है कि गिलगित को वापस लेने के लिए भारत ने कभी भी कोई आक्रामक योजना नहीं बनाई। यह माना जा सकता है कि 1948 के दौरान उत्तरी क्षेत्रों में भारतीय सेना को पहुँचने में बाधाएँ थीं किन्तु इस मामले को कभी भी कैबिनेट या संयुक्त प्रतिरक्षा बैठक में नहीं उठाया गया।

भारत द्वारा गिलगित के सम्बन्ध में अनिश्चित पैंतरा अपनाने को देखते हुए यह कोई आश्चर्य की बात नहीं थी कि संयुक्त राष्ट्र के भारत पाकिस्तान के आयोग के अगस्त 1948 के प्रस्तावों में पाकिस्तान के पक्ष के ब्यौरे ने इसमें फेरबदल किए जिससे पाकिस्तान द्वारा गिलगित को बिना शर्त खाली न किया जाए (और अधिकृत किए गए अन्य क्षेत्रों को भी।) भारत कश्मीर में अपनी वैधानिक स्थिति के लिए अमेरिका का समर्थन भी हासिल नहीं कर सका।[8] वास्तव में भारत द्वारा यह आचरण अमेरिका द्वारा भारत को न्यायिक समर्थन देने का भारत फायदा नहीं उठा सका और ऐसे बयान जारी किए जिससे अमेरिका ने जो भारत के पक्ष में कदम उठाए थे उनके विचारों का खंडन किया। जब दिसम्बर 1948 में भारत में संयुक्त राष्ट्रसंघ के भारत पाकिस्तान आयोग की शर्तों पर युद्ध बन्द किया तब गिलगित पाकिस्तान के नियन्त्रण में रह गया और अमेरिका ने पाकिस्तान की गिलगित से वापसी पर जोर देना भी बन्द कर दिया। अमेरिका के स्टेट डिपार्टमेंट ने सियाचीन में टिहवा में स्थित दूत पेक्टॉन से सियाचीन के मुस्लिमों की भावनाओं के सम्बन्ध मे उनका विचार पूछा। दूत ने जवाब दिया कि सियाचीन के मुस्लिम भारतीय उपमहाद्वीप के हिन्दुओं की अपेक्षा मुसलमानों से अधिक करीब महसूस करते हैं। उन्होंने यह भी कहा कि भारत और सियाचीन के मध्य अधिकांश व्यापार मुसलमानों के हाथ में है।[21] इसके कारण भी अमेरिका यथास्थिति को स्वीकारने के लिए मान गया।

जम्मू-कश्मीर का और दूसरा क्षेत्र जो ब्रिटेन पाकिस्तान को देना चाहता था और जिसका जिक्र इस अध्याय की शुरुआत में किया गया है वह दक्षिण-पश्चिम पट्टी थी जो पाकिस्तानी पंजाब के नजदीक नौशेरा से मुजफ्फराबाद तक है। यह क्षेत्र पाकिस्तान को क्यों जाना चाहिए इस बारे में ब्रिटेन का तर्क पाकिस्तानी सेना के सर्वोच्च सेनापति जनरल डगलस ग्रेसी के शब्दों में बेहतर समझा जा सकता है–

इसका भारत के हाथों में जाने का अर्थ है लम्बी पाकिस्तानी सीमा के करीब तीस मील के अन्दर सामरिक रूप से महत्त्वपूर्ण पेशावर रेल लाइन पर जो पश्चिमी पंजाब से लाहौर तक फैली है भारतीय सेना का सामना करना। (जो इस क्षेत्र में भिम्बर और मीरपुर महत्त्वपूर्ण है) इस पर कब्जे से भारत को सैनिक लाभ मिलेगा और वह हमारी दहलीज पर होगा जहाँ से हमारे लिए महत्त्वपूर्ण झेलम पुल के लिए खतरा साबित होगा। इसके लिए उन्हें मंगला हेडवर्क पर नियन्त्रण हासिल होगा और इससे झेलम और अन्य जिले सिंचाई के लिए उसकी रहम पर होंगे। वह आगे लिखते हैं : "मुजफ्फराबाद, कोहला के हाथ से चले जाने के परिणाम पाकिस्तान की सुरक्षा के लिए अत्यन्त महत्त्वपूर्ण और दूरगामी होंगे। इसके कारण भारतीय सेना को पाकिस्तान के पिछले दरवाजों पर नियन्त्रण मिल जाएगा। जिसके द्वारा वह जब भी चाहेगा तब अन्दर आ सकेगा। इससे विद्रोही तत्त्वों जैसे खान अब्दुल गफ्फार खाँ और उनके दल इपी के फकीर और अफगानिस्तान को प्रोत्साहन मिलेगा। यदि पाकिस्तान गम्भीर शरणार्थी समस्या को नहीं झेलना चाहता, यदि नागरिक और सैनिक बल को प्रभावित नहीं करना चाहता, यदि विद्रोही राजनीतिक ताकतों को प्रोत्साहन नहीं देना चाहता हो और इन्हें पाकिस्तान तक ही सीमित रखना हो तो इसी में भलाई है कि भारतीय सेना को आम सीमा-रेखा उरी, पुंछ, नौशेरा से आगे न बढ़ने दिया जाए।"[22]

पाकिस्तान को ब्रिटेन की टीम का आत्मविश्वास और स्वैच्छिक सदस्य बनाए रखने के लिए ज़रूरी था कि वह सुरक्षित महसूस करे।

गिलगित से अलग पाकिस्तानी पंजाब के पास के इस इलाके पर भारत पाकिस्तान एक साल तक लड़ते रहे। इसने मामले में जटिल राजनीतिक उलझन उत्पन्न की। इससे पहले कि हम कहानी पर आएँ जल्दी से जम्मू-कश्मीर की भौगोलिक स्थिति, इसके अतीत, और संकट जिससे अन्ततः युद्ध हुआ की ओर ले जाने वाली घटना पर झटपट एक दृष्टि डालें।

लगभग फ्रांस के आकार का यह राज्य उप महाद्वीप के मैदानों से लेकर पामीर तक फैला हुआ है, इस राज्य के पूर्व से पश्चिम तक तीन पर्वत श्रृंखलाएँ फैली हैं उनकी उत्तर-दक्षिण चोटियाँ इस विशाल क्षेत्र को अलग करती हैं। इस कारण इस अजायब घर में अलग-अलग नस्लों और संस्कृतियों के लोग हैं जो विभिन्न धर्मों को मानने का दावा करते हैं और अलग-अलग भाषाएँ बोलते हैं। काराकोरम पर्वत श्रृंखला इस राज्य को मध्य एशिया से अलग करती है। यहाँ पर बड़े-बड़े ग्लेशियर हैं। इससे बड़े ग्लेशियर सिर्फ ध्रुवों पर ही देखे गए हैं। विशाल पर्वत जिसमें के-2 (8610 मी.) दुनिया की दूसरी सबसे ऊँची चोटी और ऐसी ही अन्य दूसरी विशाल चोटियाँ 7600 मी. की ऊँचाई पर हैं। हिमालय पर्वतमाला इसके मध्य से गुजरती है जिसमें नागा पर्वत (8126 मी. ऊँचा) की चोटी इसके ठेठ पश्चिम की ओर है। पीर पंजाल पर्वतमाला इन ऊँचे इलाकों को दक्षिण की तलहटी से अलग करती है, जहाँ डोगराओं का गढ़ जम्मू है।

कश्मीर घाटी या मुख्य कश्मीर पर्वत के पश्चिमी सिरों की ओर है जिसमें डल झील पर प्राचीन श्रीनगर स्थित है। यह पूरे राज्य के क्षेत्रफल का दस प्रतिशत क्षेत्र घेरता है किन्तु राज्य की आधे से अधिक करीब चार करोड़ आबादी से युक्त है। इस अलग-थलग सुन्दर घाटी का एकमात्र रास्ता जो सभी मौसमों में खुला रहता है झेलम नदी घाटी के साथ पश्चिम में पाकिस्तान की ओर जाता है। श्रीनगर से जम्मू तक एक मार्ग जो अच्छे मौसम में खुला रहता है, बनिहाल दर्रे से (2700 मी. ऊँचाई) होकर गुजरता है और सर्दियों में यह बन्द रहता है।

उत्तरी क्षेत्र शिया मुस्लिम आबादी से परिपूर्ण है। जिनमें इस्मालिया शामिल है। तिब्बत के पास पूर्वी लद्दाख, जिसकी राजधानी लेह, बौद्ध लामाओं से भरपूर है, जम्मू क्षेत्र डोगरा एवं अन्य हिन्दुओं से तथा इसके पश्चिम में पाकिस्तान से जुड़े क्षेत्र में उसी तरह सुन्नी मुसलमानों की बहुतायत है जैसी सीमा पार पंजाबी मुस्लिमों की हैं। घाटी में अस्सी प्रतिशत सुन्नी मुसलमान हैं, शेष सिख और कश्मीरी पंडित हैं। (कश्मीरी पंडित अपनी प्रतिभा के दम पर पूरे देश भर में फैले हैं और महत्त्वपूर्ण पदों पर काबिज हैं।) घाटी की अलग सांस्कृतिक पहचान है (कश्मीरियत) जिसकी मुख्य विशेषता इस्लाम का सहिष्णु रूप है—इसका श्रेय सूफियों को जिन्होंने मध्य युग में वहाँ धर्म प्रचार किया और यहाँ के एकाकीपन को जाता है। या फिर क्या यह इस कारण था कि यहाँ सौन्दर्य और पवित्रता का अनोखा संगम है?

चौदहवीं शताब्दी तक कश्मीर घाटी और वर्तमान राज्य के कुछ क्षेत्रों में बौद्ध और हिन्दू राजवंशों का शासन रहा जिनको बाद में मुस्लिम शासकों ने ले लिया,

16वीं शताब्दी में अकबर महान ने यहाँ श्रीनगर में गर्मियाँ बिताना आरम्भ किया। 18वीं शताब्दी के अन्त में यह क्षेत्र अफगानों की गिरफ्त में आ गया जिनसे सिख शासक रणजीत सिंह ने इस क्षेत्र को 1819 में हासिल कर लिया।

इस राज्य का उद्भव 1846 से माना जाता है। जब अंग्रेजों ने सिखों को निर्णायक रूप से हराया और पंजाब का अधिग्रहण किया। उसी वर्ष पंजाब के उत्तरी ओर का पर्वतीय क्षेत्र जम्मू के डोगरा सेनापति गुलाब सिंह के हाथों कुछ धन लेकर सौंप दिया गया था। गुलाब सिंह और उनके सेनापतियों ने डोगरा का विस्तार पामीर और तिब्बत तक कर दिया। उन्होंने इस विखंडित क्षेत्र को संगठित और एकत्र किया...

अंग्रेज इस बात से सन्तुष्ट थे कि डोगरा ब्रिटिश साम्राज्य की सीमाएँ मुफ्त में मध्य एशिया तक फैला रहे हैं। 1860 के बाद जैसे रूस ने दक्षिण में बढ़ना शुरू किया और महाखेल की शुरुआत हुई। वाइसरॉयों ने इस क्षेत्र पर पॉलिटिकल एजेंट नियुक्त कर अपना नियन्त्रण बढ़ाना आरम्भ कर दिया। जैसा पहले उल्लेख किया गया है 1880 के दशक में अंग्रेजों ने सियाचीन में गिलगित से काशगर तक मिनताक दर्रे से काराकोरम में एक मार्ग बनाया। बीस के दशक में रूस में बोल्शेविकों द्वारा सत्ता प्राप्त करने के बाद कश्मीर का महत्त्व और अधिक बढ़ गया, क्योंकि उन्होंने भारत की सीमा में विचारों की अदृश्य शक्ति के माध्यम से साम्यवादी एजेंटों और उनके साहित्य के माध्यम से भारत में घुसपैठ आरम्भ कर दी। इसके लिए उन्होंने कश्मीर के निर्जन दर्रे चुने जिसमें लेह से यारकन्द के रास्ते पर स्थित 5575 मीटर ऊँचा काराकोरम दर्रा शामिल था। सियाचीन के काशगर और यारकन्द दोनों शहर यूरोप तथा चीन के पुराने सिल्करूट पर स्थित हैं। दोनों तरफ एजेंटों ने कश्मीर के रास्ते का अफगानिस्तान के प्रकट रास्ते की तुलना में ज्यादा इस्तेमाल किया। कर्नल एफ. एम. बैली ने ताशकंद के अपने प्रसिद्ध अभियान के लिए कश्मीर का ही रास्ता चुना था।

मार्च 1947 तक यह उम्मीद की जा रही थी कि कुछ बड़ी रियासतों के शासक जैसे जम्मू-कश्मीर के शासक, शायद स्वतन्त्र रहना पसन्द करेंगे और ब्रिटेन से जुड़े रहेंगे विशेष तौर पर प्रतिरक्षा मामले में। हालाँकि जैसा पिछले अध्याय में बताया गया है अप्रैल 1947 में ब्रिटिश नीति परिवर्तित हो गई और रियासतों को किसी एक या दूसरे डोमिनियन राज्य में मिलने के लिए कहा गया। जैसे ही विभाजन पर समझौता हुआ वैसे ही लॉर्ड माउंटबेटन स्वयं 17 जून 1947 को महाराजा हरि सिंह से इस महत्त्वपूर्ण सामरिक क्षेत्र के भविष्य के सम्बन्ध में बातचीत के लिए श्रीनगर पहुँचे। वे दोनों पूर्व परिचित थे। सन् 1921 में वे दोनों प्रिंस ऑफ वेल्स

(जो बाद में एडवर्ड अष्टम बने) के भारत की लम्बी यात्राओं के दौरान ए.डी.सी रहे थे। माउंटबेटन ने महाराजा हरि सिंह से इस विषय पर तब चर्चा छेड़ी जब वे अपने शिकारगाह के लिए अपनी वेंटली कार से जा रहे थे। माउंटबेटन ने कई वर्षों बाद इस लेखक को बताया–

> मैंने महाराजा से स्पष्ट किया कि उनकी पसन्द भारत या पाकिस्तान में से किसी एक के साथ मिलने की होगी और उन्हें यह स्पष्ट भी किया कि मुझे भारतीय नेताओं से यह आश्वासन मिला है कि यदि वे पाकिस्तान में मिल जाते हैं तो वे लोग इसे गलत ढंग से नहीं लेंगे।

वी. पी. मेनन के अनुसार, "ऐसे आश्वासन गृहमन्त्री सरदार पटेल द्वारा स्वयं दिए गए थे।*"[23] एच. वी. हॉडसन, जिन्हें माउंटबेटन के उन दस्तावेजों को देखने की अनुमति दी गई जो अब तक दूसरों के लिए सील हैं, लिखते हैं–माउंटबेटन ने हरि सिंह को तब तक कोई निर्णय लेने के लिए इनकार किया जब तक कि पाकिस्तान की संविधान सभा की बैठक नहीं होती।[24] जब एक नवम्बर को लाहौर में माउंटबेटन ने जिन्ना को जानकारी दी तब उन्होंने यह कहा कि मैंने महाराजा को सलाह दी है कि वे लोगों की इच्छा सुनिश्चित करें और उसके पश्चात् लोगों की पसन्द के राज्य में मिलें।[25] हरि सिंह के लिए स्वतन्त्र रहने के विकल्प की मनाही एक धक्के की तरह थी। उन्होने खुद को सीप की तरह अपनी खोल में ढंक लिया और उसके बाद आगे वाइसरॉय से किसी भी तरह की बातचीत को वे टालने लगे। शायद वे सोचते थे कि उनके मित्र उन्हें पाकिस्तान में मिलने के लिए कह रहे हैं। ऐसा वह कतई नहीं करना चाहते थे। इससे डोगराओं का पूरा आधार भड़क उठता और इससे पाकिस्तान में इकट्ठे हो रहे मुस्लिम धर्मान्धों के बीच उन्हें अलग-थलग कर दिया जाता। दूसरी ओर यदि वे भारत में सम्मिलित होते तब उन्हें मुस्लिम प्रजा के बड़े वर्ग के आक्रोश का खतरा था। इसके अलावा उन्हें भारत में कोई सुरक्षा भी नहीं थी। उनके समक्ष नेशनल कान्फ्रेंस के नेता शेख अब्दुल्ला ने अपनी सत्ता और डोगरा शासन के खिलाफ गम्भीर चुनौती प्रस्तुत की

* 15 अगस्त 1947 के आसपास माउंटबेटन ने पटेल से वायदा किया था कि वे 'रियासतों से भरा टोकरा' पटेल को सौंप देंगे। इससे पहले कश्मीर के मुद्दे पर पटेल का रुख अधिक लचीला था। वाइसरॉय पाँच लाख वर्ग मील में फैले हुए तथा 8 करोड़ 65 लाख जनसंख्या से युक्त भारतीय रजवाड़ों के क्षेत्र को भारत में शामिल किए जाने में मदद कर रहे थे। पटेल इसके बारे में ज्यादा गम्भीर थे। वे माउंटबेटन से यह सहायता भी प्राप्त करना चाहते थे कि वह (माउंटबेटन) हैदराबाद के निजाम को खुद को स्वतन्त्र घोषित करने के लिए हतोत्साहित करें। जब पाकिस्तान ने बर्बरतापूर्ण आक्रमण द्वारा कश्मीर पर जबर्दस्ती कब्जा करने की कोशिश की तब पटेल पाकिस्तान के विरुद्ध अपराजेय योद्धा बन गए।

थी। यह पार्टी घाटी में अत्यन्त शक्तिशाली थी और अब्दुल्ला और उनके समर्थक 1930 के दशक से ही कश्मीर के शासक के खिलाफ आन्दोलन कर रहे थे। हकीकत यह थी कि अब्दुल्ला भारतीय राष्ट्रीय कांग्रेस की ओर झुकाव रखते थे तथा नेहरू उनकी प्रशंसा करते थे, यह दोहरा खतरा था। हरि सिंह को भावी प्रधानमन्त्री को पिछले वर्ष उस समय कैद करना पड़ा था जब उन्होंने अब्दुल्ला को जेल से छुड़ाने की कोशिश करने के लिए कश्मीर में प्रवेश किया। दूसरी ओर घाटी के अस्सी प्रतिशत मुसलमान अब्दुल्ला को अपना नेता मानते थे और इससे नेहरू बड़े उत्साहित थे। उनके रूप में एक ऐसा मुस्लिम नेता था जो जिन्ना के दो राज्यों के सिद्धान्त को नकारता था और जो भारत और कश्मीर के मध्य एक सेतु के रूप में काम करेगा और अपने गृह राज्य को भारतीय धर्म निरपेक्षता का प्रतीक बना देगा।

हरि सिंह के उत्तराधिकारी डॉ. कर्ण सिंह ने लिखा है–मुझे शंका है कि मेरे पिता दिल की गहराइयों तक यकीन ही नहीं कर पा रहे थे कि वास्तव में अंग्रेज छोड़कर चले जाएँगे...स्वतन्त्रता एक बड़ा ही आकर्षक प्रस्ताव था किन्तु उसे निभाने के लिए बड़ी सावधानीपूर्ण तैयारियों, कूटनीतिक दक्षता और लम्बी बातचीत की ज़रूरत थी...माउंटबेटन की यात्रा में पूरी स्थिति पर विचार-विमर्श करने और किसी तर्कसंगत निर्णय पर पहुँचने के स्थान पर उन्होंने वाइसरॉय को मछली पकड़ने की लम्बी यात्रा पर थ्रीकर भेज दिया (जहाँ माउंटबेटन ने धूप में पूरी तरह नग्न हो स्नान कर हमारे स्टाफ को सकते में ला दिया) और उसके बाद पेट दर्द का बहाना बनाकर नहीं मिले।...इस तरह वास्तव में एक व्यावहारिक राजनीतिक समझौते को निकालने का आखिरी मौका भी गँवा दिया।[26]

माउंटबेटन ने महाराजा से भारत की स्वतन्त्रता के समय पुनः सम्पर्क साधा। लॉर्ड इस्मे भारत की स्वतन्त्रता के उत्सव के दौरान छुट्टियाँ बिताने के लिए श्रीनगर गए तब उन्होने महाराजा से भेंट की। फिलिप जिगलर के अनुसार उन्होंने महाराजा पर दबाव भी डाला। जब इस्मे ने कश्मीर की मुस्लिम जनसंख्या का जिक्र किया तब महाराजा ने उत्तर दिया कि कश्मीर घाटी के मुसलमान (जो कि राज्य में अधिसंख्य थे) पंजाबी मुसलमानों से बहुत भिन्न हैं। "जिन चीजों पर उन्होंने ज्यादा चर्चा की वह 1935 में चैथलहेम में पोलो (इस्मे तब वाइसरॉय लॉर्ड विलिंगडन के रक्षा सचिव थे) तथा भारतीय डर्बी (घुड़दौड़) में उनके घोड़े की जीतने की सम्भावना पर ज्यादा थी।"[27]

महाराजा कश्मीर को 25 जुलाई 1947 को चेम्बर ऑफ प्रिंसेस की आखिरी बैठक में जिसमें माउंटबेटन ने शासकों को इकट्ठा करना शुरू किया, नहीं बुलाया

गया। वी. पी. मेनन जो उस समय सचिव थे और इस राज्य के मामले को देख रहे थे उन्होंने लिखा है "सच बताया जाए तो मेरे पास कश्मीर के बारे में सोचने के लिए जरा भी वक्त नहीं था।"[28] उनके जैसे अत्यधिक सक्रिय व्यक्ति का यह वक्तव्य चौंकाने वाला है क्योंकि जब तक मेनन को माउंटबेटन जिनके कि वह निकटतम सलाहकार थे, ने भारत कश्मीर सम्बन्धों को जोड़ने में उदासीनता के लिए प्रेरित न किया हो।

जुलाई 1947 को सेक्रेटरी ऑफ स्टेट्स को भेजी अपनी व्यक्तिगत रिपोर्ट में उन राज्यों की गिनती में जो पाकिस्तान में मिल सकते थे, माउंटबेटन ने उल्लेख किया था कि "कश्मीर के पाकिस्तान में सम्मिलित होने की सम्भावना है।"[29] यह सब उन्होंने हरि सिंह से मिलने के बाद लिखा। दस अक्टूबर को माउंटबेटन ने कश्मीर के दीवान से भेंट की और उन्हें बताया कि कश्मीर के भारत में सम्मिलित होने में कोई वैधानिक बाधा नहीं है, और यदि वे अपनी बहुसंख्य आबादी की इच्छाओं के विरुद्ध ऐसा करते हैं तो इसका अर्थ होगा कश्मीर में भयानक गड़बड़ और उस गड़बड़ में भारत भी उलझ जाएगा। कश्मीर का भविष्य जो भी होगा उसमें जनमत संग्रह पहली शर्त होनी चाहिए...माउंटबेटन ने उक्त बात लन्दन को रिपोर्ट में बताई और उसमें बताया कि उन्होंने इस चर्चा के बारे में नेहरू और पटेल को बता दिया है और उन दोनों ने जो कुछ मैंने कहा उसे स्वीकार कर लिया है।[30]

जिन्ना और मुस्लिम लीग आरम्भ से ही यह मानते थे कि जम्मू-कश्मीर उन्हें ही मिलना चाहिए और वे यह भी मानते थे कि इसमें ब्रिटेन को उनकी सहायता करनी चाहिए। यदि किसी और कारण से नहीं तो कम से कम सामरिक कारणों से तो अवश्य करना चाहिए। भारत की तुलना में पाँच गुना छोटे कतरे हुए छोटे से पाकिस्तान को हासिल करने के बदले में मुस्लिम लीग कम से कम कश्मीर पर तो कब्जा करने की उम्मीद कर सकती थी। राज्य के पश्चिमी हिस्से के कश्मीरी पंजाबी मुसलमानों के समान उसी धर्म और नस्ल के थे। निश्चित ही घाटी के अन्दर के मुसलमान भिन्न थे, कम साम्प्रदायिक थे और शेख अब्दुल्ला के राजनीतिक सम्मोहन के वश में थे। किन्तु अन्ततः उन्हें इस्लाम की पुकार सुनना ही पड़ेगा जैसा कि पहले जनरल ग्रेसी के शब्दों में उल्लेख किया गया है इसमें सुरक्षा का दृष्टिकोण तो था ही। यह एक अनुमान का विषय है कि क्या जिन्ना को कभी यह बात ध्यान में आई कि उत्तरी क्षेत्र का अधिग्रहण किसी दिन पाकिस्तान के चीन के साथ सम्बन्धों को बढ़ाने में मददगार होगा?

जिन्ना ने कश्मीर घाटी में खुद के लिए मकान बनवाने के वास्ते एक वास्तुकार की नियुक्ति भी की थी। मामला बिलकुल साफ दिखता है कि श्रीनगर

से कश्मीर की सीमा मात्र 135 मील है। यहाँ पहुँचने के लिए हर मौसम में खुली रहने वाली सड़क भी पाकिस्तान से ही निकलती है। यदि पाकिस्तान श्रीनगर पर कब्जा कर लेता है तो कश्मीर के महाराजा को कहीं से भी मदद मिलने की कोई सम्भावना नहीं होगी। किन्तु इसमें कुछ बाधाएँ थीं।

इसमें पहली बाधा तो ब्रिटन का दृष्टिकोण था। यद्यपि लन्दन कश्मीर को पाकिस्तान के साथ जोड़ना चाहता था किन्तु यह सब उसे भारत के साथ मान्य शर्तों पर चाहिए था। इस कारण यदि पाकिस्तान बन्दूक उठाने की पहल करता तो इसमें ब्रिटिश सरकार को विश्वास में नहीं लिया जा सकता था। इस मामले में कुछ परिस्थितिजन्य साक्ष्य थे कि कॉमनवेल्थ रिलेशन ऑफिस में कुछ खास लोग थे जिन्हें पाकिस्तान के मंसूबे के बारे में जानकारी थी इनमें से एक सेक्रेटरी ऑफ स्टेट का मुख्य अधिकारी जनरल ज्योफ्री स्कून्स था जो पाकिस्तान का कट्टर समर्थक था। इस पूरे मामले को गोपनीय रखा जाना था। खास तौर पर दिल्ली में माउंटबेटन से, जिन पर जिन्ना को यकीन नहीं था।

दूसरी ओर कश्मीर की मुख्य घाटी की स्थिति पाकिस्तान के लिए उत्साहजनक नहीं थी। वहाँ शेख अब्दुल्ला के नेतृत्व वाली नेशनल कॉन्फ्रेंस का मुस्लिम लीग की सहयोगी मुस्लिम कॉन्फ्रेंस पर वर्चस्व था। ब्रिटिश रेजिडेंट कॉन्फ्रेंस के आगा शौकत अली ने 1946 में कश्मीर में सीधी कार्रवाई की धमकी दी थी किन्तु वह मुस्लिम कॉन्फ्रेंस के विवादास्पद धड़ों को एक करने में असफल रहे जिससे यह साबित हो गया कि वहाँ कोई साम्प्रदायिक भावना नहीं थी।[31] यही मुख्य कारण है कि जिन्ना ने लाहौर में माउंटबेटन द्वारा एक नवम्बर 1947 को रखे गये इस प्रस्ताव पर कि संयुक्त राष्ट्र की निगरानी में कश्मीर में जनमत संग्रह किया जाए, ना नुकुर की। दूसरी ओर यह भी डर था कि श्रीनगर पर जबरदस्ती कब्जा, जो ताकत का प्रदर्शन होता है, शायद घाटी के मुसलमानों पर अब्दुल्ला के सम्मोहन को तोड़ देता।

पश्चिम में भी पंजाब सीमा के पास महाराजा के खिलाफ कोई बड़ा विद्रोह नहीं था जिससे कि पाकिस्तान द्वारा मुसलमानों की रक्षा के लिए आक्रमण को उचित या न्यायसंगत ठहराया जा सकता। एच. वी. हॉडसन के शब्दों में पुंछ में जो गड़बड़ी उत्पन्न हुई वह ज्यादातर हिस्सों में छुटपुट ही थी और उसमें पाकिस्तान का हाथ होने के कुछ प्रमाण भी थे। वह लिखते हैं–"यह पंजाब की घटनाओं को देखते हुए बिलकुल भी आश्चर्यजनक और मिथ्या नहीं थी...इस आधार पर कश्मीर में कार्रवाई (पाकिस्तान द्वारा) गलत होती।"[32] जम्मू-कश्मीर में ब्रिटिश रेजीडेंट वेब की रिपोर्ट और कश्मीर राज्य सेना के ब्रिटिश कमाण्डर जनरल विक्टर स्कॉट की

रिपोर्ट्स, वेब के इस आकलन का समर्थन करती हैं। वेव के अनुसार हिन्दू और मुसलमानों के बीच सम्बन्धों में असहजता बढ़ने लगी थी और कुछ क्षेत्रों में इससे तनाव हो गया था जब राज्य के आस-पास के मैदानी इलाकों में साम्प्रदायिक हिंसा भड़क उठी थी। कश्मीर इन गड़बड़ियों से मुक्त रहा। तनाव जम्मू और इससे लगे सीमा क्षेत्रों में पठान कबीलाई क्षेत्रों से लगा हुआ था, वहीं सीमित रहा।[33] जनरल स्कॉट ने सितम्बर 1947 में सूचित किया कि "राज्य की फौजों ने एक लाख से भी ज्यादा मुसलमानों को जम्मू क्षेत्र से पाकिस्तान भेजने में सुरक्षा प्रदान की और लगभग समान संख्या में उस तरफ से सिखों और हिन्दुओं को लाने में भी मदद की।"[34] इससे स्पष्ट हुआ कि जम्मू और कश्मीर की साम्प्रदायिक स्थिति पंजाब से एकदम भिन्न थी। डेनमार्क के कूटनीतिज्ञ लार्स ब्लिंकनबर्ग ने इंगित किया है– "महाराजा ने अपने प्रधानमन्त्री मेहरचन्द महाजन के साथ 18 से 23 अक्टूबर 1947 के मध्य जम्मू के पाकिस्तानी क्षेत्रों का दौरा किया। पुँछ और जम्मू के क्षेत्रों में पाकिस्तान द्वारा भड़काए गए कुछ स्थानीय दंगे इतने भयंकर नहीं थे कि महाराजा के दौरे में बाधा उत्पन्न करते।"[35]

पाकिस्तान के रास्ते में सबसे शक्तिशाली बाधा महाराजा हरि सिंह ही थे। उन्हें पाकिस्तान के साथ मिलने की बिलकुल भी इच्छा नहीं थी। यह बात जिन्ना से छुपी नहीं थी कि सितम्बर 1947 के मध्य महाजन को पंडित रामचन्द्र काक के स्थान पर जम्मू-कश्मीर का प्रधानमन्त्री बनाना इस बात का संकेत था कि हरि सिंह ने भारत के साथ मिलने का निश्चय किया है। पंडित काक अपने स्वामी की तरह शेख अब्दुल्ला को नापसन्द करते थे और इस कारण अब्दुल्ला और नेहरू के दबाव को सन्तुलित करने के लिए पाकिस्तान के साथ कूटनीति का खेल खेलते रहे। काक अपने तरीकों से जम्मू-कश्मीर की स्वतन्त्रता के लिए भारत और पाकिस्तान से गारंटी प्राप्त कर काम करना चाहते थे। जम्मू-कश्मीर के रेजीडेंट ने श्रीनगर से 1 नवम्बर 1946 को रिपोर्ट किया कि मैं यह सोचने लगा हूँ कि महाराजा और काक (1945 के बाद जम्मू-कश्मीर के प्रधानमन्त्री) गम्भीरता से इस बात पर विचार कर रहे है कि कश्मीर (भारतीय) संघ में, यदि वह बना तो, शामिल नहीं होगा...मुझे कुछ शंका है कि एक बार प्रभुसत्ता खत्म हो जाए और कश्मीर को उनके पैरों पर खड़ा होना पड़े, और ब्रिटिश सरकार के प्रति उनकी वफादारी का प्रश्न शेष न रहे और इस तरह कश्मीर किसी भी शक्ति के साथ जिसमें रूस भी शामिल है अपनी मर्जी से सम्बन्ध कर सकता हैं। उनकी यह उम्मीदें धूल में मिल गई जब अप्रैल 1947 में ब्रिटिश नीति में परिवर्तन आया और उसके अनुरूप रियासतों को किसी एक या दूसरे डोमिनियन के साथ मिलना था। जुलाई 1947

में माउंटबेटन ने काक को जिन्ना से दिल्ली में मिलवाया जिससे जम्मू-कश्मीर के पाकिस्तान में अधिग्रहण की सम्भावना पर विचार विमर्श किया जा सके, जिन्ना ने भी अपने निजी सचिव को श्रीनगर की लम्बी यात्रा पर भेजा जिससे वहाँ की स्थिति के सम्पर्क में रहा जा सके। काक के हटने के बाद पाकिस्तान और जम्मू-कश्मीर के मध्य एक निश्चित समझौते के अस्तित्व के बावजूद पाकिस्तान ने राज्य पर आर्थिक प्रतिबन्धों के साथ दबाव डालना शुरू कर दिया।

इस दौरान इस प्रदेश के भारत में विलय के प्रश्न पर सिर्फ इसलिए विलम्ब हो रहा था क्योंकि प्रधानमन्त्री नेहरू इस बात पर जोर दे रहे थे कि महाराजा शेख अब्दुल्ला को सत्ता हस्तान्तरित कर दें और इससे पहले कि अन्य कोई कदम उठाया जाए वहाँ पर पूर्णतः उत्तरदायी सरकार की स्थापना हो। हरि सिंह ऐसा करने के लिए अनिच्छुक थे। 27 सितम्बर 1947 को नेहरू ने सरदार पटेल को, जो कि महाराजा के निरन्तर सम्पर्क में थे लिखा–

> मैं जानता हूँ कि पाकिस्तान की रणनीति कश्मीर में अभी घुसपैठ करने और किसी बड़ी कार्रवाई करने की है जैसे ही कश्मीर आने वाली शीत ऋतु के कारण अलग-अलग हो जाएगा...इस कारण यह महत्त्वपूर्ण हो गया है कि महाराजा नेशनल कॉन्फ्रेंस के साथ मित्रता कर लें जिससे पाकिस्तान के खिलाफ उन्हें जन समर्थन मिल सके...एक बार यह राज्य भारत में मिल जाएगा तब पाकिस्तान के लिए आधिकारिक या गैर आधिकारिक तौर पर आक्रमण करना भारतीय संघ से मुकाबले के बिना सम्भव नहीं रह जाएगा...इस कारण मुझे लगता है कि राज्य का विलय तुरन्त आवश्यक हो जाएगा।[36]

पटेल ने दो अक्टूबर को हरि सिंह को लिखा–

"मैं यह बताने में असमर्थ हूँ कि हम सब लोग महाराजा द्वारा दिखाई गई मानवीयता के कारण कितने खुश हैं (अर्थात् शेख अब्दुल्ला की रिहाई के कारण)। मुझे इसमें कोई सन्देह नहीं कि इससे वे लोग आपके आस-पास एकत्र हो जाएँगे जो अन्यथा आपके मार्ग में काँटा बनते। मैं महाराजा के प्रति और उनकी कठिनाइयों के प्रति पूर्ण सहानुभूति रखता हूँ किन्तु यह बात भी नहीं छुपा सकता कि आपसे तुरन्त जवाब की उम्मीद करता हूँ जिससे आपके राज्य की सुरक्षा और अखंडता को सुनिश्चित किया जा सके...इस बीच मैं कश्मीर और भारतीय डोमिनियन के मध्य तार, दूरसंचार, दूरभाष और रेडियो के जरिए सेतु निर्मित करने के प्रयासों को जितना सम्भव हो सके तेज कर सकूँ।"[37]

जिन्ना के लिए समय निकला जा रहा था। भारत के साथ सीधे संघर्ष को टालने के लिए मुस्लिम लीग के समर्थक सीमान्त क्षेत्रों (मसूद अफरीदी, हजारा)

के कबीलाइयों का इस्तेमाल छद्‌म रूप से किया जाए जिन्हें लूट और अन्य चीजों का लालच दिया इनकी नियुक्ति उन पाकिस्तानी अधिकारियों द्वारा की जानी थी जो भारत की राजनीतिक सेवाओं में रह चुके थे और जिन्हें कबीलों के बारे में अच्छी जानकारी थी। उनके द्वारा इन्हें हथियारों से लैस कर पाकिस्तान में भेजा जाना था और जिनका नेतृत्व पाकिस्तानी अधिकारियों को करना था। (हमने ग्यारहवें अध्याय में देखा है कि जिन्ना और लियाकत अली ने कुछ पुराने मुसलमान अधिकारियों में कैसा विश्वास दर्शाया था। यह इंस्कदर मिर्जा के पुत्र हुमायूँ मिर्जा से सम्बन्धित घटना में देखा हैं। इस्कंदर मिर्जा पाकिस्तानी सरकार में तत्कालीन सुरक्षा सचिव थे।)

खान अब्दुल गफ्फार खान के भतीजे मोहम्मद यूनुस ने अपने संस्मरणों में एक रोचक प्रसंग का उल्लेख किया है। यूनुस लिखते हैं कि एक दिन उनके चाचा को उत्तर पश्चिमी सीमा प्रान्त के गवर्नर जॉर्ज कनिंघम का एक सन्देश मिला कि गफ्फार खान को जिन्ना के साथ प्रतिष्ठित करने का एक तरीका यह है कि गफ्फार खान कश्मीर में कबीलाई लश्कर का (सेना) नेतृत्व करें। यूनुस कहते हैं कि उन्होंने यह जानकारी युवराज कर्ण सिंह के शिक्षक पंडित ब्रजभूषण मदन को दी जिन्होंने इसे उनकी माँ (कर्ण सिंह) अर्थात् महारानी को पहुँचा दिया। यूनुस के अनुसार महाराजा ने उनके पास और अधिक जानकारी के लिए सन्देश भेजा किन्तु प्रधानमन्त्री काक ने हरि सिंह को जता दिया कि यूनुस कांग्रेस पार्टी के लिए काम कर रहे हैं और महाराजा को भारत में विलय के लिए डराने की कोशिश कर रहे हैं, साथ ही शेख अब्दुल्ला को रिहा कराने और उनसे साँठगाँठ की भी। बहुत बाद में जब डॉ. कर्ण सिंह से इस घटना की सत्यता के बारे में पूछा तब उन्होंने मुझे (13 दिसम्बर 2002 को) निम्नलिखित जवाब भेजा–

> हाँ, मुझे याद आता है कि ऐसा कोई सन्देश पंडित ब्रजभूषण मदन को मिला था जिसे उन्होंने मेरी माँ को दिया और उन्होंने यह सन्देश मेरे पिता को दिया यदि मेरी याददाश्त ठीक है तो यूनुस और उनके कोई रिश्ते के भाई मेरे पिता से गुलाब भवन में मिले थे हालाँकि मुझे इस बारे में ठीक से जानकारी नहीं है कि उस मुलाकात में क्या हुआ।

कर्नल (बाद में मेजर जनरल) अकबर खान जो पाकिस्तानी सेना में थे, ने अपनी पुस्तक में यह वर्णन किया है कि किस तरह कबीलाई अभियान की योजना प्रधानमन्त्री लियाकत अली खान के सीधे निर्देशन में रची गई थी। अकबर खान लिबरेशन कमेटी के सैनिक सदस्य थे। उन्होंने अपनी पुस्तक में लिखा है–

हमारे सैनिक अभियान के उद्देश्य के सम्बन्ध में मेरे प्रश्न पर प्रधानमन्त्री ने कहा कि वह सिर्फ यह चाहते हैं कि लड़ाई तीन महीनों तक चलती रहे जो कि बातचीत एवं अन्य साधनों से हमारे राजनीतिक लक्ष्य को प्राप्त करने के लिए पर्याप्त समय है। क्या लियाकत अली खान यह उम्मीद कर रहे थे कि कश्मीर घाटी पर पाकिस्तान के कब्जे से भारत पर जम्मू-कश्मीर के सम्बन्ध में ब्रिटेन की छत्रछाया में कोई समझौता करने के लिए दबाव आएगा जो पाकिस्तान को मंजूर होगा?

मेरा उद्देश्य यह नहीं है कि युद्ध की बारीकियों पर जाऊँ। श्रीनगर पर कब्जा करने का पाकिस्तान का प्रयास असफल हो गया। जम्मू-कश्मीर सेना के डोगरा कमाण्डर राजेन्द्र सिंह* ने कबीलाई झुण्डों को (पहला आक्रमण करीब 5000 कबीलियों ने किया था) घाटी के प्रवेश द्वार पर तब तक रोके रखा जब तक वह मृत्यु को प्राप्त नहीं हुए इसके बाद के दो दिन आक्रमणकारियों द्वारा घाटी के प्रवेशद्वार बारामुला में लूटमार में गँवाए गए और उस पर एक स्रोत के मुताबिक "जिस शीघ्रता से भारतीय श्रीनगर में घुसे वह जिन्ना के आकलन से परे था।"[39] इस अभियान को चलाने के लिए भारत में लगभग सभी व्यावसायिक हवाई जहाजों को इस काम में उपयोग में लाया गया था।

14 नवम्बर 1947 को अकबर खान ने खुद को उरी में पाया, श्रीनगर से 100 कि. मी. की सड़क पर कबीलाई घाटी से पीछे हट रहे थे। श्रीनगर के प्रवेश द्वार शीलतांग में भारतीय फौजों से उनके संघर्ष के बाद ये लोग पीछे हट रहे थे। उनके छह सौ लोग मारे गए। वह उन्हें यह समझाने में लगे हुए थे कि युद्ध के मैदान से न भागें।

उनमें से कुछ ने सहयोग की उम्मीद दिखाई। कुछ तो अपनी गाड़ियों मे सवार हो दुश्मन की और बढ़े भी किन्तु बाद में उन्होंने अपना दिमाग बदल लिया और वापस लौट गए...रात नौ बजे लौट कर जा रहे आखिरी वाहन के पीछे की लाईट दिखाई दी जो कुछ दूरी के बाद गुम हो गई। बचे हुए लोगों को समेटते हुए मुझे ज्ञात हुआ कि मेरे स्टाफ अधिकारी कैप्टन तस्कीनुद्दीन और वायारलेस सेट भी जा चुके हैं। कुल एक दर्जन लोगों को छोड़ कुछ भी नहीं बचा था। स्वयंसेवी कबीलाई और अन्य पठान सभी जा चुके थे...मेरा अभियान पूर्णतः असफल हो खत्म हो चुका था।

---

* राजेन्द्र सिंह पहले भारतीय थे जिन्हें स्वतन्त्रता के बाद मरणोपरान्त महावीर चक्र प्रदान किया गया था।

किन्तु मुझे नहीं लगता था कि मैं अभी वापस जा सकता था। मैं अपनी नावें पहले ही जला चुका था–जनरल तारिक का नाम अपना कर। उस महान नाम को लेकर मेरा कोई दावा नहीं था किन्तु मुझे लगता था कि इससे मुझे प्रेरणा मिलेगी, साथ ही मैं अपनी पहचान भी छिपा सकता था। 12 शताब्दी पहले, तारिक ने स्पेन पर उतरने के बाद अपनी नावें जला डाली थीं, जब उनसे कहा गया कि उन्होंने अपने वापस जाने के साधनों को नष्ट कर बुद्धिमत्ता का काम नहीं किया है तब उन्होंने मोहम्मद इकबाल के शब्दों में कहा था–"प्रत्येक देश उनका अपना देश है क्योंकि यह उनके अल्लाह का देश है।"[40]

अकबर खान आगे लिखते हैं–

> भारत में एकरूपता के अभाव में किसी भी दिशा से घुसपैठ का नतीजा भौगोलिक ही नहीं बल्कि नैतिक और भौगोलिक दृष्टि से विभिन्न इकाइयों के पृथक्करण के रूप में दिखाई देगा क्योंकि शूद्रों, ब्राह्मणों, सिखों, हिन्दू और मुसलमानों के मध्य कोई बुनियादी एकता नहीं है और ये भिन्न हितों का ही ध्यान रखेंगे। वर्तमान में और आने वाले लम्बे समय तक भी भारत इसी हालत में रहेगा जैसा वह सदियों पहले था, विपत्ति के समय विखंडन के लिए एकदम तैयार।[41]

इस विश्लेषण को वी. पी. मेनन ने जो लिखा है उससे मिलाया जा सकता है–

> व्यक्तिगत रूप से जब मैंने भारत सरकार से कश्मीर के महाराजा के संविलयन को स्वीकार करने की सिफारिश की तब मेरे दिमाग में एक और सिर्फ एक विचार था वह यह कि कश्मीर पर छापामारों का आक्रमण भारत की एकता के लिए बड़ा खतरा हैं। महमूद गजनी के आक्रमण के समय से करीब आठ शताब्दियों से भारत समय-समय पर उत्तर पश्चिम से होने वाले आक्रमणों का शिकार रहा हैं...और पाकिस्तान के नवीन राज्य के निर्माण के दस हफ्तों के भीतर उसका सबसे पहला काम उत्तर पश्चिम से कबीलाई आक्रमण छेड़ना है। आज श्रीनगर है तो कल दिल्ली।[42]

उरी (जहाँ हमने अकबर खान को असहाय पाया था) नौशेरा से उरी के दक्षिण में पीर पंजाल पर्वत श्रृंखला के दक्षिणी हिस्से और टिथवाल के उत्तर के क्षेत्र जो लगभग पूर्वी छोर तक के थे, जनरल ग्रेसी डगलस के मतानुसार पाकिस्तान की सुरक्षा की दृष्टि से आवश्यक थे। नवम्बर 1947 की शुरूआत में पाकिस्तान के जो छापामार आगे बढ़ रहे थे उन्होंने इसी क्षेत्र के एक बड़े हिस्से पर कब्जा किया था। जब कबीलाई कश्मीर घाटी से भागे और 14 नवम्बर 1947 को उरी पर पुनः

वी. पी. मेनन, माउंटबेटन के सलाहकार
(सौजन्य : रानी गोविन्द सिंह)

ब्रिटिश भारतीय साम्राज्य के एक-तिहाई से अधिक भाग को आच्छादित किए रियासती क्षेत्र (ग्रे कलर में प्रदर्शित) (नोट—नक्शे में चित्रित सीमाएँ काल्पनिक हैं। यह नक्शा यथार्थ नहीं है, न ही मापानुसार चित्रित है; यह मात्र भौगोलिक क्षेत्र को दर्शता है।) (सौजन्य : इंडिया टूडे)

जम्मू एवं कश्मीर राज्य की रूपरेखा, जिस पर जनवरी 1949 में युद्ध-विराम के पश्चात भारत एवं पाकिस्तान के मध्य समझौता हुआ। (नोट—नक्शे में चित्रित सीमाएँ काल्पनिक हैं। यह नक्शा यथार्थ नहीं है, न ही मापानुसार चित्रित है; यह मात्र भौगोलिक क्षेत्र को दर्शाता है।) (सौजन्य : इंडिया टूडे)

बूँदी, राजस्थान में शिकार किया गया बाघ (मई 1948), लेखक (लॉर्ड एवं लेडी माउंटबेटन के पीछे)
(लेखक के संग्रह से)

गिलगित स्काउट्स के प्रधान मेजर अलेक्जेंडर ब्राउन जिन्होंने 2 नवंबर 1947 को उत्तर कश्मीर पर पाकिस्तानी ध्वज फहराया। उन्हें 1948 में ओ.बी.ई. द्वारा पुरस्कृत किया गया। (लेखक के संग्रह से)

1948 के शुरू में कराची में गवर्नर जनरल आवास पर मुहम्मद अली जिन्ना
(सौजन्य : हेनरी कार्टियर-ब्रैसन/मैग्नम फोटोज)

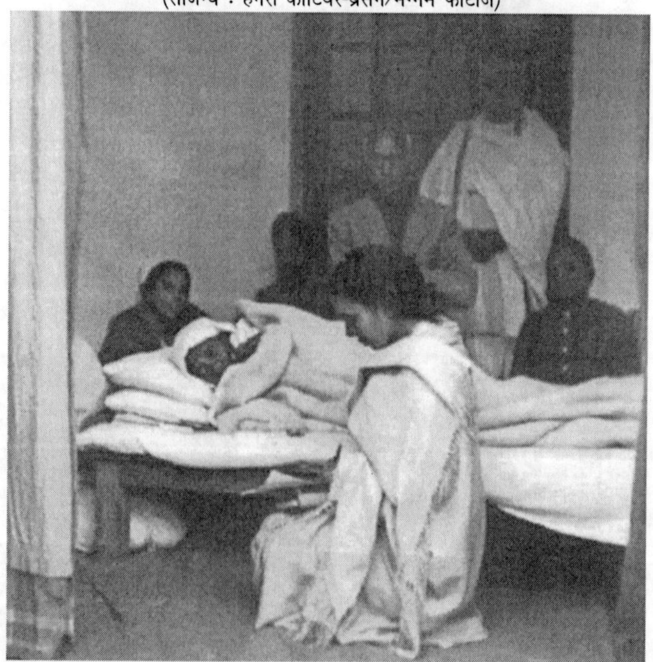

गांधीजी, अपने अनशन की समाप्ति के पश्चात, 30 जनवरी 1948 को बिरला हाउस, नई दिल्ली में अपनी हत्या से कुछ दिन पूर्व (सौजन्य : हेनरी कार्टियर-ब्रैसन/मैग्नम फोटोज)

कब्जा किया गया तब भारत में इस सारे क्षेत्र को, जिसमें पाकिस्तान सीमा पर स्थित झेलम घाटी के मार्ग से उरी से झेलम तक के क्षेत्र थे, पुनः हासिल करने का विचार किया। आगे बढ़ने से पूर्व आइए उन दो तथ्यों पर विचार करें जिसने उपरोक्त क्षेत्रों के लिए संघर्ष में महत्त्वपूर्ण भूमिका निभाई।

पहला कारण तो माउंटबेटन का रूपान्तरण होना था। अक्टूबर के अन्त तक भारत की तरफ हल्के से झुकाव के बावजूद वह लगभग तटस्थ रहे। किन्तु इसके बाद लन्दन से मिलने वाले निर्देशों के अनुसरण के कारण वह पाकिस्तान की तरफ झुकने लगे। जम्मू-कश्मीर पर आक्रमण के बाद उनका पहला ख्याल तो किसी भी तरह इन दो (डोमिनियन) के मध्य युद्ध को टालना था, जिसके कारण पिछले छह माह में उनके द्वारा इस उपमहाद्वीप में ब्रिटेन के लिए किए गए अच्छे कार्यों पर कहीं पानी न फिर जाए। उन्होंने इस असमंजस को सम्राट को इस तरह से स्पष्ट किया–

> यह कानून तो सही होगा कि एक पड़ोसी मित्र राष्ट्र के निवेदन पर जो डोमिनियन में सम्मिलित होने के लिए तैयार न भी हो, सेना भेजी जाए किन्तु सोचने वाली बात तो यह है कि पाकिस्तान द्वारा भी सेना भेजने का खतरा है। इस क्षेत्र के अधिग्रहण से स्थिति पूरी तरह नियन्त्रित हो जाएगी और इससे पाकिस्तानी सेना से टकराव का भी खतरा कम हो जाएगा क्योंकि ऐसी स्थिति में वे एक दूसरे राष्ट्र में प्रवेश कर रहे होंगे।[43]

भारत रियासतों में जनमत संग्रह के प्रति प्रतिबद्ध था जो कि विवाद का विषय हो गया। माउंटबेटन को विश्वास था कि वह अंततः मसलों को भारत की सहमति और पाकिस्तान की सन्तुष्टि के साथ ठीक कर लेंगे–या तो यह जनमत संग्रह से होगा या फिर जम्मू-कश्मीर के विभाजन के माध्यम से होगा।

सम्राट को अपनी रिपोर्ट में आगे उन्होंने लिखा कि–"शेख अब्दुल्ला के अधीन एक अन्तरिम सरकार के गठन के साथ...जनमत संग्रह में कश्मीर के भारत के साथ रहने की सम्भावना बढ़ जाएगी...हालाँकि मैं अभी भी यह सोचता हूँ कि एक ऐसे देश में जहाँ मुसलमान इतनी बड़ी संख्या में हैं वे अन्ततः पाकिस्तान के पक्ष में ही वोट देंगे।"[44] गवर्नर जनरल की हैसियत से माउंटबेटन ने महाराजा के अधिग्रहण को स्वीकार किया था। कैबिनेट की सहमति से उन्होंने साथ-साथ महाराजा को व्यक्तिगत रूप से एक चिट्ठी भी लिखी जिसमें उन्होंने स्पष्ट किया– "जैसे ही कश्मीर में कानून और शान्ति की व्यवस्था स्थापित हो जाएगी और उसकी जमीन आक्रमणकारियों से मुक्त हो जाएगी तब राज्य के अधिग्रहण का प्रश्न जनता की सहमति से तय किया जाएगा।"[45]

यह पत्र अधिग्रहण के दस्तावेज की कोई कानूनी स्वीकृति नहीं थी। इस तरह की स्वीकृति दस्तावेज में ही 1935 के भारत सरकार अधिनियम के तहत दी गई थी, जिसे 15 अगस्त 1947 को संशोधित और लागू किया गया था। यह पत्र दस्तावेज के रूप में विशेष परिस्थितियों में अधिग्रहण करने के लिए लिखा गया था। इसकी विषयवस्तु बाद में भारत-पाकिस्तान के मध्य के मूल विवादों की पृष्ठभूमि साबित हुई।*

माउंटबेटन पर दबाव डालने वाला तथ्य यह भी था कि उन्हें श्रीनगर और उसके आस-पास के क्षेत्रों में रहने वाले ब्रिटिश नागरिकों की सुरक्षा करनी थी। खास तौर पर बारामूला में जीसस एंड मेरी कान्वेंट की ननों का पठानों के हाथों जो हाल हुआ उसे देखते हुए यह ज़रूरी हो गया था। सर्वोच्च सेनापति जनरल क्लॉड ऑकिनलेक चाहते थे कि जम्मू-कश्मीर से ब्रिटिश नागरिकों को बाहर सुरक्षित लाने के लिए फौज भेजी जाए, हालाँकि माउंटबेटन ने इसके लिए इनकार कर दिया। ऑकिनलेक ने प्रतिवाद किया कि ऐसा न करने पर आपके हाथों पर खून के धब्बे लगेंगे।

माउंटबेटन का यह रूपान्तरण 31 अक्टूबर 1947 को आरम्भ हुआ। इस दिन कॉमनवेल्थ रिलेशन ऑफिस से जम्मू-कश्मीर के सम्बन्ध में एक नीतिगत निर्देश (जिसका इस अध्याय के आरम्भ में उल्लेख किया गया है) ब्रिटिश उच्चायुक्त ने माउंटबेटन के ध्यान में लाया। इसकी शुरुआत में ही कहा गया था कि कश्मीर

---

* अमेरिकी सरकार ने इसे मान्यता दी थी लगभग सभी गैर पाकिस्तानी इतिहासकार इस निष्कर्ष पर पहुँचे है कि जम्मू-कश्मीर का अधिग्रहण कानूनन तभी पूरा हो गया था जब अधिग्रहण के दस्तावेज पर गवर्नर जनरल ने 27 अक्टूबर 1947 को हस्ताक्षर किए थे। इस मुद्दे पर विचार विमर्श के लिए लार्स ब्लिंकवर्ग की पुस्तक इंडिया एंड पाकिस्तान : द हिस्ट्री ऑफ अनसाल्वड कन्फ्लीक्ट, खंड-1 (ओडेन्स युनिवर्सिटी प्रेस ओडेन्स, डेनमार्क, 1998 पृ. 79-82) देखें। कुछ लेखक मानते हैं कि अधिग्रहण लागू नहीं हो पाया था क्योंकि माउंटबेटन द्वारा लिखे गए पत्र में कहा गया था कि अधिग्रहण कश्मीर की जनता की सहमति के बाद ही लागू होगा।

विवाद में उस व्यक्ति का उद्देश्य महत्त्वपूर्ण है जिसने अधिग्रहण के दस्तावेज को स्वीकार किया। माउंटबेटन ने अपने संस्मरणों में लॉर्ड इस्मे को उनके भारत छोड़ने के पश्चात् स्पष्ट किया था : "कश्मीर का भारत में अधिग्रहण जनमत संग्रह के निर्णय के बावजूद किसी भी तरह कानूनन अवैध नहीं हुआ था। इसके बाद स्थिति यह थी कि कश्मीर अब वैधानिक तौर पर भारत कर हिस्सा था और जनमत संग्रह कराने का निर्णय स्वैच्छिक और एक पक्षीय था और इस बात की पुष्टि करने के लिए था। यह जनमत संग्रह तभी कराने का इरादा है जब कबीलाई वापस लौट जाएँगे और कश्मीर में शान्ति की स्थिति बहाल हो जाएगी।"[46]

कुछ मान्य शर्तों के आधार पर पाकिस्तान को दिया जाना है इसके अलावा इस निर्देश में लिखा था–

"एक तरफ पाकिस्तान कश्मीर में कबीलाई आक्रमण पर आँखें मूँदे हैं और इसके लिए तोपखाना और परिवहन भेज रहा है और दूसरी ओर भारत ने कश्मीर के अधिग्रहण को स्वीकार कर भड़काने वाली गलती की है क्योंकि वहाँ सेना भेजने की कोई जल्दी नहीं थी (कबीलाई आक्रमण को रोकने के लिए) उसने इस बारे में पाकिस्तान से विचार-विमर्श भी नहीं किया और सिखों की टुकड़ी भेज दी।"[47] जैसा गवर्नर जनरल को यकीन था, किन्तु प्रधानमन्त्री एटली स्पष्टतः इस बात से आश्वस्त नहीं थे कि माउंटबेटन के जादू से अधिग्रहण को इतनी आसानी से नष्ट नहीं किया जा सकता था। इस लिए इस विधिक प्रक्रिया के कारण भारत को मिले लाभ को व्यर्थ करने के लिए अन्य उपायों का सहारा लेना आवश्यक हो गया था। इनमें से पहला तो यह था कि जम्मू-कश्मीर में पाकिस्तान को इस उद्देश्य के लिए यहाँ उपस्थित कबीलाई और स्वयं-सेवकों का इस्तेमाल कर अपनी अधिकारिता स्थापित करनी थी। दूसरा उपाय अन्तर्राष्ट्रीय दबाव लाकर खास तौर पर अमेरिका का दबाव डलवाकर भारत पर कुछ रियासतों के लिए जोर डालना था। नेहरू की ओर एटली का रुखाई भरा आक्रोश दिखाई देता है कि जब नेहरू ने एटली को बताया कि उनकी सरकार ने क्यों कश्मीर के भारत में अधिग्रहण को मंजूर किया तब एटली का उत्तर था–

> यदि आपकी सरकार द्वारा उठाए गए कदम पर मुझे प्रतिक्रिया देनी होती तो मैं नहीं सोचता कि यह लाभदायक है।[48]

साथ ही साथ नोएल बेकर ने लॉर्ड इस्मे को तार भेजा–"प्रधानमन्त्री...जिन्ना को कोई सन्देश भेजने के अनिच्छुक है (उनका ध्यान इस तरफ आकर्षित करते हुए कि कबीलाइयों को पाकिस्तान की ओर से मदद मिल रही है)" क्योंकि वह उन्हें इसके लिए जिम्मेदार मानते हैं।[49]

उसी दिन एटली ने लियाकत अली खान को तार भेजा जिसमें गोल मोल इशारा किया कि अगर कश्मीर के भारत में विलय होने पर कश्मीर में जो आखिरी फैसला होना है उसके ऊपर असर नहीं पड़ेगा तो आप (लियाकत और जिन्ना) जो लोग पाकिस्तान से कश्मीर में घुसे हैं उनको सही सलाह दें (मतलब उनको रोकें।)[50]

किन्तु सन्देश स्पष्ट था कि यदि कोई सहमति नहीं होती है, तो यदि भारत कश्मीर में बने रहने के औचित्य को अधिग्रहण से न्यायसंगत ठहराने का प्रयास करता है तो आप वहाँ डटे रहें (कबीलाइयों को वापस न बुलाएँ)।

एटली ने अधिग्रहण सम्बन्धी माउंटबेटन के कदम को नामंजूर कर दिया। एक अच्छे सैनिक की भाँति जैसे कि वह थे, माउंटबेटन ने तुरन्त ब्रिटिश सरकार के अनुरूप कदम उठाया। ठीक, दूसरे ही दिन (एक नवम्बर को) जिन्ना से मुलाकात (लगभग चार घंटे की) कर उन्होंने इस्मे के साथ मिलकर, एटली के उद्देश्य को ध्यान में रखते हुए दूरगामी परिणामों वाली पहल की—

> भारत सरकार की यह वास्तविक इच्छा है कि कश्मीर में जितनी जल्दी सम्भव हो सके उतनी जल्दी और जितनी निष्पक्षता से हो सके उतनी निष्पक्षता से जनमत संग्रह करवाया जाएगा...उनकी राय है कि जनमत संग्रह के पर्यवेक्षण के लिए संयुक्त राष्ट्र से कहा जाएगा। और वे इस बात पर सहमति के लिए तैयार हैं कि जनमत संग्रह के दौरान यहाँ की कमान भारत-पाकिस्तान की संयुक्त फौजों की हाथों रखी जाए।[51]

उन्हें भारत सरकार की ओर से कोई अधिकार नहीं दिया गया था कि वह संयुक्त राष्ट्र संघ की सिफारिश करें या जम्मू-कश्मीर में पाकिस्तानी फौजों को तैनात होने दें। उन्हें (माउंटबेटन को) उम्मीद यह थी कि यदि जिन्ना इस प्रस्ताव पर सहमति दे देते हैं तो वह इस पर भारत की सहमति लेने का प्रयास करेंगे। या फिर यह सब सिर्फ एटली को दिखाने के लिए हो सकता था। जिन्ना ने पहले बताए गए कारणों की वजह से इनकार कर दिया। इसी बातचीत के दौरान जिन्ना ने सुझाव दिया कि "दोनों पक्षों को एक साथ पीछे हटना चाहिए।" जब माउंटबेटन ने उनसे पूछा कबीलाइयों को (जिनके लिए पाकिस्तान का मानना था कि वे स्वतन्त्र रूप से कार्य कर रहे हैं) कैसे वापस बुलाया जाए, जिन्ना ने उल्लेखनीय टिप्पणी की—"उन्हें सिर्फ वापस आ जाने का आदेश भर देना है।"[52]

इस मुलाकात में माउंटबेटन ने जिन्ना को अधिग्रहण को धोखे और हिंसा पर आधारित बताने के लिए झिड़का। उन्होंने कहा कि यह पूरी तरह वैधानिक है और हिंसा कबीलाइयों के कारण हुई है जिसके लिए पाकिस्तान जिम्मेदार है। 28 अक्टूबर 1947 को सर्वोच्च सेनापति ऑकिनलेक ने पाकिस्तानी सेना से ब्रिटिश फौज को वापस बुलाने की धमकी दी जिसे पाकिस्तान बिलकुल भी सहन नहीं कर सकता था। इस धमकी के परिणामस्वरूप जिन्ना ने जनरल डगलस ग्रेसी को दिया वह आदेश निरस्त कर दिया जिसमें उन्होंने घाटी में नियमित पाकिस्तानी सेना को भेज, हवाई मार्ग से आ रही भारतीय फौजों को भगाकर बनिहाल के दर्रे की रक्षा के लिए कहा था। ऑकिनलेक के इस हस्तक्षेप का लन्दन ने स्वागत किया। इसने सम्भावित अन्तर-उपनिवेशीय युद्ध को बचा लिया। माउंटबेटन की चेतावनी भी

ब्रिटेन के पाकिस्तान को आगे कदम बढ़ाने से रोकने के इन्हीं प्रयासों का अंग थी। इस सम्पूर्ण संकट के दौरान ब्रिटेन ने लगातार पाकिस्तान का समर्थन किया किन्तु उसने उन कार्रवाइयों से रोके रखा जिनका परिणाम भारत में पश्चिमी पंजाब पर आक्रमण और पूरे पैमाने पर युद्ध होता।

दूसरा कारण जिसने परिस्थिति को बदल डाला वह था नेहरू द्वारा मन्त्रिमंडल की प्रतिरक्षा समिति की अध्यक्षता के लिए माउंटबेटन से पेशकश। कश्मीर में युद्धनीति पर निर्णय पूरे मन्त्रिमंडल ने नहीं बल्कि इस समिति ने लिए। इस ओहदे ने गवर्नर जनरल को संघर्ष के तरीकों को प्रभावित करने का पूरा अधिकार दिया। जुलाई-अगस्त 1947 में माउंटबेटन ने रियासतों को भारत में रहने के लिए मनाने में जो भूमिका निभाई थी, उस कारण नेहरू (साथ ही साथ पटेल और गांधीजी भी) उन पर भरोसा करने लगे थे। वे लोग लेडी माउंटबेटन द्वारा दिन-रात शरणार्थी शिविरों और अस्पतालों में पीड़ितों के कष्ट दूर करने के लिए किए गए प्रयासों से भावविह्वल थे। नेहरू और माउंटबेटन एक दूसरे के काफी करीब आ गए थे। यह अलग बात है कि अंग्रेज की तुलना में भारतीय व्यक्तिगत भावनाओं और राजकीय मामलों को अलग-अलग करने की काबिलियत कम रखते थे।

कश्मीर अभियान के जी. ओ. सी. जनरल कुलवन्त सिंह ने नवम्बर 1947 में ऊपर उल्लेखित पाकिस्तान की सीमा से लगे समस्त इलाकों से छापामारों को खदेड़ने की एक योजना बनाई थी। किन्तु भारतीय सेना के कार्यवाहक सर्वोच्च सेनाध्यक्ष रॉय बुचर और भारतीय प्रतिरक्षा समिति की अध्यक्षता कर रहे माउंटबेटन ने कुलवन्त सिंह के प्रस्ताव को खतरनाक बताते हुए उसका विरोध किया। यद्यपि नेहरू और अन्य मन्त्रियों ने कुलवन्त सिंह पर आक्रमण के लिए जोर डाला, किन्तु कुलवन्त सिंह को अनावश्यक जोखिम न उठाने के निर्देश थे। इस मोड़ पर 9 नवम्बर 1947 को माउंटबेटन, राजकुमारी एलिजाबेथ के राजकुमार फिलिप से विवाह के समारोह में शामिल होने के लिए लन्दन चले गए। पटेल ने माउंटबेटन को इंग्लैण्ड जाने के लिए प्रेरित किया। "इस मोड़ पर यह यात्रा रणनीतिक और राजनीतिक दोनों दृष्टियों से उत्तम थी।" इस कारण कुलवन्त सिंह को अपने प्रमुख बुचर के आदेश की अपने ढंग से व्याख्या का मौका मिल गया। उन्होंने 15 दिनों के अन्दर कोटली, झांगर और नौशेरा को खाली करा लिया और घेरे मे पड़े पुंछ में पुनः सेना भेजने में सफलता पाई। हालाँकि वह मीरपुर, डोमेल और मुजफ्फराबाद जो पाकिस्तानी सीमा पर स्थित है उन्हें वापस नहीं ले पाए।

14 नवम्बर को लन्दन से वापस लौटने पर माउंटबेटन ने नेहरू को इस प्रकार लिखा—

मैंने कई मौकों पर पश्चिमी क्षेत्रों में भारतीय सेना को भेजने के प्रश्न पर अपने विचार बार-बार स्पष्ट किए हैं...मेरी अनुपस्थित में यह लक्ष्य बदल गया। इससे मीरपुर और पुंछ में भारत सरकार की सेना को थोपने की इच्छा और लक्ष्य स्पष्ट होते हैं।[53]

वास्तव में नेहरू को असामान्य रूप से लिखे गए कड़े पत्र एटली को दिखाने के लिए ही थे। शायद लन्दन में माउंटबेटन को समझाया गया कि उन पर पाकिस्तान के खिलाफ हिन्दुस्तान का पक्ष लेने का आरोप लग रहा है। इस अभियान के उत्साही नेता और कोई नहीं बल्कि उनके पूर्व गुरु विंस्टन चर्चिल ही थे : "मुसलमान अंग्रेजों के मित्र हैं और यह अत्यन्त दुखद है कि एक अंग्रेज और वह भी शासक का चचेरा भाई ब्रिटेन के दुश्मनों का उनके खिलाफ समर्थन कर रहा है।"[54] माउंटबेटन ने बाद में बताया कि "उन्होंने मुझ पर आरोप लगाया कि कश्मीर में मुसलमानों को दबाने के लिए प्रशिक्षित ब्रिटिश फौजें और साजो-सामान को भेज कर पाकिस्तान के खिलाफ हिन्दुस्तान को विजयी बनाने की योजना मेरी थी।"[55]

राज्य में हवाई मार्ग से सेना भेजकर पाकिस्तानियों को रोकने में भारतीयों को जो सफलता हासिल हुई उसके परिणामस्वरूप उन सभी अंग्रेजों की जो भारत और हिन्दुओं को अपना शत्रु मानते थे, हताशा बढ़ गई। अधिकांश ब्रिटिश अधिकारियों, जिन्होंने ब्रिटेन की वापसी के पश्चात् उपमहाद्वीप में सेवाएँ देने का निर्णय लिया था, उन्होंने पाकिस्तान में नौकरी करने का विकल्प चुना। करीब 500 से ज्यादा ब्रिटिश व्यक्ति पाकिस्तानी फौज और प्रशासनिक सेवाओं में विभिन्न पदों पर आसीन थे। पाकिस्तानी प्रान्तों के गवर्नर भी कई अंग्रेज थे जैसे सर फ्रांसिस मूडी पश्चिमी पंजाब में और सर जॉर्ज कनिंघम उत्तरी-पश्चिमी सीमा प्रान्त में। उनमें से कुछ ही कश्मीर में पाकिस्तानी फौज के साथ लड़े। किन्तु उनमें से सभी पाकिस्तान के प्रयासों का समर्थन करते थे। जब भारतीयों ने कश्मीर अभियान में भाग लेने वाले ब्रिटिश अधिकारियों की शिकायत लन्दन भेजी जिसमें से कुछ सचमुच में मारे गए थे, तब रक्षामन्त्री अलेक्जेण्डर नोएल बेकर से सहमत होते हुए बोले "इस मामले में ज्यादा गहराई में न जाना ही बुद्धिमत्ता होगी।"[56]

सी. दासगुप्ता ने उनकी हाल में प्रकाशित पुस्तक 'वॉर एंड डिप्लोमेसी इन कश्मीर' में लिखा है–

प्रथम भारत-पाक युद्ध की प्रक्रिया और परिणामों को हम तब तक नहीं समझ सकते जब तक कि हम इस तथ्य पर ध्यान न दें कि दोनों प्रतिद्वन्द्वियों को अभी अपनी सशस्त्र सेनाओं पर पूरा राष्ट्रीय नियन्त्रण स्थापित करना था। वह आगे लिखते हैं–"तीसरे विश्व के देशों के लिए यह अन्तर्राष्ट्रीय तथ्य

खास तौर पर महत्त्वपूर्ण है कि निर्णायक परिणाम बहुत शीघ्रता से ही प्राप्त किए जाने चाहिए इससे पहले कि बड़ी शक्तियाँ इसमें हस्तक्षेप करें। माउंटबेटन की भूमिका और ब्रिटिश सेनाध्यक्ष ने 1947-48 में भारत की इस ज़रूरत को लगभग असम्भव बना दिया था...ब्रिटिश शासन को प्रत्येक कदम पर जानकारी दी जाती रही और इस तरह भारत के सैनिक विकल्प को खत्म करने में कूटनीतिक कदम उठाए गए।[57]

उपरोक्त बात का सत्य 1947-48 में कश्मीर के दक्षिण-पश्चिमी हिस्से के लिए संघर्ष के दौरान बार-बार साबित होता रहा। सन् 1947 में नेहरू ने पश्चिमी पंजाब की सीमा पर सैन्यविहीन क्षेत्र निर्मित करने का प्रस्ताव इस आदेश के साथ रखा कि किसी भी गतिविधि के पार जाने पर एक चेतावनी के पश्चात् हवाई आक्रमण किया जा सके। हॉडसन कहते हैं–

वे (भारतीय) इस बात के लिए इतना जोर दे रहे थे कि लॉर्ड माउंटबेटन ने टाल-मटोल करने के लिए इस प्रस्ताव को संयुक्त योजना दफ्तर के पास भेजा। इस मध्य उन्होंने यह सुनिश्चित किया कि इसकी रिपोर्ट विपरीत होगी, जैसी की वह थी। इसके बाद मन्त्रियों ने बिना किसी तर्क के यह विचार छोड़ दिया।[58]

3 दिसम्बर 1947 को बुचर ने कोशिश की कि प्रतिरक्षा समिति पुंछ को त्यागने के लिए तैयार हो जाए, जो ब्रिटिश मतानुसार पाकिस्तान को मिलना चाहिए था। हालाँकि बुचर के इस प्रस्ताव को नकारने में नेहरू, माउंटबेटन के समर्थन के बिना भी सफल रहे। दूसरी ओर ब्रिटिश सेनाध्यक्ष उरी से डोमेल तक झेलम की घाटी को अगले वसन्त तक धीरे-धीरे अलग करने में सफल रहे। वह किसनगंगा पर बने पुलों को नष्ट करने की योजना भी, जिससे मुजफ्फराबाद पाकिस्तान से अलग हो जाता, रद्द करने में सफल हो गए।

इस क्षेत्र को नियन्त्रित करने के प्रयास 1948 के पूरे वर्ष चलते रहे। मार्च 1948 के दौरान जनरल करिअप्पा जो इस क्षेत्र के नए जी ओ सी-इन-सी थे, झांगर को पुनः प्राप्त करने और नौशेरा पर पाकिस्तान के शक्तिशाली आक्रमण को नाकाम करने में सफल रहे। अप्रैल में राजोरी में प्रवेश हुआ और इस तरह जम्मू से नौशेरा का मार्ग खुल गया और सम्पर्क पुनः स्थापित हो सका। करिअप्पा ने यह सावधानी रखी कि सेना मुख्यालय को अपनी सैन्य योजना के बारे में जानकारी नहीं दी। करिअप्पा की जीवनीकार के मुताबिक करिअप्पा को दो शत्रुओं से लड़ना था। "दो शत्रु–एक तो सेना मुख्यालय से जिसके प्रधान रॉय बुचर थे और दूसरे पाकिस्तानी सेना से जिसका नेतृत्व मेसेर्वी कर रहे थे।"[59]

बुचर ने पाकिस्तान के सी एंड सी ग्रेसी के सम्मुख स्वीकारा कि उनका करिअप्पा पर कोई नियन्त्रण नहीं है, परन्तु अब उन्होंने एक ऐसी चाल भरी योजना को अंजाम दिया जिससे अपनी ही सेना को आगे बढ़ने से रोका जाए। कराची में ब्रिटिश उच्चायुक्त ग्रैफिटी स्मिथ ने लन्दन को सूचित किया कि दोनों स्वतन्त्र उपनिवेशों के सेनाध्यक्षों के मध्य निजी तौर पर सूचनाएँ पहुँचती हैं।

बुचर ने पाकिस्तानी सेनाध्यक्ष ग्रेसी के समक्ष स्वीकार किया कि उनका करिअप्पा पर कोई नियन्त्रण नहीं है सिवाय इसके कि उनकी अपनी सेना को ही आगे बढ़ने से रोकने के लिए वह कोई षड्यन्त्रकारी योजना बनाएँ। कराची में ब्रिटिश उच्चायुक्त ग्राफिटी स्मिथ ने दोनो डोमिनियनों के सेनाध्यक्षों के मध्य निजी तौर पर हुए समझौते की खबर लन्दन को दी। बुचर ने जनरल ग्रेसी को संकेत दिया कि "आजाद कश्मीर के वास्तविक नियन्त्रण वाले क्षेत्र में आक्रमण की उनकी कोई इच्छा नहीं है अर्थात् मीरपुर और पुंछ सेक्टर में...इस व्यवस्था का उद्देश्य यह था कि दोनों पक्ष लगभग उस सैनिक क्षेत्र में रहें जो अविवादित है, अर्थात् मोटे तौर पर अपनी वर्तमान स्थिति में रहें। पूरी प्रक्रिया का अनिवार्य भाग यह है कि...पाकिस्तानी सेना की तीन टुकड़ियाँ कश्मीर में तथा उरी और पुंछ के आस-पास भारतीय सेना के खिलाफ तैनात की जाएँ (यह बात रेखांकित की गई थी) मैंने ऊपर जो बात कही है उससे पाकिस्तानी प्रधानमन्त्री अवगत हैं किन्तु मैं समझता हूँ कि उन्हें आधिकारिक तौर पर इस बात का समर्थन करने में दिक्कत महसूस हो रही है।"[60] बागे बुचर ने ग्रेसी से कहा कि वह कोशिश करेंगे कि पुंछ से भारतीय सेना को बाहर निकाला जाए।

तथा-कथित आजाद कश्मीर के नेता सरदार मोहम्मद इब्राहिम खाँ ने इस गुप्त समझौते को सबको बता दिया। वह इतने खुश थे कि भारतीय पक्ष ने आजाद कश्मीर को मान्यता दे दी है और इस पर उन्होंने एक प्रेस वक्तव्य तक दे डाला। उन्होंने कहा कि "भारत ने उनकी सरकार से युद्ध विराम के लिए बातचीत की है।" भारत सरकार ने बुचर की इस पहल पर आपत्ति प्रकट की किन्तु उन्हें इसके लिए कोई फटकार पड़ी हो ऐसा कोई रिकॉर्ड नहीं है।

माउंटबेटन भी भारतीय सेना के आगे बढ़ने को रोकना चाहते थे उन्होंने पाकिस्तान के सेनाध्यक्ष जनरल ग्रेसी से दिल्ली में उनके प्रवास के दौरान 2 मई 1948 को कहा –

> मैंने (ग्रेसी) समझाया कि यदि हम दोनों देशों की सेना को अक्षम महसूस करा सकें तो मेरी विदाई के पश्चात् युद्ध की आशंका को कम करने का यह बढ़िया मौका होगा।[61]

नेहरू और उनके मन्त्रिमंडल का ऐसा कोई इरादा नहीं था।

माउंटबेटन जून 1948 में अपना गवर्नर जनरल का कार्यकाल पूरा कर वापस जाने वाले थे।

भारत में ब्रिटिश उच्चायुक्त टैरेंस शोन ने 14 मई 1948 को लन्दन को सचेत किया कि भारतीय उरी से आगे दामेल तक बढ़ना चाहते थे।[62] पाकिस्तान की नियमित सेना इस समय तक कश्मीर में प्रवेश कर चुकी थी। 8 मई 1948 को दिल्ली में अमेरिका के सैन्य प्रवक्ता ने वाशिंगटन को तार भेजा–

> पाकिस्तान की तीन नियमित सैन्य टुकड़ियाँ अब कश्मीर में हैं–एक उरी में, एक पुंछ के आस-पास और एक मीरपुर के आस-पास है...पाकिस्तान अब युद्ध के लिए पूरी भारत-पाक सीमा बहावलपुर से दामेल तक तत्पर है...रसद और सुरक्षित सैन्य बल की कमी का अर्थ छोटा किन्तु खूनी संघर्ष होगा जिसमें भारत निश्चय ही विजयी रहेगा।[63]

पाकिस्तानी सेना के सैन्य बल के मजबूत होने के परिणामस्वरूप भारत द्वारा दामेल और मुजफ्फराबाद पर कब्जे के लिए किए गए दो प्रयास असफल हो गए उरी के उत्तर में टिथवाल पर तो कब्जा कर लिया गया किन्तु उरी के पश्चिम की ओर झेलम रोड पर 10 कि.मी. से आगे नहीं बढ़ा जा सका। इसके ठीक बाद भारत-पाकिस्तान के लिए संयुक्त राष्ट्र आयोग के सदस्य आ गए, इस कारण भारत ने उनके उपमहाद्वीप में प्रवास के दौरान अभियानों को रोक दिया।

युद्ध विराम कैसे हुआ यह अगले अध्याय का विषय है जिसमें संयुक्त राष्ट्र में यह मामला कैसे प्रस्तुत किया गया है। अगले अध्याय में युद्ध कैसे सघन हुआ क्या कूटनीति खेली गई पर भी प्रकाश डाला गया है।

सन्दर्भ

1. फाइल एल/पी एंड एस/13/1845 बी (ओरिएंटल एंड इंडियन कलेक्शन, ब्रिटिश लाइब्रेरी, लन्दन) सी. दासगुप्ता की पुस्तक वॉर एंड डिप्लोमेसी इन कश्मीर : 1947-48 (सेज, नई दिल्ली, 2002, पृ. 54-55)।
2. वही।
3. वी.पी. मेनन, द स्टोरी ऑफ द इंटीग्रेशन ऑफ द इंडियन स्टेट्स (ओरिएंट लागमन, नई दिल्ली, 1961, पृ. 415)।
4. एलस्टर लैम्ब, इनकम्पलीट पार्टीशन : द जिनेसिस ऑफ द कश्मीर डिस्प्यूट, 1947-48 (रॉक्सफोर्ड बुक्स, हेरटिंगफोर्डबरी, 1997, पृ. 191)।

5. बुलेटिन ऑफ मिलिट्री हिस्टोरिकल सोसायटी ऑफ ग्रेट ब्रिटेन, खंड 46, क्र. 182, 1995 (ओ आई सी, ब्रिटिश लाइब्रेरी, लन्दन)।
6. एलस्टर लैम्ब, इनकम्पलीट पार्टिशन, पृ. 239 और बर्थ ऑफ ट्रेजेडी (विजडम बुक्स, इलफोर्ड, इसेक्स, 1994, पृ. 120)।
7. एम.एस.एस. ई यू आर डी 670 (ओ आई सी, ब्रिटिश लाइब्रेरी, लन्दन)।
8. एलस्टर लैम्ब, इनकम्पलीट पार्टीशन, पृ. 193।
9. फाइल एम एस एस ई यू आर एफ 200/246 (ओ आई सी, ब्रिटिश लाइब्रेरी, लन्दन) दासगुप्ता में पूर्व उल्लेखित, पृ. 100।
10. जोसेफ कॉरबेल में उल्लेखित, डेन्जर इन कश्मीर (ऑक्सफोर्ड युनिवर्सिटी प्रेस, न्यूयॉर्क और कराची, 2002, पृ. 138)।
11. यू एस एफ आर 1948, खंड-V, पृ. 434।
12. वही, पृ. 448-49।
13. वही, पृ. 456।
14. नेहरू का सन्देश एटली को, 25 अक्टूबर 1947, सिलेक्टड वर्क्स ऑफ जवाहरलाल नेहरू, खंड-IV (नेहरू मेमोरियल म्यूजियम एंड लाइब्रेरी, नई दिल्ली, पृ. 274-75)।
15. स्टेनले वोलपर्ट, नेहरू, ए ट्रिस्ट विथ डेस्टिनी (ऑक्सफोर्ड युनिवर्सिटी प्रेस, न्यूयॉर्क, 1996, पृ. 435)।
16. यू एस एफ आर, 1948, खंड-V, पृ. 356।
17. कॉरबेल, पूर्व में उद्धृत, पृ. 124।
18. वही, पृ. 131।
19. लार्स ब्लिंकनबर्ग, इंडिया एंड पाकिस्तान, द हिस्ट्री ऑफ द अनसॉल्व्ड कॉनफ्लिक्ट्स, खंड-1 (ओडेन्स युनविर्सिटी प्रेस, ओडेन्स, डेनमार्क, 1998, पृ. 116)।
20. वही।
21. यू एस एफ आर 1948, खंड-VII, पृ. 729-30, सेक्रेटरी ऑफ स्टेट के टिहवा में अमेरिकी प्रतिनिधि (जॉन हाल पैक्सटन)।
22. कॉरबेल में उल्लेखित, पृ. 138-39।
23. पूर्व में उल्लेखित, वी.पी. मेनन, पृ. 394।
24. एच वी हॉडसन, द ग्रेट डिवाइड : ब्रिटेन-इंडिया-पाकिस्तान (ऑक्सफोर्ड युनिवर्सिटी प्रेस संस्करण, दिल्ली, 2000, पृ. 442)।
25. जिन्ना के साथ माउंटबेटन की बातचीत की रिपोर्ट, 1 नवम्बर 1947, सरदार पटेल्स कॉरेस्पोंडेंस, खंड-X, (नेहरू मेमोरियल म्यूजियम एड लाइब्रेरी, नई दिल्ली)।
26. कर्ण सिंह, हेयर अपारेन्ट (ऑक्सफोर्ड युनिवर्सिटी प्रेस, दिल्ली, 1982, पृ. 47-48)।
27. फिलिप जिगलर, माउंटबेटन (कॉलिन्स, लन्दन, 1985, पृ. 445)।
28. वी.पी मेनन, पूर्व में उद्धृत, पृ. 395।
29. रिपोर्ट ऑन 'द लास्ट वाइसरॉयल्टी' पार्ट-ई, पैरा 69 (ओ आई सी, ब्रिटिश लाइब्रेरी, लन्दन)।

30. गवर्नर जनरल का साक्षात्कार नं. 17, 10 अक्टूबर 1947, ब्राडलैण्ड अभिलेखागार (बी.ए.) युनिवर्सिटी ऑफ साउथम्पटन, डी 74।
31. फाइल एल/पी एंड एस/13/1226 डब्ल्यू पी वेव्स की रिपोर्ट (ओ आई सी, ब्रिटिश लाइब्रेरी, लन्दन)।
32. एच वी हॉडसन, पूर्व में उल्लेखित, पृ. 446।
33. फाइल एल/पी एंड एस/13/1226 डब्ल्यू पी वेव्स की रिपोर्ट (ओ आई सी, ब्रिटिश लाइब्रेरी, लन्दन)।
34. फाइल एल/पी एंड एस/13/1845 बी, जनरल विक्टर स्कॉट की रिपोर्ट (ओ आई सी, ब्रिटिश लाइब्रेरी, लन्दन)।
35. लार्स ब्लिंकनबर्ग, पूर्व में उल्लेखित, पृ. 76।
36. सरदार पटेल्स कॉरेस्पोंडेंस, खंड-X, (नेहरू ममोरियल म्यूजियम एंड लाइब्रेरी, नई दिल्ली, पृ. 49-50)।
37. वही, पृ. 42।
38. मेजर जनरल अकबरखान, रेडर्स इन कश्मीर (आर्मी पब्लिशर्स, कराची, 1992 संस्करण, पृ. 33)।
39. एलन कैम्पबेल-जॉनसन, मिशन विद माउंटबेटन (न्यू एज पब्लिशर्स, दिल्ली, 1994, पृ. 230)।
40. मेजर जनरल अकबर खान, पूर्व में उद्धृत, पृ. 68।
41. वही, पृ. 191।
42. वी. पी. मेनन, पूर्व में उद्धृत, पृ. 413।
43. शासक को गवर्नर जनरल की व्यक्तिगत रिपोर्ट, 7 नवम्बर 1947, पैरा 28 (15 अगस्त 1947 से जून 1948 तक की बाकी व्यक्तिगत रिपोर्ट जारी नहीं हुई हैं)।
44. वही, पैरा 30।
45. जम्मू-कश्मीर पर भारत सरकार का श्वेतपत्र, मार्च 1948, पृ. 47-48, लार्स ब्लिंकनबर्ग में उल्लेखित, पृ. 78।
46. एम बी आई/जी 25, बी ए, यूनिवर्सिटी ऑफ साउथम्पटन।
47. फाइल एल/पी एंड एस/136/1845-46 (ओ आई सी, ब्रिटिश लाइब्रेरी, लन्दन) दासगुप्ता में उल्लेखित, पृ. 59।
48. वही, दासगुप्ता में उल्लेखित, पृ. 56।
49. वही, दासगुप्ता में उल्लेखित, पृ. 59।
50. फाइल एल/पी एंड एस/136/1845-46, एटली का लियाकत अली खाँ को सन्देश, 29 अक्टूबर 1947 (ओ आई सी, ब्रिटिश लाइब्रेरी, लन्दन) दासगुप्ता में उद्धृत, पृ. 60।
51. सरदार पटेल्स कॉरेस्पोंडेंस, खंड-X, (नेहरू मेमोरियल म्यूजियम एंड लाइब्रेरी, नई दिल्ली, पृ. 81)।
52. माउंटबेटन की निजी रिपोर्ट, 7 सितम्बर 1947, पैरा 63।

53. फाइल एल/डब्ल्यू एस/1/1139, उच्चायुक्त का सी आर ओ को भेजा गया तार, 28 नवम्बर 1947 (ओ आई सी, ब्रिटिश लाइब्रेरी, लन्दन) दासगुप्ता में पूर्व में उद्धृत, पृ. 68।
54. जिगलर, पूर्व में उद्धृत, पृ. 461।
55. वही।
56. एलस्टर लैम्ब, इन्कम्पलीट, पार्टीशन, पृ. 242।
57. दासगुप्ता, पूर्व में उद्धृत, पृ. 109।
58. एच. वी हॉडसन, पूर्व में उद्धृत, पृ. 403।
59. ब्रिगेडियर सी. बी. खाण्डूरी, फील्ड मार्शल करिअप्पा : हिज लाइफ एंड टाइम्स (लान्सर, नई दिल्ली, 1995, पृ. 165-66)।
60. फाइल एल/डब्ल्यू एस/1/1141, ग्रैफिटी स्मिथ का सी आर ओ को सन्देश, तार नं. 294, 26 मार्च 1948/ 1 अप्रैल 1948 (ओ आई सी, ब्रिटिश लाइब्रेरी, लन्दन) दासगुप्ता में पूर्व में उद्धृत, पृ. 138-39।
61. लैरी कॉलिन्स एंड डामिनिक लैपियर, फ्रीडम एट मिडनाइट (विकास पब्लिशिंग हाउस, नई दिल्ली, 1976, पृ. 292-94)।
62. फाइल एल/डब्ल्यू एस/1/1142, टेरेन्स शोन का सी आर ओ को सन्देश, 14 मई 1948 (ओ आई सी, ब्रिटिश लाइब्रेरी, लन्दन) दासगुप्ता में उद्धृत, पृ. 144।
63. यू.एस.एफ आर 1948, खंड-V, पृ. 340-41।

कश्मीर संयुक्त राष्ट्रसंघ में

20वीं शताब्दी के शुरुआती वर्षों में हिन्दू धर्म के अनुयायियों के लिए विदेश यात्रा से लौटने पर शुद्धीकरण के लिए गंगा में डुबकी लेना अनिवार्य था।* यदि बाहरी दुनिया से सम्पर्क इस सीमा तक निषिद्ध था, तो उनसे यह उम्मीद कैसे की जा सकती थी कि वे विदेशियों के बारे में, उनकी रीति-रिवाजों, संस्कृति, उनकी राजनीतिक स्थिति, सोच, उनकी खूबियों और कमियों के बारे में जानकारी रखते हैं। 19वीं शताब्दी में एक अंग्रेज पर्यवेक्षक ने हिन्दुओं के चरित्र को "उद्दंडता, राजनीतिक अज्ञानता, अनुचित उदारता का सम्मिश्रण...और जहाँ तक राजनीति का प्रश्न है नौसिखिया और अपनी स्वतन्त्रता के संरक्षण के लिए अयोग्य बताया था।"[1]

इस परिप्रेक्ष्य में वे भारतीय जिन्होंने इस्लाम धर्म ग्रहण कर लिया था उनका मानस धीरे-धीरे परिवर्तित हो गया था। इस्लाम सार्वभौमिक धर्म है जिसका दृष्टिकोण वैश्विक है। प्रत्येक देश हमारा है क्योंकि यह अल्लाह का देश है। यहाँ तक कि भारत के एक ग्रामीण मुस्लिम को भी मक्का-मदीना के अलावा येरूशलम, इस्ताम्बूल, बगदाद, बुखारा और यहाँ तक कि कोरदोबा की जानकारी थी। भारतीय मुसलमान भले ही कितने ही इस्लाम केन्द्रित हों, उनकी सोच कितनी ही संकुचित क्यों न हो, वे कहीं ज्यादा विश्व समुदाय के नागरिक थे, बनिस्बत हिन्दू मतावलम्बियों के।

भारतीय राष्ट्रीय आन्दोलन के अधिकांश नेता पुरातनपन्थी सोच के शिकार थे। स्वतन्त्रता संग्राम के दौरान वे वैदेशिक सम्बन्धों के बारे में ज्यादा ध्यान नहीं दे रहे थे और न ही वे इस बारे में सोचते थे कि स्वतन्त्रता प्राप्ति के पश्चात् प्रतिरक्षा को कैसे संगठित किया जाएगा। वे पूर्वाग्रहों से ग्रस्त थे। विश्व राजनीति में शक्ति की वास्तविकताओं की ओर ध्यान नहीं देते थे। जहाँ तक अन्तर्राष्ट्रीय

* लन्दन में सन् 1931 में प्रथम गोलमेज सम्मेलन से भाग लेकर वापस लौटने पर मेरे पिता ने गंगा में डुबकी लगाने की अपेक्षा शरीर पर गंगाजल की कुछ बूँदें छिड़कवा ली थीं। यह इस प्रथा के धीरे-धीरे समाप्त होने का संकेत था।

राजनीति का प्रश्न है, वे वास्तव में नौसिखिए थे। हालाँकि इसके कुछ अपवाद भी थे। जवाहरलाल नेहरू ऐसे ही चन्द नेताओं में से एक थे जिनकी अन्तर्राष्ट्रीय मामलों में गहरी रुचि थी। वह अन्तर्राष्ट्रीय नेताओं के सम्पर्क में थे। हालाँकि संयुक्त राष्ट्रसंघ की सुरक्षा परिषद् किस तरह काम करती है इस मामले में वह अज्ञानी ही सिद्ध हुए क्योंकि उन्हें ज्ञान नहीं था कि इसके सदस्य शक्ति के दबावों के हिसाब से और अपने राष्ट्रों के हितों में काम करते हैं बनिस्बत संयुक्त राष्ट्र के चार्टर में उल्लेखित उच्च आदर्शों और सिद्धान्तों के।

गवर्नर जनरल के प्रेस अटैची और उनके विश्वस्त एलन कैम्पवेल जॉनसन ने 90 के दशक में मुझे बताया कि माउंटबेटन ने नेहरू पर कश्मीर मसले को संयुक्त राष्ट्र संघ में ले जाने के लिए दबाव डाला था यदि भारत पाकिस्तान के मध्य युद्ध छिड़ जाए तो उसके अन्तर्राष्ट्रीय परिणामों के प्रति वे बेहद चिन्तित थे। अपनी पुस्तक में ऐलन कैम्पवेल जॉनसन ने लिखा है–

> जब से माउंटबेटन 'लन्दन से' दिल्ली लौटे थे। वह गांधीजी और वी. पी. मेनन से मिले थे। ये दोनों मामले को संयुक्त राष्ट्र में ले जाने के पक्षधर थे और आज '11 नवम्बर 1947' उनकी नेहरू से आगे और बात हुई जिनका दृष्टिकोण इस विचार के प्रति पहले की अपेक्षा अब कहीं ज्यादा उदासीन था 'तीन दिन पहले यहाँ नेहरू लियाकत अली खान की बैठक की तुलना में'[2]। इससे पहले सितम्बर 1947 में गांधीजी ने माउंटबेटन के समक्ष यह सुझाव रखा था कि एटली से पंजाब की स्थिति को देखते हुए मध्यस्थता के लिए भारत और पाकिस्तान के मध्य टकराव को टालने की विनती की जाए। गांधीजी चाहते थे कि अपने अनुभवों के आधार पर एटली यह सुनिश्चत करें कि भारत व पाकिस्तान में से कौन गलती पर है और जिसे वह गलती पर पाएँ उस देश से अंग्रेज अफसरों को हटा लें।[3]

एटली ने इस विनती को यह कहकर टाल दिया और गांधीजी को बताया कि "जब राजनीतिक आपदा घटती है तो ऐसा कभी-कभार होता है कि उन सभी घटनाओं के लिए बिना एक भी शंका उठाए पूरी तरह एक पक्ष पर आरोप लगाया जा सके।"[4] गांधीजी को इससे गहरी निराशा हुई।* कुछ समय बाद माउंटबेटन ने उन्हें यह लिख भेजा कि "इसका एक विकल्प यह भी हो सकता है कि संयुक्त

---

* गांधीजी के इस प्रस्ताव पर माउंटबेटन की खुद की प्रतिक्रया (जो उन्होंने लॉर्ड इस्मे को लिखे पत्र में प्रकट की थी) इस प्रकार थी : "वह शायद इस तथ्य से अनभिज्ञ हैं कि यदि हम पाकिस्तान को कॉमनवेल्थ से खदेड़ देते है तो रूस इस मामले में हस्तक्षेप करेगा और यदि हम भारत को इससे बाहर कर देगें तो अमेरिका इसमें दखल दे सकता है।"

राष्ट्र से इसकी जाँच करने के लिए कहा जाए और पाकिस्तान को इस बात के लिए सहमत करने में आप को कोई कठिनाई नहीं होगी। गांधीजी के उपरोक्त सुझाव से और कुछ नहीं मिला सिवाय इसके कि संयुक्त राष्ट्र का नाम आगे आ गया।"

माउंटबेटन और बल्लभभाई पटेल ने भारत के बँटवारे और भारतीय डोमिनियन में रियासतों के विलयनीकरण के मसले पर साथ-साथ काम किया था किन्तु आज़ादी के बाद से।

नेहरू की तुलना में उन्हें पटेल कम वश में लगते थे। नेहरू और पटेल के मध्य बढ़ती दरार से माउंटबेटन वाकिफ थे। जब नेहरू ने अगस्त 1947 में उन्हें स्वतन्त्र भारत के पहले मन्त्रिमंडल की सूची सौंपी तब एच. वी. हॉडसन के अनुसार उसमें पटेल का नाम नहीं था। यह माउंटबेटन ही थे जिन्होंने वी.पी. मेनन के कहने से नेहरू को पटेल का नाम मन्त्रिमंडल में शामिल करने के लिए कहा था। वी. पी. मेनन का मानना था, कि कांग्रेस कार्यकारिणी में दोनों के खुले मुकाबले में नेहरू हार सकते हैं।*[5] पटेल को लेकर नेहरू की खास आशंका यह थी कि वह समाजवादी अर्थव्यवस्था का विरोध करेगें।** और नेहरू सर्वेसर्वा रहना चाहते थे।

माउंटबेटन और गांधीजी के मध्य बातचीत रिकार्डों से इसका सार मिलता है इन रिकार्डों से भारतीय नेताओं के मध्य बढ़ती दरारें स्पष्ट होती है। स्वाभाविक ही इसका परिणाम भारत द्वारा जम्मू-कश्मीर के मामले में निपटारे पर पड़ा होगा। 16 सितम्बर 1947 को माउंटबेटन और गांधी ने साम्प्रदायिक स्थिति के बारे में बातचीत की। माउंटबेटन ने इसे दर्ज करते हुए लिखा–

> मैंने मिस्टर गांधी से कहा कि लोगों को उपदेश देने का फायदा तब तक नहीं होगा जब तक कि नेताओं की सोच न बदली जाए। मैंने उनसे आग्रह किया कि वह अपनी पूरी ऊर्जा नेताओं को, विशेषकर उप प्रधानमन्त्री 'पटेल' को ठीक करने में लगाएँ–मिस्टर गांधी ने कहा कि वह मेरे द्वारा कहे गए हर एक

---

* एस. गोपाल ने 'नेहरू' खंड एक में (ऑक्सफोर्ड यूनिवर्सिटी प्रेस दिल्ली, 2003, पेज 361) इसे एक बेहूदी कहानी बताया है किन्तु हॉडसन अपने शोध के मामले में अत्यधिक सावधान थे और 60 के दशक में अपनी पुस्तक 'द ग्रेट डिवाइड' लिखते समय उनकी पहुँच माउंटबेटन तक थी। हॉडसन कहते हैं कि शायद महात्मा चाहते थे कि पटेल पुर्नगठित कांग्रेस का नेतृत्व करें जिसकी योजना वह उस समय बना रहे थे।

** पटेल का मानना था कि सरकार राष्ट्रीयकृत उद्योगों को चलाने के लिए पर्याप्त संख्या में प्रशिक्षित और जानकार प्रशासक निर्मित नहीं कर पाएगी। सरकार, ऋण लेने के लिए यदि साख नहीं बन पाती है तो तो इतनी बड़ी योजनाओं को पैसा नहीं दे सकती। 'माउंटबेटन एंड इंडिपेंडेंट इंडिया' विकास पब्लिकेशंस हाउस, नई दिल्ली, 1985, पेज 113।

शब्द से पूरी तरह सहमत हैं और वह यह जानते हैं किन्तु वह यह देखना चाहते थे कि मैंने स्थिति की कितनी सही जानकारी ली है। उन्होंने (गांधी जी ने) वादा किया कि वह अपनी पूरी कोशिश करेंगे और इस मामले में मेरे नाम का कभी जिक्र भी नहीं करेंगे या यह भी ज्ञात नहीं होने देंगे कि इस बारे में हमारी कोई बात भी हुई है।[7]

पाकिस्तान द्वारा अक्टूबर 1947 में जम्मू-कश्मीर पर आक्रमण के बाद माउंटबेटन ने नेहरू की जिन्ना से भेंट के लिए लाहौर उड़ान भरने की व्यवस्था की थी। नेहरू ने इसे टाल दिया। माउंटबेटन ने गांधीजी से 29 अक्टूबर 1947 को पूछा कि ऐसा क्यों है कि सरदार पटेल और शेष भारतीय मन्त्रिमंडल गवर्नर जनरल और पंडित नेहरू के लाहौर जाने के खिलाफ है। लॉर्ड इस्मे जो उपस्थित थे ने इस बात को रिकॉर्ड किया है।

> मिस्टर गांधी ने जबाब दिया न जाने के लिए बहाना बनाना 'नेहरू' उनकी गलत बात है—जब माउंटबेटन ने फिर जोर देकर उनसे अपने इस सवाल का जवाब माँगा कि भारतीय मन्त्रिमंडल नेहरू के लाहौर जाने के विरुद्ध क्यों है। तब मिस्टर गांधी ने कुछ संकोच के साथ कहा प्रधानमन्त्री के अलावा पूरा मन्त्रिमंडल और सरदार पटेल इस बात को कभी नहीं भुला सकते कि वे इतने लम्बे समय से उपेक्षित रहे हैं। न ही वे अपने दिमाग को इस शंका से मुक्त कर पा रहे हैं कि भारत में मौजूद सभी अंग्रेज, जिसमें फील्ड मार्शल ऑकिनलेक और 'यह कुछ अधिक ही संकोच के साथ कहा' लॉर्ड इस्मे भी शामिल हैं जो कि हिन्दुओं के विरोधी और मुसलमानों के पक्षधर हैं। यह किसी भी तरह से लॉर्ड माउंटबेटन पर लागू नहीं होता जिन्हें सरदार पटेल तथा शायद सभी का विश्वास प्राप्त है। जब आगे यह पूछा गया कि पाकिस्तान समर्थक होने का यह आक्षेप गवर्नर जनरल के लाहौर जाने के प्रश्न से कैसे जुड़ा है, तब मिस्टर गांधी ने कहा उस यात्रा से मि. जिन्ना की प्रतिष्ठा बढ़ेगी। इस कारण लॉर्ड माउंटबेटन के ब्रिटिश सलाहकार उन्हें यह सलाह दे रहे हैं।[8]*

---

* माउंटबेटन ने ठीक यही सवाल सरदार पटेल के सामने रखा "मैंने तब पूछा कि मेरा लाहौर जाना किस तरह हानिकारक है। पटेल ने जवाब दिया कि मुझे यह नहीं भूलना चाहिए कि भारत के संवैधानिक प्रतिनिधि के तौर पर वहाँ आपको आमन्त्रित किया है। इस कारण मैं 'माउंटबेटन' राष्ट्र की प्रतिष्ठा का प्रतिनिधित्व करता हूँ और एक अंग्रेज होने के नाते मुझे अत्यधिक सतर्क रहना चाहिए कि मैं मन्त्रिमंडल की सलाह के विरुद्ध कोई भी असंवैधानिक कार्य न करूँ जो कि मेरे पाकिस्तान जाने के सख्त खिलाफ है और उस पर पूरा मन्त्रिमंडल एकमत है।"

इस समय एक और समस्या थी जिस पर ब्रिटिश नीति और पटेल के मध्य टकराव था। यह समस्या अविभाजित भारत की सम्पत्ति के दोनों डोमिनियनों के मध्य बँटवारे से सम्बन्धित थी। उस मुद्‌दे की जड़ पाकिस्तान को हस्तान्तरित की जाने वाली दूसरी किस्त की 550 करोड़ 'आज के आधा अरब' अमेरिकी डालर के बराबर की राशि थी। तब तक सिर्फ 200 करोड़ की पहली किस्त ही हस्तान्तरित हुई थी।

नेहरू ने सी. राजगोपालाचार्य से 26 अक्टूबर 1947 को कहा था।* "जब तक कश्मीर का मसला हल नहीं हो जाता तब तक यह रकम अदा करना मूर्खता होगी।"[9] हालाँकि माउंटबेटन जानते थे कि यह सरदार पटेल हैं जो बाकी मन्त्रियों को हस्तान्तरण के मामले में अड़ने के लिए प्रभावित कर रहे हैं। कैम्पबेल जॉनसन के अनुसार दिल्ली में उस बात से इनकार था कि "हम उन्हें पैसा क्यों दें। हथियार खरीदने के लिए, जिससे वह हमारे सैनिकों को मार सकें।"[10] पाकिस्तान में नगद पैसों का अभाव था और पाकिस्तानी एक महीने पहले ही हैदराबाद के निजाम से 20 करोड़ का ऋण ले चुके थे।**

भुगतान में विलम्ब भारतीयों के लिए कश्मीर में पाकिस्तान को रोकने का एक युद्धोत्तर तरीका था। दूसरा मत यह था कि आज़ादी से पहले जो समझौता हो चुका था, कश्मीर में लड़ाई के बावजूद इसका सम्मान होना ही चाहिए।

माउंटबेटन ने दर्ज किया है कि उन्होंने पाकिस्तान के दावे की वैधता से गांधीजी को किस तरह सहमत करवाया–

> मैंने उन्हें कहा मैं इसे 'भुगतान न करना' अविवेकी और गैर राजनीतिक तरह का मानता हूँ और यह भी कि यह एकमात्र ऐसा भारत सरकार द्वारा जानबूझकर उठाया जा रहा ऐसा कदम है जो मेरी जानकारी में है और इसे में असम्माननीय मानता हूँ। महात्मा ने अफसोस प्रकट किया कि पहले वह इस कानून का महत्त्व नहीं मानते थे जिससे वह इस दिशा में कोई कदम उठा सकते। मैंने उनसे एक निवेदन किया कि वह यह स्पष्ट कर दें कि बात

---

* दक्षिण भारत के एक प्रमुख कांग्रेसी नेता सी. राजगोपालाचार्य माउंटबेटन के पश्चात् भारत के गवर्नर जनरल बने।

** इस तंग हाली के बावजूद जिन्ना 6 हजार डालर की 'केवर्न ग्रीन' कैडलेक सुपर लिमोसिन और एक बाइकर्स आर्म स्ट्रांग वायुयान जिसकी कीमत के स्थान पर लिखा गया था कि 'सही कीमत दर्शाई नहीं गई' बी 23 वायुयान के मुकाबले इसकी कीमत गैर वाजिब नहीं है। 'बी 23 वायुयान की कीमत एक लाख 50 हजार पांड थी जिसे जिन्ना खरीदना चाहते थे' यह कीमतें 1947 की हैं। आज के हिसाब से कीमत आँकना चाहे तो इसमें 50 का गुणा कर लें।[11]

उन्होंने छेड़ी थी और इस पर मेरी राय माँगी थी न कि मैंने सरकार पर दबाव डालने की कोशिश की। उन्होंने तुरन्त इसपर सहमति दे दी और अन्य तथ्यों के बारे में पूछा कि महात्मा की राय थी कि भारत के लिए एकमात्र सम्माननीय तरीका यही है कि वह तुरन्त एकमुश्त 55 करोड़ का भुगतान कर दे और उन्होंने कहा कि वह इस सम्बन्ध में प्रधानमन्त्री, उप प्रधानमन्त्री और अन्य सम्बन्धित मन्त्रियों से बात करेंगे। एक बार मेरा अनशन शुरू हो जाए तो वे मुझे मना नहीं करेंगे।[12]

रक्षा मन्त्री सरदार बलदेव सिंह ने 23 जनवरी 1948 को माउंटबेटन को कहा : "गांधीजी के उपवास का एकमात्र कारण भारत सरकार पर पाकिस्तान को 55 करोड़ हस्तान्तरित करने के लिए दबाव डालना था।"[13] वास्तव में गांधीजी की जान बचाने के लिए भारतीय मन्त्रिमंडल के सदस्यों ने उचित निर्णय के विपरीत यह भुगतान किया। यही भुगतान थोड़े ही समय में गांधी की हत्या के लिए भी जिम्मेदार बना। पटेल के प्रति माउंटबेटन की बढ़ती सतर्कता के बावजूद दोनों के सम्बन्धों पर इसका प्रभाव नहीं पड़ा। माउंटबेटन ने 4 अक्टूबर 1947 की इस्मे को लिखा : "पटेल के साथ मेरी लम्बी बातचीत हुई। 'विषय पाकिस्तान था' माउंटबेटन ने और लिखा उन्होंने पहली बार नेहरू पर भी हमला करते हुए कहा कि मुझे अफसोस है कि हमारे नेता अपने ऊँचे इरादों की हवा में उड़ कर रहे हैं और उनका हकीकत से या जमीन से कोई सम्बन्ध नहीं रह गया है।"[14]

यह गुस्सा शायद पटेल के नेहरू के प्रति कुंठा का नतीजा था जब नेहरू ने कश्मीर के महाराजा के भारत में विलय को स्वीकारने में तब तक इनकार किया जब तक कि वहाँ शेख अब्दुल्ला के नेतृत्व में सरकार नहीं बन जाती। न तो पटेल ने और न ही नेहरू ने महाराजा से उनके वास्तविक सम्पर्क के बारे में माउंटबेटन को विश्वास में लिया। जम्मू-कश्मीर के मामले को भारत द्वारा संयुक्त राष्ट्र के सम्मुख रखने का मामला 1947 के दिसम्बर के मध्य तक गम्भीर विचार का विषय बन गया। जब नेहरू और लियाकत अली खान के बीच मध्यस्थता के माउंटबेटन के प्रयास असफल हो गए और युद्ध तेज हो गया। 20 दिसम्बर 1947 को भारतीय रक्षा समिति की बैठक में नेहरू ने आक्रमणकारियों के शिविरों और पाकिस्तान के अन्दर संचार की लाइनों पर हमले की बात कही। माउंटबेटन ने तुरन्त हस्तक्षेप करते हुए सुझाव दिया कि मामला संयुक्त राष्ट्र के सम्मुख रखा जाए जैसा 12वें अध्याय में जिक्र किया गया है। उन्होंने जोर दिया कि "भारत का मामला एक परीक्षण की तरह होगा।" 22 दिसम्बर 1947 को नेहरू ने लियाकत अली खान

को एक चिट्‌ठी लिखकर औपचारिक तौर पर पाकिस्तान की सरकार से कहा कि 'वह आक्रान्ताओं की मदद करना बन्द कर दें'।[15] इस पत्र ने लन्दन में गम्भीर चिन्ता उत्पन्न कर दी। यदि दोनों डोमिनियनों के मध्य युद्ध शुरू हो जाता है तो ब्रिटेन की भारत-पाक सेनाओं में कार्यरत अधिकारियों को मजबूरन वापस बुलाना पड़ेगा। साथ ही माउंटबेटन के भारत में टिकने पर भी प्रश्न चिह्न लग जाएगा। पाकिस्तान में उच्च पदों पर आसीन 500 ब्रिटिश अधिकारियों की विदाई से तो पाकिस्तानी सेना पंगु हो जाएगी, भारत की सेना पर से तीन ब्रिटिश सेनाध्यक्षों का नियन्त्रण भी हट जाएगा।

क्रिसमस के दिन माउंटबेटन ने नेहरू को एक लम्बा पत्र लिखा उन्होंने कहा कि यह घातक भ्रम है कि भारत पाकिस्तान के मध्य युद्ध सिर्फ इस उपमहाद्वीप तक सीमित रहेगा या तुरन्त भारत के पक्ष में बिना किसी और परेशानी के खत्म हो जाएगा। बड़ी धूर्तता के साथ उन्होंने आगे लिखा पाकिस्तान से युद्ध में उलझने से नेहरू की पूरी स्वतन्त्रत विदेश नीति और प्रगतिशील समाजवादी आकांक्षा खत्म हो जाएगी।[16] नेहरू का जवाब इस तरह था : "अन्तर्राष्ट्रीय नियमों के तहत हम आत्मरक्षार्थ हमले को रोकने के लिए कोई भी सैनिक कदम उठा सकते हैं जिससे हमारी सेनाओं को पाकिस्तान के अन्दर कश्मीर सीमा पर स्थापित अड्डों पर हमले के लिए भेजना भी शामिल है।"[17]

बावजूद इस दृढ़ उत्तर के भारतीय प्रधानमन्त्री ने अपने जवाब के निष्कर्ष में मान लिया कि मामला संयुक्त राष्ट्र को भेजा जाए साथ ही यह भी जोड़ दिया कि यदि पाकिस्तान पीछे हटने से इनकार करता है तो पाकिस्तान की सीमा में प्रवेश के लिए साथ-साथ तैयारी की जाए। इसी बीच एटली ने भी नेहरू को लिखा–

> मैं आपकी इस मान्यता से अत्यधिक परेशान हूँ कि भारत अन्तर्राष्ट्रीय कानून के तहत अपने अधिकार से आत्मरक्षार्थ पाकिस्तान में सेना भेज सकता है। मुझे लगता है कि आप यह निष्कर्ष निकालने में कुछ ज्यादा ही आशावादी हैं कि आपकी प्रस्तावित सैनिक कार्यवाही से कोई त्वरित हल निकल आएगा।[18]

जब भारतीय मन्त्रिमंडल ने संयुक्त राष्ट्र में पाकिस्तानी आक्रमण की शिकायत करने पर सहमति दी तब उन्हें यह लग रहा था कि यह आक्रमणकारियों के अड्डों की ओर बढ़ने का शुरुआती चरण है, यदि वह जल्दी ही पीछे नहीं हटते हैं हालाँकि हकीकत यह है कि संयुक्त राष्ट्र में 1 जनवरी 1948 को शिकायत दर्ज करने के बावजूद भारत के सेनाध्यक्ष ने अभियान के लिए कोई

सैनिक तैयारियाँ नहीं की थीं। कुछ ही दिनों पूर्व 29 सितम्बर 1947 को नेहरू ने पटेल को लिखा–

> युद्ध के जिन परिणामों पर विचार किया जाना चाहिए उनमें सेना के ब्रिटिश अधिकारियों पर प्रभाव पड़ने की सम्भावना और गवर्नर जनरल की प्रतिक्रिया भी शामिल है। 'अर्थात् वह भारत छोड़ने का निर्णय ले सकते हैं'।[19]

इससे समझ में आता है कि उपरोक्त तथ्यों ने भारतीय प्रधानमन्त्री के दिमाग पर प्रभाव डालना शुरू कर दिया था। क्या माउंटबेटन के चले जाने की सम्भावना ने उनकी सैनिक कार्यवाही को प्रभावित किया। ठीक इसी दिन अर्थात् 19 सितम्बर 1947 को लन्दन स्थित कॉमनवेल्थ रिलेशन ऑफ स्टेट के सर पॉल पैट्रिक ने ब्रिटेन के लिए अमरीकी अधिकारी को बुला भेजा और उनको नेहरू द्वारा लियाकत अली को लिखा गया पत्र '22 दिसम्बर 1947 को लिखा गया था' दिखाया। अमरीकी अधिकारी ने वाशिंगटन को लिख भेजा कि पैट्रिक ने हालात का विवरण इस प्रकार दिया है–

> अन्तिम चेतावनी–जिसकी गम्भीरता की अतिशयोक्ति नहीं हो सकती। भारत पाकिस्तान पर आक्रमण करने वाला है साथ ही उसने सुरक्षा परिषद् में शिकायत भी दर्ज की है। भारत सरकार नेहरू के ब्राह्मणवादी तर्क से अविवेकी मार्ग पर जा रही है जो तर्क देते हैं कि कश्मीर अब भारत सरकार से सम्बन्धित है इस कारण अब यह भारत का हिस्सा है।[20]

दूसरे दिन '30 सितम्बर' अमरीकी अधिकारी को फिर कॉमनवेल्थ रिलेशन कार्यालय में बुलाया गया। कॉमनवेल्थ रिलेशन आफिस के स्थायी अवर सचिव सर आर्चीवाल्ड कार्टर ने पैट्रिक के साथ उसका स्वागत किया। कार्टर ने कहा–

> प्रधानमन्त्री 'एटली' इस बात से बेहद विचलित हैं कि भारत सरकार आत्म रक्षा में पाकिस्तान के अन्दर सेना भेज सकती है और यह अन्तर्राष्ट्रीय कानून के मुताबिक उसका अधिकार है। प्रधानमन्त्री की शंका है कि यह कानून सही भी है या नहीं और उन्हें डर है कि यह हर एक दृष्टि से घातक होगा। इसके बाद कार्टर और पैट्रिक काम की बात पर आ गए। उन्होंने पूछा कि क्या अमरीकी सरकार दिल्ली स्थित अमरीकी दूतावास को निर्देश देने के लिए तैयार है कि वह तुरन्त नेहरू से मिलें और नेहरू एटली बातचीत का सन्दर्भ दिये बिना उन्हें सलाह दें कि बिना सोचे समझे ऐसा कोई कदम न उठाएँ 'अर्थात् पाकिस्तान की सीमा में घुसकर उस पर आक्रमण करने का जिससे भारत के मसले पर विश्व जनमत उनके विरुद्ध हो जाए।[21]

अमरीकी अधिकारी ने पूछा कि मामले को सुरक्षा परिषद् में ले जाने के अलावा कोई और रास्ता है क्या? अंग्रेज सज्जनों ने उत्तर दिया 'नहीं'।

ब्रिटिश कूटनीति को पहली सफलता मिली हालाँकि वह आंशिक ही थी, जब अगले दिन '31 सितम्बर' अमरीकी स्टेट डिपार्टमेंट ने नई दिल्ली स्थित अमेरिकी दूतावास को भारत को एक औपचारिक नोट भेजने के निर्देश दिए। इसी तरह कराची स्थित अमरीकी दूतावास को ऐसा ही एक नोट पाकिस्तान को देने के लिए कहा। दोनों एक जैसी सूचनाओं में कहा गया था कि भारत और पाकिस्तान दोनों गैर जिम्मेदार तत्वों को रोकें यह पाकिस्तान को लक्ष्य कर लिखा गया था और यह भी कि किसी भी सरकार द्वारा बिना सोचे समझे की गई कार्यवाही अन्तर्राष्ट्रीय सद्भावना और प्रतिष्ठा को गम्भीर नुकसान पहुँचाएगी। यह भारत की तरफ संकेत था।[22] अमरीका चूँकि ब्रिटेन के साथ सुव्यवस्थित ढंग से और शानदार जुगलबन्दी से 'डेनिस कुक्स' उक्त काम कर रहा था इस कारण इस समय वह दोनों देशों के मध्य अपनी तटस्थता बनाए रखना चाहता था। नए साल की शुरुआत '1948' में लॉर्ड इस्मे को नई दिल्ली से स्थानान्तरित कर कॉमनवेल्थ सेक्रेटरी नोएल बेकर के प्रमुख सलाहकार के रूप में नियुक्त किया गया जहाँ वह बेकर को संयुक्त राष्ट्रसंघ में कश्मीर के सम्बन्ध में मार्गदर्शन दे सकें। एटली को अपने पूर्ववर्ती विंस्टन चर्चिल की तरह ही इस्मे पर बड़ा भरोसा था। हम कश्मीर के सम्बन्ध में इस्मे के विचारों से तभी से परिचित हैं जब वह दिल्ली में थे। उनके विचार में अन्तर्राष्ट्रीय बिरादरी कश्मीर में पाकिस्तानी छापामारों की उपस्थिति को मान्यता दे। इस प्रकार राज्य में पाकिस्तान अपना अधिकार स्थापित कर सके। शेख अब्दुल्ला सरकार को हटाया जाए और संयुक्त राष्ट्र की निगरानी में जनमत संग्रह हो। बदले में भारतीय फौजें जम्मू के हिन्दू बाहुल्य क्षेत्र में वापस जाएँ और पाकिस्तान फौज को पश्चिमी और पूर्वी क्षेत्रों का नियन्त्रण सौंपा जाए और कश्मीर घाटी में तटस्थ फौज हो। 'तिब्बत की सीमा पर लद्दाख पर ध्यान ही नहीं दिया गया'। बड़े पैमाने पर इन्हीं प्रस्तावों को नोएल बेकर ने संयुक्त राष्ट्रसंघ में रखा। विदेशी मामलों के दमदार सेक्रेटरी ऑफ स्टेट अर्नेस्ट बेविन ने इस बीच एटली को सचेत किया कि हमें इस मामले में बड़ी सावधानी रखनी होगी कि पूरा इस्लामी विश्व हमारे खिलाफ एकजुट न हो जाए।[23]

जो दूसरे अधिकारी इस मामले में गहराई से जुड़े थे वह जनरल सर ज्योफ्री स्कून्स थे, वह नोएल बेकर के मुख्य कार्यालयीन अधिकारी थे। लॉर्ड इस्मे के साथ स्कून्स भी अपने प्रमुख के साथ न्यूयॉर्क गए। यहाँ याद दिलाया जाना चाहिए कि हम 12वें अध्याय में उनसे संक्षिप्त परिचय प्राप्त कर चुके हैं। जहाँ उन्होंने एक

धार्मिक इस्लामिक पाकिस्तान के विरुद्ध बहुधर्मी भारत के अस्तित्त्व के बने रहने पर आशंका प्रकट की थी। वह बड़े प्रभावशाली अधिकारी थे जो भारत सम्बन्धी बहसों के दौरान मन्त्रिमंडल की बैठकों में उपस्थित रहते थे। रेकार्ड बताते हैं कि 16 अक्टूबर 1947 को कॉमनवेल्थ रिलेशन ऑफिस द्वारा एक अति गोपनीय अनुशंसा तैयार की गई जिस पर स्कून्स के हस्ताक्षर थे। यह पाकिस्तान द्वारा जम्मू-कश्मीर पर हमले से ठीक एक हफ्ते पहले और कार्टर की कराची यात्रा के ठीक बाद किया गया था। कार्टर ने इस अनुशंसा की एक कापी इस्मे को दिल्ली भेजी।

यदि युद्ध शुरू होता है (यहाँ तक कि गांधीजी ने भी इस सम्भावना की ओर संकेत किया है) तो यह सम्भावना है कि यह भारत को संगठित कर देगा और पाकिस्तान का पतन हो जाएगा इससे पहले कि पाकिस्तान पूरी तरह खत्म हो सीमावर्ती अफगानिस्तान के कबीलाई इस संघर्ष में शामिल हो जाएँ और यह भी असम्भव नहीं है कि सोवियत रूस भी इसमें कोई भूमिका निभाए। पाकिस्तान के गायब होने का प्रभाव मध्य पूर्व पर अत्यन्त चिन्ताजनक होगा–इन दोनों ही परिस्थितियों में ब्रिटिश सरकार अपने लक्ष्यों को नहीं पा सकती।

इस खतरनाक और दुर्भाग्यशाली परिस्थिति का एक मूल कारण तो पाकिस्तान की कमजोरी जान पड़ता है। यह हमले के लिए आमन्त्रित करने वाला कारण है यदि पाकिस्तान शक्तिशाली होता या ऐसे संकेत भी दर्शाता तो उसके सम्भावित शत्रु किसी आक्रामक कार्यवाही के बारे में सोचते हुए झिझकते। इस कारण पहली समस्या तो यह दिखती है कि नव निर्मित पाकिस्तान को स्थिरता दी जाए जिससे इस खतरे के एक मूल कारण को या तो खत्म किया जा सके या फिर कम किया जा सके।

> अभी तक ब्रिटिश सरकार की नीति दोनों नए डोमिनियनों के प्रति पूरी तरह निष्पक्ष दृष्टिकोण अपनाने की रही है। क्या इससे लक्ष्य को हासिल किया जा सकता है? पूरी तरह निष्पक्ष दृष्टिकोण वाली नीति से एक सुस्पष्ट नीति की ओर किसी भी बदलाव के परिणामस्वरूप भारत कॉमनवेल्थ को छोड़ सकता है और यह अन्यथा भी सम्भव हो सकता है। यह निर्णय एक राजनीतिक मामला है।[24]

10 जनवरी की न्यूयॉर्क रवाना होने से पहले नोएल बेकर को एटली ने निम्नलिखित निर्देश दिए–

1. सुरक्षा परिषद् में आम बहस के माध्यम से पाकिस्तान पर आक्रमण न करने के लिए भारत पर दबाव बनाया जाए।

2. विधिक कार्यवाही के प्रति भारत की आस्था का लाभ उठाकर उसे सुरक्षा परिषद् की अनुशंसा को मानने के लिए तैयार किया जाए और
3. पाकिस्तान को यह न लगने दें कि ब्रिटिश उसके खिलाफ भारत का पक्ष ले रहा है।[25]

सुरक्षा परिषद् में इस पूरे मुद्दे पर विचार विमर्श को मोटे तौर पर चार हिस्सों में बाँटा जा सकता है–

पहला, पूर्व प्राध्यापक नोएल बेकर के नेतृत्व में दो ब्रितानवी जनरलों इस्मे और स्कून्स की संयुक्त राष्ट्र पर जोश भरी चढ़ाई जिसमें संयुक्त राष्ट्र में अमेरिकी सेनेटर वॉरेन आस्टिन भी जुड़ गए।

दूसरा, फरवरी 1948 को अमेरिकी सेक्रेटरी ऑफ स्टेट्स जॉर्ज मार्शल द्वारा वाशिंगटन में तथा एटली द्वारा लन्दन में अभियान की बागडोर कसने की कोशिश।

तीसरे चरण में भारत-पाकिस्तान के लिए संयुक्त राष्ट्रसंघ कमीशन का गठन था, जिसमें ब्रिटेन की भागीदारी नहीं थी। और अन्ततः संयुक्त राष्ट्र संघ कमीशन के अस्पष्ट से प्रस्तावों के आधार पर वर्ष के अन्त में युद्ध बन्द होना शामिल था।

दो सेनाध्यक्षों सहित नोएल बेकर न्यूयॉर्क जा पहुँचे जहाँ भारत द्वारा संयुक्त राष्ट्र में दाखिल की गई शिकायत का सामना उन्हें करना था। उनकी पहली मुलाकात सेनेटर आस्टिन से 8 जनवरी 1948 को हुई थी। उन्होंने आस्टिन को बताया कि संयुक्त राष्ट्र द्वारा एक दृढ़ और स्वरित निर्णय लिया जाना चाहिए और जनमत संग्रह के लिए सैनिक निगरानी की ज़रूरत है जिसके लिए पाकिस्तानी फौजें उपयुक्त होंगी क्योंकि कश्मीर में शान्ति से मुसलमानों की सुरक्षा की गारंटी होनी चाहिए। आस्टिन ने 8 जनवरी 1948 को अमेरिकी सेक्रेटरी ऑफ स्टेट को तार भेजा : "मेरे मुलाकातियों के मुताबिक सारा प्रकरण वहाँ से शुरू हुआ जब शासक 'हरि सिंह' के उकसाने पर मुसलमानों का नरसंहार हुआ।"[26]

10 जनवरी 1948 को प्रतिनिधिमंडल वाशिंगटन जा पहुँचा जहाँ नोएल बेकर और इस्मे, अंडर सेक्रेटरी ऑफ स्टेट रॉबर्ट लॉवेट से मिले। उन्होंने लॉवेट को सुझाव दिया कि निम्नलिखित बिन्दुओं के आधार पर संयुक्त राष्ट्र में इंग्लैण्ड और अमेरिका की संयुक्त पहल हो–

1. उत्तरी क्षेत्र में पाकिस्तान की फौजों का बढ़ना।
2. भारतीय फौजों की दक्षिण क्षेत्र में वापसी।

3. घाटी पर कश्मीर, भारत और पाकिस्तानी फौजों का संयुक्त कब्जा और
4. श्रीनगर में संयुक्त राष्ट्र संघ के कमीशन की तैनाती, जिसके सैनिक कमाण्डर द्वारा कश्मीर का आन्तरिक प्रशासन चलाया जाए। अर्थात् शेख अब्दुल्ला को हटाना।

नोएल बेकर ने लॉवेट को बताया कि "निष्पक्ष जनमत संग्रह में सम्भवतः कश्मीर पाकिस्तान को चला जाएगा।" लॉवेट सचेत थे। उन्होंने कहा कि इस समय दोनों पक्षों को सैनिक कार्यवाही करने से रोकना पर्याप्त होगा और दोनों द्वारा जनमत संग्रह कराने की बात जल्दी से पुख्ता करा ली जाए और इस वास्ते एक कमीशन भी स्थापित हो।[27]

जनवरी 1948 में सुरक्षा परिषद् में पाकिस्तान को समर्थन मुख्यतः ब्रिटेन के इस प्रचार के कारण मिला कि कश्मीर की 77 प्रतिशत आबादी मुसलमान है और इस कारण स्वाभाविक तौर पर जम्मू और कश्मीर पाकिस्तान को ही जाना चाहिए। सुरक्षा परिषद् के पश्चिमी सदस्यों ने पूर्व औपनिवेशिक सत्ताधारियों की बात को पर्याप्त महत्त्व दिया।

सुरक्षा परिषद् में भारतीय प्रतिनिधि का प्रदर्शन

अमेरिका और रूस के अलावा चीन 'राष्ट्रवादी' ब्रिटेन और फ्रांस सुरक्षा परिषद् के स्थायी सदस्य थे जिन्हें वीटो का अधिकार था। सन् 1948 में इसके अस्थायी सदस्यों में अर्जेंटीना, बेल्जियम, कनाडा, कोलम्बिया, सीरिया और उक्रेन शामिल थे। सुरक्षा परिषद् में भारतीय प्रतिनिधि की भूमिका ने भी परिषद् की राय को इस आरोपियों के पक्ष में बना दिया। गोपालस्वामी आयंगर को लगा कि भारत की ऊँची राजनीति इसमें होगी कि पाकिस्तान के आक्रमण के लिए उसकी सीधे निन्दा न की जाए। वह यही प्रयास करते रहे कि पाकिस्तानी फौज और छापामारों के मध्य के अन्तर को स्पष्ट करें और छापामारों पर ज्यादा ध्यान आकर्षित करें। तटस्थ दिखने के और अधिक प्रयास में आयंगर ने ऐसे दर्शाया जैसे विलय पूरी तरह जनमत संग्रह के परिणामों पर टिका है। इस वक्तव्य का सुरक्षा परिषद् में यह अर्थ लगाया गया मानों भारत-पाकिस्तान के विचारों को मान्यता देने के लिए तैयार है। वह इस पर जोर देने में असफल रहे कि पाकिस्तानी हमले को समयबद्ध तरीके से रुकवाया जाए और इसी के साथ जनमत संग्रह हो तथा यह भी स्पष्ट नहीं कर पाए कि यदि सुरक्षा परिषद् यह सुनिश्चित नहीं कर पाती है तब भारत स्वयं ऐसा करने के लिए विवश हो

जाएगा। न ही उन्होंने यह बताया कि भारत के बँटवारे ने लाखों मुसलमानों को भारत में ही छोड़ दिया है, इस कारण बँटवारा मूलतः एक राजनीतिक व्यवस्था है। इसके मुकाबले पाकिस्तानी प्रतिनिधि जफरुल्ला खाँ ने भारत पर 'धोखे और हिंसा' से कब्जा करने का आरोप लगाया और बुरी तरह हल्ला बोलते हुए भारत पर अलग-अलग मुद्दों पर हमले किए जो संयुक्त राष्ट्र संघ में भारत की शिकायत से पूरी तरह अलग थे। जहाँ भारतीय प्रतिनिधि क्षमा- प्रार्थी की तरह नजर आ रहे थे जैसे भारत ने कुछ गलत किया हो, वहीं पाकिस्तान का रवैया उलटा चोर कोतवाल को डाँटे वाला था।

शेख अब्दुल्ला ने जो भारतीय प्रतिनिधिमंडल के सदस्य थे, 28 जनवरी 1948 को अमेरिकियों से बातचीत में तीसरे विकल्प की सम्भावना अर्थात् 'आजाद कश्मीर' की बात को उठाया। "यह बेहतर होगा कि कश्मीर स्वतन्त्र रहे और विकास के लिए अमेरिका और ब्रिटेन की मदद ले।" आस्टिन ने इस विचार को बढ़ावा नहीं दिया।[28]

वाशिंगटन और लन्दन में उनके संयुक्त राष्ट्र में पाकिस्तान समर्थक रवैये पर पुनर्विचार तब शुरू हुआ जब भारत ने चर्चा को समय माँगकर स्थगित करवाया और भारतीय प्रतिनिधिमंडल स्वदेश लौट गया। इस कदम से सम्भावना उत्पन्न हुई कि भारत संयुक्त राष्ट्र की मध्यस्थता से अलग न हो जाए।

शेख अब्दुल्ला ने ठीक यही प्रस्ताव दिल्ली में अमेरिकी राजदूत हैनरी एफ. ग्रेडी के समक्ष 21 फरवरी 1948 को रखा। सिर्फ इस बार उन्होंने अपनी माँग को कुछ कम करते हुए "प्रतिरक्षा और वैदेशिक सम्बन्धों को भारत-पाकिस्तान के नियन्त्रण में रखने" की बात रखी थी (अमेरिकी विदेश सन्दर्भ 1948, खंड 5, पृष्ठ 292)। 'जोसेफ कॉरबेल ने' जो भारत पकिस्तान के लिए संयुक्त राष्ट्र कमीशन के सदस्य थे, इस प्रस्ताव की पुष्टि की है कि जब कमीशन श्रीनगर गया था तब जुलाई 1948 में शेख अब्दुल्ला ने 'देश के विभाजन का' प्रस्ताव रखा था। कॉरबेल के अनुसार कश्मीरी नेता ने कहा : "यदि ऐसा नहीं होता है तो युद्ध जारी रहेगा और हमारे लोगों को कष्ट भुगतते रहना पड़ेगा।" संयुक्त राष्ट्र कमीशन इस असमंजस में था कि शेख अब्दुल्ला यह बात खुद से कह रहे हैं या फिर यह नवीन भारतीय दृष्टिकोण है। (कॉरबेल, 'डेंजर इन कश्मीर', ऑक्सफोर्ड युनिवर्सिटी प्रेस, न्यूयॉर्क, एंड कराची, 2002 पृ. 147) सुरक्षा परिषद् की बहसों और जोड़-तोड़ से भारत में आक्रोश उत्पन्न हुआ। 28 फरवरी 1948 को भारत में अमेरिकी एम्बेस्डर ग्रेडी द्वारा वाशिंगटन भेजी गई रिपोर्ट इस बात की निम्नलिखित शब्दों में पुष्टि करती है–

आयंगर ने सार्वजनिक तौर पर दोनों सरकारों 'इंग्लैण्ड व अमेरिका' और सुरक्षा परिषद् पर पक्षपात का आरोप लगाया...नेहरू ने भी इसी तरह बिना ब्रिटिश या अमेरिकी सरकार को सीधे कोसे सुरक्षा परिषद् की कड़ी निन्दा की। दूसरी ओर कराची के अखबार डॉन ने बार-बार कश्मीर मुद्दों पर संयुक्त राष्ट्र में पाकिस्तान की सफलता की ओर संकेत किया है...यहाँ जो आम भावना है वह यह कि अब्दुल्ला को कश्मीरी लोगों का जैसा विश्वास प्राप्त है वैसा सम्भवतः किसी अन्य कश्मीरी को नहीं।[29]

इस रिपोर्ट के वाशिंगटन पहुँचने से पहले ही भारत में जैसी कड़ी प्रतिक्रिया हुई उसने जॉर्ज मार्शल को बैठकर इस मुद्दे पर बड़े ध्यान से गौर करने के लिए बाध्य कर दिया। 29 फरवरी 1948 को मार्शल ने आस्टिन को तार भेजकर अपने विचारों की रूपरेखा इस प्रकार प्रस्तुत की–

हमें भारी आशंका है कि भारत सरकार वर्तमान में ब्रिटिश योजना को लागू करने में, जिसके अनुसार कश्मीर में अनिश्चित काल के लिए वास्तव में संयुक्त राष्ट्र की ट्रस्टीशिप स्थापित होगी, सहायता करेगी या मौन स्वीकृति देगी। इसके अनुसार तो भारत को कश्मीर में पाकिस्तान फौज को स्वीकारने के अलावा कोई चारा नहीं होगा, और संयुक्त राष्ट्र की अन्तरिम सरकार होने से, जो कश्मीर के वर्तमान शासन को पूरी तरह पीछे कर देगी, इससे ब्रिटेन दोनों दलों के मध्य ऐसे किसी समझौतावादी हल पर सहयोग की सम्भावना को नष्ट कर देगा।

हम वर्तमान हालात में संयुक्त राष्ट्र के औचित्य पर ही सवाल उठा रहे हैं जो ब्रिटिश प्रारूप के अनुसार कश्मीर में अन्तरिम सरकार और सैनिक प्रशासन की वृहत् जिम्मेदारियाँ उठाने की कोशिश कर रहा है और साथ ही साथ जनमत संग्रह के पश्चात् लोकप्रिय सरकार स्थापित करने और सत्ता हस्तान्तरित करने का प्रयास कर रहा है। यह शंकास्पद ही लग रहा है कि ब्रिटेन की इस योजना को सुरक्षा परिषद् में आवश्यक न्यूनतम सात वोट भी मिल पाएँ, और सोवियत संघ द्वारा वीटों की सम्भावना को भी अनदेखा नहीं करना चाहिए। हम आगे यह कहना चाहते हैं कि 'लड़ाई रोकने की प्रक्रिया' वाली धारा को उससे और अधिक महत्त्व दिया जाना चाहिए जितना इसे ब्रिटिश योजना में दिया गया है, साथ ही इसमें सांप्रदायिक पहलू को जितना महत्त्व दिया गया है, उसे हटा लेना चाहिए। 'इसे रेखांकित किया गया है' इसमें यह भी शामिल करना ज़रूरी है कि यह व्याख्या की जाए कि पाकिस्तान

सरकार शत्रुता को खत्म करने के लिए घुसपैठियों और कबीलाइयों को सहायता देना बन्द करे।[30]

यह रवैया उससे अलग था जो आस्टिन ने अब तक अपना रखा था, और उसने नोएल बेकर के इस पूर्वानुमान को बिना किसी सवाल जवाब के मान लिया था कि भारत पर समझौते के लिए दबाव डालना ज़रूरी है और यह भी कि मामला साम्प्रदायिक है। आस्टिन ने आयंगर से यहाँ तक कहा कि भारत-पाकिस्तान के मध्य समझौता होना चाहिए इससे पहले कि अमेरिका या इसके नागरिक सुरक्षा की भावना के साथ भारत से एक स्थायी राजनीतिक और आर्थिक समझौता करें।[31]

मार्शल के हस्तक्षेप का परिणाम यह निकला कि एक ब्रिटिश प्रतिनिधिमंडल तुरन्त-फुरन्त अमेरिकी अधिकारियों से विचार-विमर्श के लिए वाशिंगटन रवाना हुआ। इस प्रतिनिधिमंडल का नेतृत्व वी. आर. कर्सन कर रहे थे जो कॉमनवेल्थ रिलेशन ऑफिस से सम्बद्ध थे। अमेरिकन दल का नेतृत्व भावी सेक्रेटरी ऑफ स्टेट डीनरस्क कर रहे थे। इस बार इस्मे और स्कून्स नदारद थे। जब अंग्रेजों ने तर्क रखा कि "कश्मीर एक विवादित क्षेत्र है" तब रस्क ने उन्हें ठीक करते हुए स्पष्ट किया कि कश्मीर एक राज्य है जिसको लेकर भारत और पाकिस्तान में विवाद है 'जोर देकर कहा गया' "रस्क ने यह भी कहा कि उन्हें (अमेरिका) कश्मीर के भारत में विलय की कानूनी वैधता से इनकार करना मुश्किल लगता है।" उन्होंने तर्क रखा : "इस सम्भावना से परेशान—वे सुरक्षा परिषद् के प्रस्ताव को लागू करने के दूरगामी परिणामों की सम्भावना से परेशान हैं जिसमें एक पक्ष विदेशी सेना का इस्तेमाल दूसरे क्षेत्र के विवाद के लिए करें।" ब्रिटिश प्रतिनिधियों ने जवाब दिया कि वे यह मान रहे हैं कि "भारत अन्ततः कश्मीर में पाकिस्तानी फौजों के प्रवेश पर सहमत हो जाएगा पर सिर्फ तभी जब उसे "नैतिक तौर पर ऐसा करने के लिए विवश किया जाए अर्थात् संयुक्त राष्ट्र की अनुशंसा के द्वारा।" किन्तु अन्ततः यह स्वीकार कर लिया कि "हमें किसी भी कीमत पर कुछ समय तो इस मान्यता के आधार पर ही काम करना होगा कि भारत का कश्मीर पर कानूनन अधिकार है।" इसके प्रत्युत्तर में रस्क ने कहा : "ज्यादा से ज्यादा हम (अमेरिका) यह कह सकते हैं कि कश्मीर सरकार और भारत व पाकिस्तान की सरकारों के मध्य समझौते के परिणामस्वरूप पाकिस्तानी सेना के इस्तेमाल पर विचार करें।"[32] अंग्रेज भी शेख अब्दुल्ला को बनाए रखने पर अपनी आपत्ति को छोड़ते हुए दिखे।

मार्च 1948 को मार्शल ने 'तार द्वारा' आस्टिन को सावधान किया, इस प्रश्न पर आंग्ल अमेरिकी दरार को टालना होगा। सुरक्षा परिषद् संयुक्त राष्ट्र चार्टर के

अध्याय छह के अनुसार दोनों पार्टियों को सिर्फ सुझाव ही दे सकती है उन पर समझौता थोप नहीं सकती। ऐसी अनुशंसाएँ निश्चित ही वर्तमान में भारत के कश्मीर पर वैधानिक दावे के अनुरूप ही की जानी चाहिए।[33] कश्मीर के विभाजन के प्रस्ताव पर उन्होंने कहा, "हम निश्चित ही इस सम्बन्ध में कोई कदम नहीं उठा सकते किन्तु विभाजन की माँग करने वाले प्रस्ताव पर भारत-पाकिस्तान सरकारों के मध्य समझौते के द्वारा सावधानी पूर्वक विचार कर सकते हैं।"[34]

मार्शल चाहते थे कि आस्टिन और नोएल बेकर परस्पर मिलकर रहें किन्तु अब तक जैसा होता आया था कि ब्रिटेन की अपेक्षा अमेरिका को तालमेल बैठाना था इस कारण आस्टिन इस प्रभुत्व को बनाए नहीं रख सके।

लन्दन में भी ब्रिटिश नीति पर विचार किया गया। 8 फरवरी को एटली को नेहरू का एक सन्देश मिला जिसमें शिकायत की गई थी कि नोएल बेकर ने शेख अब्दुल्ला से बातचीत में इस बात को असत्य बताकर ठुकरा दिया कि पाकिस्तान हमलावरों को मदद पहुँचा रहा है–

नेहरू ने लिखा–

> आप मुझे क्षमा करें यदि मैं दो टूक कहूँ तो...कि इस बात के माध्यम से जो दृष्टिकोण स्पष्ट हुआ है वह और कुछ नहीं बल्कि भारत और ब्रिटेन के मैत्रीपूर्ण सम्बन्धों को पूर्वाग्रह से ग्रस्त कर देगा।[35]

एटली का यह सोचना कि संयुक्त राष्ट्र में ब्रिटिश प्रतिनिधिमंडल की लगाम कसी जानी चाहिए, पैट्रिक गार्डन बेकर के सन्देश से और मजबूत हुई। बेकर कॉमनवेल्थ रिलेशंस ऑफिस में कनिष्ठ मन्त्री थे जो दिल्ली से गुजरे थे। उन्होंने चेतावनी दी कि "भारतीयों को इस बात से बहुत ज्यादा चोट पहुँचेगी यदि हम पाकिस्तानी फौजों के कश्मीर में प्रवेश का विचार सार्वजनिक तौर पर रखें। उन्होंने आगे लिखा : ''ग्रेडी (नई दिल्ली में अमेरिकी राजदूत) भारतीयों को बता रहे हैं कि वारेन आस्टिन संयुक्त राष्ट्र में ब्रिटिश प्रतिनिधि मंडल के दबाव में थे।''[36]

माउंटबेटन ने भी एटली को सन्देश भेजा : ''यहाँ सब लोग (नई दिल्ली में) अब यह मान चुके हैं कि सुरक्षा समिति बल की राजनीति चला रही है न कि निष्पक्षता की और यह संकेत भी दिया कि इसका नतीजा भारत द्वारा कॉमनवेल्थ छोड़कर रूस के हाथों पड़ना होगा।''[37]

---

* यह मैं नहीं मान सकता कि रूस वार्ता में गतिरोध या अव्यवस्था चाहता है। वह जानता है कि मजबूत और स्थिर भारत उसका कृतज्ञ रहेगा और उसी में उसकी भलाई है।

इस सन्देश के बदले एटली का प्रत्युत्तर अधिक तीक्ष्ण था–

रूस का लक्ष्य कश्मीर मुद्दे पर समझौते को रोककर पूरे उप महाद्वीप में अराजकता और गड़बड़ी उत्पन्न करना है।[38]

हालाँकि एटली इतनी आसानी से मार्शल के विचार को ताक पर न रख सके। 1948 के मार्च के प्रारम्भ में मन्त्रिमंडल की कॉमनवेल्थ रिलेशंस समिति को कश्मीर के मुद्दे पर ब्रिटेन के प्रतिनिधिमंडल के संयुक्त राष्ट्र में रवैये पर चर्चा के लिए बुलाया गया।

इसके विवरण में लिखा है : "अमेरिकी प्रस्ताव...भारत सरकार को पूरी तरह अस्वीकार होंगे और ब्रिटिश सरकार और भारत सरकार में सम्बन्ध गम्भीर रूप से द्वेषपूर्ण हो जाएँगे यदि ब्रिटिश सरकार इन प्रस्तावों का समर्थन करती है तो...यह तो उस किस्म की शर्तें हैं जो एक पराजित राष्ट्र पर थोपी जाती हैं।"[39]

वहाँ किसी अमेरिकी प्रस्ताव का प्रश्न ही कहाँ था? जितने भी प्रस्ताव रखे गए थे वे सभी ब्रिटिश प्रतिनिधिमंडल द्वारा प्रेषित थे। आस्टिन इसलिए सामने हो रहे थे क्योंकि ब्रिटेन की विनती थी कि पूर्व औपनिवेशिक ताकत को आगे नहीं आना चाहिए। 29 फरवरी 1948 (जिसका जिक्र पूर्व में किया गया है) को मार्शल के तार से यह पूर्ण रूप से स्पष्ट हो जाता है कि जिस योजना पर काम किया जा रहा था वह योजना ब्रिटेन की है न कि अमेरिका की।

एटली वास्तव में एक पत्थर से दो शिकार करना चाह रहे थे। एक तरफ तो वे अपनी योजना के पीछे हटे जिसमें संशोधित निर्देश भेजा कि पाकिस्तानी छापामार वापस हों और शेख अब्दुल्ला सरकार को बने रहने दिया जाए हालाँकि वह यह दबाव डालते रहे कि भारत पुंछ क्षेत्र को छोड़ दे।

और अब तक के संयुक्त राष्ट्र में उठाए गए कदमों का दोषारोपण अमेरिका पर मढ़ दिया। जैसा कहा गया है कि–

खुला युद्ध सेनाएँ लड़तीं
राष्ट्र लड़ें तरु-शिला ओट से।[40]

सेनाएँ खुले में लड़ती है और राष्ट्र चट्टानों और वृक्षों की ओट से लड़ते हैं। नेहरू को मन्त्रिमंडल के निर्णय से तुरन्त अवगत किया गया। सम्भवतः यह सूचना सर स्टैफर्ड क्रिप्स या कृष्णा मेनन ने दी जिन पर अमेरिका को तथाकथित करतूत को नमक-मिर्च लगाकर पेश करने की जिम्मेदारी थोपी जा सकती है। कराची में 10 अप्रैल 1948 को पाकिस्तान में अमेरिकी राजदूत और जिन्ना के मध्य बातचीत में जिन्ना ने ब्रिटेन की 'कलाबाजी' को क्रिप्स द्वारा उकसाया गया कुचक्र करार दिया जिनके अभियान...में चक्कर के अन्दर चक्कर, फेर ही फेर हैं।[41]

माउंटबेटन ने लिखा है–"मैंने उन्हें (नेहरू) कहा कि इस परिवर्तन के लिए मैं वास्तव में दावेदार हूँ...यह मुस्कुराए और बोले, "मुझे ऐसा ही शक था।"[42] किन्तु संयुक्त राष्ट्र में कुछ भी नहीं बदला, हम शीघ्र ही देखेंगे।

27 जनवरी 1948 को भारत में बेल्जियम के राजदूत प्रिंस डी लिगने ने नेहरू से कहा कि "कश्मीर मुद्दे पर अमेरिका की नीति मूलभूत गुण दोषों से नहीं बल्कि वर्तमान में अमेरिका और सोवियत संघ के तनावों के हल के लिए अमेरिका की वैश्विक रणनीति के परिप्रेक्ष्य से प्रभावित होगी। यदि पाकिस्तान अमेरिका के साथ भी इसी तरह सहयोग के लिए इच्छुक होगा तो यह उम्मीद की जाती है कि अमेरिका कश्मीर मुद्दे पर भारत के साथ पाकिस्तान के विवाद के हल में पाकिस्तान का साथ देगा।"[43]

संयुक्त राष्ट्र में बेल्जियम के दूत फर्नाल्ड वान लैगनहोव जनवरी 1948 में सुरक्षा परिषद् के अध्यक्ष थे और ब्रिटिश प्रतिनिधिमंडल के सबसे नजदीकी सहयोगी थे। सन् 1948 के आरम्भ में पश्चिम के साथ पाकिस्तान को जोड़ने के अमेरिका के इरादे का कोई प्रमाण नहीं है। इस कारण यह लगता है कि प्रिन्स डी लिगने एटली के संघर्ष में पेड़ और चट्टान की ओट ले रहे थे।

राजदूत के शब्दों से नेहरू प्रभावित हुए। 28 जनवरी 1948 को नेहरू ने सेनेटर आस्टिन की घोर भर्त्सना की। जब नेहरू पैट्रिक गॉर्डन वाकर से मिले तब उन्होंने अमेरिका पर ब्रिटेन को कोसे बिना अपना गुस्सा उतारा। उन्होंने ब्रिटिश मन्त्री को एक विदेशी राजदूत द्वारा कही बात दोहराई और यह भी कहा कि "भारत अन्तर्राष्ट्रीय सम्बन्धों के क्षेत्र में बड़ी तेजी से तालीम हासिल कर रहा है।"[44]

वामपन्थी न्यू स्टेट्समैन के सम्पादक क्रिंग्सले मार्टिन फरवरी 1948 में दिल्ली आए। वहाँ उन्होंने ठीक उन्हीं बातों को कहना शुरू किया जो प्रिन्स डी लिग्ने ने कही थीं, इस मामले में अमेरिका के वैश्विक रणनीति सम्बन्धी विचारों की गहरी पैठ है। पाकिस्तान को कट्टर साम्यवाद विरोधी माना जा रहा था। भारत इस समय किसी भी तरफ नहीं था, इस कारण अमेरिका ने महसूस किया कि भारत के कश्मीर सम्बन्धी प्रश्न की सुनवाई अनुकूल हो। उन्होंने संयुक्त राष्ट्र में ब्रिटिश प्रतिनिधिमंडल की नीति को यह कहकर नकार दिया कि नोएल बेकर "गहरी कूटनीतियों के मामले में बेहद कमजोर हैं।"[45]

क्रिंग्सले मार्टिन ने माउंटबेटन के साथ भी विचारों का आदान-प्रदान किया। इस सम्बन्ध में फिलिप्स जिगलर लिखते हैं–

> वह (माउंटबेटन) चाहते हैं कि ब्रिटेन को भारतीय अर्थव्यवस्था में अग्रणी भूमिका निभाते रहना चाहिए और खास तौर पर अमेरिका को किनारे रखना

चाहिए। उन्होंने सर टेरेन्स शोन (भारत में ब्रिटिश उच्चायुक्त) से कहा कि मि. ग्रेडी को भारत में अमेरिकी राजदूत बनाकर भेजा ही सिर्फ एक उद्देश्य के लिए गया है कि वह यहाँ जल्दी से जल्दी अमेरिकी औद्योगिकीकरण के लिए बाजार बना सके। दूसरी ओर ग्रेडी ने स्टेट डिपार्टमेंट से शिकायत की कि माउंटबेटन भारतीयों को डालर के साम्राज्य वाद के खतरे के खिलाफ सचेत कर रहे हैं...माउंटबेटन को जो बात प्रभावित कर रही थी (उनके दृष्टिकोण को) वह अमेरिकी वाद का विरोध नहीं बल्कि कामनवेल्थ सम्बन्धों का विकास था।[46]

ह्यू डॉल्टन 'जो एटली सरकार में चांसलर ऑफ एक्सचेकर थे' की डायरी से यह सत्य उजागर होता है जहाँ उन्होंने लिखा है कि अर्नेस्ट बेविन अपनी रणनीति में पाकिस्तान की भूमिका को महत्त्व देते हैं जो मध्य पूर्व अरब राष्ट्रों के साथ सौहार्दपूर्ण सम्बन्ध बनाने में ब्रिटेन के लिए धुरी का काम करेगा।[47] उसी वर्ष बाद में बेविन ने लियाकत अली खान से अरबों के सम्पर्क में रहने को कहा।

मार्च 1948 में संयुक्त राष्ट्र में सुरक्षा परिषद् में चीन (राष्ट्रवादी) के प्रतिनिधि की अध्यक्षता की बारी थी। 10 मार्च 1948 को उसने एक प्रारूप प्रस्तुत किया जो इस प्रकार था–

1. छापामारों की वापसी सुनिश्चित हो।
2. जनमत संग्रह के लिए शर्तें तय की जाएँ और
3. यह बात सुनिश्चित की जाए कि संयुक्त राष्ट्र महासचिव द्वारा जनमत संग्रह के लिए नियुक्त प्रशासक "जम्मू-कश्मीर की सरकार के अधिकारी की तरह कार्य करें और कश्मीर में अन्तरिम सरकार का विस्तार कर उसमें दूसरे राजनीतिक धड़ों को भी शामिल किया जाए।"

अमेरिका ने चीनी प्रारूप के पहले दो बिन्दुओं का समर्थन किया किन्तु संयुक्त राष्ट्र कमीशन के सख्त नियन्त्रण की माँग की। ब्रिटिश प्रतिनिधिमंडल ने इस प्रारूप का पूरी तरह विरोध किया। वह पाकिस्तानी सेना के जम्मू-कश्मीर में प्रवेश और शेख अब्दुल्ला की बर्खास्तगी की माँग करता रहा।

6 अप्रैल को कृष्णा मेनन ने एटली और क्रिप्स को नेहरू की सख्त आपत्ति से अवगत कराया कि नोएल बेकर अभी भी अपनी बात पर डटे हुए हैं बावजूद उसके कि लन्दन ने भारत को आश्वासन दिया है कि उन्हें (बेकर को) संशोधित निर्देश जारी किए गए हैं। नोएल बेकर ने एटली को जवाब देते हुए आयंगर पर आरोप लगाया कि आयंगर ने ऐसा आभास दिया है कि भारत उनके प्रस्तावों को स्वीकार लेगा यदि थोड़ा और दबाव डाला जाए।[48]

एटली ने इस प्रकार उत्तर दिया : "मुझे आपके भारतीय प्रतिनिधिमंडल के दृष्टिकोण के अनुरूप व्यक्त विचारों में तालमेल बैठाने में बड़ी कठिनाई हो रही है... भारतीय उच्चायुक्त के द्वारा जो निवेदन मुझे यहाँ मिला है...(क्रिस्टोफर) एडीसन (मन्त्रिमंडल के एक सदस्य) और क्रिप्स मेरे विचारों से सहमत हैं कि भारत से सारी रियायतें चाहते हैं।"[49] कई संशोधनों के पश्चात् सुरक्षा परिषद् ने अन्तिम रूप से जो प्रस्ताव 21 अप्रैल 1948 को स्वीकार किया उसमें 5 सदस्यीय एक कमीशन (यू.एन.सी.आई.डी.) भारत पाकिस्तान में मध्यस्थता करने के लिए तुरन्त महाद्वीप के लिए रवाना होना था। सुरक्षा परिषद् ने निम्नलिखित दिशा निर्देशों की अनुशंसा की थी–

1. पाकिस्तान को "सर्वोत्तम प्रयास' करना चाहिए जिससे छापामारों, कबीलाइयों और अन्य पाकिस्तानी नागरिकों की जम्मू-कश्मीर से सुरक्षित वापसी हो।"
2. लड़ाई बन्द होने के बाद भारत को अपनी फौजों को वापस बुला लेना चाहिए और सिर्फ इतनी सेना रहे जो कानून और व्यवस्था की स्थिति को बनाए रखने में नागरिक प्रशासन को सहयोग कर सके, और
3. शान्ति स्थापना के प्रयासों में संयुक्त राष्ट्र कमीशन पाकिस्तानी फौजों की मदद ले सकता किन्तु भारत की सहमति से।

पाकिस्तान तुरन्त आखिरी बिन्दु संशोधन का प्रस्ताव रखा जिससे प्रशासक को उसके विवेक से पाकिस्तानी और भारतीय सेना को तैनात करने का अधिकार हो, अर्थात् भारत की सहमति के बिना। यह प्रस्ताव सात के मुकाबले शून्य मत से खारिज हो गया।* 21 अप्रैल के प्रस्ताव को भारत एवं पाकिस्तान दोनों ने ही स्वीकार नहीं किया किन्तु दोनों देश कमीशन के आगमन और इसके सदस्यों के साथ विचार-विमर्श के लिए तैयार हो गए।**

---

* इसमें चार सदस्य तटस्थ 'अर्जेंटीना', सोवियत यूनियन, सीरिया, और यूक्रेन रहे।

** इसके सदस्य अर्जेन्टीना (पाकिस्तान द्वारा नामांकित), चेकोस्लोवाकिया (भारत द्वारा नामांकित), कोलम्बिया और बेल्जियम (सुरक्षा परिषद् द्वारा चुने गए), और अमेरिका (सुरक्षा परिषद् के अध्यक्ष द्वारा नामांकित) से थे। भारत ने एक चैकोस्लोवाकियायी को चुना था किन्तु ऐसा लगता नहीं कि उसके बारे में सारी जानकारी ठीक से प्राप्त हो गई थी। डॉ. जोसेफ कॉरबेल अपने देश से अमेरिका जा बसे थे। उनकी पुस्तक 'डेंजर इन कश्मीर' से ज्ञात होता है कि वह घोर सोवियत विरोधी थे और खास तौर पर भारत के प्रति कतई दोस्ताना नहीं थे। 1949 में उन्हें चेकोस्लोवाकिया के एक चेक द्वारा विस्थापित किया गया। कार्बेल के अनुसार भारत पाकिस्तान के लिए संयुक्त राष्ट्र कमीशन के आक्रोश का कारण उन्हें हटाया जाना ही था।

इस्मे और स्कून्स की टुकड़ी को भारत की नीति के विरुद्ध जाने के बावजूद बनाए रखा गया। हालाँकि धीरे-धीरे भारत को उसके रवैये के साथ समझौता करने के लिए तैयार किया गया।

सोवियत संघ ने कश्मीर के सम्बन्ध में सुरक्षा परिषद् में चल रही कार्रवाई में कोई रुचि नहीं ली। स्टालिन ने स्वतन्त्रता के पश्चात् भारत में कोई रुचि नहीं दिखाई। वह अभी भी भारत को ब्रिटिश प्रभुत्व में ही मानते थे। तब नेहरू ने अपनी बहन विजय लक्ष्मी पंडित को सोवियत संघ में राजदूत बनाकर भेजा। वे मास्को में अपने ठहरने की पूरी अवधि में एक बार भी स्टालिन से नहीं मिल पायीं।

इस समय भारत के प्रति एटली के कुछ लचीले रुख का श्रेय लन्दन में कृष्णा मेनन और नई दिल्ली में माउंटबेटन की उस खोजबीन को जाता है जो भारत को कॉमनवेल्थ में बनाए रखने के लिए एक फार्मूला पाने के लिए की जा रही थी इसके बावजूद कि 9 अगस्त 1946 को संविधान सभा में इसे गणतन्त्र बनाने का निर्णय हो चुका था। माउंटबेटन ने 27 फरवरी 1948 को पैट्रिक गार्डन वाकर को लिखा : ''मुझे विश्वास है कि भारत को कॉमनवेल्थ में रखना और भारत-पाकिस्तान दोनों को आंग्ल अमेरिकी राह पर रखना तुम्हारे वश में है यदि तुम सिर्फ प्रधानमन्त्री और नोएल बेकर को मान्य सीमा का अनुसरण करने के लिए मनवा सको (वह यह कि संयुक्त राष्ट्र में कश्मीर पर भारत को गलत ढंग से न घसीटा जाए)।''[51]

11 मार्च 1948 को एटली ने नेहरू को एक लम्बा, गुप्त और व्यक्तिगत पत्र लिखा जिसमें भारत को ब्रिटिश कॉमनवेल्थ में रखने का मामला था। इसका मुख्य बिन्दु इस प्रकार था : "कॉमनवेल्थ के विकास में हम अगले चरण में पहुँच चुके हैं अंग्रेजों के लिए नाम की अपेक्षा विषयवस्तु बहुत महत्त्वपूर्ण है...हमारे राजा के कर्तव्य राजा इब्न समद से बहुत अलग हैं, हालाँकि दोनो की पद्धतियाँ समान हैं। यही संयोग से गणतन्त्र शब्द के साथ भी है। आस्ट्रेलिया, न्यूजीलैण्ड वास्तव में कहीं अधिक स्वतन्त्रता और लोकतन्त्र देते हैं। बनिस्बत दक्षिणी अमेरिकी गणतन्त्रों के...मैं जानता हूँ कि भारत की अखंडता की बात आपके मन में कितनी गहरी है। मैं सोचता हूँ कि भारत और पाकिस्तान यदि कॉमनवेल्थ में रहते हैं तो यह इनकी एकता को मजबूत करने में भौतिक मदद प्रदान करेगा, यह सीलोन (श्रीलंका) और मलाया से सम्बन्धों में भी मदद करेगा। मेरे विचार में यह स्वाभाविक भी है और ठीक भी है कि एशियाई देशों के मध्य भारत अग्रणी भूमिका निभाए।"[52]

इसके बाद एटली ने नेहरू से इन बड़े मसलों पर परामर्श माँगा। 18 अप्रैल 1948 को नेहरू ने एटली को उत्तर दिया : "यह उनकी (नेहरू) और उनके सहयोगियों की इच्छा है कि भारत का ब्रिटेन और ब्रिटिश कॉमनवेल्थ के साथ गहरा और करीबी सम्बन्ध हो। वह "सच्ची मित्रता और सहयोग में अधिक दिलचस्पी रखते हैं बनिस्बत औपचारिक सम्बन्धों के। लॉर्ड माउंटबेटन और यहाँ यह जोड़ना चाहूँगा कि लेडी माउंटबेटन ने भारत और इंग्लैण्ड के बीच अविश्वास और कटुता के कई पुराने कारणों को मिटाने में जो कुछ किया है वह निश्चित ही उल्लेखनीय है। हम किसी भी निर्णय की जल्दी में नहीं है और हम उम्मीद करते हैं कि इस मामले में जितनी देरी होगी निर्णय लेने में उतनी ही आसानी होगी। यहाँ पूर्व में जो घटनाएँ हुई हैं निर्णय उससे प्रभावित होगा चूँकि भारत का संविधान हिन्दी में लिखा जाएगा...हिन्दी के शब्दों का ठीक वैसा ही ऐतिहासिक परिप्रेक्ष्य और सम्बन्ध नहीं होगा जो अंग्रेजी शब्दों का हो सकता है...मैं इस समय इससे ज्यादा कुछ नहीं कहूँगा सिवाय इस उम्मीद को दोहराने के कि भारत और इंग्लैण्ड अपने परस्पर हितों के लिए एक दूसरे से घनिष्ठता से जुड़े रहें।"[53]

भारत पाकिस्तान के लिए संयुक्त राष्ट्र संघ का आयोग जुलाई 1948 को भारत आया। कराची पहुँचते ही कॉरबेल को जो इस समय इस आयोग की अध्यक्षता कर रहे थे, पहला धमाका पता चला "सर जफर उल्ला खाँ (संयुक्त राष्ट्र में पाकिस्तान के प्रतिनिधि) ने आयोग को बताया कि कश्मीर के क्षेत्र में तीन पाकिस्तानी टुकड़ियाँ मई से लड़ रही थीं।"[54] यह कुछ समय से ज्ञात था कि पाकिस्तानी फौज कश्मीर में काम कर रही है किन्तु मध्यस्थ तो सिर्फ दोनों दलों की स्वीकारोक्ति पर ही आगे बढ़ सकते थे।

संयुक्त राष्ट्र आयोग को कराची में जहाँ अविश्वास और बदमिजाजी का सामना करना पड़ा वहीं नई दिल्ली में अव्यवस्था और अपरिपक्वता का। कॉरबेल नई दिल्ली में जिन विरोधाभासी विचारों से अवगत हुए उनका विवरण 12वें अध्याय में दिया गया है। वह आगे लिखते हैं, "प्रधानमन्त्री ने उनसे कहा हमारी सेना आगे बढ़कर उस क्षेत्र पर कब्जा नहीं करेगी जिसे पाकिस्तान खाली कर देगा। दूसरी ओर वहाँ शून्य उत्पन्न नहीं होना चाहिए हम सारे क्षेत्रों पर राज्य की सत्ता को मान्यता देने से और ऐसे क्षेत्रों में जो सामाजिक और आर्थिक दृष्टि से हमारे लिए महत्त्वपूर्ण होंगे उन पर अधिकार से सन्तुष्ट होंगे।" कॉरबेल आगे लिखते हैं : "वह (नेहरू) जनमत संग्रह के प्रश्न पर पलायनवादी रुख दिखाते रहे और (जैसा पूर्व में कहा गया है) यह विचार प्रकट किया कि हम (इंडिया) कश्मीर को भारत-पाकिस्तान में विभाजित करने के विचार का विरोध नहीं करेंगे।"[55]

भारत-पाकिस्तान के लिए संयुक्त राष्ट्र के आयोग की अनुशंसाओं को 13 अगस्त 1948 को एक प्रस्ताव के रूप में अन्तिम रूप दिया गया। आयोग द्वारा दोनों पक्षों को दिए गए राष्ट्रीय कारणों के साथ इनका संक्षिप्त में इस प्रकार आकलन किया जा सकता है–

1. उनकी स्वीकारोक्ति के चार दिनों के अन्दर युद्ध विराम हो।
2. पाकिस्तान की सेना की कश्मीर से वापसी यह समझने योग्य है (क्योंकि पाकिस्तान ने सुरक्षा परिषद् को पूर्व में गलत आश्वासन दिया था कि पाकिस्तान की फौज जम्मू-कश्मीर राज्य में नहीं है परन्तु इसलिए नहीं कि उन्होंने दूसरों की राज्य सीमा में सैनिक पहल की थी।
3. पाकिस्तान द्वारा खाली किए गए क्षेत्रों को स्थानीय शक्तियों द्वारा संयुक्त राष्ट्र कमीशन की निगरानी में प्रशासित किया जाना चाहिए। स्थानीय शक्ति कौन थी? क्या आजाद कश्मीर की सरकार को स्थानीय प्रशासन माना जाता था?
4. कश्मीर से भारतीय फौजों की वापसी तब होगी जब आयोग भारत को सूचित करेगा कि पाकिस्तानी नागरिक वापस जा चुके हैं। और पाकिस्तानी सेना को वापस बुलाया जा रहा है (इस भाग को रेखांकित किया गया था) इस धारा से अप्रत्यक्ष रूप से कश्मीर पर भारत की सत्ता को माना गया था पर कुछ सीमा तक भारत पाकिस्तान की वापसी को समान रखा गया तथा इस मुद्दे पर गलतफहमियों की सम्भावना उत्पन्न की गई और ऐसा ही हुआ।
5. अन्तिम निर्णय के लिए शर्तों की स्वीकृति को लम्बित रखा गया। भारत युद्ध विराम होने के समय जहाँ था उन्हीं सीमाओं में उसे रखा गया। इस प्रकार गिलगित, पुंछ और मुजफ्फराबाद सैक्टर भारत को नहीं सौंपा जाएगा। भारत ने उस आखिरी व्यवस्था के सम्बन्ध में स्पष्टीकरण माँगा तब आयोग ने उत्तर दिया कि उसने इस बिन्दु को नोट कर लिया है किन्तु निर्णय को आयोग द्वारा सुलझाने के लिए छोड़ दिया गया (भारत ने बाद में इस विषय पर ध्यान नहीं दिया।)
6. अन्त में दोनों सरकारें इस अनुबन्ध को पुख्ता करेंगी कि कश्मीर का भविष्य कश्मीरी जनता की इच्छा से तय होगा।

ऊपर उल्लेखित प्रस्ताव हालाँकि भारत के लिए असन्तोषप्रद थे किन्तु यह पाकिस्तान के लिए धक्का था। सन् 1948 में इस्मे और स्कून्स की पहल के समय पाकिस्तान ने जो सफलता हासिल की थी, तब उसने उम्मीद की थी कि यह विश्व

संस्था कश्मीर में उसकी फौजों की उपस्थिति को मान्यता दे देगी और अब्दुल्ला को हटा देगी। अब संयुक्त राष्ट्र आयोग पाकिस्तान को कश्मीर से सेना हटाने के लिए कह रहा था। इस कारण लियाकत अली खाँ ने मदद के लिए ब्रिटेन के पास जाने का निश्चय किया और तुरुप की चाल चली। उन्होंने ब्रिटेन के साथ एक रक्षा अनुबन्ध का प्रस्ताव रखा। वह जानते थे कि एटली को कश्मीर मुद्दे की खूबियों में इससे ज्यादा कोई बात प्रभावित नहीं कर सकती। आस्ट्रेलियाई मूल के पाकिस्तानी सेना के उप सेनाध्यक्ष वाल्टर कावथार्न को इस गुप्त मिशन के लिए सितम्बर में लन्दन भेजा गया। नोएल बेकर पाकिस्तानी दूत से 18 सितम्बर 1948 को मिले, कॉवथार्न ने उन्हें स्पष्ट किया–

> वह ब्रिटेन के साथ जितनी जल्दी हो सकेगा एक संयुक्त सैन्य समझौते की सम्भावना की खोज के लिए आए हैं। वामपन्थियों द्वारा प्रस्तुत खतरे से पाकिस्तान अत्यन्त सचेत हो गया है। वह रूस के आक्रमण के खिलाफ संयुक्त सैनिक प्रयासों में अपनी भूमिका निभाने के लिए पूरी तरह कृत संकल्प है। इस मामले में पाकिस्तान औपचारिक रूप से तब आगे बढ़ेगा जब ऐसे प्रस्ताव पर ब्रिटेन सहमत हो जाएगा।[57]

इसके बाद एटली ने वाल्टर कॉवथार्न से भेंट की। एटली ने अपने सेनाध्यक्षों से परामर्श कर कॉमनवेल्थ रिलेशंस दफ्तर को इस बात के लिए अधिकृत किया कि वह कॉवथार्न को मौखिक रूप से सूचित कर दे कि पाकिस्तान के औपचारिक प्रस्ताव का स्वागत होगा। लन्दन ने पाकिस्तान के सैन्य समझौते सम्बन्धी अनुरोध का तत्काल उत्तर नहीं दिया। हालाँकि ब्रिटेन ने पाकिस्तान को हथियार भेजना आरम्भ कर दिया और इस बात पर सहमत हो गया कि सुरक्षा परिषद् पर भारतीय फौजों को आगे बढ़ने से रोकने के लिए बिना शर्त युद्ध विराम करने के लिए दबाव डालेगा। ब्रिटेन इस बात पर सहमत हो गया कि वह भारत पाकिस्तान के लिए संयुक्त राष्ट्र आयोग के पाकिस्तानी फौजों की वापसी के प्रस्ताव की अनदेखी करेगा। उसने यह भी निश्चय किया कि वह युद्ध विराम के लिए भारत पर सीधा दबाव डालेगा। साफ तौर पर ब्रिटेन पाकिस्तान के साथ बिना अमेरिका की भागीदारी के सैन्य समझौता नहीं करना चाहता था। किन्तु

ढोल-धमाके सहित हँकाई।
श्वेत पताकाएँ फहराईं।।
व्याकुल पशु भागा बचने को।
नियति मचान तरफ ले आई।।

4 अक्टूबर 1948 को कॉमनवेल्थ रिलेशंस दफ्तर के सर पॉल पैट्रिक ने ब्रिटेन में अमेरिकी मामलों के प्रमुख को बुला भेजा और उसे यह समझाने की कोशिश की कि यही बेहतर होगा कि कश्मीर आयोग की रिपोर्ट को कभी भी सार्वजनिक न किया जाए, बावजूद इसके कि यह डिपार्टमेंट (स्टेट) के अनुसार निष्पक्ष है।[58]

इसी समय संयुक्त राष्ट्र में ब्रिटेन के स्थायी प्रतिनिधि सर अलेक्जेण्डर काडोगन ने पेरिस में इस मुद्दे को उठाया जहाँ उस वर्ष संयुक्त राष्ट्र की साधारण सभा की बैठक हो रही थी।

अमेरिकी सेक्रेटरी ऑफ स्टेट के वाशिंगटन भेजे गए टेलीग्राम के मुताबिक–

> उनकी टिप्पणी से (काडोगन की) हमें समझ में आया कि ब्रिटेन सुरक्षा परिषद् में तुरन्त कार्रवाई चाहता है...जब कि ब्रिटेन चाहता है, के. एन. सी. आई. पी. की अनदेखी करें।[59]

ब्रिटेन ने इसी के साथ माउंटबेटन के माध्यम को भी इस्तेमाल किया। 8 अक्टूबर 1948 को कॉमनवेल्थ रिलेशंस दफ्तर में स्थायी अवर सचिव सर आर्चिवाल्ड कार्टर ने पूर्व गवर्नर जनरल को लिखा। इस समय तक माउंटबेटन भारत से जा चुके थे किन्तु व्हाइट हॉल यह जानता था कि नेहरू का लॉर्ड और लेडी माउंटबेटन से सतत् संपर्क बना हुआ है। कार्टर ने सुझाव दिया, नेहरू को मनाया जाए कि "वह अपने पहले के विचार पर आ जाए कि कश्मीर का विभाजन हो और जनमत संग्रह घाटी तक ही सीमित रहे।"[60] कार्टर जानते थे कि कॉमनवेल्थ देशों के शासनाध्यक्षों की बैठक में भाग लेने नेहरू जब इंग्लैण्ड आऐंगे तब वे माउंटबेटन परिवार के साथ उनके घर हैम्पशायर में कुछ समय ज़रूर गुजारेंगें और तब आरम्भ से उनसे बातचीत हो सकती है। वास्तव में नेहरू ने दर्शनीय ब्राण्ड लैण्ड्स में चार दिन आराम करते हुए बिताए। यद्यपि माउंटबेटन उस समय लन्दन में व्यस्त थे फिर भी उन्होंने नेहरू के साथ इस मुद्दे को उठाया और नोएल बेकर को 25 अक्टूबर को लिखा–

> मुझे लगता है कि मैं आपको पुनः इस बारे में आश्वस्त कर सकता हूँ कि भारत-पाकिस्तान पर आक्रमण नहीं करेगा...भारत अब इतना मजबूत (कश्मीर में) है कि पाकिस्तानी क्षेत्र पर आक्रमण की (कश्मीर में पाकिस्तान की बढ़त को खत्म करने के लिए) सम्भावना अत्यन्त क्षीण है। इस कारण वर्तमान स्थिति में किसी युद्ध की सम्भावना मुझे नहीं दिखती। हालाँकि मैं आपसे सहमत हूँ कि वर्तमान में चल रहे अनधिकारिक युद्ध का तत्काल अन्त सबसे ज्यादा ज़रूरी है।

माउंटबेटन ने नेहरू के साथ कॉमनवेल्थ का प्रश्न भी उठाया जो उन्हें अत्यन्त प्रिय था–

> मैंने पहले ही नेहरू को स्पष्ट कर दिया है कि मैं निश्चित हूँ कि उन्हें कॉमनवेल्थ की भावना के अनुरूप कुछ रियायतें करनी होंगी। और (स्टैफर्ड क्रिप्स) ने भारत के समक्ष यह विचार रखा है कि कॉमनवेल्थ का शीर्ष ब्रिटेन के शासक होंगे। नेहरू ने इसे सहर्ष स्वीकार कर लिया और अपनी भावनाओं को प्रकट करते हुए कहा कि वह हमारी भावात्मक कठिनाइयों में साथ देने के लिए सबसे ज्यादा उत्सुक हैं, बावजूद इसके कि ऐसा करने पर उन्हें कॉमनवेल्थ में रहने के लिए संविधान सभा से पर्याप्त समर्थन न मिले–स्टैफर्ड और कृष्णा मेनन ने, जिन बातों के लिए नेहरू तैयार थे उसका एक प्रारूप तैयार किया।[61]

नेहरू की जानकारी के बगैर, उसी समय अर्नेस्ट बेविन और नोएल बेकर पाकिस्तान के प्रधानमन्त्री लियाकत अली खान से सम्भावित साम्यवाद की चुनौती के विषय में अलग से बातचीत कर रहे थे। इस समय बातचीत में उन्होंने उत्साहित लियाकत अली खान को बताया कि "इस समय कश्मीर के मुद्दे को सुरक्षा परिषद् को वापस सौंप देना चाहिए (इसका अर्थ था भारत-पाक संयुक्त राष्ट्र संघ आयोग को परे ढकेलना) (असफल अंग्रेजों ने बिना शर्त युद्धबन्दी की बात संयुक्त राष्ट्र में आगे बढ़ाई तथा जैसा पहले बताया गया है संयुक्त राष्ट्र प्रस्तावों को ताक पर रख दिया)।"

कॉमनवेल्थ देशों के प्रधानमन्त्रियों की बैठक के पश्चात् लियाकत अली खाँ पेरिस गए (जहाँ संयुक्त राष्ट्र सुरक्षा परिषद् की बैठक हो रही थी।) जहाँ अमेरिकियों से बातचीत में उन्होने फिर साम्यवाद की चुनौती का हौआ खड़ा किया। (मुझे नहीं मालूम कि इसके लिए उन्हें बेविन ने उकसाया था या नहीं) 29 अक्टूबर को अमेरिकी सेक्रेटरी ऑफ स्टेट जॉर्ज मार्शल ने अपनी पहली ही मुलाकात में उन्होंने साम्यवादी ताकतों के खिलाफ एक प्रतिरक्षा संगठन का साफ-साफ संकेत किया। निम्नलिखित तार से जो वाशिंगटन भेजा गया था, पाकिस्तानी प्रधानमन्त्री की मार्शल से बातचीत का सार दिखाई देता है–

> अभिवादन और हालचाल पूछने के पश्चात् लियाकत ने बातचीत की शुरुआत यह कह कर कि सेक्रेटरी से भेंट करने के मौके के अलावा वह पूर्व की ओर दुनिया की सामाजिक स्थिति पर चर्चा करना चाहते थे। उन्होंने पाकिस्तान स्थापित करने में आई बड़ी दिक्कतों की चर्चा की। शरणार्थियों की बड़ी समस्या, आर्थिक दिक्कतें भारत के साथ सम्बन्ध, खास तौर पर कश्मीर को

लेकर, आदि का बखान करने के बाद उन्होंने स्पष्ट किया कि पाकिस्तान साम्यवाद की बलि चढ़ जाएगा यह सोचा भी नहीं जा सकता क्योंकि–

(अ) साम्यवाद मुस्लिम सिद्धान्तों के बिलकुल विरुद्ध है खास तौर पर लोकतान्त्रिक सिद्धान्तों, सम्पत्ति का अधिकार और व्यक्तिगत स्थिति को देखते हुए।

(ब) साम्यवादी घेरे के बाहर के देशों को पूरी तरह पता होना चाहिए कि यह विचार धारा भयंकर अत्याचारी है। पाकिस्तान साम्यवाद के प्रसार के विरुद्ध खड़ा होने के लिए उत्सुक है। इसके बाद लियाकत ने खास तौर पर कहा कि चूँकि अमेरिका स्वतन्त्र राष्ट्रों में सबसे शक्तिशाली और प्रभावशाली है इस कारण वह आर्थिक और सैनिक दृष्टि से मध्य पूर्वी क्षेत्रों को मजबूत बनाए। भारत पाकिस्तान सम्बन्धों की ओर मुड़ते हुए लियाकत अली ने पाकिस्तान के प्रति भारत के रुख को शत्रुतापूर्ण बताया और कहा कि पाकिस्तान कश्मीर में शान्तिपूर्ण समझौता हासिल करने के लिए संघर्ष कर रहा है।[63]

सेक्रेटरी ऑफ स्टेट ने लियाकत अली से यूरोप के निर्माण सम्बन्धी अमरीकी नीति की कुछ हद तक चर्चा की जिसे उन्होंने 'केन्द्रबिन्दु' करार दिया। उन्होंने कहा कि अमेरिका निकट पूर्व में मदद के लिए योजना बना रहा है। साम्यवाद और सोवियत संघ के सम्बन्ध में नीति के बारे में उन्होंने कहा कि "वह पाकिस्तान के दृष्टिकोण के बारे में जानकर प्रसन्न हुए। मार्शल ने यह भी कहा कि 'पुलिस राज्यों' (सावधानीपूर्वक साम्यवादी शब्द को टालते हुए) के घेरे के बाहर के देश एक बड़े ही महत्त्वपूर्ण तरीके से खुद को मजबूत बना सकते हैं, वह आपसी बड़े विवादों को जल्दी से और शान्तिपूर्वक तरीके से सुलझा लें।" इस सन्दर्भ में उन्होंने उम्मीद जाहिर की है कि कश्मीर का प्रश्न संयुक्त राष्ट्र के सिद्धान्तों के दायरों में हल कर लिया जाए अन्त में उन्होंने कहा कि अमेरिका भारत या पाकिस्तान किसी को भी हथियार नहीं बेच सकता जब तक कि कश्मीर विवाद का केन्द्र है।[64]

नवम्बर 1948 में भारतीय सेना ने जोजिला में हिमालय पर्वतमाला पार की और पुंछ में साल भर से पड़े पाकिस्तानी घेरे को तोड़ दिया। इस बाद के घटनाक्रम ने कराची और लन्दन में गहरी चिन्ता उत्पन्न की क्योंकि इससे पाकिस्तान पूरी पुंछ, मुजफ्फराबाद की पट्टी खो सकता था। 18 नवम्बर 1948 को एटली ने लियाकत अली की मदद के लिए गुहार का उत्तर देते हुए आश्वासन दिया कि "मैं ऐसा कदम उठा रहा हूँ जिससे भारतीय आक्रामक कार्यवाही को रोका जा सके।"[65]

अमेरिकियों को तैयार करने में असफल होने के बाद एटली ने भारत की आक्रामक कार्यवाही को रोकने के लिए अपने उन ब्रिटिश कूटनीतिज्ञों और सैनिकों पर विश्वास दिखाया जो भारत-पाकिस्तान में रह रहे थे।

जनरल आर्चीवाल्ड नॉय अब टेरेंस शोन के स्थान पर दिल्ली में उच्चायुक्त बने। विश्वयुद्ध के दौरान वह चर्चिल के डिप्टी चीफ ऑफ स्टाफ रह चुके थे। उसी के साथ वह निपुण सैन्य कूटनीतिज्ञ थे। 22 नवम्बर 1948 को जनरल नॉय ने नेहरू से भेंट की। कॉमनवेल्थ रिलेशंस दफ्तर को भेजी रिपोर्ट में उन्होंने भारतीय प्रधानमन्त्री से अपनी बातचीत के बारे में लिखा–

> उन्होंने (नेहरू) मुझे कश्मीर पर अपने विचार प्रकट करने का मौका दिया। मैंने अपनी बात निम्नलिखित तरीके से की :
>
> इस क्षेत्र की प्राकृतिक स्थिति ऐसी है कि किसी भी पक्ष के लिए यह सम्भव नहीं है कि वह दूसरे को यहाँ से पूरी तरह खदेड़ दे, ऐसी स्थिति में जब तक किसी एक पक्ष का मनोबल नहीं टूट जाता दूसरा कोई भी पक्ष महत्त्वपूर्ण बढ़त हासिल नहीं कर सकता। और तो और हमले मानव जीवन की दृष्टि से भी बड़े महँगे सिद्ध होंगे। दोनों में से किसी भी सेनाध्यक्ष को तब तक चिन्तित होने की ज़रूरत नहीं है जब तक उन्हें सुरक्षात्मक कार्यवाही करनी हो, भारतीय सेना के मुकाबले पाकिस्तानी फौज ज्यादा बेहतर जगह पर तैनात है क्योंकि उनकी संचार व्यवस्थाएँ छोटी हैं और कमजोर नहीं हैं।
>
> यदि मेरी सैनिक अनुशंसाएँ गलत भी हों तब भी कश्मीर समस्या के लिए कोई सैनिक हल नहीं है। यहाँ तक कि भारतीय फौज कश्मीर से पाकिस्तानी सेना की पूरी तरह खदेड़ भी दे (जो प्रस्ताव मैंने दोहराए हैं उनका तो प्रश्न ही नहीं उठता) तो भी कबीलाइयों को रोकने का कोई उपाय नहीं है क्योंकि वे जब चाहें वापस आ सकते हैं। और यह सोचा भी नहीं जा सकता कि भारत अनिश्चित काल तक ऐसी आकस्मिक स्थितियों में अपनी फौजों को कश्मीर में बनाए रखेगा। इसका मतलब यही है कि कश्मीर समस्या के लिए कोई सैनिक हल नहीं है...सिर्फ राजनीतिक ही हो सकता है।
>
> वह (नेहरू) सोचने लगे और असमंजस में दिखे तथा गम्भीर हो गए, किन्तु उन्होंने मेरे कहने पर कोई तर्क नहीं किया, हाँ बीच-बीच में सवालों और टिप्पणियों से ऐसा लगा कि वह सहमत हैं।

यदि नॉय की रिपोर्ट यहीं खत्म होती तो उनके वक्तव्य को तटस्थ सलाह के रूप में लिया जा सकता था। उनकी रिपोर्ट जारी–

इसमें एक और प्रासंगिक बिन्दु का जिक्र मैंने उनके सामने नहीं किया...किन्तु मैं उन तक यह बात ज्यादा व्यावसायिक तरीके से पहुँचाने का प्रबन्ध कर रहा हूँ। वह यह कि भारतीय सेना का मनोबल कुछ कमजोर होने के चिह्न दिखने लगे। जोश का पहला सैलाब थम चुका है। फौज बड़े लम्बे समय से लड़ रही है, एक शीतकाल तो जा चुका है और दूसरा आने की बात उन्हें ज्यादा पसन्द नहीं आएगी...भारतीय सेना की टुकड़ियों में से अधिकांश ने ऐसी दुर्गम परिस्थितियों में पहले कभी काम नहीं किया है। उन्हें कश्मीर को लेकर बहुत कम या लगभग कोई उत्साह नहीं है। भारतीय सेना में जल्दी-जल्दी होने वाली पदोन्नतियों के कारण उनकी रेजीमेंट के अफसरों की अनुभवहीनता विशेषकर कमांडिंग अफसरों की अनुभवहीनता के कारण नेतृत्व की कमी है। मुझे लगता है कि नेहरू के समक्ष बार-बार ऐसा दूसरों के द्वारा कान भरे जाएँ कि समस्या का कोई सैनिक हल नहीं है। तो नेहरू शायद इन बातों से प्रभावित हो जाएँ।[66]

लन्दन में व्हाइट हॉल में किसी ने इस तार को रजिस्टर में दर्ज करते हुए जहाँ भारतीय सेना के पराक्रम पर प्रश्नचिह्न लगाया था उसके आगे टिप्पणी लिखी– 'गलत'। यह टिप्पणी कोई अंग्रेज ही लिख सकता था चाहे वह सैनिक हो या असैनिक।

जून 1948 में जब से माउंटबेटन ने भारत छोड़ा था उसके बाद जुलाई से सितम्बर तक नेहरू ने उन्हें कश्मीर सहित भारत की अन्य समस्याओं पर करीब 11 बेहद लम्बे पत्र लिखे थे।*

15 अगस्त 1948 को माउंटबेटन ने नेहरू को इस प्रकार सचेत किया–

संयुक्त राष्ट्र संघ के पास जाने के अलावा कोई विकल्प ही नहीं है, यदि युद्ध होता तो दुनिया भर के लोग भारत को ही कोसते पाकिस्तान को नहीं क्योंकि वह इतना कमजोर माना जाता है कि वह युद्धप्रियता रख ही नहीं सकता। युद्ध का अर्थ होगा कि भारतीय नेता वह नीति त्याग रहे हैं जिसके पक्ष में वे अब तक खड़े थे। यदि संयुक्त राष्ट्र भारत को आक्रान्ता घोषित कर देता है तो भारत के सबसे अच्छे मित्रों को भी इस संस्था की बात की मान्यता देनी पड़ेगी। युद्ध का परिणाम भारत में साम्प्रदायिक मार-काट के रूप में निकलेगा और अन्ततः भारत के पास खुद के दम पर लड़ने के लिए इतने साधन भी नहीं हैं। आपके पास है क्या? कुछ पुराने डेकोटा...**

---

* 3, 8, 21 और 28 जुलाई, 1, 4, 9, 23 और 29 अगस्त को और 10 व 18 सितम्बर को।

** साम्प्रदायिक मार-काट का तर्क तो 1965 और 1971 के युद्धों के दौरान खारिज हो गया।

इसके बाद माउंटबेटन ने लिखा : "आपको लग सकता है कि यह युद्ध विराम पाकिस्तान को बेजा फायदा देगा। पर क्या ऐसा होगा? यदि वहाँ कोई काबिल और निष्पक्ष पर्यवेक्षक हो तो...वे पाकिस्तान को किसी भी रूप में चकबन्दी करने से रोक सकते हैं, या कम से कम किसी भी तरह की उल्लंघन की रिपोर्ट कर सकते हैं जिससे पाकिस्तान संयुक्त राष्ट्र और दुनिया के समक्ष बहिष्कृत हो जाएगा।"[67]

क्या वास्तव में माउंटबेटन सोचते थे कि यदि पाकिस्तान कश्मीर पर अपना कब्जा पुख्ता करे तो ब्रिटेन उसे कटघरे में खड़ा करेगा?

जनरल करिअप्पा ने पाकिस्तान सीमा पर स्थित मीरपुर और मुजफ्फराबाद को नवम्बर में फिर से जीतने की योजना बनाई थी। बुचर ने दिल्ली में सुरक्षा समिति की सहमति से करिअप्पा को आक्रमण के लिए नई टुकड़ियाँ भेजने से मना कर दिया। इसके पीछे तर्क यह दिया गया कि इस तरह के आक्रमण से पूर्वी पंजाब पाकिस्तान के प्रति आक्रमण का शिकार होगा।

पाकिस्तान में ब्रिटिश उच्चायुक्त ग्रेफ्टी स्मिथ ने 20 नवम्बर 1948 को लन्दन में कॉमनवेल्थ रिलेशंस दफ्तर को इस तरह का तार भेजा : "बुचर कराची में 20 नवम्बर को होने वाली संयुक्त प्रतिरक्षा वार्ता में ग्रेसी से मिलेंगे और सम्भवतः (युद्ध बन्द करने के लिए) कोई फार्मूला पेश करेंगे जो दोनों पक्षों को मंजूर हो।"[68]

ग्रेफ्टी स्मिथ ने लन्दन को सूचित करते हुए उसके बाद लिखा कि बुचर ने बताया है कि "मीरपुर पर कोई आक्रमण नहीं होगा और न ही किसी भी स्तर पर कोटली या भिंभर पर भी नहीं...बड़ी मुश्किल से वह जम्मू से रॉयल इंडियन एयरफोर्स की एक टुकड़ी को हटाने में सफल हुए हैं।"[69]

26 नवम्बर को जनरल नॉय ने कॉमनवेल्थ रिलेशंस ऑफिस को सूचित किया कि बुचर ने नेहरू को लिखित में चेतावनी दी है कि सेना के पास वाहनों की भारी कमी है, और कल-पुर्जों की तथा एक खास प्रकार के गोला-बारूद की भी भारी कमी है। इसके बाद नेहरू ने निष्कर्ष निकाला कि "वर्तमान में मीरपुर और मुजफ्फराबाद अभी हमारी पहुँच से बाहर है...कोटली कुछ अलग श्रेणी में है।"[70] इस प्रकार इन तीनों कस्बों को अधिकार में करने की करिअप्पा की योजना के बावजूद सिर्फ कोटली की ओर ही मोर्चा किया गया। युद्ध विराम करने की अपनी कूटनीतिज्ञ चाल को मजबूत करने के लिए पाकिस्तान ने 14 दिसम्बर 1948 को नौशेरा क्षेत्र में एक आक्रामक कार्यवाही जिसे ऑपरेशन वीनस* नाम दिया गया, आरम्भ की। यह आक्रमण वेरीपाटन में सामरिक दृष्टि से महत्त्वपूर्ण पुल को ध्वस्त

* 'ऑपरेशन वीनस' मेजर जनरल लाफ्टस टाटिन्हम् और कई ब्रिटिश अधिकारियों के नेतृत्व में आरम्भ किया गया जो आक्रमण की योजना और उसके संचालन के लिए जिम्मेदार थे।

करने में सफल रहा। पाकिस्तान ने इस आक्रमण के लिए पश्चिमी पंजाब की अपनी टुकड़ियों को वापस बुला लिया था। इस प्रकार उन्होंने सियालकोट, लाहौर क्षेत्र में खुद को असुरक्षित छोड़ने का बड़ा जोखिम उठाया था ऐसा जोखिम जो भारतीय सेना ने पूर्वी पंजाब में नहीं लिया। भारतीय सेनापतियों के अनुसार पाकिस्तान की रक्षा तैयारियों के बावजूद भारत दक्षिण-पश्चिम में पाकिस्तान द्वारा अधिकृत लगभग सभी क्षेत्र ले लेता यदि उसे और फौज उपलब्ध कराई जाती। नाय, माउंटबेटन तथा उनके इंग्लैण्ड प्रवास के दौरान अन्य लोगों द्वारा पहले दी गई चेतावनियाँ नेहरू के कानों में गूँजने लगीं।

इस समय तक पाकिस्तान लड़ाई बन्द करने के लिए भी तैयार हो गया, इससे पूर्व वह जुलाई में संयुक्त राष्ट्र के प्रस्ताव को भी ठुकरा चुका था। वह अब शेख अब्दुल्ला को हटाने की माँग की भी छोड़ने को तैयार था इस कारण उसके संयुक्त राष्ट्र आयोग के कश्मीर से फौज हटाने और जल्द से जनमत संग्रह के प्रस्ताव को भी स्वीकारने की सम्भावना बढ़ गई थी या फिर ऐसा भारतीय सोचते थे यदि वहाँ की और पश्चिमी जम्मू-कश्मीर की दो तिहाई आबादी भी भारत को मत दे देती तो जनमत संग्रह को जीता जा सकता था।

पाकिस्तान की सोच में यह परिवर्तन बड़े पैमाने पर इस कारण आया क्योंकि अमरीकी पाकिस्तान से पीछे हटने की माँग पर डटे रहे। 23 नवम्बर 1948 को संयुक्त राष्ट्र में अमेरिकी प्रतिनिधिमंडल के कार्यवाहक अध्यक्ष जान फास्टर डलस ने (जो उस समय पेरिस में थे) वाशिंगटन में सेक्रेटरी ऑफ स्टेट को निम्नलिखित सन्देश भेजा–

> कश्मीर के सम्बन्ध में सुरक्षा परिषद् में बैठक के लिए ब्रिटेन की ओर से भारी दबाव है। वे (ब्रिटेन) 13 अगस्त को भारत पाक संयुक्त राष्ट्र आयोग द्वारा पाकिस्तानी सेनाओं की वापसी सम्बन्धी धारा में रुचि नहीं रखते। वर्तमान में कश्मीर के सम्बन्ध में ब्रिटेन का रुख पाकिस्तान के बहुत अधिक पक्ष में लगता है।[71]

सेक्रेटरी ऑफ स्टेट ने दूसरे दिन तार से जवाब भेजा–

> पाकिस्तानी सेना की वापसी हमारे अनुसार इस समझौते का अत्यधिक ज़रूरी हिस्सा है और इसकी असफलता से भारत सरकार जिसकी इस पर मौन स्वीकृति है पूर्वाग्रहों से ग्रस्त हो जाएगी।[72]

7 दिसम्बर 1948 को डलस ने मार्शल को रिपोर्ट किया कि ब्रिटेन तो अभी भी इस पर अड़ा हुआ है। उन्होंने एक प्रस्ताव का प्रारूप बनाया है जिस पर डलस ने इस प्रकार टिप्पणी की–

कार्यरूप में ब्रिटेन के प्रस्ताव में वर्तमान में दोनों दलों को पाकिस्तान के वर्तमान युद्धविराम करने का प्रस्ताव दें जिसका अर्थ यह है कि पाकिस्तानी सेना जो कि कश्मीर में है वह वहाँ बनी रहे और भारत को इसमें कोई आश्वासन नहीं दिया कि पाकिस्तानी सेना कश्मीर से वापस हुई।[73]

27 सितम्बर 1948 को पाकिस्तान में अमरीकी दूत ने सेक्रेटरी ऑफ स्टेट को तार भेजा इसमें उन्होंने कहा–

जफर उल्ला खान ने मुझसे पूछा कि इस मामले में (संयुक्त राष्ट्र आयोग के प्रस्ताव पर) मैं क्या सोचता हूँ? मैंने उन्हें बताया कि मेरे विचार से पाकिस्तान बन्दूक की नोक पर है और बेहतर हो कि वे यह प्रस्ताव स्वीकार कर लें...सर जफर उल्ला खान ने तब कहा कि वे खुद भी इसी निष्कर्ष पर पहुँचे।[74]

किन्तु पाकिस्तान ने तब तक हार नहीं मानी जब तक कि उसने बिना पूरी वापसी की शर्त को खत्म करने में सफलता न पा ली। युद्ध विराम 1 जनवरी 1949 से लागू हुआ। पाकिस्तान पश्चिमी ताकतों के साथ परस्पर स्वैच्छिक शर्तों पर सैनिक समझौते तभी कर पाया जब तक शीतयुद्ध अपने पूरे जोरों पर नहीं आ गया और अमरीकी विदेश नीति को 'समझौतों के बुखार' ने जकड़ नहीं लिया। ऐसे पहले गठबन्धन ने जो बगदाद पैक्ट के नाम से जाना जाता है (जो फरवरी 1955 में किया गया था) ब्रिटेन के साथ पाकिस्तान, ईरान, इराक और तुर्की थे। उसने सोवियत महत्त्वाकांक्षा के विरुद्ध ईंट की दीवार बनाई। यह विचार सबसे पहले सर ओलेफ कैरो के दिमाग में आया था। कुछ वर्षों पश्चात् 1959 में यह सैन्य समझौता 'सेंटो' के (सन्ट्रल ट्रीटी ऑर्गनाइजेशन) के रूप में परिवर्तित हो गया जिसमें अमरीका सम्मिलित हो गया और ब्रिटेन के हाथों से सुरक्षा की कमान अमरीका ने सम्भाल ली और अब ब्रिटेन और रूस की कसाकसी शीत युद्ध में परिवर्तित हो गई।

सन्दर्भ

1. कर्नल जेम्स टॉड, एनल्स एंड ऐन्टिक्विटीज़ ऑफ राजपूताना (मुंशीराम मनोहरलाल, नई दिल्ली, 2001)।
2. एलन कैम्पवेल–जॉनसन, मिशन विद माउंटबेटन (न्यू एज पब्लिशर्स, दिल्ली, 1994, डायरी में 11 नवम्बर, 1947 दर्ज किया हुआ है।
3. एम बी आई/ई/193/2 ब्रॉडलैण्ड्स अभिलेखागार (बीए), साउथम्पटन विश्वविद्यालय
4. वही, एटली द्वारा गांधीजी को भेजा गया सन्देश।
5. वही, 29 सितम्बर 1947 को माउंटबेटन द्वारा गांधीजी को भेजा गया सन्देश।

6. एच. वी. हॉडसन, द ग्रेट डिवाइड : ब्रिटेन-इंडिया-पाकिस्तान (ऑक्सफोर्ड यूनिवर्सिटी प्रेस संस्करण, दिल्ली, 2000, पृ. 381)।
7. एम. बी. आई./डी 4, साक्षात्कार नं. 43, 16 सितम्बर 1947, बीए, साउथम्पटन विश्वविद्यालय।
8. एम बी आई/ई/193/3, 29 अक्टूबर 1947, बीए, साउथम्पटन विश्वविद्यालय।
9. स्टेनले वोलपर्ट, नेहरू : ए ट्रिस्ट विद डेस्टिनी (ऑक्सफोर्ड यूनिवर्सिटी प्रेस, न्यूयॉर्क), 1996, पृ. 426, नेहरू द्वारा 26 अक्टूबर, 1947 को राजगोपालचारी को लिखा सन्देश
10. कैम्पवेल जॉनसन, पूर्व में उद्धृत, 18 दिसम्बर 1947 को डायरी में दर्ज।
11. जिन्ना-स्फहानी का पत्र व्यवहार सितम्बर 1947, पृ. 525-26, स्टेनले वोलपोर्ट की पुस्तक जिन्ना ऑफ पाकिस्तान में उल्लेखित, नवाँ संस्करण (ऑक्सफोर्ड यूनिवर्सिटी प्रेस, लन्दन, 2002, पृ. 348)।
12. गवर्नर-जनरल के साक्षात्कार का रेकार्ड नं. 80, 12, जनवरी 1948, बीए, साउथम्पटन वि.वि.।
13. 23 जनवरी 1948 को सरदार बलदेव सिंह को दिया गया, माउंटबेटन का साक्षात्कार, लेरी कॉलिंज एंड डोमिनिक लेपियर की माउंटबेटन एंड इंडिपेंडेंट इंडिया में उद्धृत, विकास पब्लिशिंग हाउस, नई दिल्ली, 1985, पृ. 126।
14. एम बी आई/ई/193, बीए, साउथम्पटन वि.वि.।
15. जवाहरलाल नेहरू, सिलेक्टेड वर्क्स, खंड-IV (नेहरू मेमोरियल म्यूजियम एंड लाइब्रेरी, नई दिल्ली, पृ. 391-392)।
16. फाइल एल/डब्लू एस/1/1139, आई ओ आर, लन्दन, टेरेंस शोन द्वारा सी आर ओ को 28 सितम्बर 1947 को भेजे तार में उल्लेखित।
17. जवाहरलाल नेहरू, पूर्व में उद्धृत, 399-403, 24 दिसम्बर 1947।
18. फाइल एल/डब्लू एस/1/1140, आई ओ आर, लन्दन, सी. दासगुप्ता की वार एंड डिप्लोमेसी इन कश्मीर : 1947-1948 में उद्धृत (सेज, नई दिल्ली, 2002, पृ. 105)।
19. जवाहरलाल नेहरू, पूर्व में उद्धृत, पृ. 411-12।
20. यू. एस. एफ. आर. 1947, खंड-III, पृ. 185, 29 दिसम्बर 1947।
21. वही, पृ. 190, 30 दिसम्बर 1947।
22. वही, पृ. 192।
23. फाइल एफ. ओ/470, सी. आर. ओ, लन्दन। कार्यांश, 6 जनवरी 1948 प्रधानमन्त्री को भेजा गया सन्देश।
24. एम बी आई/डी/241, बीए, साउथम्पटन विश्वविद्यालय।
25. फाइल एल/डब्लू एस/1/1148, एटली द्वारा नोएल बेकर को भेजा गया सन्देश, 10 जनवरी 1948 (ओ आई सी, ब्रिटिश लाइब्रेरी, लन्दन)।
26. यू एस. एफ. आर. 1948, खंड-V, पृ. 274, 8 जनवरी 1948।
27. वही, पृ. 291-92, 28 जनवरी 1948।
28. वही, पृ. 308-09, 28 फरवरी 1948।

29. वही।
30. वही, पृ. 300, 29 फरवरी 1948।
31. आयंगर को आस्टिन का 22 जनवरी 1948 को भेजा गया तार, आयंगर के तार सं. 255 में से जो उन्होंने नेहरू को भेजा था उसको जिक्र किया है। 22 फरवरी 1948 को नेहरू को खंड-V, पूर्व में उद्धृत।
32. यू. एस. एफ. आर. 1948, खंड-V, पृ. 306, 27 फरवरी 1948।
33. वही पृ. 311, 4 मार्च 1948।
34. वही।
35. जवाहरलाल नेहरू पूर्व में उद्धृत, खंड-V, पृ. 211, पूर्व में उद्धृत, दास गुप्ता में दिए गए संवाद के अनुसार, पृ. 122।
36. फाइल एल/डब्लू एस/1/1148, वॉकर द्वारा कार्टर को भेजा गया सन्देश, 1 फरवरी 1948, आई ओ आर, लन्दन, दासगुप्ता में पूर्व में उद्धृत, पृ. 122।
37. फाइल एल/डब्लू एस/1/114, 8 फरवरी 1948 को माउंटबेटन द्वारा एटली को भेजा गया सन्देश, आई ओ आर, लन्दन, दासगुप्ता में पूर्व में उद्धृत, पृ. 123।
38. फिलिप जिगलर, माउंटबेटन (कॉलिंज, लन्दन, 1985, पृ. 450) गवर्नर-जनरल की व्यक्तिगत रिपोर्ट नं. 9, 19 मार्च 1948, को डी. 88, बीए, साउथम्पटन वि.वि.।
39. फाइल सी ए बी/134/55, पब्लिक रिलेशन ऑफिस (पी आर ओ), लन्दन, सी ए सी की बैठक के कार्यांश, 5 मार्च 1948।
40. वेवल के नोट्स और विचार 1939-40 (निजी तौर पर छपवाए हुए) यह पंक्ति किसी डूली के नाम की है।
41. यू. एस. एफ. आर. 1948, खंड-V, पृ. 327-28।
42. जिगलर, पूर्व में उद्धृत, पृ. 451, गवर्नर जनरल, साक्षात्कार क्रं. 129, 20 मार्च 1938, डी 77, बीए साउथम्पटन विश्वविद्यालय।
43. नेहरू का आयंगर को तार, जवाहर लाल नेहरू, पूर्व में उद्धृत, खंड-5, पृ. 188।
44. फाइल एल/पी एंड 9/13/1865/0/आर, 28 जनवरी 1948, (ओ आई सी, ब्रिटिश लाइब्रेरी, लन्दन)।
45. गवर्नर जनरल का साक्षात्कार सं. 108 के अनुसार, 17 फरवरी 1948, डी. 76, बीए, साउथम्पटन विश्वविद्यालय।
46. जिगलर, पूर्व में उद्धृत, पृ. 467।
47. ह्यू डॉल्टन की डायरी प्रविष्टि, 15 अक्टूबर 1948, एस. गोपाल की पुस्तक 'नेहरू' में उद्धृत, (ऑक्सफोर्ड यूनिवर्सिटी प्रेस, दिल्ली, 2003, पृ. 35)।
48. नोएल बेकर एटली को, 2 अप्रैल 1948, एफ. ओ. 800/470, पी आर ओ, लन्दन, पृ. 129, दासगुप्ता, पूर्व में उद्धृत, पृ. 129।
49. वही, 4 अप्रैल 1948, एटली का सन्देश बेकर के लिए, दासगुप्ता पूर्व में उद्धृत, पृ. 129।
50. जोसेफ कॉरबेल, डेन्जर इन कश्मीर (ऑक्सफोर्ड यूनिवर्सिटी प्रेस, न्यूयॉर्क एंड कराची,

2002, पृ. 307।

51. माउंटबेटन का वॉकर को पत्र, 27 फरवरी 1948, सं. 72, बीए, साउथम्पटन विश्वविद्यालय।
52. एटली का नेहरू को पत्र, 11 मार्च 1948, बीए, साउथम्पटन विश्वविद्यालय।
53. नेहरू का एटली को व्यक्तिगत पत्र, 18 अप्रैल 1948, बीए, साउथम्पटन विश्वविद्यालय
54. कॉरबेल, पूर्व में उद्धृत, पृ. 121।
55. वही, पृ. 129।
56. वही, पृ. 312।
57. फाइल प्रेम 8/997, पी आर ओ, लन्दन।
58. यू. एस. एफ. आर 1948, खंड-V, पृ. 419।
59. वही।
60. एम बी आई/एफ 40, कार्टर द्वारा माउंटबेटन को भेजा गया सन्देश, 8 अक्टूबर 1948, बीए, साउथम्पटन विश्वविद्यालय।
61. वही, माउंटबेटन द्वारा नोएल बेकर को भेजा गया सन्देश, 25 अक्टूबर 1948, बीए, साउथम्पटन विश्वविद्यालय।
62. फाइल प्रेम 8/997 पी आर ओ, लन्दन। कमिंग ब्रूस द्वारा 26 सितम्बर 1948 के नोट और सी ओ एस (48)/36, 4 सितम्बर, 1948 के बैठक के कार्यांश के अंश।
63. यू. एस. एफ. आर 1948, खंड-V, पृ. 435-36।
64. वही।
65. फाइल एल/डब्लू एस/1/1144, एटली द्वारा लिखा गया अली खान को भेजा गया सन्देश (ओ आई सी, ब्रिटिश लाइब्रेरी, लन्दन) दासगुप्ता में पूर्व 22 नवम्बर में उद्धृत, पृ. 180।
66. वही, जनरल नाय द्वारा सी आर ओ को लिखा गया, 1948 (ओ आई सी, ब्रिटिश लाइब्रेरी, लन्दन)।
67. एम बी आई/एफ 40, माउंटबेटन द्वारा नेहरू को भेजा गया सन्देश, 15 अगस्त 1948, बीए, साउथम्पटन विश्वविद्यालय।
68. फाइल एल/डब्ल्यू एस/1/1144, 20 नवम्बर 1948, ओ आई सी, ब्रिटिश लाइब्रेरी, लन्दन।
69. वही।
70. जवाहरलाल नेहरू, पूर्व में उद्धृत, खंड-5, पृ. 87।
71. यू एस एफ आर 1948, खंड-5, पृ. 459-60।
72. वही, पृ. 461।
73. वही, पृ. 471।
74. वही, पृ. 681-82।

पुनश्च

ब्रिटेन की पाकिस्तान रणनीति सफल रही। ईरान, इराक, तुर्की और ब्रिटेन के साथ पाकिस्तान बगदाद समझौते में शामिल हुआ और कालान्तर में सेंटो में, जिसमें अमेरिका भी शामिल हो गया। इस कारण मध्य पूर्व में सोवियत महत्त्वाकांक्षाओं के विरुद्ध सुरक्षा कवच बनाया जा सका। सन् 1954 में पाकिस्तान और अमेरिका के साथ द्विपक्षीय समझौता हुआ और उसने सन् 1958 में अमेरिका की खुफिया एजेंसी सी.आई.ए. को पेशावर में एक अड्डा प्रदान किया जिससे वह यू-2 जासूसी विमानों द्वारा सोवियत संघ की प्रतिरक्षा तैयारियों पर नजर रख सके। उसके बाद सन् 1970 में पाकिस्तान ने अमेरिका की चीन के साथ सम्बन्ध बनाने में मदद की, जिससे पूर्व में सोवियत संघ पर दबाव बनाया जा सके। पाकिस्तान ने सन् 1980 के दशक में अमेरिका का एक फौजी अड्डा बनकर अमेरिका को अफगानिस्तान से रूसी फौजों को खदेड़ने में मदद दी। इससे सोवियत संघ को एक धक्का लगा और उसके टूटने का एक कारण बना, जिससे विश्व का शक्ति संतुलन बिगड़ गया।

दूसरी ओर पाकिस्तान रणनीति सोवियत संघ को भारत तक पहुँचने से नहीं रोक सकी। सोवियत संघ ने पाकिस्तान के विरुद्ध, जिसे पाश्चात्य शक्तियों का समर्थन प्राप्त था, कश्मीर के मसले पर सन् 1980 के दशक में भारत को समर्थन दिया। सन् 1971 में एक भारत सोवियत संघ मैत्री समझौते पर हस्ताक्षर हुए जिसमें रक्षा सम्बन्धी एक धारा भी थी। भारत ने ऐसा समझौता इसलिए किया कि बाँग्लादेश के प्रश्न पर आगामी भारत पाकिस्तान युद्ध में सोवियत संघ चीन के हस्तक्षेप को रोक सके। चार्ल्स डि गोल ने कहा है कि सन्धियाँ फूलों और नवयौवनाओं की तरह होती हैं; जब तक खिली रहती हैं तब तक खिली रहती हैं। परन्तु साठ के दशक के आरम्भ में भारत द्वारा रुपए के भुगतान या वस्तु विनिमय पर आधारित सोवियत अस्त्र-शस्त्रों की खरीद का जो क्रम शुरू हुआ वह भारत सोवियत सम्बन्धों का एक स्थायी और महत्त्वपूर्ण तथ्य बन गया। क्या बँटवारे के बिना भारत सोवियत सम्बन्ध इतने घनिष्ठ हो सकते थे?

विभाजन से चीन को भी पाकिस्तान होकर फारस की खाड़ी के मुहाने तक अपना प्रभाव बढ़ाने में मदद मिली। हजारों चीनी लोग वर्तमान में (2004) खाड़ी के मुहाने पर बलूचिस्तान में ग्वादर में बन्दरगाह बनाने में लगे हुए हैं। इससे चीन को पाकिस्तान से क्या सुविधाएँ मिलेंगी अभी तक बताया नहीं गया है। शुरू-शुरू में चीन का पाकिस्तान के साथ मैत्री करने का यह कारण था कि पाकिस्तान उनके मुस्लिम सीक्यांग प्रान्त में कट्टरपन्थी इस्लामिक विचारों वाले घुसपैठियों को रोके। इस्लामिक प्रभाव वहाँ अंग्रेजों की बनाई सड़क के रास्ते उत्तरी कश्मीर से सीक्यांग में काशगर के द्वारा पहुँच सकते थे। यही वह सड़क है जिसको अर्निस्ट बेविन ने जॉर्ज मार्शल को मध्य एशिया की मुख्य धमनी बताया था। विभाजन न होता तो क्या 1962 में भारत-चीन संघर्ष होता? यह भी पूछा जा सकता है कि यदि विभाजन नहीं होता तो 20वीं शताब्दी में भारत और पाकिस्तान उपमहाद्वीप में परमाणु अस्त्रों का निर्माण होता?

[2]

सन् 1942 से 1947 तक अमेरिका ने भारत की स्वतन्त्रता और अखंडता के पक्ष में ब्रिटेन पर जो लगातार किन्तु अप्रत्यक्ष दबाव डाला। बड़े आश्चर्य की बात है कि इतिहासकारों ने उसकी तरफ कोई ध्यान नहीं दिया है। रूजवेल्ट ने चर्चिल पर सिंगापुर में ब्रिटेन की हार के पश्चात् भारत को स्वशासन देने के लिए दबाव डालने की कई कोशिशें कीं किन्तु वे व्यर्थ गईं। जैसे ही 1946 में अन्तरिम सरकार का नेहरू के नेतृत्व में गठन हुआ, वैसे ही तुरन्त अमेरिका ने उसे मान्यता दे दी और नई दिल्ली में अपना राजदूत भेज दिया उसके बाद अमेरिकियों ने ब्रिटेन को भारत को एक रखने की सलाह दी। उन्हें डर था कि भारत का टुकड़ों-टुकड़ों में विभाजन साम्यवादियों के लिए मददगार होगा। मार्च 1947 के पश्चात् जब कांग्रेस ने स्वयं ही पंजाब और बंगाल के विभाजन को स्वीकार कर लिया तब भारत में अमेरिका इस दिशा में कुछ करने से लाचार हो गया। और अपनी सरकार को तार द्वारा यह सन्देश भेजा–

“कांग्रेसी नेताओं ने सचमुच में अपने उस अधिकार को त्याग दिया जिसका समर्थन वे कई वर्षों से भारत को एक रखने के अभियान के लिए कर रहे थे। ब्रिटेन पर अमेरिका के दबाव का एक अनपेक्षित परिणाम निकला। इस दबाव से बचने के लिए चर्चिल ने 1942 में मुसलमानों का या पाकिस्तान की तुरूप का पत्ता खेला, तर्क ये कि भारत को स्वशासन देने की पीछे ब्रिटेन का अड़ियलपन रवैया

नहीं बल्कि भारत के भविष्य को लेकर हिन्दू-मुसलमानों के मध्य के विवाद मुश्किल पैदा कर रहे हैं। इस कारण, जिन्ना की 1940 के विभाजन की योजना सामने आ गयी। प्रान्तीय विकल्प का सिद्धान्त जिससे विभाजन को व्यावहारिक रूप दिया जा सकता था, उसकी रचना लन्दन में 1942 में की गई थी।

1943 तक आंग्ल अमेरिकी सम्बन्धों में भारत विवाद का एक महत्त्वपूर्ण कारण बन चुका था इस बारे में लोगों को ज्यादा मालूम नहीं है। इस विवादित तथ्य को अमेरिका के प्रति भारत का मोह भंग कर या अमेरिका का भारत के प्रति मोह भंग कर कम किया जा सकता था। रिकॉर्ड बताता है कि माउंटबेटन, कृष्णा मेनन, और एटली ने नेहरू के अमेरिका की एशियन पालिसी के विरुद्ध कान भरे और साथ ही अमेरिका में ब्रिटिश वक्ताओं तथा कूटनीतिज्ञों ने विचार प्रचारित किए कि भारतीय मुसलमानों ने पश्चिमी सभ्यता को ज्यादा गहराई से अंगीकार किया है और वे हिन्दुओं से ज्यादा भरोसेमन्द सहायक हो सकते हैं।

आज़ादी के पश्चात् भारतीय नेताओं की महत्त्वाकांक्षी विदेश नीति और उनकी अनुभवहीनता, और दूसरी तरफ अमेरिका की अधीरता और हावी होने वाले स्वभाव और भारत के सम्बन्ध में अज्ञान के कारण दोनों के मध्य टकराहट तुरन्त आरम्भ हो गई।

शुरुआत में अमेरिका ने कश्मीर के प्रश्न पर भारत की नीति के प्रति सहानुभूति दिखाई। सन् 1948 में अमेरिका इस बात पर जोर देता रहा कि कश्मीर के भारत में विलय की उपेक्षा नहीं की जा सकती जब तक कि भारत जिन्होंने खुद जनमत संग्रह का प्रस्ताव रखा है, हार न जाए। अमेरिका इस बात पर भी जोर दे रहा था कि कश्मीर राज्य में पाकिस्तान की फौज, जो प्रवेश कर चुकी थी, वह पीछे हटे। यही अमेरिकन नीति थी जिसने सुरक्षा परिषद् में कश्मीर का भारत में विलय का प्रमाण रद्द होने से बचाया। किन्तु जहाँ ब्रिटेन भारत के साथ अच्छे सम्बन्ध बनाने में सफल रहा वहीं भारत की अमेरिका से खींचतान प्रारम्भ हो गई। यह अधिकतर नेहरू के पूंजीवादी अमेरिका के प्रति अविश्वास और समाजवादी ब्रिटेन में उनकी आस्था तथा माउंटबेटन के साथ उनके व्यक्तिगत रिश्तों के कारण हुआ।

इतिहास के इस गुमनाम किन्तु महत्त्वपूर्ण तथ्य को प्रकाश में लाना ही अपने आप में एक सार्थक बात है। यह इसलिए भी अत्यन्त उचित है क्योंकि भारत ने अमेरिका द्वारा भारत की स्वतन्त्रता व अखंडता के प्रति साम्राज्य के समाप्ति के दिनों में जो सद्भावना दर्शाई थी उसे भारत में कभी मान्यता नहीं दी। निश्चित ही आज मध्य एशिया से रूस के पीछे हटने और आतंकवाद तथा इस्लाम के

राजनीतिकरण के सम्बन्ध में बढ़ती हुई परस्पर चिन्ता के कारण भारत-अमेरिका सम्बन्धों में एक नई शुरुआत हुई है।

[3]

कांग्रेस पार्टी के नेता उच्च आदर्शों से प्रेरित थे उन्होंने एक अखिल भारतीय संगठन खड़ा किया जिसके बिना स्वतन्त्रता के लिए संघर्ष सम्भव नहीं होता। उन्होंने पतित देश का आत्मविश्वास और नैतिकता का पुनरुत्थान किया। उन्होंने सत्याग्रह, शान्तिपूर्ण जनप्रतिरोध, हिंसा का उत्तर अहिंसा जैसे अस्त्रों को विकसित किया। इसने लोकतान्त्रिक अंग्रेजों पर यह नैतिक दबाव डाला कि वे अपनी सरकार पर भारत की जायज माँगों को स्वीकार करने के लिए दबाव डालें। शस्त्र बिना उठाए ब्रिटिश सरकार पर प्रभाव डालना एक बड़ी उपलब्धि थी। किन्तु ये उपलब्धियाँ भारत की सदियों पुरानी कमजोरियों जैसे अहंकार, अनुचित उदारता, अस्थिरता, कूटनीतिक कमजोरी और विदेशी प्रतिरक्षा सम्बन्धी मसलों में अरुचि का शिकार हो गईं।

अति विश्वास के कारण 1928 में कांग्रेस के अन्दर आत्मकेन्द्रित किन्तु धर्मनिरपेक्ष और अत्यन्त काबिल जिन्ना जिन्होंने कोशिश की थी कि प्रथक मतदाता चुनाव पद्धति को खत्म कर दिया जाए, इस सलाह को ठुकराकर सबसे बड़ी भूल की। उन्होंने 1937 में प्रान्तीय चुनावों में कांग्रेस की भारी विजय के पश्चात् स्थापित सरकारों में मुस्लिम लीग के उन सदस्यों को जो सत्ता का स्वाद चखना चाहते थे, शामिल करने से मना कर दिया। ब्रिटिश अभिलेख बताते हैं कि 40 के दशक में वाइसरॉयों के साथ बातचीत में कोई समरूपता नहीं थी और बिना समरूपता के न तो युद्ध में और न ही राजनीति में सफलता मिल सकती है। कांग्रेस पार्टी ने 11 अप्रैल 1942 को जब क्रिप्स का प्रस्ताव इस आधार पर रद्द कर दिया क्योंकि उसके अनुसार जो ब्रिटिश प्रान्त आज़ादी पर इंडियन यूनियन से अलग होना चाहे तो अलग हो सकते थे। परन्तु उसी प्रस्ताव के एक दूसरे भाग में कह डाला कि जो यूनिट अलग होना चाहती है उनसे जबरदस्ती नहीं की जा सकती। गांधीजी ने अपनी जिन्ना से 1944 के बम्बई वार्तालाप में यह सुझाव रखा कि जिन प्रान्तों पर जिन्ना दावा करते हैं उनमें जिलेवार जनमत संग्रह हो सकते हैं। यानी गांधी ने एक तरह से विभाजन के सिद्धान्त मान लिया। नेहरू ने फरवरी 1946 में क्रिप्स को एक पत्र में लिखा कि पंजाब और बंगाल का विभाजन सम्भव है यानी विभाजन का सिद्धान्त मान लिया। वे तो यह भी नहीं तय कर पाए कि भारत

की अखंडता को सर्वोच्च प्राथमिकता दी जाए या फिर अहिंसा के पालन को।

सन् 1939 में ब्रिटिश प्रान्तों में सत्ता त्यागने और 1942 में क्रिप्स प्रस्तावों को ठुकराने के पश्चात् भारत छोड़ो आन्दोलन के निर्णय प्रतिकूल प्रभाव पैदा करने वाले साबित हुए। नेहरू द्वारा सितम्बर 1946 में अन्तरिम सरकार में मुस्लिम लीग के मन्त्रियों को बिना उनके संविधान समिति में शामिल हुए और बिना आतंक बन्द किए मन्त्रिमंडल में शामिल करके बहुत बड़ी भूल की।

सितम्बर 1946 को पंडित नेहरू की घोषणा कि आज़ादी के बाद भारत प्रजातान्त्रिक राष्ट्र होगा यानी कॉमनवेल्थ छोड़ देगा तब कहा जब कांग्रेस पार्टी और एटली के बीच भारत के भविष्य के बारे में महत्त्वपूर्ण विचार हो रहा था। इस वक्तव्य का अंग्रेजी सरकार और जनता पर बहुत निराशाजनक असर पड़ा और उनका सुझाव पाकिस्तान बनाने की ओर बढ़ा। असलियत यह हो गई कि अगर 1946 में कांग्रेस पार्टी पाकिस्तान का विभाजन का मुद्दा न मानती तो ब्रिटिश सरकार जो प्रान्त संवैधानिक समिति में भाग नहीं ले रहे थे और कुछ बड़ी-बड़ी रियासतों की स्वायत्तता के प्रयास को मदद देकर भारत के टुकड़े-टुकड़े कर सकती थी। इसी बात को समझ कर ही सरदार पटेल ने कहा था कि यदि एक बाँह काटने पर पूरे शरीर को बचाया जा सकता है तो बचा लेना चाहिए।

लम्बे समय तक ब्रिटिश सत्ता के संरक्षण में रहने और अहिंसक संघर्ष तक केन्द्रित रहने के कारण स्वतन्त्रता के समय विश्व की पावर पॉलिटिक्स में शक्ति प्रदर्शन का सामना करने के लिए भारतीय नेता भली प्रकार तैयार नहीं थे। दूसरे राष्ट्रों के लक्ष्यों एवं चालों में लम्बे समय से रुचि न होने के कारण उनके लिए मुश्किलें और भी बढ़ गई थीं। वे पाकिस्तान को समर्थन देने के पीछे ब्रिटेन की वास्तविक चाल को समझ पाने में असफल रहे। और इस कारण इस सम्बन्ध में कोई ठीक उपाय भी नहीं कर सके। वे यह भी नहीं समझ सके कि अमेरिका एक स्वतन्त्र और अखंड भारत का उत्थान चाहता था और उसका फायदा नहीं उठा सके। विदेशी मामलों में सबसे बड़ी भूल तो कश्मीर के प्रश्न में हुई जैसा अध्याय 13 में लिखा गया है।

महात्मा गांधी जिन्होंने विविधतापूर्ण भारतीय समुदाय को 1920 में अपनी रहस्यमयी आकर्षण शक्ति से प्रेरित किया था और उन्हें विभाजन तक बाँधे रखा, अब उनकी किसी भी तरह की सहायता नहीं कर पा रहे थे, क्योंकि अब उन्हें ऐसे आक्रमण का सामना करना पड़ रहा था जो ब्रिटिश पुलिस द्वारा नहीं था बल्कि जिहादी ताकतों द्वारा था। जिन्ना का पक्ष कमजोर था परन्तु वे समझ गए थे कि अंग्रेज असलियत में क्या चाहते हैं और अपनी माँगों को मनवाने के लिए सौदागीरी

करने के लिए सक्षम थे, दूसरी ओर बल प्रयोग के लिए भी "भय बिन होइ न प्रीति"।

दस्तावेज यह भी बताते हैं कि भारत छोड़ते समय जो ब्रिटिश अधिकारी भारत में सेवारत थे उनके अन्दर कांग्रेस और हिन्दुओं के प्रति विरोध की भावनाएँ प्रबल हो गई थीं। उनमें से जो आज़ादी के बाद यहाँ रहे वे पाकिस्तान की सेवाओं में चले गए और उन्होंने भारत के विरुद्ध जितनी भी दुष्टता कर सकते थे, कीं।

[4]

क्या 1946-47 में विभाजन को टाल पाना सम्भव था? इस पर कुछ क्षण विचार करना श्रेयस्कर होगा। सुरक्षा के कारणों के अलावा अन्य और भी कारण थे जिसके लिए ब्रिटेन ने बँटवारे का समर्थन किया। ब्रिटेन में एक शंका तो यह थी कि भारत स्वतन्त्र राष्ट्र के रूप में टिक नहीं पाएगा। कॉमनवेल्थ रिलेशंस ऑफिस में एक उच्चस्तरीय गुप्त अनुशंसा भारत से ब्रिटेन की वापसी के तुरन्त बाद तैयार की गई थी जिसके कुछ अंशों को अध्याय नौ में उद्धृत किया गया है। इसमें भारत की विषम आबादी, उत्तर-दक्षिण का भेद, साम्प्रदायिक समस्या, सिखों की अराजकता, भारतीय वामपन्थियों द्वारा फैलाया जाने वाला असन्तोष, इन सबका सन्दर्भ दिया गया है। यह नहीं कहा जा सकता कि इस विश्लेषण को एटली या उनके उच्च सहयोगियों ने किस सीमा तक माना। किन्तु भारत की अस्थिरता का विचार ब्रिटेन के अधिकारियों, वरिष्ठ रूढ़िवादी राजनीतिज्ञों, अखबारों के सम्पादकों तथा पत्रकारों की सोच में गहरे बैठा हुआ था। ऐसी परिस्थितयों में यह कतई आश्चर्यजनक नहीं था कि अंग्रेज भारतीयों की झोली में सभी कुछ डाल देते।

अंग्रेज पक्ष द्वारा पाकिस्तान का समर्थन करने के पीछे और एक कारण था। जैसा कि ऊपर लिखा है कि 1947 तक ब्रिटिश प्रशासनिक और सैनिक अधिकारियों के मन में आम तौर पर भारतीय नेताओं और हिन्दुओं के प्रति घृणा का भाव था। ब्रिटेन में भी युद्ध के समय राष्ट्रवादियों के असहयोग के कारण उनके प्रति गहरा अविश्वास उत्पन्न हो गया था। ऐसा ही भाव ब्रिटिश राष्ट्रमंडल के दूसरे देशों आस्ट्रेलिया, दक्षिण अफ्रीका और न्यूजीलैण्ड में भी था। इस कारण अंग्रेजों के मन में पाकिस्तान के समर्थन की भावना बहुत बढ़ी हुई थी।(जो आज तक भी पूरी तरह खत्म नहीं हुई है)।

भारत को भी ब्रिटेन से सहयोग करना आसान नहीं था। ब्रिटेन द्वारा मुस्लिम लीग तथा पाकिस्तान योजना को समर्थन के कारण अंग्रेजों के लिए आम जनता

में व्यापक आशंका थी। इसके अलावा असहमति के कुछ खास मुद्दे भी थे। जवाहरलाल नेहरू ब्रिटेन के साथ कई मुद्दों पर सहयोग के लिए तैयार थे जिसमें कि कॉमनवेल्थ का मुद्दा एक था। इसके बारे में उनका मानना था कि यह अमेरिका के प्रभाव को विश्व में संतुलित करने में मदद करेगा। किन्तु वह इस बात के पूरी तरह खिलाफ थे कि ऐसी किसी भी योजना में न उलझा जाए जो सोवियत संघ और चीन के साथ टकराहट पैदा करे या उन्हें सीमित करे। वह यूरोप के दूसरे क्षेत्रों पर शासन करने और दक्षिण अफ्रीका में रंगभेद के खिलाफ संघर्ष करने के लिए तुले हुए थे।

एक मुद्दा जो उन्हें अत्यधिक उत्साहित करता था वह यह था कि स्वतन्त्रता उन्हें ऐसे अवसर प्रदान करेगी जिससे भारत पूर्व और पश्चिम के मध्य शान्ति के लिए मध्यस्थता कर सकेगा और अन्तर्राष्ट्रीय मामलों मे एक नवीन पथ का निर्माण कर सकेगा। उनको विश्वास था कि मानवजाति की गहनतम इच्छाओं में स्वतन्त्रता, समानता और शान्ति से भारत एक कूटनीतिक तरीका ईजाद कर सकेगा जो अन्तर्राष्ट्रीय घटनाक्रम को प्रभावित करने के लिए उतना ही कारगर होगा जितना कि सैनिक शक्ति और राजनीतिक प्रभाव होता है। इन विचारों का ब्रिटेन के विचारों से मेल खाना कठिन था। इन सबके कारण ब्रिटेन पाकिस्तान योजना नहीं छोड़ सकता था।

यद्यपि अन्तर्राष्ट्रीय मामलों में नेहरू के निर्णयों पर अंग्रेज विश्वास नहीं करते थे* किन्तु कई अंग्रेज मानते थे कि हैरो और कैम्ब्रिज से शिक्षित इस भारतीय नेता से जो ब्रिटेन की लोकतन्त्रात्मक, धर्मनिरपेक्ष और न्यायिक स्वतन्त्रता की परम्पराओं में दीक्षित है, उसके साथ तालमेल बैठाना सम्भव हो सकता है किन्तु इसके कारण ब्रिटेन पाकिस्तान योजना को छोड़ दे, यह बिलकुल भिन्न बात थी।

[5]

इस पुस्तक में खोजे गए तथ्य भारत और दूसरे देशों मे प्रचलित पारम्परिक जानकारी के प्रतिकूल हैं। बड़े पैमाने पर भारतीयों में यह मान्यता है कि भारत को जानबूझकर कमजोर करने के लिए इसका बँटवारा किया गया, ताकि स्वतन्त्रता

---

* भारत में ब्रिटिश उच्चायुक्त के एक अतिगोपनीय मूल्यांकन "अति आदर्शवादी, विदेशी मामलों मे अनुभवहीन और अभिमानी" यह राय थी भारत में ब्रिटिश उच्चायुक्त की नेहरू के बारे में।

के बाद भी वह ब्रिटेन पर निर्भर बना रहे। यह मान्यता इस तथ्य से झूठी साबित होती है कि अंग्रेजों ने भारतीय रियासतों को जो उनके मित्र थे और ब्रिटिश साम्राज्य के कुल क्षेत्रफल का एक तिहाई हिस्सा था भारत को सौंपने के लिए कोई कसर नहीं छोड़ी, सिवाय जम्मू और कश्मीर के, इससे बिखरे और बँटे हुए भारत के हिस्सों को एक संगठित व मजबूत राष्ट्र में परिवर्तित करने में मदद मिली। यदि ब्रिटेन भारत को कमजोर करना चाहता तो क्यों कर अंडमान व निकोबार तथा लक्ष्यद्वीप समूह को भारत के हाथों सौंपता जिससे भारत की नौ सैनिक पहुँच हिन्द महासागर में और विस्तृत हो गई और जिन्ना की क्षेत्रीय माँगों को न मानकर सिर्फ वही क्षेत्र पाकिस्तान को दिया जो ब्रिटिश प्रतिरक्षा में सहायक थे।

आम तौर पर अंग्रेज तथा अन्य विदेशी यह मानते हैं कि भारत का बँटवारा हिन्दू-मुस्लिम सम्प्रदायों की परम्परागत शत्रुता के कारण किया गया। इस शत्रुता के कारण ब्रिटेन के लिए उसकी विदाई के बाद भारत में दो राष्ट्रों का निर्माण ज़रूरी था। एक राष्ट्र हिन्दुओं के लिए और दूसरा मुसलमानों के लिए। यह मान्यता इस तथ्य से झूठी साबित होती है क्योंकि इस बात पर विभाजन हुआ ही नहीं। भारत की कुल मुस्लिम जनसंख्या का एक तिहाई हिस्सा पाकिस्तान से बाहर छोड़ दिया गया। जो मुसलमान उन प्रान्तों मे निवास कर रहे थे जहाँ वे अल्पसंख्यक थे और जहाँ हिन्दुओं के दबाव या उनके आधिपत्य के विरुद्ध खुद को असुरक्षित महसूस कर सकते थे वे तो भारत में ही छोड़ दिए गए। कहा गया था कि पाकिस्तान का निर्माण इन्हीं अल्पसंख्यक मुसलमानों के संरक्षण के लिए किया जा रहा है परन्तु वे पाकिस्तान में सम्मिलित नहीं किए गए। जो क्षेत्र पाकिस्तान में मिलाए गए, जैसे कि उत्तर-पश्चिम सीमा प्रान्त, पश्चिमी पंजाब, बलूचिस्तान और सिन्धु–इन क्षेत्रों में मुसलमानों को बहुसंख्यक हिन्दुओं से किसी प्रकार का भय नहीं था। इन सभी प्रान्तों में मुस्लिम सरकारें राज कर रही थीं जो कि जिन्ना की मुस्लिम लीग से खिलाफ या अलग थीं। पर यह क्षेत्र पाकिस्तान में डाल दिए गए। इन चारों प्रान्तों का एक अलग महत्त्व था। ब्रिटेन का विश्वास था कि ये क्षेत्र सोवियत रूस को हिन्द महासागर की तरफ बढ़ने से रोकने और प्रतिरक्षा में सहायक हो सकते थे (यह विभाजन न मुसलमानों को हिन्दुओं से बचाने के लिए और न भारत को कमजोर करने के लिए था। "स्वारथ लाग करहिं सब प्रीती") ब्रिटेन ने सन 1857 के विद्रोह या महान गदर के पश्चात् फूट डालो और राज करो नीति अपनाई थी। यह नीति भारतीयों को नियन्त्रित रखने के लिए थी, न कि भारत का विभाजन करने के लिए। भारत की विभाजन की बात तो ब्रिटिश राज्य के अन्तिम दिनों में उत्पन्न हुई–जिसकी अनकही,

अनजानी पृष्ठभूमि और तथ्य इस कथा का विषय है। यदि इसकी प्रेरणा चर्चिल की थी तो एटली ने इस योजना को लागू किया। मोटे धुँधले पर्दे के पीछे से चाल चलते हुए उन्होंने भारतीय नेताओं की गलतियों का फायदा उठाकर विभाजन रच दिया।

[6]

यह मान्यता कि केबिनेट मिशन के जरिए से भारत का विभाजन बच जाता गलत है, असल में यह योजना साम्प्रदायिक तनाव को बढ़ाती और भारत को खंड-खंड कर देती, जैसा कि अध्याय 8 में बताया गया है। परन्तु इस योजना ने ब्रिटिश सरकार के नीचे लिखे उद्देश्यों की पूर्ति में सहयोग किया। पहला, इसने जिन्ना को यह आघात पहुँचाया कि एटली सरकार विभाजन से मुकर सकती है और इससे छोटा पाकिस्तान बनाने में मदद मिली। दूसरा, अन्तरिम सरकार में कांग्रेस लीडरों को प्रवेश देकर ब्रिटिश सरकार ने भारत में उनके हिंसक विद्रोह करने को बचाया और दूसरे उनको सत्ता देकर उनकी सहानुभूति लूटी। तीसरा, इस समस्त प्रक्रिया से ब्रिटेन ने दुनिया को यह दिखाना चाहा कि वह भारत की एकता के लिए प्रयास कर रहा है। इस प्रचार से अमेरिका को जो कि भारत की अखंडता चाहता था, गुमराह करने में मदद मिली।

छोटे पाकिस्तान का प्रारूप 1947 में माउंबेटन द्वारा नहीं बनाया गया था–जैसा कि आम तौर पर माना जाता है–बल्कि इसे 1945 में लॉर्ड वेवल ने तैयार किया था और जिसके विस्तृत दस्तावेज उन्होंने फरवरी 1946 में लन्दन भेजे थे। माउंटबेटन ने भारतीय दलों को इस योजना को स्वीकार करने के लिए मनाया।

भारत से ब्रिटेन की वापसी की तिथि जून 1948 से बदलकर अगस्त 1947 की गई थी जिससे माउंटबेटन पर यह आरोप लगाया जाता है कि उन्होंने पंजाब में नरसंहार तथा अराजकता को बढ़ावा दिया। यह तिथि इसलिए आगे बढ़ाई गई थी कि कांग्रेस पार्टी ने यह शर्त रखी थी कि वह औपनिवेशक स्वराज के आधार पर सत्ता का स्थानान्तरण स्वीकार कर लेगी, यदि इंग्लैण्ड भारत से तत्काल चला जाए। भारत को औपनिवेशक माना जाना इंग्लैण्ड के लिए बहुत महत्त्वपूर्ण था। इससे ब्रिटिश संसद में भारतीय स्वतन्त्रता बिल को प्रस्तुत करना सरल हो गया क्योंकि कंजर्वेटिव पार्टी को सन्तुष्ट किया जा सका तथा इससे दुनिया के सामने यह सिद्ध किया गया कि भारत ने विभाजन को राजी खुशी स्वीकार किया है नहीं तो वह ब्रिटिश डोमिनियन बनने को क्यों राजी होता? इससे नेहरू और उनके

साथियों को ब्रिटिश कॉमनवेल्थ में शामिल न होने के उनके निर्णय को बदलने के लिए मनाने का भी समय मिल गया।

ब्रिटिश प्रशासनिक अधिकारी और इतिहासकार पेनेड्रल मून, जो उस समय वहाँ मौजूद थे, ने लिखा है–"सिखों द्वारा अपनी एकता को सुरक्षित रखने का निर्णय जनसंख्या के स्थानान्तरण का मूल कारण रहा था। और यदि पंजाब को बाँटने का निर्णय अगले वर्ष पर छोड़ दिया जाता तो भी वही परिणाम होता। यह सच है कि रावलपिंडी के आस-पास के गाँव में सिख किसानों पर मार्च 1947 में हुए मुस्लिम लीग हमलों ने सिखों के उस डर की पुष्टि कर दी थी कि मुसलमान लोग पश्चिमी पाकिस्तान से गैर मुसलमानों को खदेड़ना चाहते हैं। और यह वास्तव में हुआ भी। परन्तु लिनलिथगो और वेवल दोनों भी संयुक्त रूप से इस नरसंहार के कलंक से बच नहीं सकते। उन्होंने अपने गवर्नरों, हैनरी क्रेक और बर्ट्रेण्ड ग्लैंसी की इन चेतावनियों की अनदेखी की कि यूनियनिस्ट पार्टी के मुसलमानों जो विभाजन के विरोधी थे, सिकन्दर हयात तो पाकिस्तान को जिन्नास्तान कहते थे, की ताकत को कम करके जिन्ना को बढ़ावा देने पर पंजाब में रक्तपात होगा।" वेवल ने ग्लैंसी की चेतावनी को लन्दन तक पहुँचाया था किन्तु जिन्ना को मुसलमानों के एकमात्र प्रवक्ता के रूप में तैयार करने की नीति बदली नहीं गई।

यह मानना कि यदि ब्रिटेन पंजाब में और अधिक समय टिका रहता तो वहाँ के संकट को टाला जा सकता था, इस तथ्य के विपरीत है कि सन् 1947 की गर्मियों तक अंग्रेजों के पास भारत में घटनाक्रम को नियन्त्रित करने के लिए न तो सेना थी और न ही प्रशासनिक क्षमता जैसा कि मून ने लिखा है जिस गति से लॉर्ड माउंटबेटन ने काम किया उस कारण उन्हें इस बात का श्रेय जाता है कि यह हिंसा पंजाब तक सीमित रही।

निःसन्देह ब्रिटेन का ध्यान भविष्य में रूस के विरुद्ध पाकिस्तान को अपना साथी बनाना सबसे बड़ा आधार था किन्तु भारत भी महत्त्वहीन नहीं था। यदि यह ब्रिटिश राष्ट्रों के परिवार अर्थात् कॉमनवेल्थ में बना रहे तो इससे विश्वयुद्ध के पश्चात् की दुनिया में ब्रिटेन की प्रतिष्ठा सँभली रहेगी। जिस तरह माउंटबेटन ने ब्रिटेन के इन दो लक्ष्यों को कुशलता से हासिल किया वह अत्यन्त कठिन काम था पिछले अध्यायों में इसका विवरण दिया गया है। भारत के वाइसरॉय के रूप में उन्होंने कांग्रेस पार्टी के नियन्त्रण से उत्तर-पश्चिमी सीमा प्रान्त को निकाल लिया और स्वतन्त्र भारत के गवर्नर जनरल के रूप में भारत को पूरे कश्मीर या उसके और हिस्सों पर कब्जा करने से रोका जिससे पाकिस्तान प्रतिरक्षा दुर्ग के रूप में निर्मित हुआ।

इसी के साथ-साथ वह ब्रिटेन और भारत के बीच सम्बन्धों को जोड़ने में कामयाब हुए जिसकी वजह से भारत ब्रिटिश कॉमनवेल्थ का सदस्य बना रहा।

यह सोचना कि माउंटबेटन ने रेडक्लीफ को पंजाब के गुरदासपुर जिले के मुस्लिम बहुल क्षेत्रों को भारत को देने के लिए दबाव डालकर भारत को कश्मीर प्राप्त करने में मदद दी सही नहीं है यह सच है कि इस जिले से होकर गुजरने वाली वह सड़क जो सिर्फ अच्छे मौसम में ही चालू रहती थी भारत और कश्मीर को जोड़ने वाली एक मात्र सड़क थी। परन्तु गुरदासपुर जिले को भारत से जोड़ने की योजना वेवल ने रची थी न कि माउंटबेटन ने–यह 6 फरवरी 1947 को वेवल द्वारा भेजे गए दस्तावेजों से स्पष्ट है इस कारण इस आबंटन का माउंटबेटन और कश्मीर से कोई लेना देना नहीं है। वेवल ने इसकी नीचे लिखे शब्दों में अनुशंसा की थी–

"पंजाब में एकमात्र मुस्लिम बहुल जिला जो इस विभाजन के तहत पाकिस्तान में नहीं जाएगा वह गुरुदासपुर का जिला है यहाँ 51 परसेंट आबादी मुसलमानों की है। भौगोलिक कारणों से अमृतसर के साथ जाना चाहिए और सिखों का पवित्र नगर होने के कारण इसको पाकिस्तान के बाहर रहना चाहिए।"

1947 में कपूरथला राज्य जो कि उस समय एक स्वतन्त्र स्वशासी इकाई था, पूर्वी पंजाब अमृतसर के बीच में पड़ता था। इस कारण रेडक्लीफ ने गुरुदासपुर का कुछ क्षेत्र भारत को दिया जिससे सिखों के इस पवित्र नगर और सिख बहुल पूर्वी पंजाब (भारत) को जोड़ा जा सके।

अभी भी माउंटबेटन को इंग्लैण्ड, भारत और पाकिस्तान में निशाना बनाया जाता है। ब्रिटेन में तो यह कहते हैं कि माउंटबेटन ने भारत को खो दिया। जिस व्यक्ति ने सत्ता का हस्तान्तरण किया उसके खिलाफ कुछ कुंठा होना स्वाभाविक है। भूतपूर्व वाइसरॉय ने अपने बुढ़ापे में भारत में उनकी सफलता के बारे में कुछ ज्यादा ही बोला इससे जो लोग उनके खिलाफ थे उनको एक मुद्दा मिल गया। इंग्लैण्ड के लिए माउंटबेटन की उपलब्धियाँ इतनी महान थीं कि उस बारे में उन्हें अपनी प्रशंसा करने की कोई ज़रूरत नहीं थी।

[7]

नरेशों के जब तक कोई ठोस सम्बन्ध केन्द्रीय शासन से संस्थापित न होते तो उनको बहुत खतरा था। इसलिए माउंटबेटन ने कहीं-कहीं जबरदस्ती करके राजाओं (Instrument of accession) के दस्तावेजों पर हस्ताक्षर कराए।

90 परसेंट से ज्यादा रियासतें इतनी छोटी थीं कि वे भारत और पाकिस्तान के प्रान्तों से आने वाले दंगाइयों को नहीं रोक सकती थीं। दंगाई वहाँ के शासकों और उनकी सम्पत्ति के लिए खतरा बन सकते थे। यदि कुछ बड़ी रियासतें अलग होकर अपनी स्वतन्त्रता घोषित भी करना चाहतीं तब भी वे सफल नहीं हो पातीं क्योंकि ब्रिटेन इस स्थिति में नहीं था कि वह इनकी सहायता करता और अमेरिका भारत के टुकड़े होने के विरुद्ध था। अधिग्रहण ने एक शान्तिपूर्ण क्रान्ति की नींव रखी (यह एक भिन्न बात है कि ब्रिटेन ने रियासतों के साथ की गई विधिवत् सन्धियों के प्रति जरा भी सम्मान प्रकट नहीं किया जबकि वे ब्रिटिश संसद में अल्पसंख्यकों के अधिकारों की रक्षा के सम्बन्ध में की गई मात्र घोषणा के पालन पर तुले रहे) आखिरकार भारत छोड़ने के बाद पाकिस्तान उनकी सुरक्षा में सहयोगी बनने वाला था, और राजाओं की उपयोगिता उनके लिए समाप्त हो चुकी थी।

[8]

कई लोग जिनमें कुछ प्रमुख इतिहासकार जैसे कि स्टेनले वॉलपर्ट* भी शामिल हैं, का मानना है कि बिलकुल अन्त तक भी गांधीजी विभाजन का विरोध करते रहे जिसका प्रमाण यह दिया जाता है कि स्वतन्त्रता के दिन उन्होंने खुद को दिल्ली से बाहर रखा। असलियत यह है कि विभाजन की योजना की घोषणा से एक दिन पूर्व 2 जून 1947 को माउंटबेटन के साथ उनकी बातचीत, उस दिन शाम की प्रार्थना सभा में उनका सम्बोधन, और 14 जून को अखिल भारतीय कांग्रेस समिति को उनकी सलाह यह बताती है कि उन्होंने भारत के विभाजन को एक आवश्यक नुकसान के रूप में स्वीकार कर लिया था।

पर स्वतन्त्रता दिवस समारोह, उसमें वे कैसे समाहित हो सकते थे। भारत में उनकी प्रतिष्ठा नेहरू या माउंटबेटन की तुलना में कहीं ऊँची थी। किन्तु सत्ता के हस्तान्तरण के समय आधिकारिक समारोह में सिर्फ नेहरू प्रधानमन्त्री और माउंटबेटन दोनों ही अपने-अपने देशों का प्रतिनिधित्व कर सकते थे। क्या कोई यह कल्पना कर सकता है कि गांधीजी एक खुली बग्घी में लॉर्ड व लेडी माउंटबेटन और नेहरू के साथ बैठे हुए दिल्ली की जनता के साथ माउंटबेटन और नेहरू की

---

* स्टेनले वॉलपर्ट ने मेरी पांडुलिपि पढ़कर लिखा था कि वे बिलकुल नहीं मानते कि गांधीजी पाकिस्तान बनने से सहमत हो गए थे।

तरफ जो फूल बरसाए जा रहे थे, वापस फेंककर फूलों का खेल खेलते। यह एक अजीबोगरीब वाकया होता।

[9]

ब्रिटेन का कश्मीर के सम्बन्ध में पाकिस्तान को समर्थन करने की नीति का आधार यह था कि भारतीय राष्ट्र का वह भाग जो मध्य एशिया से संलग्न था और अफगानिस्तान, सोवियत संघ और चीन के साथ लगा हुआ था, उसी डोमिनियन के साथ जाए जिसने ब्रिटेन की प्रतिरक्षा का वादा दिया था। संयुक्त राष्ट्र के खुले मंच पर ब्रिटेन, पाकिस्तान के प्रति अपने समर्थन को छिपा नहीं सका। अमेरिकियों ने अपने आन्तरिक तारों में पाकिस्तान के सम्बन्ध में ब्रिटेन के समर्थन का प्रमाण प्रस्तुत किया है। इस पुस्तक के माध्यम से मेरा उद्देश्य उन देशों के कश्मीर के सम्बन्ध में सही या गलत कार्यों का आकलन करना नहीं है, जिनके स्वार्थ कश्मीर में निहित हैं। मूलरूप से यह समझना है कि 1947-48 में कश्मीर की अव्यवस्था ने पुनः यह सिद्ध किया जो कुछ ब्रिटिश साम्राज्य की समाप्ति के अन्तिम दिनों में हुआ उसे तब तक नहीं समझा जा सकता जब तक यह ध्यान में न रखा जाए कि वापस जाने वाली शक्ति की सर्वाधिक चिंता अपनी राजनीति और प्रतिरक्षा के मामले में थी।

पर तब भी मैं कश्मीर के दो मुद्दों को उठाना चाहता हूँ। सबसे पहले यह कि शुरू-शुरू में कश्मीर को एक क्षेत्रीय मुद्दे की तरह लिया गया था न कि साम्प्रदायिक मुद्दे की तरह। संयुक्त राष्ट्र संघ की बहस में साम्प्रदायिक मुद्दे को ब्रिटेन और पाकिस्तान ने हवा दी थी जिससे पाकिस्तान के दावे को पुख्ता किया जा सके। यह ध्यान में रखा जाए कि जब आरम्भ में जफरुल्ला ने अमेरीकियों के सामने कश्मीर की वकालत की तो यह कहा कि कश्मीर पाकिस्तान की सामरिक सुरक्षा के लिए अत्यन्त आवश्यक है।[2] तब वे कश्मीर के क्षेत्र की बात कर रहे थे न कि वहाँ के लोगों की। कश्मीर के पाकिस्तान में जुड़ने से एशिया में उसकी प्रतिष्ठा में एक महत्त्वपूर्ण रूप में वृद्धि होती क्योंकि यह क्षेत्र ऊपर लिखे सामरिक दृष्टिकोण से महत्त्वपूर्ण देशों की सीमाओं से घिरा हुआ था जिससे दुनिया के प्रभावशाली राष्ट्रों से सम्बन्ध बनाने में मदद मिलती। पाकिस्तान द्वारा तिब्बत की सीमा से लगे बौद्ध मत वाले क्षेत्र लद्दाख को हथियाने की कोशिश किसी भी दृष्टि से मुसलमानों का रक्षण करने वाला कदम नहीं कहा जा सकता।

जुलाई 1947 में जिन्ना ने व्यक्तिगत रूप से जोधपुर के महाराजा और जैसलमेर के महाराज कुमार से सम्पर्क साधकर (जैसा हमने 11वें अध्याय में देखा है) इन हिन्दू बहुल क्षेत्रों को उनके अनुकूल शर्तों पर पाकिस्तान में शामिल करने का प्रयास किया था। जिन्ना ने हिन्दू बहुसंख्यक रियासतों के शासकों से जैसे बड़ौदा, इन्दौर और अन्य रियासतों के शासकों से भी भोपाल के नवाब के माध्यम से सम्पर्क साधा। उन्होंने इन शासकों के साथ सम्पर्क इसलिए साधा क्योंकि वह भली-भाँति जानते थे कि रियासतों के शासक भारत या पाकिस्तान किसी में भी अपनी रियासतों को जोड़ सकते थे उसी ब्रिटिश धारा के तहत जिसके तहत पाकिस्तान बनाया गया था रियासतों को भारत या पाकिस्तान से जुड़ना था। यह हिन्दू-मुसलमानों का प्रश्न नहीं था। यही कारण है कि हिन्दू बहुल रियासत जूनागढ़ के नवाब का अधिग्रहण पाकिस्तान ने स्वीकार कर लिया था।

दूसरी ओर यह मानना भी गलत है क्योंकि कश्मीर में 77 परसेंट मुसलमान थे इसलिए वे स्वाभाविक रूप से पाकिस्तान में मिलने के इच्छुक होते। पास के उत्तर-पश्चिमी सीमा प्रान्त में 95 परसेंट मुसलमान थे परन्तु वे लोग मुस्लिम लीग और ब्रिटिश सरकार के दबाव का सामना करते हुए कांग्रेस पार्टी के साथ रहे जब तक कि कांग्रेस के नेताओं ने खुद ही ब्रिटेन से सौदा करके उन्हें छोड़ नहीं दिया। 1947 में कश्मीर घाटी की मुस्लिम आबादी का बड़ा भारी वर्ग शेख अब्दुल्ला और उनकी नेशनल कांग्रेस पार्टी का समर्थक था। शेख अब्दुल्ला की अन्य कोई भी महत्त्वकांक्षाएँ हों किन्तु वे पाकिस्तान के घोर विरोधी थे। इसी तरह जम्मू और इसके डोगरा क्षेत्र पाकिस्तान के विरोध में वोट देते। राज्य के सिर्फ वे मुसलमान ही पाकिस्तान का समर्थन करते जो पुंछ-मीरपुर की सीमा से लगे हुए थे।

जब से पाकिस्तान बना है साम्प्रदायिकता का विषाणु उपमहाद्वीप में ज्यादा फैला है। अब मैं नहीं कह सकता कि कश्मीरी किस तरह वोट देंगे किन्तु सन् 1947-48 में हर दृष्टि से बहुसंख्यक लोग कश्मीर के महाराजा को भारत में विलय के लिए समर्थन देते। यदि पूरी निष्पक्षता के साथ आकलन किया जाए जो स्थिति उस समय थी उसे दरकिनार नहीं किया जा सकता।

[10]

भारत में अंग्रेजों द्वारा राजनीतिक और सामरिक उद्देश्यों को प्राप्त करने के लिए धर्म का जैसा सफल इस्तेमाल किया था उसी तरह 1980 के दशक में अमेरिका ने सोवियत संघ को किनारे करने के लिए अफगानिस्तान में इस्लामी जिहादियों

को तैयार किया था। विभाजन के पूर्व जो भारत में इस्लामिक आतंक हुआ वह अफगानिस्तान में हुए जिहाद का अगुआ था। सितम्बर 2001 में वर्ल्ड ट्रेड टॉवर न्यूयॉर्क तथा वाशिंगटन में पेंटागन पर हुए अलकायदा के हमलों से पश्चिमी देश जाग उठे कि इस्लामिक राजनीतिकरण को बढ़ावा देने के क्या खतरनाक परिणाम हो सकते हैं।

पाकिस्तान सरकार ने जमात-ए-इस्लामी तथा अपनी गुप्तचर सेवा आई. एस. आई. के माध्यम से तालिबान सरकार को अफगानिस्तान में समर्थन दिया। जमात के संस्थापक अब्दुल-अल-मदौदी जो भारत से पाकिस्तान गए थे, मानते थे कि दुनिया की अन्य सभ्यताओं और धर्म में टकराव होना स्वाभाविक है। और ऐसी इस्लामिक सरकारें स्थापित करने का प्रचार किया जो शरीयत के नियमों को कट्टरता से लागू करें। उन्होंने गैर मुसलमानों के खिलाफ जेहाद करने को भड़काया और आज इन विचारों की गूँज कई मुस्लिम देशों में फैली और इसी ने ओसामा-बिन-लादेन को प्रभावित किया। इसके बाद जब अमेरिका द्वारा अफगानिस्तान में सोवियत संघ के विरुद्ध छेड़ा जेहाद सफल हो चुका था तब भी पाकिस्तान ने तालिबान आतंकवादियों को गैर मुसलमानों के विरुद्ध अल्लाह के नाम पर लड़ने को तैयार करना जारी रखा। सिर्फ ओसामा-बिन-लादेन और खाड़ी का धन तथा अरब आत्मघाती बिना पाकिस्तान के सहयोग के इस्लामी आतंकवाद दुनिया भर में इतने व्यापक पैमाने पर नहीं फैला सकते थे जितना आज फैला है। अमेरिका अब पाकिस्तान से बाहर भेजे जा रहे आतंक को काबू करने की कोशिश कर रहा है किन्तु जिन्न बोतल से बाहर आ चुका है। वर्तमान इस्लामी आतंकवाद की कुछ जड़ें भारत के विभाजन में दफन हैं।

[11]

अंग्रेज भारत में नई दिशाधारा और शिक्षा को लाए। इस दिशाधारा ने सम्प्रदायवाद को राजनीति से अलग रखने का विचार दिया जो कि पुनर्जागरण के पश्चात् यूरोप के ईसाई राज्यों में परम्परा बन चुका था। इसने धर्म निरपेक्षता की सम्भावनाओं को खोल दिया—जोकि कट्टर मुस्लिमवाद के लिए अभिशाप था। भारतीय मुसलमानों में लोकतान्त्रिक संविधान में दूसरे धर्मों के लोगों के साथ काम करने की सम्भावना सम्भवतः भारत इस्लाम के बौद्धिक जागरण के लिए एक प्रयोगशाला बन सकता था साथ-साथ पाश्चात्य सामरिक विचारों ने व्यक्तिवादी हिन्दुओं के मध्य समाज के प्रति जिम्मेदारी का बोध और

मनुष्य-मनुष्य के मध्य बन्धुत्व की भावना विकसित की। लेखक शशि थरूर ने हिन्दुओं के बारे में यह कहा है कि जिस धर्म के अनुयायी रूढ़िवादी नहीं हैं वे किस प्रकार से कट्टरवादी हो सकते हैं। परन्तु मूल सिद्धान्तों का न होना और सामाजिक जिम्मेदारी को निभाने में कमी भी, असहिष्णुता और संकीर्णवाद की ओर ले जा सकती है। ब्रिटिश उदारवादी विचारों के प्रसार ने 19वीं शताब्दी में जो कुछ भी अच्छा किया था उस पर ब्रिटिश राजनीतिज्ञों और वाइसरॉयों ने 20वीं शताब्दी में पानी फेर दिया। इन्होंने विभाजनकारी नीतियों, जैसे कि मुसलमानों के लिए अलग निर्वाचन क्षेत्रों की व्यवस्था लागू की तथा स्वार्थपूर्ण वित्तीय नीति तथा किसानों पर टैक्स का बोझ लाद दिया। ब्रिटिश राज्य के अन्त तक अपना दोहरा चित्र बनाए रखा। इसमें भारतीयों को सभ्य बनाने के अभियान के साथ अत्यधिक स्वार्थपरता और चालाकी का मिश्रण था। हालाँकि जैसा फरीद जकारिया ने लिखा है, "साम्राज्यवाद के अन्तिम समय में ब्रिटिश राज्य न तो लूट खसोट और न सभ्यता को बढ़ावा दे रहा था बल्कि यह तो अपने बचाव में लगा हुआ था।"

एक दृष्टिकोण यह भी है कि विभाजन ने भारत को आने वाले वर्षों में भयंकर बर्बादी से बचा लिया। पिछली अर्ध शताब्दी में इस्लामी कट्टरवादिता और इस्लामी राजनीतिक ताकतों में उल्लेखनीय वृद्धि हुई है। कई राष्ट्रों में जहाँ मुसलमानों के साथ अन्य लोगों की मिश्रित आबादी है उनमें आपसी दरारें बढ़ी हैं।

ऐसी परिस्थितियों में क्या यह सम्भव था कि पचास करोड़ मुसलमान (सन् 2010 तक) अविभाजित भारत में शान्तिपूर्ण तरीके से एक लोकतान्त्रिक और धर्म निरपेक्ष संविधान में रह सकते थे। विभाजन ने उप महाद्वीप में मुस्लिम राजनीतिक ताकतों को दो कोनों में वर्गीकृत कर दिया जिससे जिहादियों की ताकत कमजोर हुई। इसने समय दिया कि वैश्वीकरण और तकनीकी क्रान्ति जो दुनिया में फैल रही है जेहाद के वैश्वीकरण की तीव्रता को और व्यापकता को रोकने के लिए दबाव उत्पन्न कर सके जिससे उप महाद्वीप में शान्तिपूर्ण सह अस्तित्व सुनिश्चित हो सके। ये सभी प्रश्न पाठकों के लिए विचारणीय हैं। मैं तो सिर्फ यह आशा कर रहा हूँ कि अभी तक जो गलमफहमी हिन्दुस्तान और पश्चिमी देशों में विभाजन के कारण हुई थी वह इस नवीन जानकारी से कम हो सके। यह जानकारी कि राजनीतिक वैश्वीकरण, ब्रिटेन की अपनी सुरक्षा के प्रति सन्देह और भारतीय नेताओं की गलतियाँ विभाजन के कारण थे—शायद हिन्दुस्तान और पाकिस्तान के झगड़े सुलझाने में मदद करे।

सन्दर्भ

1. यह उद्धरण भारत में ब्रिटेन के कार्यवाहक उच्चायुक्त फ्रेंक रॉबर्ट्स द्वारा सन् 1950 की तीसरी तिमाही में लिखी गई, ब्रिटिश हाई-कमिशन की अति गोपनीय रिपोर्ट से लिया गया है। यह किसी तरह भारतीय हाथों में पड़ गया और विदेश मन्त्रालय के महासचिव सर गिरिजा शंकर वाजपेयी का निजी सचिव होने के नाते मेरी डेस्क से गुजरा। व्यक्तित्व विश्लेषण में प्रयुक्त शब्द इतने बढ़िया लगे कि स्मृति में अंकित हो गए। रॉबर्ट्स बहुत ही उन्नत किस्म के राजनयिक थे जो बाद में मॉस्को में इंग्लैण्ड के राजदूत बने।
2. यू एस एफ आर 1948, खंड-5, पृ. 137।

शब्दानुक्रमणिका

इ

ई

ख

झ

ट

प

य

र

ल

व

श्र

ह

त्र

❑ ❑ ❑